성찰적 사회학으로의 초대

부르디외 사유의 지평

An Invitation to Reflexive Sociology

by Pierre Bourdieu & Loïc Wacquant

Copyright © 1992 by The University of Chicago Press
Korean translation copyright © 2015 by Greenbee Publishing Co.
All rights reserved. First published in 1992.
This Korean edition published by arrangement with Jérôme Bourdieu and Loïc Wacquant
through Shinwon Agency Co.

성찰적 사회학으로의 초대: 부르디외 사유의 지평

초판1쇄 펴냄 2015년 5월 10일
초판4쇄 펴냄 2021년 11월 12일

지은이 피에르 부르디외 · 로익 바캉
옮긴이 이상길
펴낸이 유재건
펴낸곳 그린비
주소 서울시 마포구 와우산로 180, 4층
대표전화 02-702-2717 | **팩스** 02-703-0272
홈페이지 www.greenbee.co.kr
원고투고 및 문의 editor@greenbee.co.kr

주간 임유진 | **편집** 홍민기, 신효섭, 구세주, 송예진 | **디자인** 권희원 | **마케팅** 유하나
물류유통 유재영, 한동훈 | **경영관리** 유수진

이 책의 한국어판 저작권은 신원에이전시를 통해 저작권자와 독점 계약한 (주)그린비출판사에 있습니다.
저작권법에 의해 한국 내에서 보호를 받는 저작물이므로 무단전재와 무단복제를 금합니다.
책값은 뒤표지에 있습니다. 잘못 만들어진 책은 구입처에서 바꿔 드립니다.
ISBN 978-89-7682-786-9 93300

學問思辨行: 배우고 묻고 생각하고 판단하고 행동하고

독자의 학문사변행을 돕는 든든한 가이드 _그린비 출판그룹

그린비 철학, 예술, 고전, 인문교양 브랜드
엑스북스 책읽기, 글쓰기에 대한 거의 모든 것
곰세마리 책으로 통하는 세대공감, 가족이 함께 읽는 책

트랜스 소시올로지
Trans Sociology 08

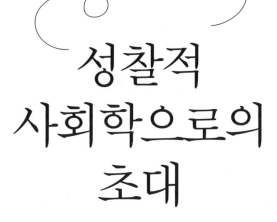

성찰적 사회학으로의 초대

Pierre Bourdieu

부르디외 사유의 지평

피에르 부르디외·로익 바캉 지음 | 이상길 옮김

그린비

| 일러두기 |

1 이 책은 Pierre Bourdieu & Loïc Wacquant의 *An Invitation to Reflexive Sociology*(Chicago : The University of Chicago Press, 1992)를 완역한 것이며, 프랑스어 개정 증보판인 *Invitation à la sociologie réflexive*(Paris : Seuil, 2014)를 참고해 내용과 서지 사항을 보완했다.

2 이 책 본문은 세 개의 부로 구성되어 있다. 1부는 로익 바캉이 쓴 부르디외 작업의 개관, 2부는 부르디외와 바캉의 대담, 3부는 부르디외가 1988년에 사회과학고등연구원에서 행한 강의를 녹취해 정리한 것이다(상세는 「로익 바캉의 서문」 참조). 또 이 책 '부록'에는 1992년 영문판, 2014년 프랑스어 개정신판에 실린 바캉의 부록들을 종합해 수록하고, 옮긴이의 후기와 용어 해설을 덧붙였다.

3 이 책의 주석은 지은이 주와 옮긴이 주로 나뉘어 있으며, 옮긴이 주는 각주 내용 끝에 '——옮긴이'라고 표시하여 구분했다.

4 독자의 이해를 돕기 위하여 옮긴이가 본문에 추가한 내용은 대괄호([ ])로 묶어서 표시했다.

5 단행본·정기간행물 등에는 겹낫표(『 』)를, 논문 등에는 낫표(「 」)를 사용했다.

6 외국 인명이나 지명, 작품명은 2002년 국립국어원에서 펴낸 외래어표기법을 따랐다.

피에르 부르디외의 서문

이 책은 내가 시카고 대학에서 한 무리의 사회학, 인류학, 그리고 정치학 전공 박사 과정 학생들과 만나면서 시작되었다. 그들은 로익 바캉의 지도 아래서 내 작업에 관한 한 학기 길이의 세미나를 조직한 바 있었다. 1988년 봄, 시카고에 도착했을 때 나는 아주 꼼꼼하고 구체적이며 탄탄한 여러 가지 질문, 관찰, 그리고 문제 제기가 적힌 한 장의 긴 목록을 미리 받았다. 우리는 내 연구의 가장 근본적인 이슈들에 관해 아주 화기애애한 분위기 속에서 '얼굴을 맞대고' 토론하였다. 그리고 나서도 질의응답 게임은 계속되었고, 언제나 까다롭기 그지없고 통찰력 넘치는 로익 바캉과 내가 시카고와 파리에서 몇 개월에 걸쳐 인터뷰와 대화를 가지는 형식으로까지 확장되었다.

이미 여러 학술지에 일부 발표되기도 한 이 인터뷰 기록들을 모아 책으로 만들자는 아이디어가 처음 나왔을 때, 나는 결정을 내릴 수 없었다. 반은 즉흥적이었던 말들, 그리고 완벽하게 정교화되지 않은 성찰을 이런 식으로 활자화한다는 것에 어떤 자기만족이 있는 것은 아닌가 하는 이유에서였다. 동시에 나는 이 확장된 대화가, 특히 로익 바캉의 구성과 보충설명 덕분에, 내가 모순되는 요구들을 화해시키는 해법을 찾지 못한 채 상당한 시간 동안 마주해 오고 있던 문제, 즉 내 연구의 가장 핵심적인 의도와 결과에 대해 체계적이면서도 접근하기 쉬운 개관을 어떻게 제공할 것인가 하는 문제에 성공적 해법을 제시했다는 느낌을 가졌다. 그 대화는 자유로운 구술 담론의 신속하고 간명한 정리를, 저작의 주 내용과 구술 담론을 연결 짓는 엄격한 각주 체계와 결합시켰다. 이러한 대화를 진행하는 과정에서 점진적으로 창안된 혼성 장르는 사유를 아카데미풍으로 상투화하지 않으면서 내 연구의 근본 개념들에 대해, 그리고 그것들의 관계에 대해 종합적으로 조망할 수 있게 해준다. 그리하여 이 대화는 관심 있는 독자들에게, 단순하며 단순화하는 해설 대신, 그 대상과 방법에 있어 다양하며 고백컨대 늘 아주 '친절하게 교육적'이지는 않은, 어떤 작업의 생성 원리에 직접 접근하는 하나의 통로를 제공할 수 있을 것이다.

내가 받은 질문들은 엄청난 양의 진지한 반박과 비판을 제기하고 있었다. 미국 사회학의 가장 앞선 성과물과 우정 어린 대결을 벌이면서 나는 일련의 전제를 설명하고 명확히 해야만 했다. 그 전제들은 프랑스적 맥락의 특수성 때문에 지금까지 내게는 암묵적인 가정의 상태로 남아 있던 것이었다. 덕분에 나는 내 연구의 이론적 목표들을 좀더 완전하게 보여 줄 기회를 가질 수 있었다. 그것들은 과학적 오만과 겸손hauteur et pudeur이 뒤섞인 마음 때문에 그때까지도 내가 비교적 전면에 드러내지 않았던 것이었다. 미국 체류 기간 동안 내가 여러 미국 대학에서 경험한 토론들은 나 자신의 작업을 되돌아보게 만든 특별한 자극이었다. 그 토론들은 자기만족적이지도 공격적이지도 않았지만 언제나 솔직하고 박식한 것이었다. 이는 현재 프랑스 대학에서는 심각할 정도로 모자란 미덕이다. 더 나아가, 이 토론들은 파리에서 유행하는 수많은 이론주의적 자기 과시 활동에 대해 내가 느껐던 혐오감, 나로 하여금 이론직·인식론적인 거대 이슈들에 관한 '거대' 담론과 '거대' 이론을 거의 실증주의자처럼 거부하게 만들었던 혐오감을 극복하도록 도와주었다.

이 글을 맺기 전에 나는 독자들에게 인터뷰라는 장르의 특성에서 비롯한 효과 가운데 하나, 확실히 아주 불편한 효과에 대해 관용을 구하지 않을 수 없다. 인터뷰의 대상이 되는 사람은 질문을 받게 된다. 프랑스에서는 이를 '심문대 위에 놓인다'sur la sellette[이 표현에는 '비평의 대상이 된다', '화제에 오른다' 등의 뜻이 겹친다]고 한다. 그는 모든 시선의 초점이 되며, 그 결과 어쩔 수 없이 오만과 자기만족의 유혹에 노출되기에 이른다. 돌발적인 언급, 과감한 공언 그리고 단순화하는 평가들은 대화라는 상황이 선물한 자유의, 어쩌면 불가피한, 또 다른 이면이다. 만약 이러한 자유가 나로 하여금 내 과학적 선택들 뒤에 놓인 몇몇 약점을 무심코 드러내거나 털어놓게 만들었다면 그것은 제 역할을 다한 셈이 될 것이다.

내가 처음 시카고 대학에서 가졌던 워크숍에 참가했던 학생들, 그 가운데 특히 다니엘 브레슬라우Daniel Breslau, 조시 브레슬라우Josh Breslau, 칼라 헤스Carla Hess, 스티브 휴즈Steve Hughes, 매튜 로슨Mathew Lawson, 친시밍 Chin See Ming, 자넷 모포드Janet Morford, 로리 스파르조Lori Sparzo, 레베카 톨른Rebecca Tolen, 다니엘 워크Daniel Wolk 그리고 은희 킴 티Eunhee Kim Ti에게 따뜻한 감사의 마음을 전하고 싶다.

로익 바캉의 서문

이 책은 표준화된 이론적 생산물의 소비자를 당황하게 만들고, 부르디외 저작의 정식화되고 단순화된 해설서 ─ 즉 '부르디외 기초 교본'을 찾는 조급한 학생을 실망시킬 가능성이 높다. 이 책은 부르디외 사회학을 포괄적으로 요약하고 있지도, 그 개념 구조를 하나하나 주해하고 있지도 않다. 또한 이 책은 (메타)이론 구축의 입문서나 실습서도 아니다. 그보다 이 책은 부르디외의 과학적 실천을 떠받치는 원리들을 상세히 설명함으로써 그의 저작의 내적 논리와 더 효율적인 사용으로 들어가는 열쇠를 제공하고자 한다.

『성찰적 사회학으로의 초대』는 부르디외의 기획이 갖는 지속적인 의의가 그가 제시하는 개별적 개념, 실질적 이론, 방법론적 처방, 또는 경험적 관찰 등에 있다기보다는 오히려 그가 그것들을 생산하고 이용하고 관계 짓는 방식에 있다는 전제를 깔고 있다. 그가 자주 쓰는 대립 쌍을 빌려 오자면, 부르디외 사회학의 독창성을 가장 온전하게 규정하는 것은 그 작동 방식modus operandi이지 산출물opus operatum이 아니다. 이 책의 목적, 그 특수한 체제 뒤에 놓인 원리는 막스 베버라면 "연구자이자 어떤 의미에서는 사상의 은사"로서 피에르 부르디외의 "관례적 습성"conventional habits이라고 불렀을 만한 것을 구현함으로써 '활동 중인 정신'mind in action에 다가가는 것이다.

주제별 대화, 그리고 연구 세미나에 대한 프로그램 격의 입문 강연으로 이루어진 '구술 출판물'[1]인 이 책의 형식은 이러한 목적을 충족시키도록 맞추어졌다. 학술 커뮤니케이션의 매개로서 인터뷰는 잘 알려진 바와 같이 많은 결점을 갖는다.[2] 그것은 일시적인 것에 활자의 지위를 부여하며 임기응변이나 궤변, 그리고 손쉬운 의제 전환을 허용할 위험이 있다. 하지만 이러한 함정들을 피하기 위한 협력이 대담자들 간에 이루어질 경우, 인터뷰에는 고유한 여러 장점 또한 없지 않다. 첫째, 인터뷰는 잠정적인 정식을 제안하거나 하나의 이슈에 관한 다양한 시각을 제시할 수 있게 해주며, 어떤 개념의 다양한 용법을 시도함으로써 그 목적과 의미에 대한 더 복합적이고 분화된 이해에 가교를 놓을 수 있게 해준다. 둘째, 인터뷰는 과학적인 작업의 통상적인 조직화가 분리시키고 별개로 유지하려는 경향이 있는 대상 영역과 조작 방식들을 신속하고 함축적이며 효과적으로 접근시키고 나란히 놓거나 대립시키는 것을 용이하게 한다. 이는 논쟁이 되는 사유가, 부

---

1 로버트 머튼(Robert Merton 1980: 3)은 "강연, 세미나, 연구실 교육, 워크샵, 그리고 그와 유사한 장치들의 형식을 갖춘 구술 출판물"이 지니는 인지적인 가치를 옹호한다.
2 인터뷰는, 적어도 전기적인 양식으로는, 미국 사회학 장에서보다 프랑스 학계에서 더 일반적으로 이루어진다. 미국 사회학 장에서는 과학적 검열의 (실증주의적) 표준들이 자기에 대한 질문이라든지 학문적 진술의 좀더 '문학적인' 매개체를 강력하게 억압하는 경향이 있다. 예를 들어, 레몽 아롱Raymond Aron, 클로드 레비-스트로스Claude Lévi-Strauss, 그리고 조르주 뒤메질Georges Dumézil은 지적 자화상을 출간한 바 있다. 영어로는 푸코Michel Foucault 그리고 하버마스Jürgen Habermas가 자기 작업에 관해 인터뷰 형식으로 논의한 적이 있다. 부르디외 (1980b, 1987a) 자신은 여러 편의 인터뷰와 구술 발표문을 포함하는 두 권의 논문 모음집을 출판했다.

르디외의 것이 그렇듯이, 경험적인 주제들을 망라하고 이질적이며 분산된 여러 지적 전통을 이용할 때 특히 가치 있다. 셋째, 전형적인 학문적 독백의 권위 있는, 권위적인, 혹은 설교적인 경향(플라톤에서 『소피스트』의 마크로스 로고스macros logos)과 단절함으로써 인터뷰는 텍스트의 바로 그 중심에 타자, 비판, 그리하여 대화 논리dialogics의 실질적인 개입을 허용한다. 즉 그것은 사상가로 하여금 대담자가 구현하는 타인들의 사유에 반응하도록 강제한다. (독자는 끼어든 질문이 그가 제기하고 싶었던 것과 공명할 경우, 대담자와 자신을 동일시할 수도 있다.) 그렇게 함으로써 인터뷰는 사상가가 역사적으로 제한된 언어와 지적 전통에 스스로를 가둬 두는 것을 거부하고 더 넓은 의미론적 공간 속에 자리매김할 수 있게끔 만든다. 가장 중요한 넷째는 대화가 독자로 하여금 저자가 자신의 위치에까지 다다르게 된 정신적 과정을 느끼게 한다는 점이다. 그리고 이것은 실질적인in actu 사회학 방법론을 파악하는 데 매우 적합하다. 요약하자면, 분석적 인터뷰는 저자의 권위적 위치와 독자의 수동적 위치를 약화시킨다. 이는 그것이 탐구 그 자체의 형식에 주의를 환기시키고, 저자와 독자가 학문적 교환의 관습적 형식들에 내재된 검열을 벗어나 자유로이 소통할 수 있게 해줌으로써 가능해진다.

이 책은 [부르디외 사회학의] 글 모음 혹은 요약본이라기보다 부르디외와 더불어 생각함으로써 그를 (다시) 생각해 보는 기회로의 초대이다. 이는, 피터 버거의 저서 『사회학에의 초대』An Invitation to Sociology 첫 장에 있는 한 구절을 그대로 가져오자면, 이 책이 "연구되기 위한 것이 아니라 읽히기 위한 것"이라는 뜻이다(Peter Berger 2006[1963]: 7). 이 책은 "독자가 초대될 세계를 서술하고 있지만, 만약 독자가 이 초대를 진지하게 받아들이기로 결심한다면, 그가 이 책을 넘어서지 않으면 안 된다는 점이 분명해질 것이다". 이 책은 부르디외 작업으로 뛰어들기 위한 도약대이다. 그것은 다른 부르디외 저작들에 대한 안내자로서 그리고 사회학적 문제들을 제기하고 해결하기 위한 '연장통'tool box(비트겐슈타인)으로서 가장 쓸모 있는 도약대로 기능할 것이다.

『성찰적 사회학으로의 초대』는 독자적이면서도 상호 보완적인 세 부로 나눠진다. 1부는 해설적이고 2부는 주로 분석적인 반면 3부는 사회학적 훈련의 한층 구체적인 문제들로부터 출발한다.

1부는 부르디외의 지적 지형의 윤곽, 그리고 지식, 실천, 사회에 관한 그의 이론 구조를 스케치함으로써 부르디외 작업의 내적 논리와 더욱 효율적인 이용으로 나아가는 열쇠를 제공한다. 여기서 나는 객관주의와 주관주의의 대립 ― 사회물리학과 사회현상학 ― 을 극복하고 (상징)권력과 그 다층적 형태 및 메커니즘에 대한 발생 인간학generative anthropology을 구축하기 위해 부르디외가 제안한 전략을 해부한다. 개인·사회의 이원론에 대한 부르디외의 거부를 강조하면서 나는 방법론적 관계주의methodological relationalism에 관해 상술한다. 이는 부르디외가 사회 구조와 인지 구조 간의 변증법을 어떻게 개념화하는지 알려 주고 또한 사회 이론과 조사 연구research 간의 연계성을 어떻게 이해하는지 다잡아 줄 것이다. 나는 '인식적 성찰성'epistemic reflexivity이라는 부르디외 개념의 차별성을 부각시키면서 이 개념과 이성, 도덕성 그리고 정치에 관한 그의 시각 사이의 내적 연관성, 즉 그의 실천 밑에 깔려 있는 지적 사명에 대한 규제 이념regulative idea을 보여 주며 1부를 마무리할 것이다.

2부 시카고 워크숍은 구성된 대화로 이뤄진다. 여기서 피에르 부르디외는 그의 이론 및 연구 실천의 전반적 취지를 명확히 밝히고, 솔직하고 접근하기 쉬운 용어로 그 실천에 관해 성찰한다. 다양한 부분들에서 1980년대에 발표된 부르디외 연구의 주요 결과들이 재검토되며 그의 작업 속에서 수행된 다양한 인식상의 자리 이동epistemic displacements이 집중 조명될 것이다. 그중에서도 특히 아카데미의 사회학에서 사회학적 시각의 사회학으로, 구조structure에서 장field으로, 규범과 규칙에서 전략과 하비투스habitus로, 이해관심interest과 합리성에서 일루지오illusio와 '실천 감각'practical sense으로, 언어와 문화에서 상징권력symbolic power으로, 그리고 과학적 이성에 대한 초월적transcendental 개념화에서 역사주의적historicist 개념화로의 인식상의 자리 이동을 부각시킬 것이다. 특히 마지막 자리 이동은 사회과학의 도구들을 지적 자유의 정치학을 위해 작동시키는 것을 목적으로 한다. 이는 모두 부르디외의 주요 관심사는 물론이거니와 사회학이 철학, 경제학, 역사 그리고 정치학과 맺는 관계에 대한 그의 시각, 그리고 그가 감행한 지적 모험의 특출한 주장과 의도를 규명해 줄 것이다.

이 인터뷰는 시카고와 파리에서 3년의 기간에 걸쳐 영어와 프랑스어로 진행된 피에르 부르디외와의 일련의 토론에 기초한다. 그 핵심은 시카고 대학에서 1987/88년 겨울 학기 동안 부르디외의 저작을 공부한 박사 과정 학생들의 학제적學際的 모임, 피에르 부르디외에 관한 대학원 워크숍 참가자들의 질문에 대한 부르디외의 답변으로부터 나왔다. 이 애초의 답변들이 조리 정연하게 확장되었으며 서신 교환에 의해 보완되었다. 이를 내가 편집하고 (일부 다시 쓰면서) 통일된 텍스트로 만들었다.

이 대화를 조직한 질문과 주제들을 접합시키면서, 나는 부르디외 사회학의 중심에 있는 개념적·이론적 매듭들을 풀어 내는 동시에 그가 외국의 독자들로부터 자주 받게 되는 비판과 반대 의견을 제시하고자 했다. 인터뷰는 또한 부르디외의 핵심 주장들을 영미권 사회과학의 중요한 입장과 이슈와의 관련 속에 자리매김하고자 했다. 나는 상당히 긴 각주를 달았는데, 이는 그가 말한 내용을 더 정교하게 보완하거나, 적절한 제한 조건을 부여하거나, 그것을 예시하거나, 혹은 그의 다른 글들을 주요 참고문헌으로 제시한다.

3부 파리 워크숍은 1988년 봄, 부르디외가 사회과학고등연구원École des hautes études en sciences sociales, EHESS의 연구 세미나에서 했던 입문 강의의 녹취록을 약간 편집한 것이다. 이 연례 세미나는 부르디외와 함께 연구하고 작업하기 위해 매년 파리를 방문하는 일단의 외국 학자들을 포함해, 이삼십 명에 이르는 다양한 전공(당시 세미나에서 언어학과 역사학이 빈번히 참조, 언급된 데에는 그런 이유가 있다)의 학생과 연구자들을 하나로 묶는다. 이전 워크숍 참가자들은 정기적으로 그들의 연구를 발표하고, 후속 참가자들의 비공식적 멘토로서 활동한다.

이 세미나에서 부르디외는 특정한 이론이나 일군의 개념이 아니라 사회학적 창안에 이르는 일반 성향을 심어 주려 한다. 그러기 위해 그는 통상 받아들여지는 교수법의 질서를 뒤집는다. 그의 가르침은 실천에서 공리로, 그리고 적용에서 다시 원칙들로 향한다. 이는 그가 사회학적 대상을 논의하는 바로 그 운동 속에서 그 대상의 구성을 지배하는 근본의 인식론적 규칙들을 예증하면서 이루어진다.[3] (그의 반-지성주의적 실천 철학을 유지하면서) 학문적 훈련의 상황에 내재된 지성주의적 편향에 맞서기 위해, 부르디외의 가르침은 학생이 [사회학적 연구 방식을] 실천적으로 이해하는 데서부터 사회학적 이성의 원칙들을 담론적으로 숙달하는 데까지 점진적으로 이끌어간다. 부르디외는 총체적이며 자기 준거적인 교수법을 옹호하며

---

3 이러한 운동은 『사회학자의 직능』*Le métier de sociologue*(Bourdieu & Chamboredon & Passeron 1968[1973])에서 수행된 것과는 정반대이다. 우리의 이 책은 『사회학자의 직능』을 여러 가지 방식으로 수정·보완하고 있다(그와 관련해서는 『사회학자의 직능』의 영역본[Bourdieu 1991f] 후기에 실린 부르디외의 언급을 보라).

또 채택한다. 이는 이론과 연구의 구체적 운용을 따로 떨어진 활동과 영역들인 양 분리시키는 것을 단호하게 거부한다. 그러한 분할은 당대의 승인된—그리고 강제된—과학적 노동 분업을 재생산하는 데에 기여할 따름이다.

나는 2부에서 대담자이자 편집자로서 매우 적극적인 역할을 했던 데 반해, 3부에서는 부르디외의 실제 교육학적 실천과 이를 제시하는 스타일 간의 유기적 관계를 유지하기 위해 원문에 가까이 머물렀다. 부르디외가 자신의 음성(그리고 교훈)을 통해 전하고자 한 전반적인 과학적 입장을 전달하고 독자에게 부르디외 가르침의 대리 경험을 제공하려는 목적에서 프랑스어 원문에 아주 미미한 수정만을 가했다. 이 책을 통틀어 사회학자라는 용어는 다양한 전문 사회과학 분야의 실천가를 총칭하기 위해 사용된다. 우리는 남성대명사와 여성대명사를 가능한 한 많이 번갈아 가며 썼다. 하지만 잠재적으로 성차별적 요소가 있는 언어의 사용까지 완전히 피하지는 않았다. 번역상의 부담과 텍스트의 스타일상 난해함을 가중시키지 않기 위해서였다.

완전히 새로운 사고방식, 다시 말해 생성적 사고방식의 특징 가운데 하나는, 그것이 한정된 지적 맥락과 그 최초 언술의 경험적 영역을 초월해 새로운 명제들을 생산해 내는 능력뿐 아니라 스스로에 관해 사고하고 심지어 스스로를 넘어 사고하는 능력을 가지고 있다는 것이다. 부르디외의 작업은 여러 가지 모순, 간극, 긴장, 난점, 그리고 해결되지 못한 문제들로부터 자유롭지 않다. 부르디외는 그중 많은 것들을 뒷장에서 솔직하게 인정하고 때때로 강조하기도 한다. 그러나 그의 연구는 사회학적 사고를 규범화하려는 충동으로부터는 자유롭다.

피에르 부르디외는 지적 정통으로의 길을 여는 사유의 교리화에 내심으로 철저하게 반대한다. "상징적 지배에 대항하는 방어 무기의 보급"(Bourdieu 1980b: 13)을 추구하는 성찰적 사회학이 자기 파괴를 무릅쓰고서 사유의 마감을 요구할 수는 없다. 그러므로 부르디외와 더불어 생각하자는 초대는 필연적으로 언제라도 필요하다면 부르디외를 넘어서, 그에 맞서서 생각하자는 초대이기도 하다. 만일 독자들이 이 책을 자신의 구체적인 분석이라는 목표를 위한 작업 도구로 채택한다면, 이 책은 제 목적을 다하게 될 것이다. 이는 바로 니체의 사유에 정통한 푸코(Foucault 1994[1975])가 그랬듯이, "그것을 사용하고, 변형시키고, 그것으로 하여금 신음하고 저항하게 만드는 것"을 독자들이 두려워해서는 안 된다는 의미이다.

합리주의와 성찰성

대서양을 사이에 두고 몇 년에 걸쳐 이루어진 공동 작업의 결과물인 이 책
의 영어 원본이 1992년 출간되었을 때, 우리는 그 목표와 형식의 두 가지
면에서 일종의 혁신을 의도했다. 그것들은 애초에 연구의 교육 경험을 연
장하고 확대하기 위해 고안된 것이다. 이 책의 목표는 다음과 같은 것들이
었다. 통상적인 [부르디외 이론 해설의] 중개자들을 건너뛰기, 금렵지들을
돌아가기, 불분명한 지대들을 조명하고, 지난 삼십 년간 피에르 부르디외
와 그의 동료 연구자들이 광범위한 경험 연구의 전선에서 발전시키고 작
동시켰던 '실천 이론'을 둘러싼 오해들을 제거하기. 한마디로 장애물들을
최대한 치우고, 사회학적 구성 도구들의 국제적 유통을 촉진시키기 위한
가교를 놓기. 그 도구들의 생산성은 적용 영역이 넓어질수록 더 확실해지

---

† 부르디외와 바캉이 함께 쓴 이 글("Rationalisme et Reflexivite : Note au lecteur brésilien")은
원래 2001년 브라질 번역본의 서문으로 쓰인 것이다(*Um Convite a sociologia reflexiva*, Rio
de Janeiro : Relume Dumará, 2001). 이 글은 스페인어 증보판에도 실렸다(*Una invitación a la
sociología reflexiva*, Buenos Aires, Mexico, Madrid : Siglo 21 Editores, 2005, pp. 7~8). 바캉의 제
안에 따라, 이 글을 브라질이 직접 언급된 한 문장만 손질한 채 한국어 번역본의 서문으로 다
시 싣는다. ─ 옮긴이

고 증가하는 것이다.

장애물에는 여러 가지가 있다. 언어적 어려움, 번역상의 문제들, 철학적 차이, 방법론적 확신, [이론을] 수용하는 다양한 지식 장들에 보이지 않는 기반을 제공하는 국가적 무의식, 그리고 국경을 가로지르는 사상의 이주를 너무도 자주 중층 결정하는 학계에서의 이해관계 등이다. 아마도 그 가운데 가장 끈덕진 장애물은 이 지적 기획이 뿌리박고 있는 인식론적 전통, 즉 역사적 합리주의rationalisme historique의 특수성과 관련 있을 것이다. 그 전통은 가스통 바슐라르Gaston Bachelard, 조르주 캉길렘George Canguilhem, 장 카바이에스Jean Cavaillès, 알렉상드르 쿠아레Alexandre Koyré의 작업에 맞닿아 있는 것이다. 이 전통은 확고하게 국제주의적이지만 프랑스 바깥에는 잘 알려져 있지 않다(초기 푸코 저작을 통해 간접적으로, 또 상당히 변형된 형태로 알려져 있는 것을 제외하면 말이다). 그것은 능동적이고 (자기-)비판적인 과학 개념을 제공한다. 이 개념은 순백의 과학, 또는 기원에 의해 퇴색된 영원한 도구주의라든지 순백의 과학이라는 샴쌍둥이 같은 도그마들로부터 해방되어 있다. 그리하여 미국식 사회과학을 지배하는 도구적 실증주의positivisme instrumental와 다른 대부분 국가들에서 [그것에 맞선] 대응물이 되고 있는 일반화된 해석학주의herméneutisme géneralisé 사이의 쓸모없는 양자택일 바깥에 출구를 마련해 주는 것이다(Bourdieu 2001c). 지나가며 말해 두지만, 여기서 우리가 방어하고 예증하고자 하는 사회학적 관점은 문화적·도덕적 상대주의와 뒤섞인 일종의 과학적 허무주의에 전면적으로 대립한다. 그 허무주의는 '포스트모더니즘'이라는 거창한 이름을 달고 있다. 그것은 사회과학의 가능성에 대한 낡은 문학적·철학적 거부를 새천년 초의 시류에 맞추어 작동시키고 있을 따름이다. 뒤르켐Émile Durkheim은 자기 시대에 이미 [그러한 거부를 드러냈던] 소르본이라는 제도권establishment sorbonnard에 맞서 [사회에 대한 과학을 옹호하는] 투쟁을 벌인 바 있다.

이 책의 형식은 바로 우리가 추구한 목표로부터 자연스럽게 나온 것이다. 사실 비판적 대화는 논고tractatus의 부담감으로부터 벗어나는 유일한, 아니면 적어도 가장 좋은 방법이었다. 그것은 교과서적인 소개법의 규율과 타성 속에 가두기 어려운 연구 기획에 대한 전체적인 조망을 제시한다. 질문을 주도했던 로익 바캉은 각종 문헌 자료를 수집, 분석하는 오랜 작업을 수행한 덕에 모든 사회과학 장의 대변인 노릇을 할 수 있었다. 그는 피에르 부르디외에게 연구자 전체, 즉 잠재적으로 독자 전체가 제기할 수 있는 온갖 문제와 반대와 비판을 모두 제시할 수 있었다. 이는 독자들에게 발생적 원리와 핵심 개념들, 이론적인 동시에 경험적인 일련의 통합된 탐구 결과들을 압축적이면서도 유기적인 형식으로 전달하기 위한 것이었다.

십 년 뒤인 현재의 상황은 어떠한가? 부르디외 저작에 대한 지식과 인정, 그리고 그 번역본이 전 세계에 폭발적으로 증가했다. 뿐만 아니라 농민으로부터 학교 교육, 경제, 예술, 스포츠, 이민, 남성 지배, 소비, 국가, 지식인에 이르기까지 매우 다양한 학문 분과와 영역에서 부르디외 저작에 자극받은 연구들이 급증했다. 그 결과, 1992년에는 그럴 수 있었지만, 지금와서는 국제적인 수준에서 이 작업들의 완전한 파노라마를 실질적으로 제공할 수 없을 정도이다. 사실 그럴 수 있어야만 애초에 아주 특수한 사회세계[즉 프랑스]를 대상으로 정교화된 개념 체계의 보편적이고 발견적인 힘을 제대로 측정할 수 있을 텐데 말이다.

이 책의 존재 이유이자 중심에 있는 성찰성으로 말하자면, 그것은 온갖 조악한 상품 같은 개념들 — '전 지구화', '유연성', '다문화주의', '공동체', '정체성', '혼종성', '파편화' 등 — 에 효과적으로 저항하기를 원하는 모든 이들에게 그 어느 때보다도 절대적인 요청 사항이 되었다. 이 개넘들이 학문 장 안팎으로 전파되는 현상은 선 세계적으로 사회적 국가와 그 역사적 성과물——그중에는 사회과학의 존재 자체와 그 자율성도 있는데——의 파괴라는 신자유주의 정책의 실시와 함께 이루어진다. 실상 보이지 않는 슬로건처럼 기능하는 이 말들은 불가피한 역사적 운명인 양 제시되는 정치적 정언명령을 실어 나른다. 우리가 다른 곳에서 보여 주려 했듯이(Bourdieu & Wacquant 1998, 2001) 바로 이 말들을 통해서 세계 전역에, 다수 지식인 분파의 능동적인 공모와 더불어, 정치를 윤리로 환원시키는 세계관이 부과된다. 그 세계관은 사회적 행위자 개개인을 자기 삶의 소규모 경영자로 만들고, 자신의 성공에 대한 책임자로 만들며, 또한 그 반대급부로 자신의 경제적, 문화적, 상징적 불행에 대한 책임자로 만드는 것이다.

2001년 9월 파리와 버클리에서

사회학 작업실의 문 앞에서

이 책은 1992년 시카고 대학 출판부와 폴리티Polity 출판사가 공동으로 간행한 『성찰적 사회학으로의 초대』를 수정·증보한 완역본이다. 그것을 요약한 잠정적 프랑스어 번역본이 같은 해 쇠이유Seuil 출판사에서 『대답: 성찰적 인간학을 위하여』*Réponses : Pour une anthropologie réflexive*라는 제목 아래 나왔다가 금세 절판된 바 있다. 이 책은 부르디외가 1987년 4월과 1989년 4월, 주류 미국 사회학의 영지인 시카고에 두 차례 체류하면서 그 사회학과 벌인 대결의 산물이다. 나는 그때 거기서 박사 과정 중이었다. 이 책은 1988년 5월과 1991년 12월 사이 4년 가까운 기간에 걸쳐 대서양을 넘나들며 두 사람이 함께 영어로 직접 작성한(그리고 프랑스어 원고는 내가 번역했다) 것이다.

　부르디외가 미국 사회과학과 가진 오랜 대화를 이 자리에서 자세하게 뒤좇을 수는 없을 것이다. 다만 그것이 대륙 철학과의 은밀한 대화에 지속적으로 대응하면서 부르디외 저작의 동력 가운데 하나로 작용했다는 점만은 강조해 둘 필요가 있다. 그의 사유의 주요 발전 단계에는 미국과의 다음과 같은 인연들이 나타난다. 우선 젊은 시절의 발견(1958년 루스 베네딕트Ruth Benedict, 랠프 린튼Ralph Linton, 존 날라드John Dollard와 같은 문화주의 인류학자들에 대한 첫 독서로부터 1966년 폴 라자스펠트와의 만남-회피에 이르기까지)이다. 이는 부르디외로 하여금 철학에서 인류학을 거쳐 사회학으로 옮겨 가도록 자극한다. 다음으로는 1972~1973년 프린스턴 고등연구원Institute for Advanced Study에서의 장기 체류이다. 거기서 부르디외는 상징재 경제를 깊이 연구하면서 사회학자로의 전환을 확실히 결정하고 받아들인다. 나아가 미국의 사회적 폐소애호증claustrophilie에 놀란 그는 미국 제도권 학계의 학문적 스타일에 대한 반격의 의미를 띠는『사회과학 연구 논집』Actes de la recherche en sciences sociales[1] 창간을 구상한다. 또 다른 인연은 이 책 역시 가담하고 있는 과학적 정복 여행이다(1986~1989년간 시카고 세 차례, 샌디에이고, 매디슨, 뉴욕, 프린스턴). 마지막으로는 유명 지식인으로서의 학술 회의(1994년 뉴욕, 1996년 버클리)인데, 이는 부르디외가 우회적인 표현 없이 분과 학문의 모든 스펙트럼을 끌어안도록 이끌었다. 이러한 방문들을 통해서 부르디외가 다음과 같은 사실을 깨달았다는 점을 지적해 두는 것으로 충분하다. 그러니까 그가 진행 중에 있는 과학 혁명의 객관적인 중개자라는 것이다. 그 혁명은 한 세기 전 뒤르켐의 기획이 유산된 이래, 혁신된 역사주의적 합리주의의 깃발 아래 사회과학과 인문학을 통합하면서

---

1 프랑스어 'acte'는 복수형으로 쓰일 경우, '행위'라는 뜻 외에 '기록', '보고서' 등의 의미를 가진다. 따라서 이 학술지는 통상『사회과학 연구 논집』으로 옮겨지며, 여기서도 그러한 번역어를 따른다. 하지만 그 이름이 '사회과학에서의 연구 행위'라는 중의성을 띤다는 점을 지적해 둘 만하다. 그것이 바슐라르 인식론의 주요 개념 가운데 하나인 '인식론적 행위'acte épistémologique를 연상시키기 때문이다. 인식론적 행위란 다양한 인식론적 장애물들을 물리치고 인식론적 단절을 이뤄내는 작업을 가리킨다. 이 학술지의 제명에는 '논문집'이라는 뜻말고도, '실천으로서의 연구'와 '과학적인 연구 행위'를 강조하는 함의가 담겨 있는 것으로 여겨진다. ─옮긴이

그 전체적인 형상을 다시 그릴 수 있는 가능성을 지닌다. 부르디외의 대서양 저편 '지적 친구들' 가운데는 사회학자 어빙 고프먼Erving Goffman, 아롱 시쿠렐Aaron Cicourel, 경제학자 앨버트 허시먼Albert Hirschman, 언어학자 윌리엄 라보프William Labov, 인류학자 낸시 먼Nancy Munn, 역사가 칼 쇼스케Carl Schorske, 철학자 존 설John Searle, 그리고 예술가 한스 하케Hans Haacke가 있다. 이들은 모두 다른 국가, 다른 정신적 경관으로부터 온 탈주자들이다.

I

『성찰적 사회학으로의 초대』는 하나의 과학적 국면, 출판상의 어떤 계기, 그리고 부르디외 지적 궤적의 중요한 변화가 교차하는 지점에서 태어났다. 과학적 국면은 구조기능주의의 헤게모니가 붕괴한 이후 1980년대 미국 사회학의 패러다임이 분열된 상황을 가리킨다. 미시사회학 조류들의 번성(공리주의, 실용주의, 현상학의 세 계보에 따른), 거시사적 비교 연구들의 혁신, 문화사회학의 유행, 이른바 포스트구조주의적 접근들(푸코에서부터 들뢰즈, 크리스테바를 거쳐 데리다에까지 이르는)에 대한 산만하고 혼란스러운 전유, 페미니즘 비평의 발아, 그리고 '거대 이론'(미국에서 부르디외는 종종 성급하게 이 스콜라적 장르 안에 위치 지어진 채 하버마스, 가다머, 기든스 쪽으로 분류되었는데, 이러한 상황을 그는 아주 괴로워했다)의 재부상. 이 모든 발전은 온갖 과학적 정통을 부인하고 도전하는 부르디외 작업의 광범위한 수용에 유리한 지적 분위기와 학계의 맥락을 정초하는 데 기여했다.[2]

두번째 우호적인 요인인 출판상의 계기는 부르디외 저술의 영문 번역에 빠르게 속도가 붙은 사실과 관련된다. 계급, 문화, 권력의 관계에 관한 십 년에 걸친 연구의 빽빽한 종합인 『구별 짓기』는 취향의 사회적 결정 요인들을 폭로함으로써 칸트식 이론을 전복한다. 이 책은 1984년 하버드대학 출판부에서 나와(프랑스에서 출간된 지 5년만이었다) 읽히고 논의되기 시작한다. 그것이 출판된 후 얼마 지나지 않아 『호모 아카데미쿠스』(프랑스에서 나온 지 4년 뒤인 1988년 간행)가 나왔고, 1990년엔 『실천 감각』, 『말한 것들』(3년 시차의 간행) — 부르디외는 이 책에 "성찰적 사회학을 위하여"라는 시사적인 부제를 달았다 — 이 나왔으며, 1991년에는 『마르틴 하이데거의 정치적 존재론』(역시 3년 시차의 간행)이 뒤를 이었다. 그러고는 폴리티 출판사의 주간 존 톰슨John Thompson의 주도 아래 훨씬 이전 책들의 영역본까지 쏟아져 나온다. 그렇게 『중간 예술』(원본 1965년, 영역본 1990년), 『예술사랑』(1966년과 1991년), 『사회학자의 직능』(1968년과 1991년)이 출간되었고, 마침내 『말하기의 의미』(1984)가 『언어와 상징권력』(1991)이라는 더 적절한 제목을 달고 재편집된 판본으로 간행된다(정치와 집단 구성에 관한 부르디외의 주요 논문들을 덧붙인 이 판본은 십 년 뒤 프랑스에서 그 목차 그대로 다시 출판된다).

외국에서의 수요 증가의 효과 아래 부르디외는 국제적 토론 공간으로 과감하게 눈을 돌린다. 그는 다수의 중요한 논문들을 곧장 영어로 출간한다. 미학, 사회 계급에 관한 1987년의 논문들, 문학, 상징권력에 관한 1988년의 논문들, 성찰적 사회학의 원리와 목표, 지식인에 관한 1989년의 논문들, 그리고 1990년에 나온 '스콜라적 오류'에 대한 해부, 그리고 로버트 머

---

2 부르디외는 1987년 4월 시카고 대학에서 했던, "사회과학의 그릇된 이분법들을 넘어서"라는 제하의 강연에서 이단들을 변창시켜야 한다고 호소한다. 그 강연의 일부는 「위기 만세!」라는 제목으로 『이론과 사회』*Theory & Society*의 특집호에 실리게 된다. 우리는 또 부르디외가 쓴 「뒤크로의 통행증」(1996c)을 읽을 수 있다. 이는 그가 문학적-철학적 '프랑스 이론'French theory(프랑스어문학과에 격리되어 미국 사회학에는 알려지지 않는)에 할애한 짓궂은 통지문이다. 어떤 이들은 십여 년이 지난 지금까지도 부르디외를 이 '프랑스 이론'과 연결시킨다.

튼에 대한 은밀한 오마주—그는 1989년 시카고에서 머튼과 만날 뻔했다가 잘 안 된 이후, 1994년 뉴욕에서 머튼을 만나게 된다—도 잊어서는 안 된다.[3]

영어가 그 어느 때보다도 학문적 공통어lingua franca로 부과되는 상황에서(미국에서는 영어로 된 것이 아니라면 결코 아무것도 읽히지 않는다), 영어로 접근 가능한 그의 텍스트들이 양적으로나 주제상으로 급증한 셈이다. 이는 부르디외에게 그의 사유에 대한 수용을 갱신할 수 있는 하나의 창을 열어준다. 이전까지 그러한 수용은 분과 학문들 간의 분열, 그리고 그가 거부하는 일상적·학문적 상식의 범주들에 따라 조금씩 단편적으로만 이루어져 왔던 것이다.[4]

부르디외는 미국 일주 당시 개인적으로 여러 전선에서 분투한다. 1986년 4월 그는 예술 창작의 수수께끼를 풀기 위해 발전시킨 작품의 과학에 관해 프린스턴 대학의 가우스Christian Gauss 비평 강연에서 발표한다. 1987년 봄, 그는 시카고 대학의 학장 심포지엄 "젠더, 연령, 인종, 계급: 분석적 개념인가, 내생적 범주인가?"에서 계급에 관한 폐회 강연의 연사로 나선다. 미국 중서부의 수도에서 열린 이 심포지엄은 여섯 개 학과와 기관이 관련되어 있었으며 9일에 걸쳐 여덟 차례의 강연을 마련했다. 2년 뒤, 역시

---

3 이 논문들 가운데 어떤 것들은 아직까지도 프랑스어로 소개되어 있지 않다. 또 다른 것들은 장차 출간될 논문 선집에 실릴 예정이다. 이 서문과 책의 나머지 부분에서 논의되는 부르디외의 텍스트들에 대한 서지 사항은 모두 책 말미에 실린 「참고문헌」에 나와 있다.
4 각 분과 학문이나 세부 전공은 부르디외의 다른 저작들에는 주의를 기울이지 않은 채, 해당 분야의 대표적인 저작이나 일군의 관련 논문들에만 초점을 맞춘다. 그 결과, 그것은 부르디외의 전체 저작을 스스로 그런 줄도 모르는 선별적 실루엣에 의해서만 감지하는 것이다. 내가 「미국에서의 부르디외: 사회 이론의 대서양 건너편으로의 수입에 관한 노트」에서 제시한 파노라마를 보라. 이 논문은 원래 『성찰적 사회학으로의 초대』의 부록용으로 작성되었으나, 결국 『부르디외: 비판적 시각』(Calhoun et al., 1993)에 실렸다.

시카고에서 그는 제임스 콜먼James Coleman과 함께 대규모 콜로키엄을 공동 조직하고 주재했다. 거기서는 사회학에 대한 경쟁적인 개념들이 격돌했다. 부르디외가 장려하는 발생 구조주의와 콜먼, 게리 베커Gary Becker, 욘 엘스터Jon Elster가 주창하는 공리주의적 개인주의 간의 점증하는 대립이 그 개념들을 갈라놓았던 것이다. 부르디외(1993c)는 세계적 수준의 과학적 투쟁에 의해, 그 투쟁 속에서 통합되는 사회학 장의 구성에 대한 호소로 이 논쟁들을 마무리했다. 이어서 그는 심리사회연구센터Center for Psychosocial Studies가 그의 작업을 둘러싸고 조직한 초학제적 학술 회의에 '주요 정보원' 자격으로 참여한다.[5]

같은 시기에 부르디외는 그의 과학적 도정에서 결정적인 단계를 맞으며, 아마도 그의 삶에서 가장 생산적인 시기에 들어간다. 이는 이 책의 기획과 실현을 틀 지은 세 번째 요인일 것이다. 우리가 『성찰적 사회학으로의 초대』를 구상하고 집필한 바로 그 몇 년간 부르디외는 장 개념을 테스트하고 상징권력 개념을 전개하는 광범위한 연구들을 끝맺는다. 부르디외는 우선 기술관료적 지배의 신성화 메커니즘을 해명하는 『국가 귀족』(1989a)

---

5 미국에서 부르디외가 발표했던 이 모든 글들은 빠르게 출판되었다. 세 편의 가우스 강연문은 『문화 생산 장』(Bourdieu 1993a)에 포함되었다. 상징재 경제에 관한 텍스트들의 모음집인 이 책은 프랑스어로는 나와 있지 않다. 학장 콜로키엄의 기조 강연은 「무엇이 사회 계급을 만드는가?」(Bourdieu 1987k)라는 제목으로 출간되었다. 이 콜로키엄의 다른 초청 연사들은 심리학자 엘리노어 맥코비Eleanor Maccoby(스키너B. F. Skinner의 제자이자, 캐럴 재클린Carol Jacklin과 고전 『성차의 심리학』The Psychology of Sex Differences을 쓴 공저자), 사망률의 전문가인 인구학자 새뮤얼 프레스턴Samuel Preston, 하버드에 있는 자메이카 출신의 사회학자로 당시 『노예제와 사회적 죽음』Slavery and Social Death을 막 출간했던 올랜도 패터슨Orlando Patterson이었다. 부르디외-콜먼 콜로키엄의 논문집은 『변화하는 사회를 위한 사회 이론』(Bourdieu & Coleman 1991)이라는 제목 아래 미국 사회학의 신세대를 이끄는 학자들의 기고문을 모았다. 심리사회연구센터의 콜로키엄은 『부르디외: 비판적 시각』(Calhoun et al., 1993)이라는 제목 아래 크레이그 캘훈Craig Calhoun과 그 동료들이 편집했다.

의 출판과 더불어 '권력 장'에 대한 상세한 분석을 완수한다. 그는 또 『예술의 규칙』(1992a)과 함께 문학 장의 사회적 발생에 관한 20년의 연구를 완성한다. 나아가 그는 콜레주 드 프랑스 강의(1989~1992)에서 국가의 발명에 대한 자신의 탐구를 종합하고, 후에 개인 주택 시장의 기능 작용에 관한 분석에서 관료제 장이라는 새로운 개념을 진전시킨다(이 연구는 1990년 『사회과학 연구 논집』의 한 호로 나왔다가 십 년 뒤에 『경제의 사회적 구조』[2000a]로 재정리된다).

동시에 부르디외(1990e)는 '사상의 국제적 유통'의 사회적 논리를 천착하는 유럽의 초학제적 네트워크를 만들고, 『세계의 비참』(et al., 1993)에 대한 집단적 현장 조사를 진두 지휘한다. 이 책은 시장의 제국이 세력을 확장함에 따라 커져가는 사회적 고통의 가장 예민한 장소, 불명료한 형태, 부식 효과 들에 대한 면밀한 검토를 제공한다. 게다가 그는 '유럽 서평지' 『리베르』를 출범시킨 참이었다. 이 잡지는 곧 십여 개국의 언어로 배포된다. 부르디외는 그가 1975년 이래 이론, 경험, 그리고 시민적 참여 의식을 융합할 목적으로 편집해 온 학술지 『사회과학 연구 논집』의 100호를 준비한다. 이처럼 수많은 중요한 작업들과 그 과학적 영향력, 그리고 사회정치적 반향 덕분에 피에르 부르디외는 1993년 국립과학연구소CNRS의 금메달을 수상하는 첫 사회학자가 된다.[6]

미뉘 출판사로부터 쇠이유 출판사로의 이전이 더욱 두드러지게 만든 이와 같은 지적 변화는 그가 범주들의 '현실화'(집단의 제조를 포함해)의 연금술, 일관성 있는 범주화의 중개자로서 국가, 그리고 민주정치의 행과 불

---

6 부르디외의 지적 발전에 결정적인 이 시기에 대한 심층 분석으로는 「부르디외 1993: 과학적 공인의 사례 연구」(Wacquant, 2013)를 보라.

행에로 자기 사회학의 초점을 재조정하도록 이끌었다. 그러한 변화는 공공토론에 대한 부르디외의 더욱 치열하고도 다양한 참여로도 직접 이어진다. 2년 후 "행동의 이유"Raisons d'agir라는 단체 및 같은 이름의 출판사 창립, 1995년 12월 시위의 그늘 아래 이루어진 여러 형태의 개입들이 그의 참여를 증언한다.

이 지적 계기를 이해하기 위해 우리는 너무 왜곡시키지 않으면서도 극단적으로 단순화시켜 다음과 같이 말할 수 있다. 부르디외가 1960년대에는 하비투스 개념을 정교화했고, 1970년대에는 장 개념을 세공했으며, 1980년대에는 카시러Ernst Cassirer에 영감을 받은 분류법(신화, 종교, 언어, 과학, 정치, 법, 예술)에 따라 상징권력의 양태들을 추적했다고 말이다. 1990년대 즈음, 이제 상황 판단을 명확히 하고 새로운 이론적·경험적 종합을 제시해야 할 시간이 온 셈이다. 그러한 종합은 1972년의 『실천 이론 개요』에서 응축되고 1980년의 『실천 감각』에서 심화된 총론을 시대에 맞게 수정해야 할 것이다. 이렇게 해서 『성찰적 사회학으로의 초대』는 기존 성과들을 결산하고 미래의 연구를 위한 틀을 제시하게 된다.

II

부르디외가 삼십 년 간의 조사 연구를 통해 정교화한, 실천과 사회 세계 이론의 인식론적·방법론적 원리들을 명료화하기. 그 이론의 개념적 '중핵'을 추출하기. 그 계보와 함의를 규명하기. 그것이 촉발시킨 질문과 반박에 대답하기. 마지막으로 대서양 양안에서 새롭게 유행하고 있는 스콜라적 전통에 맞서서, 사회학 이론의 차별적인 개념화—과학적 구성의 실천 도식들을 사회적 사실에 대해 성찰적으로 적용하는 일—를 예시하기. 이와 같은 목표들은 비록 모순적이지는 않을지라도, 최소한 화해시키기 어려운 것으로 보일 수 있었다. 글로 쓴 대화라는, 이 책에 주어진 새로운 형식은 그로부터 비롯한 것이다. 그러한 형식은 분석적 설명의 엄밀성과 논증적 대화의 유연성을 결합시킬 수 있게 해준다. 그 앞쪽에는 [부르디외 사회학의] 제1원리와 공리들의 해설이, 그리고 뒤쪽에는 교육학적 길 내기가 따라붙는다. 이러한 혼합적 양식은 1986, 1987, 1989년 매년 봄에 모두 세 차례 이루어진 피에르 부르디외의 시카고 방문에서 실험되고 조정되었다.

1987년 4월 부르디외는 하이드 파크의 캠퍼스에 2주 동안 머물렀다. 그는 시카고 대학 사회과학장(당시 학장은 계층화와 네트워크 전문가인 사회학자 에드워드 로먼Edward Laumann이었다)이 후원하는 권위 있는 비엔날레의 기조 강연자로 초청받았다. 이 체류는 다양한 차원에서 일종의 기폭제로 작용한다. 먼저 그가 오기 전 겨울 동안, 나는 '피에르 부르디외에 관한 대학원 워크숍'을 조직했다. 사회학, 인류학, 정치학 전공의 박사 과정 학생 13명이 거기 참여했다. 우리는 부르디외의 텍스트들을 철저히 분석하기 위해 1월부터 3월까지 매주 목요일 저녁에 모임을 가졌다. 마지막 모임에서는 부르디외가 우리와 오후부터 저녁 내내 치열한 논쟁을 가졌다. 이는 12개의 주제별 항목으로 분류된 10페이지 분량의 질문 목록을 바탕으로 한 것이었다. 이에 더해, 나는 그의 요청에 따라 "『구별 짓기』에 대한 영미권의 비판"을 요약한 장문의 보고서를 준비했다. 나는 곧 그것을 교육, 예술, 문화, 언어, 알제리 민족학, 그리고 실천 이론에 관한 부르디외의 또 다른 번역본들을 둘러싸고 일어난 미국에서의 반응, 나아가 국제적인 반응에까지 확장시켰다. 이렇게 해서 『파스칼적 명상』의 저자는 개인적으로 또 지면상으로, 그의 글들이 외국에서 불러일으킨 질문, 반대, 개탄, 경멸을 드러내는 동 시기의 생생하고 완전한 현장과 대면하고 있음을 깨달았다. 그리고 그는 거기 대답하는 다양한 방식들을 제지리에서in situ 테스트할 수 있었다. 다음으로 우리는 당시 부르디외 작업실과 다른 세미나들(윌리엄 줄리어스 월슨William Julius Wilson의 연구 집단, 심리사회연구센터 중심으로 모인 언어학자 와 철학자 들, 그리고 시카고의 인류학자들과 함께)에서 시작된 토론을 이어갔 다. 이는 일련의 구술 인터뷰와 서면 인터뷰를 낳았는데, 이 인터뷰들은 곧 장 논문의 형식으로 줄간되었다.[7]

시카고 대학 독서 모임과의 성공적인 만남에 고무된 부르디외는 마침 내 미국 독자들을 위해 파리 사회과학고등연구원에서의 자기 연구 세미나 입문을 녹취하고 퇴고하기로 결심한다(1987년 10월 녹음, 1988년 6월 수정).

그가 즉석에서 행하는 강의들을 쭉 따라가며 번역하면서 나는 그가 준 비해 놓은 메모들의 구성을 다시 짰고, 거기에 '추가적인 내용과 제안을 더 했다'. 마찬가지로 나는 부르디외가 구두 발표 속에서, 나중에는 최종 텍스 트 속에서 지지하고 용해시킨 많은 '연관과 맥락'을 삽입시켰다. 이렇게 해 서 우리는 우리가 아주 쉽게 공동 저술을 할 수 있다는 사실을 발견했다. 이는 내가 여세를 몰아 그의 논문 대여섯 편을 미국 학술지들에 싣기 위해 상당히 자유롭게 수정·번역하면서 좀더 확실해졌다. 이 체류가 부르디외 에게 미친 또 다른 의미심장한 영향이 있다. 의미심장하다고 말하는 이유 는 그것이 그가 미국 대학 장과 맺는 실용적 관계를 변화시켰기 때문이다. 나는 (부르디외가 언어적 불안감 탓에 억압하고 있었던) 그의 영어를 '해방'시 켰던 것이다. 그리하여 부르디외는 이제, 프랑스에서 평소에 그랬듯이, 미 국에서 발표할 때도 글로 쓰인 텍스트에 얽매여 한 줄 한 줄 읽어 나가는 대신 자유롭게 즉흥적으로 말할 수 있게 되었다. 이 모든 요인들로 인해 시

---

7 Bourdieu et Wacquant 1989a; 1989b; 1993(1991년 독일어로 처음 출간된 이후).

카고에서 했던 강연들의 출판 이야기가 나왔을 때, 우리는 시카고 대학 출판부에 영미권(그리고 그 이상의 외국) 독자층을 겨냥해 『성찰적 사회학으로의 초대』라는 제목 아래 부르디외 작업 전체를 조명하는 혼성적인 책을 영어로 쓰겠다고 제안했던 것이다.[8]

내가 『상징적 지배의 사회학을 향하여』*Toward a Sociology of Symbolic Domination*라는 제목으로 준비해 모두 번역이 나온 상태였던 텍스트 선집 —시카고 대학 출판부는 그것을 출간하기 위해 조바심쳤다—의 목록에 부르디외의 강연들을 끼워 넣거나 아우르는 대신에 말이다.

우리는 『성찰적 사회학으로의 초대』가 여러 언어로 번역되리라 예상했다. 하지만 프랑스어판을 내는 일은 전혀 고려 대상이 되지 않았다—이는 당시 파리를 지배했던 지적 분위기가 얼마나 건강하지 못했는지를 폭로한다. 어쨌거나 부르디외는 완성된 초고를 주변 사람들에게 보여 주었고, 그것을 읽은 이들의 열광적인 반응에 마음을 고쳐먹었다. 그는 그 책을 프랑스어로 한시바삐 출간하고 싶다는 쇠이유 출판사의 요청에 응하기로 했다. 그렇게 우리는 요약본을 준비했다. 번역은 녹음기에 직접 말로 이루어졌고, 불필요한 부분은 과감하게 쳐냈다. 임박해 있던 『예술의 규칙』 출간 날짜에 맞추어 정해진, 불가능한 출판 기일을 지키기 위해서였다. 우리는 초판을 소진하고 나면 곧장 개정판을 낼 심산이었다. 1997년 독일어판과 아랍어판을 준비할 때, 부르디외와 나는 미국판을 원본으로 삼아 프랑스어판을 재작업해야 한다는 데 서로 동의했다. 하지만 이를 위해서는 텍

---

8 이 제목은 부르디외가 1987년 4월 시카고 대학 사회학과 강연에서 자기 연구의 파노라마를 펼치기 위해 애당초 준비했던 표제인 "성찰적 사회학: 사회학적 실천에 관한 성찰은 사회학의 무엇을, 어떻게 변화시키는가"(1987년 4월 3일 부르디외가 바캉에게 전한 말)에서 가져온 것이다.

스트 전체를 다시 번역하고 엄청난 양의 참고문헌을 재구성해야만 할 터였다. 그도 나도 그럴 수 있는 시간을 내지 못했다. 그 사이에 이 책은 20개 언어로 번역되었고, 전 세계적으로 부르디외 저작에 입문하는 독자들에게나 노련한 연구자들에게 금세 중요한 진입구 역할을 담당하기에 이르렀다. 이 수정 증보 완역본 덕분에 마침내 프랑스 독자들도 이 책을 접할 수 있게 된 셈이다.

이 판본을 위해 우리는 원 텍스트 전체와 그 구성을 복원했다. 우리는 부르디외가 개인적인 조심성 때문이든 아니면 과학적 불안감 때문이든 간에, 첫번째 프랑스어판에서 삭제했던 문단과 부분 들을 되살렸다. 그것들은 특히 호모 아카데미쿠스에 대한 그의 시각, 그의 사회적 궤적, 알제리에서의 경험, 시민적 참여와 관련된 요소들—부르디외는 프랑스의 맥락에서 다른 이들이 그런 내용을 논쟁적이고 반과학적인 방식으로 활용할까봐 걱정했다—[9], 그리고 중요한 대목에서 논증을 정교화하거나 미묘하게 보완하는, 부르디외 글의 교차 인용들을 포함한다. 우리는 영문 텍스트를 프랑스어로 한 줄 한 줄 다시 옮겼으며, 이는 표현을 가다듬고 1992년 판본에서 막연한 채로 남아 있었던 몇몇 개념 항목들(예를 들면 사회 공간, 장, 권력 장 사이의 관계)을 명료화할 기회를 제공했다. 우리는 즉흥적인 독설이라든지 미국의 독자층과 맥락을 겨냥한 너무 구체적인 언급들은 정리하면서도, 원본의 각주와 참고문헌 들은 보존했다. 그것들이 부르디외를 그 시대의 논쟁의 성좌 안에 다시 자리매김할 수 있도록 도와주기 때문이다(비록 '거시-미시 연계성' 같은 논쟁들은 이제 광휘를 잃었고, 젠더 문제와 같은 논쟁은

---

9 그의 그러한 이해에 근거가 없지 않았다는 사실을 우리는 몇 년 뒤 『텔레비전에 대하여』(Bourdieu, 1996a)의 출간 즈음에, 또 그의 사망 직후에 하나같이 들고 일어나 그를 비판했던 미디어의 광풍을 보며 확인할 수 있었다.

그 이후 또 다른 형국에 접어들었지만 말이다). 또한 우리는『성찰적 사회학으로의 초대』이후 발간된 부르디외의 주저들 가운데 적절한 책에 대한 언급을 본문의 주요 지점들마다 삽입했다. 하지만 이는 최소한으로만 이루어졌는데, 각주와 참고문헌이라는 텍스트 장치를 너무 무겁게 만드는 일을 피하기 위해서였다. 우리는 부르디외와 내가 2001년 9월 이 책의 남미판을 위해 쓴 서문을 덧붙였다. 그 글은 이 책이 이성의 정치에 이바지하는 바가 무엇인지 밝힌다.

　원본의 말미에는 세 편의 부록이 달려 있다. 첫번째 부록은「부르디외를 어떻게 읽을 것인가」라는 제목의 짧은 참고문헌 안내문이다. 외국 독자를 위해 쓰인 이 글은 1991년 말까지 영어로 이용 가능한 텍스트들에 기반을 두고 있다. 두번째 부록은『사회과학 연구 논집』에 실린 논문선이다. 그것은 부르디외의 이론에 영감을 받은 집단적 작업을 두루 훑는다. 마지막 부록은 참고문헌 목록에 나오는, 부르디외에 관한 주요 이차 분석들의 일람표이다. 프랑스어 개정 증보판에서는『사회과학 연구 논집』의 논문선은 삭제했다. 이 학술지가 오늘날에는 온라인으로 쉽게 접근 가능하고,『성찰적 사회학으로의 초대』의 원본이 나온 이래로도 새로운 세대의 연구자들이 잡지의 위광이 지속되는 데 기여했기 때문이다.[10] 우리는 주요 참고문헌 목록에서 부르디외에 대한 이차 문헌들을 경신하지 않은 채 재정리했다. 오늘날에는 설령 선별적인 이차 문헌 일람표라 해도 책 한 권을 통째로 필요로 할 것이라는 판단에서였다. 특히 우리는 최초로 부르디외의 저작 전체를 가로지르는, 읽기의 상세한 두 가지 경로를 덧붙였다. 첫번째, 발생적

10『사회과학 연구 논집』의 과월호는 http://www.persee.fr에서, 최신호는 http://www.cairn.info에서 각각 열람할 수 있다. ─옮긴이

읽기는 그의 사회학의 진화를 크게 다섯 단계로 추적한다. 두번째, 분석적 읽기는 그의 사유를 구축하는 여섯 개의 토대 개념들(하비투스, 장, 자본, 사회 공간, 상징권력, 성찰성)을 해부한다. 우리는 부르디외가 40년의 연구 생활 동안 주의를 기울였던 주요 경험적 대상들을 포괄하는 세번째, 주제별 경로는 포함시키지 않기로 했다. 사회적인 또는 행정적인 상식의 분할(교육, 문화, 정치 등)에 사로잡힌, 그릇된 '구체석인' 읽기를 강화할지도 모른다는 염려 탓이었다. 그런데 부르디외식 접근의 고유한 힘은 바로 그러한 분할을 멀리하면서, 다방면에 걸친 과정과 메커니즘을 뒤쫓는 데 있는 것이다.

이 프랑스어판이 결국 빛을 볼 수 있게 된 것은 에티엔 올리옹Etienne Ollion의 비상한 지적 끈기와 사회학적 통찰력 덕분이다. 부르디외의 전 저작을 나름대로 잘 파악하고 있는 그는 텍스트의 재구성, 원자료의 확인, 참고문헌과 색인—이 책이 되기를 희망하는 사회학 예비 과정 '패키지'의 구성 부분인—의 정리에 결정적으로 이바지했다. 이 자리를 빌려 그에게 깊은 감사를 전하고 싶다. 조제핀 그로스Joséphine Gross(그는 텍스트와 주석의 첫번째 수정에 참여했다), 프랑크 푸포Franck Poupeau, 루이 팽토Louis Pinto, 마리-크리스틴 리비에르Marie-Christine Rivière, 그리고 부르디외의 사망 이후로도 그의 작업을 계속 살아있게끔 만들고 있는 학술지『사회과학 연구 논집』과 출판사 "행동의 이유" 주위의 모든 연구자들에게도 심심한 감사를 표한다.

III

집필한 지 이십여 년이 지난 이 책을 다시 읽으면서 내가 놀란 것은 그것을 낮은 소통의 치열성(수천 페이지에 달하는 책 작업용 아카이브가 그것을 증명한다)이 여전히 생생하게 다가왔기 때문만은 아니다. 이 책이 부르디외가자기 삶의 마지막 연대에 하나씩 명확히 제시해 간 부르디외 사회학의 최종적 발전을, 응축된 혹은 투명한 형태로 담고 있기 때문이다.

그리하여 독자들은 2부의 대화 속에서 다음과 같은 것들을 발견할 수있을 것이다.『세계의 비참』(et al., 1993)의 의도와 『남성 지배』(1998a)의 테제에 대한 이른 해명,『파스칼적 명상』(1997a)의 핵심을 이루는 스콜라적편향 비판에 대한 명석한 사전 설명,『경제의 사회적 구조』(2000a)의 특성들을 지정하고 『국가에 대하여』(2012)에서 정련된 최상의 상징권력 개념을 지탱하는 확장된 인류학의 요약, 그리고『독신자들의 무도회』(2002a)를이끄는 사회분석의 원리들. 한마디로 이 책은 장차 도래할 다른 현장, 다른조사, 다른 책들을 '품고' 있었다. 비단 부르디외의 것만이 아니라 다른 연구자들의 것까지 말이다. 이 연구자들은 국가나 분과 학문의 경계를 넘어,부르디외 사회학과 '물신숭배 없는 관계'를 구축하면서 이 책이 담고 있는도구들을 전유한다. 부르디외 역시 철학·사회과학의 위대한 사상가들과그러한 관계를 맺었으며, 그것은 그의 생산성의 비결 가운데 하나였다.

지식인과 연구자들은, 그들 교육 과정의 논리에 의해, 과거로부터 전승된저작들을 우리가 관조하고 숭배하고 찬양할 보물로, 즉 문화로 다룰 태세를 갖추고 있다. 그들은 그러한 행위 자체로 스스로의 가치를 드높이면서,그 저작들을 단순한 나르시시즘의 충족 또는 상징적 배당금을 생산하는자본으로서 다루는 것이다. 어떤 효과들을 생산하기 위해 연구에 투여하는 생산적인 자본으로서가 아니라 말이다. (Bourdieu, 1986h: 42)

이는 『성찰적 사회학으로의 초대』가 학문적 영묘(지적인 기념비는 더더욱 아니다)로의 진입구가 아닌, 사회학 작업실의 문이 되고자 한다는 이야기이다. 그 문에는 부르디외가 사람들을 만났다 헤어질 때면 즐겨 하곤 했던 권유의 말이 휘갈겨 쓰여 있다. "자, 일하러 갑시다!"

2014년 5월 버클리와 파리에서

| 차례 |

1부

사회적 실천론을 향해

부르디외 사회학의 구조와 논리

마음 속 깊은 곳의 난제를 파악하는 것은 어려운 일이다. 표면적으로만 이해되기 때문에 난제는 단순히 그 상태로 남게 된다. 그것은 뿌리째 뽑아야만 한다. 그리고 그렇게 하면서부터야 비로소 우리는 새로운 방식으로 생각하기 시작할 것이다. 이는 예컨대 연금술적 사고방식에서 화학적 사고방식으로의 변화만큼이나 결정적인 것이다. 새로운 사고방식이 자리 잡는 것은 매우 어려운 일이다. 일단 새로운 사고방식이 자리 잡게 되면, 낡고 오래된 문제들은 사라진다. 사실 그것들은 다시 생각해 내기조차 어려워진다. 왜냐하면 그 문제들이 우리가 스스로를 표현하는 방식과 함께 가는 것이기 때문이다. 따라서 만약 우리가 새로운 표현 형식의 옷을 입으면 오래된 문제들은 예전의 낡은 옷과 함께 버려진다.

— 루트비히 비트겐슈타인, 「문화와 가치」

지난 30년간 피에르 부르디외가 내놓은 광범위한 저작은 2차 세계대전 이후 가장 상상력이 풍부하면서도 생산적인 사회 이론 및 연구물의 하나로 떠올랐다. 장기간에 걸친 태동기가 끝난 뒤 가파르게 높아져 가고 있는 그 영향력은 학문적으로는 인류학, 사회학, 교육학에서부터 역사, 언어학, 정치학, 철학, 미학 그리고 문학에 이르기까지 그리고 지리적으로는 프랑스 인접 국가들로부터 동유럽, 스칸디나비아, 아시아, 라틴 아메리카, 그리고 미국으로까지 꾸준히 확대되고 있다.[1] 부르디외의 거의 백과사전적인 연구 업적oeuvre[2]은 현재 사회과학에서 일반적으로 받아들여지는 사고방식과 영

1 1992년까지 이루어진 부르디외 작업에 대한 이차 분석들, 그리고 인문사회과학의 다양한 분야에서 그 작업의 영향력을 드러내는 저작들의 구조적 표본을 보려면, 이 책 영어판의 원주와 부록들을 참고하라. Bourdieu & Wacquant 1992: 2~3, 269~312.
2 사피로와 부스타만테의 집계에 따르면, 1958년부터 2008년까지 나온 부르디외의 프랑스어 저작은 모두 37권이며, 42개국에서 34개 언어로 번역, 출간되어 있다. G. Sapiro & M. Bustamante, "Translation as a Measure of International Consecration : Mapping the world distribution of Bourdieu's books in translation", *Sociologica*, 2/3, 2009, doi: 10.2383/31374. —옮긴이

역 분할에 다층적인 도전을 가하고 있다. 이는 그의 연구가 분과 학문의 경계선을 완전히 무시하고 (농민, 예술, 실업, 학교교육, 법, 과학, 문학의 연구로부터 친족, 계급, 종교, 정치, 스포츠, 언어, 주택, 지식인, 그리고 국가에 대한 분석까지) 대단히 넓은 스펙트럼의 전문적인 탐구 영역을 넘나들면서, 수고로운 민족지적 설명에서 통계 모델, 그리고 추상적인 메타 이론과 철학적 논쟁에 이르는 다양한 사회학적 스타일을 혼합하는 능력을 가지고 있기 때문이다.

그런데 부르디외의 기획이 기존 사회과학을 동요시킨다면, 이는 그것이 더 심층적인 수준에서 사회과학을 양분시키는 어떤 고질적인 대립 쌍양쪽 다에 걸쳐 있으려고 끈질기게 노력한다는 점에서 비롯한다. 그러한 대립 쌍에는 주관주의적 지식 양식과 객관주의적 지식 양식 사이의 해결불가능해 보이는 적대라든지, 상징적인 것에 대한 분석과 물질적인 것에 대한 분석 사이의 분리, 그리고 이론과 조사 연구 사이의 계속되고 있는 분리가 포함된다(Bourdieu 1972a[2000]; 1973a; 1980a). 이러한 분리를 종합 내지 지양하려고 시도하는 과정에서 부르디외는 그 구분들을 해소할 수 있는 일련의 개념적이고 방법론적인 장치들을 연마함으로써 최근 이론적 논의의 광장에서 무대 중앙을 차지했던 두 가지 이분법을 버리기에 이르렀다. 그중 하나가 구조와 행위자성agency의 이분법이고, 다른 하나가 미시와 거시 분석의 이분법이다.[3] 변덕스러운 지적 유행은 아랑곳하지 않은 채, 부

---

3 구조/행위자성 문제에 관해서는 Giddens 1987a[1984], Alexander 1988, Sztompka 1991: 5~27, Sewell 1992 참조. 미시-거시의 퍼즐에 관해서는 Collins 1981a와 1987, 그리고 Alexander et al. 1987을 참고. 우리가 나중에 논의하겠지만, 어떤 저자들이 그렇게 하듯이 (Karp 1986: 132~134; Miller & Branson 1987; Coenen 1989; Münch 1989: 1; Wiley 1990: 393; Sewell 1992), 부르디외의 '실천 이론'과 기든스의 '구조화 이론'을 연결 짓는 것은 작위적이고 기만적인 일이다. 구조화 이론은, 그 창시자가 강조하고 있듯이(Giddens 1990: 310), 주로 사회

르디외는 실천 ——특히 상징권력 ——에 대한 통일된 정치경제학의 가능성을 부단히 역설해 왔다. 이는 현상학적 접근과 구조적인 접근을 효과적으로 결합시켜 보편적인 적용 가능성을 지닌, 통합적이고 인식론적으로 일관된 사회적 탐구 양식을 만든다. 이는 칸트적 의미에서 인간학Anthropologie이지만, 타자의 실천을 이론적으로 설명하는 분석가의 활동 자체를 명시적으로 포괄하고 있다는 점에서 [다른 것들과는] 분명하게 구별되는 것이다 (Bourdieu 1982a; 1984a).

그럼에도 불구하고 역설적으로, 범위와 목적 모두에서 매우 광범위하고 체계적인 이 연구는 '잡다한 것'으로 이해되고 뒤섞여 왔다. "여러 분야를 가로지르는 풍부하고 통일적인 이론 체계, 그리고 관련된 경험 연구들에 대한 단편적이고 부분적인 흡수는 (……) 이론을 심각하게 오독하는 위험을 초래할 수 있다"고 경고한 간햄과 윌리엄스(Garnham & Williams 1980: 209)의 지적은 선견지명임이 드러났다. 부르디외의 몇몇 개념(예를 들어 문화자본)이 특정한 조사 연구나 이론화의 영역에서 작업하는 미국 사회과학자들에 의해 널리 그리고 종종 상당한 결실을 거두며 사용되어 왔다면,[4] 부르디외의 작업은 총체적으로는in globo 여전히 잘못 이해되고 있으

존재론과 개념화의 이슈들에 관심을 갖는다. 부르디외의 이론적 운동을 추동하는 힘은 언제나 새로운 경험적 대상과 씨름하려는 욕망이었으며, 그는 개념 도식을 세련화하는 일에는 거의 관심을 보이지 않았다. 더욱이 부르디외의 실천 이론은 기든스(1979, 1987a)의 구조화 이론보다 적어도 십 년 정도 앞선 작업이며, 상이한 철학적 질문에 뿌리를 두고 있다(『실천 이론 개요』[1972]를 잘 읽고 소화했던 기든스[1986]가 비록 최근에 부르디외 기획의 진원지를 이루는 객관주의와 주관주의의 대립에 집중하고 있지만 말이다).

4 '문화자본' 개념은 일찍부터 미국과 영국의 많은 연구자들에 의해 이용되었다. 그 중 대표적인 학자들로는 굴드너(Alvin Gouldner 1979), 콜린스(Randall Colins 1979, 1987), 쿡슨과 퍼셀 (Cookson & Persell 1985a), 셸리니(Iván Szelényi 1988; Martin & Szelényi 1987), 디마지오(Paul DiMaggio 1982), 페더스톤(Mike Featherstone 1987a, b), 그리고 어리(John Urry 1990)를 꼽을 수 있다. [문화자본 관련 연구들의] 부분적인 개관을 위해서는 Lamont & Lareau 1988을 참조.

며 그것의 효율적인 이용과 내적 논리는 파악하기 어려운 상태로 남아 있다. 그것이 촉발시킨 상반된 반응, 당황스러울 만큼 뒤죽박죽인 해석, 서로 양립할 수 없는 비판들이 이를 증명한다. 그것이 대서양을 가로질러 수입되는 과정에서 편집되고 파편화되는 양상 역시 그렇다.

그리하여, 아주 단순화하자면, 영어권 국가들에서 부르디외 저술의 수용은 지금까지는 세 가지 중심점을 둘러싸고 공전하는 중이며, 각각의 중심점은 그의 주요 저서들 가운데 하나에 의해 설정되어 있다.[5] 교육과 계층 전문가들은 『재생산』(원서는 1970년, 영역본은 1977년에 출간) 주변에 모여든다. 그들은 부르디외를 재생산 이론reproduction theory의 사도로 만들기에 이른다. 이러한 시각을 직접적으로 반박하는 부르디외의 작업들, 특히 프랑스 식민주의의 마지막 발악으로 요동친 알제리 사회의 격변에 관한 그의 저작들에 대해서는 아무것도 모르는 채 말이다. 인류학자들은 부르디외의 알제리 민족지들, 그리고 『실천 이론 개요』(원서는 1972년, 영역본은 대폭 개정된 내용으로 1977년 출간)에 담긴 하비투스와 상징자본 이론에 집중하고 그것을 정전화한다. 하지만 그들은 동일한 이론이 선진 사회들에 적용되면서 어떻게 정련되었는지에 대해서는 주의를 기울이지 않는다. 문화, 소비, 그리고 계급을 연구하는 사회학자들은 『구별 짓기』(원서는 1979년, 영역본은 1984년 출간)에 주목한다. 이들은 (지식인이나 언어 같은) 연관 주제들에 관한 부르디외의 사회학적 작업들이라든지 고유한 인류학적 연구들을 간과한다. 각각의 해석자 집단은 다른 집단을 무시한다. 부르디외의 방대한 탐구를 이들 영역과 다른 영역으로 연결시켜 주는 이론적이고 실질

---

5 좀더 상세하고 섬세한 조사는 「미국에서의 부르디외: 대서양을 가로질러 이루어진 사회 이론 수입에 관한 노트」에서 볼 수 있다(Wacquant 1993).

적인 유기적 연관성을 파악하는 사람은 별로 없다. 그 결과, 최근 부르디외 저술의 번역이 급작스럽게 증가하고 그에 관한 2차 문헌이 아주 광범위하게 확산되며 빠르게 성장하고 있는데도 불구하고, 부르디외는 여전히 수수께끼 같은 지성으로 남아 있다.

이 책의 본론으로 이어지는 이 서설에서 나는 부르디외의 과업 수행에 통일성과 추진력을 부여하는 중심 가설과 목적 들의 큰 그림을 그려 보기를 제안한다. 미리 간단히 말해 보자. 부르디외는 객체와 주체, 의도와 원인, 물질성과 상징적 재현 간의 분리를 거부하는 비-데카르트적인 사회존재론에 바탕을 둔다. 그러고서 그는 사회학이 물적 구조에 대한 객관주의적 물리학이나 인지 형식에 대한 구성주의적 현상학으로 힘없이 축소되는 것을 극복하기 위해 양자를 아우르는 발생 구조주의를 주창한다. 이를 위해 그는 엄격한 의미에서의stricto censu 이론 그 자체보다는, 사회학적 방법을 체계적으로 발전시킨다. 이러한 방법은 본질적으로 문제를 제기하는 방식 속에 존재하는 것이며, 또 연구 대상을 구축하고 하나의 탐구 영역에서 발견한 지식을 다른 영역으로 이전하기 위한 일련의 검박한 개념 도구와 절차들 속에 존재하는 것이다.[6] "조사 연구의 구체적 대상은, 그것이 아무리 중요하다 해도, 사실 (……) 거기 적용된, 그리고 무궁무진한 또 다른 대상

---

6 "사회학이란 현상적으로 상이한 것들을 그 구조와 기능에서 유사한 것으로 생각하는 기술이며, 종교 장처럼 하나의 구성된 대상과 관련해 확증된 것을 일련의 새로운 대상들, 즉 예술 장, 또는 정치 장 등등에로 전이시키는 기술이다"(Bourdieu 1982a: 40~41). 메리 더글러스(Mary Douglas 1981: 163)는 "부르디외의 주된 관심사가 자신의 방법에 있다"는 점을 발견한다. 부르디외의 저작에 대한 브로디(Broady 1990)의 광범위한 분석은 그것이 사회에 대한 일반 이론으로서보다는 사회학적 지식의 형성 이론으로서 주로 파악되어야 한다고 결론짓는다. 사회 과학의 공간에서 이러한 [사회학적 지식의 형성] 이론은 자연과학과 수학의 역사와 철학에서 (바슐라르, 캉길렘 그리고 카바이에스의 이름과 연관되는) 역사적 인식론의 전통에 상응한다.

들에 적용될 수 있을 방법보다는 덜 중요하다"(Bourdieu & de Saint Martin 1982: 50). 왜냐하면 방법은 지속적이며 전이 가능한 과학적 하비투스의 구조 안에 새겨지기 때문이다.[7]

여기서 두 가지 사항에 대한 주의가 필요하다. 첫째, 부르디외의 연구와 아래 나오는 '일종의 사진과 같은' 해설 사이에는 어떤 모순, 적어도 강력한 긴장이 존재한다. 부르디외의 작업은 계속 진행 중이다. 시대를 넘나들고 분석 공간을 가로지르며 그는 순환적이면서도 나선형으로 전진하는 사유 방식을 펼쳐 낸다. 그는 고르디우스의 매듭이 되는 동일한 문제, 대상, 그리고 현장을 끊임없이 다시 탐구하며 수정한다.[8] 그런데 다음에 나오는 선형적인 해설 기법은 여러 정식들을 인위적으로 동기화同期化함으로써 이러한 운동을 '고정'시키는 경향이 있다. 사실 그 정식들은 부르디외의 상이한 지적 발전 단계에 조응하는 것이며, [각각의 단계에 따라] 이론적 정교함의 정도가 들쭉날쭉하다는 점을 확실히 보여 주는 것이다. 비록 부르디외 사유의 중심 의도와 단층선은 이미 1960년대 중반에 확고하게 자리가 잡혔지만, 그의 작업에는 여전히 의미심장한 변화와 방향 전환, 단절이 존재한다. 한데 여기서 그런 것들은 얼버무려질 것이다. 마찬가지로 그 이론 구

---

7 로저스 브루베이커(Rogers Brubacker 1993: 23)가 지적하듯이, "우리는 부르디외의 저작에서 나오는 개념, 명제, 그리고 이론을 우선 논리적 조작의 대상과 논리적 속성의 담지자로서가 아닌, 특수한 지적 습성 혹은 일단의 습성들의 지시체로 다룸으로써 부르디외를 가장 유익하게 읽을 수 있다. 개념 또는 명제가 일반적이고 추상적일수록 그것을 이런 성향 중심적 방식으로 읽는 것은 더 중요하다".

8 Hacker et al. 1990과 Vervaëck 1989는 부르디외의 사상이 어떻게 나선형처럼 진보하는지를 지적한다. 『독신자들의 무도회』(Bourdieu 2002a)는 이러한 절차를 가장 잘 보여 주는 저작이다. 거기서 부르디외가 동일한 대상, 동일한 자료들을 1962년, 1971년, 1989년 세 차례에 걸쳐 대결하기 때문이다. 그런데 이러한 대결은 시간이 흐름에 따라, 더욱 강력하고 응축된 개념 장치와 더불어 이루어진다.

조의 내적 역학은 소극적으로만 다루어질 것이다.[9]

둘째, 영미권 사회과학 장에서 중요한 위치를 차지하고 있는 연구자들과 부르디외를 대비시키거나 나란히 놓거나 혹은 그들 간의 계보를 따지는 일은, 영미권의 부르디외 수입을 종종 훼손시켜 온, 일종의 성급한 환원론적 읽기를 무의식 중에 부추길지도 모른다(Wacquant 1993). 장들의 국가적 경계를 넘어서는 지적 생산물의 '번역'은 친숙하게 만들기와 낯설게 하기의 변증법을 동반한다. 이는 나름의 위험 부담을 안고 있다. 억지 유사성과 실제로 무언가를 알려 주는 상동성 사이에는 미묘한 경계선이 있다. 또 형식, 내용, 그리고 계보상으로 명료성 및 접근 용이성, 그리고 정확성 및 충실성 간에 균형을 잡기란 까다로운 노릇이다. 원칙적으로 나는 명료성과 접근 용이성을 택했다. 아무리 해박하고 요령 있다 해도 주석가의 공시적인 설명보다는 부르디외의 과학적 실천의 실제 운동에 부르디외의 중요성이 있다는 점을 독자들이 명심할 것이라고 믿으면서 말이다.

1. 사회물리학과 사회현상학의 대립을 넘어서

부르디외(1989a: 7)에 의하면, 사회학의 책무는 "사회적 우주를 구성하는 다양한 사회 세계들의 가장 심연에 묻혀 있는 구조, 그리고 그것의 재생산 또는 변형을 보장하는 경향이 있는 '메커니즘'을 밝혀내는 것이다". 이 우주는 그 구조들이 말 그대로 '이중의 삶'을 영위한다는 점에서 특별하다.[10] 그것들은 두 번 존재한다. '일차적 객관성'과 '이차적 객관성' 속에서. 전자는 사회적으로 희소한 재화와 가치의 전유 수단과 물적 자원(부르디외의 기술적 용어를 빌리자면, 자본 유형)의 분포로 이루어진다. 후자는 사회적 행위자들의 실제 활동——행위, 생각, 느낌 그리고 판단——을 위한 상징적 주형으로 기능하는 정신적·신체적 도식schemata인, 분류 체계systems of classification의 형태로 이루어진다. 사회적 사실은 사물인데, 이는 현실 속에서는 또한 지식의 대상이기도 하다. 인간은 자신을 만드는 세계를 또 의미 있는 것으로 만들기 때문이다.[11]

그러므로 "집단 및 계급 간 권력 관계와 의미 관계의 체계"라는 이차원으로 이해되는 사회에 대한 과학은[12] 필연적으로 이중의 읽기를 수행해야만 한다. 좀더 정확히 말하면, 그것은 각각의 읽기가 지니는 인식상의 미덕에 편승하면서도 양쪽 모두의 결점을 비켜 가는 이중 초점의 분석 렌즈들의 세트를 정교하게 만들어야 한다. 첫번째 읽기는 사회를 사회물리학의 방식으로 다룬다. 즉 사회를 외부에서 파악되는 객관적 구조로 취급하는 것이다. 그 접합 양상들은 구조 안에 살고 있는 사람들의 표상과는 독립해

---

9 예를 들면, 1966년 논문(Bourdieu 1966c)에서 이루어진 '계급 조건과 계급 위치' 간의 결정적인 구분에 의해 닻을 내린 동일한 관계 중심적 틀의 넓은 범위 안에서, 우리는 사회 공간에 근원을 둔 역사적 구성으로서의 계급 개념이 초기에서 후기로 진화해 간 뚜렷한 흔적을 추적할 수 있다(Bourdieu 1979a; 1984b; 1984c; 1987k; 1991g; 상론을 위해서는 Eder 1989 참고). 사소한, 혹은 장식적인 듯 보이는 용어상의 변이들(이해관심에서 일루지오로, 지배 계급에서 권력장으로, 문화자본에서 정보자본으로, 또는 근래에는 하비투스에서 코나투스conatus로)은 종종 중요한 분석적인 정련과 변화를 암시한다. [이와 관련해서는 다음 논문을 참조할 것. 로익 바캉, 「상징권력과 집단 형성: 피에르 부르디외의 계급 문제 재구성에 관하여」, 이상길·배세진 옮김, 『언론과 사회』 21권 2호, 2013년 여름, 34~69쪽.]

10 사회의 '이중적 객관성' 개념은 부르디외 1980a(9장, 「주관적인 것의 객관성」), 1979a(결론), 그리고 1978c에서 가장 상세하고 정교하게 설명된다.

11 "사회과학은 뒤르켐의 가르침을 따라 '사회적 사실을 사물처럼 다룰' 수 없다. 사회적 사실이 바로 사회적 존재의 객관성 안에서 지식이나 인정(혹은 단지 오인)의 대상이라는 사실에 빚지고 있는 모든 것을 놓치지 않고자 한다면 말이다"(Bourdieu 1980a: 233; Bourdieu 1987c와 1987k도 보라).

12 이는 『재생산』에서 부르디외와 파스롱(Bourdieu & Passeron 1970: 20)이 '사회 구성체'social formation에 대해 내린 정의이다.

서 구체적인 관찰, 측정, 개관이 가능하다. 이러한 객관주의적 혹은 '구조주의적' 관점(이는 프랑스에서는 『자살론』*La Suicide*의 뒤르켐이 압축적으로 그 전형을 보여 주었으며, 부르디외가 처음 자기 이론의 중심 명제들을 기초했을 무렵에는 소쉬르 학파의 언어학, 레비-스트로스의 구조주의, 그리고 부수적으로는 알튀세르 학파의 맑스주의가 실례를 제공했다)의 강점은 '사회 세계의 투명성이라는 허상'을 약화시키는 데 있다.[13] [사회 세계에 대한] 상식적인 지각과 단절함으로써 그 관점은 사람들이 "그들의 사회적 존재를 생산하기" 위해 불가피하게 들어가게 되는 "일정한 관계"(맑스)를 드러낼 수 있다. 통계학, 민족지, 혹은 형식적인 모델링과 같은 도구 덕분에 외부의 관찰자는 "행위자들이 자기만의 멜로디를 즉흥 연주하고 있다고 믿으며 수행하는 행동을 조직하는, 성문화되지 않은 악보"(Bourdieu 1980b: 89)를 해독할 수 있으며, 그들이 복종하는 객관적 규칙성을 규명할 수 있다.

객관주의적 관점의 주된 위험은 그것이 그러한 규칙성의 발생 원리를 결여하고 있기 때문에 모델에서 현실로 미끄러지는 경향이 있다는 것이다. 즉 이 관점은 규칙성을 역사적 행위자처럼 '행동'하는 능력을 부여받은 자율적인 실체인 양 간주함으로써 자신이 구성하는 구조들을 물상화하는 경향이 있다. 그것은 실천을 분석가가 정립한 모델의 단순한 실행으로,

---

13 부르디외에 따르면, 맑스, 뒤르켐, 베버는 역사와 사회 체계에 대한 그들의 이론을 가르는 다양한 차이를 넘어, 사회학적 지식 이론에서 상호 수렴한다. 특히 그들은 모두 '비의식non-consciousness의 원칙'에 동의한다. 그것은 모든 사회 구성원이 자생적으로 갖게 되는 '투명성의 허상'에 맞서서, 사회 생활이 개인의 생각이나 의도로 환원될 수 없는 원인들에 의해 설명된다고 주장한다. 부르디외는 설명하기를, "만일 객관적 과학으로서 사회학이 가능하다면", 그것은 "주체들이 그들 행위가 지닌 의미의 전부를 의식에 즉각적으로 주어진 것datum으로서 갖지 못하며, 그들 행위는 언제나 그들이 알거나 바라는 것 이상의 의미를 포괄하기" 때문이다(Bourdieu et al. 1965: 18).

소극적으로밖에는 파악할 수 없다. 그리하여 객관주의는 행위자들 실천에 대한 (스콜라적) 시각을 그들의 마음에까지 투사하게 된다. 이 실천은, 역설적이지만, 객관주의가 방법론적으로 행위자들이 실천에 대해 가지는 경험을 제쳐 놓기 때문에 밝혀낼 수 있었던 것이기도 하다.[14] 이처럼 객관주의는 그것이 실재를 포착하는 바로 그 운동 속에서 그것이 파악한다고 주장하는 실재의 일부를 파괴한다. 극단적으로 밀어붙여질 경우, 객관주의는, 알튀세르와 풀란차스Nichos Poulantzas의 구조주의적 맑스주의가 잘 보여 주듯이, 대용 주체ersatz subject를 만들어 내고, 개인이나 집단이 마치 독립적인 자기 논리를 기계적으로 수행하는 [사회적] 힘forces의 수동적 담지자인 양 묘사할 수밖에 없다.

이러한 환원론의 함정에 빠지지 않기 위해 사회에 대한 유물론적 과학은 행위자들의 의식과 해석이 사회 세계의 완전한 현실을 구성하는 필수요소라는 점을 인정해야만 한다. 진실로 사회는 객관적 구조를 갖는다. 그러나 그 못지않게 사회는 결정적으로 (쇼펜하우어의 유명한 표현을 빌자면) '표상과 의지'Darstellung und Wille로 구성된다. 중요한 것은 개인들이 세계에 대해 실천적 지식을 갖고 있으며, 그들의 일상적 활동에 이 지식을 투여한다는 사실이다. "자연과학과 달리, 총체적 인간학은 객관적 관계들의 구성에만 매달릴 수 없다. 의미의 경험은 경험의 총체적인 의미의 요체이기 때문이다"(Bourdieu et al. 1965: 20).[15]

---

14 구조주의 인식론의 중심에 놓여 있는 '스콜라적 오류'는 Bourdieu 1980a: 43~70와 1990g, 그리고 이 책 2부 1절에서 논의된다. 부르디외(1997a)가 『파스칼적 명상』에서 과학, 미학, 도덕 영역에서의 스콜라적 추론 착오의 세 형식에 관해 발전시킨 내용을 또한 참고하라.
15 달리 말하면, "사회 세계에 대한 지식은 이 세계에 대한 실천적 지식을 고려해야 한다. 이 실천적 지식은 그것[사회 세계에 대한 지식] 이전에 존재한다. 사회 세계에 대한 지식이 비록 처음 단계에서는 실천적 지식이 제공하는 이해관계가 걸려 있는 부분적인 표상들represen-

주관주의적 혹은 '구성주의적' 관점(이는 『존재와 무』L'Être et le néant의 사르트르에 의해 과잉된 형식으로 표현된 바 있으며, 오늘날에는 그것의 문화주의적 변형인 민속방법론ethnomethodology과 합리주의적 변형인 합리적 선택 이론rational-choice theory의 특정한 조류들에 의해 대표된다)은 이러한 '이차적 객관성'에 주목한다. 구조주의적 객관주의와는 대조적으로, 이 관점은 사회적 실재란 "일상의 조직화되고 숙련된artful 실천들"을 통해 사회 세계를 지속적으로 구성해 나갈 능력을 가진 사회적 행위자들의 "끊임없는 우연한 성취"(Garfinkel 2007[1967]: 11)라고 주장한다. 사회현상학의 렌즈를 통해 보자면, 사회는 세상을 즉각적으로 친숙하고 의미 있는 것으로 받아들이는 기민한 개인들이 수행하는 결정, 행위, 그리고 의식의 인식 작용이 빚어내는 우연한 산물로 나타난다. 이러한 관점의 가치는 사회를 지속적으로 생산하는 과정에서 세속적인 지식, 주관적 의미, 그리고 실천적 능력이 담당하는 역할을 인식하는 데 있다. 다시 말해, 사람들은 "사회적으로 승인된 전형화typifications와 적절성relevances 체계"를 통해 그들의 "생활 세계"life-world에 의미를 부여하는데, 사회현상학은 그러한 체계와 행위자성에 당당한 자리를 준다(Schutz 1970).

그러나 부르디외에 따르면, [사회물리학과의 종합을 통해] 재구성되지 않은 사회현상학은 적어도 두 가지 중요한 약점에 시달린다. 먼저 사회 구조를 개별적인 전략과 분류 행위의 단순한 총합으로서 이해하는 것[16]은 그

---

tations에 맞서서 구성되어야 하지만, 언제나 그 대상 속에 실천적인 지식을 포함할 수 있어야만 한다"(Bourdieu 1979a: 544).

16 버거와 루크만(Peter Berger & Luckmann 1996[1966]: 50)은 전형적으로 사회 구조를 "[사회적으로 승인된] 전형화들 그리고 그것들을 수단으로 정립된 반복적인 상호작용 유형들의 총합"으로 규정한다. 블루머(Blumer 1969)는 사회를 "상징적 상호작용"으로서 정의함으로써 유사한 개념을 옹호한다. 이는 가핑클(Garfinkel 2007[1967]: 33)이 "조직화된 사회적 배열은 [행위

것들이 영속시키거나 혹은 도전하는 객관적 결합체configurations에 대한 설명을 불가능하게 만든다. 그러한 결합체가 어떻게 자기 재생력을 갖는지, 또 어떻게 새로운 형상으로 변형되는지를 설명할 수 없는 것이다. 또한 이러한 종류의 사회적 한계주의social marginalism[17]는 무슨 이유로, 무슨 원칙들에 따라 실재의 사회적 생산 작업 자체가 생산되는지를 설명하지 못한다.

행위에 대한 기계론적 시각에 맞서서 사회적 행위자들이 개인적으로나 집단적으로 사회적 실재를 구성한다는 사실을 떠올린다면 그것은 좋은 일이다. 하지만 우리는 상호작용론자나 민속방법론자들이 종종 그러는 것처럼, 사회적 행위자들이 이러한 [실재의] 구성 작업에서 작동시키는 범주들을 스스로 구성하지 않았음을 잊지 않도록 유의해야만 한다. (Bourdieu 1989a: 47)

총체적인 사회과학은 행위자를 '부재 중'으로 만드는 기계론적 구조주의와 더불어, 사람들을 오로지 "과잉 사회화된 '문화적 얼간이'"[18]라는 불완전한 형태나 호모 이코노미쿠스가 좀더 세련되게 환생한 형태로만 인식하는 목적론적 개인주의를 모두 다 버려야 한다. 객관주의와 주관주의, 기계론과 목적론, 구조적 필연성과 개인적 행위자성은 잘못된 이분법이다. 서로 짝을 이루는 이들 반대어에서는 하나가 나머지 다른 하나를 강화한

자들 간 서로] 협의된 과업 수행으로서 상황의 조직 방식에 대한 설명 가능성accountability을 완수하기 위한 다양한 방법들로 이루어진다"(강조는 바캉)고 주장할 때와 같은 방식이다.
17 여기서 한계주의는 엄밀하게 주관적이며 개인주의적인 기초 위에서 정치경제학을 다시 사유하고자 했던 접근을 가리킨다. 그것은 자본주의의 합리성을 경제적 행위자의 주관적인 합리성으로부터 추상해 낸 순수한 합리적 선택 이론으로 발전시켰다. ― 옮긴이
18 롱(Wrong 1961)과 가핑클(Garfinkel 2007[1967])의 두 가지 유명한 표현을 결합한 것.

다. 다시 말해, 이들 대립 쌍은 인간 실천에 대한 인간학적 진실을 알기 어렵게 만드는 데 공모하고 있다.[19] 이러한 이원론들을 초월하기 위해 부르디외는 겉보기에만 적대적인 패러다임들의 '세계 가설'world hypothesis(Pepper 1942)로 기능하는 것을, 내생적으로 이중적인 사회 세계의 실재를 다시 포착하기 위한 분석 형식의 계기들로 변환시킨다. 그 결과 생겨나는 사회적 실천론social praxeology은 '구조주의적' 접근과 '구성주의적' 접근을 함께 엮는다.[20] 첫째, 우리는 객관적 구조(위치 공간spaces of positions)를 구성하기 위해 [그와 관련된] 세속적 표상들은 따로 제쳐 둔다. 객관적 구조는 사회적으로 효율적인 자원들의 분포를 가리키는데, 이는 상호작용과 표상에 가해지는

---

19 인류학에서 이러한 대립은 1960년대와 1970년대에 한편으로는 상징인류학(기어츠Clifford Geertz, 슈나이더Joseph W. Schneider, 터너Victor Turner, 살린스Mashall Sahlins)과 레비-스트로스식 구조주의(리치Edmund Leach, 니담Rodney Needham, 메리 더글러스), 다른 한편으로는 문화생태론(바이다Andrew P. Vayda, 래포포트Roy Rappoport, 해리스Marvin Harris)과 정치경제적이며 구조주의적인 맑스주의 접근(볼프Eric Wolf, 블로크Maurice Bloch, 메이야수Claude Meillassoux, 고들리에Maurice Godelier, 조나단 프리드만Jonathan Friedman, 준 내쉬June Nash) 사이의 양극화된 적대 관계 속에서 구체화되었다. 1960년대에 인류학자들 간에 있었던 '신랄한 논쟁'에 대한 셰리 오트너(Sherry Ortner 1984)의 요약은 사회학에서 객관주의 브랜드와 주관주의 브랜드 지지자들(예를 들어 네트워크 이론가들과 상징적 상호작용론자들, 또는 도시 이론에서 인간생태론자들과 탈근대적 해체의 옹호자들)을 정기적으로 싸우게 만드는 논쟁과 놀랄 정도의 유사성을 보여 준다. 이를테면 "문화생태론자들은 상징인류학자들을 비과학적이고 입증 불가능한 주관적 해석의 고공비행에 몰두하는 멍청한 유심론자로 간주한 반면, 상징인류학자들은 문화생태론자들이 칼로리를 계산하고 강수량을 측정하면서, 인류학이 확립한 하나의 진실, 즉 문화가 모든 인간 행동을 매개한다는 진실을 기꺼이 무시하는 어리석고도 척박한 과학주의에 빠져 있다고 여겼다. '유물론'과 '관념론', '단단한'hard 접근과 '무른'soft 접근, 해석적인 '내부자 관점'emics과 설명적인 '외부자 관점'etics 간의 이원론적인 투쟁이 장을 지배했다".

20 자신의 작업에 이름을 붙여 달라는 요청을 (1986년 캘리포니아 대학 샌디에이고 캠퍼스에서 강연 도중에) 받은 부르디외(1987c)는 '구조주의적 구성주의'structuralist constructivism라는 용어를 택하는데, 곧바로 그는 자기 이론에 나타나는 (객관주의적이며 주관주의적인) 두 계기의 변증법적인 접합을 강조하기 위해 '구성주의적 구조주의'constructivist structuralism라는 정반대의 이름을 붙인다. 거의 같은 시기에 독일 연구자들과 가진 대담에서 그는 (이론적 '꼬리표 게임'의 위험성을 한껏 경고하면서) '발생 구조주의'genetic structuralism라는 표현을 제안한다.

외적 제약을 규정하는 것이다. 둘째, 우리는 행위자들의 즉각적이고 생생한 경험을 다시 끌어들인다. 이는 그들 행위를 안으로부터 구조화하는 지각과 평가 범주(성향)를 설명하기 위해서다. 비록 분석의 이 두 계기가 똑같이 필요할지라도, 이들이 동등하지는 않다는 점은 강조되어야 한다. 인식론적 우선성은 주관주의적 이해보다 객관주의적 단절에 주어진다. 주관주의적 입장에서 세계에 대한 실천적 이해를 분석하기에 앞서 선관념들에 대한 체계적 거부라는 뒤르켐의 '사회학적 방법'의 첫번째 원칙[21]이 적용되어야만 한다. 행위자들의 관점은 그들이 객관적 사회 공간에서 점유하는 위치에 따라 체계적으로 변할 것이기 때문이다(Bourdieu 1979a, 1987c).[22]

2. 분류 투쟁, 그리고 사회 구조와 정신 구조의 변증법

진정한 인간 실천의 과학은 단순히 사회 위상학 위에 현상학을 겹쳐 놓는 것만으로는 만족할 수 없다. 그것은 또한 행위자들이 일상생활에서 이용

---

21 뒤르켐(Durkheim 1988[1895]: 32)은 『사회학 방법의 규칙들』에서 "사회학자는 (……) 그의 연구 목적을 결정하는 순간이나 논증 전개의 과정에서 전혀 비과학적인 필요로 과학 외부에서 발생한 개념들을 사용하기를 단호히 거부해야만 한다. 그는 보통 사람의 마음을 지배하는 그릇된 생각들에서 벗어나야만 한다. 다시 말해, 그는 오래 지속된 습관으로 인해 폭군이 되어 버린 이 경험적 범주들의 멍에를 단호하게 내던져 버려야 한다"고 단언한 바 있다.

22 사회에 대한 부르디외의 시각은 이따금씩 스터트번트William C. Sturtevant나 굿이너프Ward Goodenough가 수행했던 인지인류학이나 민속방법론의 그것에 가까워 보일 수도 있다(『국가 귀족』La nobless d'État에서 자세히 설명된 '교수식scholarly 분류의 형식'에 대한 분석을 참고). 하지만 부르디외의 시각은 사회적 분류법의 변별적 내용과 활용 양상을 물질적 구조의 객관성 속에 근거 짓는다는 점에서 다른 것들과 구별된다. 시쿠렐은 부르디외와 민속방법론 사이의 이러한 간극을 좁혀 오고 있다. 그는 커뮤니케이션 과정에 관한 연구에서 기저에 깔려 있는 문화자본의 불평등한 분포를 고려한다.

하는 지각과 평가의 도식을 규명해야만 한다. 이들 도식(상황, 전형화, 해석 절차에 대한 정의)은 어디에서 오며, 사회의 외적 구조들과 어떻게 연관되는가? 바로 여기에서 우리는 부르디외의 사회학을 정초시키는 두번째 기본 가설과 만난다.

> 사회 구조와 정신 구조 사이, 즉 사회 세계의 객관적인 분리 ——특히 다양한 장에서의 지배 세력과 피지배 세력 간의 분리 ——와 행위자들이 사회 세계에 적용시키는 시각과 구분의 원리principes de vision et de division 사이에는 일정한 상응 관계correspondence가 존재한다. (Bourdieu 1989a: 7)

이는 물론 1903년 뒤르켐과 모스(Durkheim & Mauss 1903)가 그들의 고전적인 연구인 「분류의 원초적 형식」에서 제시한 생산적인 개념을 다시 정식화하고 일반화한 것이다. 『사회학 연보』*Année sociologique*의 창시자와 그의 조카는 이 글에서 원시 사회에서 작동하는 인지 체계는 사회 체계의 파생물이라고 주장했다. 즉 이해 범주는 집합 표상collective representations이며, 근본에 있는 정신 도식은 집단의 사회 구조를 따라 유형화된다는 것이다. 부르디외는 사고 체계의 '사회중심주의'sociocentrism라 할 수 있는 뒤르켐의 테제를 네 가지 방향으로 확장한다. 첫째, 그는 전통적인 공동체에서 관찰되는 인지 구조와 사회 구조 사이의 상응 관계는 선진 사회에서도 나타나며, 그 상동성은 대부분 학교 체계의 기능 작용에 의해 생산된다고 주장한다(Bourdieu 1967b).[23] 뒤르켐과 모스는 (나중에 마르셀 그라네Marcel

---

23 부르디외는 "분화된 사회에서 학교 체계는 사고 체계 ——이는 겉보기에 좀더 세련된, '분류의 원초적 형식'에 지나지 않는다 ——가 생산되는 장소들 중 하나다"라고 쓰고 있다. 교육 체

Granet가 추구했던) 중국 사상에 관한 그들의 분석, 그리고 그들 논문[「분류의 원초적 형식」]의 결론 부분에서 사상의 사회적 발생sociogenesis이 호주와 북미 대륙의 부족 사회들보다 좀더 발전된 사회 구성체들에서도 일어난다는 것을 암시한다. 그러나 그들은 이 대담한 가설을 그들 자신의 사회, 특히 자신들의 사상에는 적용하지 않았다. 부르디외(1982b: 10~11)가 지적한 것처럼, "「분류의 원초적 형식」의 저자[여기서는 뒤르켐]는 자신이 『교육 사상의 진화』The Evolution of Pedagogical Thought에서 제시했던 학교 체계의 사회사를 교수식professorial 판단 범주들에 대한 발생사회학으로 개념화하지 않았다. 그가 [이 발생사회학에] 필요한 모든 도구들을 제공했음에도 불구하고 말이다."

둘째, 뒤르켐과 모스의 분석은 분류 체계의 사회적 결정 요인을 설명하는 논리적 메커니즘을 결여하고 있는데(Needham 1963: xxiv), 부르디외는 사회적 분리와 정신 도식이 발생적으로 연결되어 있기 때문에 구조적인 상동성을 띤다고 주장한다. 달리 말하면, 정신 도식은 사회적 분리가 체화된 산물에 지나지 않는다는 것이다. 특정한 사회적 조건에 누적적으로 노출되면서 개인에게는 기존하는 사회 환경의 필연성을 내면화하는, 지속적이고 전이 가능한 성향의 총체가 서서히 자리 잡는다. 이는 유기체 내부에 외부 실재의 유형화된 타성과 제약들을 새기는 것이다. 만일 이차적 객관성의 구조(하비투스)가 일차적 객관성의 구조가 체화된 판본이라면, "객

계는 "학교 교육이 보급된 사회에서 교양인들의 사유를 조직하는" 도식들이 생산되는 장소이다. 이 점에서 그것은 "교육 제도가 없는 사회에서 무의식적 도식들이 [수행하는 것과] 동일한 기능을 수행한다"(Bourdieu 1967b: 369). 이는 교육에 대한 부르디외의 관심 이면에 있는 근본적인 이유이다. 학교 체계에 관한 그의 연구들은 상징권력의 사회학에서 상당한 비중을 차지한다. 상징권력은 지배 구조를 자연스러운 것으로 만드는 분류 체계를 부과하고 주입하는 권력으로 정의된다(Bourdieu 1989a, 그리고 Bourdieu & Passeron 1970: 1부를 참고).

관적 구조에 대한 분석은 논리적으로 주관적 성향의 분석으로까지 이어질 수 있으며, 이로써 통상 사회학과 사회심리학 간에 잘못 설정되어 있는 대립은 타파될 것이다"(Bourdieu & de Saint Martin 1982: 47).[24] 진정한 사회 과학은 객관적 규칙성, 그리고 객관성의 내면화 과정 모두를 포괄해야만 한다. 그 과정을 통해서 행위자들은 실천에 끌어들이는 시각과 구분의 초개인적이며 무의식적인 원리들을 구성하는 것이다.

셋째, 가장 결정적인 것으로, 부르디외는 뒤르켐식 개념화와는 입장을 달리하면서 사회 구조와 정신 구조 사이의 상응 관계가 아주 중요한 정치적 기능을 수행한다고 주장한다. 상징 체계는 인식의 도구일 뿐 아니라 지배의 도구(맑스에서의 이데올로기, 그리고 베버에서의 신정론theodicies)이기도 하다. 인지적 통합을 작동시키는 상징 체계는 바로 그 자체의 논리에 의해 자의적 질서에 기초한 사회적 통합을 촉진한다.

> 사회 질서의 유지는 결정적으로 (……) 사회 세계에 대한 지각 범주들의 조화로운 편성orchestration에 의해 강화된다. 이는 기존 질서의 구분에 (고로 그 질서의 지배자들의 이해관심[25]에) 맞추어 조정된 것이며, 그 구조에 따라 구조화된 모든 정신에 공통된 것이기에 스스로 객관적 필연성이라는 외양을 띠고 나타난다. (Bourdieu 1979a: 549~550; 1971c 또한 참고)

---

24 코넬(Connell 1983: 153)이 보기에 부르디외는 '현실주의적 사회심리학'에의 길을 열어 준다.
25 여기에서 이해관심은 interest를 번역한 것이다. 경제학적 의미에서의 이해관계와 심리학적 의미에서의 흥미를 동시에 가리킨다는 이유에서 이해관심으로 옮겼다. 부르디외가 비판하는 경제학이나 공리주의에서의 interest는 이해관계라고 옮겼는데, 이는 이해관심과 동일한 원어를 문맥에 따라 달리 옮긴 것이다. ─옮긴이

우리는 사회적으로 구성된 분류 도식들을 통해 능동적으로 사회를 구성한다. 이 도식들은 그 발생 원천이 된 구조가 계급, '민족' 집단 또는 젠더 간 주어진 세력 균형의 우연한 역사적 부산물이 아니라, 마치 자연적이고 필연적인 것인 양 표상하는 경향이 있다.[26] 그러나 만일 상징 체계가 세계를 만드는 데 기여하는 사회적 산물이며 사회 관계를 단순히 반영하는 것이 아니라 구성하는 데 이바지한다는 점을 인정한다면, 우리는 세계의 표상을 변화시킴으로써 제한된 범위에서나마 세계를 변화시킬 수 있다 (Bourdieu 1980k, 1981d).

결과적으로—이는 부르디외가 뒤르켐의 문제 틀로부터 출발해 나아간 네번째 방향이다—분류 체계는 투쟁에서 하나의 내기물이 된다. 그것은 정치와 문화 생산의 장에서 일어나는 개별적이거나 집단적인 경쟁에서뿐만 아니라, 판에 박힌 일상생활의 상호작용 속에서 개인들, 집단들을 대립시키는 내기물이다. 계급 사회에서 집단의 표상을 조직하는 사회적 분류법(직업이나 급여 수준 등등)은 "매 순간 계급 간 권력 관계에 의해 생산되며 그 안에서 문제가 된다"(Bourdieu 1987k: 10; Bourdieu & Boltanski 1975b; Bourdieu 1979a와 1984b).

이와 같이 부르디외는 뒤르켐식 구조 분석을 분류 체계의 형성, 선별 그리고 부과에 대한 발생적이면서도 정치적인 사회학으로 보완한다. 사회

---

26 부르디외(1986c: 13)가 그의 법률 분석에서 서술한 바와 같이, "우리가 [머릿 속에서] 사회 세계를 구성하는 근간에 자리한 지각과 평가의 도식은 집합적인 역사적 노동에 의해 생산되는데, 바로 그 세계의 구조를 토대로 삼은 상태에서만 생산된다. 다시 말해 역사적으로 구성된 구조화된 구조로서 우리의 사고 범주는 세계를 생산하는 데 기여하지만 이미 존재하고 있는 구조들과 조응하는 한도 내에서만 그러하다". 그는 다른 글에서는 이렇게 쓴다. 분류 체계는 "지식의 도구라기보다는, 사회적 가능에 종속된, 그리고 다소 공공연하게 한 집단의 이해 충족에 맞춰진 권력의 도구이다"(Bourdieu 1979a: 556).

구조와 인지 구조는 순환적이며 구조적으로 연결되어 있다. 양자 사이에 성립하는 상응성은 사회적 지배의 가장 군건한 버팀목 가운데 하나를 제공한다. 계급, 그리고 그밖에 서로 대립하는 사회적 집합체들은 그들의 특수한 이해관심에 가장 부합하는 세계 정의definition를 부과하기 위한 투쟁에 지속적으로 관여한다. 지식사회학 또는 문화 형식의 사회학은 그로써eo ipso 정치사회학인 것이며, 다시 말해 상징권력의 사회학인 것이다. 사실 부르디외의 작업 전체는 다양한 형태의 상징폭력이 지배 구조의 재생산과 변형에 어떻게 구체적으로 기여하는지를 밝히는 유물론적 인간학으로 해석될 수 있을지도 모른다.

3. 방법론적 관계주의

구조 또는 행위자, 체계 또는 행위 주체, 집합적인 것 또는 개인적인 것의 존재론적 우위를 주장하는 모든 형태의 방법론적 일원론에 반反하여, 부르디외는 관계의 우위를 주장한다. 그가 보기에, 이러한 이분법적 대안들은 사회 현실에 대한 상식적인 지각을 반영하는데, 이는 사회학이 스스로에게서 걸어 내야만 하는 것이다. 그러한 지각은 바로 우리가 쓰는 언어 속에 담겨 있으며, 그것은 "관계보다는 사물, 과정보다는 상태를 표현하는 데 더 적합하다"(Bourdieu 1982b: 35). 사회적인 것에 대한 관계적 개념화의 또 다른 결연한 옹호자인 노르베르트 엘리아스(Elias 1991b[1970]: 134)는 일상 언어 때문에 우리는 "행위 주체와 그의 행위, 구조와 과정, 혹은 대상과 관계를 자기도 모르게 개념적으로 구별하게" 되는데, 이는 실제로는 우리가 사회적 짜임새의 논리를 파악하지 못하게 만든다고 역설한다.[27] 관계 대신에 실체substance를 선호하는 이러한 언어적 성향은 사회학자들이 사회 세계에 대한 재현에서 언제나 다른 전문가들과 경쟁하고 있다는 사실에 의해 강화된다. 그들 가운데 특히 정치인과 미디어 전문가들은 상식적 사고에 대해 기득권을 가진다. 개인과 사회 간의 대립(그리고 방법론적 개인주의와 구조주의라는 이분법으로 나타나는 [그 대립의] 번역)은 사회학을 괴롭히는 '통념의 명제들'endoxic propositions 가운데 하나이다. 왜냐하면 그것들은 정치적·사회적 대립 쌍들에 의해 끊임없이 되살아나기 때문이다(Bourdieu 1991e). 사회과학이 이들 양극단 사이에서 하나를 선택할 필요는 없다. 사회적 실재라는 것 ─구조라는 것, 그에 못지않게 행위라는 것, 그리고 그것들의 교차점으로서 역사라는 것 ─은 관계 속에 존재하기 때문이다.

따라서 부르디외는 방법론적 개인주의와 방법론적 전체주의 모두를 기각하며, '방법론적 상황주의'[28] 안에서 그것들을 초월하려는 잘못된 시도역시 기각한다. 그의 사회학적 시각의 핵심을 형성하는 관계 중심적 관점은 새로운 것이 아니다. 그것은 '다원 발생적이고 다형적인', 폭넓은 구조

---

27 (벤저민 리 워프Benjamin Lee Whorf에 따르면) 유럽 언어가 지니는 "과정 축약적"process-reduction 특징, 그리고 그것을 강화시키는 실증주의적 과학철학은 왜 "우리가 항상 탁자와 의자 또는 냄비와 프라이팬처럼, '개인'과 '사회'를 두 가지 별개의 것인 양 [생각하게] 만드는, '개인 그리고 사회'같은 어리석은 개념적 구분을 만들어 내야 한다고 느끼는가"를 설명해 준다(Elias 1991b[1970]: 134; 1991a[1987], 1부). 사회학적 사고의 장애물로서 일상 언어에 대한 부르디외와 엘리아스의 강조 뒤에는 카시러, 특히 '과학적 사고의 발달에 대한 언어의 영향'에 관한 그의 분석이 공통분모로 자리하고 있는 것처럼 보인다(Cassirer 1946[1942]).

28 (경제학자 조지프 슘페터Joseph Schumpeter가 만든 용어인) 방법론적 개인주의methodological individu alism는 모든 사회 현상이 원칙적으로 개인들의 목표, 믿음 그리고 행위로 엄밀하게 설명 가능하다고 믿는다. 반대로 [방법론적] 전체주의는 사회 체계가 그 구성 부분들의 속성으로부터는 나올 수 없는 창발성emergent properties을 갖고 있으며 사회적 설명은 체계의 수준에서 출발해야 한다고 주장한다. 방법론적 상황주의methodological situationalism는 상황 지어진 상호작용이 지니는 창발성을 분석의 핵심 단위로 취한다(Knorr-Cetina 1981: 7~15).

주의 전통의 요체이다. 뒤르켐과 맑스에게까지 거슬러 올라갈 수 있는 이 전통은 전후 피아제Jean Piaget, 야콥슨Roman Jakobson, 레비-스트로스 그리고 브로델Fernand Braudel의 연구에서 결실을 맺었다(Merton 1975: 32).[29] 이에 대한 가장 간결하고 명확한 표현은 아마도 『정치경제학 비판 요강』*Die Grundrisse*에서 맑스가 쓴 다음 문장일 것이다. "사회는 개인들로 이루어지지 않는다. 사회는 개인들이 그 속에 존재하는 관계와 연결의 총합을 나타낸다"(Marx 1967[1858]: 212).[30] 부르디외에게 특별한 것은 바로 그러한 개념화를 열정적이며 저돌적으로 펼쳐 낸다는 점이다. 이는 그의 핵심 개념들인 하비투스, 장(혹은 사회 공간), 상징권력이 모두 관계의 '다발'을 가리킨다는 사실에서 입증된다. 장은 특정한 권력(혹은 자본) 형식 안에 닻을 내린 위치들 간의 객관적·역사적 관계의 집합으로 이루어진다. 한편 하비투스는 정신적이며 육체적인 지각, 평가, 행위 도식—이 도식은 일련의 상동적 대립에 따라 구성된다—의 형태로 생물학적 개인의 신체 속에 '침전된' 역사적 관계의 집합으로 이루어진다. 상징폭력은 정신 구조와 사회 관계 구조 사이의 사유되지 않은 공모 관계 속에서 태어난다. 그것은 사회 관계로부터 나오며 (또는) 거기에 적용된다.

---

29 부르디외(1980a: 11; 또 1968b를 보라)는 구조주의가 "실체론적substantialist 사고방식과 단절함으로써, 우리가 각각의 요소를—그것과 나머지 모든 요소를 그것의 의미와 기능이 파생되는 체계 속으로 통합시키는—관계들에 의해 특징짓도록 만드는 구조적 방법, 즉 좀더 간단히 말해 관계적 사고방식을 사회과학에 도입해 왔다"고 긍정적으로 평가한다.

30 버텔 올먼(Bertell Ollman 1976: 14)은 "관계야말로 맑스의 실재 개념에서 모든 단위의 더 이상 환원 불가능한 최소 인자이다. 이것이야말로 맑스주의를 이해하려 할 때 우리가 겪게 되는 핵심적 어려움인데, 맑스주의의 주제 대상은 단순히 사회가 아니라 '관계적'으로 개념화된 사회이다"라고 주장한 바 있다. 일본의 철학자 히로마쓰 와타루広松渉는 체계적이고 직설적인 카시러식 맑스 읽기를 통해 이 점을 부각시킨다(부르디외, 히로마쓰, 이마무라 사이의 대화 참고[Bourdieu & Hiromatsu & Imamura 1991]). 맑스에서 레비-스트로스에로 이르는 구조주의 전통의 사례를 위해서는 다음을 참고(DeGeorge & DeGeorge 1972).

필립 에이브럼스Philip Abrams, 마이클 만Micheal Mann 그리고 찰스 틸리 Charles Tilly와 마찬가지로, 부르디외는 '사회'라는 공허한 개념을 타파하고 장과 사회 공간이라는 개념들로 그것을 대체한다. 그에게 분화된 사회란 체계적 기능, 하나의 공통 문화, 교차하는 갈등 혹은 모든 것에 우선하는 권위에 의해 통합된, 이음매 없이 매끈한 총체가 아니다. 그것은 상대적인 자율성을 갖는 '자유로운 활동' 영역들의 총체를 말한다. 이 영역들은, 자본주의가 되었건 근대성이 되었건 혹은 탈근대성이 되었건 간에, 전체적인 사회 논리 아래로 완전히 흡수될 수 없다. 근대 자본주의에서의 사회적 삶을 경제적, 정치적, 미학적, 그리고 지적인 '생활 영역들'life-orders로 구분하는 베버(Weber 1995[1920~1922]: 11~50)의 생활 영역Lebensordnungen 개념처럼, 각각의 장은 그 자체의 고유한 가치를 규정하고 자기만의 규제 원리를 갖는다. 이들 원리는 사회적으로 구조화된 공간[장]의 경계를 표시한다. 그 안에서 행위자들은 자신들이 점유하는 위치에 따라 그 공간의 경계와 형태를 변화시키거나 보존하기 위해 투쟁한다. 이 간결한 정의의 중심에는 두 가지 속성이 놓인다. 우선 장은 (자기장과 마찬가지로) 객관적 힘들의 유형화된 체계이다. 그것은 특수한 중력을 가진 관계적 배치relational configuration로, 그 중력은 장에 진입하는 모든 대상과 행위자에게 부과된다. 장은 프리즘과도 같이 내부 구조에 따라서 외부의 힘을 굴절시킨다.

장 안에서 발생한 효과는 무정부적인 행위들의 순수한 합계도, 잘 조율된 계획의 통합적인 산출물도 아니다. (……) 의도와는 정반대의 결과라든지 아니면 누적된 행위들의 객관적이고 집합적인 효과가 드러내는 초월성transcendence의 기초에 있는 것은 기계적 총합aggregation의 단순한 효과가 아니라, 바로 게임의 구조이다.[31] (Bourdieu 1986c: 19)

동시에 장은 갈등과 경쟁의 공간이다. 여기서 장은 전장battlefield과 유사하며, 참여자들은 장 내에서 효력이 있는 자본 유형 ─예술 장에서의 문화적 권위, 과학 장에서의 과학적 권위, 종교 장에서의 성직의 권위 등등─을 독점하고 권력 장에서 모든 권위 형식들 간의 위계와 '태환율' conversion rates을 제정할 권력을 독점하기 위해 경쟁한다.[32] 이 투쟁의 과정에서 장의 형태와 경계는 주요한 내기물이 된다. 자본 형식의 분포와 상대적 비중을 조정하는 것은 장의 구조를 변형시키는 것에 버금가기 때문이다. 이는 어떤 장에든 유연성과 역사적 역동성을 부여하여 고전적인 구조주의의 완고한 결정론을 피할 수 있게 해준다. 예를 들어, 1970년대 프랑스 정부 주택 정책의 지역 시행에 관한 연구에서 부르디외는 '관료제적 게임', 즉 겉보기에는 융통성 없는 공무원 사회의 조직 논리조차 상당한 불확실성과 전략적 상호작용을 허용한다는 것을 보여 준다. 그의 주장에 의하면, 모든 장은 "개연성 ─보상, 이익, 이윤, 혹은 제재─의 구조로 나타나지만 언제나 비결정성의 정도를 내포하고 있다. (……) 아주 두드러진 규칙과 규제의 우주에서조차 게임의 규칙을 가지고 노는 것은 규칙의 핵심적인 부분이다"(Bourdieu 1990c: 88~89).

---

31 새뮤얼슨Paul Samuelson이 '구성 효과'composition effects라 부르고 부동Raymond Boudon이 '사악한 효과'effect pervers라 부른 것(즉 행위의 의도되지 않은 결과를 가리키는 두 이름)은 사실상 장의 구조적 효과인 것이다. 그 특수한 논리는 각각의 개별 사례에서 경험적으로 드러날 수 있고 또 그래야만 한다. 장의 배치가 어떻게 외부적 힘과 변화(특히 형태론적morphological 변화)의 궁극적인 효과를 결정하는지 예증해 주는 연구로는 Bourdieu 1987g, 1984a; 1987e; Bourdieu & de Saint Martin 1982 참고. 이것들은 차례로 예술 장, 학문 장, 엘리트 학교[그랑제콜] 장, 그리고 종교 장에 관한 것이다. 더 심도 깊은 역사적 예증을 위해서는 Viala 1985, Fabiani 1988, 그리고 Charle 1990을 참고.

32 권력 장은 다른 장들(문학 장, 경제 장, 과학 장, 행정 장 등)을 부분적으로 포괄하기 때문에 그것들과 같은 수준에 위치하지 않는다는 점을 주목하라. 그것은 다수의 특수한 창발적 속성들을 지닌 일종의 '메타 장'으로 생각되어야 한다(Bourdieu & Wacquant 1993).

그렇다면 사회적 삶은 어째서 그토록 규칙적이며 그토록 예측 가능한 것일까? 만일 외부 구조가 기계적으로 행위를 제약하지 않는다면, 무엇이 행위에 패턴을 부여하게 될까? 하비투스 개념이 이에 대한 해답의 일부를 제공한다. 하비투스는 행위자들 안으로부터 작동하는, 구조화하는 메커니즘이다. 비록 그것이 딱히 개별적이지도 않고, 그 자체로 행위를 완전히 결정짓는 것도 아니지만 말이다. 부르디외에 따르면 하비투스는

행위자가 언제나 예측 불가능하고 변화하는 상황에 대응할 수 있게 해주는 전략 생성의 원리이자 (……) 지속적이고 전이 가능한 성향 체계로서, 과거의 경험들을 통합하면서 매 순간 지각, 평가, 행위의 매트릭스로 기능하며, 한없이 다양한 과업의 수행을 가능하게 만든다.[33] (Bourdieu 1972a[2000: 257, 261])

외부 구조가 내면화된 결과로서 하비투스는 대체로 일관성 있고 체계적인 방식으로 장의 유인력에 반응한다. 체화를 통해 개별화된 집단적인 것, 혹은 사회화에 의해 '집합화된' 생물학적 개체로서 하비투스는 설의 '작동 중인 의도'(Searle 1985[1983]: 특히 3장)[34]라든지 촘스키Noam Chomsky의 '심층 구조'deep structure와 유사하다. 다만 이 심층 구조는 인류학적 불변항이 아니라 역사적으로 구성되고 제도적으로 정초된, 그러므로 사회

---

33 하비투스는 "우선 구조와 같은 단어들에 가까운 의미를 지니는 조직 행위의 결과를 표현한다. 그것은 또한 존재 방식, (특히 신체의) 습관적 상태, 그리고 각별히 성향, 경향, 성벽 또는 기질을 지칭한다"(Bourdieu 1972a[2000: 393, 각주39]).
34 모티어(Mortier 1989)는 부르디외의 작업을 행위를 감안한 방식으로 이루어진 구조주의적 문제 틀의 재정의로 해석한다. 이는 의례적 행동을 포함하기 위해 화행론을 일반화하는 형식적 실천론formal praxeology으로 이어진다.

적으로 가변적인 생성적 매트릭스라는 점을 제외한다면 말이다(Bourdieu 1987k). 그것은 합리성을 작동시키는데, 이 실천적 합리성은 역사적인 사회 관계 체계에 내재하며, 따라서 개인을 초월하는 것이다. 하비투스가 '관장하는' 전략들은 체계적이지만 동시에 임시적인 것인데, 그것들이 특수한 장과 만남으로써 '유발되기' 때문이다. 하비투스는 창조적이고 독창적이지만 그 구조의 한계 내에서 그러하다. 그것은 하비투스를 생산해 낸 사회 구조가 몸 안에 침전된 것이다.

이런 식으로 하비투스와 장, 이 두 개념은 서로와의 관련 속에서만 완전하게 기능한다는 부가적인 의미에서 관계적이다. 장은 알튀세르식 맑스주의에서처럼 단순히 죽은 구조, '비어 있는 장소들'의 집합이 아닌, '게임의 공간'이다. 이 공간은 그 안에 진입한 게임 참여자들이 장이 제공하는 보상의 가치를 믿으며 그것을 능동적으로 추구하는 한에서만 그렇게 존재한다. 그러므로 장에 대한 적절한 이론은 사회적 행위자에 대한 이론을 요구한다.

행위, 역사, 그리고 구조들의 보존이나 변화가 있는 것은 오로지 행위자가 있기 때문이다. 그런데 이 행위자는, 사람들이 통상 개인individual이라는 관념 아래 떠올리는 것으로 환원되지 않기 때문에, 활동적이며 또한 효능을 발휘한다. 사회화된 유기체로서 그는 게임에 들어가 참여할 수 있는 기질과 능력 모두를 함축하는 성향의 총체를 부여받은 존재이다. (Bourdieu 1989a: 59)

거꾸로 말하면, 하비투스 이론은 행위자들의 조직화된 즉흥성을 위한 여지를 갖는 구조 개념 없이는 불완전한 것이다. 이러한 즉흥성의 '사회적 기술'art social(모스)이 무엇으로 이루어지는지를 이해하기 위해 우리는 부르디외의 사회적 존재론을 되짚어 볼 필요가 있다.

4. 실천 감각의 모호한 논리

부르디외의 행위 철학은 외적인 것과 내적인 것, 의식적인 것과 무의식적인 것, 신체적인 것과 담론적인 것 사이의 분명한 경계를 거부한다는 점에서 일원론적이다. 그것은 지향intention 없는 지향성intentionality, 인지 의향 없이 생겨나는 지식, 그리고 행위자가 사회 세계 안에 계속 빠져 있기 때문에 얻게 되는, 그 세계에 대한 전반성적prereflective이며 의식 아래에서 작용하는 능숙성infraconscious mastery을 포착하려 한다. 다형적 학습의 결실인 이 실천적 능숙성이야말로 인간의 사회적 실천을 규정하는 고유한 속성이다(부르디외는 바로 이러한 이유로 스포츠에 이론적 흥미를 갖는다. 그 예로, Bourdieu 1987d).

비트겐슈타인의 후기 철학뿐만 아니라, 후설Edmund Husserl, 하이데거 Martin Heidegger 그리고 메를로-퐁티Maurice Merleau-Ponty의 현상학을 선택적으로 빌려 오면서, 부르디외는 데카르트식 사회적 존재론의 이원성 ──신체와 정신, 이해와 감성, 주체와 객체, 즉자En-soi와 대자Pour-soi 사이 ──을 거부한다. 이는 "단지 존재한다는 사실에 의해 우리가 접촉하게 되는, 그리고 어떠한 객관화에도 앞서서 우리가 불가분 지니고 가게 되는 사회적인 것으로 되돌아가려는"(Merleau-Ponty 1976[1945]: 415) 목적에서다. 그는 특히 신체를 실천적 지향성의 근원이자 전객관적인preobjective 경험 수준에 기초한 상호 주관적 의미의 원천으로 복구하기 위해, 주체와 대상 간 전객관

적 접촉의 내생적 육체성intrinsic corporeality에 대한 메를로-퐁티의 아이디어
에 의지한다. 부르디외의 사회학은 "세계와 우리 삶의 자연적이고 선술어
적인antéprédicative 통일성"(Merleau-Ponty 1976[1945]: xxiii)[35]의 현상학을 구
현하는 구조사회학이다. 이는 사회화된 신체를 하나의 대상이 아니라, 생
성적이고 창조적인 이해 능력의 저장고로, 구조화하는 잠재력을 부여받은
'신체역학적 지식'kinetic knowledge(Jackson 1983)의 담지자로 다룸으로써
가능해진다.

사회적 행위자와 세계 사이의 관계는 주체(또는 의식)와 대상 간의 관
계가 아니다. 그것은 사회적으로 구성된, 지각과 평가의 원리로서 하비투스
와 그것을 결정하는 세계 사이의 "존재론적 공모"ontological complicity ――혹
은 부르디외가 최근 설명했듯이 상호적 "들림"possession(Bourdieu 1989a:
10) ――의 관계이다. '실천 감각'은 전객관적이며 비정립적nonthetic[36]인 수준

---

35 "신체는 사회 세계 안에 있지만 사회 세계는 신체 안에 있다"(Bourdieu 1982b: 38). 이 말을
메를로-퐁티(Meraleau-Ponty 1976[1945]: 466~467)의 다음 말과 비교해 보자. "안과 밖은 완
전히 분리될 수 없다. 세상은 전적으로 내부에 존재하며 나는 전적으로 내 자신의 외부에 존
재한다." 이러한 관점에서 부르디외의 기획은 리쾨르(Ricœur 1977: 158)가 정의한 해석사회
학interpretive sociology 기획과는 대척점에 서 있다. "해석사회학의 임무는 상호 주관적 경험
의 전객관적 층위에 '객관성'을 (……) 근거 지으며, 그러고서 사회학이 다루는 대상들의 자
율성이 이러한 전객관적 영역에서 어떻게 생겨나는지를 보여 주는 것이다." 부르디외에게
있어 사회학은 현상학을 포섭해야 하지만, 그것을 한쪽으로 밀어둠으로써가 아니라, 하비투
스 구성의 발생론적 분석을 통해 역사적이며 객관적인 구조 속에 상호 주관성을 정초함으로
써 그렇게 해야 한다. 실천 감각의 논리를 설명하기 위해 메를로-퐁티를 많이 인용함으로써
나는 부르디외가 그의 사회학적 상속자임을, 때로는 그 현상학자의 정신과 문자 그대로의
저작 내용에 양립 불가능한 방식으로 혁신을 가한 상속자임을 시사하고자 한다. 특히 부르
디외는 실천 감각의 주관주의적 이해를 뛰어넘어, 그 객관적인 구조와 작동 조건들(혹은 오
스틴이 말하는 의미에서의 적정 조건들)의 사회적 발생을 탐구한다.
36 후설의 '현실적 의식'과 '잠재적 의식'의 구분에 대응해, 사르트르는 '정립적 의식'과 '비정립
적 의식'의 구분을 제시한다. 의식이 '어떤 것에 대한 의식'이라면, 그것은 특정한 대상을 대
상으로서 정립하는 의식인 동시에, 그 대상 이외의 것을 명확히 대상으로서 정립하지 않는

에서 작동한다. 다시 말해, 그것은 우리가 대상을 그러한 것으로 보기 전에 [즉 대상화하기 전에] 우리를 안내하는 사회적 감수성을 표현한다.[37] 그것은 세계에 내재하는 경향성을 자연스럽게 예기anticipate함으로써, 세계를 의미 있는 것으로 구성한다. 마치 대단한 '필드 통찰력'field vision을 갖춘 구기 선수처럼 말이다. 그는 한창 경기 중일 때면 상대편과 자기편 선수들의 움직임을 순간적으로 감지하면서, 계산적 이성이나 뒷생각——그것은 요컨대 순간적으로 분별력 있게 개입할 수 있는 그의 능력을 없애 버릴 수도 있다—— 없이 '영감에 따라' 행동하고 반응하는 것이다. 축구 선수에 관한 메를로-퐁티의 예는 여기서 길게 인용할 만한 가치가 있다. 그것이 우리의 하비투스가 장——우리가 그 안에서 성장해 가는——과 짝을 이룰 때마다 세상과 우리의 절묘한 만남을 이끌어 주는 이 '개념 없는 응집성'을 아주 명료하게 나타내기 때문이다.

경기 중인 축구 선수에게 축구장은 '대상'이 아니다. 즉, 그것은 [상이한] 관점에서 비롯하는 시야의 무한한 다양성을 불러일으킬 수 있으면서도, 겉보기에 달라진다 한들 실제로는 똑같이 남아 있는 이상적인 항이다. 축구장은 세력선들('야드 라인': '페널티 구역'을 경계 짓는 선)로 가득 차 있으

방식으로 의식한다. 예컨대 내가 책을 읽을 때, 나는 책을 대상으로 정립하면서 동시에 스스로 책을 읽고 있다는 것을 비정립적으로 의식한다. 정립적 의식은 항상 자신에 대한 비정립적 의식이기도 하다. 이처럼 대상을 지향하는 사르트르에게 자기를 의식하지 않는 의식은 존재하지 않는다. ——옮긴이

37 "세상에 대한 개인의 근본적, 비성찰적 친숙성으로서 습관은 명확한 지식 대상을 의도적으로 결정하기 위한 선행 조건이다. (……) 프로그램된 '반응'도, 관례화된 행위도 아니다. 즉 습관은 민감한 세상에 대한 체화된 민감성이며 이러한 점에서 그것은 경험 안에서 행위 가능성의 장을 제공한다"(Ostrow 1990: 10).

며, 섹터들(예를 들면, 경쟁자들 간 '오프닝')로 접합된다. 섹터들은 특정한 행위 양식을 요구하며, 선수에게 마치 무의식적인 듯한 행동을 이끌어 낸다. [경기]장 자체는 선수에게 주어진 것이 아니라, 그의 실천적 의도의 내재적 항으로서 현존한다. 달리 말해, 선수는 장과 함께 하나가 되고 이를테면, '골'의 방향을 자기 몸의 수직, 수평면들처럼 즉각적으로 느낀다. 의식이 이러한 환경milieu 속에 깃들어 있다고 말하는 것만으로는 충분치 않을 것이다. 이 순간, 의식은 환경과 행위의 변증법이나 다름 없다. 선수가 수행하는 매번의 기동술은 장의 특성을 변화시키며 새로운 세력선들을 구축한다. 행위는 그 속에서 펼쳐지고 이뤄지면서, 다시 현상의 장champ phénoménal을 바꾸어 놓는다. (Merleau-Ponty 1977[1942]: 82~83)[38]

'실천 감각'은 미리 안다. 그것은 장이 품고 있는 미래의 가능한 상태들을 현 상태 안에서 읽어 낸다. 왜냐하면 하비투스 속에서는 과거, 현재 그리고 미래가 서로 교차하며 침투하기 때문이다. 하비투스는 몸 안에 기거하는 가상의 "침전된 상황"(Mallin 1979: 12)으로 이해될 수 있을 것이다. 그것은 다시 활성화되기를 기다린다.[39] 그러나 위의 인용은 부르디외의 실천

---

38 우리는 신체와 세계 사이의 이러한 상호 이해와 즉각적 공존을 예시하기 위해 『존재와 시간』 Sein und Zeit에 나오는 하이데거의 유명한 망치의 사례를 들 수도 있을 것이다. 망치의 능숙한 사용은 그것의 도구성에 대한 의식적인 이해 그 이상과 그 이하를 모두 전제한다. 즉 그것은 망치의 구조에 대한 지식 없이도 그 구체적인 기능에 숙달되어 있는 상태를 함축한다. 재즈 즉흥연주의 논리에 관한 서드나우(Sudnow 1978)의 민속방법론적 탐구, 시적 즉흥성의 기술을 구슬라(유고슬라비아의 음유시인)가 어떻게 훈련했는지에 대한 로드(Lord 1960)의 분석, 일상생활에서 수학의 사용에 대한 레이브(Lave 1989)의 인류학, 그리고 복싱 기술의 습득에 대한 바캉(Wacquant 1989)의 민족지 등은 그러한 실천적 숙련성에 대한 경험적 해설을 제공한다.

39 "시간의 장에서 습관은 우리의 속성이다. 그것이 기능함으로써 과거, 현재 그리고 미래가 구체화된다"(Kestenbaum 1977: 91).

론과 메를로-퐁티의 행동 이론 사이의 두 가지 결정적 차이점을 부각시키고 있기에 또한 흥미롭다. 후자에서는 어떤 객관적인 계기도 존재하지 않으며, 축구 '경기장'은 행동하는 행위자의 관점에서 엄밀하게 파악된, 순수하게 현상적인 형식으로 남아 있다.[40] 이는 결국 선수의 주관주의적 이해 그리고 객관적인 결합체 및 그 밑에 깔려 있는 게임 규칙 ─ 규칙은 그것이 범해질 때 심판의 개입에 의해 알려진다 ─ 간의 쌍방향적 관계에 대한 탐구를 막는다. 다시 말해, 뒤르켐식의 객관주의와 다른 방향에서이기는 하지만 그것과 마찬가지로, 메를로-퐁티의 철학은 내적 구조와 외적 구조, 여기서는 (특수한 학습에 의해 얻어진) 선수의 게임 감각과 (객관적인 가능성의 공간으로서) 경기장의 실제 구조 간에 단단한 분석적 연결고리를 만들 수 없다는 어려움을 겪는다. 더욱이 축구에서 심판에 의해 강제되는 규정들은 투쟁의 대상이 아니며, 운동장의 경계선 역시 각 팀 간(또는 선수들과 게임에 참여하고 싶어 할 수도 있는 관객들 간) 논쟁의 주제가 아니다. 요컨대, 메를로-퐁티는 이중으로 이루어지는 게임의 주관적 구조와 객관적 구조의 사회적 발생에 대해서는 침묵하고 있다.

마지막으로 중요하게 강조할 점은 하비투스에 의해 생겨난 행위 노선들은 규범적 혹은 사법적 원칙에서 도출되는 행위의 규칙성을 가지고 있지도 않고, 가질 수도 없다는 것이다. 이는 "하비투스가 불명확한 것 그리고 모호한 것과 한통속이기 때문이다. 끊임없이 새로워지는 상황에 대한 임기응변 속에서 스스로를 드러내는 생성적인 자발성으로서 하비투스는 실

---

40 여기서 메를로-퐁티의 '장'이라는 용어를 부르디외의 개념(프랑스어로 champ)과 혼동하지 않도록 주의해야만 하는데, 메를로-퐁티의 용어는 단순히 축구 경기장(프랑스어로 terrain)을 뜻하며, 어떠한 이론적 지위도 갖지 않는다.

천 논리, 즉 불분명한 것의 논리, 그럭저럭의 논리를 따른다. 이 논리야말로 [사람들이] 세상과 맺는 일상적 관계를 규정하는 것이다"(Bourdieu 1987a: 96). 그러므로 우리는 하비투스의 산물들이 실제로 담고 있는 논리 이상을 위해 그것들을 탐색하는 일을 삼가야 한다. "실천의 논리는 논리적이 된다는 것이 실천적[실용적]이기를 멈추는 지점까지만 논리적이다"(Bourdieu 1987a: 97~98).[41] 사회학의 남다른 어려움은 부정확하고 불분명하고 구불구불한 현실에 대한 엄밀한 과학을 생산해 내야 한다는 데 있다. 이를 위해 그 개념들은 경직되게 정의되고 환산되고 이용되기보다는 다형적이고 유연하고 융통성 있는 편이 더 낫다.[42]

부르디외는 하비투스와 장의 개념을 통해 개인적 자발성과 사회적 제약, 자유와 필연성, 선택과 의무라는 그릇된 문제들을 버리게 되며, 양극화되고 이원적인 사회적 존재론을 강요하는 개인 대 구조, 미시분석(블루머 Herbert Blumer, 콜먼) 대 거시분석(블라우Peter Blau, 스카치폴Theda Skocpol)이라는 흔한 양자택일을 피해 가게 된다.[43] "구조와 행위자, 달리 말해 사물로 대상화된 혹은 사람으로 체화된 어떤 소유물/속성들properties의 의미와 가치를 만드는 장과 그렇게 규정된 게임 공간에서 자기들의 소유물/속성들

---

41 「유비라는 악마」Le démon de l'analogie(Bourdieu 1980a: 333~439)에는 그런 것이 존재하지 않는 곳에서 과도한 논리와 인류학적 일관성을 추구하는 데 맞서는 [부르디외의] 열정적 논쟁이 담겨 있다. 러빈(Donald N. Levine 1985: 17)이 주장했듯이 "모호성에 대한 관용은 만일 그것이 엉성한 사유의 허가증이 아니라, 매우 복잡한 문제들을 책임 있게 다루라는 권유로 받아들여진다면 생산적일 수 있다".

42 그의 개념이 '흐릿하다'고 불평하는 사람들에게(예를 들어 욥케[Joppoke 1986: 61]는 하비투스를 "종종 흐릿하고 은유적인 방식으로 적용되는 개념적 괴물"이라고 했다) 부르디외는 비트겐슈타인(Wittegenstein 1990[1978]: 126)과 더불어 "개념이 삶의 형식에 의존한다면, 거기에는 어떤 불확정성이 있어야만 한다"고 응수할 수 있을 것이다.

43 개념적으로 한 쌍을 이루는 하비투스와 장은 '역할 이론'role theory의 내재적 약점과 반복적인 아포리아에서 벗어날 수 있는 방법 또한 제시한다(Wacquant 1990b).

을 가지고 참여하는 행위자 사이에서 [어느 한편을] 선택할 필요는 없다"(Bourdieu 1989a: 448). 자원 공간에서의 위치와 그 위치를 점유하고 있는 사람들의 사회화된 욕구, 동기, '의도' 사이에서도 마찬가지다.

미시적 합리성과 거시적 기능주의 간 논쟁에서 한발 비켜선 것처럼, 부르디외는 순종과 저항 간의 양자택일 역시 거부한다. 전통적으로 피지배 문화에 대한 질문을 틀 지어 온 그 양자택일은, 본래 이중적이고 뒤틀려 있는 실천과 상황을 우리가 충분히 이해하지 못하도록 방해한다. 만일 저항하기 위해 내가 할 수 있는 일이라고는, 영국 프롤레타리아의 아들들이 계급 문화에서 체득한 남성성의 이름으로 학교 자퇴를 자랑스러워하듯(Willis 1977), 나만의 방식으로 나의 피지배성을 특징짓는 바로 그 속성에 대해 ('검은 것이 아름답다'는 패러다임에 따라) 큰소리로 주창하는 것 외에 방법이 없다면, 그것은 저항인가? 또 내가 나의 출신 성분을 드러내거나 사회적 위치에서 내 발목을 잡을 만한 (억양, 신체의 자세, 가족 관계) 모든 것을 지워 버리려 애쓴다면, 우리는 이를 순종이라고 말해야만 하는가? 부르디외의 시각에서 이는 상징적 지배의 논리 자체에 새겨진 "해결할 수 없는 모순"이다. "저항이 소외시킬 수도 있고 순종이 해방시킬 수도 있다. 그것이 피지배자의 역설이며 그로부터 벗어날 길은 없다"(Bourdieu 1987a: 183~184).

하지만 부르디외는 피지배자가 자신의 배제와 복속에 협력하고 있다는 점을 지적하는 데서 멈추지 않는다. 그는 라 보에티Étienne de La Boetie가 말한 '자발적 예속'voluntary servitude의 심리주의 혹은 본질주의를 피해 가며 이러한 결탁을 설명하고 있다. 이 수수께끼에 대한 해답은 피지배자를 '덫에 빠뜨리는' 성향들의 역사적 발생에 대한 분석으로 주어진다. 이 성향들은 그 기원이 되는 세계의 객관적 구조와 상동성을 지니며, 불평등의 토대가 자의적이라는 사실을 말 그대로 비가시적인 것으로 만들기 때문이다.

만일 피지배자가 언제나 자신에 대한 지배에 이바지하는 바 있다는 점을 상기하는 편이 적절하다면, 그들을 이러한 공모로 기울게 하는 성향들 역시 지배의 체화된 효과라는 점도 동시에 일깨워질 필요가 있다. (Bourdieu 1989a: 12, 강조는 인용자)

그러므로 노동자, 여성, (국가적, 인종적, 또는 성적) 소수자, 그리고 학생들의 기성 질서에 대한 순종은 관리자, 남성, 백인 그리고 교수 등의 노골적인 완력에 대한 의도적 또는 의식적 양보가 아니다. 그들의 일상적 실천 속에서 그러한 순종은 그들의 하비투스와 그들이 성장해 활동하고 있는 위계화된 사회 공간 사이의 무의식적인 일치에서 나온다. 그것은 사회화된 신체 내부 깊은 곳에 자리해 있다. 결국 그것은 '사회적 지배 관계의 신체화somatization'를 표현한다(Bourdieu 1990d: 11).

이쯤 되면 이미 부르디외의 실천 경제economy of practice를 일반화된 경제 결정론으로 이해하거나(예로 Jenkins 1982, Honneth 1986, Caillé 1987, Miller 1989, Gartman 1991), 그보다 더 나쁘게, 합리적 선택 이론의 변형으로 이해하는 사람들은 부르디외 사회학에 대한 이중적 오독의 희생자라는 점이 명확해져야 한다.[44] 첫째, 그들은 전략 개념에 의도성과 의식적 조

---

44 부르디외와 후자[합리적 선택 이론]의 차이는 '분석 맑스주의'analytical Marxism의 지지자인 판 파레이스(Van Parijs 1981)가 유감스러워하는 식으로, 행위자들이 선택을 하느냐 마느냐 하는 문제가 아니다. 부르디외의 관점을 기계적 유형의 구조주의로 거칠게 번역하는 이들이 때때로 주장하는 것과는 다르게 말이다. 부르디외는 행위자들이 선택에 직면하고 주도권을 행사하며 결정을 내린다는 점을 부인하지 않는다. 그가 반박하는 것은 행위자들이 의식적이고 체계적이며 의도적인 (한마디로 지성적인) 방식으로 그렇게 한다는 합리적 선택 이론가들

준이라는 관념을 주입한다. 그럼으로써 특정한 '이해관심'에 부합하며, 잠재적으로는 그것에 의해 발동이 걸리는 행위action를 명확하게 인지된 목표를 향하여 합리적으로 조직화된 행동conduct으로 바꾸어 놓는다.[45] 둘째, 그들은 역사적으로 가변적인 이해관심의 개념 ─이는 주어진 사회적 게임에 대한 사회적으로 구성된 이해관계와 관여, 그리고 게임을 하려는 욕망으로 이해되는데 ─을 경제적 또는 물질적 이익을 추구하려는 불변의 기질로 제한한다.[46] 이러한 (의도주의적이며 공리주의적인) 이중의 환원은 효용성과 의식의 영역은 축소시키는 반면 이해관심의 영역은 확장시키는 하비투스, 자본, 그리고 장이라는 개념적 삼각형에 의해 부르디외가 수행하는 역설적이며 분석적인 운동을 가려 버린다.

부르디외는 자신의 실천 경제가 의도주의적이지도 공리주의적이지도 않다는 점을 강조하기 위해 고심한다. 위에서 주장한 대로 그는 개인의 자발적 선택 안에 행위의 동인을 위치시키는 의식철학의 목적원인론finalism

---

의 주장이다. 그는 반대로 의도적인 의사 결정 혹은 규칙 준수가 "하비투스의 불발을 감싸기 위한 임시방편에 불과"(Bourdieu 1972a: 314)하거나, 아니면 (지식인 세계나 자본주의 경제의 경우처럼) 객관적으로 합리화된 세계 안에서 펼쳐지는 합리주의적 하비투스의 습득에서 비롯한다고 주장한다.

45 그러므로 래시와 어리에게 "부르디외의 핵심적 주장은 우리가 [다른 사람들과 자신을] 구별지으려는 의도를 가지고서 상품 아닌 상징을 소비한다는 것이다"(Lash & Urry 1987: 293, 강조는 바깥; Elster 1983 역시 참조하라). 마찬가지로 주커만(Zuckerman 1988: 519)은 부르디외의 과학사회학을 "자원과 보상을 위한 경쟁에서 가장 잘 살아남는 방법에 대한 이기주의와 이해타산"에 대한 분석으로 읽는다(강조는 바깥).

46 다음은 이러한 공리주의적 환원의 한 예이다. 『호모 아카데미쿠스』Homo Academicus에 대한 오리와 시리넬리(Ory & Sirinelli 1986: 229)의 해석에 따르면, 부르디외는 "수많은 정실 관계와 지배의 네트워크가 압도하는 갈등의 세계에서 경력을 위한 전략과 윤리 외적인 이해관계가 과학적이고 도덕적인 근거보다 우세하다고 결론짓는다". 또 다른 예는 위플러(Wippler 1990)에게서 볼 수 있는데, 그는 체화된 문화자본을 베커Becker식 "인적 자본의 특수한 유형"으로 환원한다. 이는 사실상 부르디외의 하비투스 이론과 그것이 요청하는 발생적 분석을 단번에 파괴하는 것이다.

에 철저히 반대한다. 전략이라는 개념으로 부르디외는 (콜먼[Coleman, 1986]이 그러하듯이) 계산된 목표의 의도적·계획적 추구가 아닌, 객관적으로 방향성이 잡히는 '행위 노선들'의 능동적인 전개를 가리킨다. 이 노선들은, 비록 의식적인 규칙을 따른다거나 전략가가 미리 숙고해 설정한 목표를 겨냥하지는 않는다 하더라도, 규칙성을 보이며 사회적으로 이해 가능한 일관된 유형을 이룬다.[47]

부르디외는——일루지오의 개념으로 대체하는 경우가 점점 더 잦아지다가 최근에는 리비도 개념으로 대신해 온——이해관심의 개념으로 두 가지를 추구한다. 첫째, 『예술 사랑』의 저자는 사회적 행위에 대한 '신비화된' 시각과 단절하고자 한다. 그러한 시각은 도구적 행위와 표현적 혹은 규범적 행위 사이의 인위적 경계에 집착하며, '무사무욕'한 듯 보이는 행위자들을 이끄는 다양한 형태의 숨겨진 비물질적 이윤을 인정하지 않는다. 두번째로 부르디외는 사람들이 무심한d'in-différence 상태로부터 벗어나, 특정한 장에서 나오는 자극들에 의해 동기화되고 움직인다는 발상을 전한다. 왜냐하면 각 장은 비어 있는 이해관심의 병을 제각기 다른 와인으로 채워 주기 때문이다. 게토의 체육관에 가본 적도, 작은 클럽에서 일어난 싸움에 끼어 본 적도 없는 중산층 학자는, 복싱이라는 자기 파괴적 직업에 가치를 부여하고 거기에 기꺼이 발을 들여놓도록 하층 프롤레타리아 젊은이들을 이끄는 권투 리비도libido pugilistica를, 처음 봐서는 거의 이해할 수 없다.[48] 반

---

47 경험적 예증을 원한다면, 명예 전략에 대한 부르디외(Bourdieu 1965와 1972a[2000: 19~60])의 분석을 보라. '전략가 없는 전략'이라는 이 개념은 푸코의 개념화와도 다르지 않다(Foucault 976; Dreyfus & Rabinow 1983: 187). 푸코의 개념화가 역사의 유산인 객관적 구조와 행위자의 역사적 실천을 연결하는 하비투스라는 성향 중심적 개념을 결여하고 있으며, 따라서 전략의 사회적 배열과 객관적 방향을 설명하는 메커니즘이 없다는 점(그리하여 전략은 도처에서 솟아나는 동시에 아무 데서도 솟아나지 않는 것처럼 보인다)을 제외한다면 말이다.

대로, 대도시 빈민가의 고등학교 중퇴자는 불가해한 사회 이론 논쟁에 대한 지식인의 투자, 또는 개념 예술에서 이루어진 최신의 혁신을 향한 지식인의 열정 뒤에 놓인 이유를 이해할 수 없다. 그는 이러한 것들에 가치를 부여하도록 사회화되지 않았기에 그렇다. 사람들은 자기 하비투스가 그들이 마주하는 현재 안에 새겨진 어떤 미래의 성과를 인지하고 추구하게 끔 민감하게 만들고 이끄는 정도까지만 그 성과에 '열성을 쏟는다'. 이 성과는 상식적인 의미에서 말 그대로 완전히 '무사무욕한' 것일 수 있다. 문화 생산의 장들에서 쉽게 볼 수 있듯이 말이다. 이 '뒤집어진 경제 세계'(Bourdieu 1983d, 1985d)는 물질적 이윤을 목적으로 하는 행위들이 체계적으로 평가 절하되고 부정적으로 제재받는 곳이다. 다시 말해,

가능한 여러 경제의 세계[부르디외에 따르면 예컨대 예술이나 종교, 과학 등의 소세계는 나름의 특수한 경제를 가진다. ─옮긴이]를 기술하기 위해 경제주의와 단절하는 것은 순수하게 물질적이며 협소하게 경제적인 이해관심 대 무사무욕이라는 이분법에서 탈피하는 것이다. 그로써 우리는 충족 이유raion suffisante의 원리[라이프니츠가 정식화했다고 여겨지는 논리학의 원리 가운데 하나로, 존재하는 모든 것은 이유나 원인을 가진다는 철학적 명제이다. ─옮긴이]를 충족시킬 수단을 마련한다. 그 원리는 존재 이유raison d'etre

---

48 이 부분은 바캉의 『육체와 영혼: 어느 복싱 견습생의 민족지 노트』Body and Soul: Ethnographic Notebooks of an Apprentice Boxer를 참고할 것. 여기서 정신분석학의 용어인 리비도는 부르디외가 사용하는 방식으로 쓰였다. 부르디외는 경제주의의 협의를 벗어나기 위해 예컨대 이해 관심과 같은 개념을 리비도 같은 개념으로 대체하는 동시에, 정신분석학의 성과를 사회학화하는 데 많은 관심을 기울였다. 즉 리비도는 생물학적 본성이나 항수가 아닌, 개인의 성장 과정 속에서 사회적 요인들에 의해 틀 지어지는 어떤 것, 따라서 언제나 사회적인 것으로 여겨진다. ─옮긴이

없는 행위, 즉 이해관심 없는 행위, 혹은 게임과 내기물에 대한 투자, 일루지오, 관여commitment 없는 행위는 존재하지 않는다고 주장한다. (Bourdieu 1980a: 85, 각주 30)

5. 이론주의와 방법론주의에 맞서서: 총체적 사회과학

주체 문제에 관한 이러한 관계적이며 반-데카르트적인 개념화로부터 사회학이 총체적인 과학이어야 한다는 요구가 나온다. 사회학은 분과 학문들, 경험 영역들, 그리고 관찰과 분석 기법들을 절단 내는 분열을 가로질러 인간 실천의 근본적인 통일성을 보존하는 '총체적인 사회적 사실'faits sociaux totaux(모스)[49]을 구성해야만 한다. 조급한 과학적 전문화와 그것이 수반하는 세분화된 노동 분업에 대한 부르디외의 반대 이면에는 바로 이와 같은 이유가 자리 잡고 있다. 하비투스는 실천에 이 분리들을 관통하는 내적인 상호 연계성과 체계성을 부여한다. 그에 따라 사회 구조는 분할되어 있지 않은 스스로를, 모든 차원에서 동시에, 영속시키거나 변형시킨다. 이는 진화하는 계급 구조 속에서 자신들의 지위를 유지하거나 개선하기 위

---

49 '총체적인 사회적 사실'은 "어떤 경우에는 사회와 그 제도의 총체성을 작동시키고 (……) 다른 경우에는 사법적, 종교적, 경제적, 심미적, 형태론적[인구학적] 층위에 속하는 수많은 제도를 작동시키는 사실이다"(Mauss 2006b[1922~1923]: 274). 이 개념은 엄밀하게 구획된 좁은 범위의 관찰을 수행할 필요성을 제안한다는 점에서는 유용하지만, 그것이 엄정한 대상 구축의 결여를 가리는 일종의 느슨한 '전체론'을 조장할 때는 위험스러워진다. 부르디외와 모스를 가깝게 만드는 것은 총체적인 사회적 사실의 개념이라기보다, '총체적 인간'homme total이라는 모스적 관념, 그리고 뒤르켐에게서 내려오는 이원론들을 지양하기 위해 분석과 종합을 결합시키는 총체화하는 사회학에 대한 요청이다.

해 집단이 발전시키는 재생산 전략, 혹은 태환 전략에 대한 연구에서 가장 잘 드러난다(Bourdieu & Boltanski & Saint Martin 1973; Bourdieu 1974a; 1978a; 1979a: 109~187). 이 전략들은 분리된 과학들이 이질적 방법론으로 통상 다루기 마련인 사회 생활의 영역들을 조직적으로 연결하지 않으면 있는 그대로 이해될 수 없는, 독특한sui generis 체계를 형성한다. 『국가 귀족』(Bourdieu 1989a)에서 부르디외가 고찰한 지배 계급의 경우, 거기에는 출산, 교육, 질병 예방, 경제적 투자와 재산 상속, (결혼 전략이 핵심 요소를 이루는) 사회적 투자의 전략들, 그리고 마지막으로 자신들의 지배와 그것이 의존하는 자본 형식을 정당화하고자 하는 사회 신정론의 전략들이 포함된다. 비록 심사숙고된 전략적 의도(더군다나 집단적 공모)의 산물은 아니라 할지라도, 이 전략들은 시간적인 연속, 세대 간 상호 의존성, 그리고 기능적 연대라는 객관적 관계들 속에 위치한다. 그러므로 총체화된 지식만이 그 전략들의 내적 응집성과 외적 접합들을 규명할 수 있다. 사회적 전략들의 심층적인 통일성을 인정하고 그것들을 역동적인 총체성으로 이해할 때, 우리는

> 이론과 조사 연구, 양적 방법과 질적 방법, 통계 자료와 민족지적 관찰, 구조의 파악과 개인의 구성 사이의 일반적인 대립이 얼마나 인위적인가를 깨달을 수 있다. 이러한 이분법적 대안들은 이론주의의 공허한 추상들과 실증주의의 엄밀하지만 부적절한 기능, 아니면 경제학자, 인류학자, 역사학자 그리고 사회학자 간의 구분에서 나타나듯, 능력의 한계를 정당화하는 기능만을 갖는다. 다시 말해 그것들은 사회적 검열의 방식으로 기능한다. 이로 인해 우리는 그처럼 자의적으로 분할된 실천 영역들 간의 관계 속에 분명히 존재하는 진실을 파악하지 못하게 되기 쉽다. (Bourdieu & de

Saint Martin 1978: 7~8)

이러한 개념화에 비추어 보면, 어째서 부르디외가 현재 사회과학을 괴롭히고 있는 상반되면서도 상보적인 두 가지 형식의 혼란, 바로 '방법론주의'와 '이론주의'를 비난하는지 어렵지 않게 알 수 있다. 방법론주의란 과학적 작업에서의 실제 활용과 무관하게 연구 방법들을 고찰하는 경향, 그리고 방법 그 자체를 위한 방법을 계발하는 경향으로 정의될 수 있을 것이다. 부르디외는 조사 연구의 일상적인 수행과 동떨어진 별개의 전공으로 여겨지는 '방법론'에서 일종의 학문적 형식주의academicism를 본다. 그것은 대상에서 방법을 잘못 추상화함으로써([추상화하다abstact의 어원인] ab-trahere는 분리시킨다는 의미다) 대상의 이론적 구성이라는 문제를 경험적 지표와 관찰의 기술적 조작으로 환원시킨다. 그러한 방법론 물신주의는 "방법론은 과학자의 스승이 아니라" "언제나 그의 학생"(Schutz 1970: 315)이라는 점을 잊은 채, [과학적 단절을 거치지 않은 채 일상적으로] 이미 구성된 대상들에 과학이라는 옷을 입히게 되며, 이는 과학적 근시안으로 이어질 위험이 있다. "이론적인 주의를 몇 배 더 기울이지 않는다면, 우리는 정교한 관찰과 증명 기술을 통해 점점 더 적은 것들만을 더욱더 잘 보는 데 그칠 수 있다"(Bourdieu & Chamboredon & Passeron 1968[1973]: 88).[50] 실로 이 것은 '기술을 위한 기술'로 변하거나, 더 나쁘게는 현재 이용 가능한 분석 기법과 데이터 범주에 의해 대상에 대한 정의가 강제되는 방법론적 제국

---

50 부르디외는 약 30년 전 밀스가 내놓았던 경고를 되풀이한다. "방법론적인 금지에 사로잡힌 사람들은 종종 통계학적 의례라는 정교하고 작은 분쇄기를 거치지 않은 것이라면, 근대 사회에 대해 무언가 말하길 거부한다"(C. Wright Mills 2006[1959]: 75).

주의로 변질될 수 있다(예를 들어 Rossi 1989). 이렇게 해서 방법론은 사회적인 것에 대한 암묵적 이론으로 이행하며, 연구자는 에이브러햄 캐플런(Abraham Kaplan 1964)이 말한 늦은 밤 취객처럼 행동하기에 이른다. 즉 그는 집 열쇠를 잃어버리고서 제일 밝다는 이유로 가장 가까운 곳의 가로등 아래서만 고집스럽게 열쇠를 찾는 것이다. 부르디외는 기술적으로 정교한 방법론적 도구들을 비판하는 것이 아니다. 그는 다만 이론적 통찰력이 없어서 빚어진 공백을 메우기 위해 방법론적 도구들을 무분별하게 정련하는 태도를 비판한다.[51]

방법론에 대한 부르디외의 입장은 그가 인류학자 겸 사회학자로서 받은 초기 실전 훈련으로부터 비롯된다. 경력 초창기 그는 민족지와 통계학적 분석 방법에 모두 동시에 능숙해졌다. 거의 독학한 인류학자로서의 첫 번째 현장연구 경험, 그리고 1958년부터 1962년까지 알제리에서 이뤄진 INSEE[프랑스 국립통계경제연구소]의 통계학자들과의 공동 작업(그리고 이후 '프랑스 데이터 분석'French data analysis 학파 출신 수리통계학자들과의 협업)은 그에게 방법론적 일원론 및 절대주의에 대한 깊은 반감을 심어 주었다. 그 뒤, 그는 "이런저런 조사 방법의 당파적 거부에 대한 절대적 거부"를 공공연하게 주장한다(Bourdieu 1989a: 10).[52] 이는 또한 부르디외에게 데이

---

51 용어와 어조상의 분명한 차이에도 불구하고, 스탠리 리버슨(Stanley Lieberson 1984)이 『수량화하기』Making It Count에서 개진한, 방법론주의에 대한 '진영 내부의' 비판과 부르디외의 입장 사이에는 많은 유사성이 있다.

52 부르디외(1989a: 10)는 계속해서 다음과 같이 말한다. "과학사회학의 가장 초보적인 기법만 쓰더라도 다음과 같은 사실을 알아내기에 충분할 것이다. 그러니까 사회학자들이 사회과학을 개념화하는 방식에 대해 어떤 민속방법론자들이 가하는 비난—이때 그 개념화 방식은 분명히 미국 제도권 학계에서 지배적인 한 가지 방식과 아주 단순하게 동일시되고 있다—이 동원력을 발휘할 수 있다면, 이는 그 비난이 많은 사회학자들로 하여금 그들이 받은 훈련상의 결점들[이를테면 통계학에 대한 무지]을 선택적인 거부로 전환할 수 있게 해주기

터 수집의 실제 조직과 수행 ——정확하게 말하자면, 데이터 생산——은 대상의 이론적인 구성과 매우 밀접히 관련되어 있으므로 고용된 조사원이나 조사 기관, 혹은 연구 조교에게 맡겨져야 하는 '기술적인' 업무로 격하될 수 없다는 확신을 주었다.[53] 사회과학자라는 직업을 구성하는 업무들의 관례적인 위계는 단지 사회적인 위계에 지나지 않는다. 그것은 궁극적으로는 높은 것과 낮은 것, 정신과 신체, 지식 노동과 육체 노동, '창조하는' 과학자와 틀에 박힌 절차를 '적용하는' 기술자라는, 상동성을 가지면서도 서로를 강화하는 일련의 대립 쌍에 뿌리박고 있다. 이러한 위계는 인식론적 정당화를 결여하고 있으므로 버려져야만 하는 것이다.

부르디외가 설파하고 실천한 방법론적 다신론은 파이어아벤트Paul Feyerband 같은 과학철학자의 인식론적 아나키즘(또는 다다이즘)이 주장하는 '어떤 것이든 좋다'anything goes는 의미는 아니다. 오히려 그것은 오래전 콩트Auguste Comte가 가르쳐 준 바와 같이,[54] 연구자가 사용하는 일련의 방

때문이라는 것이다. 마찬가지로 다음과 같은 사실 역시 드러내기 어렵지 않다. 즉 방법론주의자들이 엄밀성의 절대적인 척도로 설정해 놓은 좁은 표준으로부터 약간이라도 빗나간 것에 대해 갖는 경멸은 상상력 없는, 그리고 언제나 진정한 엄밀성의 진정한 전제 조건을 구성하는 것 ——곧 연구 기법과 절차에 대한 성찰적 비판——이 빠져 있는 실천의 일상화된 진부성을 가리는 데 종종 이바지한다."

53 미국의 대규모 연구 프로젝트에서 자주 그러하듯이, 대학원생들만이 교수들의 연구 대상을 직접 접촉하는 유일한 이들일 수 있다. 반대로 오늘날까지 부르디외는 그의 저작에 들어가는 현지 조사, 인터뷰, 그리고 기술적인 분석의 대부분을 직접 수행하고 있다. 1960년대와 1980년대에 부르디외와 그의 동료들이 (설문 조사, 심층 인터뷰, 민족지, 문서 자료 수집을 통해) 실시한 엘리트 학교들에 대한 대규모 연구의 조직과 실행에 대한 설명은, 방법론적 경계 vigilance에 대한 부르디외의 원칙이 실천적으로 어떻게 번역될 수 있는지 아주 잘 보여 준다(Bourdieu 1989a: 331~351). 프랑스에서는 장-미셸 샤풀리Jean-Michel Chapoulie, 도미니크 메를리에Dominique Merllié, 로랑 테브노Laurent Thevenot, 그리고 알랭 데로지에르Alain Desrosières가 부르디외로부터 영향받은 입장에서 행정 통계의 생산을 비판적으로 분석한 바 있다.

54 『실증 철학 강의』Cours de philosophie positive 첫째 권에서 콩트는 이렇게 쓴다. "방법은 그

법은 당면한 문제에 적합해야만 하며, 특정한 질문의 해결을 위해 그것들이 펼쳐지는 바로 그 운동 속에서 실제로in actu, 끊임없이 성찰되어야 한다는 뜻이다. '방법론'에 대한 부르디외 공격의 요지는 명확하다. 그것은 바로 대상의 구성을 대상의 구성 도구들과 그 비판으로부터 떼어 내 생각할 수 없다는 것이다.

방법과 마찬가지로, 적절하게 고안된 이론은 조사 연구 작업과 분리되어서는 안 된다. 이론이 지속적으로 이끌고 구조화하는 조사 연구 작업은 다시 이론에 자양분을 공급한다. 부르디외는 자신이 실천의 실천적인 차원을 지식의 대상으로 되돌려 놓은 것처럼 그렇게, 이론의 실천적 측면을 지식 생산 활동으로서 복구시키길 원한다. 그의 저술은 그가 이론적 작업에 적대적이지 않다는 점을 충분히 증명한다. 그가 반대하는 것은 (케네스 버크[Kenneth Burke 1989: 282]가 '로골로지'logology, 즉 '말에 관한 말'이라 이름 붙인) 이론을 위한 이론 연구, 즉 고립적이고 자기 완결적이며 자기 준거적인 담론 영역으로서 이론의 정립이다. 부르디외는 경험 연구의 현실과 실질적 제약에 연계되어 있지 않은 과시적 이론화에 시간을 할애하지 않는다.

것이 이용된 연구와 분리되어 연구될 수 없다. 만일 그렇다면, 그것은 죽은 연구étude morte일 따름이고, 거기 전념하는 마음을 심어 줄 수 없다. 그에 관해 말해질 수 있는 모든 것은, 그것이 추상적으로 고려될 때, 너무나 모호한 일반론들로 환원되어 지적인 체제에 어떠한 영향력도 끼칠 수 없다." 부르디외(Bourdieu & Chamboredon & Passeron 1968[1973: 11])는 『사회학자의 직능』을 이 인용문으로 시작한다. 이는 또한 부르디외의 인식론 형성에 중요한 영향을 주었던, 의학사에 대한 조르주 캉길렘(Canguilhem 2000[1952])의 가르침 가운데 하나이다. 미국에서는 캐플런(Kaplan 1964: 12)이 '재구성된 논리'reconstructed logic와 '작동 중인 논리'logic-in-action 간의 차이를 강조함으로써 유사한 입장을 지지한 바 있다. 즉 "[재구성된―바킹] 논리의 규범적인 힘이 작동 중인 논리를 반드시 향상시키지는 않는다"는 것이다. 그 이유는 첫째, 재구성된 논리는 과학자가 하지 않은 것에 초점을 맞추어 그가 실제로 한 것을 희생하고 있고, 둘째, 그것은 과학적 실천을 기술하는 대신 이상화하는 경향이 있기 때문이다.

그는 '메타 이론화'는 물론이거니와, 동시대 이론화의 많은 부분을 규정하고 있는 "대문자 개념들과 그 부단한 재배열 간의 분열"(Mills 2006[1959]: 23)에 대해서도 거의 공감하지 않는다.[55] 개념에 대한 부르디외의 관계는 실용적인 것이다. 즉 그는 그를 도와 문제를 해결하도록 고안된 '연장통'(비트겐슈타인)으로서 개념들을 대한다. 그러나 이러한 실용주의는 (조나단 터너[Jonathan Turner 1987]가 옹호한 '분석적 이론화'에서처럼) 유행 중인 개념적 절충주의에 문을 열어 주지는 않는다. 그것이 앞서 간략히 서술된 이론적 공준들과 실질적인 관심사의 제한된 집합 안에 닻을 내리고서 그에 의해 규율되기 때문이다.

자신이 '이론주의적 이론'theoreticist theory이라고 부른 것에 대한 피에르 부르디외의 비판은 아마도 많은 이에게 지나치게 가혹한 평가로 비칠 것이다(이 책의 2부 5절을 보라). 부분적으로 이는 경험주의에는 강하게 저항하는 반면 전통적으로 철학적·이론적 기량은 포상해 온 가까운 지적 환경[즉 프랑스 학계]에 대한 반동에서 기인한다(비록 오늘날 '이론주의적 유럽'과 '경험주의적 미국' 사이의 대립이 상세한 정보에 근거한 비교보다는 학문적 고정 관념과 문화 지체의 결합에 빚지고 있는 바가 더 크지만 말이다). 1940년대 이후로 '도구적 실증주의'가 사실상 확고하게 지배해 오고 있으며(Bryant 1985) 사회학과 철학의 대면이 기껏해야 냉랭할 따름이었던 미국에서, '이

---

55 리처(Ritzer 1990b)의 (이론에 대한 더 깊은 이해에의 도달, 새로운 이론의 창조 혹은 모든 것을 아우르는 이론적 관점의 개발로서) '메타 이론을 약호화하고 강화하려는' 노력은 그 특성상 실제 세계로부터, 그리고 연구 관심으로부터 일부러 완전히 격리된 상태에서 진행된다. 이론과 연구의 관계에 대한 부르디외의 개념화는 그러므로 연구에 대해 이론이 지니는 '상대적 자율성'을 주장하고 개념적이며 존재론적인 작업 그 자체의 가치를 옹호하는 기든스(Giddens 1990: 310~311)의 그것과도 다르다. 또 다른 방식으로 알렉산더(Alexander 1987b)는 모든 대상과 분리된 '일반화된 이론적 담론'의 중심적 지위를 강력하게 옹호하고 있다.

론가들'은 [사회과학] 장이 그 억눌린 극[즉 이론]을 인정하도록 강제함으로써 더 긍정적 기능을 수행할 수 있을지도 모른다. 하지만 최근 몇 년 동안 이론의 부흥과 독자적 발전(Giddens & Turner 1987; Alexander 1988; Ritzer 1990a)은 순수한 사상가들, 그리고 종종 '계산기'라고 조롱조로 언급되는 연구자들 간의 간극을 벌리고 있다.[56] 앨런 시카(Alan Sica 1989: 227)가 지적한 대로 "두 문화는 사회학 안에서 견고히 확립되어 둘 중 어느 쪽도 조금의 영토도 포기하지 않을 것 같다. 대학원에서 처음 들리기 시작해 무덤에 갈 때까지 계속 울려 퍼지는, 이론적으로 정통한 조사 연구에 대한 의례적인 희망에도 불구하고 말이다."[57]

부르디외가 보기에, 동시대 사회 이론의 약점은 제프리 알렉산더Jeffrey Alexander가 진단하듯 '가정적 일반성'presuppositional generality과 '다차원성' multidimensionality을 성취하지 못한 '실패'에서 기원하는 것이 아니다. 그것

---

56 오늘날 미국에서는 사회학이라는 전문직이 아주 잘 조직화되어 있는 나머지, '이론가'로 인정받기 위해서는 경험적인 조사 연구를 수행하지 않고 오로지 다른 이론들과 개념들에 대한 용어만 늘어놓는 논문 쓰기에 집중하는 것이 거의 필수인 듯하다. 스틴치콤브는 담론의 추상화의 수준, 즉 범속한 현실 세계로부터 동떨어진 거리와 이론가의 전문직으로서의(또는 교수로서의) 지위 사이의 연계성을 다음과 같이 신랄하게 표현했다. "이론들이야말로 가장 고귀한 피와 땀, 눈물로부터 무엇보다도 절연해 있는 것이다"(Stinchcombe 1986: 44~45).

57 시카(Sica 1989: 230)는 다음과 같이 덧붙인다. "학계 구성원들 사이에서 가장 높이 평가받는 저널들을 검토해 보라. 느슨하게 '이론'으로 일컬어지는, 어떤 아이디어들의 총체가 훌륭한 결과를 위해 꼭 필요한 방법과 일군의 데이터에, 수사학적으로라도 연결되는지 하는 시선을 가지고서 말이다. (……) 이들 논문의 대부분은 공공연히 이론이 없거나 (……) 혹은 더 나쁘게는 이론적인 치장만 했을 따름이다"(강조는 바캉). 미국 사회학 무대에 대한 또 한 명의 예리한 관찰자인 랜달 콜린스(Randall Collins 1988: 494) 역시 마찬가지로 "학계에서 방법론적-양적 측면으로 여겨지는 것과 이론적-질적 측면으로 여겨지는 것 사이에는 상당한 적대감이 존재한다. 더욱이 각각의 전문가들은 상이한 지적 네트워크에 거주하면서, 그 결과 부재중인 서로의 자리를 그것에 대해 많이 알지도 못한 채 비난하는 경향이 있다"고 보고한다. 콜먼(Coleman 1990a: 1장) 또한 (비록 그 근원에 대한 그의 진단은 상당히 다른 것이긴 해도) 이론과 조사 연구 간에 지속적으로 심화되고 있는 분열에 주목한다.

은 차라리 과학적 노동의 사회적 분업에서 기원하는 것이다. 이 노동 분업은 사회학적 대상 구성 과정의 계기를 별개의 전공들로 쪼개고 물화시키고 칸막이 치며, 그럼으로써 사회철학의 '엄밀함 없는 대담성'과 과잉 경험주의적 실증주의의 '상상력 없는 엄밀함'에 보상을 준다. 원칙적으로 그것의 공식적인 취지를 지지할 듯하지만, 부르디외는 사회 이론이 구체적인 조사 작업에 근거하지 않은 '이론적 논리' 안에서 벌이는 모험으로부터 기대할 수 있는 것은 거의 없다고 믿는다. "과학적 주장에서 이론 융합conflation의 위험성"에 주목하는 것, 행위와 질서의 "가장 일반적인 가정적 수준에서 다차원적 사고의 중요성"을 강조하는 것, 형이상학적, 방법론적, 그리고 경험적 관여의 "상대적 자율성"을 찬양하는 것(Alexander 1980~1982, vol. 3: xvi)은 모두 좋은 일이다. 한데 그것이 [과학적 실천의] 사회적 조직을 변화시키는 데 목표를 두고 이루어지는, '실제 존재하는' 과학적 실천에 관한 성찰의 일부가 아닌 한, 이런 말들은 그저 수사학적 연습으로 남게 된다.[58]

통제된 방법론적 다원주의처럼, 이론/조사 연구의 분리에 대한 부르디외의 거부 역시 그의 사회적인 궤적, 원초적인 과학적 하비투스, 그리고 특수한 국면의 교차점에 그 뿌리를 둔다. 여기서 특수한 국면이란 그의 과학적 하비투스가 구축되고 처음으로 테스트받은 시기, 그에게 가장 기본적인 과학적 조작들에 대한 민감성을 더하게 만든 시기를 가리킨다. 1950

---

58 "막스 베버는 전쟁의 기술에서 가장 큰 진보는 기술적인 발명이 아니라, 고대 마케도니아의 밀집 대형 창안의 예와 같이 군인들의 사회적인 조직화의 변화로부터 비롯했다는 점을 우리에게 일깨워 준다. 같은 맥락에서 우리는 과학적 생산과 유통을 사회적으로 조직화하는 방식의 변화, 특히 논리적이고 경험적인 통제가 수행되는 커뮤니케이션과 교환 형식의 변화가 사회학에서 과학적 이성의 진보에 기여할 수 없을지, 그리고 이러한 것이 새로운 측정 기법의 정교화라든지 혹은 인식론주의자와 방법론주의자 간의 끝없는 경고와 '전제를 둘러싼' 토론보다 더 강력하게 기여할 수 없을지 질문할 수 있을 것이다"(Bourdieu 1991e: 374).

년대 말 알제리에서 자신이 수행한 초창기 현장 연구들을 성찰하면서 부르디외는 다음과 같이 설명한다.

나는 이 무시무시한 전쟁의 와중에서 단지 참여 관찰자에 지나지 않는다는 양심의 가책에서 벗어나기 위해 스스로 좀더 쓸모 있게 되길 원했다. (……) 지식 장으로의 다소 불행한 이 통합이 알제리에서의 내 활동의 이유였다 해도 과언이 아니다. 나는 좌익 신문을 읽거나 서명 운동에 참여하는 것만으로 만족할 수 없었다. 나는 과학자로서 무언가 해야만 했다. (……) 나는 단지 책을 읽고 도서관에 가는 것만으로 만족할 수 없었다. 매 순간 모든 정치적 언명, 모든 토론, 모든 청원서에서 현실 전체가 내기물로 걸려 있는 역사적 상황 아래 자기 의견을 가지기 위해서는, 그것이 아무리 위험하다 할지라도——그리고 정말 위험했다——절대로 사건의 한가운데 있을 필요가 있었다. 보고, 기록하고, 사진을 찍는 것: 나는 조사 대상의 이론적 구성과 일련의 실질적 절차(이 절차들이 없다면 그것은 진짜 지식이 아닐 수도 있다) 사이의 분리를 결코 받아들인 적이 없다. (Bourdieu et al. 1986: 39)

대상의 엄밀한 구성이 결여되어 있고 상식적 개념들이 적용된다는 점을 감추는 기술적 묘기와 개념적 글자 맞추기 놀이는 베버(Weber 1995[1920~1922])가 말했던 "구체적인 실재에 대한 경험과학"Wirklichkeits-wissenschaft을 진전시키는 데 거의 아무런 역할을 하지 못한다. 실상 방법론적 억압과 개념에 대한 물신 숭배는, 양자 간의 적대 관계를 넘어, 현존하는 사회와 역사를 설명하려는 노력을 조직적으로 포기한다는 점에서 서로 공모할 수 있다.[59]

부르디외가 머튼식으로 이론과 조사 연구 사이의 더 많은 '상호작용'을 요구하는 것이 아니라는 사실을 강조하는 일이 중요하다. 『사회 이론과 사회 구조』Social Theory and Social Structure의 저자[머튼]에게는 "사회 이론과 경험 조사 간에는 양방 통행이 존재한다. 체계적인 경험 자료들은 사회 이론에 과제를 부여하고 종종 미리 숙고하지 않은 방향의 해석 기회를 제공함으로써 이론의 진보를 돕는다. 반대로 사회 이론은 경험적인 발견이 타당성을 지니는 조건을 알려 줌으로써 그 유효 범위를 정하고 예측적 가치를 확장한다"(Merton 1968: 279). 이러한 공식화는 이론가와 조사 연구자 간의 과학적 '차별 분리 정책'apartheid을 당연시하고 그것을 사회학적 실천에 논란의 여지없이 주어진 것으로서 승인한다. 이는 전후 시기 미국 사회학에 특징적이었으며 ──머튼이 이 글을 썼던 무렵에는 탤컷 파슨스Talcott Parsons와 폴 라자스펠트Paul Lazarsfeld라는 비범한 인물상 속에 구현되어 있었는데[60] ──, 현재에는 학계의 관료적인 조직과 전문 능력에 대한 보상으로 강화되고 있다.[61] [이론과 조사 연구] 양극 간의 지속적인 분리를 상정한

---

59 마찬가지로 밀스(Mills 2006[1959]: 126)에게 거대 이론과 멍청한 경험주의는 "첫번째 것은 형식적이고 몽롱한 반계몽주의에 의해, 두번째 것은 형식적이고 공허한 재간에 의해 ──우리가 인간과 사회에 관해 그리 많이 알지 않는다는 점을 보증하는 것으로 이해할 만하다".

60 그리고 이는 머튼(Merton 1968: 4장과 5장)이 그 내용을 "경험적 조사 연구에 대한 사회학 이론의 관계"와 "사회학 이론에 대한 경험적 조사 연구의 관계"라는 두 개의 거울상과도 같은 장들로 구분해 제시한 데서도 입증된다.

61 시카(Sica 1989: 228, 230, 231)는 조사 연구자들이 이론적 관심을 아예 가지고 있지 않다는 점을 언급한다. "관례화된 조사 연구라는 부業를 구하는 사람들은 복잡한 언어게임[이론]에 매여 미적거리면서 자신의 주의 집중을 엉뚱한 데 낭비할 수 없다. 그들은 자신의 시간과 에너지를 잘 관리해야만 한다. 그러므로 만일 지루한 이론화 작업이 어떻게 측정되었든 효율성과 생산성을 향상시키는 데 도움을 줄 수 없다면, 그것은 좀더 다루기 쉬운 형태로 희석되거나 아니면 아예 폐기 처분된다. (……) 대학원을 졸업한 지 몇 년이 흐르고 연구비를 원하는 평범한 사회학자에게 이론(또는 '아이디어')과 성공적인 연구비 지원서의 다른 요소들 간의 관계는 그렇게 문제되지 않는다. (……) 모든 이가 가장 우선시하는 문제는 어떻게 연구비를

채 오직 상호작용이 심화되어야만 그 분리가 완화될 수 있다고 보는 대신에, 부르디외는 이론적 구성과 실질적인 조사 활동의 융합을 주창한다. 그는 이론적 작업과 경험적 작업을 더 단단한 방식으로 연결하고자 하는 것이 아니라 그것들이 완전히 상호 침투하도록 만들고자 한다. 그리고 이러한 주장은 부르디외 자신의 고유한 능력을 탁월성의 보편적 기준으로 격상시키려는 맞춤형의pro domo 탄원이 아니다. 그것은 오히려, 이를 인정하기를 원하든 원치 않든 간에, 개념과 지각, 성찰과 관찰을 끊임없이 혼합하는, '실제로 존재하는' 사회과학적 실천의 내재적 구조에 대한 인식이다.[62]

부르디외는 모든 조사 연구 행위가 경험적인(그것은 관찰 가능한 현상의 세계에 직면한다) 동시에 이론적이라고(그것은 계획된 관찰이 포착하는 관계의 근본 구조에 대한 가설을 필연적으로 끌어들인다) 주장한다. 경험적인 조작의 가장 미세한 부분——측정 척도의 선택, 코딩 결정, 지표의 구성, 또는 질문지 내 특정 항목의 추가——조차 의식적 혹은 무의식적인 이론적 선택을 수반한다. 한편 가장 추상적인 수준의 개념적 퍼즐은 경험적 실

얻는가라는 점을 알고 있다. (……) 결국 기법은 팔 수 있는 것이다. (……) 연구비를 얻기 위해서라면 우리는 자기 간도 빼주게 된다."

이는 특히 사회학 장에서도 빈곤 연구와 같은 부문에 두드러지는 현상이다. 그러한 부문은 과학적으로는 지배당하는 동시에(그것은 대량 생산된 학부생용 교과서에서는 살아남아 있지만 [사회학] 장의 좀더 발전된 영역에서는 오랫동안 불신받아 온 이론과 접근 방법들 ——예를 들면 '빈곤의 문화', 규범적 행위 개념, 또는 '사회 병리학'에 대한 도덕적 관심 ——이 여전히 조사 연구와 정책 처방을 이끌고 있는 지적인 산간벽지나 다름없다) 아카데미 권력의 견지에서는 지배적인(그것은 대규모의 연구비 지원을 좌지우지하며 과학적인 관료 체제와 매우 긴밀하고 우호적인 관계를 맺고 있다. 여러 유명 재단들로부터 재정을 후원받는 '도시 최하층 계급'urban underclass에 관한 조사 연구 프로그램이 최근 유행처럼 번지고 있는 것을 보라) 위치에 있다.

62 "과학적 작업이라면, 출발점이 어디든, 이론적인 것과 경험적인 것 사이의 경계를 가로질러야만 비로소 완전하게 설득력을 갖게 된다"(Bachelard 2003[1934]: 7). 이 점에 관해서는 콰인 (Willard Quine 2008[1969]) 역시 참조.

재와 체계적으로 연동되지 않는다면 충분히 설명될 수 없다. 이론가들 가운데 제일 신묘한 이는 "그의 손을 하찮은 경험적 자료들로 더럽히지" 않을 수 없다(Bourdieu 1979a: 598). 확실히 이론은 언제나 어느 정도 인식론적 우위를 유지할 것이다. 『새로운 과학 정신』에서의 바슐라르(Bachelard 2003[1934]: 8)처럼 말하자면, "인식론적 벡터"는 "합리적인 것으로부터 실재적인 것으로" 향하기 때문이다.[63] 하지만 여기서 이론의 우위를 인정한다고 해서 어떤 모순이 있지는 않다. 이론 그 자체에 대한 부르디외의 이해는 로고스중심적인 것logocentric이 아닌 실천적인 것이기에 그렇다. 다시 말해, 부르디외에게 이론은 담론적 명제들 안이 아니라, 과학적 하비투스의 생성적 성향 속에 자리하는 것이다.[64]

6. 인식적 성찰성

동시대 사회 이론의 풍경 안에서 부르디외를 특출하게 만드는 단 하나의 특징이 있다면 그것은 성찰성에 대한 그의 집착일 것이다. 자신이 성장한 피레네 산맥 외딴 마을의 결혼 관습에 관한 초창기 탐구(Bourdieu 1962a, 1962c)에서부터 그가 사회적으로 출세한 결과 합류하게 된 부족인 호모 아카데미쿠스 갈리쿠스[프랑스 학계의 지식인들]에 대한 탐색(Bourdieu 1984a)에 이르기까지, 부르디외는 계속해서 자기 과학의 도구들을 스스로에게

---

63 "만약 실행 절차들이 그것들을 정초한 이론만큼이나 가치 있다면, 그 이유는 절차들의 위계에서 이론이 차지하는 [높은] 위치가 그것이 경험에 대한 이성의 인식론적 우위를 실현하고 있다는 사실로부터 비롯하기 때문이다"(Bourdieu & Chamboredon & Passeron 1963[1973: 88]).

겨누어 왔다. 비록 그의 일부 독자에게는 그것이 언제나 즉각적으로 알아챌 수 있는 방식은 아니었지만 말이다. 특히 언어를 사회적 권력의 도구이자 전장으로서 해부한 작업에 잘 나타나는, 지식인에 대한, 그리고 사회학의 객관화하는 시선에 대한 그의 분석은 문화 생산자로서 사회학자에 대한 자기 분석인 동시에, 사회과학의 사회역사적 가능성의 조건들에 관한 성찰을 아주 직접적으로 함축하고 있으며, 역으로 거기에 의지하고 있기도 하다(Wacquant 1990a).

하지만 부르디외가 성찰성이라는 아이디어를 끌어낸 최초의 사회학자도, 유일한 사회학자도 아니다. 실로 여기저기 떠다니는 '성찰적 사회학'에 대한 꽤 많은 주장이 있으며,[65] 더 이상 구체화하려는 노력 없이 남겨진

---

64 이 책의 3부 5절과 브루베이커(Brubaker 1993)를 보라. 부르디외의 이론이 활동 중인, 그리고 작동하는 과학적 하비투스의 산물이라는 점은 그것을 이론주의적 독해라든지 개념적 주해(이는 그의 '방법'과 기든스의 구조화 이론 사이의 또 다른 차이점이다)에는 특히 부적합하게 만든다. 부르디외의 저작에 대한 그러한 이론주의적 해석이 어떻게 그것을 손상시키는가에 관한 예를 보려거든 월러스(Wallace 1988)를 참고하라. 그는 부르디외의 저작을 곡해하여 규범이론과 정신적 전염 이론, 그리고 초실증주의적인 문맥에서 분리 가능한 인과적 설명의 변수들로 추론된 사회·문화 구조의 변증법에 대한 관심을 읽어 낸다. 부르디외 저작의 비로고스중심적인 특징 역시 어째서 부르디외가 머튼의 중범위 이론의 특징인 구체화specification, 계량화quantification 그리고 명료화elucidation에 관심을 기울이지 않았는지, 또 자기 개념들에 대한 명확한 의미를 확보하는 데 '강박적인 집착'을 보이지 않았는지를 설명해 준다(Sztompka 1986: 98~101)

65 그중에서도 가핑클과 민속방법론의 주장, 인류학에서 '텍스트로서의 민족지'(제임스Clifford James, 마커스George E. Marcus, 타일러Stephen Tyler 등)라는 최근의 주장, 데이비드 블로어David Bloor와 스티브 울가Steve Woolgar가 주도하는 '과학의 사회적 연구'social studies of science의 조류, 플랫Robert Platt과 애시모어Malcom Ashmore와 같은 '포스트모던' 사회학 옹호자들의 주장, 그리고 앨빈 굴드너Alvin Gouldner, 베넷 버거Bennett Berger, 앤서니 기든스, 그리고 비판적 현상학자 존 오닐John O'Neill의 주장 등이 있다. 과학, 예술, 그리고 인문학에서 성찰성이 어떻게 다양한 의미를 가지고 쓰여 왔는지는 애시모어(Ashmore 1989: 2장)의 글 「성찰성과 지식의 백과사전」Encyclopidia of Reflexivity and knowledge에 목록화되어 있다(비록 그가 자의식적으로 "혁신적"이고 "터무니없이 창의적인" 형식을 그 목록에 부여한 나머지, 개념이 명확해지기보다는 혼란스러워질 때가 종종 있긴 하지만 말이다)

이 명칭은 공허한 말이라 해도 좋을 만큼 모호하다. 과학이 스스로에게 되돌아간다는 것(re-flectere는 '뒤로 구부러지다'라는 뜻이다)은 어떤 함의를 갖는가? 그것의 초점은 무엇이며, 무슨 목적을 위해 어떻게 실행되는가? 부르디외의 성찰성은 아마도 지적 실천 이론을 비판적 사회 이론의 필요조건이자 필수 구성 요소로 포함하는 데 그 요체가 있다고 대강 정의될 수 있을 것이다. 나는 부르디외표 성찰성이 세 가지 중요한 면에서 다른 것들과는 차이가 있다고 주장하고자 한다. 첫째, 그 성찰성의 일차적인 과녁은 개별 분석가가 아니라 분석 도구와 절차에 내재된 사회적이며 지적인 무의식이라는 것이다. 둘째, 그것은 외로운 학자 혼자만의 짐이기보다는 집단적기획이어야만 한다는 것이다. 셋째, 그것이 추구하는 바는 사회학의 인식론적 안정성을 뒷받침하는 데 있지, 공격하는 데 있지는 않다는 것이다. 부르디외의 성찰성은 사회과학적 지식의 객관성을 침식하려 들기는커녕, 그범위와 견고성을 증대시키고자 한다. 이러한 목적으로 인해 그것은 성찰성의 또 다른 형식들, 즉 현상학적, 텍스트적, 그리고 기타 '탈근대적' 형식들과 논쟁하게 된다(Platt 1989; Woolgar 1988).

성찰성에 대한 개념화는 자기 인식에 대한 자기 준거에서부터 설명이나 텍스트의 구성적 순환성constitutive circularity에까지 걸쳐 있다. 예를 들어블로어는 성찰성과 분과 학문의 자기 준거를 동일시하면서 "원칙적으로 [지식 사회학의] 설명 유형들은 사회학 자체에 적용될 수 있어야만 한다"고쓴다(Bloor 1976: 5). 베닛 버거(Bennett Berger 1981, 1991)의 관점에서 성찰성은 자기 인식을 촉진시키며, 사회 구성원으로서의 인류학자와 분석가로서의 인류학자 사이의 (고프먼적 의미에서) 역할 거리를 확립함으로써 대상에 대한 어떠한 비인지적 집중이라도 약화시키는 데 기여한다. 버거는 데이비드 리스먼David Riesman의 『고독한 군중』The Lonely Crowd에서 착안해 성찰성을 다음과 같이 정의한다. "성찰성은 타자 지향성과 역할 수행을 넘어서는 일보 혹은 이보의 심리학적 진보이다. 그것의 두드러진 관심사가 그러한 과정들을 문제화하는 데 있기 때문이다. 사회과학의 이상, 즉 철저하게 거리 둔 관찰자에 다가가기 [위하여], 그것은 타자 지향성과 자신의 역할 수행의 결과에 대한 의식에 대항하려 애쓴다"(Bennett Berger 1981: 222). 민속방법론자들에게(Garfinkel 2007[1967], Cicourel 1979[1974]) 성찰성은 '지표성'indexicality과 더불어 사회적 행위를 구성하는 주요 속성이다. 그것은 일상의 조직화된 활동들의 짜임새 안에 엮이는 '문제적 현상'이다. 이 말로 민속방법론자들이 의미하는 바는, 사람들은 보편적이며 필연적으로 매일매일의 실천에 의미를 부여하기 위해 '민속 방법들'ethno-methods을 활용하므로, 사회적 행위는 설명 가능해야만 하고, 설명accounts과 실재는 따라서 쌍방적으로 서로를 구성한다는 것이다.[66] 기든스(Giddens 1987a[1984]; 1987b; 1994[1990])는 행위자성, 과학 그리고 사회라는 세 가지 지시 대상과 더불어 세 가지 의미로 성찰성(재귀성)을 논한다. 주체는, 자기 행위를 '반성하고' 검토할 수 있는 능력을 소유한 '개념을 가지는 동물'인 한, 성찰적이다. 사회과학은 그것이 만들어 내는 지식이 그것이 기술하는 실재에 다시 '주입된다'는 의미에서 성찰적이다.[67] 마지막으로 사회는 자기 발전을 통제하고 계획하는 능력을 진화시키므로 성찰적이라고 이야기될 수 있다(이는 알랭 투렌Alain Touraine이 역사성historicité이라는 개념 아래 설명한

---

66 민속방법론에서 내생적endogenous 성찰성과 준거적referential 성찰성의 구분에 관해서는 폴너(Pollner 1991)의 흥미로운 글을 보라. 또한 콜린스(Collins 1988: 278~282)도 참고하라.
67 "사회과학은 그것이 관련된 환경 속으로 '사라지는' 경향이 있다. (……) [그리고] 바로 그 환경의 구성에 아주 강력한 영향을 준다"(Giddens 1987b: 197). 이러한 [기든스의] '이중 해석학' double hermeneutic 개념은 부르디외의 '이론-효과'theory-effect 개념을 일반화한 판본에 가깝다.

것이다).[68] 이 세 가지 개념화에서 모두 빠져 있는 것은 사회학적 작업의 요건이자 형식으로서 성찰성에 대한 관념이다. 달리 말해, 기든스는 사회과학을 위해 작동하는 인식론적 프로그램으로서 성찰성, 그리고 그 결과에 따라 나올 수밖에 없는, 피지배적 형식의 지배를 행사하는 자인 지식인에 대한 이론으로서 성찰성을 결여하고 있는 것이다.

부르디외 프로그램의 독특성은 그의 성찰성 개념과 굴드너의 것을 대비시켜 봄으로써 더욱 부각될 수 있을 것이다(유사한 개념화로는 Fredrichs 1970와 O'Neill 1972 참조). 『서구 사회학의 다가오는 위기』*The Coming Crisis of Western Sociology*의 저자에게 성찰적 사회학은 "이론이 총체적인 인간의 실천에 의해 만들어지고 인간이 영위하는 삶에 의해 틀 잡힌다는 아주 원초적인 가정"과 함께 시작한다(Gouldner 1970: 483). 의식적인 자기 참조self-referencing를 요구하면서 그것은 "사회 세계 안에서의 자신과 자신의 위치에 대한 사회학자의 지식"에 초점을 맞춘다(Gouldner 1970: 489). 즉 예언 활동과 비슷한 방식으로(그 용어[성찰적 사회학]를 굴드너가 대문자로 쓰는 점을 참조) 그것은 정치적으로 해방적인 사회학을 발전시킬 수 있는 새로운 문화 생산자의 양성을 목표로 한다.[69] 버거처럼 굴드너는 사회학자인 '나'라는 사적 개인을 성찰성의 중심축──그것의 대상(또는 과녁)이자 운반자──으로 만든다.[70] 부르디외는 이러한 관심, 곧 분석가가 자신의 조사 연

---

68 최근에 기든스(Giddens 1994[1990]: 45)는 "사회적 실천은 바로 그 실천에 관해 유입되는 정보의 견지에서 끊임없이 검토되고 개선되며, 그 결과 정보는 구성적으로 실천의 특성을 변화시킨다는 사실"로 정의된 성찰성을 근대성의 결정적인 속성으로 만들었다.

69 "성찰적 사회학의 역사적 사명은 (······) 사회학자를 변화시키는 것, 그의 일상생활과 작업에 깊게 스며들어 그것들을 새로운 감수성으로 풍요롭게 만드는 것, 그리고 새로운 역사적 단계에 대한 사회학자의 자의식을 향상시키는 것이 될 터이다"(Gouldner 1970: 489).

70 "성찰성은 '나'를 요구하며 어떠한 변명도 필요로 하지 않는다"고 버거는 말한다(Benett

구에 투여하는 사회적·개인적 충동을 밝혀내는 것은 훌륭한 일이며 필요한 일이라는 점을 인정한다. 하지만 그는 이것이 사회학적 지각을 바꾸는 핵심 필터를 규명해 내기에는 매우 불충분하다는 사실을 발견한다. 왜냐하면 그것이 지식 장 안에서 분석가가 지니는 성원권과 위치에 특히 연계되어 있는 지식의 한계를 간과하기 때문이다.[71]

더 정확하게 말하자면, 부르디외는 세 종류의 편향성이 사회학적 시선을 흐릿하게 만들 수 있다고 말한다. 첫번째는 성찰성의 다른 옹호자들이 추출해 낸 편향성이다. 즉 개별 연구자의 사회적 출신 성분과 좌표(계급, 젠더, 민족 등)이다. 이는 제일 알기 쉬운 편향성이며, 따라서 상호 비판과 자기 비판의 수단으로 가장 쉽사리 통제될 수 있는 것이다. 두번째 편향성은 식별되고 인식되는 정도가 훨씬 덜 하다. 이는 분석가가, 광범위한 사회 구조 내에서가 아니라, 학문 장이라는 소우주, 더 나아가 권력 장에서 차지하는 위치와 관련된 것이다. 학문 장은 일정한 시기 분석가에게 제공된, 가능한 지적 위치들의 객관적인 공간을 말한다. 사회학자의 관점은 다른 문화

Berger 1981: 220~221, 236~239). "사회학의 근원은 총체적인 인간으로서 사회학자를 관통"하며 "그가 직면해야만 하는 문제는 그러므로 단지 어떻게 연구해야 하는가 라는 것뿐만 아니라 어떻게 살아가야 하는가 라는 것"이라고 굴드너(Gouldner 1970: 489)는 공감한다. 굴드너(Gouldner 1970: 494)가 우리는 "우리가 연구하는 이들과 우리가 맺고 있는 친연 관계의 깊이를 더욱더 인식해야만 한다. (……) 모든 인간은 기본적으로 우리가 보통 직업적인 '동료'로 인정하는 사람들과 유사하다"고 주장할 때, 이 거의 메시아적인, 실존적 변형은 일종의 인식론적 공동체주의epistemic communalism에 길을 내준다.

71 굴드너(Gouldner 1970: 512)는 "그것은 지적 삶 외부에 있는 힘일 뿐만 아니라 그 조직 내부에 있으면서 독특한 하위 문화에 배태되어 있는 힘인데, 그 힘이 지적 삶에 고유한 의무를 저버리게끔 만들고 있다"고 경고한다. 그러나 그는 그와 같은 "내부적" 요인들("하위 문화"라는 말로 느슨하면서도 좁게 정의되는)의 분석을 요청하는 대신, 곧바로 "학회원들과 대학"이 "이 더 넓은 세계를 비인간화하는 데 있어서 스스로 적극적이고 자발적인 행위자"가 된다는 점을 비난하고 나선다.

생산자와 마찬가지로 언제나 장에서의 자기 상황에 무언가를 빚지고 있다. 장 안에 있는 모든 이는 관계적인 조건에 따라, 즉 그가 함께 경쟁하는 타자들과의 차이와 거리에 의해 일부 규정된다. 더군다나 사회과학자들은 권력 장의 피지배 극 가까이에 위치하며, 따라서 상징 생산자들 모두에게 영향을 미치는 유인력과 반발력의 지배 아래 있다(Bourdieu 1971a; 1984a; 1989a).

그러나 성찰성에 대한 부르디외의 이해에서 가장 독창적인 것은 세 번째 편향성과 관련된다. 우리로 하여금 세상을 실질적으로 해결되어야 할 구체적인 문제들의 집합이라기보다는 해석되어야 할 의미들의 집합으로, 스펙터클로 추론하도록 이끄는 지성주의적 편향성은 분석가의 사회적 출신 성분 혹은 학문 장에서의 위치에서 비롯하는 편향성보다 더 심층적인 것이며 더 많은 왜곡을 가져온다. 왜냐하면 그것은 우리가 실천 논리의 특수한 차이differentia specifica를 완전히 놓치게끔 유인할 수 있기 때문이다(Bourdieu 1980a, 5장). "우리가 세상을 생각한다는 사실, 그 행위를 생각하기 위해 세상으로부터 그리고 세상의 행위로부터 물러나 있다는 사실에 새겨져 있는 전제들"(Bourdieu 1990g: 382)을 체계적 비판에 종속시키는 작업에 실패할 때마다, 우리는 실천 논리를 이론의 논리 안으로 붕괴시킬 위험이 있다.[72] 그러한 전제들이 개념, 분석 도구(계보도, 질문지, 통계 기법

---

72 "실천을 이해하는 데 철학과 사회과학이 보이는 무능력은 (……) 칸트에게서 이성이 판단 원리를 그 자체가 아닌 대상의 본질에 두는 식으로, 실천에 대한 학자적인scholarly 사유가 실천에 대한 학자적인 관계를 실천 안에 포함시킨다는 사실에 있다"(Bourdeiu 1983a: 5). 최근한 강연에서 부르디외(Bourdieu 1990e: 382)는 심지어 "우리의 학자적 사유와 실천이라는 이 이상한 대상 사이에는 일종의 부조화가 존재한다. 실용적인 필요성의 괄호 치기bracketing, 그리고 실천에 반해 구성된 사유 도구의 이용을 전제로 하는 사유 양식을 실천에 적용하는 것은 (……) 우리가 실천을 있는 그대로 이해하는 것을 방해한다"고까지 말한다. 이러한 지

등) 그리고 실제 조사 활동(관례화된 코딩, '데이터 클리닝' 절차, 또는 현지 조사의 주먹구구식 경험 법칙)으로 만들어진다는 점을 고려하면, 성찰성은 지적 자기 반성보다는 영속적인 사회학적 분석 그리고 사회학적 실천의 통제를 더욱 필요로 한다(Patrick Champagne et al. 1989).

그러므로 부르디외에게 성찰성은 주체에 관한 주체의 반성을 수반하지 않는다. 그것이 헤겔 철학의 자기의식Selbsbewusstsein[73] 같은 식으로든, 아니면 민속방법론, 현상학적 사회학, 그리고 굴드너가 옹호하는 '자아론적egological 관점'(Sharrock & Anderson 1986: 35) 같은 식으로든 말이다. 오히려 그것은 실질적으로 사회 탐구를 수행할 수 있도록 이끌 뿐만 아니라, "사유 가능한 것의 한계를 정하고 사유를 미리 결정하는, 사유의 사유되지 않은 범주들"(Bourdieu 1982b: 10)을 체계적으로 탐구하게끔 부추긴다. 그것이 요청하는 '되돌아가기'는 분과 학문의 경험 주체[예컨대 사회학자]를 넘어서 조직적이며 인지적인 구조를 포괄한다. 대상의 구성 행위 속에서 끊임없이 탐문되고 중화되어야만 하는 것은 바로 이론, 문제, 그리고 학술적 판단의 (특히 국가적인) 범주들에 내재하는 집단적인 과학적 무의식이다(Bourdieu 1990j). 따라서 성찰성의 주체는 궁극적으로 전체로서의in toto 사회과학 장이어야 한다. 공공 토론과 상호 비판의 대화 논리 덕택에, 객관화하는 주체의 객관화 작업은 저자 혼자만에 의해서가 아니라 과학 장을 구성하는 적대적이면서 상보적인 모든 위치의 점유자들에 의해 수행된다.

성주의적 오류의 전형은 합리적 행위 이론(예를 들어, Coleman 1986, Elster 1984a)에서 나타난다. 그것은 초합리주의적hyperrationalistic 행위 모델을 물신화하고 그것을 행위자의 정신 속에 '주입'함으로써 행위자들의 행위에 내재하는 실제의 실용적practical 합리성에 대한 탐색을 배제한다(Waquant & Calhoun 1989: 47, 53~54).

73 따라서 나는 "부르디외의 성찰성은 오히려 이러한 유형에 더 가까운 것 같다"고 주장하는 스콧 래시(Scott Lash 1990: 259)에게 동의하지 않는다.

만일 과학 장이 성찰적인 과학적 하비투스들을 생산하고 그에 보상을 주어야 한다면, 실제 훈련, 대화 그리고 비판적 평가의 메커니즘 안에 성찰성을 제도화해야 한다. 이에 따라서 변화를 도모하는 실천의 목표 대상은 객관적·정신적 메커니즘 모두에 새겨진 제도인, 사회과학의 사회적 조직이 된다.

확실히 부르디외는 '텍스트 성찰성'을 지지하는 "해석주의적 회의론의 태도"(Woolgar 1988: 14)를 취하지는 않는다. 텍스트 성찰성은 근래 현장에서 이루어지는 문화적 해석의 해석학적 과정과 민족지 작성을 통한 실재의 (재)구축 문제에 점점 더 열중해 온 인류학자들이 옹호하는 것이다.[74] 부르디외는 기어츠가 "일지 병"diary disease(Geertz 1987: 90)이라고 친절하게 이름 붙인 것에 대해 신랄하게 비판한다. 진정한 성찰성은 래비노(Rabinow 1977) 식의, 사후적인post festum '현지 조사에 관한 성찰'Reflections on Fieldwork을 통해 생산되지 않기 때문이다. 그것은 또한 감정 이입empathy, '차이'(혹은 차연différance), 또는 관찰자 개인을 관찰의 행위 속에 위치시키는 텍스트의 정련을 강조하기 위한 일인칭 주어의 사용 역시 필요로 하지 않는다. "오히려 그것은 관찰자의 위치를 구성된 대상의 위치와 마찬가지의 비판적 분석에 종속시킴으로써 성취된다"(Barnard 1990: 75).[75] 인류학자

---

74 이들 '포스트모던' 인류학자들의 주장에 따르면, 지난 십 년간 재현의 한계에 관한 이론화와 식민주의에 대한 비판은 민족지적 언명의 권위를 침식해 왔으며, 수사학적 연행 performances으로서 민족지가 그 설득력과 핍진성을 궁극적으로는 문학적 관습에 의존하는, "불가피하게 우연적이고 역사적이며 논쟁의 여지가 있는" 재현이라는 점을 드러냈다 (Clifford & Marcus 1986). 텍스트 성찰성이 가리키는 것은 "텍스트가 실재의 독립적인 질서를 단순하게 그리고 투명하게 보고하지 않으며" 그 자체가 "실재 구성 작업에 연루된다"는 관념이다(Atkinson 1990: 7). 비판적인 개관을 위해서는 Spencer 1989를 참고하라. 사례들을 보려면 Marcus & Cushman 1982, Clifford & Marcus 1986, Geertz 1987, Tyler 1987, 그리고 Van Maanen 1988를 참고할 것.

를 원주민과 분리시키는 것은, 래비노가 주장하듯, 베버적인 '의미의 거미
줄'webs of significance(Rabinow 1977: 162)이 아니라 그 의미망의 사회적 조
건, 즉 조사 대상이 되는 세계에 내재하는 필연성까지의 차등적인 거리인
것이다(Bourdieu 1980a: 24 이하). 밝혀져야 할 것은 연구자의 개인적인 무
의식 이상으로, 그가 속한 분과 학문의 인식론적 무의식이다. "[이루어져야 하
는―바캉] 과제는 바로 가짜 원주민적 참여에 의해 마법처럼 그 거리를 없
애는 것이 아니라, 이러한 객관화하는 거리, 그리고 관찰자의 외재성, 그가
이용하는 객관화 기술 등과 같이 그 거리를 가능케 하는 사회적 조건들을
객관화하는 것이다"(Bourdieu 1980a: 29~30).[76]

---

75 바너드(Barnard 1990: 58, 71)는 부르디외가 "어떻게 민족지가 자아도취적이거나 무비판적이
지 않으면서도 성찰적일 수 있는지를 보여 주어 왔으며" "민족지학자들과 민족지 이론가들
이 스스로 만들어 온 막다른 길목의 탈출구"를 제시한다고 주장한다.

76 인식론적 성찰성과 텍스트 성찰성 사이에 파인 골은 래비노의 『모로코 현지 조사에 관한 성
찰』Reflections on Fieldwork in Morocco과 로살도Renato Rosaldo의 『문화와 진리』Culture and
Truth의 주된 결론과 부르디외의 『실천 감각』(Bourdieu 1990a) 서문을 대조하면 분명해진다.
현지 조사 경험에 관한 래비노의 회고는 타자the Other와 교류하는 상황에서의 자기the Self,
그리고 이방의 문화 세계로 들어가는 과정에 내재하는 도덕적 차원에 집중된다. 관찰과 참
여의 상호작용에 매달리면서 그는 '진정성'authenticity에 대한 우려를 계속 드러내는데, 결
국에는 "모든 문화적 사실은 해석이며 다성적인 것이고, 그것은 인류학자와 그의 정보 제공
자에게도 해당된다"는 결론에 이른다(Rabinow 1977: 151). 마찬가지로 로살도에게 "사회분
석가는 주체를 수많은 위치에서 탐구해야만 하는데", 특히 개인이 "서로 겹치는 다양한 공동
체에 속해 있을 때 그러하다. (……) 따라서 사회분석은 양쪽 편 모두가 '문화 해석'에 적극적
으로 관여하는 관계적인 형식의 이해가 된다"(Rosaldo 1989: 169, 194, 206~207). 부르디외는
민족지학자의 해석과 원주민의 해석 간의 이러한 융합을 거부하며, '진정성'에는 아무런 흥
미를 갖지 않는다. 그는 로살도에 동조해 "어떠한 관찰자도 순수하거나 전지전능하지 않다"
(Rosaldo 1989: 69)는 진부한 말을 떠들어 대기보다는, 인류학적 지식의 한계를 이론화하길
원한다.
래비노는 자신의 해석학적 의도와 정보 제공자의 실용적 관심 사이의 불일치가 내포하는
왜곡을 전혀 고려하지 않는다. 래비노는 현지 조사를 "커뮤니케이션의 역[liminal: 자극에 대
한 반응의 시작점] 양식의 상호 주체적 구성 과정"(Rabinow 1977: 155)으로 제시하는데, 이는
로살도처럼 그가 인류학자와 원주민이 해석에 공동으로 연루된 것으로 간주하는 스콜라적

성찰적인 되돌아가기의 필요성에 대한 부르디외의 거의 편집광적인 고집은 일종의 인식론적 '명예심'의 표현이 아니라 과학적 대상을 다르게 구성하도록 이끄는 원칙이다. 그것은 대상에 대한 분석가의 관계가 부지불식간에 투사되어 있지 않은 대상, 그리고 부르디외가 존 오스틴John L. Austin을 따라 '스콜라적 오류'라고 명명한 것에 의해 불순해지지 않은 대상을 생산하도록 돕는다(Bourdieu 1990g). 부르디외는 레비-스트로스의 구조주의와 그의 시각을 구분 짓는, '규칙'에서 '전략'으로의 이행에 관한 논의에서 이 점을 명백히 한다.[77]

이론적 관점과 실천적 관점, 그리고 이들 사이의 심원한 차이에 관한 이론적 성찰에 의해 생겨나는 실천 이론에서의 변화는 순전히 사변적인 것은 아니다. 거기에는 실제 조사 활동에서의 커다란 변화와 확실한 과학적 이익이 뒤따른다. 예를 들어, 우리는 구조주의적 논리주의가 신화적 대수학의 의미 없는 불발로 치부하거나 아예 한쪽으로 제쳐 두고 싶어 하는 의례 실천의 속성들에 주목하게 된다. 우리는 특히 전체 체계에 널리 퍼진 부분적인 모순과 모호성은 물론이거니와, 과소결정되거나 불확정적인, 다의적 현실에 주목한다. 그러한 것들이 전체 체계의 유연성과 개방성을

인 함정에 빠져 있음을 알려 준다. 래비노(Rabinow 1977: 29)는 정보 제공자들을 자신의 해석학적 과제를 돕기 위해 거기 있는 친구로 지각한다. 비록 래비노의 이야기 가운데 일부 대목은 정보 제공자들이 그들 나름대로의 실용적 전략 속에서 "[래비노를] 하나의 자원으로 규정"했음을 래비노 또한 얼핏 인식했다는 점을 분명히 드러내지만 말이다. [이 모든 문제들에 관해서는 부르디외의 『파스칼적 명상』(Bourdieu 1997a: 76~96), 그리고 영국 왕립인류학회Royal Anthropological Society의 헉슬리Huxely 메달 수상 기념 연설인 「참여 객관화」(Bourdieu 2002c)를 참조할 것.]

77 부르디외와 레비-스트로스의 인류학, 그리고 그들의 민족지 실천 개념의 통찰력 있는 비교를 위해서는 Barnard 1990을 참고.

설명한다. 그 모든 것이 체계를 '실천적'인 것으로, 그리하여 일상적인 존재와 실천의 돌발 사태들에 (특히 논리적인 탐색의 면에서) 최소한의 비용으로 대응하도록 맞춰진 것으로 만든다. (Bourdieu 1990g: 384)

이러한 지적은 곰곰이 생각해 볼 만한 가치가 있다. 부르디외가 실천 논리를 발견할 수 있게 해준 것이 관점상의 이와 같은 전환——즉 실천 이론의 중심에 이론적 실천 이론을 포함시키기——이었기 때문이다. 부르디외가 현지 조사 자료에서 끈질기게 나타나는 경험적 이상 사례들에 의해 이론적 논리의 특수성을 재고하게 되었을 때처럼 말이다(Bourdieu 1980a: 24~29). 여기서 우리는 다시 제자리로 돌아와 성찰성에 대한 부르디외의 이해가 어떻게 이론과 조사의 상호 침투에 대한 그의 개념화와 시종일관하는지를 보게 된다. 카빌리 우주 발생론의 구조를 이루는 모든 조화와 대립을 가장 사소한 부분에 이르기까지 경험적으로 풀기 위해 애쓰다 보니, 부르디외는 결국 추상적인 논리와 실천 논리 간의 차이를 이론화하지 않을 수 없었던 것이다.[78] 역으로, 부르디외가 그 논리들 사이의 부조화를 인식하고 포착할 수 있었다면, 그 이유는 오로지 그가 인류학자로서 자신의 실천을 이론적으로 끊임없이 반성했기 때문이다.

만약 성찰성이 사회를 탐구하는 데 그토록 중요한 인지적 차이——이는 수사학적 혹은 실존적 차이와 대립하는데——를 만들어 낸다면, 어째서 좀더 널리 실행되지 않는 것일까? 부르디외는 성찰성에 대한 저항의 진

---

[78] 이러한 경험적 수수께끼의 점진적인 풀이를 보려면 Bourdieu 1970; 1972a[2000], 3장과 1980a: 333~439를 참조. 특히 『실천 감각』에 나오는, 변별적 대립 쌍들의 개관용 다이어그램을 보라(1980a: 354).

짜 근원이 인식론적인 것이라기보다는 사회적인 것이라고 말한다.[79] 사회
학적 성찰성은 사람들의 신경을 바짝 곤두세운다. 그것이 우리 서양인 모
두가 소중하게 여기는 개인성의 신성화된 의미에 대한 정면공격이자, 특
히 스스로 일종의 상징적 은총을 부여받은, [사회적으로] 결정되지 않고 '자
유롭게 부유하는' 존재로 여기길 좋아하는 지식인들의 카리스마적 자기
관념에 대한 정면 공격을 의미하기 때문이다.[80] 부르디외에게 성찰성은 바
로 개인적인 것의 중심에 있는 사회적인 것, 내밀한 것 아래에 있는 비개인
적인 것, 가장 특수한 것 안에 깊숙이 묻혀 있는 보편적인 것을 드러냄으로
써 우리가 그러한 미망을 피할 수 있도록 해주는 것이다.[81] 따라서 부르디
외가 내밀성을 드러내는 고백 게임에 참여하길 거부하면서, 그 자신의 형

---

79 성찰성이 가능하고 바람직하다는 주장에 통상 가해지는 세 가지 전형적인 반론이 있다. 나
르시시즘이라는 비판, 쓸모없다는 비판, 그리고 자기모순, 유아론, 급진적인 인지 상대주의
로 이어지는 끝없는 회귀regressio ad infinitum라는 비판이 그것이다(Bloor 1976, Berger 1981:
222, Ashmore 1989, Woolgar 1988). 지면의 제약상 여기서 이 비판들에 관해 논의하기는 어렵
다. 다만 지금까지 어떤 비평가도 [부르디외에게] 그러한 비판을 제기하지 않았다는 사실은
그것들 가운데 어떤 것도 부르디외에게 직접적인 방식으로 적용되지 않는다는 점을 시사하
는 듯하다. 사실 인식론적 성찰성을 위한 그의 주저이자 그러한 성찰성을 예시한 작업인 『호
모 아카데미쿠스』를 둘러싼 서평들은 정확히 반대 방향에서 헤맨다. 즉 그것들은 책의 심층
에 있는 방법론적·이론적 증명을 간과한 채, 그 표면적인 대상(프랑스 대학, 68년 5월 위기)에
관해서만 특징적으로 다룬다. 많은 서평들은 또한 그 책이 학계에서 저자가 겪은 개인적 경
험에 관한 정보가 불충분하다고, 즉 부르디외가 자기를 충분히 드러내지 않는다고 불평한
다. 성찰성의 무용성, 혹은 불필요성이라는 문제는 Bourdieu & Waquant 1989b 그리고 이
책의 2부 6절에서 논의된다.
80 "그것만의 고유한 결정 요인들determinations (비록 그것들이 무의식적일 수 있다는 점에는 동의
하지만) 이외의 어떠한 결정론도 알고 싶어 하지 않은 채, 그 자체와 자기만의 진실의 주인이
자 소유자로 남아 있으려 하는 순진한 인본주의naive humanism는 가장 개인적이며 가장 '투
명한' 행위의 의미조차 그것을 완수하는 주체가 아닌, 행위가 그 안에서 그것을 통해 스스로
완수되는 관계 체계 전체에 속해 있다고 주장하려는 어떠한 시도도 '사회학주의적' 혹은 '유
물론적' 환원으로서 모든 인간 경험 안에 넣어 버렸다"(Bourdieu, Chamboredon, & Passeron
1968[1973: 32]).

성에 두드러진 영향을 미친 사회적 경험들의 일반적인 특징을 지적할 때 (Bourdieu 1984a: xxvi; 그리고 이 책의 2부 7절), 그는 단지 자기 사회학의 원칙을 스스로에게 적용하고 있을 따름이다. 그 원칙에 의하면, "개인은, 가장 개인적인 차원에서조차, 근본적으로는 장의 구조 안에, 더 정확히 말하자면 이 장 안에서 점유하고 있는 위치 안에, 실제로 혹은 잠재적으로 새겨진 요구들이 인격화한 산물personification이다"(Bourdieu 1989a: 449).

부르디외는 자신을 사회학적으로 설명하기 위해 굉장히 사사로운 이야기를 할 필요는 없다고 보는데, 그에게 일어난 일이 혼자만의 것은 아니기 때문이다. 그것은 사회적인 궤적과 연결되어 있다. 다시 그의 이론으로 예측 가능한 것처럼, 성찰성에 대한 부르디외의 관심은, 모든 것을 고려해 볼 때, 그의 사회적·학문적 궤적에 뿌리를 두고 있으며 초기 과학적 하비투스의 구성 조건들을 드러낸다고 믿게 된다. 그것은 우선 그의 원초적 (계급) 하비투스와 1950년대 프랑스 학문 장으로의 매끄러운 통합을 위해 요구된 하비투스 간의 구조적 불일치의 산물이다. 부르디외는 이방인이자 부적응자로서 지식인 세계에 진입했는데, 이는 그렇지 않은 교수들이 가지는 환상과 분명한 거리를 가질 수 있게 만들었다. 즉 다른 교수들에게 사회 세계에 대한 '제왕적 시각'은 출신 계급의 시각이기 때문에 의식되지도 않은 채 당연히 받아들여졌던 것이다.[82] 두번째 주요인은 알제리 해방전쟁이다. 알제리 민족주의를 억압하기 위한 프랑스 군부의 조직적 노력이 끔

---

81 뒤르켐(Durkheim 1991[1912]: 390)이 『종교 생활의 원초적 형태』에서 쓴 바와 같이 "우리가 개인화됨에 따라 더욱 개성적personal이 된다는 것은 사실이 아니다. (……) 인성personnality의 핵심 요소는 우리 안의 사회적인 부분이다".

82 부르디외(Bourdieu 1989d)는 순순히 인정한다. "나는 결코 대학의 구성원으로서 행복했던 적이 없었으며 수련 기간 동안에조차 축복받은 헌신자로서의 경이를 결코 경험하지 못했다." 이에 관해서는 데리다Jacques Derrida의 증언을 보라(Casanova 1990).

찍한 상황을 초래하고 있는 마당에, 그는 끊임없이 스스로에게 학자의 특권을 설명하도록 요구받지 않을 수 없었다. 세상을 관찰하기 위해 그로부터 물러나 있으며 자신이 연구하는 주체들로부터 떨어져 있기를 주장하는 학자의 특권 말이다. 심지어 통상 아무런 해가 없는 교육 활동조차도, 이러한 정황에서는, 아주 고도로 정치적인 함의를 띠게 되어 분석가와 그의 실천에 대한 분석적 선회를 요청하기 때문이다.[83] 세번째, 인식론적 성찰성으로의 기질은 어느 정도는 부르디외가 철학에서 사회과학으로 전공을 전환한 데서 생겨난 부산물일 수 있다. 그는 (직업적 위치와 자기 이미지 면에서)[84] 이 전환에 따르는 비용을 치르지 않을 수 없었고, 자연스럽게 사회과학자와 철학자의 태도 간 차이에 관해 숙고하며 스스로의 실천에 대해 질문하게 되었을 것이다.

그러나 하비투스만으로 성찰성에 대한 부르디외의 '취향'을 설명하려 한다면, 이는 일면적인 작업이 될 것이다. 이론과 조사 연구에 대한 그의 개념화와 마찬가지로, 사회학적 시선을 문제화하는, 사회적으로 구성된 이러한 성향은 1950년대와 1960년대의 프랑스 지식 장을 적절한 환경 삼아 활성화될 수 있었다. 여기에는 여러 가지 요인들이 관련된다. 이를테면 ――레

---

83 1960년 부르디외는 알제Alger 대학에서 '알제리 문화'에 관해 강의했다. 이것은 알제리 문화와 같은 어떤 것의 존재에 대한 단순한 인정조차 민족주의 해방전선Nationalist Liberation Front에 대한 공개적인 지지와 다를 바 없다고 간주했던 당국과 정착 집단들에게는 일종의 도발로 여겨졌다. 알제리 전쟁이 프랑스 지식 장의 작동에 끼친 영향은 리우와 시리넬리의 편저에 기록되어 있다(Rioux & Sirinelli 1991).

84 「철학자 지망생」에서 부르디외(Bourdieu 1989d: 17)는 젊은 미래의 지식인들에게 뛰어난 철학자 모델이 가졌던 거부할 수 없는 매력을 환기시킨다. "사람들은 '철학자'라는 권위 있는 정체성을 이용함으로써 공인받아 왔고 그랬기 때문에 '철학자'가 되었다. 철학의 선택은 지위상의 자신감(또는 오만)을 강화하는 지위 보증의 표현이다." 인식론적 문제들에 대한 부르디외의 감수성은 그가 캉길렘과 바슐라르, 그리고 쥘 뷔유맹Jules Vuillemin으로부터 받은 과학사와 과학철학 훈련의 결과이기도 하다.

비-스트로스와 사르트르가 두드러지게 구현했던 ―지적 소명 의식의 위대한 모델이 살아서 존재했다는 점, 부르디외가 학교의 특권이 거의 절정에 달했을 무렵의 고등사범학교École nomale supérieure, ENS에서 수학하면서 자존감과 지적 야심을 배양했다는 점, (2차 대전 중의 붕괴 이후) 교육 체제의 전체적인 재건 기간 동안 파리에 과학자본이 엄청나게 집중되고 사회과학이 진례 없이 확장되었다는 점, 그리고 부르디외가 [교수로서] 교육기관[여기서는 사회과학고등연구원EHESS을 가리킨다]에 일찌감치 진입했다는 점 등이다. 특히 사회과학고등연구원은 여러 가지 면에서 유일무이한 기관이었는데, 다학문적 지향성이 강했고 외국의 지적 조류에 열려 있었을 뿐만 아니라 전후 시기 가장 권위 있었던 프랑스 사회과학자 트리오, 즉 레비-스트로스, 페르낭 브로델 그리고 레몽 아롱(알제리로부터 황급히 돌아온 부르디외는 아롱의 조교를 잠깐 맡은 적이 있다)의 후원을 통해 보호받았던 것이다.[85]

요약하자면, 성찰성에 대한 부르디외의 관심은 그의 사회 이론과 마찬가지로, 자기중심적이거나 논리중심적인 것이 아니라, 본질적으로 과학적 실천에 내재되어 있으며 그것을 향해 있다. 그것은 사회학자라는 사적 인

---

85 소르본과 (파리에 살면서 통근했던) 릴 대학에서 잠시 가르친 이후, 부르디외는 브로델, 아롱, 그리고 레비-스트로스의 요청으로 1964년 34세의 나이로 사회과학고등연구원에 임명되었다(그의 첫번째 영어 책인 『알제리인들』The Algerians[이는 『알제리 사회학』의 영역본이다]의 뒤표지에는 아롱과 레비-스트로스의 추천사가 들어가 있다). 또 다른 중요한 이점은 지리적 안정성이다. 수도인 파리에서의 체류는 부르디외가 시간이 지날수록 지적인 관계망을 축적하고 집중할 수 있게 했을 뿐 아니라, 조사 연구의 집단적인 도구들을 구축하게끔 해주었다. 이는 미국의 학문 장에서는 (과학적 위계 체제에서 서열이 높아질수록 증가하는 경향이 있는) 사회과학자들의 상대적으로 잦은 공간적 이동성으로 인해 훨씬 더 어려워지는 점이다. 창립으로부터 1960년대 초에까지 이르는 사회과학고등연구원의 역사적 분석을 위해서는 마종의 책(Mazon 1988)과 이에 대한 부르디외의 간략한 서문(Bourdieu 1988c)을 참고할 것.

간의 개인적 내밀성에 주목하는 것이 아니라 그가 자기 작업의 일부로서 수행하는 갖가지 활동과 절차의 연쇄, 그리고 그 안에 새겨진 집단적인 무의식에 주목한다. 인식적 성찰성은 나르시시즘과 유아론을 부추기기는커녕, 지식인들의 사고 가장 깊숙한 곳까지를 결정하는 특수한 요인들을 인식하고 나아가 중화시키기 위해 노력하도록 권유한다. 그것은 또 인식론적 계류를 강화하게끔 설계된 조사 기법을 개념화할 수 있게 해준다.

7. 이성, 윤리, 정치

인식적 성찰성은 또 다른 이점을 지닌다. 그것은 데리다가 옹호하는 탈근대적 '해체'deconstruction라는 허무주의적 상대주의와 하버마스가 지지하는 '근대적' 합리주의라는 과학적 절대주의 사이의 대립을 극복할 가능성을 열어준다. 왜냐하면 우리는 인식적 성찰성을 통해 이성을 해소시키지 않고 역사화하며, 해체와 보편성, 이성과 상대성을 조화시키는 역사주의적 합리주의를 정초할 수 있기 때문이다. 이는 해체와 보편성, 이성과 상대성의 효력을 과학 장의 —역사적으로 주어진— 객관적 구조 안에 정박시킴으로써 이루어진다. 한편으로 부르디외는 하버마스(2011[1988])가 그렇듯 과학적 진실의 가능성과 바람직함을 믿으며, 그런 한에서 열정적인 근대주의자이다.[86] 그러나 그는, 이 프랑크푸르트 이론가[하버마스]에 맞서서, 의

---

86 부르디외는 래시(Lash 1990: 255)가 주장하는 것처럼 "푸코식의 권력/지식의 가정에 동의"하지 않는다(Bourdieu & Waquant 1993에서 권력/지식 개념에 대한 그의 비판을 보라). 비록 그것의 초월화transcendentalization를 경계하고는 있지만, 그는 이성의 계몽 기획Enlightenment project of Reason에 성심으로 참여한다. "새로운 이데올로기론자들에게 일거리를 안겨다 주

식 또는 언어의 초역사적 구조에 이성을 정초시키는 기획에는 역사과학이 반드시 떨쳐 내야만 하는 초월론적 환상의 기미가 있다고 평가한다. 다른 한편 부르디외는, 데리다, 푸코와 더불어, 지식은 해체되어야만 하고, 범주는 우연한 사회적 파생물이자 구성적 효능을 지니는 (상징)권력의 도구이며, 사회 세계에 관한 담론의 구성은 종종 정치적 함의를 담은 사회적인 사전 구성물preconstruction이라는 데 동의한다. 실로 과학은, 그람시Antonio Gramsci가 잘 보았듯[87], 두드러지게 정치적인 활동이다. 그럼에도 그것은 단순히 정치만은 아니며, 따라서 보편적으로 타당한 진실을 생산할 수 없는 것이 아니다. 과학(지식)의 정치와 사회(권력)의 그것을 뒤섞어 버리는 일은 역사적으로 제도화된 과학 장의 자율성을 대수롭지 않게 다루면서 사회학이라는 아기를 실증주의라는 목욕물과 함께 내버리는 꼴이 된다.[88] 여기서 부르디외는 후기 구조주의와 갈라선다. 그는 만일 해체가 스스로를

면서 오늘날 유행하고 있는 이러한 반과학주의에 맞서 나는 과학을 옹호하며, 사회 세계에 대한 더 나은 이해를 제공하는 효과를 지닌다면 이론까지도 옹호한다. 우리가 반계몽주의와 과학주의 사이에서 선택해야 할 필요는 없다. 칼 크라우스Karl Kraus의 말처럼, '나는 두 가지 악 가운데 차악을 선택하길 거부한다'"(Bourdieu 1980b: 18). "보편주의와 특수주의, 합리주의와 상대주의, 근대주의자와 탈근대주의자 사이의 분별 있는 제3의 길"로서 부르디외의 작업에 대한 함축성 있는 토의를 위해서는 Calhoun et al. 1993 참고.

87 "'과학'은 무엇인가라는 문제가 제기되어야 한다. 인간을 변화시키고 그를 과거의 모습과 다르게 만드는 한, 과학 자체는 '정치적 행위'이자 정치적 사유가 아닌가?"(Gramsci 1975[1929~1935]: 556)

88 부르디외는 푸코와 합리성에 대한 [행간의] 단절론적이고 구성주의적인 개념과 지식에 대한 역사주의적 이해를 공유하는 반면(1984년 6월 27일자 『르몽드』에 「앎의 쾌락」이란 제목으로 실린 그의 푸코 조사T辭를 보라), 과학성의 문제에 관한 푸코의 판단 중지epoché를 거부한다. 푸코가 일종의 인식론적 불가지론을 감싸 안으면서 인과성과 총체성의 문제라는 '직교하는 이중적 괄호 치기'(Dreyfus & Rabinow 1983)로 의미와 진실에 대한 질문을 보류하는 지점에서 부르디외는 과학 장의 기능 작용에 준거를 두고 그 문제들을 재구성한다. 권력의 '비의도적인' 전략이라는 이슈와 관련해서 그러하듯, 여기서도 장 개념은 부르디외와 푸코 사이의 깊은 분열을 알려 준다.

해체한다면, 그것은 그 자체를 가능하게 만든 역사적 조건들을 발견하게 될 것이라고 역설한다. 즉 해체는 스스로가 지식 세계의 사회적 구조에 뿌리내린 이성적 대화와 진실의 기준을 전제한다는 점을 알게 될 것이라는 말이다.[89]

부르디외의 관점에서 이성은 역사적 산물이지만 매우 역설적인 산물이기도 하다. 그것이 어떤 조건들, 즉 합리적 사유를 위한 제도적 토대를 보호하기 위해 아주 구체적으로 작동함으로써 끊임없이 (재)생산되어야만 하는 조건들 아래서는 역사를 '벗어날' 수 있다는 면에서 그렇다. 문화 생산의 장의 발생과 기능에 대한 그의 분석은 과학에 도전하기는커녕, 과학적 합리성을 역사 속에 정초하는 것을 목표로 한다. 이때 역사란 위치들의 네트워크로 객체화되고 성향으로 '주체화된' 지식 생산의 관계로서, 이는 과학 장을 역사적으로 독특한 사회적 창조물로 구축한다(Bourdieu 1990g).

> 우리는 역사주의적 환원론을 논리적 결론으로 가져감으로써 이성의 기원을 인간의 '능력', 즉 본성에서 찾아서는 안 된다. 이성의 기원은 오히려 보편적인 것에 대한 정당한 독점을 위해, 보편적인 것의 이름으로 행위자들이 서로 경쟁하는 특이한 사회적 소우주들의 역사 속에서, 그리고 대화 언어dialogical language의 점진적 제도화에서 탐색되어야만 한다. 대화 언어의 속성들은 겉으로는 내생적인 것처럼 보이지만, 실은 그 발생과 활용의 사회적 조건에서 나온 것이다. (Bourdieu 1990g: 389)

---

89 그것이 바로 "'순수' 비평에 대한 '통속적' 비판을 위하여"라는 제목이 붙은 『구별 짓기』 후기 (Bourdieu 1979a: 564 이하)의 의미이다. 그것은 데리다가 이끈 문학적·철학적 접근을 직접 겨냥한다. 그러한 접근은 (사회학에서는 실질적으로 거의 알려지지 않았지만) 미국 인문학계에서는 '프랑스 이론'의 이름 아래 커다란 학문적 성공을 거두었다.

부르디외의 성찰성 개념은 래시(Lash 1990)가 주장하는 것처럼 "근대주의적 과학성"을 거스르는 것이 아니라 사회과학에 대한 실증주의적 관념을 거스른다. 후자의 핵심은 사실과 가치의 완벽한 분리다(Giddens 1977). 그런데 『구별 짓기』의 저자에게 경험적 지식은, 이런저런 종류의 실증주의 추종자들이 우리를 믿게 만드는 것만큼이나 그렇게 도덕적 목표의 발견 및 추구와 어긋나지는 않는다. 뒤르켐의 기획(Filloux 1970, Lacroix 1981)을 계속해 나가면서, 부르디외는 사회학의 도덕적·정치적 중요성에 열정적으로 관심을 기울인다. 비록 이렇게 완전히 환원시킬 수는 없지만, 그의 연구는 두 가지 수준에서 도덕적 메시지를 전달하고 있다.

먼저 개인의 입장에서 그것은 필연성과 자유의 영역을 구분할 수 있게 해주며 그럼으로써 도덕적 행위를 향해 열려 있는 공간을 규명하기 위한 도구를 제공한다. 부르디외는 행위자들이 주관성 ──이는 객관성의 매개되지 않은 내면화인데 ──을 토대로 행동하는 한, "구조를 주체로 갖는 행위의 외관상의 주체들"로 남을 수밖에 없다고 주장한다(1989a: 47). 반대로 그들이 자신의 사고와 행위 범주들에 대해 반성적으로 정통함으로써 자기 안에 있는 사회적인 것을 더 잘 알게 될수록, 그들에게 깃들어 있는 외재성에 의해 좌우될 확률은 줄어든다. 사회분석은 정신분석의 집단적 대응물로 여겨질 수도 있을 것이다. 정신분석의 로고테라피[삶의 주요 원천이 되는 가치나 의미를 찾는 실존적 심리요법]가 어떤 실천을 충동질하거나 억누르는 개개인의 무의식으로부터 우리를 자유롭게 하는 것과 마찬가지로, 사회분석은 우리를 도와 우리 내면 깊은 곳에 존재할 뿐만 아니라 제도에 내재하는 사회적 무의식을 밝혀낸다. 부르디외의 작업은 데카르트식 코기토를 거부한다는 점에서 모든 (후기-)구조주의와 공통분모를 지니는 반면(Schmidt 1985), 사회과학적 지식의 성찰적인 적용을 통해 합리적 주체와 같은 무언

가의 역사적 출현을 가능케 하려는 시도를 한다는 점에서는 그것들과 다르다.[90]

성찰적 사회학의 도덕적 차원은 또한 그것의 스피노자주의적 기능이라 부를만한 것에 있다. 부르디외가 보기에 사회학자의 과업은 사회 세계를 그 자연성과 숙명성으로부터 벗어나게 만드는 것, 다시 말해 권력의 행사와 지배의 영속화를 은폐하는 신화들을 파괴하는 것이다.[91] 그러나 폭로는 타자들을 징벌하고 죄책감을 유발하려는 목적으로 이뤄지지 않는다.[92] 오히려 그와 정반대다. 즉, 사회학의 임무는 "행위를 필연화하는 것, 그것들을 정당화하지 않으며 그것들을 결정짓는 제약의 세계를 재구성함으로써 자의성으로부터 떼어 내는 것"이다(Bourdieu 1989a: 143).

(사회과학의 불가피하게 윤리적인 차원을 전면에 놓으면서,) 과학적 사회학과 '미시적인 수준'의, 일상적 도덕의 구성물 사이에서 그가 인지한 관계

---

90 "역설적으로 사회학은 자유의 환상, 더 정확하게는 허상에 불과한 자유에 대한 그릇된 믿음으로부터 우리를 해방시킴으로써 우리를 자유롭게 한다. 자유는 주어지는 것이 아니라 쟁취하는 것, 집단적으로 쟁취하는 것이다. 내가 유감스럽게 여기는 것은 실재에 대한 치기어린 거부가 고취시키는 하찮은 자기도취적 리비도의 이름 아래, 사람들이 재전유 작업을 대가로 자신을 진정 ─ 적어도 조금 더 ─ 자유로운 주체로 구성할 수 있게 해주는 도구[즉 과학]를 스스로에게서 박탈한다는 점이다"(Bourdieu 1987a: 26). 그러므로 래비노(Rabinow 1982: 175)가 주장하듯이, "부르디외가 전통적 주체 위에 해체라는 강력한 산성액을 끼얹는 데 기꺼이 참여할"지는 의문의 여지가 있다.

91 이 점에서 부르디외는 "사회학자는 신화의 파괴자"라고 보는 엘리아스(Elias 1991b[1970: 55])와 또다시 의견의 일치를 드러낸다. 사회학이 승인된 사회 이미지의 전복을 염려해서는 안 된다는 주장에 반대하는 사람들에게 부르디외는 이렇게 답한다. "과학 담론은 사회 세계에 대해 미혹된 시각을 가진 이들에게만 미몽을 깨는 것처럼 보일 수 있다. 그것은 자기만의 희망을 현실로 착각하는 유토피아주의로부터 떨어져 있는 만큼이나, 물신화된 법칙을 환기시키며 [실천의] 기세를 꺾는 논의로부터도 떨어져 있다"(『사회과학 연구 논집』 창간호(1975)에 제목 없이 실린 편집자 서문 중 p. 3).

92 사회학자는 "상징적 치안policing의 모든 작전에 동원 가능한, 일종의 테러리스트 심문관"이 아니다(Bourdieu 1982b: 8).

들을 가시화시킨다는 측면에서 부르디외는 앨런 울프(Alan Wolfe 1989a, 1989b), 리처드 맥스웰 브라운(Richard Maxwell Brown 1990)과도 일맥상통한다. 그러나 그는 울프가 하듯이, 사회학이 진보된 사회의 효율적인 윤리학을 제공할 수 있다고 주장하지는 않는다. 그것은 사회학자를 근대성이라는 '시민종교의 신학자'라는 생시몽Saint Simon식 예언자적 역할로 다시 밀어 넣는 일이나 다름없을 것이다.[93] 부르디외에게 사회학이란 어떤 조건 아래서 도덕적 행위자성이 가능한지, 또 어떻게 그것이 제도적으로 강화될 수 있는지 말해 줄 수 있지만, 그 구체적인 과정이 어떠해야 하는지 일러 주지는 못한다. 정치가들이나 집단 지도자들이 좀더 일반적으로 집단의 이익을 추구하며 행동하는 것을 보장하기 위해 우리는 "마키아벨리가 말하는 이상적인 공화국에서처럼, 행위자들이 공공선과 공공복지에 대한 헌신에, 그리고 덕성과 무사무욕에 이해관심을 가지는 사회 세계를 제도화"해야만 한다. 과학에서처럼 정치에서도 "우리가 도덕 정치의 제도적 수단을 만들어 내기 위해 노력한다면, 도덕성을 이룰 만한 얼마간의 가능성은 있다"(Bourdieu 1994a: 237).

부르디외는 사회학이 결정적으로 상징적 지배의 전략과 메커니즘에 관련되어 있고 거기 연루되어 있다는 측면에서 그것을 특출하게 정치적인 과학으로 개념화한다.[94] 사회과학은 중립적이고 초연하며 비정치적일 수

---

93 울프(Wolfe 1989a: 22~23)가 보기에, "사회학은 스코틀랜드 계몽주의의 중심에 있었던 도덕 전통을 회복시켜야만 한다. (……) 사회과학자들은 위장한 도덕철학자들이다".

94 부르디외는 인식론조차 근본적으로 정치적이라고 주장한다. "실재 —— 특히 사회적 실재 ——의 구성 원리들을 부과하는 상징권력은 정치권력의 중요한 차원이기 때문에 지식 이론은 정치 이론의 한 차원이다." 달리 말하면, "지식 이론과 정치 이론은 불가분의 관계다. 모든 정치 이론은 적어도 암묵적으로 자연 세계에 대한 이론에서 발견될 수 있는 것들과 매우 유사한 대립에 따라 조직된, 사회 세계에 대한 지각 이론을 담고 있다"(Bourdieu 1980b: 86).

없다. 연구 대상의 성격, 그리고 권력 장의 피지배 부문에 자리한 그 실행자의 위치 때문이다. 그것은 자연과학의 논쟁의 여지가 없는 위상에 다다를 수 없다. 사회과학이 그 자율성을 훼손하려고 위협하는 (외부적인 만큼이나 내부적인) 온갖 저항과 감시에 끊임없이 부딪히게 되는 것이 그 증거다. 이는 최첨단의 물리학 또는 생물학 영역에서는 대체로 일어나지 않는 일이다. 부르디외가 보기에,

> 이는 거의 어쩔 수 없는 일인데, 사회과학 장에서 사회 세계에 대한 정당한 표상을 생산하고 부과하고 주입하는 권력을 위한, 한마디로 과학적 권위를 위한 내부 투쟁의 내기물은 정치 장에서 이루어지는 계급 간 투쟁의 내기물 가운데 하나이기 때문이다. 그 결과, 내부 투쟁에서의 위치들은 자연과학 장에서 관찰되는, 외부 투쟁에서의 위치들로부터 그것들이 독립해 있는 수준에 결코 도달할 수 없다. 중립적인 과학이라는 관념은 허구, 이해관계가 걸린 허구이다. 그것은 우리로 하여금 사회 세계에 대한 지배적인 표상의 중화되고 완곡화된 형식을 과학적인 것으로 받아들이게 한다. 이는 부분적으로 오인될 수 있기에 특히 상징적으로 효력이 큰 것이다. 사회적 메커니즘, 그 고유한 상징적 효력이 그 논리와 효과에 대한 오인에 의존하면서 기존 질서의 유지를 보장하는 메커니즘을 밝혀냄으로써, 사회과학은 불가피하게 정치 투쟁에서 어떤 편에 서게 된다. (Bourdieu 1976a: 101)

사회과학의 특수한 딜레마는 더 큰 자율성으로의 전진이 정치적 중립성으로의 전진을 내포하지 않는다는 것이다. 사회학은 더 과학적이 될수록, 정치적으로 더욱 적절성을 띠게 된다. 그것이 단지 소극적인 도구로서,

즉 우리가 진정한 정치적 행위자가 되는 것을 일상적으로 방해하는 상징적 지배와 신비화에 대항하는 방패로서이긴 하지만 말이다.[95]

어떤 사람들은 부르디외의 작업에서 정치적으로 아무런 쓸모없는 과잉 기능주의를 읽고는 그가 세상에 대해 숙명론적 시각을 가진다고 본다. 하지만 시카고 워크숍의 마지막 부분(2부 7절)에서 명확히 하고 있듯이, 부르디외는 그러한 시각을 공유하지 않는다. 그는 "온갖 세세한 사회적 행위가 억압을 위한 거대한 계획과"(Elster 1990: 113) 함께하는 "절대적 기능성의 세계"(Rancière 1984: 34)인 니체적 시각도 공유하지 않는다. 부르디외는 이탈리아 학파의 '엘리트 이론가들'인 모스카Gaetano Mosca와 파레토Vilfredo Pareto가 그랬던 것처럼, 사회 세계가 본래 그리고 영원히 지배자와 피지배자, 엘리트와 비엘리트라는 획일적인 블록으로 구분된다고 생각하지 않는다. 무엇보다도 선진 사회는 통일된 우주가 아니라 분화된 우주이다. 그것은 각각 지배 세력과 피지배 세력을 가진, 서로 교차하면서도 점점 더 자기 규제적으로 진화하는 장들로 이루어진, 부분적으로 총체화된 실체이다. 게다가 각 장에서 위계는 끊임없이 경합 대상이 되며, 장의 구조를 뒷받침하는 원리들은 도전받거나 폐지될 수 있다. 지배의 편재성은 상대적 민주화의 가능성을 배제하지 않는다. 권력 장이 더 분화됨에 따라, 지배의 노동 분업이 제각기 특수한 이해관심을 가진 더 많은 행위자들을 포함하면서 더 복잡해짐에 따라(Bourdieu 1989a: 533~559), 지배 계급의 게임 공간을 구성하는 더 많은 하위 장에서 (정치, 종교, 과학, 심지어 기업의 일상적 경영과 전략적 조정에서 법적인 추론의 비중이 증가하는 경제에서까지) 보편

---

95 "과학 생산의 법칙을 규명하기 위해 노력하는 과학으로서, [사회학은—바깥] 지배 수단이 아니라 어쩌면 지배를 지배할 수 있는 수단을 제공한다"(Bourdieu 1980b: 49).

적인 것이 소환됨에 따라, 이성을 전진시킬 기회는 증가한다.

다음으로 부르디외는 사회 세계가 불변의 법칙에 따른다고 주장하지 않는다. 그는 '무용성 테제'futility thesis 일체를 원하지 않는다. 그러니까 궁극적으로 현재의 불평등을 바로잡을 수 없음을 증명하게 될 것이므로 어떠한 집합 행동도 착수될 가치가 없다고 단언하는 보수적(때로는 급진적) 수사학 말이다. 부르디외는 사회 세계를 고도로 구조화된 것으로 그려 내지만, 그것이 "인간 행동은 어처구니 없을 정도로 변하기 어렵다는 내재적 법칙에 따라"(Hirschman 1991: 72) 진화한다는 발상에는 동의하지 않는다. 그에게 사회 법칙이란 시간적·공간적 제약을 받는 규칙성이다. 그것은 규칙성을 떠받치는 제도적 조건들이 지속되는 한 유지되는 것이다. 그것은 뒤르켐(Durkheim 1989[1922]: 64)이 "불가피한 필연성"이라고 말했던 것이 아니라, 우리가 그 사회적 발생에 관한 필수 지식을 얻을 수만 있다면 종종 정치적으로 되돌릴 수도 있는 역사적 관성을 나타낸다.

사회학자로서 부르디외의 정치적 소명의식은 소박한 동시에 아주 중요한 것이다.

내 목표는 사람들이 사회 세계에 관해 아무 소리나 지껄여대지 못하도록 만드는 것이다. 언젠가 쇤베르크Arnold Schoenberg는 그가 작곡하는 이유가 사람들이 더 이상 작곡할 수 없도록 하는 데 있다고 말했다. 나는 사람들, 특히 발언하고 대변하는 사람들이 사회 세계와 관련해 더 이상 음악인 양하는 소음을 생산할 수 없게 만들기 위해 글을 쓴다. (Bourdieu 1980b: 18)

의심의 여지없이 부르디외의 가장 중요한 정치적 개입은 글쓰기, 특히 교육, 문화, 지식인에 관한 글쓰기 속에서 이루어진다.[96] 그렇지만 그가 공

식적인 정치 영역에서 아무런 활동도 하지 않았던 것은 아니다. 부르디외
는 프랑스의 정치 스펙트럼에서 줄곧 좌파에 머물러 왔다(조지 로스George
Ross는 「프랑스 지식인: 사르트르에서 소프트 이데올로기까지」라는 개관에서 "근
래 파리에서는 '부르디외가 우리가 가진 좌파의 전부다'라며 탄식하는 좌파 성향
의 사회학자들을 흔히 볼 수 있다"[Ross 1991: 248]고 썼다).[97] 하지만 그의 입장
들은 자국 바깥으로는 거의 알려지지 않았는데, 그가 정치 무대에 개입하
는 방식이 그다지 프랑스 지식인답지 않기 때문이다. 부르디외의 방식은
끈질기고 절제되어 있으며 비교적 감정 표현을 억누르는 편이다(예를 들
어, 그는 다른 중요한──그리고 대단치 않은──지식인들과 비교해서 탄원서에
거의 서명하지 않는다).[98] 그의 방식은 조직적인 소속에 대한 합리적 불신(그
는 어떠한 공식적 정치 단체나 정당, 혹은 조합에 속해 있지 않다)과 더불어 강
력한 관여의 쉽지 않은 조합으로 가장 잘 특징지어진다. 이는 정치적인 효
력을 발휘하기 위해서는 과학자들이 우선 자율적이고 자기 규제적인 총체
를 구성해야만 한다는 발상을 전제로 한다.

사실상 부르디외가 가진 정치적 입장의 불변항은 지식인이 피지배적
인 자본 형식의 담지자로서 역사적으로 어떻게 발생했는가에 대한 그의

---

96 존 톰슨(John Thompson 2001[1991]: 31)은 다음과 같이 쓴다. "다른 무엇보다도 사회과학자
로서 부르디외는 규범적인 정치 이론에는 거의 관여하지 않았으며 특정한 사회 집단을 위한
정책이나 정치 프로그램을 정식화하려 들지도 않는다. 그러나 그는 아주 다양하고 미묘한
형식의 권력과 특권에 대해 가차없이 폭로하며, 그의 이론적 틀은 그가 그토록 신랄하게 해
부하는 사회 세계를 만들어 가는 행위자들을 존중한다. 이로 말미암아 그의 작업은 암묵적
인 비판의 잠재력을 띠게 된다."

97 터너(Turner 1990)는 영국의 독자에게 부르디외를 "현재 최고 권위를 지니는 강경 좌파 사회
비평가이자 유럽 대륙의 '철학자' 스타 시스템에 대한 극렬한 반대자"로 소개한다.

98 제2차 세계대전 이후 프랑스 지식인의 정치 관여와 거기서 탄원서가 수행한 중심적인 역할
에 관한 연구를 보려면, 오리와 시리넬리(Ory & Sirinelli 1986: 8~10장)를 참조하라.

사회학적 이해 위에 서 있다(Bourdieu 1984a; 1992a; Pinto 1984a; 그리고 Charle 1990). 그 불변항은 먼저 '참여'engagement[99]를 반드시 드러내 보이려는 노력에 대한 거부이다. 이는 역설적으로 반골 성향에 대한 순응주의를 가져옴으로써 [지식인의] 독립성을 훼손할 수 있다. 다음으로 정치적 대의를 위한 작업에 과학적 능력을 투여하려는 의지이다. 그 결과 1950년대 고등사범학교에서 부르디외는 공산당이 지적 삶에 행사하고 있던 검열에 저항하는 데 동참했다. 정작 이 당시 공산당의 검열에 열성적으로 협력했던 이들 중 상당수는 이후 열렬한 반공주의자로 변신했다.[100] 한편 1960년대 초반 알제리에서 [당시 프랑스 지식인들의] 도덕적인 비난과 충고에 만족하지 않았던 부르디외는 '평화 회복' 지구의 한가운데서 현지 조사 연구를 수행하였다. 그는 식민지에 대한 야만적인 형태의 억압을 아주 세세하게 보고하였는데, 『뿌리 뽑힘』(Bourdieu & Sayad 1964)에 나오는 '재편성 센터'의 분석은 한 가지 예라 할 수 있다. 군부가 설치한 이 센터는 수백만 알제리 농민들을 거기 강제로 몰아넣고서 민족주의 투사들을 가려내려는 목적으로 쓰였다. 이 시기 그의 저술은 크게 두 부류로 나눠진다. 한편에는 『알제리 사회학』(Bourdieu 1958)처럼 강한 정치적 함의를 띤 학술적 연구들이 있다.[101] 다른 한편에는 「혁명 속의 혁명」(Bourdieu 1961)처럼 좀더 대중적

---

99 『이민 또는 타자성의 역설』(Abdelmalek Sayad 1991)의 서문에서 부르디외가 환기시키는 알제리 전쟁에서의 사야드의 정치적 입장(부르디외는 이를 공유했다)을 보라.

100 부르디외(1987a: 13)는 "스탈린주의자의 압력에 너무도 분통이 터진 나머지 우리는 1951년 즈음 비앙코Bianco, 콩트Comte, 마랭Marin, 데리다, 파리앙트Pariente 등등과 함께 자유 수호 위원회Comité pour la défense des libertés를 만들었고, 이는 ENS [공산당] 세포 소속이었던 르 루아 라뒤리의 비난을 샀다"고 회상한다.

101 미국에서 비콘 출판사Beacon Press가 간행한 그의 첫번째 책 『알제리인들』의 표지에는 아직 건국되지는 않았던 알제리 공화국의 국기가 그려져 있었다.

인 개입이 있는데, 이 논문은 민족주의 해방이 가져온 사회적 모순과 의도되지 않은 효과——이는 알제리 해방전쟁의 통일적 외양 뒤에 감춰져 있는데——를 경고한다.

1968년 부르디외는 학생 단체들의 초청으로 여러 대학에서 강연하면서 소요 사태 이전에 그리고 그 기간 동안 다시 활발하게 활동하였다. 비록 『상속자들』(Bourdieu & Passeron 1964)이 주요 학생 조합인 프랑스 전국학생연합Union nationale des étudiants de France, UNEF의 테제——그것은 출신 계급과 젠더와 관련된 내부적 차별을 감춤으로써 그 지지층을 통일된 '사회 계급'으로 묘사했다——에 대한 정면 공격을 담고 있었지만 말이다.[102] 1970년대를 통해 부르디외는 계속해서 진보적 입장을 주장했다. 이는 1950년대 왕년의 공산주의자 지식인들과 1970년대 마오주의자들을 공공연하게 보수적인 각성으로 휩쓸어 갔던 조류를 거슬러 헤엄치는 일이었다. 이는 미디어의 스포트라이트로부터도, 그리고 당시 저널리즘 무대를 지배했던 유행들(이를테면, 앙드레 글뤽스만André Glucksman, 베르나르-앙리 레비Bernard-Henri Levy, 그리고 알랭 핑켈크로트Alain Finkelkraut에 의해 주도된, 소위 신철학자들)과도 거리가 먼 것이었다. 그는 또한 당시 연로한 사르트르 주위로 상당수 뛰어난 철학자들을 결집시켰던, 거의 의례화된 시위에는 참여하지 않기로 했으며, 그 대신 좀 덜 과시적인 행동 수단을 택했다. 부르디외는 1981년까지 국가를 지배한 보수 정당들의 결연한 대항자였는데, 미테랑François

---

102 특히 부르디외와 파스롱(Bourdieu & Passeron 1964: 77)이 학생 출신 배경의 사회학[학생 집단의 조건이 특수하고 환원 불가능한 통일성을 지니는 것처럼 전제하고 따라서 학생 집단의 열망 또한 동일한 것처럼 간주하는] 이데올로기와 대조하고 있는 다이어그램을 보라. 부르디외는 또한 5월 운동 지지 교수 성명 초안을 작성했는데, 이는 [그러한 성격의 교수 성명서로서는] 유일한 것으로 알려져 있다. 동시에 그는 학생들의 요구가 담고 있는 유토피아주의를 중화시키기 위한 조치들을 요청하였다(『5월 사상』Les idées de mai. 1978을 보라).

M. A. Mitterrand 당선 후 곧바로 사회주의 정부에 대한 건설적인 좌익 비평가가 되었다. 1986~1988년 사이 '좌우 동거 정부'의 막간에 뒤이은 좌파의 권력 복귀 이후, 부르디외는 그의 능력이 닿는 여러 주제들——교육, 텔레비전, 광고——에 좀더 직접적으로 관여했다.[103] 이런저런 공식적 압력 단체에 직접 참여하지는 않았지만 그는 오랫동안 반인종주의 투쟁에도 여러 차례 개입했다. 최근에 그는 사회적 고통에 관한 방대한 연구를 총괄, 지도했다. 『세계의 비참』(Bourdieu et al. 1993)이라는 제목의 그 연구는 계급 구조의 하층에서 불안정성이 증가하고 공공 서비스의 질이 하락함에 따라 불거지는 사회적 요구의 표현을 검열하고 표준화하는 제도들을 건너뛰는 데 목적이 있다(2부 6절 참고). 부르디외의 입지, 즉 (엘리아스[Elias 1987]의 유명한 개념 쌍을 되부르자면) 비판적인 거리 두기와 관여를 가장 상징적으로 보여 주는 사례는 그가 미셸 푸코와 함께 조직했던 폴란드 지지 행동이다. 그것은 1981년 12월 야루젤스키Wojciech Jaruzelski의 군사 쿠데타에 대한 프랑스 사회주의 정부의 미온적 대응에 항의하기 위한 것이었다. 이는 그가 계속 협력해 온 프랑스 민주노동동맹CFDT : Confédération française démocratique du travail과 같은 진보적 노조들과 지식인들 사이에 유기적인

---

103 부르디외는 「미래 교육에 관한 콜레주 드 프랑스 보고서」Report of the College de France on the Future of Education의 초안을 작성했다(Bourdieu 1990g). 이는 1988년 대통령 선거에서 미테랑의 교육 관련 공약에 기반을 제공했다. 부르디외는 다양한 유럽 국가의 노동조합 단체들과 이 보고서를 놓고 토론을 벌이기도 했다. 이후 그는 생물학자 프랑수아 그로François Gros와 공동으로 자문단 격인 '교육 내용 개혁 위원회'Committee on the Reform of the Contents of Education를 이끌기도 했는데, 이 위원회는 당시 로카르Michel Rodcard 사회당 정부가 애착을 지닌 프로젝트였던 장기적인 교육 개혁을 책임지고 있었다. 그는 또한 고도로 정치화된 철자 개혁을 지지했으며, 유럽의 공영 문화 텔레비전 채널의 창설(경영은 그의 동료인 중세사학자 조르주 뒤비George Duby가 위임받았다)에 기여했고 공영 방송의 광고 금지를 요구하는 압력 집단에서 활발하게 활동했다.

연계를 확립하고자 한 흔치 않은 시도 가운데 하나이기도 했다(Bourdieu 1981e).[104] 부르디외는 "좌파의 자유주의적 전통을 되찾기"라는 맥락에서 다른 전선들에서도 진보적 노조들과 함께 일했다.

그러나 부르디외의 가장 가차 없는 정치적 행동은, 아마 잘 눈에 띄지는 않았겠지만, 그가 인지한 지식 세계의 감춰진 악에 맞서 수행한 것들이다. 그는 특히 지식 장에서 권위를 획득하는 수단으로 다른 방법이 없어서 저널리즘을 이용하는 학자들, 그리고 저널리스트들의 커져 가는 영향력에 대항해 왔다(Bourdieu 1984a: 특히 256~270, 그리고 1980b). 이것은 아마도 그와 사르트르 또는 푸코 사이의 가장 두드러진 차이점일 것이다. 사르트르나 푸코가 그들의 지적 자본을 사회에서 광범위한 정치를 펼치는 데 썼다면, 부르디외는 무엇보다도 지식 장 그 자체를 위협하는――파스칼Blaise Pascal의 의미에서――폭정tyranny 형태들에 그의 비판적 병기를 겨눈다. 칼 크라우스식으로, 그는 자기 세계에서 타율성이라는 트로이의 목마로 행동하는 지식인들의 사기 행각과 싸워 왔다.

부르디외에게 진정한 지식인이란 그가 세속의 권력으로부터, 그러니

104 부르디외(Bourdieu 1991c)와 에리봉(Eribon 1989: 316~324)은 [폴란드 자유노조인] 솔리다르노시치Solidarnosc를 옹호하며 이루어진 이러한 활동에 관해 교차하는 이야기를 제공한다. 「좌파의 자유주의적 전통을 되찾기」라는 『리베라시옹』Libération에 실린 부르디외의 글(Bourdieu 1981e)은 1968년 5월 투쟁에서 탄생한 프랑스 정치 생활의 '반反제도적 흐름'(즉 생태주의, 페미니즘, 반식민주의, 권위 비판 등등)에 대한 제도적 인정을 요구한다. 최근에 부르디외는 이라크 전쟁에 대한 입장(1991년 2월 21일자 『리베라시옹』에 80여 명의 프랑스 및 아랍 지식인들과 공동으로 서명한 글인 「전쟁에 반대한다」Against War), 그리고 『디 타게스차이퉁』Die Tageszeitung(1990년 4월 13일 인터뷰)에서 연대와 이주에 관한 입장을 공개적으로 밝혀 왔다. 정치와 시사 문제들에서 사회학의 역할에 관한 그의 생각과 입장에 관해 좀더 폭넓게 알기를 원한다면 Bourdieu 1986a; 1987j; 1988b; 1988d; 1989h 그리고 Bourdieu & Casanova & Simon 1975를 참고. 또한 Bourdieu 2002b에 편집·수록된 공적 개입의 텍스트들을 볼 것.

까 경제적·정치적 권위의 간섭으로부터 독립성을 지니는지에 의해 규정된다. 이러한 자율성은 [학계 내부의 집단적 규범에 의해] 조절된 대화와 비판 장소의 존재와 제도화와 방어 속에서 드러난다. 부르디외는 그러한 장소 가운데 하나인 『리베르: 유럽 서평지』*Liber: The European Review of Books*의 창간에 기여했다.[105] 『리베르』는 지적인 지역주의와 특수주의에 맞서는 전투의 집단적 도구로 고안되었다. 그 목표는 예술가와 과학자가 그들 고유의 규범에 따라 토론할 수 있는 공간을 촉진시키는 것이다. 그것은 또 사유를 지역 내의 직업적 지위와 지배력에 대한 투쟁으로부터 해방시키고, "그렇게도 많은 국가적 영예의 근원에 있는, 또한 역설적이게도 에세이주의가 만들어 낸 그릇된 토론의 국제적 유통의 기원에 있는, 끼리끼리 존경을 주고받는 소집단 패거리들을 약화시키기" 위한 것이다.[106] 부르디외에게 『리베르』는 유럽 대륙의 차원에서 대항적인 상징권력으로 활동할 수 있는 '집합적 지식인'collective intellectual의 형성을 촉진할 것으로 여겨졌다. 마찬

---

105 『리베르』는 1989년 이후 프랑스, 이탈리아, 영국, 스페인, 포르투갈, 그리고 독일에서 주요 전국 일간지들의 부록으로 나왔다. 『리베르』의 편집위원회는 이들 국가 출신의 대표적인 지식인들로 구성되었고, 부르디외는 편집장을 맡았다. 『리베르』의 배포는 꾸준히 증가해서 1998년까지 십여 개의 언어로 발간되었다.

106 부르디외가 『리베르』에 대해 쓴 미출간 편집자 서문의 일부. 부르디외는 영국 독자에게 『리베르』의 목적을 이렇게 설명한다(Turner 1990: 5에서 재인용). "지식인들은 결코 정치 운동을 창출하지 않지만 그것을 도울 수 있고 또 그렇게 해야만 한다. 그들은 [거기에] 권위를 부여할 수도, 그들의 문화자본을 투자할 수도 있다. 오늘날 일반적으로 그들은 그렇게 하지 않는다. 선한 지성들은 미디어에 기겁을 하고는 아카데미 안으로 숨는다. 공적인 논쟁의 장은 모든 이의 시간을 낭비하는 그릇된 문제와 감정적 논전을 빚어 내는―탈근대주의자들과 같은―어중이떠중이스러운 지식인들에 의해 점령당한다. 『리베르』의 아이디어는 선한 지성들을 숨은 곳에서 끌어내 다시 세상 속으로 데리고 나오기 위해 안전한 공간을 만들자는 것이다. 지식인들은 개인으로서 그들의 능력은 과대평가하고 계급으로서 그들이 가질 수 있는 권력은 과소평가하는 경향이 있다. 『리베르』는 지식인들을 투쟁 세력으로 한데 묶으려는 시도이다."

가지로 부르디외가 1975년 창간하고 그 이래로 계속 편집해 온 학술지인 『사회과학 연구 논집』은 정치적이면서도 과학적인 일정한 노선을 따른다. 이 노선은 어떠한 공식적 정치 의제로부터건 철저하게 독립적이면서도, 사회정치적인 함의와 책임에는 민감한 학제적 연구를 옹호하는 과학적 행동주의로 기술될 수 있을 것이다. 『사회과학 연구 논집』은 부르디외가 정의한 지식인의 방식으로 작동한다. 즉 자율적이면서도 연루되어 있고, 정치적 '정통'의 어떠한 범주에도 복종하지 않으면서도 참여적인 것이다.[107]

오늘날 상징 생산자가 직면한 다면적인 위협에 비추어 볼 때, 이러한 합리적 대화의 제도적 장소를 적극 조성하는 일은 더욱더 중요해지고 있다(Bourdieu 1989h). 전례없는 위협에는 점점 위축되어 가는 국가, 경제적 이해관계의 예술 및 과학 세계로의 침투, 생산과 소비 면에서 고유의 기준을 부과하는 독립적 문화 체제를 형성하면서 텔레비전, 신문·잡지, 라디오 산업을 경영하는 거대한 관료제 기구들의 공고화, 지식인들에게서 자기 평가 능력을 박탈하고 화제성, 독이성, 참신성이라는 저널리즘의 범주로 [평가 기준을] 대체하는 경향 등이 있다. 이러한 압력은 문화 생산자들을 "전문가, 즉 지배 세력에 봉사하는 지식인"이 되거나 "상아탑에서 강의하는 교수로 상징화되는 구식의, 독립적이며 보잘것없는 생산자"로 남거나

---

107 『사회과학 연구 논집』의 매호는 때로 직접적인 지적-정치적(혹은 시민적) 개입이 되어 왔다. 예를 들어, "과학과 시사성"에 관한 1986년 3월호는 폴란드 솔리다르노시치 운동의 사회적 토대, 뉴칼레도니아의 식민 사회를 뒤흔든 카나크Kanak 소요, 인도 역사와 정치에서의 시크교도들, 그리고 프랑스에서의 아랍 이민에 관한 글들을 특집으로 실었다. "레닌주의의 몰락"에 관한 1990년 11월호는 동유럽에서 진행 중인 변화를 다뤘다. 1988년 봄 프랑스 대선과 총선 사이에 끼어 있었던 1988년 3월호와 6월호("정치적인 것의 사유")는 (당시 수상이었으며 머지않아 전 수상이 될 운명이었던, 그리고 각각 공화주의 정당들과 사회주의 정당들의 보수적인 구도 재편에 핵심 인물이었던) 시라크Jacques Chirac와 파비우스Laurent Fabius의 자기 표현, 그리고 정치인들에 의한 여론 조사와 텔레비전의 이용(혹은 오용)을 폭로하였다.

하는, 강제된 양자택일로 내몬다(Bourdieu & Wacquant 1993: 31). 이 끔찍한 선택지를 피하기 위해 부르디외는 집합적 지식인이라는 새로운 형태의 개입을 창조하자고 요구한다. 이것은 지식 생산자들이 우선 집단으로 그들의 독립성을 주장하면서 자율적인 주체로서 정치에 영향을 미칠 수 있게 해준다.

그동안 줄곧 부르디외는 자신이 어떤 가치들을 가지고 있는지 언급하기를 회피해 왔다. 그럼에도 그는 다른 이들을 위해 쓴 서문과 헌사 속에서 자신에게 동기를 부여하는 여러 종류의 내기물을 인정한다. 우리는 나치 수용소에서 비극적으로 사망한 모리스 알박스Maurice Halbwachs(그는 부르디외보다 훨씬 앞서서 콜레주 드 프랑스의 사회학 담당 교수직을 맡은 바 있다)에 관한 부르디외의 논평을 통해, 그가 알박스를 빌미로 어떤 자화상을 그려 내는지 어렵지 않게 알아차릴 수 있다.

> 나는 요즈음 학문적 덕목이 별로 인기 있지 않다는 것, 온갖 형태의 특수주의에 반대해서 과학적 인본주의를 정립하려는 목적을 가진, 어떤 기획의 모호한 사회민주주의적 발상과 [그러한 이상을 지닌] 평범한 프티 부르주아지[즉 알박스]를 조롱하기는 매우 쉽다는 것을 너무도 잘 안다. 그런데 이 과학적 인본주의는 존재를 두 가지 영역, 즉 과학의 엄밀성에 헌신하는 영역과 정치의 열정에 전념하는 영역으로 분할하려는 시도를 거부하며, 이성이라는 무기를 고결함의 신념에 봉사시키려고 노력하는 것이다. (Bourdieu 1987f: 166)

아주 잠깐이라도 부르디외와 만나 이야기를 나눠 본 사람이라면, 그가 "연구자의 작업을 투사의 과업으로 (그리고 그 반대로) 개념화하도록 이끈

지적 태도"를 충실히 유지했던 알박스를 칭송할 때, 또 그가 알박스가 보여주었던 의지, "과학적 이성의 정치를, 우선적으로 그 성취의 특수한 체제인 대학 세계 내에서, 그 제도에 대한 비판적 시각에 [기초해서] 증진시키려는 일반화된 의지"에 관해 말할 때, 자신이 매우 소중하게 여기는 가치의 일부를 밝히고 있다는 사실을 단번에 눈치챌 것이다(Bourdieu 1987f: 168).[108] 결론적으로 이는 부르디외의 사회학이 그가 정치라는 말에 부여한 의미에서의 정치politique로 읽힐 수 있음을 시사한다. 즉 시각과 구분의 원리들을 변형시키려는 집합적 시도로서 정치 말이다. 그 원리들에 의해 우리는 사회 세계를 구성한다. 따라서 우리가 더 이성적이고 정의로운 방향으로 이 세계의 재구조화를 희망할 수 있는 것도 그 원리들을 기초로 해서일 것이다.

---

108 이 점은 이 찬사의 끝부분에서 명확해진다. 거기서 부르디외(Bourdieu 1987f: 170)는 우리가 알박스의 '과학적 기획'을 기꺼이 이어 나가기에 앞서 "모리스 알박스가 주창한 바와 같이 과학적 이성의 해방적 미덕에 대한 믿음을 확고히 가져야만 한다"고 공언한다.

2부

성찰적 사회학의 목적

시카고 워크숍

> 코페르니쿠스나 다윈 같은 이의 성취는 참인 이론을 발견했다는 것이 아니라, 유익
> 한 관점을 발견했다는 것이다.
>
> — 비트겐슈타인, 「문화와 가치」

1. 사회분석으로서 사회학

바캉 『호모 아카데미쿠스』(Bourdieu 1988a)에서부터 이야기를 시작하자. 그 책이 여러 면에서 당신의 사회학적 기획의 중심에 놓여 있는 저작이니 말이다(Wacquant 1990a: 678~679). 거기서 당신은 자신이 속한 세계를 분석하는 데 끼어드는 인식론적 함정 및 곤경의 분석과 더불어 아카데미 제도에 대한 경험사회학을 제공한다. 누군가는 그것이 당신에게는 쓰기 쉬운 책이었으리라고 생각할 수도 있을 법하다. 그것이 프랑스 지식인들의 세계, 그러니까 당신이 30여 년간 주역 가운데 한 명이었던 집단의 세계를 다루고 있다는 이유에서 말이다. 지금 보자면, 그와는 정반대로『호모 아카데미쿠스』는 당신에게 시간이나 사유, 글쓰기, 연구의 노고, 그리고 (나는 이것이 의미심장하다고 생각하는데) 불안감이라는 면에서 또한 가장 톡톡히 대가를 치르게 한 책이었던 것으로 여겨진다. 서문에서 당신은 그와 같은 책을 출간하면서 느끼는 걱정에 관해 언급한다. 또 도입부의 장 전체는 이 책을 잘못 읽을 수 있는 아주 다양한 가능성을 피하고 또 그에 맞서 당신

스스로를 방어하는 데 바쳐져 있다. 무엇이 그렇게도 어려웠나?

부르디외 사실 『호모 아카데미쿠스』는 내가 아주 오랫동안 파일들 속에서 꺼내 놓지 않은 채 간직하고 있었던 책이다. 나는 그것이 내게서 슬쩍 빠져나가 출판되고 그 심층적인 의도와는 반대되는 방식으로, 그러니까 팸플릿으로 혹은 자학의 수단으로 읽히게 될까 봐 두려웠다.[1] 자신이 쓰는 것에 대한 통제를 잃을 수 있는 엄청난 위험은 늘 있다. 플라톤의 『제7서한』 *Seventh Letter* [2] 이래로 누구나 이 말을 되풀이해 왔다. 하지만 이 책은 출판에 이르게 되면서 특별한 문제들을 제기했다. 나는 (책 내용을 고려하면 대다수 학자들을 포함하는) 독자들의 이해관심이 너무도 강력한 나머지, 내가 그러한 종류의 마음대로 읽기를 방지하기 위해 수행한 모든 작업이 송두리째 날아가 버리고, 사람들이 [이 책에서의] 분석을 학문 장 내에서 벌어지는 하고많은 투쟁의 수준으로 전락시킬지도 모른다는 공포심에 사로잡혔다. 그 분석의 목적은 이러한 경쟁을 객관화함으로써 독자들에게 그에 대한 모종의 통제력을 주는 것인데 말이다.

　『호모 아카데미쿠스』는 과학적 객관화가 요구하는 일상적 작업이 객관화의 주체에 대한 작업 ─정신분석학적 의미에서의 노동─을 동반한

---

1 출간 직후 『호모 아카데미쿠스』를 반추하면서, 부르디외는 드문 감상에 휩싸여 이렇게 쓴다. "사회학은 자기 분석의 아주 강력한 수단이 될 수 있다. 그것은 누구에게든 사회 세계에서 그가 차지하는 위치와 생산 조건에 대한 이해를 제공함으로써 자신이 누구인지를 더 잘 이해할 수 있도록 해준다. (……) 따라서 이 책은 특수한 방식의 읽기를 요구한다. 독자는 그것을 팸플릿으로 해석하거나 자기 징벌적인 방식으로 이용해선 안 된다. (……) 만일 내 책이 팸플릿으로 읽힌다면, 나는 머지않아 그것을 싫어하게 될 것이고 차라리 불태워버리려 들 것이다" (Bourdieu 1987a: 116).

2 플라톤의 『제7서한』은 『파이드로스』와 더불어 소크라테스의 글 또는 문자 비판을 담은 텍스트로 유명하다. ─옮긴이

다는 점에서 독특한 책이다. 그러한 대상을 놓고 작업하면서 우리는 매 순간 객관화의 주체 자신이 객관화된다는 점을 깨닫게 된다. 가장 까칠하면서도 가차 없이 객관화하는 분석을 쓸 때, 우리는 그 분석이 그것을 쓰고 있는 자기 자신에게 적용된다는 사실을 명민하게 인식하게 된다. 게다가 이 분석에 관계된 많은 사람들이 겉보기에 '잔인한' 이런저런 문장의 저자가 그들과 더불어 그것을 견뎌 내고 있으리라고는 단 한순간도 생각하지 않을 것이라는 점을 알면서 말이다.[3] 결과적으로 그들은 실상 상기 노동labor of anamnesis인 사회분석을 이유 없는 잔인성인 양 비난하게 될 것이다. (나는 여기서 내 가장 친한 친구들과 나 사이에 불화를 일으켰던 [『호모 아카데미쿠스』의] 몇몇 대목을 떠올리고 있다. 나는 객관화의 폭력을 아주 예민하게 감지했던 동료들과 아주 극적인 충돌을 겪었다──나는 이것이 단순히 일화로서의 중요성만 갖는 것은 아니라고 생각한다. 그들은 내가 자신을 되돌아보지 않고 객관화할 수 있었다는 사실에서 자가당착을 보았는데, 실상 나는 책을 쓰는 내내 나 자신에 관해 생각했던 것이다.)

영역본 서문에서 나는 현대 프랑스 철학자들(푸코, 데리다 등)이 세계 지식 무대에서 지니는 특수성은, 전부는 아닐지라도 대부분, 다음과 같은 사실을 주요인으로 삼아 이해 및 설명이 가능하다고 제시했다(Bourdieu 1988h). 즉 이 이단적 철학자들은 세속적인 필연성으로부터 지적인 덕성을 만들어 내고 한 세대의 집합적 운명을 취사 선택으로 바꾸어 내는 아주 묘

───────

3 베넷 버거(Bennett Berger 1989: 190)는 이를 명민하게 알아차렸다. "부르디외 스타일의 끊임없는 성찰성은 독자들에게 지속적으로 다음과 같은 점을 새삼 일깨운다. 그[부르디외] 역시도 다른 사람과 마찬가지로 위치position, 성향disposition, 선유경향predisposition 간의 동일한 관계에 종속되어 있다는 것이다. 그는 또한 비판자들이 이러한 관계가 빚어 내는 왜곡을 발견하도록 초대한다."

한 위치에 있었다는 것이다. 통상적으로라면 그 철학자들은 자신들을 체계 내부의 지배적인 위치로 이끌었던 학문적인 성공 덕분에 아카데미 체계의 단순 재생산에 묶여 있어야 됐을 것이다. 그런데 그들은 바로 그들 발밑에서부터 학교 체계의 붕괴를 경험했고, 68년 5월 혁명에 뒤따라 프랑스 대학의 변화가 이어지면서, 전통적인 지배적 위치를 견딜 수 없으며 참을 수 없는 것으로 보고 겪었다. 그리하여 그들은 일종의 반제도적 성향[4]에로 이끌렸는데, 이는 적어도 부분적으로는, 그들이 대학 제도와 맺는 관계 속에 근원을 두고 있었던 것이다. 내 궤적과 위치를 고려할 때, 나 또한 이 반제도적 성정을 공유하고 있음을 부인할 수 없다. 따라서 나는 우리가 스스로 자유롭게 도달한 지점, 자기 재량에 따른 선택, 혹은 심지어 조금은 '영웅적인' 단절이라고 경험하는 경향이 있는 입지의 사회적 결정 요인들을 드러내게끔 하는 분석이 사람들을 어느 정도 불편하게 하거나 화나게 만들 수밖에 없다는 점을 잘 알 만한 자리에 있다.

바캉 당신이 연구한 세계에 대해 내부자로서 갖는 친숙성은 자산이었겠지만, 또 다른 수준에서는 전복시켜야만 하는 장애물이기도 했을 것이다. 그런 이유로 당신은 당신 작업을 그토록 광범위한 일련의 데이터(자료 출처를 단순히 나열하는 데만도 부록이 몇 개에 이른다)에 정초하고는 그 가운데 작은 부분만을 제시했는가?

---

4 디디에 에리봉(Eribon 1991)의 푸코 전기[『미셸 푸코, 1926~1984』]에는 이러한 [반제도적] 성향의 복합성, 강점, 그리고 다중적 가치가 이 프랑스 철학자를 구체적인 사례로 해서 상세하게 정리되어 있다.

부르디외 데이터의 이용과 글쓰기의 측면에서 그것은 정말 금욕주의적인 책이다. 우선 데이터 제시의 수사학에서 자기 절제ascesis가 있다. 내 지적 궤적[5]에 대한 분석을 통해 아주 잘 설명할 수 있을 만한 여러 가지 특징들이 있다. 일종의 귀족주의가 그럴 텐데, 이는 내가 프랑스 교육 체계에서 최고의 궤적 가운데 하나를 거쳐 왔으며, 애당초 철학자로 훈련받았다는 점 등등에 빚지고 있다. (이는 내 '보이지 않는 학파' 가운데 일부가 철학자들이며, 모종의 실증주의적 자기 과시가 내게는 확실히 무의식적으로 저속한 짓으로 금기시되는 이유일 것이다.) 이렇게 말했지만, 아마 난 그 책을 위해서 했던 것보다 더 많은 데이터를 다뤄본 적이 없었던 것 같다. 이는 영국이나 미국에서 언제나 쉽사리 인식되지 못했는데, 틀림없이 데이터와 그 활용에 대한 실증주의적 정의 아래 일어난 일이다.[6] 그것은 그릇되게도 과학을 데이터와 절차의 과시에 동일시한다. 영미권에서는 데이터의 구축과 분석 조건을 드러내라는 조언이 더 필요할 텐데 말이다.

둘째, 글쓰기 수준에서의 자기 절제가 있다. 나는 상당한 분량의 페이지에 내게 악명succès de scandale을 가져다 줄 수 있을 만한 약간 신랄하고 논쟁적인 내용을 썼는데, 결국 내던져 버렸다. 왜냐하면 그러한 내용이 장에

---

5 부르디외가 자신의 초기 지적 경험을 직접 요약하고 있는 문헌으로 호네트, 코시바, 슈빕스와 부르디외가 가진 인터뷰(Bourdieu et al. 1986), 그리고 Bourdieu 1987a와 1989d를 보라. 제2차 세계대전 이래 프랑스 지식 장에 대한 그의 관점은 다음 글들을 참고하라. Bourdieu & Passeron 1967, Bourdieu 1987e와 1989d 그리고 『호모 아카데미쿠스』의 영어판 서문(1988h)과 Bourdieu 2004: 36~63.

6 자기가 속한 국가적 전통에는 눈을 가리고 있는 어떤 논평가들의 맹목성은 종종 놀랍고 때로는 우스꽝스러운 결과로 나타난다. 예를 들면 머피(Murphy 1983: 40)의 평가는 비약적인 경멸을 드러낸다. 그는 부르디외의 "경험사회학을 불신하려는 시도[?―바캉])가 그를 체계적인 자료화 방법에 대한 심층적인 무지, 그리고 그만의 아이디어에 대한 설득력 없는 자료화로 이끌었다"고 단언하면서 진위가 의심스러운 부르디외의 "모호한 반실증주의적 휴머니즘"에로 그러한 무지의 탓을 돌리는 데까지 나아간다.

대한 통상적인(즉 논쟁적인) 시각으로 되돌아가도록 부추길 수 있기 때문이었다.[7] 나는 또한 이러한 심층의 사회학적 분석을 과학적으로 표현하는 일이 아주 난감한 글쓰기 문제를 불러일으킨다는 점을 덧붙이고자 한다. 우리는 감각적인 것과 지성적인 것, 지각과 개념을 동시에 실어 나를 수 있는 완전히 새로운 언어를 창안해야 할 필요가 있는 것이다. (학술지『사회과학 연구 논집』은 하나의 사회학적 시선, 그러니까 과학을 구성하는 관여성 원리 principle of pertinence를 전수하기에 적합한 새로운 사회학적 표현 양식의 실험실이 되어 왔다.)[8] 나의 바람은 사회 세계에 관한 담론 생산자들이 객관주의적

---

7 학문 장에 대한 편파적이고 이해관계에 따른, 그리하여 논쟁적인 시각의 (플라톤이 말한 본보기가 되는 심급이라는 의미에서의) 패러다임은 프랑스에서는 페리와 르노(Ferry & Renault 1988)의 『68 사상』*La pensée 68* 비방, 미국에서는 저코비의 탄식인『마지막 지식인들』(Jacoby 1987)에서 볼 수 있다. (이 점과 관련해 더 나아간 논의로는 Wacquant 1990a를 보라.)

8 갈무리된 논문으로부터 진행 중인 작업에 대한 '거친' 보고에 이르기까지 아주 다양한 형식의 글을 출판하는『사회과학 연구 논집』은 상이한 스타일, 크기, 활자체를 조화시키며 통계표, 그래프와 더불어 그림, 일차 자료의 복사본, 현지 조사 노트와 인터뷰의 발췌 등을 광범위하게 이용한다. 이 학술지가 보여 주는 타이포그래피, 수사학, 스타일상의 혁신은 성찰적 사회학의 실질과 형식이 긴밀하게 연관되어 있으며, 사회학적 대상이 정교화되는 방식은 연구 과정의 최종 결과만큼이나 중요하다는 아이디어에 전제를 두고 있다. 학술지의 이름이 그 자체로 시사하는 것처럼, '연구 행위'는 완성된 생산물 이상은 아닐지라도 그것만큼 중요한 것이다. "사회적 형식과 사회적 형식주의를 대상으로 [삼는―바캉] 사회과학은 그 결과의 제시에 있어서 그것의 생산을 가능하게 한 탈신성화의 절차를 재생산하여야만 한다. 우리는 여기서 사회과학의 확실한 특수성 가운데 하나를 만난다. 즉 은폐의 사회적 메커니즘을 넘어서, 그것에 맞서서 쟁취되는 사회과학의 성과물은 그것이 사회 세계에 관한 온갖 담론을 규제하는 법칙들을 부분적으로나마 벗어나 전파되는 데 성공하는 한에서만 개인적 혹은 집합적 실천을 형성시킬 수 있다. 이 경우에 커뮤니케이션한다는 것은, 가능한 한 매번, 실천의 진실을 쟁취할 수 있게 해주는 절차들을 말로만이 아니라 실천적으로 반복해 구현하는 수단을 제공한다는 것이다. 이러한 수단을 통해서만 포착될 수 있는 사실과 지각의 도구를 제공해야 하는 사회과학은 입증해야démontrer 할 뿐만 아니라, 가리키고 보여 주어야montrer 한다(부르디외, 1975년『사회과학 연구 논집』창간호의 제목 없는 편집자 서문[no. 1, p. 2]). 어느 정도는 바로 이 활기 넘치는 체제 덕분에『사회과학 연구 논집』은 아카데미의 경계를 넘어서―프랑스어 사회과학 저널로는 가장 많은―8천 부 이상의 구독자 수를 확보했다.

거리를 두는 과학적이고 건조한 언명과 경험적으로 더욱 민감하게 관여하는 문학적 형식 간의 지독한 양자택일로부터 벗어날 수 있게 해주는 언어를 창조하는 것이다. 나는 『호모 아카데미쿠스』를 쓰면서 내가 『구별 짓기』에서 시도했던 것, 즉 '담론적 몽타주'[9]를 창조하고 있다고 생각했다. 그것은 읽는 이에게 과학적 시각을 제공하는 동시에 그러한 시각이 설명하지만 또한 일반적으로 배제하는 즉각적인 직관을 제공할 수 있게 해준다. 하지만 내 분석에 가해진 폭력을 고려해 볼 때, 그것은 '고정', 혹은 낙인 효과를 생산했던 것 같다. 그래서 나는 그와 같은 아이디어[담론적 몽타주의 창조]를 포기해야만 했다.

사실 지식 세계에 대한 사회학의 중심 문제 가운데 하나는 지식인이 다른 사회적 행위자들과 마찬가지로 '자생적인 사회학자'이며 특히나 다른 이들을 객관화하는 데 능숙한 사람들이라는 것이다. 그런데 담론과 설명의 전문가인 지식인은 자신의 자생적 사회학, 즉 사회 세계에 대한 자기 이익 중심적인 시각을 과학적 사회학의 출현으로 변환시킬 수 있는 능력을 평균보다 월등히 더 많이 가진다.

---

9 이는 1979년 미뉘Minuit 출판사에서 간행된 『구별 짓기』의 원본에서만 제대로 볼 수 있다. 스타일상의 관습과 비용 문제 때문에 영역본은 프랑스어 원본의 텍스트 레이아웃을 아주 부분적으로만 재현했다. 바너드는 그의 연구인 「부르디외와 민족지」에서 다음과 같이 언급한다(Barnard 1990: 81). 『구별 짓기』는 "워너Warner에 따르면 '딱딱한'hard 사회학의 각종 장치, 그러니까 그래프, 차트, 사회 조사 통계, 인터뷰, 지도로 빽빽하다. 하지만 그 책은 또한 거기에 기술된 환경에 참여해 얻어진 잡지, 사진, 데이터의 발췌 내용을 담고 있다. 게다가 다른 것과 달리 이 저작에는 그 모든 요소들이 하나의 총체로 녹아들어 있어서 텍스트 생산의 어떤 한 양식에 우위가 주어지지 않는다. 만일 이것이 민족지라면 —그리고 이것은 민족지가 아니라고 여겨질 수 없는 요소들을 분명히 가지고 있다— 틀림없이 완전히 새로운 종류의 민족지이다".

바캉 『호모 아카데미쿠스』에서 당신은 자신이 속한 지식 세계에 대한 사회학을 제공한다. 그런데 당신의 목적은 단순히 프랑스 대학과 그 교수진이라는 주제에 한정된 연구서를 쓰는 데 있는 것이 아니라 사회학 방법론에 관한 훨씬 더 근본적인 논점을 만드는 데 있는 것으로 보인다.

부르디외 1960년대 중반에 내가 그 연구를 시작했을 때——당시는 68년 학생운동과 더불어 정점에 이르게 될 대학 제도의 위기가 마구 번져 가고 있었지만, 대학 '권력'에 대한 반발이 공개적으로 일어날 만큼 아직 첨예하지는 않았던 시기였는데——내 의도는 사회학적 실천 그 자체에 대한 사회학적 테스트를 수행하는 것이었다. 나는 다음과 같은 점을 예증하고자 했다. 즉 사회학자들이 사회 세계에 관한, 사회적으로 결정된 관점[즉 그들의 사회적 위치에서 파생되는 제한적 관점]을 취한다는 근거를 들어 사회학적 지식의 토대가 변변치 못하다거나 사회학이 과학으로서 자격이 없다고 내세우고자 하는 사람들의 주장과는 반대로, 사회학은 사회과학이 생산되는 사회 세계[즉 사회과학 장]에 대한 지식에 의거해서 이 세계에서 작용하며 동시에 사회학자들에게 가해지는 결정 요인들의 효과를 통제할 수 있다고 말이다.

　『호모 아카데미쿠스』에서 나는 이중적인 목표를 추구하며 이중적인 대상을 구축한다. 첫째, 겉으로 나타나 있는 대상으로, 제도로서 프랑스 대학이 그것이다. 그것은 그 구조와 기능 작용, 그 세계에서 작동 중인 권력의 다양한 유형, 거기서 위치를 점유하게 된 행위자와 궤적, '교수식' 세계관 등에 대한 분석을 요구한다. 둘째, 좀더 심층적인 대상으로, 자기 자신의 세계를 객관화하는 데 수반되는 성찰적인 되돌아가기이다. 사회적으로 정초되었다고 인정받는 제도를 객관화하는 데 포함되는 이 되돌아가기는 자기 객관화의 객관성과 보편성을 주장하기 위한 것이다.

바캉 이러한 장치——즉 당신의 직업적인 삶의 배경이 되는 대학을 사회학적 시선에 대한 연구의 단초로 삼는 것——는 당신이 1960년대 초반 프랑스 남서부에 있는 당신 고향 마을의 결혼 관습을 연구했을 때 이미 이용한 것이기도 하다(Bourdieu 1962a; 1972b; 1980a: 249~270). 이때 당신은 알제리 농민들 사이에서 유사한 프로젝트를 완수한 뒤였다(Bourdieu 1972a[2000: 83~186]; 1980a: 271~331).

부르디외 그렇다. 『호모 아카데미쿠스』는, 적어도 내 생애사적 의미에서 보자면, 아주 자의식적인 '인식론적 실험'의 정점에 해당한다. 그러한 실험을 나는 1960년대 초에 시작했다. 내가 이전에 이방 세계, 곧 알제리 농민과 노동자 세계에서 친족 관계의 논리를 규명하기 위해 이용했던 탐구 방법을 내 가장 친숙한 세계에 적용하는 작업에 착수했던 것이다.

이 연구 이면의 아이디어는 관찰자가 자신의 탐구 대상 세계와 맺는 자연스러운 관계를 뒤집어엎는 것, 그러니까 범속한 것을 이국적인 것으로, 또 이국적인 것을 범속한 것으로 만듦으로써 두 경우에 모두 당연하게 여겨지는 것을 명확히 드러내는 데 있었다. 그것은 또한 [연구] 대상에 대한 충분한 사회학적 객관화와 더불어 [연구] 주체가 대상과 맺는 관계에 대한 사회학적 객관화——내가 참여 객관화participant objectivation라고 이름 붙인 것[10]——의 가능성을 실천적으로 옹호하는 것이었다. 하지만 나는 마침

---

10 "객관화는 그것이 진행되는 관점의 객관화를 포함할 때에만 성공할 가능성이 있다. 한마디로, 부득이하게 신비화된 몰입인 '참여 관찰'과 절대적인 시선의 객관주의라는 일상적인 양

내 내 자신을 불가능한 상황 속으로 밀어 넣었다. 사실 내가 다른 이들을 객관화하는 데 대해 가지는 이해관심을 객관화하지 않는다면, 충분한 객관화란 불가능하지는 않을지라도 매우 어려운 것으로 나타났다. 연구 대상에 대해 절대적인 관점을 취하려는 유혹, 『호모 아카데미쿠스』의 경우에는 지식인 세계에 대한 일종의 지적 권력을 자임하려는 유혹에 스스로 저항하려 하지 않는다면 말이다. 그러한 유혹이 결코 사회학자의 자세에 내재적인 것은 아니다. 따라서 이 연구를 성공적인 논쟁으로 가져가고 출판하기 위해서 나는 이 세계의 심층적인 진실을 발견해야만 했다. 즉 지식인 세계에 있는 모든 이는 사회학자가 하고자 애쓰는 것[객관화]을 하기 위해 투쟁한다는 것이다. 나는 이러한 유혹을, 더 정확하게는, 그것이 어떤 시기에 피에르 부르디외라는 사회학자에게서 띨 수 있는 형식을 객관화해야만 했다.

바캉 당신은 그간의 저작들을 통해서 사회학자에로의, 그리고 그의 생산 세계로의 성찰적인 되돌아가기의 필요성을 강조해 왔다. 당신은 그것이 지적 나르시시즘의 일종이 아니며 실제 과학적인 영향력을 가진다고 주장한다.

자택일이 우리로 하여금 참여 객관화의 가능성과 필요성을 포착하지 못하게 만든다. (……) 가장 비판적인 사회학은 가장 급진적인 자기 비판을 전제하며 함축한다. 객관화하는 사회학자 자신에 대한 객관화는 제대로 된 객관화의 선행조건인 동시에 생산물이다. 사회학자는 다음과 같은 조건에서만 객관화 작업에서 성공할 가능성을 가진다. 즉 관찰된 관찰자로서 그는 자신의 전 존재, 그에 고유한 생산의 사회적 조건, 따라서 '그의 정신의 한계'뿐만 아니라 자신의 객관화 작업 그 자체, 거기 투여된 숨겨진 이해관심과 그것이 약속하는 이윤을 객관화에 복속시켜야 하는 것이다"(Bourdieu 1978b: 67~68). 또 Bourdieu 2002c도 보라.

부르디외 사실 나는 사회학의 사회학이 사회학적 인식론의 근본적인 차원이라고 믿는다. 그것은 여러 전문 영역 가운데 하나가 아니라, 그 어떤 엄밀한 사회학적 실천에도 필수적인 선행 조건이다. 내가 보기에, 사회과학에서 오류의 주된 원천 가운데 하나는 [연구자가] 대상과 맺는 통제되지 않은 관계라 할 수 있다. 그것은 마침내 대상 그 자체에 연구자와 대상의 관계를 투사하게끔 만드는 결과를 낳는다. 사회학자들이 쓴 저작을 읽을 때 나를 고민스럽게 만드는 것은 직업적으로 사회 세계를 객관화하는 이들이 그들 자신을 객관화할 수 있다는 것을 입증하는 일은 무척이나 드물며, 외양상 과학적인 담론이 말하고 있는 것은 정작 대상 그 자체가 아니라 대상에 대한 그들의 관계일 뿐이라는 점을 깨닫는 데 실패한다는 것이다.

　요즘에는 사회학자의 객관화하는 관점에 대한 객관화가 제법 자주 이루어지는데, 겉으로는 급진적인 양 해도 실제로는 놀라울 만큼 피상적인 방식으로 이루어진다. "사회학자는 역사적인 맥락 속에 편입되어 있다"라고 말할 때, 우리는 일반적으로 '부르주아 사회학자'를 의미하며 그저 모든 것을 거기에 내버려 둔다. 하지만 문화 생산자에 대한 객관화란 단지 그의 계급적 배경과 입지, '인종', 혹은 젠더를 지적─그리고 한탄─하는 것 이상을 요구한다. 우리는 문화 생산의 세계, 이 경우에는 과학 장, 혹은 학문 장에서 그의 위치를 잊지 말고 객관화해야만 한다. 『호모 아카데미쿠스』의 기여 가운데 하나는 다음과 같은 점을 예증한 데 있다. 즉 우리가 루카치(그리고 흔해 빠진 사회학적 환원론의 아주 정교한 형식을 하나 들자면, 루카치를 뒤따른 뤼시앵 골드만[Lucien Goldmann 1964])식의 객관화를 수행할 때, 달리 말해, 문화적 대상과 그 생산의 목적 혹은 주체로 추정되는 사회 계급이나 집단 사이에 직접적인 상응 관계를 설정할 때(이런저런 영국 연극이 '부상하는 중간 계급의 딜레마'를 표현한다고 이야기될 때처럼), 우리는 이른바 건너뛰고 잇기의 오류short-circuit fallacy(Bourdieu 1988d)를 범하고 있다는 것이다. 멀리 떨어져 있는 항들 간에 직접적인 연계를 구축하려 애쓰면서, 우리는 문화 생산 장의 상대적으로 자율적인 공간이 제공하는 중요한 매개를 빠뜨린다. 한데 이 하위 공간은 그 나름의 논리를 지니는 사회 공간이다. 그 안에서 행위자들은 특수한 유형의 내기물을 놓고 투쟁하며, 더큰 사회 세계에서 통용되는 내기물들의 견지에서는 상당히 무사무욕하다disinterested고 할 수도 있는 이해관심interests을 추구한다.

하지만 이 단계에서 멈춘다면 가장 핵심적인 편향이 여전히 검토되지 않은 채로 남아 있게 될 것이다. 그 편향의 원리는 사회적 (계급) 입지에 있지 않으며, 문화 생산 장 내 사회학자의 특수한 위치(마찬가지로 가능한 이론적·실질적·방법론적 입장 공간 안에서 그의 자리 잡기)에 있지도 않다. 그것은 지성적인 태도 그 자체, 사회학자가 사회 세계에 던지는 학자적 시선 안에 내재하는 비가시적인 결정 요인들에 있다. 사회 세계를 관찰하면서, 곧 우리는 지각 안으로 하나의 편향을 끌어들이게 된다. 그것은 우리가 사회 세계를 연구하고 기술하고 그에 관해 말하면서 그로부터 어느 정도 완전히 물러나 있어야만 한다는 사실에서 기인한다. 이 이론주의적 혹은 지성주의적 편향은 우리가 사회 세계를 놓고 구축하는 이론 안에 그것이 이론적 시선, '관조적인 눈'théôrein[11]의 산물이라는 사실을 편입시키는 것을 망각하는 일이다. 진정으로 성찰적인 사회학이란 이러한 인식중심주의epistemocentrism, 또는 '과학자의 자기집단중심주의ethnocentrism' ──즉 분석자가 대상 바깥에 위치하며, 멀리서 위로부터 대상을 관찰한다는 사실 덕

---

11 '바라보다', '관조하다', '관찰하다' 라는 뜻의 그리스어 동사 theorein은 '이론'(theory)의 어원이기도 하다. ──옮긴이

분에 대상에 대한 그의 지각에 집어넣게 되는 모든 것을 간과하는 일 ─ 에 맞서 스스로 끊임없이 경계하여야 한다.[12] 계보를 조직하는 인류학자는 '친족 관계'에 대해서, 자기 아들의 적절한 배우자를 구하는 아주 실용적이고도 긴급한 문제를 해결해야 하는 카빌리 족장과는 아주 동떨어진 방식으로 관련을 맺게 된다. 마찬가지로 예컨대 미국의 교육 체계를 연구하는 사회학자가 학교에 대해 느끼는 쓸모는 자기 딸에게 좋은 학교를 찾아 주려는 아버지와는 거의 공통점이 없다.

이 말의 요지는 이론적 지식이 아무런 가치도 없다는 것이 아니라, 우리가 그것의 한계를 알아야만 하며, 모든 과학적인 언명에 그것의 한계와 취약점을 덧붙여야만 한다는 것이다. 한마디로 이론적 지식은 많은 핵심 속성들을 그것의 생산 조건이 실천의 생산 조건이 아니라는 사실에 빚지고 있다.

바캉 달리 말하자면, 사회에 대한 적절한 과학이라면 그 자체 내에 이론과 실천 사이의 간극에 대한 이론을 포함하는 이론들을 구성해야만 한다는 것이겠다.

---

12 '스콜라적 오류' 개념은 『실천 감각』(Bourdieu 1980a: 1부), 그리고 「스콜라적 관점」(Bourdieu 1990g: 384)에 충분히 정교하게 제시되어 있다. "'스콜라적 관점'에 함축된 모든 것을 간과한다면 우리는 사회과학에서 가장 심각한 인식론적 실수를 범하게 된다. 그 실수란 '장치 내부에 학자를' 놓는 것, 달리 말해, 모든 사회적 행위자를 과학자(실제로 활동 중인 과학자가 아닌, [머릿속에서] 인간 실천에 관해 추론하는 과학자)의 이미지 속에서 그려 내는 것이다. 이는 더 구체적으로는 과학자가 인간 실천을 설명하기 위해 구축해야만 하는 모델을 행위자의 의식 안에 자리매김하는 것이며, 과학자가 실천을 이해하고 설명하기 위해 생산해야 하는 구성물을 실천의 주된 결정 요인이자 실제 원인인 양 취급하는 것이다."

부르디외 바로 그렇다. 실재에 대한 적절한 모델은 (모델을 모르는) 행위자의 실천적 경험과 모델 사이의 거리를 고려해야만 한다. 그 거리는 모델이 기술하는 메커니즘이 행위자들의 인식 없는 '공모'와 더불어 기능할 수 있게 해주는 것이다. 대학의 사례는 이러한 요구를 위한 리트머스 시험지이다. 여기서는 모든 것이 우리가 이론주의적 오류를 범하기 쉽게끔 돌아가기 때문이다. 다른 사회 세계나 다를 바 없이, 대학 세계도 대학 세계 그리고 사회 세계 일반의 진실을 둘러싸고 벌이는 투쟁의 장소이다. 아주 간략하게 우리는 사회 세계가 무엇이 사회 세계인지를 정의하기 위한 끊임없는 투쟁의 현장이라고 말할 수 있을 것이다. 그런데 대학 세계는 오늘날 그 의견과 평결이 사회적으로 강한 힘을 갖는다는 특수성을 지닌다. 아카데미에서 사람들은 누가 사회 세계에 대한 진실을 말할 권위를 가지며 그럴 권한을 사회적으로 위임받았는지(예를 들면 범법자나 '전문가'가 무엇이고 누구인가, 노동 계급의 경계는 어디인가, 이런저런 집단, 지역, 국가가 존재하며 또 권리를 가지는가 등등)하는 질문을 놓고서 지속적인 투쟁을 벌인다. 사회학자로서 거기 개입하는 것은 스스로 옳은 것과 그른 것을 배분하는 중립적 조정자, 판관의 역할을 자임하려는 유혹을 가져다준다.

달리 말하자면, 지성주의적이며 이론주의적인 오류는 각별한 유혹이 된다. 사회학자이자 그리하여 진실에 대한 끝없는 투쟁의 당사자로서 그 자신이 일부를 이루는 이 세계의 진실, 그것을 두고 다투는 상반된 관점들의 진실을 말하려 하는 사람에게라면 말이다. 『호모 아카데미쿠스』의 객관주의적 단계에 매 순간 현존했던 유혹, 경쟁자들을 객관화함으로써 뭉개버리려는 유혹은 심각한 기술적 실수들의 근원이 된다. 여기서 나는 과학적 작업과 순수한 성찰 간의 차이를 부각시키기 위해 '기술적'이라는 단어를 강조한다. 내가 방금 말한 모든 것이 아주 구체적인 연구의 조작 절차들로 번역되기 때문이다. 대응 분석correspondance analysis[13]에 더해지거나 빼내져야 할 변수, 재해석되거나 기각되어야 할 원자료, 분석에 들어가야 할 새 범주 등으로 말이다. 지적 명성과 관련해 내가 이용한 지표 하나하나가 엄청난 자료 구축 작업을 요구했다. 왜냐하면 정체성이 대부분 상징 전략을 통해 만들어지며 결국 집합적 신념에 기초하고 있는 세계에서 아주 사소한 정보 쪼가리조차 상이한 정보원들로부터 독립적으로 검증되어야만 했기 때문이다.

바캉 분석자가 그의 대상과 맺는 포괄적 관계, 그리고 그가 과학 생산의 공간에서 점유하는 특수한 위치로 되돌아가기는 당신이 방어하는 유형의 성찰성을 굴드너(Gouldner 1970), 가핑클(Garfinkel 2007[1967]; Mehan & Wood 1975, Pollner 1991), 블로어(Bloor 1976)가 '비판사회학', 민속방법론, 그리고 과학 연구science studieo의 입지를 지정하기 위해 옹호하는 유형과 구별 지어 주는 것으로 여겨진다.

부르디외 그렇다. 가핑클은 인식하는 주체로서 행위자의 지위에 연계되어 있는, 매우 일반적이고 보편적인 성향을 해명하는 데 만족한다. 이러한 의미에서 그가 말하는 성찰성은 엄밀하게 현상학적이다. 굴드너에게 성찰성은 진정한 작업 프로그램이라기보다는 프로그램의 슬로건 수준에 머물러 있다.[14] 객관화되어야만 하는 것은 자신의 전기적인 특이성 안에서 연구

---

13 다변량 범주형 자료를 대상으로 하는 탐색적 자료 분석 기법 가운데 하나. 대응 일치 분석이 라고도 한다. 부르디외는 장의 구조를 경험적으로 분석하기 위한 수단으로 다중 대응 분석 multiple correspondance analysis을 주로 이용한다. ─ 옮긴이

를 수행하는 개인(만)이 아니라, 그가 아카데미 공간 안에서 차지하고 있는 위치, 그리고 그가 '게임 바깥에'hors jeu, '다른 위치에' 있는 덕분에 취하게 된 관점이 함축하는 편향들이다. 틀림없이 아주 명확한 사회학적 이유들──그 가운데 특히 연구자들의 훈련 과정에서 철학의 역할이 작다는 것과 비판적인 정치 전통이 약하다는 것이 뽑힐 수 있을 것이다──때문에 미국식 전통에서 무엇보다 결여되어 있는 것은 아카데미 제도, 더 구체적으로는 사회학 제도에 대한 진정으로 성찰적이고 비판적인 분석이다. 그 자체가 목적이 되는 것이 아니라, 과학적인 진보의 조건으로 고안된 분석 말이다.

나는 내가 주장하는 성찰성의 형식이 근본적으로 반-나르시시즘적이라는 점에서 [다른 것들과는] 구분되는 것이며 역설적인 것이라 믿는다. 정신분석학적 성찰성은 더욱 너그럽게 다루어지고 받아들여진다. 왜냐하면 그것을 통해 우리가 발견할 수 있는 메커니즘은 보편적이면서도 독특한 역사에 연계되기 때문이다. 그러니까 아버지에 대한 관계는 언제나 독특한 역사 속의 독특한 아버지에 대한 관계인 것이다. 진정으로 사회학적인 성찰성이 매력 없고 심지어 고통스러운 까닭은 그것을 통해 우리가 발견하는 것들이 총칭적인generic 것, 누구에게나 있는, 평범하고 진부한 것들이기 때문이다. 요즘 지적인 가치표에서 공통적인 것, 평균적인 것보다 더 나쁜 것은 없다. 이는 사회학, 특히 비-나르시시즘적인 성찰적 사회학이 지식인들의 저항에 부딪히는 이유를 많은 부분 설명해 준다.

---

14 필립스(Phillips 1988: 139)는 "굴드너는 성찰적 사회학에 대한 자신의 요청을 스스로 어떠한 체계적인 방식으로도 따른 적이 없으며, 자신의 조언을 받아들여 실행한 적도 없다"고 지적한다.

간단히 말해, 내가 주장하는 사회학의 사회학은 사회학자라는 사적 개인person에 대한 내밀하고 자기 만족적인 되돌아가기[15]라든지, 『서구 사회학의 다가오는 위기』에서 굴드너(Gouldner 1970)가 분석한 파슨스의 사례에서처럼, 사회학자의 저작을 추동하는 지적인 시대정신Zeitgeist의 탐색과는 별 상관이 없다. 나는 또한 최근 일부 미국 인류학자들 사이에서 유행하는 식의, 관찰자의 글쓰기와 감정에 대한 자기도취적인 관찰로 표상되는 '성찰성'의 형식과도 아예 무관하다(예컨대 Marcus & Fischer 1986, Geertz 1987, Rosaldo 1989, Sanjek 1990). 그러한 학자들은 현지 조사의 매력을 소진시킨 나머지, 연구 대상에 관해서보다는 그들 자신에 관해서 말하는 쪽으로 돌아선 듯 보인다. "시학이자 정치학"(Clifford & Marcus 1986)으로서 민족지 글쓰기에 대한 잘못된 급진적 비난은, 그 자체로 목적이 되어 버릴 때, 일종의 얇은 베일을 쓴 냉소주의적 상대주의(내가 두려워하는 그러한 사유는 과학사회학에서 '강한 프로그램'strong program의 다양한 판본을 떠받치고 있다)에 문을 열어 준다. 그것은 진정으로 성찰적인 사회과학의 대척점에 서 있다.

바캉 그러니까 자신이 직접적으로 연루되어 있지 않은 세계를 바깥에서 관찰하는 사회과학자의 위치에 내재하는 지성주의적 편향이 있다는 말이겠다. 당신에게는 성찰성의 요구를 충족시키기 위해 객관화되어야만 하는 것이 바로 세계에 대한 이 지성주의적 관계인 셈이다. 그것은 행위자들이

---

15 여기서 '인식론적 개인'과 '경험적 개인'에 대한 부르디외(Bourdieu 1984a: 34~51)의 구분은 적절하다. '전기적 환상'(Bourdieu 1986b)이라는 개념 또한 그렇다. 이러한 접근의 적용은 『자기 분석에 대한 초고』(2004a)에도 나타난다.

실천에 대해 맺는 실천적 관계를 관찰자와 그 대상 사이의 스콜라적 관계로 대체한다.

부르디외 그것이 나를 가핑클과 민속방법론으로부터 갈라놓는 주요 논점 가운데 하나이다. 나는 후설과 슈츠가 보여 주었듯이, 사회적인 것에 대한 원초적 경험이 있다는 것을 인정한다. 그 경험은 세계의 사실성facticity에 대한 즉각적인 믿음의 관계에 기초하며, 우리로 하여금 그것을 당연한 것으로 받아들이게 만든다. 이러한 분석은 [현상학적] 기술description과 관련된 한에서는 탁월하다. 하지만 우리는 기술을 넘어 더 나아가야만 하며, 이 독사적doxic 경험의 가능 조건이라는 쟁점을 제기해야만 한다. 우리는 자생적인 이해라는 허상을 만들어 내는, 객관적인 구조와 체화된 구조 간의 일치가 세계에 대한 관계의 특수한 사례인 토착적 관계라는 점을 인식해야 한다. 여기서 인류학적 경험의 커다란 미덕은 그러한 조건이 보편적으로 충족되는 것은 아니라는 사실을 직접적으로 알게 해준다는 데 있다. 현상학은 자기 사회에 대한 토착적 관계라는 특수한 경우에 기초한 성찰을 (자기도 모르게) 보편화함으로써 마치 그러한 조건이 보편적으로 충족되는 양 믿게 만들지만 말이다.

지나치면서 나는 민속방법론자들의 실증주의를 지적해 두고자 한다. 그들은 통계적 실증주의와의 투쟁 속에서 자기들 적의 몇몇 전제를 수용했다. 그리하여 그들은 데이터에 데이터를 맞세우고 통계 지표에 비디오 녹화 자료를 맞세운다. 이는 바슐라르(Bachelard 1993[1938]: 20)의 다음과 같은 말을 상기시킨다. "일반적으로 과학 문화의 장애물은 언제나 쌍의 형식으로 나타난다." '녹화 자료'에 만족한다는 것은 실재의 구성 혹은 획정 découpage이라는 문제(사진을 떠올려 보라)를 간과한다는 것을 뜻한다. 그것은 사전에 구축된 구체성preconstructed concrete의 수용을 함축하는데, 그러한 구체성은 그 자체에 대한 해석 원리를 반드시 자기 내부에 포함하고 있지는 않다. 예를 들어, 의사와 인턴, 간호사 간의 상호작용은 권력의 위계서열 관계에 의해 뒷받침되는데, 이는 직접적으로 관찰 가능한 상호작용 동안에 언제나 눈에 띄는 것은 아니다.[16]

하지만 이것이 전부는 아니다. 우리는 일상의 생활 세계에 대한 논쟁의 여지없는 수용으로서 독사doxa에 대한 현상학적 분석을 철저하게 사회학화할 필요가 있다. 이는 단순히 그것이 모든 지각과 행위 주체에 보편적으로 타당한 것은 아니라고 주장하기 위해서만이 아니라, 그것이 어떤 사회적 위치, 특히 피지배자들에게서 구현될 때, 가장 근본적인 세계 수용의 형식, 즉 가장 절대적인 형식의 보수주의를 나타낸다는 것을 발견하기 위해서이다. 생활 세계Lebenswelt 구조의 직접성에 대한 근본적인 믿음 속에 정초된 전前반성적인 세계 수용 관계는 궁극적인 형식의 순응주의를 표상한다. 정치 아래에서 작동하는infrapolitical 독사적 자명성에 대한 관계보다 더 통일적이고 더 완전하게 기성 질서를 지지하는 방식은 없다. 자연스러운 존재 조건을 발견하는 더 적절한 방식 또한 없다. 자연스러운 존재 조건이란 다른 조건 아래서 사회화된 사람, 그래서 이 세계에 의해 형성된 지각 범주를 통해 그 조건을 파악하지 않는 사람에게는 불편했을 어떤 것이다.[17]

---

16 부르디외는 병원에서 일어나는 담론적 상호작용과 의학적 진단의 사회적 논리에 관한 시쿠렐(Cicourel 1985)의 연구를 참조한다.

17 사회 공간 안에서의 위치, 그리고 그에 수반되며 그 구조를 반영하는 경향이 있는 지각 범주 사이의 (한편으로는 조화하며 다른 한편으로는 구조화하는) 양방향 관계를 부르디외는 '한 지점point으로부터 취해진 시각view으로서 하나의 관점point of view'이라는 개념으로 포착한다('플로베르의 관점'에 관한 Bourdieu 1988e, 1989d 그리고 1988d를 보라. 그리고 특히 1989a 1부: 19~81). 이는 아래 4절에서 좀더 상세하게 논의된다.

지식인과 노동자 사이에 존재하는 상당수의 오해는 이것만으로도 설명할 수 있다. '바깥에 있는' 이들에게 혐오감을 불러일으키는 억압과 착취의 조건들을 노동자들은 당연한 것으로 받아들이고 참을 만한 것, 심지어 '자연스러운' 것으로 보는 그런 의견 차이 말이다. 그렇다고 이것이 실천적인 형태의 저항과 그러한 조건들에 대한 반란의 가능성을 결코 배제하는 것은 아니다(Bourdieu et al. 1963; Bourdieu 1980i와 1981b). 하지만 독사가 지닌 정치적 중요성의 가장 좋은 실례는 아마 틀림없이 여성에게 행사되는 상징폭력일 것이다.[18] 각별히 나는 사회적으로 구성된 일종의 광장공포증을 염두에 두고 있다. 그것은 특히 공식 정치 영역에서 여성이 (공적-남성적 대 사적-여성적이라는 이분법에 부합하게) 구조적으로 배제되었던 광범위한 공공 활동과 의식으로부터 스스로를 다시 배제하도록 이끈다. 그것은 여성이 자기 몸 깊숙이 새겨져 있는 배제에 대한 인정을 극복하기 위해 요구되는 노력의 정도에 따라, 엄청난 긴장감을 대가로 치르면서만 그러한 상황에 직면할 수 있는 이유를 설명한다(Bourdieu 1990d를 보라). 따라서 협소한 현상학적 혹은 민속방법론적 분석은 주관적인 구조와 객관적인 구조 간 즉각적인 합치 관계의 역사적 토대를 무시하고, 그러한 관계의 정치적 중요성을 간과함으로써 탈정치화하는 결과를 낳는 것이다.

2. 독특한 것과 불변하는 것

바캉 『호모 아카데미쿠스』는 1960년대의 프랑스 학자들이라는, 특수한 시

---

18 젠더의 상징폭력에 관해서는 Bourdieu 1990d 그리고 아래의 5절을 보라.

기의 특수한 사례만을 다룬다. 당신이 거기서 제안하는 분석을 어떻게 일반화할 수 있을까? 예컨대 프랑스 대학 세계의 기층 구조를 1990년대의 미국 같은 다른 시기, 다른 나라에서도 찾을 수 있는가?

부르디외 그 책의 목표 가운데 하나는 보편적인 것과 독특한 것, 법칙 정립적 분석과 개별 사례적 기술 간의 대립은 그릇된 이율배반이라는 점을 보여 주는 것이다. 장 개념이 북돋아 주는 관계적이며 유추적인 추론 양식을 통해 우리는 일반성 안의 특수성과 특수성 안의 일반성을 파악할 수 있다. 프랑스의 사례를 바슐라르(Bachelard 1966[1949])가 말하는 '가능한 것의 특수한 경우'로 간주함으로써 말이다. 더 낫게는, 프랑스 학문 장의 독특한 역사적 속성들—고도의 중앙 집중화와 제도적 통일성, 잘 규정되어 있는 진입 장벽—은 그 사례를 모든 장의 기능 작용을 경향적으로 조절하는 어떤 보편 법칙들을 발견하는 데 아주 적절한 현장으로 만든다.

독자들은 『호모 아카데미쿠스』를 어떠한 학문 장에도 적용 가능한 연구 프로그램으로 읽을 수 있고, 그렇게 읽어야만 한다. 사실 단순한 사유 실험에 의거해 미국(일본, 브라질 등) 독자들은 [프랑스 사례를 자국의 경우에] 대입하는 작업을 할 수 있고, 상동성의 추론을 통해 그들 직업 세계의 많은 것을 발견할 수 있다. 물론 어떤 것도 미국 과학 장에 대한 철저한 과학적 연구를 대체할 수는 없을 것이다. 나는 몇 년 전에 그러한 연구를 하려는 아이디어를 만지작거린 적이 있다. 나는 이전의 미국 체류 시절 동안 각종 자료를 수집하기 시작했다. 당시에 나는 비교 모델에 대한 이론적인 숙련성, 분석 대상이 되는 세계에 대한 원초적인 친숙성 등과 같은 이점을 축적하기 위해 몇몇 미국 동료들과 팀을 만들 생각도 했다. 나는 미국의 경우 그러한 프로젝트가 어떤 점에서는 훨씬 쉬울 것이라고 믿는다. 교수, 다양한 학생 집단, 대학, 특히나 대학의 위계 서열과 학과별 순위에 관한 매우 정교하며 곧장 쓸 수 있는 연도별 통계가 있기 때문이다(프랑스의 경우, 나는 종종 그러모은 자료로부터 기존에 없던 일련의 지표를 구축해야만 했다). 나는 심지어 이미 집계된 데이터에 대한 이차 분석을 기초로 아주 가치 있는 일급의 연구가 이루어질 수 있다고 생각한다.

나의 가설은 우리가 [교수 집단의] 재생산 수단에 대한 권력에 연계된 대학 자본academic capital과 과학적 명성에 연계된 지적 자본intellectual capital 사이의 대립과 같은 동일한 주요 대립을 발견할 수 있으며, 이 대립은 상이한 형식들 속에서 표현된다는 것이다. 이는 얼마나 공표되어 있는가? 과학적 근거가 없는 아카데미 권력이 스스로를 영속시킬 수 있는 능력은 프랑스에서 더 큰가, 아니면 미국에서 더 큰가? 충분한 연구만이 그에 대한 답을 줄 수 있을 것이다. 그러한 연구는 또한 더 경쟁력 있고 '능력 본위'라고 스스로를 표상하는 미국식 체계가 사회적 힘들로부터 과학적 자율성을 보존하는 데 있어서 프랑스식 체계보다 더 유리한지 하는 질문(이 질문은 프랑스 대학 체계에 대한 미국식 사회학, 그리고 미국식 모델을 프랑스 체계에 대한 비판 수단으로 쓰는 프랑스 내의 활용에 의해 주기적으로 제기된다)에 대한 경험적 대답을 줄 수 있을 것이다.

바캉 그것은 권력 실세들에 대한 학자의 관계라는 문제를 제기하지 않는가?

부르디외 여기서도 우리는 미국 학자들이 내가 '권력 장'champ du pouvoir[19]이

---

19 부르디외가 '지배 계급'이라는 개념의 실체론적 성격을 제거하기 위해 이용하는 권력 장 개념에 관해서는, Bourdieu 1989a: 특히 373~427; Bourdieu & Wacquant 1993; 그리고 아

라고 부른 것의 일부인 다양한 제도들과 맺는 관계를 아주 정확하게 측정할 필요가 있을 것이다. 프랑스에서는 공식적인 행정위원회, 정부위원회, 자문단, 각종 조합 등에의 소속 여부 같은 지표들이 있다. 미국에서라면, 내 생각에는, '일급' 과학 패널, 전문가 보고서, 그리고 광범위한 연구 방향의 설정에, 대개 숨겨져 있지만 중요한 역할을 하는, 대규모 박애주의 재단과 정책 연구 기관들에 특별히 초점을 맞출 수 있을 것이다. 이 지점에서 나의 가설은 학문 장과 권력 장 간의 구조적 연계가 미국의 경우에 [프랑스보다] 더 강력하다는 것이다. 물론 또 다른 차이를 고려해야 할 필요가 있다. 미국 정치 장 구조 자체의 특수성이 그것이다. 미국 정치 장은 아주 거칠게 말해 보자면, 연방주의, 상이한 의사 결정 심급의 다양화와 그것들 간의 갈등, 좌파 정당 및 강력한 대항적 노동조합주의 전통의 부재, '공공 지식인'의 미약하며 그나마도 약화되어 가는 역할(Gans 1989) 등으로 특징지어진다.

'프랑스적 특수성'을 핑계로 내 분석을 기각하는 사람들이 못 보는 점은 거기서 정말 중요한 것이 실질적인 결과 그 자체 못지않게 그것이 얻어

래의 3부 2절을 보라. 기초적인 정의는 다음과 같다. "권력 장은 권력 형식들 간, 혹은 상이한 자본 유형들 간 기존하는 세력 균형 구조에 의해 규정되는 세력 장이다. 그것은 또한 동시에 상이한 형식의 권력 소유자들 사이에 권력 투쟁이 일어나는 장이다. 그것은 게임과 경쟁의 공간이다. 거기서 사회적 행위자들과 제도들은 각각 자기가 속해 있는 장[경제 장, 고위 공공행정의 장 혹은 국가, 학문 장, 지식 장—바캉]에서 지배적 위치를 차지하기에 충분한 일정량의 특수한 자본(특히 경제자본과 문화자본)을 보유하고서, 이 세력 균형을 보존하거나 변화시키려는 전략 속에서 서로 대적한다. (……) 지배의 지배적인 원리를 부과하려는 이러한 투쟁은 매 순간 권력의 배당 몫의 균형, 즉 내가 지배의 노동 분업이라고 이름 붙인 것에로 귀결된다. 그것은 또한 정당화의 정당한 원리를 둘러싼 투쟁이자 지배 기반의 정당한 재생산 양식을 위한 투쟁이다. 이는 ('궁정 혁명'이나 종교 전쟁의 예에서처럼) 실제의 물리적 투쟁 형태를 띨 수도 있고, 또는 (중세 유럽에서 성직자oratores와 기사bellatores의 상대적인 등급을 놓고 벌어진 논쟁에서처럼) 상징적 대결 형태를 띨 수도 있다……. 권력 장은 교차 대구법적chiasmatic 구조로 조직된다. 즉 지배적 위계화 원리(경제자본)에 따른 분포는 피지배적 위계화 원리(문화자본)에 따른 분포와 역대칭의 관계에 있다(미출간 강연 원고, 「권력 장」, 위스콘신 대학, 1989년 4월).

진 과정이라는 사실이다(내가 미국을 방문할 때마다 누군가 꼭 "미국의 대중문화에서 취향은 계급 위치에 따라 분화되어 있지 않다"고 말하곤 한다)[20]. '이론'은 '이론적 논쟁'이 아니라 실제적인 활용을 요청하는 연구 프로그램이다. 그러한 활용은 이론을 반박하거나 일반화한다. 아니, 더 낫게 말하자면, 이론의 일반성 주장을 구체화하고 분화시킨다. 후설은 우리가 특수한 것에 천착해야만 그 안에서 불변하는 것을 발견할 수 있다고 가르친 바 있다. 후설의 강의를 들었던 쿠아레(Koyré 1966)는 갈릴레오가 물체의 낙하 현상을 이해하기 위해 경사면 실험을 계속 되풀이하지 않아도 되었다는 점을 보여 주었다. 잘 구축된 특수한 사례는 더 이상 특수하지 않다.

바캉 [『호모 아카데미쿠스』에 대한] 또 다른 비판은 데이터가 낡았다는 것이다. 이는 영국과 미국의 몇몇 논평자가 이미 『구별 짓기』에 대해 제기했던 비판이기도 하다.[21]

---

20 미국에서 문화적 측면에서의 계급 간 구별 짓기 현실에 대한 부인 ─또는 부정─ 은 눈에 띄는 오래된 계보를 가지고 있다. 그 뿌리는 토크빌Alexis de Tocqueville에게까지 거슬러 올라갈 수 있으며, 19세기 말 20세기 초 상층 계급 문화 형식의 신성화와 더불어 가속화되었다(Levine 2011[1988]). 그리하여 대니얼 벨Daniel Bell은 1970년 별탈없이 이렇게 쓸 수 있었다. [상류 계급 문화의 표상으로서] "예술은 점차적으로 자율적인 것이 되어 갔고, 예술가를 정당한 권리를 갖는 강력한 취향 제조자로 만들었다. 개인의 '사회적 입지'(사회 계급 또는 다른 위치)는 더 이상 그의 라이프스타일과 가치를 결정하지 않는다. (⋯⋯) 대다수 사회에서 (⋯⋯) 이 일반 명제는 여전히 진실일 것이다. 하지만 점점 더 명백해지는 것은 인구의 상당수에게 사회적 위치와 문화적 스타일의 관계는 ─특히 노동 계급, 중간 계급, 상층 계급과 같이 거친 차원에서 본다면─ 더 이상 유효하지 않다"(Gans 1975: 6에서 재인용). 디마지오와 어심(DiMaggio & Useem 1978)은 이러한 관점을 효과적으로 반박했다.
21 예컨대 Hoffman 1986. 젠킨스는 다음과 같이 쓰면서 그러한 유형의 비판을 극단적으로 밀어붙여 거의 풍자의 지경에까지 이른다. "데이터 수집과 책 발간 사이의 시차는 (⋯⋯) 책의 대부분 내용을 헌신적인 문화고고학자가 아니고서는 거의 이해할 수 없게 만든다"(Jenkins 1986: 105).

부르디외 [『호모 아카데미쿠스』의] 분석 목표들 가운데 하나는 초역사적 항수들, 또는 명확히 한정되어 있지만 상대적으로 오랜 역사적 기간 동안 지속되는 구조들 간 관계의 집합을 폭로하는 것이다. 이 경우 데이터가 5년 혹은 15년 묵은 것인지 여부는 별로 중요하지 않다. 증거 자료는 분과 학문 공간에서 한편으로는 예술과 과학부, 다른 한편으로는 법학과 의학부 사이에서 떠오른 주요 대립이었다. 그것은 이미 칸트가 『학부들 간의 갈등』 (Kant 2000[1798])에서 기술한 바 있는 오랜 대립과 다르지 않다. 즉 세속적 권력에 직접 의존하며 그 권위가 일종의 사회적 위임으로부터 나오는 학부들과, 자체적인 근거를 갖추고 있으면서 그 권위가 과학성에 바탕을 두는(과학부는 이 범주의 전형이다) 학부들 간의 갈등 말이다.[22]

한데 내가 교육 영역에서 내세운 명제들, 그리고 문화 소비에 대해 분석한 내용의 아마도 가장 탄탄한 또 다른 증거 자료는 다음과 같은 점에 의해 뒷받침된다. 그러니까 프랑스 문화부가 4년에 한 번씩 엄청난 비용을 들여 수행하는 사회 조사가 25년 전 우리가 (문화부를 격분시키며) 얻어 낸 박물관 관람, 사진 촬영, 혹은 고급 예술 등에 관한 조사 결과를 정기적으로 확인시켜 주고 있다는 것이다. 내가 1960년대에 기술했던 계급 재생산 메커니즘은 당시의 지배적인 표상(특히 미국은 사회적 이동성의 천국이라는 끈

---

22 『국가 귀족』에서 부르디외(Bourdieu 1989a; 1987e)는 장의 지속성에 대한 또 다른 실험적 검증을 수행하면서 다음과 같은 점을 보여 준다. 즉 그는 우선 프랑스 그랑제콜 장의 구조를 엘리트 대학들 내부의, 그리고 그 대학원들과 ─ 서로 이끌어 주는 관계인 ─ 사회적 권력 위치들 사이의 객관적인 위치의 차이와 거리의 집합으로 개념화한다. 그와 같은 장의 구조는 놀라울 만큼 항상성을 유지하는데, 1968년부터 현재까지 이십여 년의 기간 동안 실상 거의 동일하다. 엘리트 경영학교는 눈부시게 번창해 왔고 일반 대학은 지속적으로 침체해 왔던 것이다. 1930년에서 1980년까지 기간 동안 권력 장에서 프랑스 [가톨릭] 주교단의 하위 장이 차지하는 위치와 구조 역시 마찬가지이다(Bourdieu & de Saint Martin 1982).

질긴 신화)에 맞선 것이었다. 미국, 스웨덴, 일본처럼 상이한 국가들에서 여전히 작동 중인 계급 재생산 메커니즘을 보여 주는 논문이나 책이 이제는 거의 일주일이 멀다 하고 출간되는 상황이다(Bourdieu 1989f).[23] 이 모든 것은 다음과 같은 사실을 알려 준다. 내 저작에 대한 반응으로 종종 이야기되듯이, 만일 프랑스가 예외라면 그것은 프랑스가 예외적인 방식으로, 달리 말해 순응주의적이지 않은 방식으로 연구되었다는 점에서만 그럴 것이다.

바캉 정확히 그렇다. 다양한 학파의 많은 논평자들(예를 들면, Bidet 1979, DiMaggio 1979, Collins 1981b, Jenkins 1982, Sulknen 1982, Connell 1983, Aronowitz & Giroux 1985, Wacquant 1987, Gartman 1991)은 당신의 모델이 지나치게 정적이며 '폐쇄적'이어서 저항이나 변화, 역사의 난입을 고려할 여지를 거의 남겨 두지 않는다고 비판한 바 있다.[24] 적어도 『호모 아카데미쿠스』는 68년 5월의 저항이라는 정치적·사회적 단절에 대한 분석을 진전시킴으로써 이러한 우려에 대한 부분적인 대답을 제공한다. 그것은 재생산과 변동, 구조사structural history와 사건사event history 사이의 대립을 해소하고자 한다.[25]

---

23 예를 들어, 미국에 관해서는 Collins 1979, Oakes 1985, Cookson & Persell 1985, Karen 1991, Brint & Karabel 1989, Karabel 1984; 스웨덴에 관해서는 Broady & Palme 1992; 일본에 관해서는 Miyajima et al. 1987과 Miyajima 1990; 호주에 관해서는 Graetz 1988과 Teese 1988; 그리고 더 광범위한 역사적 비교 분석을 위해서는 Detleff & Ringer & Simon 1987 참조.
24 대표적인 두 개의 비평. 카라벨과 할시(Karabel & Halsey 1977: 33)는 부르디외의 이론이 "적절히 말하자면 교육의 갈등 이론은 전혀 아닌데, 왜냐하면 그 도식이 부르주아지의 문화적 헤게모니에 대한 노동 계급의 저항의 여지를 주지 않기 때문"이라고 말한다. 지루(Giroux 1983: 92)는 이 프랑스 사회학자에게 "노동 계급 지배는 (……) 부당한 만큼이나 역전 불가능한 오웰식 악몽의 일부로 나타난다"고 단언한다.
25 이전에 부르디외에게 역사적 변화에 관심을 기울이는 작업을 권유했던 콜린스(Collins 1989:

부르디외 나도 내 글이 체계적인 오독에 시달려 온 이유가 그것을 가능하게 만드는 주장과 표현이 담겨 있기 때문이라는 점은 기꺼이 인정한다. ([그러나] 또한 나는 솔직히 많은 경우 이 비판들이 놀랄 만큼 피상적이라고 보며, 비판자들이 내 책이 전개시킨 실제 분석보다는 제목에 더 많은 주의를 기울인다고 생각하지 않을 수 없다.) 교육 체계에 관한 나의 두번째 책 제목인 『재생산』은 지나치게 간결한 나머지 [사람들이] 내 역사관에 대한 단순화된 시각을 구축하는 데 기여했다. 그에 더해서 '해방적인 학교'라는 이데올로기와 단절하려는 의지로부터 나온 몇몇 정식이 내가 "최악의 것을 위한 기능주의"[26]라고 이름 붙인 것에서 영감을 받은 양 보일 수 있다고 생각한다. 사실 나는 이 비관론적 기능주의, 그리고 엄격한 구조주의적 입장에 뒤따르는 탈역사화를 모두 거듭 비판한 바 있다(예컨대 Bourdieu 1968b, 1980b, 그리고 1987a: 56ff). 비슷하게 나는 물질적이거나 상징적인 지배 관계가 저항을 함축하고 활성화시키지 않으면서 어떻게 작동할 수 있는지 알지 못한다. 어

---

463)는 이를 인정한다. "이 분석과 더불어, 부르디외는 그의 이전 작업에서 나타난 결함을 메우기 위한 한 보를 내딛는다. (……) [그리고 — 바캉] 더 역동적인 분석으로의 길로 나아간다."

26 또는 엘스터(Elster 1990: 113)가 "가능한 최악의 세계에서 모든 것이 최악을 위해 있다는 전제"에 기초한 "뒤집어진 사회 신정론"이라고 불렀던 것.

27 특히 교육사회학에서는 부르디외의 '구조적 재생산' 모델(예를 들면 McLeod 1987, Wexler 1987, Connell 1983: 151)에 피지배자들의 저항, 투쟁, '창조적 실천praxis'을 강조하는 — 그리고 종종 예찬하는 — 접근을 대치시키는 것이 관습적인, 사실 거의 의례적인 일이 되었다. 이러한 입장은 버밍엄 현대문화연구소Birmingham Center for Contemporary Cultural Studies 와 연계된 저자들 — 리처드 호가트Richard Hoggart, 스튜어트 홀Stuart Hall, 딕 헵디지Dick Hebdige, 폴 코리건Paul Corrigan, 폴 윌리스Paul Willis, 존 클라크John Clarke 등 — 또는 프랑크푸르트 스타일 맑스주의의 몇몇 조류가 예증한다고 자주 이야기된다. 폴리(Foley 1989: 138)는 윌리스가 "여기 미국에서는 주체성, 자발성, 즉 인민, 영웅적인 노동 계급을 계급 분석 안에 다시 투입했다고 곧잘 칭찬받"으며, "보울스와 진티스(Bowles & Gintis 1976), 그리고 부르디외와 파스롱(Bourdieu & Passeron 1970) 같은 '재생산 이론가들'의 구조 결정론으로부터 계급 분석을 구출한다"고 말한다.

떠한 장에 속한다는 것은 정의상 그 안에서 효과를 생산할 수 있다는 의미이므로(지배적인 위치를 차지하고 있는 이들 편에서 배제의 반작용만 이끌어 낸다 하더라도), 어떠한 사회 세계에서든 피지배자들은 언제나 일정한 힘을 행사한다.[27]

이러한 대립은 부르디외의 입장(내가 앞서 주장한 바 있다; 또한 Thapan 1988, 그리고 Harker & Mahar & Wilkes 1990을 보라), 그리고 버밍엄 학파와 그가 맺고 있는 관계를 모두 잘못 표상한다. 첫째, 학교 교육의 '보수적 기능'에 관한 부르디외의 맹렬한 강조는, 그가 도발적으로 즐겨 인용하는 마오쩌둥의 문장을 쓰자면, "막대를 반대 방향으로 구부리려는" 그의 욕망에서 나온 것이다. 그것은 1960년대의 이론적 분위기, 즉 성취, 능력주의, '이데올로기의 종언'과 같은 발상으로 뒤덮인 분위기를 배경으로 이해되어야 한다. 부르디외가 그러한 [보수적] 기능과 과정을 강조하는 것은 다분히 의도적인 선택이다. 그 기능과 과정은 가장 비가시적인 것이며, 사실 그것들이 발휘하는 효능의 커다란 부분은 시야에 감춰져 있다는 데서 나오는 효과이기도 하다. 이러한 [당대의 이론적 분위기에 대적하는 반골] 성향은 이 저작 전체를 특징짓는, 자의식적인 과학적 원칙이다.

둘째, 학생들의 능동적인 저항은 계급과 젠더 위계질서의 재생산에 객관적으로 공모할 수 있으며 실제로 종종 그렇다. 이는 윌리스(Willis 1977)가 영국 산업 도시 노동 계급 '싸나이들' lads의 '반(反)학교 문화'에 관한 그의 연구에서 멋지게 보여 준 바 있다(버거[Bennett Berger 1989: 180]가 설명하듯, 윌리스는 "부르디외가 이론적 용어로 아주 설득력 있게 초안을 잡은 '하비투스'와 '실천'의 상호 침투를 민족지학적으로 기술한다"; Zolberg 1990: 158). 결국 저항이 기존의 지배 유형을 뒤집을 수 있을지 여부는 개념적인 문제가 아니라 경험적인 문제이다. 부르디외는 계급 불평등 구조가 학생들의 개인 행위 주체성에 영향받지 않은 채 남아 있는 정도에 놀라움, 심지어 경악을 자주 드러냈다. 예컨대 프랑스 엘리트 학교에서 학생들의 문화적·정치적 선호가 어떻게 그들의 상대적 위치를 영속화하는 데 기여하는지에 대한 그의 분석을 보라(Bourdieu 1989a: 225~264). 부르디외가 부각시키는 강고한 결정 요인들은, 그에게 있어서는, 보고해야만 하는 관찰 가능한 사실들이다. 그가 그것들을 얼마나 싫어하는지와는 상관없이 말이다(아래의 6절을 보라).

끝으로 부르디외와 버밍엄 학파는 일찍부터 협력 관계에 있었으며, 이는 그들 작업이 서로 대립적이라기보다는 상호 보완적이라는 점을 시사한다(Eldridge 1990: 170). 예컨대 [버밍엄] 연구소의 초대 소장이었던 리처드 호가트의 노동 계급 문화에 관한 고전적인 연구인 『읽고 쓰기 능력의 효용』(Hoggart 1970[1957])은 1970년이라는 때이른 시기에 (장-클로드 파스롱Jean-Claude Passeron의 긴 서문과 함께) 미뉘 출판사에서 부르디외가 기획한 총서에 번역되었다. 1977년에는 부르디외의 요청으로 폴 윌리스가 자신의 책 『학교와 계급 재생산』 Learning to Labour의 주요 결과를 요약한 논문을 『사회과학 연구 논집』에 실었다. 당시 스튜어트 홀(Hall 1977: 28~29)은 부르디외의 작업을 알고 있었고, 상당히 우호적으로 기울어져 위치에 대한 성향의 조정 논리 덕분에 우리는 어떻게 해서 피지배자들이 그들을 지배자 혹은 지배당하는 지배자의 시선 내지 하비투스를 통해 바라보는 이들, 달리 말해 지식인들이 상상하는 것보다 더 많은 복종(그리고 더 적은 저항과 전복)을 드러내는지 이해할 수 있게 된다. 이렇게 말한다고 해서 내가 저항의 성향이 존재한다는 사실을 부정하는 것은 아니다. 그리고 사회학의 임무 가운데 하나는 바로 어떤 조건 아래서 그러한 성향이 사회적으로 구성되고 효과적으로 촉발되며 정치적인 효능을 얻게 되는지를 검토하는 데 있다.[28] 하지만 저항 이론(예컨대 Giroux 1983, Scott 1990)

있었다(그것은 부분적으로는 레이먼드 윌리엄스Raymond Williams의 매개 덕분이었는데, 윌리엄스는 고등사범학교에서의 부르디외 세미나에서 자기 작업을 발표한 바 있었고, 1977년에 『사회과학 연구 논집』에 논문을 실었다). 부르디외의 대표적인 영역자인 리처드 나이스Richard Nice는 1970년대 중반 버밍엄 현대문화연구소에서 작업했으며, 부르디외 주요 논문들의 초기 번역본을 유통시켰다(예컨대, 『부르디외의 두 텍스트』Two Bourdieu Texts, CCCS Stenciled paper, no. 46, 1977) 부르디외의 작업에 바쳐진 『미디어, 문화, 사회』Media, Culture & Society의 1980년 7월호 편집자 서문(vol. 2, no. 3: 208)에서 간햄은 같은 호에서 코리건과 윌리스가 주창한 입장과 "부르디외 기획"의 "놀라운 수렴"을 지적하며, 거기서 "문화와 문화적 실천의 진정한 유물론에 대한 약속의 실현과 그에 바탕을 둔 정치를 향한" 움직임을 본다.

28 고향 지방 베아른Béarn에서 일어난 결혼 관습의 변화를 분석하면서, 부르디외(Bourdieu 1989c: 20~25)는 지역 농민층의 상대적 자율성과 폐쇄성(시장 관계의 미약한 침투, 빈약한 교통로로 말미암은 지리적 고립, 근대적 커뮤니케이션 형태의 부재에 따른 문화적 고립)이 농민적 가치를 지배적인 도시 문화에 단순히 대체적인 것이 아니라 적대적인 것으로 제기할 수 있는 일종의 문화적 저항을 허용하고 또 효과적인 것으로 만들었음을 보여 준다(Bourdieu et al. 1965에 나오는 농민들의 사진 활용에 대한 분석도 보라). 쉬오(Suaud 1978)는 농촌 방데Vendée에서 지역적 사회 공간의 '개방'(또는 근대화)이 종교적 실천과 성직자의 소명에 미친 영향에 관해 상세한 역사적 분석을 제공한다. 팽송(Pinçon 1987)은 북동부 프랑스의 단일 산업 도시에서 경제적 재구조화와 함께 일어난 노동 계급 전통의 붕괴를 기술한다. 대조적으로 로저스(Rogers 1991)는 전후 시기 프랑스 아베롱Aveyron의 농촌 공동체에서 나타난 경제적 전환과 문화적 탄력성의 변증법을 설명한다. 알제리의 도시 (하층) 프롤레타리아와 농민층에 관한 부르디외의 작업은 식민주의의 맥락에서 문화적 탄력성과 저항의 사회역사적 조건을 자세하게 다룬다(Bourdieu & Sayad 1964, Bourdieu 1977a). 또한 종교 재화의 생산과 조작 수단의 독점화에 대한 일종의 저항으로서 마술에 관한 그의 분석을 보라(Bourdieu 1971c).

은 일종의 자생적 대중추수주의spontaneist populism의 방향으로 나아가면서, 피지배자들이 지배의 모순을 잘 벗어나지 못한다는 점을 종종 잊는다. 예를 들자면, 윌리스(Willis 1977)가 분석한 영국 노동 계급의 '싸나이들' 식으로 말썽 피우기, 땡땡이 치기, 날라리 짓하기 등으로 학교 체계에 대항한다는 것은 스스로를 학교로부터 배제하는 것이며, 자신을 점점 더 피지배자의 조건 속에 가두게 되는 것이다. 반면 학교 문화를 수용함으로써 거기 동화되는 것은 제도에 의해 흡수되는 것이나 다를 바 없다. 피지배자들은 아주 빈번히 그러한 딜레마에 처하게 된다. 모종의 입장에서 보자면 각각 마찬가지로 나쁜 해결책들 사이에서 선택해야만 하는 것이다(어떤 의미로는 똑같은 상황이 여성이라든지 낙인찍힌 소수자들에게 벌어진다).[29]

역사적이고도 광범위하게 말해, 문화 영역에서 이는 양자택일로 드러난다. 즉 한편에는 '민중 문화'의 찬미 혹은 정전화가 있는데, 그 과장된 한계는 노동 계급을 역사적 존재로 옭아매는 프롤레트쿨트Proletkult[구소련의 프롤레타리아 문화 창조 기관]로 나타난다. 다른 한편에는 내가 '평민-문화'

---

29 필립 부르구아(Philippe Bourgois 1989: 629, 627)는 번창하는 불법 마약 경제 안에서 성공적으로 장사하기 위해 할렘 동부의 마약 거래상들이 감싸 안는 '테러 문화'에 관한 그의 연구에서 이러한 지배의 이율배반을 보여 주는 아주 인상적인 예를 제공한다. 그는 어떻게 "도심 지역을 좀먹는 폭력, 범죄, 약물 남용이 주류 백인의 인종주의적이고 경제적으로 배제적인 사회에 대한 '저항 문화'의 표현으로 이해될 수 있다[는 것인지 보여 준다]. 그런데 이 '저항 문화'는 더 많은 억압과 자기 파괴를 낳는다. (……) 비극적으로 [현대 미국 게토의] 트라우마를 악화시키는 것은 바로 이 체제에 대항하는—그리고 아직 그 안에 있는—투쟁 과정 그 자체이다". 계급 저항의 직관에 반하는 효과에 대한 또 다른 분석은 파리 시 '붉은 벨트'의 낙인찍힌 주거 프로젝트에서 노동 계급 청년층의 노동시장 전략에 대한 피알루(Pialoux 1978)의 분석에서 발견된다. 피알루는 전통적인 공장 노동에서 이루어지는 과잉 착취에 대한 저항과 문화적·인간적 모욕에 대한 거부가 이 젊은이들로 하여금 임시직travail intermédiaire이라는 질 낮은 노동 형태를 수용하거나 심지어 적극적으로 추구하게끔 이끄는데, 이는 점증하는 일부 산업 고용주들의 수요에 밀접히 부응하며, 결국 그 젊은이들의 사회적·경제적 주변성을 확고히 하는 결과로 이어진다는 것이다.

populi-culture라고 부르는 것, 즉 피지배자들에게 지배적인 문화 재화 또는 최소한 그 문화의 수준 낮은 판본에 대한 접근을 제공할 목적의 (노동자들을 볼쇼이 공연 회원으로 등록시킴으로써 프티 부르주아로 변화시키기 위한) 문화적 상향 정책이 있다. 이 문제는 아주 골치 아프면서도 복합적인 것이다. 이 쟁점에 관한 논쟁이 왜 그 외양상의 대상보다는 거기 관여된 이들에 관해 더 많은 것 ― 학교, 문화, 그리고 '인민'에 대한 그들의 관계 ― 을 알려 주는지 이해하기란 어렵지 않다.[30]

우리는 '민중 문화'에 대한 어떤 대중 추수주의적 찬양이 우리 시대의 '목가'牧歌라고도 말할 수 있을 것이다. 엠슨(Empson 1935)이 말하는 목가로서의 그러한 찬양은 지배적 가치의 거짓 전복을 제공하며 사회 세계의 통일성이라는 허구를 생산함으로써 피지배자의 복속과 지배자의 초월적 지도력을 굳건히 한다. 사회적 위계질서를 뒷받침하는 원리들에 대한 전도된 예찬으로서 목가는 피지배자들에게 그들 조건에 맞춘 조정과 기성질서에 대한 복종에 바탕을 둔 고귀함을 부여한다(은어나 속어, 더 일반적으로 '민중 언어'에 대한 숭배라든지, 아니면 늙은 농부에 대한 향수 어린 상찬, 또 다른 장르로는 범죄적 지하 세계를 미화하는 묘사, 혹은 오늘날 어떤 집단들 내부의 랩 음악 숭배 등을 떠올려 보라).

---

30 "'민중'의 활용"에 관한 강연에서 부르디외(Bourdieu 1987a: 180)는 '민중적인 것'에 관한 담론은 그 관념이 일차적으로 지식 장에서의 투쟁의 내기물이라는 점을 인식하지 않고는 규명될 수 없다고 주장한다. "따라서 '민중'의 상이한 표상은 [지식인이] 민중과 맺는 근본적인 관계의 (각 장에 고유한 검열과 양식화 규범에 따른) 다양한 변형된 표현으로 나타난다. 그러한 관계는 [문화 생산―바캉] 전문가의 장 내에서 [해당 지식인이] 차지하는 위치와 거기에까지 이끈 궤적에 달려 있다." 이러한 맥락에서 '민중 언어'(그리고 속어) 개념이 스콜라적 거리 두기로부터 태어난 지적 구성물이자, 그것이 포착한다고 주장하는 실재 자체를 파괴한다고 비판하는 글 「'민중적'이라고 하셨나요?」(Bourdieu 1983a), 그리고 이를 경험적으로 예증하는 Delsaut 1976을 보라.

바캉 '민중 문화'[31] 개념에 대한 당신의 거부는 어떤 이들로부터 엘리트주의라거나 심지어 정치적인 보수주의라고 비난받았다. 이 문제에 대한 당신의 입장은 무엇인가?

부르디외 때로 그런 일이 벌어지지만, 내가 이른바 민중 문화와 '고급' 문화 사이의 차이를 공인한다고, 한마디로 부르주아 문화의 우월성을 인준한다고(혹은 비판자가 '혁명적'이라고 자칭하는지 보수적이라고 자칭하는지에 따라서는 그 반대로) 비난하는 것은 가치 판단judgement of value과 가치 준거 reference to values 사이의 베버식 구분을 간과한 것이다(Weber 1959[1919]). 그것은 행위자들이 실제 객관적으로 실행하는 가치 준거를 그들을 연구하는 과학자가 선고한 가치 판단으로 착각하는 일이다. 여기서 우리는 사회학 담론의 커다란 어려움 가운데 하나를 건드리게 된다. 사회 세계에 관한 대개의 담론은 고려 대상이 되는 실재(국가, 종교, 학교 등)가 무엇인지에 대해서가 아니라, 그것이 어떤 가치가 있는지, 좋은 것인지 나쁜 것인지에 대해서 말하려는 목표를 가진다. 단순한 언표로 이루어진 어떤 과학적 담론도 인준 혹은 비난으로 여겨질 가능성이 매우 높다. 그래서 나는 (정당성 개념에 대한 근본적인 오해를 대가로) 지배 문화와 그 가치를 찬미한다고 비판받았던 만큼이나 자주 (예컨대 노동 계급의 저녁 식사에 대한 내 분석을 근거로) 민중적 생활 양식을 예찬한다고 비판받았다.[32] 현실에 엄연히 존재하는

---

31 "문제는 내게 '민중 문화'가 있는지 없는지를 아는 데 있는 것이 아니다. 문제는 사람들이 '민중 문화'라는 이름표 아래 놓는 것과 비슷한 무언가가 실제로 있는지 여부를 아는 것이다. 그리고 이 질문에 대한 내 대답은 아니오이다"(Bourdieu 1980b: 15).

32 Bourdieu 1979a: 204~222과 444~448을 보라. 그리뇽과 파스롱(Grignon & Passeron 1989) 은 '대중추수주의'(민중 문화 형식의 자율성과 고결성에 대한 전도된 예찬)과 '비참주의'(민중 문화를 지배 계급이 행사하는 문화적 지배의 수동적 부수 효과로 환원하기)의 이중적 유혹을 분석한다.

고급 문화와 민중 문화 사이의 분열을 사라지게 하기 위해 담론 속에서 거부하기만 하면 된다는 듯이 행동하는 것은 마술을 믿는 것이나 다름없다. 그것은 순진한 형태의 유토피아주의 혹은 도덕주의이다(예술과 교육에서 그가 취한 입장이 아무리 칭찬할 만하더라도, 듀이John Dewey는 자기 시대와 자기 국가의 철학적·정치적 전통이 조장한 이러한 종류의 도덕주의로부터 벗어나지 못했다). 그러한 분열에 대한 나의 생각과는 무관하게, 그것은 현실 속에서 존재한다. 사회적 메커니즘의 객관성 안에 새겨진 위계질서의 형식(학문 시장에서의 제재와 같은)으로, 또한 모든 사람이 (실제로) 위계화되어 있다는 것을 알고 있는 분류 도식, 선호 체계, 취향의 주관성으로 말이다.[33]

평가적인 이분법을 말로만 부정하는 것은 도덕을 정치인 양 속이는 일이다. 예술 장과 지식 장에서의 피지배자들은 언제나 그런 형태의 급진적인 멋부리기radical chic를 실행해 왔다. 그것은 사회적으로 열등한 문화라든지 아니면 정당한 문화의 비주류 장르를 복권시키는 일로 이루어진다(예를 들어 20세기 초에 있었던 콕토Jean Cocteau의 용기 있는 재즈 옹호를 생각해 보라). 위계질서를 비난한다고 해서 딱히 무슨 길이 생기는 것은 아니다. 변화되어야만 하는 것은 이러한 위계질서가 현실과 정신에 모두 존재하도록 만든 조건들이다. 우리는 ─ 나는 그것을 끊임없이 되풀이 말했는데 ─ 현재가 우리에게 가장 보편적인 것으로 제공하는 바에 관해 말하는 대신에, 그것에 대한 접근 조건들을 현실 속에서 보편화하도록 노력해야만 한다.[34]

---

33 예술의 '신성화'에 대한 로렌스 러빈(L. W. Levine 1988)의 역사적 연구는 미국의 사례를 들어 고급 문화와 저급 문화 사이의 구별 짓기가 미학적 판단 및 평가 범주와 조직 형태 속에 점진적으로 제도화된 과정을 드러낸다. DiMaggio 1991 또한 볼 것.
34 다른 곳에서 부르디외(1990e: 385~386)는 이렇게 묻는다. "예컨대 '민중 미학'에 관해 말하면서, 혹은 어떻게라도 '민중'le peuple을, 그들이 있거나 없거나 별로 신경 쓰지도 않는 '민중 문화'의 소유자로 여기면서 우리는 무엇을 하고 있는가? 우리가 순수한 미학적 평가를 내

바캉 당신도 알듯, 『구별 짓기』나 『예술 사랑』(Bourdieu 1984a; Bourdieu & Darbel 1966)에 대한 일차원적인 읽기 방식이 있다. 그것은 사회학을 문화에 맞서는 전쟁 기계로, 사회학자를 예술이나 철학에 무지몽매한 증오의 주창자로 그려 낸다.

부르디외 잘난 척하는 표현이 허락된다면, 나는 그것이 성상 연구자iconologist를 성상 파괴자iconoclast로 오해하는 일이라고 말하고 싶다. 물론 미혹에서 깨어난 신자의 성상 파괴주의가 문화 실천(특히 철학적·예술적 실천)을 객관화하는 분석의 생산에 필수적인 원초적 믿음과 더 쉽게 단절하게끔 도울 수 있다는 점을 나 또한 결코 부정하지 않는다. 하지만 극적인 위반과 공격적인 도발——어떤 예술가들은 그로부터 예술적 '언명'을 만들어 낸다——은 여전히 실망한 신앙심의 자기 배반의 표현이다. 확실한 것은 성상 숭배적 충동과 성상 파괴적 충동에 대한 통제력이야말로 예술 실천과 경험에 대한 지식으로 나아가는 진보의 근본적 조건이라는 것이다. 부정신학과도 유사하게, 예술적 허무주의는 예술이라는 신에 헌신하는 또 다른 방식일 따름이다. (이는 문화와 교육에 대적한 니체(Nietzsche 1973[1872])의 명석하고도 통렬한 비난이 제아무리 해방적이고 계몽적인 듯 보여도, 결국 생산의 사회적 조건, 그러니까 사회 공간 안에서 니체의 위치와 더 구체적으로는 학문 공

릴 때 수행하는 실용적 이해관심에 대한 판단 중지epoché의 사회적 조건에 대한 판단 중지를 수행하기를 잊으면서, 우리는 스스로 처해 있는 특수한 사례를 에누리 없이 보편화한다. 좀 더 거칠게 말한다면, 우리는 순수하고 보편적인 미학적 관점의 사전 조건이 되는 사회경제적 특권을, 무의식적이며 철저하게 이론적인 방식으로, 모든 남성과 여성에게 부여하는 것이다. (……) 우리가 익숙하게 보편적인 것으로 취급하는 인간 작품의 대부분——법, 과학, 예술, 윤리학, 종교 등——은 스콜라적 관점과 분리될 수 없으며 그것을 가능하게 만든 사회경제적 조건과도 분리될 수 없다."

간 안에서의 위치에 결부된 한계들이라는 덫에 걸린 채 남아 있다는 사실을 드러냄으로써 명확히 알 수 있다.)

나는 순진한 형태의 예술적 신념들과의 분명한 단절이야말로 예술과 문화를 대상으로 구성할 수 있는 가능성의 필수 조건이라고 믿는다. 이는 예술사회학이 왜 문화의 신자들 혹은 바리새인들을 충격에 빠뜨리는지 설명해 준다. 그들은, 우리가 요즘 미국과 프랑스에서 볼 수 있었듯이, 대문자 고급 문화(또는 명저 등등)을 수호하기 위해 분연히 일어서며, 아방가르드 예술가의 도발적인 자유로부터 거리가 먼 만큼이나 귀족주의적 애호가의 경거망동unself-consciousness으로부터도 거리가 멀다. 말할 필요도 없지만, 내가 때때로 아방가르드 예술가를 — 아마도 위치의 상동성 덕분에 — 가깝게 느낀다 해도, 나는 고유한 의미의 예술 장 안에서 입장을 취하지 않는다(몇 년 전 나는 개념예술가인 알랭 키릴리Alain Kirili와 공동 작업을 할 기회를 거절했다. 그는 이후 혼자 힘으로 뉴욕에서 유명해졌는데, 내 책 『예술 사랑』에서 발췌한 통계표를 예술가와 사회학자 간의 녹음된 대화와 더불어 전시하기를 원했다). 비록 내가 예술 '애호가'로서 장 안에 연루된 예술가들 가운데 어떤 이들에 대한 선호가 있다고는 해도(이는 어떤 사람들이 생각하는 것처럼, 내가 예술에 무관심하거나 더 나쁘게는 체계적인 적대감을 가지고 있지 않다는 뜻이다), 나는 장에 개입하지 않으며 그것을 하나의 대상으로 취한다. 나는 그것을 예술 작품이라는 근대적 물신 생산의 장, 달리 말해, 예술 작품에 대한 신념의 생산을 객관적으로 지향하는 세계로서 구성하는 위치 공간을 기술한다(Bourdieu 1977b). (그리하여 분석가들을 종종 놀라게 만드는, 예술 장과 종교 장 사이의 유비가 가능해진다. 여행사 직원이 모차르트의 해를 맞아 수천 명씩 조직하는 잘츠부르크 여행은 성지 순례와 꼭 닮았다.)[35] 바로 그때에야 나는, 플로베르 시대의 문학 장이나 마네 시대의 미술 장에 대해서 그렇게 했던 것처럼(Bourdieu 1975c; 1983d; 1988f; 1987g; 1987m), 상이한 생산자들이 점유하는 위치 공간과 거기 상응하는 작품 공간(주제, 형식, 스타일 등) 사이의 관계라는 질문을 제기할 수 있는 것이다.

한마디로, 나는 입장 취하기(선호, 취향)가 생산자 측면에서는 생산 장내에서 점유하는 위치들에, 소비자 측면에서는 사회 공간 안에서 점유하는 위치들에 밀접하게 상응한다는 사실을 관찰한다. 다시 말하자면, 이는 모든 형태의 예술적 믿음은, 그것이 맹목적인 신념이든 위선적인 신앙이든 아니면 심지어 (쇄신하는 사회학이 접근할 수 있게 해주는) 문화적 의례주의의 준수로부터 해방된 믿음이든 간에, 사회적인 가능성의 조건을 지닌다는 의미이다. 이는 [예술가와 작품, 혹은 작품과 소비자 간의] 예술적인 '우연한 만남'에 대한 신비주의적인 표상을 향해, 그리고 예술과 예술가의 신성한 장소, 형식적 의례, 일상화된 헌신에 대한 원초적인 숭배를 향해 통렬한 한 방을 날린다. 그것은 특히 문화 영역에서의 '옛날 부자들'에게 파괴적인 한 방이다. 그들은 차이의 마지막 흔적, 그러니까 인본주의 문화, 라틴어, 철자, 고전, 서구 등등에 필사적으로 매달린다. 하지만 내가 그것에 관해 무엇을 할 수 있겠는가? 내가 바라는 것은 다만 사회학적 분석이라는 무기를 이용할 수 있는 성상 파괴적 비판이 의례주의와 과시주의 없는 예술적 경험을 진작할 수 있게 되는 것이다.

바캉 그렇다면 당신의 작업은 "미학적인 것을 그저 계급의 징표이자 과시

---

35 "문화사회학은 우리 시대의 종교사회학이다"(Bourdieu 1980b: 197). 특히 「오트 쿠튀르와 고급 문화」, 그리고 「누가 창조자를 창조했는가?」(Bourdieu 1980a: 196~206, 207~221 그리고 1988a).

적 소비로서 총체적으로 비난한 것"(Jameson 1990: 132; 또한 Bürger 1990, Garnham 1986)이 아니며, 우리에게 평준화하는 상대주의를 선고하는 것도 아닌 셈이다.

부르디외 물론 그렇지 않다. 예술 장은 객관적으로 지향성이 있는 누적적인 과정의 장소이다. 그 과정에서 발생하는 작품들은 지속적인 정련를 거치면서 일정한 수준의 완성도에 도달한다. 이 점에서 이 작품들은 그러한 [장의] 역사의 산물이 아닌 예술적 표현 형식들과는 분명히 갈라진다. (나는 문화상대주의의 문제를 다룬『구별 짓기』의 미출간 후기를 가지고 있다. 나는 그것을 결국 책에서 들어냈는데, 다음과 같이 생각했기 때문이었다. 그러니까 나는 [『구별 짓기』에서] 우리가 공유하는 미학적 신념, 예술 물신주의에 대한 비판적인 문제 제기를 실행했다. 그리고 이제 맨 마지막에 와서 거기에 탈출구를 제공하려는가? 예술의 신은 죽었다. 그런데 나는 그를 부활시키려 하는가?)

　　뒤르켐(Durkheim 1991[1912])은 이 질문을『종교 생활의 원초적 형태』에서 제기한다. 그는 묻는다. 문화에 뭔가 보편적인 것이 있는가? 그렇다. 금욕적 고행ascesis이 그것이다. 어디서나 문화는 자연에 맞서, 달리 말해, 노력과 훈련과 고통을 통해 구성된다. 모든 인간 사회는 자연 위에 문화를 놓는다. 그래서 만일 우리가 아방가르드 미술이 교외의 쇼핑몰에서 파는 석판화에 비해 우월하다고 말할 수 있다면, 이는 후자가 역사 없는 생산물(혹은 부정적 역사의 산물, 즉 이전 시대 고급 예술의 누수에 따른 결과물)이기 때문이다. 반면에 전자는 상대적으로 누적적인, 이전 예술 생산의 역사에 통달한다는 조건에서만 접근 가능한 것이다. 그 역사는 현재에 이르기 위해 필수적인 거부와 초월의 끝없는 연속——예를 들면, 반시反詩 혹은 반시학으로서의 시와의 대결——이다.

이러한 의미에서 우리는 '고급' 예술이 더 보편적이라고 말할 수 있다. 하지만, 내가 지적했듯, 이 보편적인 예술의 전유 조건은 보편적으로 배분되어 있지 않다. 『예술 사랑』에서 내가 보여 주었던 것처럼, '고급' 예술에 대한 접근은 덕성이나 개인적 재능의 문제가 아니라 (계급적) 학습과 문화적 상속의 문제이다.[36] 유미주의자들의 보편성은 특권의 산물인데, 그들이 보편적인 것을 독점하고 있기 때문이다. 우리가 양보해서 칸트의 미학이 참이라고 말할 수 있다면, 그것은 스콜레schole, 여가, 그러니까 경제적 필요와 실용적 긴급성으로부터의 거리의 산물인 사람들의 미학적 경험에 대한 현상학으로서만 그렇다. 이를 아는 것은 행복한 소수(해럴드 블룸Harold Bloom)의 영역으로 구성된 대문자 문화Culture의 기사들이 주창하는 '절대주의'에 대립하는 문화 정치로 우리를 이끈다. 그 문화 정치는 현실 속에 새겨져 있는 차이들을 망각하고 이론과 실천 속에 포함시키지 않은 채 다수가 문화적 박탈에 놓여 있다는 사실을 단순히 수용하고 인준하는 이들의 상대주의에도 마찬가지로 대립한다. 그것은 현재가 우리에게 가장 보편적인 것으로 제공하는 문화 산물에 접근할 수 있는 조건을 보편화하려는 목적의 윤리적 혹은 정치적 프로그램인 것이다(Bourdieu 1990g).

바캉 그런데 무엇이 그러한 문화 정책의 사회적 기반이 될 수 있을까? 또 우리가 보편적인 것을 독점하고 있는 이들이 자기들 특권을 침식하는 일

---

36 "사회학자는 이론적으로나 실험적으로 다음과 같은 주장을 확증한다. (……) 즉 후천적인 형식의 심미적 쾌감은 학습을 전제하고, 이 특수한 경우에는, 친숙해지기와 훈련에 의한 학습을 전제한다. 따라서 예술과 기교의 인위적인 산물인 이 쾌감은, 마치 자연스러운 것처럼 경험되거나 그렇게 경험되도록 예정되어 있지만, 실상은 계발된 쾌감인 것이다"(Bourdieu & Darbel 1966: 162).

을 하리라고 합리적으로 기대할 수 있을까?

부르디외 그것은 사실 어떤 문화 정책이라도 가지게 되는 주요 모순 가운데 하나이다. 우리는 자기 기만 전략들을 계속해서 열거할 수 있을 텐데, 바로 그것들을 통해 문화 특권층은 자기들의 독점을 자주 희생시키는 척하면서 영속시키는 경향이 있다. 그것은 (요즘에는 학교 체계의 파산이라는 근거 없는 추정으로 책임이 돌려지는) 문화적 박탈에 대한 말뿐인 개탄이든 아니면 극적인 만큼이나 비효과적인 [예컨대 민중 문화의] 복권이든, 문화적 요구들의 보편화는 겨냥하면서도, 그것들을 달성할 수 있게 해주는 조건의 보편화는 아랑곳하지 않는다. 철학과 사회학은 물론이거니와 문화, 예술, 혹은 과학처럼 사상가나 과학자가 깊이 연루되어 직접적인 이해관심을 가지는 대상을 다룰 때, 우리는 언제나 성찰적인 조심성을 열심히 발휘해야만 한다. 이 경우에 특히 필수적인 것은 지식 세계에서 통용되고 있는 자생적인 표상들과 단절하는 일이다. 문화, 예술, 과학, 철학, 한마디로 보편성을 주장하는 모든 문화 작품의 사회학은 학자적인 독사, 그리고 사유 전문가들의 온갖 '전문직' 이데올로기와의 단절을 성취해야만 한다. 그것이 다른 이들뿐만 아니라 단절의 당사자에게 역시 아무리 고통스럽더라도 말이다. 내가 그 대상들에게 특권적인 자리를 주는 이유, 그것들이 내 저작에서 일종의 절대적인 우선권을 차지하는 이유가 거기에 있다.

바캉 『호모 아카데미쿠스』가 단지 방법적 성찰성의 연습인 것만은 아니다. 거기서 당신은 또한 역사적 위기의 문제, 사회과학이 언뜻 우연한 국면, 특이한 하나의 사건, 혹은 사건들의 연속처럼 보일 수 있는 것을 다만 부분적으로라도 설명할 수 있는지 하는 질문을 걸고넘어진다. 그리고 당신은 사회 구조와 역사 변화 사이의 관계라는 더 일반적인 질문과 대결한다.

부르디외 『호모 아카데미쿠스』에서 나는 가능한 완전하게 68년 5월의 위기를 설명하고, 동시에 위기 혹은 혁명의 항상적인 모델이 지니는 일부 요소를 제시하고자 했다. 이 특수한 사건에 대한 분석의 와중에서 나는 일반적인 것으로 여겨지는 몇몇 속성을 발견했다. 첫째, 나는 대학에 내재적인 위기가 별개의 자율적 진화 과정들이 유발한 두 가지 부분적인 위기의 만남이 빚어낸 산물이었다는 점을 보여 주었다. 한편으로 교수층에서의 위기가 있었다. 그것은 교수 집단이 급속하게 대량 팽창하고 그에 따라 정교수, 조교수, 시간강사 등 지배적인 범주와 종속적인 범주들 간 긴장이 빚어지면서 그 효과로 인해 촉발되었다. 다른 한편 학생층에서의 위기 또한 있었다. 이는 졸업생들의 과잉 생산, 학위 가치의 평가 절하, 젠더 관계의 변화 등 광범위한 요인들에 기인한 것이었다. 이 부분적이고 국지적인 위기들이 수렴되면서 국면적인 연대의 기반을 제공했다. 그러자 애초부터 기성 제도권의 담론 정당성 소유자들과 새로운 경쟁자들 간 갈등이 있었던 대학들에서 아주 명확한 전선을 따라 위기가 확산되면서 특히 상징 생산의 심급 일반(라디오와 텔레비전 방송국, 교회 등)을 향해 나아갔다.

그러므로 나는 학문 장이 그 진원지가 되는 모순과 갈등을 결코 간과한 적이 없다. 장이 지속되고 얼핏 보기보다 별로 변하지 않은 채 남아 있을 수 있는 이유는, 그러한 모순과 갈등을 근원으로 삼는, 언제나 진행 중인 변화 덕분이다. 장 개념이 그 자체로 함축하는 바는 우리가 구조와 역사, 보존과 전환 사이의 관습적인 대립을 초월할 수 있다는 것이다. 구조를 형성하는 권력 관계는, 1968년 5월의 경우에서 분명히 볼 수 있듯이, 지배에 대한 저항과 전복에 대한 저항 모두에 토대를 제공하기 때문이다. 여기서 명백한 것은 다만 순환성이다. 투쟁은 구조 내에서의 위치들에 대한 분석만이 규명할 수 있다. 이 투쟁이 구조의 변화를 어떻게 설명할 수 있는지를 알려면 특수한 역사적 국면의 세부 사실들로 들어갈 필요가 있다.

바캉 좀더 일반적으로 당신의 사유 속에서 역사의 자리를 명확히 밝혀 줄 수 있는가?

부르디외 그것은 분명히 엄청나게 복합적인 문제이고, 나는 거기 아주 일반적인 용어로만 답할 수 있다.[37] 일단 사회학과 역사학의 분리는 재앙이나 다를 바 없는 구분이며 인식론적 정당화를 완전히 결여한 구분이라는 점을 말해 두는 것으로 충분하다. 모든 사회학은 역사적이어야 하며, 모든 역사학은 사회학적이어야 한다. 사실상 내가 제안한 장 이론의 기능 가운데 하나는 재생산과 변환, 정학과 동학, 또는 구조와 역사 간의 대립을 사라지게 하는 데 있다. 내가 플로베르 시대의 프랑스 문학 장에 관한 연구와 마네 시대의 미술 장에 관한 연구에서 경험적으로 예증하려 했던 것처럼(Bourdieu 1975c; 1983d; 1988f; 1992a; 1988g; 1987f), 우리는 장의 구조에 대한 공시적 분석 없이는 그것의 역동성을 포착할 수 없으며, 동시에 장의 구성 과정과 세력 긴장에 대한 역사적, 즉 발생적 분석 없이는 그것의 구조를 파악할 수 없다. 세력 긴장은 장 내부의 위치들 사이에, 또한 이 장과 다른 장들, 특히 권력 장 사이에 존재한다.

---

37 더 폭넓은 답변 내용을 알려면 Bourdieu & Chartier 1989, Bourdieu & Chartier & Darnton 1985, 그리고 Bourdieu 1980i를 보라. Bourdieu & Raphaël 1995, Bourdieu 1999b도 참조.

역사학과 사회학 간 구분의 인위성은 무엇보다 분과 학문의 가장 높은 수준에서 명백히 드러난다. 나는 위대한 역사가들은 위대한 사회학자들이라고 (또 종종 그 반대도 진실이라고) 생각한다. 하지만 다양한 이유로 인해 그들은 개념을 만들고 모델을 구축하고 혹은 어느 정도 허세 있는 이론적, 메타 이론적 담론을 생산해야 한다는 부담감을 사회학자들보다 덜 느낀다. 그러고서 그들은 종종 신중성과 함께 가는 타협책을 우아한 내러티브 아래 묻어 둘 수 있는 것이다. 다른 한편 내가 보기엔 사회과학의 현 상황에서 많은 사회학자들이 합리화, 관료제화, 근대화 등등의 과정을 다룰 때 실행하는 종류의 '거시사'가 얇게 가려진 사회철학의 마지막 피난처 중 하나로 계속 기능하고 있다. 물론 거기엔 많은 예외들이 있고, 다행스럽게도 그 수는 근년 증가해 왔다. 여기서 나는 유럽 국가들의 형성에 관한 찰스 틸리(Tilly 1990) 같은 저자들의 작업을 염두에 두고 있다. 그러한 작업은 일차원적 분석 틀이 함축하는 공공연한 기능주의적 진화론의 덫을 피하고 이론적인 지침 아래 비교 방법을 이용함으로써 진정한 발생사회학genetic sociology의 길을 닦았다. 실상 우리에게 필요한 것은 일종의 구조사이다. 제대로 실행된 적이 별로 없는 이 구조사는 검토 대상이 되는 구조의 연속적인 각 상태 안에서 이 구조를 유지하거나 변형시키려는 이전 투쟁의 산물, 그리고──구조를 구성하는 세력 관계와 긴장, 모순을 매개로 한──후속적인 변화의 원리를 발견한다.

68년 5월과 같은 순수한 역사적 사건이나 또 다른 거대한 역사적 단절의 난입은 우리가 '독립적인 인과 계열'의 다원성을 재구성할 때에만 이해 가능한 것이 된다. 그러한 계열은 쿠르노(Cournot 1912[1851])가 우연le hasard을 특징짓기 위해 말한 것이다. 그것은 상대적 자율성을 가진 상이한 역사적 연쇄들이 하나의 세계에 한데 모인 것으로, 그 연쇄들 간의 충돌, 불일치가 역사적 해프닝의 특이성을 결정한다. 나는 여기서 내가『호모 아카 데미쿠스』의 마지막 장에서 전개한 1968년 5월에 대한 분석을 참조하도록 권하고 싶다. 그것은 내가 지금 발전시키고 있는 상징혁명 이론의 맹아를 담고 있다.

바캉 당신의 작업, 특히 19세기 후반 프랑스 예술 장에 관한 역사적 연구와 몇몇 중요한 문화사가, 사회사가들의 작업 사이에는 많은 친화성이 있다. 나는 이 대목에서 노르베르트 엘리아스, 에드워드 톰슨Edward. P. Thompson, 에릭 홉스봄Eric Hobsbawm, 윌리엄 슈얼William H. Sewell, 모세 르윈Moshe Lewin, 또는 찰스 틸리와 같은 이들이 즉각 떠오른다. 나는 더 많은 이들 의 이름을 댈 수도 있다.[38] 이 역사가들은 정신적, 문화적, 사회정치적 구 조——행위와 평가와 감정의 범주, 문화적 표현, 집합 행동의 형식, 그리고 사회적 무리 짓기——의 지속적인 구성 과정에 초점을 맞춘다는 공통성이 있다. 이러한 관심은, 규모는 다르지만, 당신의 연구에도 중심적인 것이다. 당신은 왜 이러한 지적 연고를 더 드러내지 않았는가?『사회과학 연구 논 집』에 실린 많은 논문들이 말의 가장 강한 의미에서 역사 연구이며 당신의 가까운 동료와 친구들은, 대부분은 아닐지라도, 상당수 역사가들이라는 점 에서 당신이 역사에 대해 공개적인 친밀감을 표명한 적이 없다는 것은 영

---

38 예를 들면, Elias 2003[1939]; 1974[1969]; Thompson 1988[1963]; Sewell 1980, 1987; Lewin 1985와 Tilly 1986[1978]. 여기에 최근 부르디외의 장 개념의 관점에서 지성사 다시 쓰기를 제안했던 나탈리 지몬 데이비스(Nathalie Zemon Davis 1979[1975]), 알랭 코르뱅(Alain Corbin 1982; 1990), 린 헌트(Lynn Hunt 1984), 그리고 프리츠 링어(Fritz Ringer 1990, 1991)을 덧붙일 수 있을 것이다(프로그램을 제시하는 그의 에세이에 대한 제이(Jay 1990)와 레머트[Lemert 1990]의 답변을 보라). 부르디외의 실천 이론과 폭넓게 개념화된 역사사회학 간의 수렴은 필립 아브람 스(Philip Abrams 1982)가 지적한 바 있다.

문 모를 일이다(예컨대 로제 샤르티에Roger Chartier, 로버트 단턴Robert Darnton, 루이 마랭, 조앤 스콧Joan Scott, 그리고 칼 쇼스케).[39]

부르디외 아마 일부 사회학자들이 근년에 역사를 '발견했다'고 겉으로만 떠들어대는 소리에 질린 나머지, 나는 [역사가들과 나 사이에] 오랫동안 존재해 왔으며 지금도 존재하는 수렴 지점과 친화성을 부각시키고 싶지 않았던 성 싶다.[40] 사실 나는 맑스주의와 그 거시적 라이벌들(구조기능주의, 발전주의, 역사주의 등)에 만연해 있었던 거대한 경향적 법칙에 대해 심층적인 의구심을 품고 있다. 내가 가르치고자 애쓰는 [사회학자로서의] 직업적 반사 신경 가운데 하나는, 어떤 사회 체계의 두 가지 상태 간(예를 들어 고등교육의 '민주화'라는 질문을 가지고 수행하는) 피상적이고 부주의한 비교에 저항하라는 것이다. 그러한 비교는 쉽사리 규범적인 판단과 목적론적 추론으로 우리를 이끌기 때문이다. 목적론적 오류 말고도, 서술을 설명으로 착각하는 경향 또한 있다. 한마디로, 나를 불편하게 하는 일련의 문제들이 있는 것이다.

예컨대 엘리아스의 문제 틀은 분명히 내가 지적으로 엄청나게 공감하는 것이다. 그것이 실제 거대한 역사적 과정, 그러니까 첫째로 물리적 폭력,

---

39 Chartier 1988a, Darnton 1985[1984], Schorske 1983[1981], Scott 1988 을 읽으면 [부르디외와 이들 간의] 지적 친화성은 분명해 보인다. 이들은 모두 『사회과학 연구 논집』에 논문을 게재한 바 있다(이들 이전에는 톰슨, 홉스봄, 엘리아스, 그리고 르윈이 그랬다). 『문화로 본 새로운 역사』(Hunt 1989)와의 부분적인 대비 역시 가능하다. 부르디외, 샤르티에, 단턴 사이의 대화 (Bourdieu & Chartier & Darnton 1985)는 부르디외와 신문화사 간의 중요한 몇몇 차이점을 다룬다.

40 예를 들자면, 1975년 부르디외(Bourdieu 1980b: 251~263)는 인간과학연구원Maison des Sciences de l'Homme이 조직한 유럽 사회사 학술 회의에서 "파업과 정치 행동"이라는 제목의 폐회 강연을 했다. 그 회의에는 홉스봄, 톰슨, 그리고 틸리가 참여했다.

둘째로—내가 국가의 기원에 관해 지금 진행하는 작업을 통해 덧붙이고
자 하는 것인데—상징폭력[41]을 점진적으로 독점하는 국가의 구성 과정에
대한 역사적 사회심리학에 기초하고 있기에 그렇다. 엘리아스와 나 사이
에는 주로 뒤르켐과 베버로부터 나온, 내가 보기엔 사회학적 사유의 구성
요소가 되는 소수의 근본 원리들에 대한 합의가 있다. 그러한 합의를 넘어
서 우리를 갈라놓는 모든 것을 여기서 논할 수는 없다. 하지만 나는 적어도
국가의 출현에 관한 내 작업이 발견하게 해준 것만은 언급해야 하겠다. 그
이전에 베버가 그랬듯이, 엘리아스 역시 정당한 폭력에 대한 국가의 독점
으로부터 누가 이익을 얻고 누가 고통받는지 결코 묻지 않으며, 국가를 통
해 행사되는 지배에 대한 질문(이는 『국가 귀족』[Bourdieu 1989a]에서 다루어
졌다)을 제기하지 않는다.

　엘리아스는 또한 나보다 연속성에 훨씬 더 민감하다. 장기적인 추세
에 대한 역사적 분석은 언제나 중요한 단절을 가리는 경향이 있다. 엘리아
스가 유명한 그의 「스포츠와 폭력에 관한 논고」에서 초안을 잡은 바 있는,
스포츠에 관한 역사적 연구 프로그램의 예를 들어보자.[42] 고대의 게임들로
부터 오늘날의 올림픽 게임에까지 이르는 연속적인 계보학을 스케치하면
서, 이 논문은 근본적인 단절을 덮어 버릴 수 있는 위험성을 지닌다. 이를테
면 교육 제도, 영국식 칼리지, 기숙학교 등의 부상과 그에 뒤이어 구성된 상
대적으로 자율적인 '스포츠 공간'으로 말미암은 단절 말이다.[43] 중세의 [프

---

41 Bourdieu 1989a, Bourdieu & Wacquant 1993 그리고 이 장 5절을 보라. 부르디외(Bourdieu
　1993b와 2012)의 다른 글들도 참조할 것.
42 이 장문의 연구 논문은 『사회과학 연구 논집』(6호, 1976년 11월, pp. 2~21)에 프랑스어로 처음
　발표되었으며, 그 뒤에 Elias & Dunning 1998[1986]에 축약본으로 다시 실렸다.
43 '스포츠 공간'은 『사회과학 연구 논집』의 최근 두 호(79호와 80호, 1989년 9월과 11월)에서 다
　룬 주제이다. 거기엔 테니스, 골프, 스쿼시에 관한 논문들을 비롯해 브라질, 프랑스의 작은 광

랑스 전통 공놀이인] 술soule 같은 의례적 게임과 미식축구 사이에 공통점은 없다. 우리는 예술가나 지식인을 연구할 때 같은 문제를 발견한다. 즉 우리는 피에로 델라 프란체스카Piero della Francesca나 피사로Camille Pissaro, 뭉크Edvard Munch를 이야기하기 위해 '예술가'라는 동일한 단어와 미학적 표현, 창작, 창작자 같은 동일한 어휘를 사용한다. 그런데 사실 평범하지 않은 불연속성들이 있으며, 불연속성의 연속적인 발생이 있는 것이다. 예술가 개념을 회고적으로 1880년대 이전에 투사할 때, 우리는 완전히 터무니 없는 시대착오를 범하고 있는 것이다. 우리는 예술가나 작가의 특성character의 발생이 아니라, 이 특성이 그런 식으로 존재할 수 있게 한 공간의 발생을 간과하는 셈이다.

정치에 대해서도 마찬가지이다. 오늘날 '정치철학'에 반한 몇몇 역사가들이 그렇게 하듯이, 정치 장(Bourdieu 1981a)의 사회적 기원에 대한 질문, 그리고 정치철학이 초역사적 본질인 양 취급하면서 영원화하는 개념들 자체의 사회적 기원에 대한 질문을 제기하는 데 실패한다면, 우리는

산 도시, 그리고 푸조 자동차 공장 내부에서의 축구의 활용, 영국에서 두 종류 럭비 게임의 역사적 분리, 스카이다이빙의 사회적 진화, 세기 전환기에 귀족층 사이에서 스포츠를 둘러싸고 벌어진 투쟁, 시카고 흑인 지역에서의 복싱, 1936년 베를린 올림픽 게임의 상징주의에 관한 연구들이 담겨 있다. 부르디외는 유명한 사회학자들 가운데 스포츠에 관한 진지한 글(Bourdieu 1978d, 1987d와 『구별 짓기』)을 쓴 거의 유일한──엘리아스 정도를 빼면──인물일 것이다. 그는 맥얼룬(MacAloon 1988)의 「부르디외의 '스포츠 사회학의 프로그램'에 대한 서문」이 알려 주듯, 체육교육학자들에게 강력한 영향력을 행사했다(예를 들면, 체육교육 전문가 포키엘로[Pociello 1981]가 수행한 프랑스 남부에서 럭비의 사회적 기원, 조직, 의미에 관한 연구는 부르디외의 이론적 방향 설정에 많은 것을 빚지고 있다). 스포츠──과학적 대상의 위계서열에서 따져 보자면 하급의 사회학적 주제인──에 대한 이러한 관심은 부르디외가 자기 이론에서 신체에 부여하는 중심적 중요성, 그리고 스포츠가 '실천 감각'의 논리를 발견하는 데 있어 머튼이 말하는 '전략적 연구 지점'을 제공한다는 사실과 관련되어 있다(그것은 또한 "적절한 연구" 지점(Riemer 1977)이기도 하다: 부르디외는 젊은 시절에 뛰어난 럭비 선수였다).

엄청난 역사적 오류를 무릅쓰게 된다. 내가 방금 '예술'과 '예술가'에 대해 말했던 내용은 '민주주의'나 '공론' 같은 개념들에도 적용될 수 있다 (Bourdieu 1973b, Bourdieu & Champagne 1989, Champagne 1990). 역설적이게도 역사가들은 자신들이 과거 사회를 사고하기 위해 가져오는 개념들을 비역사적으로, 혹은 탈역사화시켜 활용함으로써 종종 시대착오를 범한다며 자성의 목소리를 낸다. 그들은 이 개념들과 그것들이 포착하는 실재가 그 자체 역사적인 구성의 산물이라는 점을 잊고 있다. 그들이 이 개념들에 적용하는 그 역사야말로 실상 그들을 발명하고 창조했다. 때로 엄청난――그리고 대체로 망각된――역사적 작업을 대가로 삼아서 말이다.

우리가 사회 세계의 분석에 동원하는 지적 연장의 발생에 대한 역사는 인식론적인 동시에 사회학적인 비판의 주요 수단들 가운데 하나이다. 그러한 비판에 우리는 사유 범주와 표현 형식을 회부해야만 한다.[44] 그런데 기이하게도 역사가들은 역사의 이와 같은 성찰적 활용에 거의 나선 적이 없다.

---

44 부르디외가 장려하는 역사학과 사회학 사이의 이 생산적인 긴장은 그의 동료 및 협력자들의 역사 연구를 통해 잘 예시된 바 있다. 크리스토프 샤를(Christophe Charle 1987, 1990, 1991), 다리오 감보니(Dario Gamboni 1989), 알랭 비알라(Alain Viala 1985)의 작업이 그것이다. 또 빅토르 카라디Victor Karady는 헝가리와 다른 동유럽 국가들의 역사사회학에서 야심찬 장기 프로젝트를 수행했다(Karady 1985; Don & Karady 1989; Karady & Mitter 1990). 개념 범주들 혹은 에피스테메épistémés의 시간적 뿌리와 역사적 불연속성이라는 문제와 관련해서 부르디외와 푸코 사이에는 많은 유사점이 있다. 그러한 유사점 가운데 일부는 그들이 공통적으로 캉길렘 아래에서 과학사와 의학사 훈련을 받았다는 점에서 직접 기인한다고 볼 수 있다 (Bourdieu 1988i: 779). 주된 차이점들은 특히 부르디외가 위치 공간으로서 장 개념을 이용한다는 데서 나온다. 부르디외가 보기에, 장은 [푸코가 자율화하는 경향이 있는] 입장 공간을 지배한다.

3. 장의 논리

바캉 하비투스, 자본 개념과 더불어 장 개념은 당신의 작업을 조직하는 중심 개념이다. 당신 작업은 예술가와 지식인 장, 계급 생활 양식의 장, 그랑제콜의 장, 과학 장, 종교 장, 권력 장, 사법 장, 주택 건설 장 등을 포괄하는 것이다.[45] 당신은 장 개념을 아주 기술적technical이고 정확한 의미로 이용하는데, 이는 아마도 부분적으로는 ('영역'domain의 유사어인) 그 상식적인 의미 뒤에 감춰져 있을 것이다. 장 개념이 어디에서 왔으며(미국인들에게 그것은 쿠르트 레빈[Kurt Lewin 1951]의 '장 이론'field theory을 떠오르게 만드는 경향이 있다), 그 의미와 이론적 목표는 무엇인지 설명해 줄 수 있겠는가?

부르디외 나는 현학적인 정의를 좋아하지 않는다. 그러니 장 개념의 용법에 관한 짧은 여담으로부터 시작해 보자. 나는 여기서 『사회학자의 직능』

---

45 지식 장과 예술 장에 관해서는 Bourdieu 1966a, 1975c, 1975e, 1983d, 1983e, 1984a; 계급과 계급 생활 양식의 공간에 관해서는 Bourdieu 1978a, 1979a, 1987k; 문화 재화에 관해서는 Bourdieu 1971d; 1977b와 Bourdieu & Delsaut 1975; 종교 장에 관해서는 Bourdieu 1971c; 1971f; Bourdieu & de Saint Martin 1982; 과학 장에 관해서는 Bourdieu 1976a; 1989g; 1990f; 1991d; 사법 장과 권력 장에 관해서는 Bourdieu 1981d; 1986c; 1989a 그리고 Bourdieu & de Saint Martin 1978, 1982, 1987; 경제와 관료제 장의 관계에 대한 탐색적 연구는 개인 주택 시장을 특집으로 꾸민 『사회과학 연구 논집』의 1990년 3월호에 나와 있다. 그것은 Bourdieu 2000a에 발전된 형태로 통합되며, 부르디외가 연구와 같은 시기에 콜레주 드 프랑스에서 했던, 국가의 발명에 관한 강의(Bourdieu 2012) 속에서 심화된다.
장에 관한 또 다른 연구들은 유럽사회학연구소에서 수행되었다. 그 가운데 특히 몇몇 연구를 꼽아 보자면, 만화 장(Boltanski 1975), 아동 도서 출판 장(Chamboredon & Fabiani 1977), 세기 말 프랑스 대학과 지식인 장(Charle 1983과 1990, Karady 1983, Fabiani 1988), 제3공화국 치하 권력 장(Charle 1987), 종교 장(Grignon 1977), 고전주의 시대 예술과 과학(Heinich 1987), 17세기 문학(Viala 1985), '노인'의 관리(Lenoir 1978), 농민 조합주의(Maresca 1983), 사회 사업(Verdès-Leroux 1976), 정치적 대표성(Champagne 1988, 1990), 그리고 프랑스에서의 페미니즘 연구(Lagrave 1990) 등이 있다.

(Bourdieu & Chambordon & Passeron 1968[1973])을 참조하도록 권하고 싶다. 그것은 거의 학교 교과서 같은 교습용 책이지만,[46] 그럼에도 상당한 이론적·방법론적 원리들을 담고 있다. 그 원리들을 보면, 사람들이 때로 비난하곤 하는 내 결함이나 단점이 사실은 의식적인 거부이자 의도적인 선택이라는 점을 이해하게 될 것이다. 예를 들어 열린 개념[47]의 이용은 실증주의를 기각하는 하나의 방식이다. 하지만 이는 물론 이미 만들어져 있는 문장이다. 더 정확히 말하자면, 그것은 개념이 체계적인 정의만을 가질 따름이며, 체계적인 방식으로 작업 속에 경험적으로 투입되도록 마련되어 있다는 사실을 언제나 일깨워 주는 것이다. 하비투스, 장, 자본과 같은 개념은 고립적으로가 아니라 그것들이 구성하는 이론 체계 안에서만 정의될 수 있는 것이다.[48]

이는 또 미국에서 내게 자주 제기하는 또 다른 질문에 대답해 준다. 그러니까 내가 왜 어떤 '중범위 법칙'도 제시하지 않느냐는 것이다. 내 생각에 그러한 법칙의 제시는 무엇보다도 실증주의적 기대를 충족시키는 하나

---

46 이 책은 (불투명한 저작권상 이유로 번역이 몇 년 동안 막혀 있다가 발터 데 그뤼터Walter de Gruyter 출판사에서 출간되었는데) 부르디외의 사회학적 인식론 이해에 핵심적이다. 그것은 사회과학에서 바슐라르의 '적용 합리주의'applied rationalism를 정초하는 원리들에 대한 치밀한 소개 부분, 그리고 그 주요 주장을 예증하는 (과학사가와 과학철학자들, 맑스, 뒤르켐, 베버, 모스 및 다른 사회학자들의) 일련의 엄선된 텍스트 부분으로 이루어져 있다. 각 부분은 다시 세 부로 구성되는데, 이는 바슐라르를 따라 부르디외가 사회학적 지식 생산에 핵심이라고 여기는 세 단계를 이론화한다. 그것들을 부르디외는 다음의 정식으로 요약한다. "사실은 [상식과의 단절을 통해] 쟁취되고 구성되고 확인된다les faits sont conquis, construits, constatés".

47 부르디외가 사용하는 개념에 엄밀성 내지 종결성이 결여되어 있다는 비판의 예로는 DiMaggio 1979: 1467, Swartz 1981: 346~348, Lamont & Larreau 1988: 155~158을 보라.

48 (대상에 대한 이론적 문제 설정에 근거를 두는) 관계 중심적 또는 '체계적 개념'과 —— 실용적 요구와 경험적 측정의 구속이라는 측면에서 규정되는 —— '조작적 개념' 사이의 구분은 Bourdieu & Chamboredon & Passeron 1968[1973: 68 이하]에 정교화되어 있다.

의 방식이 될 것이다. 베렐슨과 스타이너(Berelson & Steiner 1964)의 책이 초창기에 제기했던 부류의, 사회과학이 구축하는 작고 부분적인 법칙들의 모음 말이다. 이런 유형의 실증주의적 만족은 과학이 반드시 거부해야 하는 것이다. 과학은 법칙들의 체계만을 용인한다(피에르 뒤앙Pierre Duhem은 이를 오래전에 물리학 분야에서 보여 주었고, 그 이래 콰인은 이 근본적인 아이디어를 발전시켰다).[49] 개념에 대해 참인 것은 관계에 대해서도 참이다. 관계는 관계들의 체계 안에서만 그 의미를 얻는 것이다. 마찬가지로 내가 예컨대 다중회귀 분석보다 대응 분석을 선호하면서 널리 사용한다면, 그것은 대응 분석이 데이터 분석의 관계 중심적 기법이기 때문이다. 대응 분석의 철학은, 내가 보기엔, 사회 세계의 실재에 정확히 부합한다. 그것은 내가 바로 장 개념을 통해 하려는 것과 같이, 관계의 관점에서 '생각하는' 기법이다.[50]

장의 관점에서 생각한다는 것은 관계 중심적으로 생각한다는 것이다.[51] 카시러(Cassirer 1977[1910])가 『실체 개념과 기능 개념』*Substanzbegriff*

---

49 지금은 유명한 '뒤앙-콰인 가설'은 과학이 복잡한 네트워크이며 경험적인 실험 테스트에 하나의 총체로서 직면한다고 주장한다. 증거는 어느 개별 명제나 개념에 대응하는 것이 아니라 그것들이 이루는 전체 네트에 대응하는 것이다.

50 대응 분석 기법은 '프랑스 데이터 분석' 학파(벤제크리Jean-Paul Benzécri, 루아네Henry Rouanet, 타바르Nicole Tabard, 르바르Michel Lebart, 시부아Alain Cibois)가 발전시킨, 요인 분석의 일종이다. 그것은 통계학의 관계 중심적 활용을 위한 도구를 정교화했으며, 특히 프랑스, 네덜란드, 일본의 사회과학자들에 의해 점점 더 많이 쓰이고 있다(Cibois 1981; Lebart et al. 1984). 이 기법에 대한 최근의 쓸모 있고 읽기 쉬운 소개서로는 Le Roux & Rounet 2004를 보라.

51 부르디외(Bourdieu 1982b: 41~42)는 다음과 같이 설명한다. "장이라는 관점에서의 사유는 보이는 것들에만 시선을 고정하는, 사회 세계에 대한 일상적인 시각 전체의 개종을 요구한다[눈에 보이는 것들이란 다름 아닌 개인과 집단을 가리킨다]. 개인은 우리가 일종의 원초적인 이데올로기적 이해관심에 의해 고착되어 있는 가장 궁극적인 실재ens realissimum이다. 집단은 오로지 그 구성원들 간 일시적인 혹은 지속적인 공식·비공식 관계에 의해 외양상으로만 규정된다. 심지어 관계조차도 상호 주관적이고 실제로 활성화된 연계성인 상호작용으로서 이해된다. 사실 뉴턴의 중력 이론이 직접적인 접촉이나 충돌 외에는 다른 작용 양식을 인정하지 않고자 했던 데카르트적 실재론에 맞서서만 구성될 수 있었던 것처럼, 장 개념은 환경의

*und Funktionsbegriff*에서 예시한 것처럼, (더 협소한 '구조주의적' 사고방식보다) 관계 중심적 사고방식은 근대 과학의 특징이다. 우리는 그것이 겉보기에 아주 다른 과학적 기획들, 이를테면 러시아 형식주의자 티니아노프Jurii Tynianov[52], 사회심리학자 쿠르트 레빈, 노르베르트 엘리아스, 그리고 에드워드 사피어Edward Sapir와 로만 야콥슨Roman Jakobson으로부터 뒤메질과 레비-스트로스에 이르는 인류학, 언어학, 역사학에서의 구조주의 선구자들의 기획 뒤에 놓여 있다는 사실을 보여 줄 수 있을 것이다. (확인해 보면 당신은 레빈과 엘리아스가 카시러에 명시적으로 의존한다는 점을 발견하게 될 것이다. 사회적 사유에 자생적으로 배태되어 있는 아리스토텔레스주의적 실체론을 넘어서기 위해 내가 그랬듯이 말이다.) 나는 헤겔의 유명한 명제를 비틀어서 실재적인 것은 관계적인 것이라고 말할 수 있다. 사회 세계 안에 존재하는 것은 관계들이다. 행위자들 간의 상호작용이나 개인 간의 상호 주관적 유대가 아니라, 맑스가 말했듯이 '개인 의식과 의지에 독립적으로' 존재하는 객관적 관계 말이다.

분석적인 용어로 장은 위치들 간 객관적 관계의 네트워크 혹은 결합태로 정의될 수 있을 것이다. 이 위치들은, 그 존재, 그리고 그것들이 개인 행위자나 제도와 같은 [위치] 점유자에게 부과하는 결정 요인에 있어서, 권력 (혹은 자본) 유형의 분포 구조 내에서 그 [위치의] 현재적이고 잠재적인 상황situs에 의해 규정된다. 권력(혹은 자본)의 소유는 장 안에서 내기물이 되

효과를 상호작용 중에 활성화된 직접적 행동의 효과로 환원시키게끔 하는 실재론적 표상과의 단절을 전제한다." 이러한 시각의 인식론적 토대에 관해서는 Bourdieu 1968b를 참조.

52 유리 티니아노프(1894~1943)는 로만 야콥슨, 블라디미르 프로프Vladimir Propp와 더불어 러시아 형식주의 학파의 주도적인 구성원이었으며, 문학과 언어 연구에서 구조주의적 접근을 주창했다.

는 특수한 이윤에 대한 접근을 통제한다. 위치들은 또한 다른 위치들과 맺는 객관적 관계(지배, 종속, 상동성 등)에 의해 규정된다.

　고도로 분화된 사회에서 사회적 우주는 그처럼 상대적으로 자율적인 다수의 사회적 소우주들로 이루어진다. 객관적 관계의 공간인 이 소우주들은 제각기 일정한 논리와 필연성의 장소이며, [한 장의 논리와 필연성은] 다른 장을 규제하는 논리와 필연성에 대해 특수하며 환원 불가능한 성격을 띤다. 예컨대 예술 장이나 종교 장, 또는 경제 장은 모두 특수한 논리를 따른다. 예술 장이 물질적 이윤 법칙을 거부하거나 전도시키면서 스스로를 구성했다면(Bourdieu 1983d), 경제 장은 우리가 통상 말하듯 '비즈니스는 비즈니스'인 세계의 창조를 통해 역사적으로 출현했으며, 거기서 우정과 사랑의 매혹된 관계는 원칙적으로 배제된다.

바캉　당신은 장이라는 개념으로 말하려는 바를 일단 직관적으로 파악하게 만들기 위해 '게임'의 유비를 종종 이용한다.

부르디외　사실 우리는 장을 조심스럽게 게임jeu과 비교할 수 있다. 비록 게임과 달리 장은 의도적인 창조 행위의 산물이 아니며 명시적이지도 성문화되어 있지도 않은 규칙, 더 낫게는 규칙성[53]을 따르지만 말이다. 그리하여 [장에서도 게임에서처럼] 내기물enjeux이 있는데, 이는 대부분 게임 참여자들 간 경쟁의 산물이다. 게임에 대한 투자investissement인 일루지오(이는 ludus, 즉 게임이라는 뜻의 라틴어에서 나왔다)도 있다. 즉 선수들은 게임에 사로잡

---

53 규칙과 규칙성 간의 차이, 그리고 이 두 용어들 사이에 있는 구조주의의 다의성에 관해서는 Bourdieu 1985c와 1980a: 51~70을 보라.

혀 있으며, 때로는 격렬하게 서로 맞선다. 한데 이는 그들이 게임에 대한 믿음doxa과 그 내기물을 시인하는 한에서만 그러하다. 그들은 그러한 믿음과 내기물을 질문의 여지없이 인정한다. 게임 참여자들은 '계약'에 의해서가 아니라, 경기를 한다는 단순한 사실 그 자체에 의해 게임이 치를 만한 가치가 있으며 '보람 있다'는 데 동의하며, 이러한 공모는 그들 경쟁의 기반 그 자체이다. 우리는 또한 트럼프 카드들을 가진다. 그것들은 그 힘이 게임에 따라 달라지는 으뜸패들이기도 하다. 카드들의 상대적 가치가 각 게임과 더불어 변화하는 것처럼, 상이한 유형의 자본(경제자본, 사회관계자본, 문화자본, 상징자본) 간 위계서열은 다양한 장을 가로지르며 변화한다. 달리 말하면, 모든 장에서 유효하고 효과적인 카드들이 있지만—이것들은 근본적인 자본 유형들이다—트럼프 카드로서 그것들의 상대적 가치는 각 장에 의해, 심지어 동일한 장의 연속적인 상태에 의해 결정된다.

이는 실제로 자본 유형들의 가치(예를 들면, 그리스어나 적분에 대한 지식)가 그 능력이 이용될 수 있는 장의 존재, 게임의 존재에 달려 있기 때문에 그렇다. 자본의 유형은 주어진 장 안에서 무기이자 투쟁의 내기물로서 효능이 있는 것이며, 그 소유자로 하여금 권력, 영향력을 행사하도록, 그리하여 고려 대상인 장 안에서 하찮은 사람으로 여겨지는 대신 존재할 수 있도록 해준다. 경험 연구에서는 무엇이 장이고 그 경계는 어디 놓여 있는지 등을 결정하는 것과 어떤 유형의 자본이 거기서 작동 중이고 어떤 경계 내에서 그러한지 등등을 결정하는 것이 매한가지의 작업이다(우리는 여기서 자본과 장 개념이 서로 얼마나 긴밀하게 연결되어 있는지를 본다).

매 순간 게임 참여자들 간 세력 관계의 상태가 바로 장의 구조를 규정한다. 우리는 게임 참여자 개개인이 자기 앞에 상이한 색깔의 토큰 더미를 가지고 있는 모습을 그려 볼 수 있다. 각각의 색깔은 그가 가진 일정한 자본 유형에 대응하며, 따라서 게임에서 그가 가진 상대적인 힘, 경기 공간에서 그의 위치, 그리고 게임을 향한 전략적 지향성, 프랑스에서 우리가 그의 '게임'[54]이라고 부르는 것, 그가 하는 위태롭거나 신중한, 전복적이거나 보수적인 행동은 토큰의 전체 개수와 그가 가진 토큰 더미의 구성비에, 즉 자본의 총량과 구조에 달려 있다. 동일한 총량의 자본을 부여받은 두 명의 개인이라도 한 사람은 많은 경제자본과 적은 문화자본을 가진 반면 다른 사람은 적은 경제자본과 많은 문화적 자산을 보유한다면, 그들의 위치나 입장('위치 잡기')에서 차이가 날 수 있다. 더 정확히 말하자면, '게임 참여자'의 전략과 그의 '게임'을 규정하는 모든 것은 고려 중인 순간에 그가 가진 자본의 총량과 구조, 그것이 그에게 보장하는 게임 기회(하위헌스Christiaan Huygens는 객관적인 개연성을 가리키기 위해 루두스로부터 나온 루시오네스lusiones를 말한 바 있다)[55]뿐만 아니라 자본 총량과 구조의 시간에 따른 진화, 그러니까 그의 사회적 궤적과 객관적 기회의 일정한 분포에 대한 장기적 관계 속에서 구성된 성향(하비투스)의 함수이다.

하지만 이것이 전부는 아니다. 게임 참여자는 게임의 암묵적 규칙, 그리고 게임과 그 내기물의 재생산을 위한 전제 조건들에 따르면서 자기 자본, 자기 토큰의 양을 증진시키거나 보존하기 위해 경기한다. 하지만 그는 또한 부분적으로 혹은 전면적으로 게임의 내재적 규칙을 변환시키기 위해 경기할 수도 있다. 그는 예컨대 상이한 색깔의 토큰이 지닌 상대적 가치, 즉 다양한 자본 유형 간 태환율을 변화시키려 노력할 수 있다. 적대자

---

54 프랑스어 jeu에는 일, 태도, 방식, 연기, 역할 등의 다양한 의미가 있다.—옮긴이
55 해킹(Hacking 2002[1975])은 수학, 과학, 그리고 신학의 경계에서 하위헌스 사유에서의 이 개념의 형성을 추적한다.

들의 힘이 의존하는 자본 유형(이를테면 경제자본)의 가치를 떨어뜨리거나, 그가 선취해 보유하고 있는 자본 유형(이를테면 사법자본)의 가치를 높이려는 목적의 전략을 통해서 말이다.[56] 권력 장 내 다수의 투쟁은 이러한 종류의 것이다. 특히 국가에 대한 권력, 다시 말해 국가로 하여금 모든 게임과 그 규제 규칙들을 둘러싼 권력을 행사할 수 있게 만드는 경제적·정치적 자원에 대한 권력을 장악하려는 목적의 투쟁이 그러하다(Bourdieu 1989a: 531~559).

바캉 이러한 [장과 게임의] 유비는 당신 이론의 핵심 개념들 사이에 있는 연결고리를 드러내지만, 우리가 어떻게 장의 존재와 그 경계를 결정할 수 있는지에 대해서는 말해 주지 않는다.

부르디외 장의 경계라는 문제는 매우 어려운 것이다. 그것이 장 내에서 언제나 쟁점이 되며, 따라서 어떤 선험적인a priori 답도 허용하지 않기 때문이다. 장 안의 참여자들, 즉 기업, 오트 쿠튀르haute couture 디자이너, 또는 소설가 등은 경쟁을 감소시키고 장의 특정한 하위 부문에 대한 독점을 구축하기 위해서 스스로를 가장 가까운 경쟁자들로부터 차별화하기 위해 노력한다(나는 이 문장을 즉각 교정해야 한다. 거기 목적론적 편향성이 있기 때문이다. 문화적 실천에 대한 내 분석이 [행위자들의 의식적인] 구별 짓기의 추구라는 논리에 기초해 있다고 해석하는 이들은 바로 그러한 편향성이 내게 있다고 추정한다. 차이의 생산이 있지만, 이는 결코 차이를 위한 추구의 산물이 아니다. 어떤 주어진

---

56 사법 장과 경제 장의 교차점에서 새로운 법 관련 전문직(특히 '파산 전문가')의 부상에 관여된 사법자본과 경제자본 사이의 점증하는 갈등의 예를 보려면 Dezalay 1989를 참조.

장 안에 존재하는 것이 그 사실 자체로eo ipso [다른 이들과] 차이 나고 상이해지고 자신의 차이를 주장하는 것인 많은 행위자들——예를 들면 나는 귀스타브 플로베르Gustave Flaubert를 떠올린다[Bourdieu 1975c]——이 있다. 이는 때로 그들이 거기 있으면 안 되는, 장의 입구에서 제거되었어야만 하는 속성을 지니고 있기에 그렇다). 이런저런 능력이나 성원권 범주를 부과하려는 그들의 시도는 다양한 국면에서 얼마간 성공적일 수 있다. 그러므로 장의 경계는 경험적 탐구에 의해서만 결정될 수 있을 뿐이다. 언제나 어느 정도 제도화된 '진입 장벽'에 의해 특징지어질지라도, 그것이 사법적인 경계의 형식(예컨대, 정원 제한numerus clausus)을 띠는 경우는 아주 드물다.

　우리는 장을 그 내부에 장의 효과가 행사되는 공간으로 생각할 수 있다. 그래서 이 공간을 가로지르는 어떤 대상에 벌어지는 일은 문제가 되는 대상의 내재적 속성에 의해서만 설명될 수 없다. 장의 한계는 장의 효과가 멈추는 지점에 자리한다. 따라서 당신은 각각의 사례에서 통계적으로 탐지 가능한 이 효과가 쇠락하는 지점을 다양한 수단에 의지해 측정하려 노력해야 한다. 경험적인 연구 작업에서 장의 구성은 부과 행위act of imposition에 의해 이루어지지 않는다. 예를 들면, 나는 미국의 어떤 주나 프랑스 어떤 지역의 문화 단체(합창단, 연극 집단, 독서 클럽 등)의 총체가 하나의 장을 이룬다고는 진지하게 생각하지 않는다. 반면 제리 카라벨(Jerry Karabel 1984)의 저작은 미국 주요 대학들이 객관적인 관계로 연결되어 있으며 이 (물질적·상징적) 관계 구조가 각 대학 내에서 효과를 가진다는 사실을 제시한다. 신문에 있어서도 유사하다. 마이클 셔드슨(Michael Schudson 1978)에 따르면, 저널리즘에서 '객관성'이라는 근대적 관념의 출현을 이해하기 위해서는 그것이 타블로이드판 신문의 단순한 '이야기'로부터 '뉴스'를 구별해 주는 것과 같은, 존경받는 데 필요한 기준들에 관심을 가지는 신문들

에서 떠올랐다는 점을 알아야만 한다. 이 각각의 세계에 대한 연구를 통해
서만이 당신은 그것이 얼마나 구체적으로 구성되는지, 어디서 멈추는지,
누가 들어가고 누가 그렇지 못한지, 그리고 그것이 결국 하나의 장을 이루
는지 여부를 평가할 수 있을 것이다.

바캉 장의 기능 작용과 변환에 원동력이 되는 원인들은 무엇인가?

부르디외 장의 역학을 이루는 원리는 그 구조의 형식 안에, 특별히 서로 대
적하는 다양한 구체적 세력들 간의 거리, 간극, 비대칭성 안에 놓여 있다.
장에서 활동 중인——그리하여 그것들이 가장 적절한 차이를 생산하기 때
문에 분석가에 의해 선정된——세력들은 특수한 자본을 규정한다. 자본은
장과의 관계 속에서만 존재하며 기능한다. 그것은 (그 분포가 장의 구조를 구성
하는) 장에 대한 권력, 물질화되거나 체화된 생산 수단 혹은 재생산 수단에
대한 권력, 장의 일상적인 작동을 규정하는 규칙성과 규칙에 대한 권력, 그
럼으로써 장 내에서 발생하는 이윤에 대한 권력을 부여한다.

　잠재적이며 현재적인 세력 공간으로서 장은 또한 이 세력들의 결합태
를 보존하거나 변형시키려는 목적의 투쟁의 장이기도 하다. 나아가 세력 위
치들 간 객관적 관계 구조로서의 장은 그 위치의 점유자들이 구사하는 전
략을 뒷받침하며 인도한다. 즉 그들은 개인적으로나 집단적으로 자신들의
위치를 보호하거나 개선하고, 자기들의 생산물에 가장 유리한 위계화 원
리를 부과하고자 애쓴다. 행위자들의 전략은 장 내, 달리 말해 특수한 자본
분포 내 그들의 위치에 달려 있으며 그들이 장에 대해 가지는 지각에 달려
있다. 그러한 지각은 다시 그들이 장 내의 한 위치에서 취한 시각으로서 장
에 대해 가지는 관점에 좌우된다.[57]

바캉 장과 알튀세르(Althusser 1976[1970])가 이론화한 기구appareil, 또는 예컨대 루만(Niklas Luhmann 1984)이 이론화한 체계system 사이의 차이점은 무엇인가?

부르디외 하나의 핵심적인 차이점은 투쟁, 즉 역사성이다! 나는 기구 개념에 강력하게 반대한다. 내게 그것은 '비관론적 기능주의'의 트로이의 목마나 마찬가지이다. 기구는 그 무엇에도, 시기나 장소에도 구애받지 않고 어떤 목적을 완수하기 위해 프로그램된 악마의 기계infernal machine이다.[58] (이러한 공모의 환상, 사회 세계에서 일어나는 모든 일의 책임은 악의에 있다는 발상은 비판적 사회 사상을 사로잡고 있다.) 학교 체계, 국가, 교회, 정당, 노동조합은 기구가 아니라 장이다. 장 안에서 행위자들, 기관들은 이 경기 공간을 구성하는 규칙성과 규칙에 따라(그리고 어떤 국면에서는 규칙 그 자체를 두고) 끊임없이 투쟁한다. 이 투쟁은 다양한 강도로 진행되는데, 따라서 게임에 걸려 있는 특수한 생산물들을 전유하는 데 성공할 확률 역시 다양하다. 일정한 장에서 지배적인 이들은 그것을 자신들에게 유리하게 기능하도록 만들 수 있는 위치에 있지만, 언제나 피지배자들의 '정치적인' 혹은 또 다른 성격의 저항, 요구, 반박과 겨루어야만 한다.

---

57 부르디외는 사회적인 장과 자기장magnetic field 사이의 불연속성, 나아가 사회학과 환원론적 '사회물리학' 사이의 불연속성을 힘주어 강조한다. "사회학은 역학의 한 장chapter이 아니다. 사회적인 장fields은 세력 장이지만, 이 세력 장을 변형시키거나 보존하려는 투쟁의 장이기도 하다. 그리고 행위자들이 게임과 맺는 실천적인, 또는 성찰적인 관계는 게임의 본질적인 부분이며, 아마도 그 변형의 바탕에 있다"(Bourdieu 1982a: 46).

58 "느슨하고 약한 형식으로 구조화된 게임으로서 장은 모든 행동을 단순한 [명령] 실행으로 전환시킬 수 있는, 거의 기계적인 훈육의 논리에 복종하는 기구가 아니다."(Bourdieu 1990b: 88). 알튀세르의 '사법 기구' 개념에 대한 간단한 비판으로는 Bourdieu 1986c를 보라.

이제 경험적으로 검토되어야만 하는 어떤 역사적 조건 아래서 장은 기구처럼 기능하게 될 수도 있다.[59] 지배자가 어떻게 해서든 피지배자의 저항과 반작용을 뭉개 버리고 없애 버릴 때, 모든 움직임이 단지 위에서 아래로만 이루어질 때, [너무도 강력해서] 장을 구성하는 투쟁과 변증법이 아예 멈춰 버리는 지경으로까지 나타난다. 역사는 사람들이 반발하고 저항하고 행동하는 한에서만 존재한다. 수용 시설total institutions ─ 정신병원, 감옥, 수용소 캠프 ─이나 독재 국가는 역사의 종언을 제도화하려는 시도이다. 그러나 고프먼(Goffman 1968[1961])이 잘 보여 주었듯이, 수용 시설에서조차 이면 생활underlife이 있다.[60] 그러므로 기구는 장의 병리적 상태라고나 여겨야 할, 한계적 사례를 표상한다. 하지만 그것은 결코 실제로는 도달하지 않는, 심지어 가장 억압적인 '전체주의적' 정권 아래서도 도달하지 않는 한계이다.[61]

---

59 기구로부터 장으로의 역방향 진화의 역사적 사례들을 보려면, 19세기 말 프랑스 철학에 관한 파비아니의 분석(Fabiani, 1989: 3장)과 인상주의 회화의 탄생에 관한 부르디외의 분석(Bourdieu, 1987g)을 참조하라.

60 감옥(Sykes 1974[1958])과 수용소 캠프(Tillion 1958; Pollak 1990)에 대해서도 같은 논증을 할 수 있다. 연구자들은 '전체적 권력'이 수감자들의 개인적이고 집단적인 탈주, 보상, 장해, 저항 전략과 반드시 타협할 수밖에 없음을 보여 주었다.

61 기구 개념은 그 안에서 활동할 수 있고 그것을 작동시킬 수 있는 사회적 행위자들의 생산이라는 문제를 교묘하게 피해 갈 수 있게 한다. 한데 장 분석은 다음과 같은 전제 때문에 이 질문을 피해 갈 수 없다. "장은 그것이 책임 있는 행위자로서 행동하도록 사회적으로 성향 지어진 개인들을 발견하는 한에서만 기능할 수 있다. 자기들의 돈과 시간을 걸고 때로는 명예와 삶에서의 손실을 무릅쓰면서 게임을 추구하며 그것이 제안하는 이윤을 획득하는 행위자 말이다"(Bourdieu 1982b: 47). 이와 관련해 미학적 차원에서 '아노미의 제도화'로서 예술 장의 역사적 기원에 관한 부르디외의 분석[Bourdieu 1987g]을 보라.
기구 개념의 허구적 성격은, 한나 아렌트Hannah Arendt의 뒤를 따라 르포르Claude Lefort, 카스토리아디스Cornelius Castoriadis와 같은 프랑스 정치 이론가들이 발전시킨 '전체주의' 개념에 대한 부르디외(Bourdieu 1988e)의 비판 속에서 한층 강조된다. 부르디외가 보기에, '전체주의' 개념은 케네스 버크(Kenneth Burke 1989)가 말한 '용어의 장막'terminisitic screen이 체계 이론으로 말하자면, 장 이론과 많은 표면적 유사성을 지니는 것이 사실이다. '자기 지시성'self-referentiality 또는 '자기 조직화'self-organization와 같은 개념들은 내가 논하는 자율성 개념으로 쉽게 다시 옮겨질 수 있을 것이다. 두 경우 모두, 분화와 자율화 과정이 핵심적인 역할을 한다. 그럼에도 두 이론 사이에는 근본적인 차이점들이 있다. 그중 하나로, 장 개념은 기능주의와 유기체주의organicism를 배제한다. 주어진 장의 생산물들은 어떤 체계의 산물이 아니면서도 체계적일 수 있다. 특히 기각되어야 할 체계 이론의 여러 공준인 공통 기능, 내적 응집성, 자기 규제로 특징지어지는 체계의 산물이 아니면서도 말이다. 만일 문학 장이나 예술 장에서 가능성의 공간espace de possibles을 구성하는 입장들을 하나의 체계로 다룰 수 있는 것이 사실이라면, 그것들은 차이의 체계, 차별적이고 적대적인 속성들의 체계를 이룬다. 그 속성들은 (자기 지시성의 원리가 함축하듯) 내적 동력으로부터 발전한 것이 아니라 생산 장에 내재적인 갈등을 통해 발전한 것이다. 장은—의미만이 아닌—세력 관계의 진원지이자, 그것을 변형시키려는 투쟁의 진원지이며 따라서 끊임없는 변화의 진원지이다. 장의 주어진 상태에서 관찰되는 응집성, 겉으로 드러나는 공통 기능의 지향성(프랑스 그랑제콜의 경우, 권력 장 구조의 재생산—Bourdieu 1989a를 보라)은 구조의 어떤

라 할 수 있다. 그것은 소비에트 유형의 사회가 아무리 억압되었다고는 해도 끊임없이 사회적 투쟁이 벌어지는 현실을 가린다. 이는 마치 루이 14세 절대 왕정 치하 궁정 사회의 경우처럼, "기구의 외양이 사실은 '절대 권력'의 소유자 자신도 참여해야만 하는 투쟁의 장을 감추는"(Bourdieu 1981b: 307) 것과 같다. 동시에 부르디외(Bourdieu 1981d)는 정치 장의 기능 작용에서 나타나는 반대 추세를 강조한 바 있다. 즉 피지배 계급에서 문화자본의 결여와 관련된 일련의 요인이 정치자본의 집중을 조장하는 경향이 있어서 좌파 정당들을 기구처럼 기능하는 방향으로 표류시킨다는 것이다. 프랑스 공산당의 '전체화'로의 추세와 반대 추세를 비판적으로 평가하는 분석, 그리고 그러한 추세를 실행하는 데 적합한 당원들의 사회적 제조에 대한 분석으로는 Verdès-Leroux 1981과 Pudal 1988, 1989를 보라.

내재적 자기 발전으로부터가 아니라 갈등과 경쟁으로부터 태어난다.[62]

두번째 중요한 차이점은 장이 부분들, 구성 인자들을 지니지 않는다는 것이다. 개개의 하위 장은 그 나름의 논리, 규칙, 규칙성을 가진다. 그리고 장의 분할에서의 각 단계(이를테면 문학 생산 장)는 진정한 질적 건너뛰기 (예컨대 문학 장의 수준에서 소설이나 희곡의 하위 장 수준에로 내려갈 때처럼) 를 수반한다.[63] 각 장은 잠재적으로 열린 경기 공간을 구성한다. 그 범위는 장 안에서 투쟁의 내기물이 되는 역동적인 경계이다. 장은 창안자가 없는 게임이며, 사람이 구상할 수 있는 어떤 게임보다도 훨씬 더 유동적이고 복합적이다. 하지만 장 개념과 체계 개념을 구별 짓는 모든 것을 제대로 보려면, 그것들을 작업에 투입하고 그것들이 생산하는 경험적 대상을 통해 둘을 비교해야만 할 것이다.[64]

바캉 간단하게 말해, 장에 대한 연구는 어떻게 수행하며 그러한 종류의 분석에 필요한 절차는 무엇인가?

---

62 장의 구조와 기능 작용 속에서 표출되는 필연성은 "우연에 내맡겨져 있지 않으면서도 어떤 계획이나 불가해한 내재적 이성에 복종하지도 않는 점진적인 집단 창작의 역사적 과정의 산물"이다(Bourdieu 1989a: 326). 부르디외는 체계로서 법을 개념화하는 루만의 관점을 자신의 관점과 구별한다(Bourdieu 1986c). 부르디외와 루만의 체계적인 비교로는 코르넬리아 본 (Cornelia Bohn 1991)의 『하비투스와 맥락』을 볼 것.
63 장 개념은 상이한 수준의 군집에 대한 분석에 이용될 수 있다. 대학(Bourdieu 1984a), 분과 학문들 전체 혹은 인문학 교수진처럼 말이다. 주택 경제 분석(Bourdieu et al. 1990; Bourdieu 2000a)에서는 모든 주택 건축자들로 이루어진 시장 혹은 "상대적으로 자율적인 단위로 여겨지는" 개별 건설 회사, 혹은 그 회사 내부의 그러한 부문들이 모두 장으로 상정된다.
64 예를 들어, 부르디외(Bourdieu 1990a; 1990b; 1990c; Bourdieu & Christin 1990)가 프랑스에서 단독 주택 생산 산업 부문의 내부 역학을 경제 장으로 개념화하고 다른 장들과 그것의 접점을 개념화하는 방식과 루만(Luhmann 1982) 그리고 파슨스와 스멜서(Parsons & Smelser 1956)가 제시한, 경제와 다른 공식적 하위 체계들 사이의 경계에 대한 추상적 이론화를 대조해 보라.

부르디외 장이라는 관점에서의 분석은 필수적이며 내적으로 연결된 세 가지 계기를 포함한다(Bourdieu 1971a). 첫째, 권력 장에 대한 [연구 대상이 되는] 장의 위치를 분석해야 한다. 그리하여 우리는 제2공화국 이후 프랑스에서는(Bourdieu 1983d) 문학 장이 권력 장 내에 피지배적 위치를 차지하면서 그 안에 포함되어 있음을 발견한다(평범하면서도 훨씬 덜 적절한 어법: 예술가, 작가 혹은 일반적으로 지식인층은 '지배 계급의 피지배 분파'이다). 둘째, 그 장을 배경으로 특수한 권위의 정당한 형식을 위해 경쟁하는 행위자 또는 기관이 점유하는 위치들 간 관계의 객관적인 구조를 개관해야만 한다. 셋째, 행위자들의 하비투스를 분석해야만 한다. 그것은 행위자들이 일정한 유형의 사회경제적 조건을 내면화함으로써 습득하게 된 상이한 성향 체계를 말한다. 이러한 하비투스는 고려 대상이 되는 장 내의 일정한 궤적 속에서 활성화되기에 어느 정도 유리한 기회를 발견한다.

위치들의 장은 방법론적으로 입장 혹은 입장 취하기prises de position 의 장, 달리 말해 행위자들의 구조화된 표현과 실천 체계의 장으로부터 떼어 놓을 수 없다. 객관적인 위치 공간과 입장 공간은 모두 함께 분석되어야만 한다. 스피노자가 말하듯, "동일한 문장의 두 가지 번역"으로 다루어지면서 말이다. 그럼에도 평형의 상황에서는 위치 공간이 입장 공간을 지배하는 경향이 있다는 사실이 여전히 남는다. 예를 들면, 예술 혁명은 예술적 위치 공간을 구성하는 권력 관계가 변화한 결과이다. 한데 그러한 변화는 어떤 생산자 분파의 전복적인 의도와 수용자 분파의 기대가 만나면서, 그리하여 지식 장과 권력 장 사이의 관계가 변화하면서 가능해지는 것이다 (Bourdieu 1987g). 이러한 예술 장의 진실은 다른 장에도 적용된다. 내가 『호모 아카데미쿠스』에서 보여 주었듯이(Bourdieu 1987g: 234~246), 우리는 1968년 5월 전야에 학문 장에서의 위치와 이 사건에 대해 다양한 주인

공들이 취한 정치적 입장 사이에 동일한 '일치'를 관찰할 수 있다. 또 경제 장에서 은행들의 객관적 위치와 그것들이 펼치는 광고와 인사 관리 전략 사이 등에서도 그럴 수 있을 것이다.

바캉 달리 말하면, 장은 거기 참여하는 사람들의 실천과 그것을 둘러싼 사회경제적 조건들 사이의 중요한 매개인 셈이다.

부르디외 첫째, 주어진 장 안에 위치한 행위자들(지식인, 예술가, 정치가, 또는 건설 회사)에 가해지는 외적 결정 요인은 결코 그들에게 직접적으로 적용되지 않는다. 그것은 재구조화—혹은 굴절—를 겪은 뒤 장이 지니는 특수한 형식과 힘의 특수한 매개를 통해서만 그들에게 영향을 미칠 따름이다. 재구조화는 장이 더 자율적일수록, 곧 그것이 자체의 특수한 논리, 개별 역사의 축적된 산물을 더 많이 부과할 수 있을수록 더욱 심하게 일어난다. 둘째, 우리는 철학 장, 정치 장, 문학 장 등과 사회 공간의 구조(또는 계급 구조) 사이에서 일련의 광범위한 구조적·기능적 상동성을 관찰할 수 있다. 즉 각 장에는 지배자와 피지배자가 있고, 찬탈과 배제를 위한 투쟁이 있으며, 재생산 메커니즘 등이 있는 식이다. 하지만 이러한 특성들 하나하나는 각 장에서 특수하고도 환원 불가능한 형태를 띤다(상동성은 차이 내의 유사성으로 정의될 수 있다). 그리하여 예컨대 철학 장에서 진행되는 투쟁은 권력 장 안에 포함되어 있으므로 언제나 중층결정되며overdetermined 이중적 논리 속에서 기능하는 경향이 있다. 전체 사회적 장 안에서 이런저런 정치 집단, 혹은 사회 집단과 이런저런 철학 주창자 사이에 있는 위치의 상동성 덕분에 그러한 투쟁은 정치적 효과를 가지며, 정치적 기능을 수행한다.[65]

장의 세번째 일반적 속성은 그것이 관계들의 체계이면서도 이 관계들이 규정하는 인구 집단과는 독립적이라는 점이다. 내가 지식 장에 관해 이야기할 때, 나는 이 장 안에서 마치 자기장에서처럼 인력, 척력 등에 의해 휘둘리는 '소립자들'(잠시 우리가 물리 장을 다루고 있는 중이라고 가정해 보자)을 발견하게 될 것이라는 점을 잘 안다. 내가 장에 관해 이야기하자마자, 이렇게 말하고 나서 소립자들 그 자체보다는 이 객관적 관계 체계의 우위성에 주의를 쏟게 된다. 그리고 우리는 유명한 독일 물리학자의 정식을 따라 이렇게 말할 수 있을 것이다. 개인은 전자처럼 장의 산물Ausgeburt des Felds이라고, 즉 그는 어떤 의미로 장의 방사물이라고 말이다.[66] 이런저런 개별 지식인이나 예술가는 바로 어떤 지식 장 혹은 예술 장이 있기 때문에 그런 식

---

65 "문화 생산 장의 특수하게 이데올로기적인 기능은, 정통과 이단 간 대립을 둘러싸고 조직되는 문화 생산 장과 상징 질서의 유지 또는 전복을 위한 계급 투쟁의 장 사이의 구조적 상동성을 바탕으로 거의 자동적으로 수행된다. (……) 두 장들 간의 상동성은 자율적인 장에서 쟁점이 되는, 계급 간 완곡화된 형식의 이데올로기적 투쟁을 생산하려는 특수한 목표를 위한 투쟁을 불러일으킨다"(Bourdieu 1977e[2001a: 209]).
부르디외의 상징적 지배 이론의 핵심에는 계급 불평등의 이데올로기적 정당화(또는 '자연화')가 체계들 사이에서만 일어나는 상응을 통해서 수행된다는 발상이 있다. 그것은 문화 생산자가 의도적으로 지배자의 이해관심을 위장하거나 그에 봉사하거나 열심히 노력하는 상황을 요구하지 않는다. 사실 문화의 '사회 신정론'의 기능은 [그러한 상황의] 반대가 참일 경우에 더 효과적으로 완수된다. 지식인이 계급 위치를 정당화하는 것 또한 상징 생산의 전문가로서 자기의 특수한 이해관심을 진실로 추구함으로써만 가능하다. "이데올로기는 그 구조와 가장 구체적인 기능을 그 생산과 유통의 사회적 조건에 빚지고 있다. 그 조건이란 곧 그가 (종교적, 예술적 등) 해당 능력의 독점을 위한 경쟁에서 일차적으로 전문가들을 위해 충족시켜야 하는 기능들이며, 이차적으로 또 부수적으로 비전문가들을 위해 충족시켜야 하는 기능들이다"(Bourdieu 1977e[2001a: 208], 강조는 바캉).
계급 관계 구조와의 상동성이 어떻게, 무슨 효과와 함께 얻어지는지에 대한 분석으로는 오트 쿠튀르에 관한 Bourdieu & Delsaut 1975, 연극과 미술에서의 취향에 관한 Bourdieu 1979a, 철학에 관한 Bourdieu 1988a, 그리고 그랑제콜에 관한 Bourdieu 1989a를 볼 것.
66 여기서 논의되는 이는 수학자이자 물리학자인 헤르만 베일Hermann Weyl(1885~1955)이다. 그는 상대성 이론과 전자기학의 법칙들을 결합시킨 선구적인 연구자들 가운데 한 명이었다. 카시러(Cassirer 1945: 301)는 잡지 『워드』Word의 창간호에 '언어학에서의 구조주의'를 진단하는 논문을 실으면서 베일을 인용했다.

으로 존재한다(이는 예술사가들이 몇 번이고 거듭 제기해 왔던 영원한 질문, 곧 장인에서 예술가로의 이행은 어느 지점에서 일어나는가 라는 질문의 해결에 도움을 주기 위해 매우 중요하다. 이런 방식으로 제기된 질문은 별 의미가 없다. 왜냐하면 이러한 이행은 예술가 같은 것이 존재할 수 있게 되는 예술 장의 구성을 따라 점진적으로 이루어졌기 때문이다).[67]

장이라는 개념은 사회과학의 진정한 대상은 개인이 아니라는 점을 우리에게 일깨워 준다. 비록 통계 분석에 필요한 정보가 일반적으로 개인 또는 기관에 연계되어 있기 때문에 우리가 개인들을 통해서만 장을 구축할 수 있다 하더라도 말이다. 연구 절차의 일차적인 초점이 되어야 하는 일차적인 것은 장이다. 이는 개인이 단순한 '허상'이며 존재하지 않는다는 의미가 아니다. 개인은——생물학적 개인, 행위 주체, 또는 주체subjects로서가 아니라——행위자agents로서 존재한다. 그는 사회적으로 능동성 있게 구성되었으며, 고려 대상이 되는 장에서 그가 능력 있게 어떤 효과를 생산하는 데 필요한 속성들을 가진다는 사실에 의해 장 안에서 활동하는 행위자이다. 행위자의 진화가 이루어지는 장 그 자체에 대한 지식이야말로 우리로 하여금 그가 지닌 독특성의 원천, 그의 관점, 또는 그의 특수한 세계관(그리고 장에 대한 시각)이 구성된 (장 내에서의) 위치를 가장 잘 파악할 수 있게 해 준다.

---

67 19세기 후반 프랑스 예술 장의 역사적 형성 및 그와 관련된 근대 예술가의 '발명'에 대한 부르디외의 분석은 『문화 재화의 경제』이라는 제목으로 출간될 예정이었는데, 결국 『예술의 규칙』(Bourdieu 1992a)이라는 제목으로 나왔다. 그 분석의 부분들과 연속적인 초안을 보려면 Bourdieu 1966a; 1971a; 1971b; 1971d; 1975c; 1983d; 1988f; 1991h를 참조하라. 부르디외가 제시하는 '작품의 과학'의 원리들에 대한 압축적인 정리로는 Bourdieu 1987l을 읽을 것.

바캉 이는 매 순간 각 장이 부과하는, 그리고 참여 자격을 규정함으로써 특정한 행위자들을 선별하는 '진입 비용' 같은 것이 있기 때문일 것이다.

부르디외 사람들은 일정한 속성의 결합태를 가진다는 점에 의해 장으로의 진입에 근거와 정당성을 얻는다. 연구의 목표 가운데 하나는 이러한 활성화된 속성, 유효한 특성, 바꿔 말해 특수한 자본 형식을 규명하는 데 있다. 따라서 일종의 해석학적 순환이 있는 셈이다. 장을 구축하기 위해서는 그 안에서 작동하는 특수한 자본 형식을 규명해야 하는데, 특수한 자본 형식을 구성하려면 장의 특수한 논리를 알아야만 한다. 상당히 길고 험난한 연구 과정에서 끝없는 전진과 후행의 운동이 있다.[68]

장의 구조――내가 점진적으로 이 개념의 작업용 정의를 구축해 가고 있다는 점에 유의하라――가 그 안에서 유효한 특수한 자본 형식의 분포 구조에 의해 규정된다고 말하는 것은, 자본 형식에 대한 지식이 견고할 때 내가 식별해야만 하는 모든 것을 식별할 수 있다는 뜻이다. 지식인에 관한 내 작업을 이끌었던 원리들 가운데 하나를 예로 들자. 우리가 구체적인 소우주[일례로 지식 사회]에 대한 일상적인 직관을 통해 아주 다르다고 말할 수 있는 사람들――더 낫게는, 위치들――을 구분 지을 수 없는 설명 모델에 만족해서는 안 된다. 그런 경우에는 구분을 가능하게 해주는 어떤 변인들을 우리가 빼먹었는지 찾아보아야만 하는 것이다. 여담 한마디. 일상적인 직관은 상당히 존중받을 만한 것이다. 우리가 확실히 의식적이면서도 사리

---

68 적절한 개인, 기관들의 모집단과 유효한 자산 또는 자본 형식들이 상호적으로 구체화되는 과정의 '해석학적 순환'에 대한 상세한 예시로는 1970년대 중반 프랑스에서 정부 주택 정책의 개혁에 관한 부르디외의 연구(Bourdieu & Christin 1990: 특히 70~81; Bourdieu 2000a)를 보라.

에 맞는 방식으로 그것을 분석에 끌어들이고 그 타당성을 경험적으로 통제할 수만 있다면 말이다.[69] 반면 많은 사회학자들은 직관을 무의식적으로 이용한다. 그들이 내가 『호모 아카데미쿠스』의 시작 부분에서 비판한 바 있는 '보편적' 지식인 대 '지방적' 지식인 같은 이분법적 유형론을 구축할 때처럼 말이다(Gouldner 1957). 여기서 직관은 질문을 제기한다. '차이는 어디에서 오는가?'

마지막으로 중요한 사항 한 가지. 사회적 행위자는 '소립자'가 아니다. 즉 그는 외부의 힘에 의해 기계적으로 당겨지고 밀려나지 않는다. 그는 자본의 담지자이며, 자본 보유(총량과 구조) 덕에 자신이 장에서 차지하는 위치와 궤적에 따라 [현재의] 자본 분포를 보존하는 쪽으로든 그것을 전복하는 쪽으로든 능동적으로 방향을 설정하는 기질을 지닌다. 물론 전략적 잠재성은 그리 단순하지 않고, 실제 일이 돌아가는 모양새는 훨씬 더 복잡하다. 하지만 나는 이것이 총체로서 사회 공간에 적용 가능한 일반 명제라고 생각한다. 그것이 비록 소자본 소유자들은 반드시 모두 혁명적이고 대자본 소유자들은 자동적으로 모두 보수적이라는 의미는 아니지만 말이다.[70]

바캉 적어도 선진 사회에서 사회 세계는 다수의 분화된 장들로 이루어져

---

69 "직접적인 직관에 대한 거부는, '인식론적 단절'의 어떤 '초보적인' 주창자들이 내세우는 바와 같은, 시작과 동시에 완수되는 그런 행위와는 거리가 멀다. 그것은 오랜 변증법적 과정의 최종 산물인 것이다. 그 과정에서 경험적 절차 안에 정식화된 직관은 스스로를 분석하고 검증하거나 반증하면서, 점차 더 단단한 근거를 갖추게 되는 새로운 가설들을 생성해 낸다. 이 가설들이 드러내는 문제, 실패, 기대 덕분에 그것들은 다시 초월된다"(Bourdieu 1984a: 18).

70 역사 기록에는 반례들이 넘쳐난다. 하지만 이 형상들은 사회적인 궤적, (총칭적이고 특수한) 사회적 위치, 그리고 하비투스가 유발한 입장들 사이의 동일한 변증법에 의해 완벽하게 설명 가능하다. 부르디외(Bourdieu 1989a: 259~264)는 권력 장 내부 '탈선자들'과 '방랑자들'의 서로 교차하는 궤적에 대한 분석을 제공한다.

있다는 것, 그러한 장들은 불변하는 속성들(이는 장의 일반 이론이라는 기획을 정당화한다), 그리고 그 특수한 논리와 역사에 바탕을 둔 변화하는 속성들(이는 각 장에 대한 발생적 비교 분석을 요구한다)을 모두 지니고 있다는 것을 인정하자. 이 다양한 장들은 서로 어떻게 관계 맺고 있는가? 그들의 접합articulation과 변별적 비중의 성격은 무엇인가?

부르디외 상이한 장들 간의 상호 관계는 극히 복잡한 문제이다. 그것은 내가 보통 답변하지 않는 질문인데, 일단 너무 어렵기 때문이고 또 내가 상대적으로 간단한 것들만을 이야기함으로써 '심급'instance과 '접합'이라는 용어로 표현된 분석 양식을 다시 일깨울 위험성이 있기 때문이다. 그러한 분석 양식은 몇몇 맑스주의자들로 하여금 경험적인 분석만이 달려들 수 있는 문제에 수사학적 해결책을 내도록 허용한 바 있다. 사실 나는 장들 간 관계의 초역사적인 법칙은 없다고 믿으며, 우리가 각각의 역사적인 사례를 별도로 탐구해야만 한다고 믿는다. 선진 자본주의 사회에서는 확실히 경제 장이 특별히 강력한 결정력을 행사하지 않는다고 주장하기 어렵다. 하지만 바로 그런 이유 때문에 우리가 그것의 (보편적인) '최종 심급에서의 결정'이라는 공리를 받아들여야만 할까? 예술 장에 관한 내 연구에서 나오는 한 가지 사례는 이 문제가 얼마나 복잡한지를 시사해 준다.

이 문제를 역사적으로 연구할 때, 우리는 예술 장이 19세기에 진정한 자율성을 획득하도록 이끈 과정이 콰트로첸토Quattrocento[15세기 이탈리아 초기 르네상스]와 더불어 시작했다는 것을 보게 된다(Baxandall 1982[1972]). 그 이래로 예술가들은 더 이상 후원자와 파트롱patrons의 수요와 주문에 종속되지 않기에 이르렀고, 국가와 아카데미 등으로부터 자유로워지게 되었다. 그들 대부분은 일종의 유예된 경제deferred economy가 작동하는 그들만의 제한 시장restricted market을 위해 생산하기 시작한다 (Bourdieu 1983d, 1987g). 이 모든 것은 우리가 자율성을 향한 뒤집을 수도, 거부할 수도 없는 추세를 다루고 있으며 예술과 예술가들은 단번에 외부 세력으로부터 그들의 자유를 성취했다고 믿게 만들 수 있다. 이제 우리는 오늘날 무엇을 관찰하는가? 후원, 직접적 종속, 국가, 거친 형식의 검열이 되돌아왔고, 선형적이며 불명확한 자율화 과정이라는 개념이 급작스럽게 재개된다. 예술적 자율성에 대한 간섭을 문제 삼기 위해 예술적 수단을 이용하는 한스 하케Hans Haacke 같은 화가에게 무슨 일이 일어났는지 보라.[71] 그는 구겐하임Guggenheim 일가의 재정 자원의 기원을 보여 주는 회화를 구겐하임 미술관에 전시했다. 이제 미술관 책임자에게는 사임하든지 투자자에 의해 해임당하든지 아니면 회화의 전시를 거부함으로써 예술가에게 조롱거리가 되든지 하는 선택지밖에는 남지 않게 되었다. 이 예술가는 예술에 기능을 되돌려 주었고, 즉각 곤란한 상황에 처했다. 그러므로 우리는 다음과 같은 사실을 발견한다. 즉 예술가가 획득한 자율성, 원래 그의 작업 내용과 형식 모두에 달려 있었던 자율성은 [예술 장이 부과하는] 어떤 필연성에의 굴복을 함축했다는 것이다. 예술가는 형식에 완전히 통달함으로써 이 필연성을 미덕으로 만들어 냈지만, 이는 [예술의] 기능에 대한 완전한 부인을 그 대가로 치르면서 이루어진 것이었다. 그가 예술 장이 지정하는 기능, 즉 아무런 사회적 기능도 수행하지 않는다는 기능('예술을 위한 예술')이 아닌 다른 기능을 수행하길 원할 때, 그는 자기 자율성의 한계를 다

---

71 하케의 작업의 사회학적 중요성은 하워드 베커와 존 월튼(Howard Becker & John Walton 1986)이 강조한 바 있다. 또한 지적·예술적 자율성의 조건, 그리고 '국가 후원의 사악한 난입'과 '가짜 혁명가들의 탐미적 허무주의'라는 이중의 위협에 관한 부르디외와 하케의 대담집(Bourdieu & Haacke 1994)을 참고할 것.

시 발견한다.

이는 하나의 사례일 뿐이지만, 장들 간의 관계——이 경우에는 예술 장과 경제 장——가 대체로 일반적인 진화 경향에 있어서조차 단번에 모두 규정되는 것은 아니라는 점을 우리에게 일깨워 준다는 장점을 가진다. 장 개념은, 모든 것을 질서정연하게 설명한다고 주장하는 '이론주의적 이론'의 거대 개념들 식으로, 온갖 가능한 탐구에 맞춤형 대답을 제공하지는 않는다. 그보다 내 눈에 그것의 주된 미덕은 매번 새롭게 다시 생각되어야만 하는 [대상] 구성 양식을 촉진시킨다는 점이다. 그것은 우리에게 질문을 (다시) 제기하도록 강제한다. 탐구 대상이 되는 세계의 경계에 관해, 그것이 어떻게 '접합되는지', 무엇에, 어느 정도로 등등에 관해 말이다. 그것은 되풀이되는 질문들의 일관성 있는 체계를 제공하는데, 이는 우리를 실증주의적 경험주의의 이론적 진공 상태나 이론주의적 담론의 경험적 빈자리로부터 구해 주는 것이다.

바캉 '주택 경제'——즉 단독 주택이라는 이 특이한 경제적 재화의 생산과 유통을 이해하기 위해 고려되어야만 하는 사회 공간들의 집합——에 할애된 『사회과학 연구 논집』의 최근호(1990년 3월호)에서 당신은 국가 정책의 기원을 분석하기에 이르렀다. 이 사례에서 국가 정책은 경제적 시장의 기능 작용을 결정하는 데 직접 개입한다. 그렇게 하면서 당신은 일종의 메타-장으로서 국가 이론의 초안을 잡기 시작했다.[72]

---

72 주택 경제학에서 국가의 구조화 역할에 대한 분석은 Bourdieu 1990c, 그리고 Bourdieu & Christin 1990에서 찾아볼 수 있다. 부르디외는 『국가 귀족』에서 국가의 문제를 처음으로 정면에서 제기하게 되었다. 거기서 그는 "현대의 기술 관료제technocracy"는 "국가를 창조함으로써 스스로를 [하나의 법인체corporate body로서] 창조했던" 법복 귀족noblesse de robe

부르디외 사실 내 생각엔 이렇다. 이른바 '국가' 안에서 무엇이 진행되고 있는지 가까이서 들여다본다면, 당신은 학자들, 안락의자 맑스주의자들, 그리고 다른 사변적 사회학자들이 국가에 관해 계속 제기해 온 스콜라적 문제들 대부분을 곧장 파기하게 될 것이다. [국가라는] 이 유사 형이상학적 개념은 에드문트 후설이 다른 맥락에서 말했던, "사물 그 자체로 되돌아가기"를 위해 폭파되어야만 한다. 예를 들어, 나는 '조응'(또는 송속)과 '자율성'이라는 신성화된 이론적 양자택일을 떠올린다. 이러한 양자택일은 국가가 잘 규정되고 명확하게 경계 지어져 있는 단일한 실재로, 마찬가지로 그 정체가 명확하게 규정되는 외부 세력들과 외재성의 관계를 맺고 있다고 전제한다(예컨대, 독일의 경우, 그 유명한 [독일 고유의 발전 경로인] 존더벡 Sonderweg, 융커Junkers라는 전통적 지주 귀족층, 혹은 부유한 산업 부르주아지 때문에 그렇게 많은 논쟁이 벌어졌고, 영국의 경우에는 도시의 기업가 부르주아지와 지방 젠트리gentry가 있었다). 실상 우리가 구체적으로 만나는 것은 행정장, 혹은 관료제 장의 총체이다(그것은 종종 위원회, 사무국, 행정 부처와 같은 경험적 형태를 띤다). 그 안에서 정부의 그리고 비정부의 행위자들과 행위자 범주들은 특수한 형태의 권위를 둘러싸고 직접 또는 대리로 투쟁한다. 이 권위는 입법, 규제, 행정 조치(보조금, 인허가, 제한 등), 한마디로 정책policy의 이름 아래 놓이는 모든 것을 통해 (개인 주택 혹은 공동 주택의 생산과 같

의 "구조적인 (그리고 때로는 계보적인) 상속자들"이라는 결론에 이르며, "국가 귀족……과 교육 학위는 상호 연관되어 있으며 보완적인 발명품들"이라는 가설을 내놓는다(Bourdieu 1989a: 544, 540). 1988년부터 1992년까지 부르디외의 콜레주 드 프랑스 강의는 이 주제에 바쳐졌다. 근대 국가의 기원과 효과에 대한 탐구 형식을 띠는 이 강의에서 국가는 상징권력 집중의 조직적인 표현, 혹은 "사적인 전유를 보장하는, 물질적·상징적 자원의 공적 수합체" (Bourdieu 1989a: 540)로서 이해된다. 이후 이 강의는 『국가에 대하여』(Bourdieu 2012)라는 제목 아래 출판되었다.

은) 특수한 실천 영역을 통치하는 권력이다.

그렇다면, 당신이 이 명칭을 계속 고집한다면, 국가는—막스 베버의 유명한 정식을 응용하자면—정당한 상징폭력의 독점[73]이 내기물로 걸려 있는 투쟁의 장소인 장들의 총체가 될 것이다. 정당한 상징폭력이란 주어진 '국가', 즉 주어진 영토의 경계 안에서 일군의 공통된 강제 규범을 보편적인 것이며 보편적으로 적용 가능한 것으로 구성하고 강제할 수 있는 권력을 말한다. 내가 1970~1980년대 프랑스 국가 주택 정책의 사례에서 보여 주었던 것처럼, 이 장들은 사적 부문(은행과 은행가, 건설 회사와 건축 사무소 등)과 공적 부문(정부 부처, 부처 내 행정 부서, 그리고 거기 근무하는 고위 공직자 집단[74])에 속하는 세력들 모두가 지속적인 대결을 벌이는 현장이다. 사적 부문과 공적 부문들은 그 자체가 장처럼 조직화된 하위 세계로, 내부의 간극과 외부의 대립을 둘러싸고 분열된 동시에 결합해 있다. '국가'라는 용어는 (상이한 형식을 취하는) 권력 위치들 간 객관적 관계 공간을 가리키는 편리한 속기술의 이름표—하지만 그 문제와 관련해 매우 위험한 이름표—로서만 의미를 지닌다. 이 공간은 어느 정도 안정적인 (연대, 협력, 후견, 상호 부조 등의) 네트워크의 형태를 띨 수 있고, 공개적인 갈등으로부터

---

73 이를 더 발전시킨 내용으로는 Bourdieu 1989a: 5부와 Bourdieu & Wacquant 1993: 39를 보라. "국가는 결국 상징권력의 거대한 원천이다. 그것은 학위나 신분증, 증명서의 수여와 같은 공인 행위를 완수한다. 인가받은 권위 소유자들은 그러한 수많은 행위를 통해 어떤 개인의 정체가 무엇인지 단언하고, 그가 누구이며 누구이어야만 하는지 공적으로 확증한다. 공인의 준비은행으로서 국가야말로 이 공식 행위와 그 실행자들을 허용하며, 어떤 의미로는 정당한 대표자들을 매개로 그것을 수행한다. 이것이 내가 막스 베버의 유명한 말을 비틀고 일반화해서 국가는 정당한 물리적 폭력에 대한 독점뿐만 아니라, 정당한 상징폭력에 대한 독점을 확보한 주체라고 이야기하는 이유이다." 이 밖에도 Bourdieu 1993b와 2012 참조.

74 고위 공직자 집단grands corps d'État은 국가의 최고 그랑제콜 졸업생들로 구성된 법인체를 말한다. 그 졸업생들에게는 전통적으로 프랑스 국가 내의 일정한 상급 행정직이 예비되어 있다.

어느 정도 감춰진 공모에까지 이르는 현상적으로 다양한 상호작용 속에서 스스로를 드러낸다.

서로 경쟁하는 '사적' 행위자들이나 조직들이 자기 경제 활동 또는 문화 활동의 각 영역에서 '국가' 정책을 특정한 방향으로 이끌기 위해 어떤 노력을 기울이는지(동일한 과정이 교육 개혁의 사례에서 관찰될 수 있다), 그들이 일정한 법안 유형에 대한 선호를 함께 공유하는 관료들과 어떻게 연대하는지, 또 그들이 고유한 이해관심과 자원(예컨대 규제 관리의 특유한 행정자본)을 가지고 다른 조직 단체들과 어떻게 대결하는지를 자세하게 검토한다면, 당신은 조응과 자율성에 관한 모든 사변적 추론을 내던져 버릴 수밖에 없을 것이다. 진실을 말하자면, 이 점에서 나는―조응과 자율성이라는 전통적인 입장들의 두 상징적인 이름인―니코스 풀란차스(Nichos Poulantzas 1968)나 테다 스카치폴(Theda Skocpol 1985[1979])의 분석보다는 에드워드 로먼(Edward Laumann & David Knoke 1988)의 분석에 더 가깝게 느낀다. 비록 내가 그와 여러 가지 면에서 다르기는 하지만 말이다. 이런 말로 나는 또한 다음과 같은 점을 지적하고자 한다. 즉 다른 곳에서와 마찬가지로 [국가와 같은] 그런 문제들에서도, 자료 없는 유물론자들materialists without materials인 '안락의자 맑스주의자들'은 스콜라적 쟁점들을 영속화하는 데 크게 기여해 왔다. 나는 그들이 정점에 이르렀던 1960년대에도 끊임없이 그들과 맞선 바 있다.

더 일반적으로 이는 사회학 장에서 내 위치를 어렵게 만드는 것이 주로 무엇인지를 예시한다. 한편으로 상호작용과 실천을 통해 스스로를 드러내지만 그것들로 환원될 수는 없는 구조적 결합태를 강조하는 한에서 나는 '거대 이론가들'(특히 구조주의자들)에 매우 가까운 것처럼 보일 수 있다. 동시에 나는 '열심히 현장을 탐구하는' 연구자들(특히 상징적 상호작용론자들, 어빙 고프먼, 그리고 거대 이론가들이 그렇게나 높은 곳에서 사회적 현실을 내려다보기 때문에 무시하는 경험적 실재를 참여 관찰이나 통계 분석을 통해 발견하고 폭로하려 애쓰는 모든 이들)에게 친연성과 유대감을 느낀다. 비록 내가 일상적 실천의 세세한 부분에 대한 그들의 이해관심을 때로 뒷받침하는 사회 세계의 철학에 동의할 수 없지만 말이다. 사실상 그 철학은 이 경우 '클로즈업의 시각'과 이론적 근시안, 혹은 그러한 시각이 조장하는, 직접 지각할 수 없는 세력 관계 내지 객관적 구조에 대한 맹목이 그들에게 부과한 것이다.

바캉 그렇다면 부분적으로 겹치는 관료제 장들의 집합으로서 국가에 대한 당신의 분석을 로만과 노크(Laumann & Knoke 1988)의 '조직국가' organizational state 개념 또는 더 광범위한 네트워크 이론으로부터 갈라놓는 것은 무엇인가?

부르디외 나는 여기서, 내가 특히 막스 베버에 맞서 구축한 바 있는, 구조와 상호작용 간의 구분을 상기시키고자 한다. 영속적이면서도 비가시적인 방식으로 작동하는 구조적 관계와 특수한 교환 속에서 그에 의해 실현되는 관계인 실제적 관계 사이의 구분 말이다(Bourdieu 1971c, 1971f). 장의 구조는 경쟁하는 권력 혹은 자본 유형들의 분포 안에서 그 등급에 의해 규정되는 위치들 간 객관적인 관계 공간으로 이해된다. 사실 그것은 일정하게 지속되는 네트워크들과는 다르다. 그것이 네트워크들을 통해 나타나기는 하지만 말이다. 이 구조야말로 네트워크들의 존재를 표현하고 유지시키는 연계 체제의 관찰 가능성 또는 불가능성(더 정확히 말하면, 더 크거나 적은 확률)을 규정한다. 과학의 임무는 자본 유형들의 분포 구조를 드러내는 일이다. 그 구조는 그것이 조건화하는 이해관심과 성향을 통해 개인적 또는 집단적 입장 취하기의 구조를 결정하는 경향이 있다. 네트워크 분석에서는 이러한 기층 구조가 가시화되는 (개인 간, 제도 간) 특수한 연계와 (정보, 자원, 서비스 등의) 실제 흐름 분석을 위해 정작 기층 구조에 관한 연구는 희생된다(Burt 1982; Wellman & Berkowitz 1988). 이는 확실히 구조의 폭로가 관계 중심적 사유 양식을 작동시키기를 요구하기 때문인데, 그러한 사유 양식은 대응 분석으로 말고는 형식화된 계량적 데이터로 옮기기 훨씬 어려운 것이다.

나는 지난 몇 년 동안 국가의 역사적 기원에 관해 수행해 온 연구에 기대 이러한 논점을 더 밀고 나갈 수 있다. 내 주장은, 아주 단순화시키자면, 왕정 국가와 이후 관료제 국가의 구축 이래 상이한 권력, 또는 자본 유형들의 장기적인 집중 과정이 일어났다는 것이다. 이는 첫번째 단계에서는 모든 사적 권위(영주, 부르주아지 등)에 외재적인 동시에 우월한 공적 권위의 ─ 왕에 의한 ─ 사적 독점을 이끌었다. 이 상이한 자본 유형들 ─ 경제 자본(세금 부과와 수입에 따른), 군사자본, 문화자본, 사법자본, 그리고 더 일반적으로는 상징자본 ─ 의 집중은 그에 조응하는 다양한 장들이 부상하고 공고해지는 과정과 함께 진행되었다. 이 과정의 결과는 그것들의 축적으로부터 탄생한 특수한 자본, 즉 고유한 국가자본의 출현이었다. 그것은 국가가 상이한 장들, 그리고 그 안에서 순환하는 다양한 자본 형식들에 대해 권력을 행사할 수 있게 해준다. 다른 자본 유형들, 특히 그들 간 태환율(그리고 이를 통해 각각의 자본 소유자들 간 권력 균형)에 대해 권력을 행사할 수 있게 해주는 이러한 종류의 메타 자본은 국가의 특수한 권력을 규정한다. 그에 따라, 국가의 구성은 권력 장의 구성과 함께 이루어진다. 권력 장은 상이한 자본 형식의 소유자들이 각별히 국가에 대한, 곧 국가자본에 대한 권력을 위해 투쟁하는 경기 공간이다. 이 국가자본은 상이한 자본 유형들과 (특히 학교 체계를 통해) 그 재생산에 대한 권력을 부여하는 것이다.[75]

4. 이해관심, 하비투스, 합리성

바캉 당신은 이해관심interest이라는 개념을 활용한다는 이유로 인해 '경제 주의'라는 비난을 받아왔다.[76] 당신의 분석 방법에서 이해관심은 어떤 이론적 역할을 담당하는가?

부르디외 이해관심이라는 개념은 내가 사회과학에서 작업하기 시작했을 당시 지배적이었던, 인간 행동에 대한 순진한 개념화, 철학적 인간학과 단절하는 수단으로서 내게 불가피했다. 나는 법에 관한 베버(Weber 1986[1918])의 언급을 종종 인용하곤 했다. 그에 의하면, 사회적 행위자들은 법을 따르는 이해관심이 그것을 무시하는 이해관심에 비해 더 커다란 한에서만 규

---

75 권력 장은 한 사회 구성체 안에서 여러 형태의 유효 자본들의 (재)생산과 분포를 지배하는 다양한 장들의 상위 지대를 포괄하는 '메타 장'이다. 국가의 발생, 그리고 '메타 장'으로서 권력 장 내 국가의 위치에 대한 모델화의 시도는 Bourdieu 1989a와 1993b, Bourdieu & Wacquant 1993에 나와 있다. 왕조 국가로부터 관료제 국가로의 이행에 관한 역사적 모델은 논문 「왕실에서 국가이성으로」(Bourdieu 1997c)에서 제시되며, 국가에 대한 경쟁 이론들과 겨뤄진다(Bourdieu 2012).

76 예를 들어, Paradeise 1981, Caillé 1981과 1987, Richer 1983, Adair 1984, Rancière 1984: 24, Joppke 1986, Sahlins 1989: 25. 그리하여 피스크(Fiske 1991: 238)는 베커와 부르디외를, 자신이 말하는 네 가지 사회 관계 모델의 하나를 구성하는 '이기적 합리성 가정'의 옹호자들로 한데 묶어 취급한다. 하커·마하르·윌크스(Harker & Mahar & Wilkes 1990: 4~6), 톰슨(Thompson 2001[1991]) 그리고 오스트로(Ostrow 1990: 117)를 비롯한 여러 연구자들은 경제주의에 대한 부르디외의 거부를 칭찬하면서 정반대의 해석을 정력적으로 방어한다.

칙에 복종한다는 것이다. 이 견고한 유물론적 원칙은 우리가 사람들이 행동할 때 따르는 규칙을 기술한다고 주장하기 전에, 무엇이 이 규칙을 일차적으로 작동하게 만드는지 질문해야 한다는 점을 일깨워 준다.

이 원칙이 유독 배척당해 왔으며 아직도 각별한 분노를 불러일으키는 곳은 바로 문화사회학과 지식인 사회학의 영역이다. 그러므로 종교 게임의 위대한 주인공들, 즉 성직자, 예언자, 마법사들의 특수한 이해관심을 드러내기 위해 경제 모델을 이용했던 베버의 논리를 바탕으로, 나는 문화 생산자들에 대한 분석에 이해관심의 개념을 끌어들였다(Bourdieu 1971f). 이는 지식 세계에 대한 지배적 시각에 맞서, 자유롭게 부유하는 지식인freischwebende Intelligenz ─ 만하임(Mannheim 2006[1936])이 비난했던 이 자유로운, 혹은 초연한 지성 ─이라는 이데올로기에 의문을 제기하기 위한 것이었다. 나는 오늘날 일루지오라는 용어를 쓰는 편을 선호한다. 내가 언제나 특수한 이해관심, 역사적으로 경계가 명확한 장들의 기능 작용에 의해 전제되고 또 생산되는 이해관심들에 관해 말하기 때문이다. 역설적으로 이해관심이라는 용어는 경제주의라는 거의 자동적인 비난을 낳았다.[77] 사실 내가 쓰는 식의 그 개념은 의도적이며 잠정적인 환원론의 수단이다. 그것은 내가 문화 영역 안으로 유물론적 질문 방식을 들여오게끔 해

---

77 경제주의에 대한 부르디외의 반대는 카빌리인들의 시간, 명예 감각, 노동 개념에 관한 그의 초기 인류학 작업들에서부터 뚜렷하게 나타난다(Bourdieu 1965; 1963; 1962d와 1977a). 이는 『실천 이론 개요』와 『실천 감각』에서 자세하게 논의된다. "경제주의는 일종의 자민족중심주의이다. 맑스의 말을 빌리자면, '교부가 기독교에 선행했던 종교들을 다루는 것처럼' 전 자본주의 경제를 다루면서, 경제주의는 전 자본주의 경제에 자본주의의 역사적 산물인 각종 범주, 방법(예컨대 경제 회계), 또는 개념(이해관계, 투자, 또는 자본 등과 같은 용어들)을 적용한다. 이는 [그것들이 적용되는] 대상에 그것들의 원천이 되는 역사적 전환과 유사한 근본적 전환을 야기한다"(Bourdieu 1980a: 192).

준다. 그러한 질문 방식은 문화 영역에서 각별히 공격적으로 여겨지는데, 왜냐하면 역사적으로 그것은 근대적 예술관이 발명되고 문화 생산 장이 자율성을 획득하면서 축출되었기 때문이다(Bourdieu 1989b).

이해관심이라는 관념을 이해하려면 그것이 무사무욕disinterestedness이나 무상성gratuitousness 뿐만 아니라 무관심indifference이라는 관념에도 대립한다는 것을 알아야만 한다. 무관심하다는 것은 게임에 의해 마음이 움직이지 않는다는 것이다. 뷔리당의 당나귀[78]와 마찬가지로, 이 게임은 내게 아무런 차이가 없다. 즉 아무런 중요성을 가지지 않는다는 말이다. 무관심은 제시된 내기물을 내가 차별화할 수없는 지식 상태일 뿐만 아니라, 아무런 선호가 없는 윤리적·가치론적 상태이다. 그것은 스토아주의자들의 목표였다. 평정 상태에 이르는 것(아타락시아ataraxia는 무엇에도 동요되지 않는 것을 의미한다). 일루지오는 아타락시아의 정반대이다. 그것은 게임에 스스로를 내맡긴 상태, 그 안에 들어가 있으며 그것에 의해 사로잡힌 상태를 말한다. 이해관심을 갖는다는 것은 주어진 사회적 게임에 그 안에서 일어나는 일이 [내게] 문제가 되며, 그 내기물이 중요하고important(이는 이해관심과 같은 어원을 가지는 또 다른 단어이다) 추구할 만한 가치가 있다고 인정한다는 것이다(Bourdieu 1989e).[79]

이 말은 내가 취하는 이해관심 개념이 공리주의 이론의 초역사적이

---

78 14세기 프랑스 철학자 장 뷔리당Jean Buridan이 고민한 자유 의지 문제와 관련된 우화. 같은 거리에 있는 두 개의 물과 건초 더미 사이에서 당나귀가 아무런 선택도 하지 못한 채 굶어 죽는 이야기.—옮긴이

79 "'잘 사회화된' 카빌리인에게는 생사가 걸린 문제, 중요한 내기물인 것이 어떤 행위자에게는 관심 없는, 아무래도 좋은 것으로 남아 있을 수 있다. 그로 하여금 차이를 느끼게 하고 명예의 게임에 사로잡히게 만드는 분화의 원리를 결여하고 있는 행위자에게는 말이다"(Bourdieu 1989g: 91).

며 보편적인 이해관계로부터는 완전히 절연해 있다는 뜻이다. 애덤 스미스Adam Smith의 자기 이익self-interest은 자본주의 경제가 생성시키고 요구한 이해관계 형식의 무의식적 보편화에 지나지 않는다. 이해관계는 인류학적 항수와는 거리가 먼, 역사적 자의성[80]이자 역사적 구성물이다. 그것은 '인간' Man에 대한 어떤 허구적 ─ 게다가 확실히 자민족 중심적인 ─ 관념으로부터 선험적으로 연역될 수 있는 것이 아니라, 역사적 분석과 경험적 관찰을 통해서, 사후적ex post으로만 알 수 있는 것이다.

바캉 그것은 장들이 있는 만큼이나 여러 가지 '이해관심들'이 있다는 사실을 함축한다. 각 장은 특수한 형식의 이해관심을 전제하는 동시에 발생시키는데, 어떤 장의 이해관심은 다른 장에서 통용되고 있는 것과 서로 같은 기준으로 재거나 비교할 수 없다는 의미가 되겠다.

부르디외 바로 그렇다. 각 장은 특수한 형식의 이해관심, 특수한 일루지오를 낳는다. 그것은 게임에 걸린 내기물의 가치에 대한 암묵적 인정이자, 게임 규칙에 대한 실천적 숙달 상태를 가리킨다. 나아가, 게임에 대한 행위자의 참여가 함축하는 이 특수한 이해관심은 게임에서 그가 차지하는 위치

---

80 이것은 선물 증여의 논리에 대한 모스Marcel Mauss 연구의 결론 가운데 하나이다. "만일 어떤 등가의 동기가 선물과 지출을 일삼는 트로브리안드족이나 아메리카 원주민 족장들, 아다만 부족 구성원들, 혹은 너그러운 힌두교도들과 왕년의 게르만, 켈트 귀족들을 부추겼다면, 그것은 무역상이나 은행가나 자본가의 냉정한 이유가 아니다. 이 문명들에서 사람은 이해관심을 가지지만, 우리 시대와는 다른 방식으로 그렇다"(Mauss 2006b[1922~1923]: 20~71, 강조는 바캉). 허시먼(Hirschman 1980[1977])의 논의는 이해관심 개념의 수정주의적 해석에서 부르디외를 뒷받침한다. 17세기와 19세기의 이해관계 개념에 관한 그의 역사적 탐구는 그 자의적 성격을 잘 드러낸다.

(지배적 대 피지배적 또는 정통적 대 이단적)에 따라, 그리고 각 참여자를 이 위치로 이끈 궤적과 함께 분화된다. 인류학과 비교사는 제도의 고유한 사회적 마술이 무엇이든 하나의 이해관심으로, 그러니까 현실적인 이해관심, 즉 특수한 '경제'에 의해 객관적으로 보상받는 (경제학과 정신분석학에서 이 단어가 갖는 이중적 의미에서) 투자로 구성해 낼 수 있음을 보여 준다.

바캉 이해관심과 투자 말고도 당신은 경제학 언어로부터 시장, 이윤, 자본(예컨대 Bourdieu 1971d, 1986g)과 같은 몇몇 또 다른 개념들을 빌려 왔고, 이는 경제학적인 추론 방식을 환기시킨다. 더욱이 당신의 가장 초기의 연구, 그리고 가장 최근의 연구는 곧바로 경제사회학의 영역에 들어간다. 알제리 농민과 노동자에 대한 당신의 최초 작업은 무엇보다도 다음과 같은 것들을 설명하려 시도했다. 즉 알제리 프롤레타리아의 다양한 분파들 사이에서 경제에 대한 합리적이고 계산적인 성향——호모 이코노미쿠스의 하비투스——이 차별적으로 출현하는 현상, 그리고 프랑스 식민주의가 밀어 넣은 자본주의 경제에 의해 객관적으로 요구된 그러한 성향의 숙달에 도시 하층 프롤레타리아트가 실패함으로써 빚어진 사회경제적 결과 말이다. 최근 당신은 프랑스에서 단독 주택의 생산과 소비의 경제를 하나의 장으로 분석한 책 한 권 분량의 연구를 내놓으면서, 한편으로는 구매자의 선호 체계와 전략의 사회적 발생을, 다른 한편으로는 공급자(주택 건설 회사)와 생산품 공간의 조직과 역학을 탐구한다. 그리고 당신은 두 경우 모두에서 국가——또는 당신이 관료제 장이라고 부르는 것(Bourdieu 1993b)——가 특히 그것들[수요와 공급] 간의 만남을 구조화하는 데 핵심적인 역할을 했다는 사실을 발견한다. 즉 시장은 정치사회적인 구성물이라는 것이다. 그것은 '관료제 장'의 다양한 영토적 수준에서——자신의 이해관심에 대한 고려를 불평등하게 갖춘──광범위한 사회적·경제적 행위자들의 요구와 바람이 굴절된 결과이다.[81] 당신의 이론적 접근을 게리 베커(Becker 1976)식 '인간 행동에 대한 경제적 접근'과 갈라놓는 것은 무엇인가?

부르디외 내가 경제적 정통(이 말로 나는 오늘날 경제학을 지배하는 다양한 조류와 학파를 총칭하는데, 잊지 말아야 할 것은 경제학이 고도로 분화된 장이라는 점이다)과 유일하게 공유하는 것은 몇몇 용어뿐이다. 투자 개념을 예로 들어보자. 투자라는 말로 나는 장, 그리고 그것이 제안하는 게임에 맞추어진 성향 체계 사이의 관계에서 태어난 행동 기질을 가리킨다. 투자는 곧 게임과 그 내기물에 대한 감각인데, 이 감각은 보편적으로 주어졌다기보다는 사회적이고 역사적으로 구성된, 게임을 하려는 경향성과 적성을 동시에 함축한다. 일반화로부터 일반화로 [나아가면서] 점차 분명해지는, 장의 경제에

---

81 이 분야에서 부르디외의 예전과 최근 작업, 그리고 '새로운 경제사회학'의 관심 사이에는 넓고도 뚜렷한 중첩 지대와 수렴 지대가 존재한다(예컨대 Zelizer 1988; Swedberg & Himmelstrand & Brulin 1987; Zukin & DiMaggio 1990; Granovetter 1985와 1990). 비록 양쪽 다 아직까지는 서로 잘 모른 채 연계하지 않고 있는 것처럼 보이지만 말이다(하지만 이런 사정은 변화하고 있는 것으로 보인다. DiMaggio 1990, 그리고 Powell & DiMaggio 1991을 보라).
부르디외의 경제사회학적 작업은 세 부분으로 이루어져 있다. 첫번째 부분은 민족해방전쟁 당시 알제리의 경제적 격변을 다룬다. 농업 경제의 파괴(Bourdieu 1958; Bourdieu & Sayad 1964), 도시 하층 프롤레타리아의 경제적 실천과 표상의 변화(Bourdieu et al. 1963; Bourdieu 1963), 그리고 시간적 성향과 경제적 행동의 관계(Bourdieu 1963; 1977a; 2000b) 등이다. 두번째 부분은 1960년대 중반의 은행에 관한 미출간 공동 조사 연구──그 결과는 『구별 짓기』(Bourdieu 1979a)에서 소비에 대한 분석을 풍부하게 만들었다──, 그리고 권력 장 내부 경영자층에 관한 연구(Bourdieu & Saint Martin 1978; Bourdieu 1989a)를 포함한다. 세번째 부분은 개인 주택 시장의 사회적 형성을 해부한다(Bourdieu 1990a; 1990b; 1990c; Bourdieu & Saint Matin 1990; Bourdieu & Christin 1990). 관련 논문들은 Bourdieu 2000a에 보완된 형태로 다시 실렸다.

대한 일반 이론(나는 현재, 장의 일반적 속성을 좀더 형식적인 수준에서 추출하려는 책 작업을 하고 있다)을 통해 우리는 각 장에서 자본, 투자, 이해관심과 같은 가장 일반적인 개념들과 메커니즘이 취하는 특수한 형식을 기술하고 규명할 수 있게 되며, 물질적 이해관계와 금전적 이윤의 최대화를 향한 의도적인 추구밖에 인식하지 못하는 경제주의로부터 시작해 모든 종류의 환원주의를 피할 수 있게 된다.

실천 경제에 대한 일반 과학은 사회 내에서 경제적인 것으로 인식되는 실천들에만 스스로를 일부러 한정시키지 않는다. 그것은 "사회물리학의 에너지"(Bourdieu 1980a: 209)인 자본을 온갖 상이한 형식 속에서 포착하고 한 자본에서 다른 자본으로의 태환을 규제하는 법칙을 폭로하기 위해 노력한다.[82] 나는 자본이 세 가지 근본적인 유형으로 나타난다는 점(각각의 자본은 그 하위 유형을 지닌다), 즉 경제자본, 문화자본, 사회관계자본(Bourdieu 1986g)이 있다는 점을 보여 준 바 있다. 우리는 여기에 상징자본을 덧붙여야만 할 것이다. 그것은 이 자본 유형들이 그 특수한 논리를 인정하는, 다른 말로 그 소유와 축적의 자의성을 오인하는 지각 범주를 통해 파악될 때 취하는 형식이다.[83] 나는 경제자본 개념에 대해 너무 자세히 논하

---

82 부르디외는 자본을 이렇게 정의한다. "자본은 (물질화된 형식 속에서 혹은 '체화된' 형식 속에서) 축적된 노동이다. 그것은 행위자 혹은 행위자 집단에 의해 사적인, 즉 배타적인 기반 위에서 전유될 때, 그들이 물화된 또는 살아 있는 노동 형식 속에서 사회적 에너지를 전유할 수 있게 해준다"(Bourdieu 1986g: 241). 부르디외의 자본 개념에 대한 흥미롭고도 비판적인 논의는 Grossetti 1986을 보라.
83 상징자본 개념은 부르디외가 발전시킨 개념들 중에서도 매우 복잡한 축에 속한다. 그의 작업 전체가 상징자본의 다양한 형태와 효과에 대한 탐구로 읽힐 수도 있을 것이다. 그것이 계속해서 정교화되는 과정을 알려면 Bourdieu 1972a[2000: 348~376]; 1977e; 1978c; 1980a: 191~207; 1982a; 1989a: 5부를 보라. 이 밖에도 Bourdieu 2001a; 1993b; 1994a: 175~217; 그리고 특히 1997a: 153~193을 참조.

지는 않으려 한다. 그것은 엄격한 경제적 이해관심에 의해 인도되는 사회적 생산관계이자 화폐로 직접 태환 가능한 자본이다. 그것은 생산재와 수입의 형식 아래 구체적으로 현상하며, 소유권이 그것을 제도화한다. 나는 문화자본의 특수성에 대해서는 분석한 바 있다(Bourdieu 1980b). 그것은 사실 정보자본이라고 불러야 그 일반적 성격이 제대로 살아나는데, 체화된 형식, 객관화된 형식, 제도화된 형식(에컨대 학위)의 세 가지 형식 속에 존재한다.[84] 사회관계자본은 개인이나 집단이 어느 정도 제도화된 상호 친목과 인정 관계의 지속적인 네트워크를 보유함으로써 저절로 얻게 되는 실질적 혹은 잠재적 자원의 총합이다. 한마디로, 그것은 그러한 네트워크가 동원할 수 있게 해주는 자본과 권력의 총합인 것이다(그 전형적인 사례는 귀족 작위라 할 수 있다). 자본이 다양한 형태를 취할 수 있다는 사실에 대한 인식은 분화된 사회의 구조와 역학을 설명하는 데 필수 불가결하다. 예를 들면, 스웨덴이나 소비에트 유형의 사회들과 같은 오랜 사회민주주의 국가들에서 사회 공간의 형태를 설명하기 위해서는 정치자본에 의해 구축되는 특이한 형식의 사회관계자본을 고려해야만 한다. 그것은 (한 경우에는 노동조합과 노동당, 다른 경우에는 공산당을 통해) 집합적 자원의 '세습 재산화'를 작동시킴으로써 다른 사회적 장들에서 경제자본과 유사한 방식으로 상당한 이윤과 특권을 생산해 낼 수 있는 능력을 가진다.

정통 경제학은 실천이 기계적인 원인이라든지 효용을 극대화하려는 의식적인 의도 이외의 원리를 가지면서도 내적인 경제 논리에 복종한다는

---

84 세 가지 형식의 문화자본의 습득, 전수, 태환, 그리고 사회적 효과는 '자본으로서의 문화'를 특집으로 꾸민 『사회학과 사회』Sociologie et Sociétés의 1989년 10월호에 나오는 다양한 논문들에서 폭넓게 예시되어 있다. 특히 '지적 소명'의 결정에서 젠더와 문화자본의 역학에 대한 드 생마르탱(de Saint Martin 1990a)의 분석을 보라.

사실을 간과한다. 실천은 경제를 형성한다. 다른 말로, 실천은 경제적 이성에 한정될 수 없는 내재적 이성을 따른다. 실천의 경제는 더 광범위한 기능과 목적에 준거해서 정의되기 때문이다. 행위 형식의 세계를 기계적인 반응이나 의도적인 행동에로만 축소한다면, 의도적인 계산은 고사하고 심사숙고한 목적의 산물이 아니면서도 분별 있는 온갖 실천을 규명하는 일이 불가능해질 것이다.

그러므로 내 이론은 겉보기와는 달리 경제적 접근을 빌려온 데에 빚진 것이 아무것도 없다. 나는 언젠가 경제학 이론(그리고 그 사회학적 파생물인 합리적 행위 이론Rational Action Theory)이 [실천 경제의] 토대가 되는 모델이기는커녕, 아마도 역사적으로 특정한 시공간을 배경으로 하는 장 이론의 특수한 사례로서 가장 잘 인식될 수 있다는 것을 충분히 증명할 수 있길 희망한다.

바캉 당신은 장과 자본 개념을 명확하게 설명했다. 그 둘 사이에 이론적 징검다리 구실을 하는 세번째 중심 범주가 있다. 일정한 결합 가치의 자본을 가지고서 전복이나 보존 또는 무관심, 게임으로부터의 탈주 같은 이런저런 전략을 채택하는 행위자들을 '추동하는' 메커니즘이 바로 그 범주에 의해 제공된다. 내가 당신을 제대로 이해했다면, 하비투스는 일종의 개념적인 핵심이다. 그것을 가지고 당신은 자본, 시장, 이해관심 같은 겉보기에 경제학적인 개념들을 경제학적인 것과 근본적인 불연속성을 이루는 행위 모델 안에 다시 접합시킨다.[85]

---

85 부르디외 저작에서 하비투스 개념의 발전과 지속적인 재작업 과정을 보려면, Bourdieu 1967a, 1967b, 1971b, 1972a[2000], 1980i, 1980a: 3장, 1986d와 1997a[2003: 153~193]를 참

부르디외 나는 하비투스 개념의 의미와 기능을 너무나 자주 설명한 바 있어서 다시 한번 그리로 되돌아가기가 망설여진다. 그것들을 제대로 해명하지도 못한 채 단순화시키고 스스로를 되풀이하기만 할까 봐 두려워서이다……. 내가 여기서 말하고 싶은 것은 이 개념의 주된 목적이 지성주의적(그리고 지식인 중심적) 행위 철학과 단절하는 데 있다는 점이다. 그러한 행위 철학은 특히 합리적 행위자로서의 호모 이코노미쿠스 이론에 의해 대표되는데, 이는 합리적 선택 이론이 최근에 다시 유행시킨 바 있다. 마침 적지 않은 수의 경제학자들이 (종종 그렇다고 말하지는 않거나 그 점을 충분히 인식하지 못하고서) 그것을 거부하고 있는 때에 말이다.[86] 내가 실천 감각, 즉 사회적으로 구성된 '게임 감각'의 산물로서 실천에 대한 이론을 내세운 것은 실천의 실제 논리 ——그 자체 모순어법 같은 표현인데, 왜냐하면 실천의 특징은 '논리적'이라는 것, 즉 논리를 스스로의 원리로 갖지 않는 논리를 가지는 것이기 때문이다(나는 의례 행위처럼, 겉보기에는 가장 비논리적인 실천을 떠올린다) ——를 설명하기 위해서이다(Bourdieu 1972a[2000], 1980a). 나는 애초에 가장 평범한 형식의 실천 ——의례, 결혼 선택, 일상생활의 세속적인 경제 행위 등 ——을 설명하고자 했다. '행위자 없는' 기계적 반응으로 행위를 이해하는 객관주의, 그리고 자기만의 목적을 설정하고 합리적

조할 것. Bourdieu 1985d는 그 개념의 역사와 기능에 대한 압축적인 요약을 제공한다. 다시 말하지만, 그 개념의 목적과 의미를 적절하게 포착하려는 사람이라면, 그것의 활용에 초점을 맞추어야만 한다. 즉 부르디외가 구체적인 경험 분석의 과정에서 그것을 어떻게 소환하며 어떤 분석적 효과를 가지고 그렇게 하는지를 보아야 한다는 것이다. 시간이 지날수록 [하비투스 개념의] 강조점이 좀더 정신주의적인 것에서 좀더 육체적인 것으로 이동하는 듯하다. 아마도 이는 부분적으로는 부르디외의 초기 작업에 구조주의 언어학적 모델의 영향력이 강했기 때문일 것이다.

86 이 점과 관련해 "합리적 바보들"이라는 멋진 제목을 단 아마르티야 센(Amartya Sen 1977)의 고전적인 논문을 다시 읽는다면 유익할 것이다.

계산을 통해 그 효용성을 극대화하는 의식의 자유로운 기획이자 의식적인 의도의 고의적인 추구로 행위를 그려 내는 주관주의로부터 벗어나면서 말이다.

하비투스 개념의 두번째 중요한 기능은——나는 또 그것이 무엇보다도 하나의 자세(또는 과학적 하비투스), 즉 실천을 그 특수한 (시간적 차원을 포함하는) '논리' 속에서 구성하고 이해하는 일정한 방식을 가리킨다고 말해야만 하겠다——[객관주의 대 주관주의보다] 극복하기에 확실히 훨씬 더 어렵고 못지않게 치명적인 또 다른 대립 쌍과 단절하는 것이다. 즉 실천으로서 실천 이론은 실증주의적 유물론에 맞서서, 지식의 대상이 수동적으로 기록되는 것이 아니라 구성된다고 주장한다. 그리고 그것은 지성주의적 관념론에 맞서서, 이 구성의 원리가 실천 속에서 습득되며 끊임없이 실용적 기능을 목적으로 삼는, 구조화되고 구조화하는 성향들의 사회적으로 구성된 체계 안에서 발견된다는 것을 환기시킨다. 그 원리는 초월적 주체에 고유한 보편적 범주와 선험적 형식 들의 체계가 아닌 것이다. 「포이어바흐에 관한 테제들」Theses on Feuerbach에서 맑스(Marx 1982[1845])가 제안했던 프로그램을 쫓아서, 실천 이론은 지식에 대한 유물론적 이론을 가능하게 만들려는 목표를 지닌다. 세속적인 것이든 학술적인 것이든 모든 지식은 구성 작업을 전제한다는 발상을 관념론에 방기하지 않으면서 말이다[87]. 그런데 그것은 이러한 작업이 지적인 작업과는 아무 공통점이 없으

---

87 부르디외가 『실천 이론 개요』(Bourdieu 1972a[2000: 219])를 여는 문구로 사용한, 맑스의 포이어바흐에 관한 첫번째 테제[바캉의 원래 각주에는 '세번째 테제'로 되어 있으나, 이는 착오로 보인다]는 다음과 같다. "지금까지의 모든 유물론(포이어바흐의 유물론을 포함해서)의 주요한 결함은 외부의 대상·실재·감각적인 세계를 단지 객체 또는 직관의 형식으로만 파악했을 뿐, 주관적인 방식에서의 구체적인 인간 활동, 실천으로 파악하지 못한 점에 있다. 능동적인 측면이 유물론과 대립하는 관념론에 의해 발전되어 온 이유는 그것이다. 하지만 그것은 단지 추

며 실천적 구성, 심지어 실천적 반성의 활동으로 이루어진다는 것, 사유, 의식, 지식에 대한 평범한 관념은 우리가 [실천에 관해] 적절하게 생각하지 못하도록 방해한다는 것을 강조한다. 나는 헤겔의 에토스ethos나 후설의 습성Habitualität, 모스의 헥시스hexis에 이르기까지, 나 이전에 이 오래된 개념 [즉 하비투스]이나 그 비슷한 것을 썼던 사람들이 (언제나 그것을 명시적으로 알지 못하면서도) 나와 가까운 이론적 의도에 의해 영감을 받았을 것으로 믿는다. 그 의도란 바로 행위자를 소거하지 않으면서도 주체 철학의 영향권 아래에서 벗어나는 것이며(Bourdieu 1985d), 구조가 행위자에 대해, 행위자를 통해 행사하는 효과를 고려하면서도 구조 철학의 영향권 아래에서 벗어나는 것이다. 하지만 역설적인 것은 대부분의 논평자들이 내가 하비투스 개념을 쓰는 방식과 이전의 모든 활용 방식 사이에 있는 중요한 차이 ─ 나는 습관habit이라고 말하지 않기 위해 하비투스라고 말했다 ─ 를 완전히 간과했다는 점이다(Héran 1987). 그 차이란 [내 용법에서 강조하는] 실용적인 숙달이라는 가장 강한 의미에서의 기술art, 특히 창조의 기술ars inveniendi로서 성향 체계 안에 새겨진 (만일 그것이 창조적인 능력이 아니라면) 생성적인 능력을 가리킨다. 한마디로, 논평자들은 기계론에 맞서서 구성된 개념에 대해 기계론적인 시각을 고수하고 있는 셈이다.

바캉 케스텐바움(Victor Kestenbaum 1977)과 오스트로(James Ostrow 1990) 같은 일부 저자들은 당신의 하비투스 이론과 미국 실용주의의 철학적 전통, 각별히 존 듀이 사이에 있는 유사성을 끌어낸 바 있다. 당신은 이

상적인 방식으로밖에 발전되지 않았는데, 관념론은 당연하게도 실제의 구체적인 활동 그 자체는 알지 못하기 때문이다."

러한 초상이 적절하다고 보는가?

부르디외 나는 이 연구들을 최근에야 우연히 보았고, 내가 아주 부분적이고 피상적으로만 알고 있었던 듀이의 철학을 꼼꼼히 살펴보도록 자극받았다. 사실 [나와 그 사이의] 친화성과 수렴 가능성은 아주 놀라울 정도였다. 나는 그 바탕에 무엇이 있는지 이해했다고 믿는다. 즉 모든 유럽 철학을 특징짓는 심층의 지성주의(아주 드문 예외로 비트겐슈타인, 하이데거, 메를로-퐁티가 있다)에 대항하려는 노력에 힘입어, 나는 자신도 모르게 '깊이' 있고 난해한 유럽 전통이 스스로를 돋보이게 만들기 위한 부정적인 참조점으로나 취급해 왔던 철학적 조류들에 아주 가까이 다가가게 되었던 것이다.

간단히 핵심적으로——여기서 모든 적절한 공통성과 차이를 고려할 수는 없다——나는 실천 감각 이론이 듀이(Dewey 2003[1922])의 것과 같은 이론들과 많은 유사점을 가진다고 말하고자 한다. 세계에 대한 능동적이고 창조적인 관계로서의 습관 개념에 중요한 역할을 부여하고, 데카르트 이후 거의 모든 철학이 기초해 있었던 주체와 객체, 내부와 외부, 물질과 정신, 개인과 사회 등의 개념적 이분법을 기각하는 이론들 말이다.[88]

---

[88] 듀이(Dewey 1958[1934]: 104)는 『경험으로서의 예술』에서 다음과 같이 쓴다. "세계와 교섭하며 형성된 습관을 통해서 우리는 또한 세계에 거주한다in-habit. 그것은 집이 되고, 집은 우리 모든 경험의 일부이다." "숨어서 기다리고 있다가 무엇이든 들어오면 개입하는 능동적이고 열성적인 배경"으로서 "정신"에 대한 그의 정의는 부르디외의 하비투스와 명백한 친연성을 가진다.
근래 습관 개념과 그것이 사회 이론에서 무시당하거나 혹은 명예를 손상당해 온 데 대한 관심이 새롭게 떠오르고 있다(예를 들어 Perinbanayagam 1985, Camic 1986, Baldwin 1988, 그리고 Connerton 1989: 특히 22~30, 84~95 그리고 3장에서 실천의 '각인'과 '체화'에 관한 논의). 이는 부분적으로는 미국 사회과학을 지배하기에 이른 과도하게 "합리주의적인 인지와 의사 결정 모델"에 대한 반발에 기인한 것이다(Collins 1981b: 985). 듀이와 미드G. H. Mead는 습관에 기반을 둔 행위사회학sociology of action을 초창기에 정식화했다는 이유로 가장 자주 '재발견

바캉 사회적 행위에 대한 그러한 개념화 때문에 당신은 근래 사회과학에서 합리적 행위 이론 또는 합리적 선택 이론이라는 이름표 아래 힘을 얻은, 이 질적이면서도 광범위한 조류와 최전선에서 대치하게 되었다.[89]

부르디외 스콜라적 오류——맑스가 헤겔에 대해 말했듯 "논리의 사물을 사물의 논리로 착각하는" 논리 전문가들의 일상적인 오류——의 전형적인 사례인 합리적 행위 이론(이하 'RAT')은 사회적으로 구성된 행위자의 실천 감각 자리에 실천을 개념화하는 과학자의 정신을 놓는다. 그것이 추론하는 행위자는 행동하는 주체sujet agissant에 인식하는 주체sujet connaissant를 상상적으로 투사한 산물에 불과하다. 그것은 행위에 연루된 행동인의 몸 위에 자기 실천을 반성적이며 논리적인 방식으로 사고하는 사유인의 머리가 놓여 있는 일종의 괴물이다. RAT는 모호하며 상호 교체 가능한 행위자가 잠재적이거나 실제적인 '기회들'에 대해 드러내는 '합리적 반응'만을 인식한다.[90] 그것의 '상상적 인간학'은 '경제적인' 것이든 아니든 간에 행위를 경제적·사회적으로 조건 지어지지 않은 행위자의 의도적인 선택 위에 정초하려 시도한다. 실천의 '합리성'에 대한 이 편협하고도 경제학적인 개념화는 행위자의 개인적이고 집합적인 역사를 무시한다. 한데 그들에게 깃든

되는' 저자들이다(Joas 1993; Cook 1993). 전前대상적인 것의 육체성, 세계와 주체 사이의 비정립적 접촉에 관한 메를로-퐁티 작업의 비판적인 관련성은 오스트로(Ostrow 1990)와 슈미트(Schmidt 1985, 특히 3, 4장)가 드러낸 바 있다. 이러한 시각이 미국에서 힘을 얻을지, 부르디외와 연계될 수 있을지 지켜보는 것은 흥미로운 일이다.

89 이 조류의 세 분파로는 Elster 1986, Friedman & Hechter 1988, 그리고 Coleman 1990b을 보라. 비판적 검토를 위해서는 Wacquant & Calhoun 1989를 보라.

90 장-폴 사르트르와 욘 엘스터에게서 나타나는 이러한 '상상적 인간학'에 대한 체계적 비판으로는 Bourdieu 1980a: 71~86 참조.

선호 구조는 그러한 역사를 통해 복잡한 시간적 변증법 속에서 구성되는 것이다. 그들을 생산했으며 그들에 의해 재생산되는 경향이 있는 객관적 구조와 함께 말이다.

바캉 하비투스 개념의 목적 가운데 하나는 경제적 행위자의 역사성, 그의 열망과 선호의 역사적 발생을 우리에게 일깨워 주는 데 있는 것 아닌가? 그런데 어떤 비판가들(예컨대 Jenkins 1982)은 그것을 역사철학의 개념적 중추로 바꾸어 놓으면서, 그 철학의 목적이 정작 역사를 부정하는 데 있다고 추정한다.

부르디외 인간 행동은 직접적인 자극에 대한 즉각적인 반응이 아니다. 한 개인이 다른 사람에게 보이는 가장 사소한 '반응'조차 이 사람들과 그들 관계의 전체 역사를 담고 있다. 이 설명을 위해 나는 "갈색 스타킹"이라는 제목이 달린 『미메시스』*Mimesis*의 한 장을 언급하고 싶다. 거기서 에리히 아우어바흐(Erich Auerbach 1968[1946])는 버지니아 울프*Virginia Woolf*의 『등대로』*To the Lighthouse*에 나오는 한 대목, 그리고 소소한 외부 사건이 램지 부인의 의식에 불러일으키는 표상, 아니 차라리 반향을 상기시킨다. 스타킹을 신어 보는 이 사건은, 완전히 우연한 것은 아닐지라도, 그것이 유발하는 간접적인 반응들을 통해서만 가치를 갖는 하나의 출발점이다. 이 사례를 통해 우리는 어떤 자극에 대한 지식이 있다고 해서 그것이 끌어내는 반향과 공명 대부분을 이해할 수는 없다는 점을 알게 된다. 스스로 품고 있는 역사 전체와 함께 작용하면서 그러한 자극을 선별하고 증폭시키는 하비투스에 대한 지식이 없다면 말이다.

바캉 그 말은 우리가 (경제적 실천을 포함해) 실천을 진정으로 이해하려면 그 역동적 원리를 제공하는 하비투스를 생산하고 활성화하는 사회경제적 조건들을 규명해야만 한다는 뜻이 된다.

부르디외 경제의 내재적 법칙을 적절한 실천의 보편적으로 실현된 보편적인 규범으로 전환시키면서, RAT는 다음과 같은 사실을 잊고 또 숨긴다. 즉 알제리에 관한 작업들에서 내가 보여 주었듯이(Bourdieu 1963; 1974a; 1977a; 2000b), 적절한 경제적 실천의 사전 조건인 '합리적인', 더 낮게는, 분별 있는 하비투스가 특수한 경제적 가능 조건의 산물이라는 점 말이다. 그것은 공식적으로는 모든 사람에게 제공되는 '잠재적 기회'를 지각하고 포착하기 위해 실제로 필수적인 최소한의 경제자본과 문화자본을 소유했는지에 의해 규정된다. RAT가 추상적인 '행위자'에게 자유롭게 부여하는 모든 능력과 성향──유리한 기회를 헤아리고 잡아채는 기술, 일종의 실천적인 귀납을 통해 예기하는 능력, 위험을 재고 개연성에 맞서 가능성 쪽에 내기를 거는 능력, 투자 기질, 경제 정보에 대한 접근 등──은 한정된 사회경제적 조건들 아래서만 얻어질 수 있는 것이다. 그것은 언제나 행위자가 특수한 경제 안에서, 그것에 대해 가지는 권력의 함수이다.[91] 아무런 근거 없

---

91 『알제리 60』에서 부르디외는 알제리 하층 프롤레타리아가 "근대성의 문턱"에 도달할 수 없음을 보여 준다(Bourdieu 1977a: 68 이하). 그 문턱은 하층 프롤레타리아와 안정적인 노동 계급 사이의 경계를 구성하며, 그 아래에서는 합리화된 (자본주의) 경제가 요구하는 "합리적 하비투스"의 형성이 불가능하다. 하층 프롤레타리아의 "직업적인 존재 전체"가 영속적인 불안정과 극단적인 박탈(이 경우, 상황은 농민 사회가 이전에 보장했던 대비책과 지원의 소멸로 인한 문화 충격에 의해 더욱 악화된다)이 부과하는 "자의성의 지배 아래 놓여 있는" 한 말이다. 경제적 필요로부터 최소한의 거리를 둘 수 없다면, 행위자는 선택지들을 담고서 의미 있는 결정을 권유하는 미래의 가능성을 개념화하기 위해 요구되는 시간적 성향을 계발할 수 없다(콘스탄틴 시의 실직자 청년은 이를 잘 요약한다. "오늘도 믿을 수 없는데, 어떻게 내일을 믿을 수 있겠소?").

이ex nihilo 사전에 구성된 보편적 이해관심의 존재를 가정해야만 하기 때문에, RAT는 역사적으로 변화하는 이해관심 형태들의 사회적 발생에 대해서는 철저하게 안중에 두지 않는다.

　게다가 하비투스 이론은 합리적 선택 이론의 목적론이 인류학적으로는 틀렸음에도 왜 경험적으로는 견고한 것처럼 보이는지를 설명한다. 행위를 명시적으로 설정된 목표에 대한 의식적인 겨냥에 의해 결정되는 것으로 개념화하는 개인주의적 목적론은 실상은 충분히 '근거 있는 환상'이다. 장 안에 새겨진 필연성과 개연성에 맞춘 하비투스의 예기된 조정anticipated adjustment을 함축하는 게임 감각은 미래에 대한 성공적인 '조준'의 외양 아래 나타난다. 마찬가지로 동일한 계급에 속하는 하비투스들의 구조적 친화력은, '음모'는 고사하고 어떤 집합적인 '의도'나 의식과도 관계없이, 서로 수렴하며 객관적으로 조율되는 실천들을 생성시킬 수 있다. 이와 같은 방식으로 그것은 사회 세계에서 관찰될 수 있는 유사 목적론적인 수많은 현상들, 집합 행동이나 집합 반응처럼 RAT에게 극복할 수 없는 딜레마를 제기하는 현상들을 설명한다.[92]

　합리적 행위 이론의 이런저런 판본을 주창하는 이들의 노력을 보면서 나는 코페르니쿠스 이후 프톨레마이오스 패러다임을 구원하려 애썼던 티코 브라헤Tycho Brahé를 떠올린다.[93] 그들이 때로는 한 페이지에서 또 다른

---

92 이 딜레마들 가운데 가장 유명한 것은 '무임 승차자'free rider의 딜레마이다(Olson 1965). 부르디외는 다음과 같은 점을 보여 줌으로써 이 문제를 해소한다. 즉 "존재 조건의 동질성으로부터 기인하는 집단 혹은 계급 하비투스의 객관적인 동질화는 어떠한 전략적 계산이라든지 규범에 대한 의식적인 참조를 하지 않더라도 실천들이 객관적으로 조화를 이룰 수 있게 만들며, 명시적인 상호 조정은 물론이거니와 어떠한 직접적 상호작용이 없이도 서로 맞추어질 수 있게 만든다"(Bourdieu 1980a: 98)는 것이다.

93 덴마크 천문학자인 티코 브라헤는 『세상에 대하여』*Di Mundi*(1588)의 저자이다. 그 책은 프톨

페이지로 기계론과 목적론 사이에서 오락가락하는 모습을 보는 것은 재미 있다. 기계론은 (시장의 제약 같은) 원인들의 직접적인 효력으로 행동을 설명한다. 순수한 형식의 목적론은 완벽한 의지를 명령하는 순수한 정신의 선택만을 보기 원하며, 좀더 온건한 형식의 목적론은 '제한적 합리성', '비합리적 합리성', '의지박약' 등과 같이 제약 아래 이루어지는 선택의 여지를 둔다. 이 유지될 수 없는 패러다임의 불운한 영웅은 아마도 욘 엘스터일 것이다. 그는 『율리시스와 사이렌』*Ulysses and the Sirens*에서 자기 기만과 맹서에 관한 사르트르의 분석을 되풀이한다—동일한 원인들이 동일한 효과들을 생산한다(Elster 1987[1979]).[94]

바캉 하비투스 개념은 또 개인과 사회의 이분법, 따라서 방법론적 개인주의와 방법론적 전체론의 이분법을 비켜 가는 기능을 갖고 있지 않은가?

부르디외 하비투스에 관해 말한다는 것은 개인적인 것, 심지어 인격적인 것, 주관적인 것조차 사회적이며 집합적이라고 단언하는 것이다. 하비투스는 사회화된 주체성이다. 여기가 바로 내가 예컨대 허버트 사이먼Herbert Simon 과 그의 '제한된 합리성'(Simon 1955; March 1978) 개념으로부터 갈라지는 지점이다. 합리성이 제한적인 것은 단지 가용한 정보가 모자라고 인간 정

레마이오스의 천동설과 코페르니쿠스의 지동설 사이에 걸쳐 있는 절충안의 정점을 보여 준다. 쿠아레(Koyré 1961)는 『천문학 혁명』에서 과학사의 이 에피소드를 분석한다.

94 사르트르의 현상학과 이 노선에 있는 엘스터의 합리적 선택 이론에 대한 철저한 비판은 Bourdieu 1980a: 78~81를 보라. 다른 곳에서 부르디외(Bourdieu 1990g: 384)는 이렇게 쓴다. "합리적 행위 이론의 지지자들이 인간 실천의 원리로 그려 내는 합리적 계산기는 천사장 angelus rector 만큼이나 어처구니없다. 뉴턴 이전의 몇몇 사상가들은 이 멀리 내다보는 안내자가 행성의 운동을 조절한다고 주장했던 것이다."

신 일반이 원래 제한되어 있어서 모든 상황을 충분히 고려할 수 있는 수단을 가지고 있지 않기 때문만이 아니라, 인간 정신이 사회적으로 제한적이며 사회적으로 구조화되기 때문이다. 개인은 좋든 싫든 간에 맑스 말처럼 언제나 "그의 뇌의 한계 안에" 사로잡혀 있다――그가 그 사실에 대해 자의식을 가지는 한에서는 아니지만 말이다. 이는 그가 자신의 성장과 교육 과정에서 습득한 범주 체계의 한계 속에 빠져 있다는 뜻이다. (나는 내가 요즘 들어서만큼 맑스를 자주 인용한 적이 없다는 점을 언급하고자 한다. 그가 사회 세계의 온갖 악의 희생양이 되어 버린 시기인데 말이다. 이는 정통 맑스주의가 베버의 저작을 제쳐 놓으려 애쓸 때 나로 하여금 베버를 인용하게 이끈 것과 동일한 반항적 성향의 표현임에 틀림없다⋯⋯.)

따라서 사회과학의 적절한 대상은 모든 '방법론적 개인주의자들'이 순진하게도 최고의 실재이자 가장 기층의 실재로 추앙하는 이 궁극적 실재ens realissimum인 개인이 아니다. 그것은 사회 공간 안에서 비슷한 장소를 공유하고 있는 개인들의 구체적인 집합인 집단도 아니다. 사회과학의 적절한 대상은 신체와 사물 안에 있는, 역사적 행위의 두 구현물 간의 관계이다. 달리 말해, 그것은 하비투스와 장 사이의 이중적이며 모호한 관계이다. 하비투스는 지각, 평가, 행위 도식의 지속적이면서도 전이 가능한 체계로서 신체(또는 생물학적 개인) 내에 사회적인 것이 정립된 데서 비롯한다. 장은 거의 물리적인 대상의 실재성을 가지는 사물이나 메커니즘 내에 사회적인 것이 정립된 산물인 객관적 관계 체계이다. [사회과학의 적절한 대상은 하비투스와 장 사이의 관계뿐만 아니라] 이 관계로부터 태어난 모든 것, 즉 사회적 실천과 표상――지각되고 평가된 실재의 형태로 제시되는 장――이기도 하다.

바캉 하비투스와 장 사이의 이 '이중적이며 모호한 관계'(당신은 어디선가 '존재론적 조응'에 관해 말한 적이 있다)의 성격은 무엇인가? 더 구체적으로, 그것은 어떻게 작동하는가?

부르디외 하비투스와 장 사이의 관계는 두 가지 방식으로 작동한다. 한편으로 그것은 조건화의 관계이다. 장은 하비투스를 구조화한다. 이 하비투스는 장(혹은 교차하는 장들의 집합이 될 수도 있는데, 그러한 교차나 간극의 정도는 분열된, 심지어 찢겨진 하비투스의 바탕이 된다)의 내재적 필연성이 체화된 산물이다. 다른 한편으로 그것은 지식 또는 인지적 구성의 관계이다. 하비투스는 장을 의미로 충만한 세계, 의미와 가치를 부여받은 세계, 그 안에 자기 에너지를 투자할 만한 가치가 있는 세계로 구축하는 데 기여한다. 두 가지 사항이 따라온다. 첫째, 지식 관계는 그것에 선행하는 조건화 관계에 달려 있으며 하비투스의 구조를 형성시킨다. 둘째, 사회과학은 불가피하게 '지식에 대한 지식'이며, 장의 원초적 경험, 더 정확하게는 상이한 유형의 장과 하비투스 간 관계의 항수와 변이형에 대해 사회학적 근거를 갖춘 현상학의 자리를 마련해야만 한다.

인간 존재, 혹은 사회적인 것이 체화된 산물로서의 하비투스는 세계의 사물인데, 그 세계를 위해 사물들이 있다. 파스칼이 어느 정도 설명했듯, 세계는 나를 감싸지만 나는 그것을 포함한다/이해한다le monde me comprend mais je le comprends.[95] 말하자면, 사회적 실재는 이중으로 존재한다. 사물과

---

95 파스칼의 구절은 다음과 같다. "공간에 의해서 우주는 나를 포함한다. 그리고 나를 하나의 점인 것처럼 삼켜 버린다. 그러나 나는 사고에 의해서 우주를 포함한다"(블레즈 파스칼, 『팡세』, 김형길 옮김, 2005, 서울대출판부, 78쪽). 이 정식에 담겨 있는 구조적 관점주의perspectivisme structural의 정교화가 『파스칼적 명상』(Bourdieu 1997a)의 대상이다. 프랑스어 동사

정신 속에서, 장과 하비투스 속에서, 행위자의 외부와 내부에서. 그리고 하비투스가 자기를 생산해 낸 사회 세계를 만날 때, 그것은 마치 '물속의 물고기'와 같다. 그는 물의 무게를 느끼지 않으며, 세계를 있는 그대로 당연히 받아들인다.[96] 내 말을 더 잘 알아들을 수 있도록 나는 파스칼의 정식을 부연설명할 수 있다. 즉 세계는 나를 감싼다. 하지만 나는 그것을 이해한다. 왜냐하면 바로 그것이 나를 포함하기 때문이다. 이 세계가 내게 자명한 것으로 나타난다면, 그것이 나를 생산했기 때문이며 내가 거기 적용하는 사유 범주들을 생산했기 때문이다. 하비투스와 장의 관계에서 역사는 자신과의 관계 속으로 진입한다. 하이데거와 메를로-퐁티가 제시했듯이, 진정한 존재론적 공모가 (주체나 의식이 아니며, 역할의 단순한 실행자, 구조의 담지자 또는 기능의 실현자도 아닌) 행위자와 (비록 연구의 객관주의적 단계에서는 그렇게 구성되어야 할지라도 결코 단순한 '사물'이 아닌) 사회 세계 사이에서 이루어진다.[97] 이 실천적 지식의 관계는 문제로서 지각되고 그렇게 구성된 주체와 객체 간의 관계가 아니다. 사회적인 것이 체화된 산물로서 하비투스는 그것이 거하는 장 안에서 '편안하며', 장을 즉각 의미와 이해관심을 지닌 것으로 지각한다. 그것이 낳는 실천적 지식은 아마도 아리스토텔

'comprendre'에는 '이해하다'와 '포함하다'의 두 가지 의미가 있다. ──옮긴이

96 "하비투스는 세력 장이 그 안에 완전히 깃들어 있을 때, 그 행동의 장을 실질적으로 가장 잘 제어한다. [하비투스의] 그 구조가 이 장의 산물이기 때문이다"(Bourdieu 1989a: 327).

97 "사회 세계에 대한 관계는 '환경'과 의식 간의 기계적인 인과 관계가 아니라, 일종의 존재론적 공모 관계이다. 동일한 역사가 하비투스와 거주지habitat, 성향과 위치, 왕과 궁정, 고용주와 회사, 주교와 교구에 깃들면, 역사는 어떤 의미로 그 자체와 소통하며 그 자신의 이미지 속에 되비친다. 그것은 스스로를 '선술어적인'antepredicative, '수동적 종합'passive syntheses 속에서, 즉 어떤 구조화하는 조작이나 언어적 표현 이전에 구조화된 구조들 안에서 스스로를 인식한다. 자신이 태어난 세계에 대한 독사적 관계, 실천적 경험으로부터 솟아나는 거의 존재론적인 관여는 소속과 소유의 관계이다. 그 관계 속에서 역사에 의해 전유된 몸은 동일한 역사가 살고 있는 사물들을 절대적이며 즉각적으로 전유한다"(Bourdieu 1980i: 6~7).

레스의 프로네시스phronesis, 또는 플라톤이 『메논』에서 말하는 오르테 독사orthē doxa 와의 유비 속에서 기술될 수 있을 것이다. 그러니까 마치 '옳은 의견'이 왜 또는 어떻게 그런 줄 모르게 '맞아 떨어지는' 것처럼, 성향과 위치, '게임 감각'과 게임 간의 일치는 행위자가 '해야만 할 것'을 명시적인 목표로 제기하지 않으면서도 계산과 심지어 의식 수준 밑에서, 담론과 표상 아래에서 '해야만 할 것'을 실행하는 현상을 설명해 준다.

바캉 하지만 내가 보기에 그러한 분석은 당신이 전략이라는 관용어를 버리도록 이끌어 가야 맞다. 그런데 전략은 당신 저작에서 중심적인 자리를 차지한다(Bourdieu 1972b; 1980a; 1985c).

부르디외 사실상 '게임에 대한 느낌'으로서 하비투스에 의해 제시되는 전략은 명시적이고 의식적인 기획project으로 설정되는 것과는 거리가 멀다. 그것은 후설(Husserl 1985[1913])이 『순수현상학과 현상학적 철학의 이념들』 Ideen에서 잘 특징지은 것처럼, '예지'protension의 양식 위에서, 즉각적인 현재에 즉각적으로 주어진 '객관적 잠재성'을 겨냥한다. 그렇다면 우리가 이를 과연 '전략'이라고 말해야 하는 것인지 당신처럼 의구심을 가질 수도 있을 것이다. 그 단어가 데카르트에서 사르트르까지 근대 서양 철학을 지배했던 지성주의적·주관주의적 전통과 강하게 연계되어 있었던 것은 사실이다. 그리고 그것은 이제 지식인들의 정신주의적 명예심point d'honneur을 만족시키기에 안성맞춤인 이론인 RAT와 더불어 다시 솟아오르고 있다. 하지만 그렇다고 해서 그것이 그 단어를 완전히 다른 이론적 의도를 가지고서도 쓰지 않아야 할 이유는 되지 못한다. 사회적 행위자들이 실천 속에서 실천을 통해 구축하는, 객관적으로 방향 지어진 행위 노선을 지칭하려는

의도 말이다.[98]

그런데 역설적으로 우리는 바로 하비투스와 (특히 경제) 장 사이에 즉
각적인 조화가 이루어지는 사례들 때문에 하비투스의 실재성에 이의를 제
기하고 그 과학적 유용성을 의심하게 될 수도 있다. 그 역설을 최대한 부각
시키면서 어떤 이는 하비투스 이론이, 설명해야 할 것을 전제하는 수면제
식vis dormitiva 설명, 갖다 붙인ad hoc 설명(어떤 사람은 왜 프티 부르주아식 선
택을 하는가? 왜냐하면 그가 프티 부르주아 하비투스를 가지고 있기 때문이다!)
에 의해 설명을 누적시키게 만든다고 말할 수도 있을 것이다. 나는 그 개념
의 일부 이용자들이 그러한 위험들에 굴복할지도 모른다는 점을 부인하지
않는다. 하지만 나는 내 비판자들에게 내 글에서 그와 같은 예를 한번 찾아
내 보라고 감히 대꾸할 준비가 되어 있다. 이는 단지 내가 그러한 위험들
을 늘 예민하게 인식하고 있기 때문만은 아니다. 실제로 하비투스는 자신
을 생산해 낸 것과 동일한 혹은 유사한, 객관적 조건들에 직면하는 매 순간,
의도적인 적응을 의식적으로 추구하지 않으면서도 장에 완벽하게 '적응한
다'. 그렇다면 누군가는 하비투스 효과가 장의 효과와 중복적이라고 말할
수도 있을 것이다. 그런 경우에 하비투스 개념은 반드시 필수 불가결하지
는 않은 것으로 비칠지도 모른다. 하지만 그래도 그것은 상황의 '사리에 맞
는' 성격이 보증한다고 여겨지는 것에 대해 '합리적 선택'의 차원에서 해석
하려는 시도를 제쳐 놓는 미덕을 지닌다.

하비투스는 사회적 행위자가 합리적이지 않으면서도 분별 있다는 사

---

98 "전략의 의식적인, 혹은 무의식적인 특성이라는 문제, 즉 행위자의 성심이냐 냉소주의냐 하
는 문제, 프티 부르주아의 도덕주의에 그렇게나 대단한 이해관심을 끄는 이 문제"는 전략을
추동하는 것이 장의 특수한 국면과 하비투스의 만남이라는 점을 일단 인식하면 "무의미한"
(Bourdieu 1990b: 37) 것이 된다.

실——이것이 사회학을 가능하게 만든다——을 설명하기 위해 가정해야만 하는 것이다. 사람들은 바보가 아니다. 정신이상이 아닌 한, 그들은 미친 짓을 하지 않는다(우리가 '자기의 지불 능력을 넘어서는' 구매를 하는 이에게 '미친 짓 한다'고 말하는 의미에서). 그들은 우리가 자연스럽게 그렇다고 믿는 것만큼이나 이상하거나 호락호락하지 않다. 왜냐하면 오랜 다면적 조건화 과정을 통해 자신들이 직면한 객관적 기회를 내면화했기 때문이다. 그들은 ("이건 우리 같은 사람들을 위한 게 아니야"라는 표현이 가리키는 모든 것에 반대되는) 자기에게 어울리는 미래, 그들을 위해 만들어진 미래이자 그들이 거기 맞게 만들어진 미래를 어떻게 '읽어야' 하는지 안다. 현재의 표면에서 실행되거나 말해졌어야 '했던' 것인 양 의심의 여지없이 부과되는 것(그리고 회고적으로 실행하거나 말해야 할 '유일한' 것으로 나타나는 것)을 포착하는 실천적인 예기를 통해서 말이다. 사회 세계 안에서 주관적 기대와 객관적 기회의 변증법은 어디서나 작동한다. 그리고 대부분의 경우, 그것은 기회에 맞춘 기대의 조정을 낳는 경향이 있다(Bourdieu 1974a).

그러나 하비투스와 장 사이에는 불일치의 사례들 또한 있다. 그 경우, 하비투스와 그에 고유한 관성inertia, 이력hysteresis을 고려하지 않는다면 행동은 이해 불가능한 것으로 남는다. 내가 알제리에서 관찰했던 상황, 즉 전 자본주의적 하비투스를 지닌 농민들이 갑자기 자신의 근거지를 잃고 자본주의 세계에 내던져진 상황이 하나의 본보기이다(Bourdieu 1977a). 또 다른 사례는 혁명적인 성격의 역사적 국면에서 주어진다. 객관적 구조의 변동이 너무도 빨라서 이전의 구조에 의해 형성된 정신 구조를 가진 행위자들이 엇갈리는 목적 앞에서 시대에 뒤떨어지게 되고 시류에 맞지 않게à contre-temps 행동하는 상황 말이다. 그들은 '시대의 흐름에 동떨어져 있다'는 소리나 들을 법한 나이 든 사람들처럼 멍하게 생각한다. 그 정반대의 상황들도 있다. 하비투스의 변환이 구조의 진화에 너무 앞서가는 나머지, 구조를 압박하거나 와해시키려 들 수도 있는 것이다.[99] 한마디로, 사회 세계를 통틀어 작동하는, 주관적인 기대와 객관적인 기회 사이의 지속적인 변증법은 완벽한 상호 일치(사람들이 객관적으로 자신에게 운명 지어진 것을 욕망하게 되는 경우)로부터 근본적인 불일치(맑스가 말하는 돈키호테 효과의 경우)에 이르기까지 다양한 결과를 낳을 수 있다.[100]

---

99 이러한 두 가지 인간형의 사례를 부르디외는 농민 사회의 양성 간 관계 변화에 관한 그의 연구(Bourdieu 1962a)에서 예시하고 있다. 남성들에게서는 객관적 구조에 대한 하비투스의 지체 현상이 나타난다. 이는 사회적 부적응과 감정적 혼란을 가져오고, 그들을 독신 상태로 몰고 간다. 반대로 젊은 여성들에게서는 위치 체계에 대한 성향의 '앞서가기'가 나타난다. (이는 그들이 젠더 관계와 가정 경제 내에서 피지배적인 위치에 있고, 학교 문화와 도시 문화에 훨씬 더 열려 있다는 데서 기인한다.) 그리하여 그들은 농촌 공간의 재생산이 의존하고 있는 결혼 전략 체계를 경멸하기에 이른다.

100 주관적인 희망과 지각 도식의 형태로 이루어지는 객관적 기회의 내면화는 사회적 전략에 대한 부르디외의 분석에서 중요한 역할을 수행한다. 학교든 노동이든 결혼 시장이든 과학이든 아니면 정치든 말이다(중요한 언급들을 보려면 Bourdieu 1966b; 1972b; 1974a; 1978a를 참조할 것). 한데 그것은 행위자의 기대를 반드시 함축하며 그들의 객관적 기회를 기계적으로 재생산하는 것으로 종종 잘못 해석되어 왔다(예컨대 Swartz 1977: 554; McLeod 1987). 따라서 이러한 관점을 부르디외가 얼마나 강하게 거부하는지 좀 길게 인용해 보아도 유용할 것이다. "집단을 구성하는 행위자들은 그들을 생산해 낸 경제적·사회적 조건보다 더 오래가는 지속적인 성향을 지닌다. 주로 이러한 이유 때문에 집단은 특정한 상태를 계속 유지하는 경향이 있는데, 이 경향은 적응이나 감내 못지않게 부적응이나 반항의 기반이 될 수 있다. 객관적인 조건에 대한 하비투스의 예기된 적응 속에서 '가능한 것의 특수한 사례'를 보려면, 또한 거의 완벽한 재생산의 거의 순환적인 관계 모델을 무의식적으로 보편화하지 않으려면, 성향과 조건이 맺는 관계의 가능한 다른 형식들을 환기시키는 것으로 충분하다. 거의 완벽한 재생산의 거의 순환적인 모델은 하비투스의 생산 조건이 그 기능 조건과 동일하거나 상응하는 경우에만 완전히 유효하다"(Bourdieu 1980a: 105, 강조는 바캉). 유사한 언급이 「계급의 장래와 개연적인 것의 인과성」(Bourdieu 1974a)과 같은 부르디외의 초기 논문들에서도 나타난다.

부르디외는 『파스칼적 명상』에서 이 문제로 되돌아온다(Bourdieu 1997a: 229~234). 거기서 그는 고등 교육에 대한 접근의 일반화가 기대와 기회 사이의 구조적 불일치를 생산하는 경향이 있다고 주장한다. 특히 민중 계급의 아이들은 고등 교육을 통해 개인적 야심을 품도록 자극받지만, 그들 가운데 극소수만이 그것을 실현할 수 있다는 것이다.

바캉 그런데 하비투스는 단지 생성 원리일 뿐만 아니라, 통합 원리이기도 하다. 하비투스를 이루는 성향들은 사회 생활의 한 영역에서 다른 영역으로 전이 가능하다.

부르디외 우리가 하비투스 개념 없이 꾸려 나갈 수 없는 또 다른 이유는 그것만이 성향, 취향, 선호의 항상성을 고려하고 설명할 수 있게 해준다는 데 있다. 그러한 항상성은 한계 효용 이론을 기반으로 하는 신고전파 경제학의 큰 난점으로 받아들여졌다(많은 소비자행동경제학자들은 지출의 구조와 수준이 수입에서의 단기적인 변화에 영향을 받지 않으며 소비 지출이 이전의 소비 패턴에 강하게 의존한다는 사실에서 비롯하는 높은 정도의 관성을 드러낸다는 점을 보여 준다). 그런데 발견적인 동시에 설명적인 이 개념의 미덕은 결혼 행동과 출산율 같이 동일한 과학에서 종종 별도로 연구되는 실천들이라든지, 아니면 프티 부르주아지의 상향 이동 분파들에서 나타나는 언어적 과잉 교정과 저출산율, 강한 저축 성향과 같이 아예 상이한 과학들에서 연구되는 실천들의 경우에 가장 잘 나타난다(Bourdieu 1979a: 6장을 보라).

간단히 말해 하비투스 이론은 합리적 선택 이론보다 실제 실천(특히 경제적 실천)의 실제 논리를 더 잘 설명한다는 장점을 가진다(용서하시라, 하지만 나는 그 장점을 방어하도록 요구받았다고 느낀다). 합리적 선택 이론은 순전히 실제 실천을 파괴한다. 뿐만 아니라 하비투스 이론은 가설들의 매트릭스를 제공하는데, 그것들은 내 작업에서만이 아니라 [다른 연구들을 통해서도] 수많은 경험적 검증을 확보한 바 있다.

바캉 하비투스 이론은 하나의 가능한 행동 양태로서 전략적인 선택과 의식적인 고려를 제거하지 않는가?

부르디외 전혀 그렇지 않다. 하비투스와 장의 즉각적인 일치는, 가장 우세한 것일지 몰라도 단지 하나의 행동 양태일 따름이다(라이프니츠는 "우리는 행동의 4분의 3에서 경험적이다"라고 말했는데, 이때 경험적이라는 말은 실천적이라는 뜻이다).[101] 하비투스가 제시하는 행동 노선은 비용과 이익에 대한 전략적 계산을 곧잘 수반할 수 있다. 그러한 계산은 하비투스가 자기 나름으로 수행하는 일 처리를 의식적인 수준에서 수행하는 경향이 있다. 주관적이고 객관적인 구조들의 적응이 급작스럽게 붕괴되는 위기의 시기는, 적어도 합리적일 수 있는 위치에 있는 이들에게는 정말 '합리적 선택'이 접수할지도 모르는 부류의 환경을 구성한다.

바캉 하비투스라는 매개 개념의 도입이 우리를 진정 구조주의의 '쇠우리' iron cage으로부터 자유롭게 해줄까? 당신의 많은 독자들에게 그 개념은 여전히 지나치게 결정론적인 것으로 여겨진다. 만일 하비투스가 세계의 영속하는 객관적 구조의 체화로부터 기인한다면, 만일 그것이 조절하는 즉흥성이 그 자체 그러한 구조에 의해 '조절된다면'(Bourdieu 1972a[2000]), 혁신과 행위 주체성의 요소는 어디에서 오는가?[102]

---

101 라이프니츠는 『모나드론』에서 이렇게 쓴다. "사람은 짐승처럼 행동한다. 그의 지각의 연쇄가 기억의 원리에 의해 이루어진다는 점에서 말이다. 그는 이론 없이 단순히 실행하는 경험적 의사를 닮아 있다. 우리는 행동의 4분의 3에서 경험적이다." 4분의 1은 "우리가 반성적 행동에로 고양된 경우이다. 그것은 '이성과 과학'이 우리에게 준 '필연적 진지들에 대한 지식'에 의해 '나'라고 불리는 것을 우리가 생각하게끔 만든다"(Leibniz 1842[1714]: 395, 명제 28과 30).

102 다시 한 번 말하지만, 하비투스 개념에 대해서는 부르디외 해석자와 비판자들이 합치된 의견에 이르지 않는다. 특히 가트먼(Gartman 1991), 지루(Giroux 1982), 젠킨스(Jenkins 1982)가 보기에 하비투스는 결정론을 완화한다는 외양 아래 도리어 그것을 강화시킨다. 지루(Giroux 1983: 90)는 "그것의 정의와 이용은 개념적인 구속복 같아서 수정이나 탈주를 위한 조금의 여지도 주지 않는다. 그리하여 하비투스 개념은 사회변화의 가능성을 질식시키고

부르디외 이 질문에 대답하기에 앞서, 나는 당신이 이렇게 자문해 보기를 권하고 싶다. 어떤 의미로는 아주 평범한 이 개념(누구든 사회적 존재가 최소한 부분적으로는 사회적 조건화의 산물이라는 점에 기꺼이 동의할 것이다)이 왜 일부 지식인들, 심지어 사회학자들에게조차 거의 분노에 가까운 적대적 반응을 촉발했을까? 거기서 무엇이 그렇게나 충격적이었던 것일까? 내 생각에 그 답은 이런 것이다. 하비투스 개념은 지식인들에게 너무나 깊숙이 배어 있는, 자신을 (지적으로) 완전히 통제하고 있다는 환상과 정면충돌한다는 것이다. 프로이트는 코페르니쿠스, 다윈, 그리고 프로이트 자신이 인류에게 세 가지 '자기애의 상처'narcissistic wounds를 입혔다고 일깨운 적이 있다(Freud 1975[1916]). 우리는 거기에 사회학이, 특히 '창조자들'에게 적용될 때 주는 상처를 덧붙여야 할 것이다. 나는 종종 사르트르에 관해 그가 지식인들에게 '전문적인 이데올로기', 더 낫게는, 베버식으로 말해 '그들에게 고유한 특권의 신정론'을 주었다고 말한 바 있다. 그는 '근원적 기도'original project라는 개념과 더불어 창조되지 않은 창조자라는 창건 신화의 가장 완

일종의 관리 이데올로기로 내려앉는다"고 한다. 반대로 하커(Harker 1984), 밀러와 브랜슨(Miller & Branson 1987: 217~218), 타팬(Thapan 1988), 쉴츠(Shiltz 1982: 729), 하커 외(Harker et al. 1990: 10~12), 술쿠넨(Sulkunen 1982)에 따르면, 그것은 구조적 개념이 아닌 매개적 개념으로, 사회적 행동에 어느 정도의 자유로운 유희, 창의성, 예측 불가능성을 끌어들인다. 폭스(Fox 1985: 199)는 이러한 해석을 다음과 같이 표현한다. "하비투스는 언제나 형성 중인 것으로서의 문화라는 개념에 가깝게, 사회적 삶과 문화적 의미를 끊임없이 발전하는 실천으로 그려 낸다." 살린스(Sahlins 1989[1985: 29, 51, 53]), 파월과 디마지오(Powell & DiMaggio 1991), 그리고 캘훈(Calhoun 1982: 232~233)은 이 개념에 [결정론과 비결정론의] 두 가지 차원이 모두 있다고 본다. 앙사르(Ansart 1990: 40)에 의하면, 부르디외가 구조주의 패러다임으로부터 탈출해 사회적 행위에 대한 능동적 개념을 발전시킬 수 있었던 것은 하비투스 개념 덕분이다. 레머트(Lemert 1990: 299)는 이러한 시각을 공유하면서 이렇게 쓴다. "하비투스는 부르디외가 자기만의 독특한 구조 이론을 형성시킬 수 있었던 가장 강력한 아이디어다. 그것은 구조 이론들 대부분이 종종 머뭇거리게 되는 수수께끼, 즉 행위 주체성은 구조화의 제약하는 권력을 어떻게 이겨 내고 살아남는가 하는 문제를 풀려는 민감성을 지닌다."

성도 높은 판본을 정교화시켰다(Bourdieu 1966a). 하비투스 개념에 대한 '근원적 기도' 개념의 관계는 진화론에 대한 창조론의 관계와도 같다. ('근원적 기도'는 일종의 자유롭고 의식적인 자기 창조 활동으로, 창작자는 그것에 의해 자신의 생애 디자인을 스스로에게 부여한다. 그리고 사르트르[Sartre 1983 (1971~1972)]는 그의 플로베르 연구에서 [플로베르의] 어린 시절의 끝에 근원적 기도를 자리매김했다.) 하비투스 개념은 격분, 심지어 절망을 야기한다. 왜냐하면 그것이 '창작자들'(특히 창작자 지망생들)이 스스로에 대해, 그들의 정체성에 대해, 그들의 '독특성'에 대해 가지고 있는 생각을 위협하기 때문이다. 사실 이러한 쟁점의 (경험된) 진지성만이, 그렇게나 많은 섬세한 정신들이 내가 쓴 것에 대해서가 아니라 그들이 읽었다고 생각하는 것에 대해 반응하는 사실을 설명할 수 있다.

하비투스는 일부 사람들이 곡해하는 식의 [피할 수 없는] 숙명fate이 아니다. 역사의 산물인 그것은 열린 성향 체계이다. 그것은 끊임없이 경험에 맞닥뜨려지며, 그리하여 그 구조를 강화하거나 수정하는 식으로 끊임없이 영향받는다.[103] 그것은 끈질기게 오래가지만 영원하지는 않은 것이다! 이 말을 하고 나니 곧장 다음과 같은 말을 덧붙이고 싶어진다. 즉 경험이 하비투스를 확고하게 만들 개연성, 일정한 사회적 조건과 연계된 사회적 운명 destiny 안에 새겨진 개연성이 있다. 사람들 대부분은 통계적으로 원래 자기 하비투스를 형성한 환경과 합치하는 경향이 있는 환경을 만나도록 되어

---

103 어떤 사회적 궤적의 효과를 제쳐두고, 하비투스는 또한 사회분석을 통해 변형될 수 있다. 사회분석은 부르디외가 아래에서 제시하는 바와 같이 개인이 자신의 성향을 제어할 수 있게 해주는 의식의 각성, 일종의 '자기에 대한 작업'self-work이라 할 수 있다. 이러한 유형의 자기 분석의 가능성과 효력은 그 자체 일부는 해당 하비투스의 원래 구조에 의해, 또 일부는 자의식의 각성이 일어나는 객관적 조건에 의해 결정된다(예컨대 이 장의 1절에서 다룬 프랑스 철학자들의 '반-제도적' 성향을 보라).

있기 때문이다.

사회화된 생물학적 개인의 발생이라는 문제, 사회적인 것의 체화로서 하비투스를 구성하는 생성적 선호 체계의 사회적 형성과 습득 조건이라는 문제는 실로 엄청나게 복잡한 질문이다. 논리적인 이유로 나는 이 과정에 상대적인 비가역성relative irreversibility이 있다고 생각한다. 모든 외부 자극과 조건 짓는 경험은 매 순간 이전의 경험들에 의해 이미 구성되어 있는 범주들을 통해 지각된다. 그로부터 원초적 경험들의 불가피한 우선성이 나오고, 결과적으로 하비투스를 구성하는 성향 체계의 상대적인 폐쇄성이 따라 나온다.[104] (예를 들어, 노화는 이러한 [성향] 구조의 폐쇄성 증가로 개념화될 수도 있을 것이다. 나이 먹는 개인의 정신적이고 육체적인 도식이 점점 더 경직되어 갈수록 외부의 자극에 대한 반응성은 점점 떨어져 가는 현상으로 말이다.) 더욱이 온갖 자료들로 미루어 볼 때, 나는 남성/여성의 대립 같은 어떤 기본 구조들은 아주 일찍부터 조직된다고 믿을 수밖에 없다. 엘리너 맥코비(Eleanor Maccoby 1988)의 최근 발달심리학 연구에 따르면, 유아원에서 3살 이전 남자 아이들과 여자 아이들은 동성 친구나 이성 친구에게 어떻게 다르게 행동해야 하는지, 그 친구들로부터 각각 무엇을 기대해야 하는지(한쪽에서는 주먹, 다른 쪽에서는 뽀뽀) 배운다. 만일 젠더 대립의 원리

---

104 "그 발생의 논리 자체는 다음과 같은 사실을 설명한다. 즉 하비투스는 연대기적으로 질서 잡힌 일련의 구조라는 것이다. 거기서 어떤 서열의 구조는 더 낮은 서열의(즉 이전에 발생한) 구조들을 조건으로 가지며, 더 높은 서열의[즉 앞으로 발생할] 구조들을 구조화한다. 그것이 이 구조들을 발생시킨 구조화된 경험들에 행사하는 구조화하는 작용을 통해서 말이다. 그리하여, 예컨대 가정에서 얻어진 하비투스는 학교 경험을 구조화하는 기반이 된다. (……) 학교 활동에 의해 변형된 하비투스는, 그 자체 다변화된 것인데, 다시 그 뒤에 이어지는 온갖 경험의 기반이 되는 등등으로 (……) 재구조화로부터 재구조화로의 과정을 거치는 것이다"(Bourdieu 1972a[2000: 188]).

가 예컨대 정치(모든 중요한 정치적 대립은 성적 함의를 담고 있다) 같은 데서도 아주 근본적인 역할을 수행한다는 주장에 나처럼 동의한다면, 또 성노동의 분리division of sexual labour와 성별 노동 분업sexual division of labour에 대한 지각의 육체적 도식이 사회 세계에 대한 지각을 구성한다고 본다면 (Bourdieu 1977c),[105] 우리는 원초적인 사회적 경험들이 어느 정도까지는 훨씬 더 많은 비중을 갖는다는 점을 시인할 수밖에 없다.

그런데 나는 또 다른 난점을 흩어 버리고자 한다. 하비투스는 특정한 상황과 관련해서만 스스로를 드러낸다——그것이 성향 체계, 즉 가상성 virtualities, 잠재성potentialities, 우발성eventualities의 체계로 이루어진다는 사실을 기억하라. 하비투스는 모종의 구조들과의 관계 속에서만 일정한 담론이나 실천을 생산해 낸다. (여기서 당신은 문화적 세습에 대한 내 분석을 아버지 직업과 아들 직업 사이의 직접적이고 기계적인 관계로 환원하는 일이 얼마나

---

105 처음부터 젠더 대립은 피에르 부르디외 사유의 핵심에 놓여 있었다(언젠가 그는 반농담조로 "[내게] 사회학을 가르쳐 준 것은 여자들이었다"고 고백한 적이 있다). 그는 자기 경력의 출발점에서부터 이 주제와 관련해 광범위하게 저술한 바 있다. 그의 고향 지역인 베아른과 알제리에서의 연구에 바탕을 둔 그의 초창기 주요 논문들은 「농촌 사회에서의 남성·여성 관계」 (Bourdieu 1962c), 「독신 상태와 농민 조건」(Bourdieu 1962a), 그리고 「카빌리 사회에서의 명예 감정」(Bourdieu 1965)을 밑받침하고 있는 남성성의 에토스와 관련된다. 그의 유명한 논문 「베르베르 가옥, 혹은 뒤집어진 세계」(1964년 집필, 1970년 출판, Bourdieu 1972a[2000]에 재수록)는 카빌리의 우주론과 가정에서의 의례 실천을 구조화하는 남성/여성 대립을 둘러싸고 분석을 전개한다. 성차와 범주화에 관한 논의는 『실천 이론 개요』와 『구별 짓기』에 풍부하게 나와 있다. 그럼에도 1960년대 초반 이래 부르디외는 그 이슈에 대한 정면 공격을 감행한 적이 없다. 이러한 상황은 「남성 지배」라는 제목을 단 최근 논문으로 변화했다. 거기서 부르디외(Bourdieu 1990d)는 젠더 지배가 모든 지배의 패러다임을 구성하며, 아마도 가장 끈질기게 지속되는 지배 형식일 것이라고 주장한다. 그것은 지배의 가장 자의적인 동시에 가장 오인되는 차원이다. 왜냐하면 그것이 핵심적으로 세계관의 체화된 도식과 그 세계의 기존 구조들 간의 심원하면서도 즉각적인 일치를 통해 작동하기 때문이다. 그러한 일치의 본래 근원은 수천 년을 거슬러 올라가며, 상징자본의 게임으로부터 여성들을 배제한 데서 발견할 수 있다. 다음 5절의 논의를 볼 것.

어처구니없는 짓인지 알 수 있다.) 우리는 그것을 격발 장치가 필요한 일종의 스프링으로 여겨야만 한다. 그것은 자극과 장의 구조에 좌우되며, 동일한 하비투스도 상이한, 심지어 정반대되는 결과를 산출할 수 있다. 나는 여기서 가톨릭 주교들에 대한 내 작업으로부터 한 가지 예를 끌어오고자 한다 (Bourdieu & de Saint Martin 1982). 주교들은 매우 오래 산다. 내가 그들을 동시다발적으로 인터뷰했을 때, 나는 35세에서 80세의 나이까지 걸쳐 있는 사람들과 이야기하고 있다는 점을 깨달았다. 그러니까 그들은 1936년, 1945년, 1980년에 각각 주교가 된 사람들이었고, 종교 장의 상태가 아주 다를 때 선출된 이들이었다. 1930년대에 모Meaux에서 주교가 되었던 귀족의 아들들은 교구 신도들에게 거의 봉건적인 귀족주의의 전통에서 자기 반지에 입 맞추도록 요구했는데, 오늘날에는 생드니Saint-Denis의 '빨갱이 주교', 즉 억압받는 사람들을 수호하는 급진적인 행동파 성직자가 되었다.[106] '중간', '작음', 평균, 달리 말해 중간 계급과 프티 부르주아로부터(즉 1930년대의 교계에는 예외적이었으나 1980년대의 교계에서는 통계적으로나 사회학적으로 지배적인 집단이 된, 중간 계급 및 프티 부르주아 출신의 주교들로부터), 그리하여 범속함, 사소함, 평범함으로부터 스스로를 거리 두고 분리하는 고귀함의 동일한 귀족주의적 하비투스는 행동이 이루어지는 상황의 변화 때문에 바로 정반대의 행위들을 생산할 수 있다.

바캉 이렇게 해서 당신은 '구조가 하비투스를 생산하는데, 하비투스는 실

---

106 모는 종교적인 작은 지역에 있는 전통적인 시골 마을로, 그곳의 주교는 일반적으로 귀족 집안의 후손이다. 생드니는 파리 북쪽 교외의 전형적인 노동 계급 거주 지역으로, 공산당의 역사적 본거지이다.

천을 결정하고, 실천은 구조를 재생산한다'(Bidet 1979: 203; Jenkins 1982, Gorder 1980, Giroux 1982: 7)는 정식, 곧 구조 내의 위치가 사회적 전략을 직접 결정한다는 발상과 더불어 당신에게 때때로 되돌려지는 결정론적 도식을 거부한다. 사실 주어진 위치에 연계된 결정 요인들은 언제나 사회 공간 내 그 위치의 구조적 역사를 통해, 그리고 행위자의 사회적·전기적 궤적을 따라 습득되고 활성화되는 다층적인 성향의 필터를 통해 작동한다.

부르디외 하비투스 개념은 바로 [비판자들이 제시하는] 그러한 종류의 순환적이고 기계적인 모델을 파기하는 데 도움을 주기 위해 고안된 것이다 (Bourdieu 1980a; 1980i; 1988g).[107] 동시에 나는 그러한 오해들을 이해한다. 성향 자체가 사회적으로 결정되는 한, 사람들은 내가 어떤 의미로 초결정론적hyperdeterminist이라고 말할 수 있다. 위치 효과와 성향 효과를 동시에 고려하는 분석은 사실상 엄청나게 결정론적인 것으로 인지될 수 있다. 하비투스 개념은 사회적 행위자가 외부 원인들에 의해 결정되는 물질의 입자가 아니며, 완벽하게 합리적인 일종의 내재적 행동 프로그램을 실행하면서 내부 이유들에 의해서만 인도되는 작은 모나드monads도 아니라는 사실을 설명한다. 사회적 행위자는 역사의 산물이다. 그것은 전체 사회적 장의 역사의 산물이며, 특수한 하위 장 내 어떤 경로의 축적된 경험의 산물이다. 그래서 예를 들어 일정한 국면(이를테면 68년 5월)이나 학계의 일상적인 상황에서 A교수나 B교수가 무엇을 할 것인지 이해하려면 그가 학계 공간

---

107 부르디외가 하비투스 개념을 초기 저작들에서 도입했다는 점을 상기하자. 그것들은 전쟁 중인 알제리에서 일어난 카빌리 농민층의 혁명적 변화(Bourdieu & Sayad 1964), 그리고 베아른 촌락 사회의 고통(Bourdieu 1962a)을 다룬 것이었다. 한마디로 행위자와 구조 사이의 첨예한 부조화가 빚어내는 역사적 단절과 전환의 두 가지 사례였던 셈이다.

에서 어떤 위치를 차지하고 있는지 알아야 할 뿐만 아니라, 거기 어떻게 이르렀는지, 원래는 사회 공간의 어떤 위치에 있었는지 알아야만 한다. 그를 그 위치에 다다르게 만든 길이 하비투스 안에 새겨져 있기 때문이다. 다르게 풀어 이야기하자면, 사회적 행위자는 이렇게 사회적·역사적으로 구성된 지각과 평가의 범주를 바탕으로 자신을 결정하는 상황을 능동적으로 결정한다. 사회적 행위자는 그가 자신을 결정하는 한에서만 결정된다고 말할 수도 있을 것이다. 하지만 이러한 (자기) 결정의 원리를 제공하는 지각과 평가의 범주는 그 자체 사회적이고 경제적인 구성 조건에 의해 대체로 결정된다.

일단 이렇게 말해 놓고서 우리는 성향으로부터 물러서고 거리를 두기 위해 그러한 분석을 이용할 수도 있다. 스토아주의자들은 우리에게 달려 있는 것은 첫번째 수가 아니라 두번째 수일 따름이라고 말하곤 했다.[108] 하비투스의 최초 경향을 통제하기란 어렵다. 하지만 성찰적 분석은 우리에 대해 상황이 행사하는 잠재적 힘의 일부를 바로 우리가 부여한다는 점을 가르쳐 준다. 그러한 분석은 상황에 대한 우리의 지각을 변경하게 만들고 그리하여 상황에 대한 반응을 변화시키도록 만들어 준다. 그것은 우리로 하여금 위치와 성향의 즉각적인 공모 관계를 통해 작동하는 일부 결정 요인들을 어느 정도까지는 조정하게 해준다.

근본적으로 결정 요인들은 무의식의 도움에 의해서만, 무의식적인 것과의 공모를 통해서만 온전히 제대로 작동한다.[109] 결정론이 그 자체 제지받지 않은 채 행사되려면, 성향이 자유롭게 작용하도록 내버려 두어져야

---

108 스토아학파에게는 인간의 행복과 불행이 기본적으로 운명에 의해 정해진 것으로 여겨졌다.—옮긴이

만 한다. 이는 행위자가 자기 성향과 맺는 관계를 의식적으로 제어할 수 있는 한에서만 [의식철학에서 말하는] '주체'와 같은 것이 될 수 있다는 의미이다. 그는 의도적으로 스스로를 '행동'하게끔 할 수 있고 반대로 의식의 힘으로 스스로를 억제할 수 있다. 또는 17세기 철학자들이 충고했던 전략을 좇아, 한 성향과 다른 성향을 서로 맞붙게 할 수도 있다. 라이프니츠는 데카르트의 주장처럼 열정을 이성으로 대적할 수는 없고 '삐딱한 의지'volontés obliques로써만, 즉 다른 열정의 도움을 얻어서만 대적할 수 있다고 주장했다. 하지만 모든 '선택'의 선택되지 않은 원리로서 하비투스, 개인의 성향에 대한 관리 작업은 [그것에 대한] 명시적인 규명의 지원을 통해서만 가능하다. 성향을 통해서만 기능하는 미묘한 결정 요인들의 분석에 실패한다면, 행위자는 그 자체 결정론의 공범인, 성향의 작동이라는 무의식에 부수적인 존재가 될 것이다.

바캉 '행위자'와 '구조'의 외양상 관계를 하비투스와 장 사이의 구성된 관계로 대체한다는 것은 사회분석의 핵심에 시간을 끌어오는 수단이기도 하다.[110] 그리고 그것은 대조적으로in contrario 행위에 대한 구조적 관점과 합

---

109 "'무의식적인 것'은 (……) 사실 역사 그 자체가 생산하는 역사의 망각이다. 그러한 망각은 역사가 스스로 발생시킨 객관적 구조들을 하비투스라는 유사 본성으로 변환시킴으로써 이루어진다"(Bourdieu 1980a: 94). 달리 설명하면, "실천의 방향을 설정하는 원리들이 무의식의 상태에 남아 있는 한 일상적인 존재의 상호작용은, 맑스의 표현에 따르면, '사물에 의해 매개되는 사람들 간의 관계'이다. 즉 경제자본과 문화자본의 분포 구조와 그것의 변형된 형식인 지각과 평가의 원리가 심사자와 피심사자 사이에 심사 '주체'의 무의식의 형태로 개입한다"(Bourdieu 1989a: 13).

110 시간에 대한 부르디외의 관심은 오래 지속되어 온 것이다. 그것은 1950년대 철학 전공 학생으로서 그가 후설과 하이데거를 체계적으로 읽었을 때로까지 거슬러 올라간다. 알제리에서 이루어진 그의 초기 인류학 연구는 많은 부분 알제리 경제에서의 자본주의적 부문과 전통적 부문에서의 대조적인 사회적 구조화와 시간의 활용을 다룬다. 그가 초창기에 출간한

리적 선택 관점 모두를 특징짓는 탈시간적인 개념화 방식의 단점을 드러낸다.

부르디외 역사의 두 가지 존재 양식인 하비투스와 장의 관계는 두 가지 상반된 시간 철학과 동시에 단절하는 시간 이론을 정초할 수 있게 해준다. 한편으로는 시간을 (강물이라는 은유에서처럼) 그 자체 행위자에 독립적인 하나의 실재로서 다루는 형이상학적 시각이 있다. 다른 한편 의식철학이 있다. 시간은 역사성에 대해 선험적이고 초월적인 조건이기는커녕, 실제 활동이 스스로를 생산하는 바로 그 행위 속에서 생산하는 것이다. 실천은 그 자체 세계의 내재적인 규칙성과 경향성이 체화된 산물인 하비투스의 산물이다. 그렇기 때문에 그것은 자체 내에 이 경향성과 규칙성에 대한 기대, 달리 말해, 현재의 즉각성 안에 새겨진 미래에 대한 비정립적 참조를 포함한다. 시간은 행위 혹은 사유의 현실화 속에서 발생한다. 그러한 현실화는 정의상 현재화이자 탈현재화, 즉 상식에 따른 시간의 '경과'이다.[111]

　우리는 어떻게 해서 실천이 의식적이고 의도적인 의지의 행위로 설정

논문들 가운데 몇몇, 예컨대 「알제리 노동자들에게서의 실업 강박」(Bourdieu 1962d), 「알제리 하층 프롤레타리아」(Bourdieu 1962d), 「시간에 대한 알제리 농민의 태도」(Bourdieu 1963)는 (『알제리 60』[Bourdieu 1977a]에 나오는 가장 긴 첫번째 에세이의 제목을 상기시키자면) '경제 구조와 시간 구조'의 변증법을 탐색한다. 부르디외가 구조주의 패러다임과 단절한 것은 상당 부분 실천의 시간성을 복원함으로써이다. 시간은 또한 사회 공간에 대한 그의 개념화 안에 장착되어 있다는 점에서 부르디외 분석의 중심에 있다. 『구별 짓기』에서 제시된 사회 공간 구조의 모델은 삼차원적이다. 즉 그것은 사회적 행위자들이 소유하는 자본의 총량과 구조 이외에도 시간에 따른 이 두 가지 속성의 진화를 고려하는 것이다.

111 메를로-퐁티(Merleau-Ponty 1976[1945]: 239~240)가 쓰듯이, "매번 집중하는 순간마다, 내 몸은 현재, 과거, 미래를 결합한다. 그것은 시간을 은닉한다. (……) 내 몸은 시간을 점령한다. 그것은 현재를 위해 과거와 미래를 존재하게 한다. 그것은 사물이 아니지만 시간에 굴복하는 대신 시간을 창조한다".

되는 계획이나 기도와 같은 식의 미래를 명시적으로 구축할 필요가 없는지 보았다. 실제 활동은 그것이 사리에 맞는 한, 분별 있는 한, 즉 장의 내재적 경향성에 맞추어진 하비투스에 의해 생성되는 한, 시간화하는 행위이다. 그러한 행위를 통해서 행위자는 과거의 실천적인 동원, 그리고 객관적 잠재력의 상태로 현재 안에 새겨진, 미래에 대한 실천적인 예기를 경유해 즉각적인 현재를 초월한다. 과거의 산물인 하비투스는 과거에 함축되어 있는, 미래에 대한 실천적인 준거를 함축한다. 그렇기에 하비투스는 그것이 실현되는 행위 안에서 스스로를 시간화한다. 이러한 분석은 분명히 상당한 정교화와 세분화를 요구한다. 내가 여기서 제시하는 바는 그저 다음과 같은 사실이다. 즉 우리는 장과 하비투스 개념 안에 응축되어 있는 실천 이론이 어떻게 실천 바깥에, 그 이전에 존재하는 실재 그 자체로서의 시간과 역사에 대한 형이상학적인 표상을 제거하는지 보게 된다는 것이다. 후설이나 호모 이코노미쿠스나 스콜라적 허구 속에서 발견되는 시간성에 대한 관점을 뒷받침하는 의식철학을 아우르는 어떤 것도 없이 말이다.[112]

바캉 시간에 관해 성찰하면서 당신은 (사회적) 존재와 역사(혹은 시간)의 동일시에 기반을 둔 급진적 역사주의를 감싸 안게 된다.

부르디외 구조화하는 구조이자 구조화된 구조로서 하비투스는 사회 구조의 체화로부터 나온 실천적인 지각 도식 ──사회화를 통한 개체 발생──을

---

112 "불확실성을 다시 끌어들이는 것은 시간을 그 리듬, 방향성, 비가역성과 함께 다시 끌어들이는 것이다. 모델의 역학을 전략의 변증법으로 대체하면서, 하지만 '합리적 행위자' 이론의 상상적 인간학 안으로 굴러 떨어지지는 않으면서 말이다"(Bourdieu 1980a: 170; Bourdieu 1985c도 보라).

실천과 사유에 투입한다. 그런데 그 사회 구조는 계속 이어지는 세대들의 역사적 작업 — 계통 발생 — 으로부터 나온 것이다. 이러한 정신 구조의 이중적 역사성을 단언하는 것은 내가 제안하는 실천론을 아펠(Otto Apel 1973)이나 하버마스(Habermas 1987[1981])식의 보편 화용론universal pragmatics을 구축하려는 시도로부터 차별화하는 것이다(또한 나의 실천론은 도구적 행위와 커뮤니케이션 행위의 환원주의적이며 거친 구분을 거부한다는 점에서 하버마스의 것과 다르다. 그러한 구분은 전 자본주의 사회에서의 경우 전혀 효력이 없는 것이며 고도로 분화된 사회들에서조차 결코 제대로 완수되지 못한다. 그 점을 깨달으려면 [광고주가 신규 거래를 기대하고 예상 고객에게 보내는 선물인] 비즈니스 기프트라든지 PR처럼 자본주의 세계에 전형적인 제도를 분석하는 것으로 충분하다. 실천론은 인지 구조의 역사성, 따라서 상대성을 고려하면서도 행위자가 그러한 역사적 구조를 보편적으로 작동시킨다는 사실을 기록하는 보편 인간학이다.

바캉 하비투스의 이중적 역사성에 힘입어 당신은 사회적 재생산의 실제 논리를 위한 인간학적 기반을 제공하게 된다. 그러한 재생산은 물론 변화 없이 이루어지지 않고, 더 낫게 표현하자면, 많은 경우 변화를 전제한다.

부르디외 사회 질서의 재생산은 (구조→하비투스→구조 식의) 기계적인 과정의 자동적인 산물과는 거리가 멀다. 그것은 행위자들이 스스로를 시간화하고 세계의 시간을 만드는 전략과 실천을 통해서만 완수된다(그렇다고 해서 행위자들이 때로 기다림이나 조급함, 불확실성 등과 함께 시간을 자기들이 어떻게 통제할 수 없는 초월적인 실재로 경험하지 않는 것은 아니다). 예를 들면, 우리는 관료제 같은 사회적 집합체가 자기 존재를 영속화하려는 성질을 장착하고 있음을 안다. 그 성질은 행위자들의 일상과 행동의 '총합'에 지나지 않는 기억이나 성실성에 유사한 무엇이다. 행위자들은 그들의 역량과 하비투스에 의존하면서 (그들이 참여하고 있는 장, 그리고 그들을 대립시키는 투쟁을 구성하는 세력 관계 안에 새겨진 제약의 한계 내에서) 어떤 행동 노선을 발생시킨다. 그러한 노선은 그들 하비투스가 지각하도록 이끄는 그 상황에 맞춰진 것인데, 그리하여 (그렇게 하게끔 고안된 것은 아니면서도) 하비투스를 생산해 낸 구조를 재생산하는 데 안성맞춤이다.

구조의 자기 재생산 경향은 행위자들의 협력이 이루어질 때만 실현된다. 행위자들은 하비투스의 형태로 특수한 필연성을 내면화하고 있으며, 의식적으로나 무의식적으로 재생산에 기여할 때조차 능동적인 생산자들이다. 하비투스의 형식 안에 구조의 내재적 법칙을 통합하고 있으면서 그들은 자기 존재의 아주 자발적인 움직임 속에서 그 필연성을 실현한다. 사회 구조를 재생산하는 것은 바로 모든 관련된 행위자들의 (종종 갈등에까지 이를 정도로) 독립적인 동시에 조율된 무수한 전략들이다. 구조의 재생산은 구조에 내재하는 모순으로부터 나오는 우연과 실패, 그리고 언제든지 가능한 하비투스아 제도 사이의 분리를 동반한다. 예를 들면, 나는 지난 이십여 년간 일반화된, 교육 체계를 그 구성 요소로 가지는à composante scolaire 재생산 양식의 통계적인 ─'그 아버지에 그 아들' 식으로 기계적이지 않은─ 논리, 그리고 거기서 비롯한 온갖 모순, '이중 구속', 고통과 그것들이 가져온 변화를 떠올린다. 구조를 재생산하기 위해 필수적인 것은 여전히 진정한 행위자들에 의해 완수되는 역사적 행동이다.

종합적으로 하비투스 이론은 실체화된 구조에 유리하게 행위자를 지워 버리지 않으면서도 의식철학 전통에 고유한 (제한적인 일종의 이상적 사례로서는 언제나 가능한) '주체'를 추방하는 데 그 목적이 있다. 비록 이 구조의 산물인 행위자는 지속적으로 구조를 만들고 다시 만들며, 일정한 구조적 조건 아래서 그것을 근본적으로 변형시킬 수도 있지만 말이다.

그런데 나는 이 대답에 아주 만족스럽지는 않다. 말로나 정신적으로 거기에 여러 제한 조건들을 달았는데도 불구하고(정신적인 고려야 아무도 들을 수 없지만, '동정의 원칙'을 적용할 만큼 주의 깊은 훌륭한 독자라면 그것을 자기 식으로 추가할 것이다), 내가 여전히 단순화하는 경향이 있다고 스스로 예민하게 느끼기 때문이다. 그러한 단순화는 '이론적 논의'의 피할 수 없는 대응물이다. 사실 이 문제와 관련해 당신이 내게 제기한 모든 질문, 특히 사회적 재생산 논리에 관한 질문에 대한 가장 적절한 대답은, 내가 보기에는 오백 쪽 분량의『국가 귀족』(1989a) 안에, 달리 말해 이론적이고 경험적인 분석들의 집합체 안에 담겨 있다. 그러한 집합체만이 정신 구조와 사회 구조, 하비투스와 장 사이 관계 체계를 충분히 복잡한 방식으로 접합시킬 수 있으며, 그들의 내재적 동학을 해명할 수 있다.

5. 언어, 젠더, 상징폭력

바캉 『언어와 상징권력』(Bourdieu 1982a, 2001[1991])[113]에서 당신은 구조언어학, 혹은 '순수한' 언어 연구라고 할 만한 것에 대한 전면적인 비판을 전개한다. 당신은 대안적인 모델을 제기한다. 그것은, 아주 단순화한다면, 언어를 단지 커뮤니케이션 수단이라기보다는 권력 관계의 수단 또는 매개체로 보면서, 그 생산과 유통의 상호작용적 맥락과 더불어 구조적 맥락 안에서 연구해야만 한다는 주장이다. 이 비판의 핵심을 요약해 줄 수 있는가?

부르디외 '순수한' 언어학의 특징은 언어의 역사적, 사회적, 경제적 혹은 외부적 결정 요인들보다는 공시적, 구조적 혹은 내재적 관점에 우위를 둔다는 데 있다. 나는 특히 『실천 감각』과 『말하기의 의미』(각각 Bourdieu 1980a: 50~70과 1982a: 95)에서 이러한 관점에 암묵적으로 깔려 있는, 대상에 대한 관계, 그리고 실천 이론에 주의를 끌고자 했다. 소쉬르의 관점은 그 자체가 목적이 되는 이해를 추구하고 이 '해석학적인 의도'를 사회적 행위자에게로 돌리게 만들면서 실천의 원리로 추론하는, '중립적인 관찰자'의 관점이다. 그것은 언어를 연구하고 약호화하는 데 목적이 있는 문법학자의 자세를 취한다. 그러한 자세는 말의 수행적 권력을 통해 세계 속에서, 세계에 대해서 작용하려 하는 웅변가의 자세와 대립된다. 언어를 생각하고 말하는 데 쓰는 것이 아니라 하나의 분석 대상으로 다루는 사람은 언어를 프락시스와 대조되는 로고스로서 구성하게 된다. 그러니까 언어를 실용적인 목적이 없는, 또는 예술 작품 식으로 해석되어야 할 목적밖에는 없는 '죽은 글자'로서 다룬다는 것이다.

이 전형적으로 스콜라적인 대립은 현학적인 지각과 상황의 산물이다. 우리가 이전에 마주쳤던 스콜라적 오류의 또 다른 사례인 셈이다. 이러한 현학적인 괄호 치기는 언어의 일상적인 활용에 함축된 기능을 없는 것처

---

113 『실천 이론 개요』의 원본(*Esquisee d'une théorie de la pratique*)과 영역본(*Outline of a Theory of Practice*)이 내용과 구조에서 실질적으로 차이가 나는 만큼이나 『언어와 상징권력』(Bourdieu 1990)과 『말하기의 의미』*Ce que parler veut dire*(Bourdieu 1982a)는, 공식적으로는 전자가 후자의 번역본이지만, 거의 다른 책이라 할 수 있다. 영국 사회학자 존 톰슨John B. Thompson이 편집한 영어 책은 [부르디외의] 몇몇 중요한 논고를 부가적으로 포함하고 있다. 그 논고들은 부르디외의 사회학적 언어학과 정치 장 및 집단 형성의 정치 이론 사이의 긴밀한 연관성을 명확히 드러낸다(특히 사회 계급 형성과 관련해서는 Bourdieu 1987k도 참조). 하지만 그것은 (몽테스키외, 하이데거, 알튀세르의 맑스주의에 관한) 몇몇 사례 연구를 빼놓았다. 『언어와 상징권력』(Bourdieu 1990)의 프랑스어본은 두 책을 합친 것이다.

럼 만든다. 소쉬르에 따르면, 또는 해석학 전통에서 언어는 지적 작용의 도구이자 분석 대상으로서, (바흐친이 지적하듯, 문어文語이며 외국어인) 하나의 죽은 언어, 그 실제 이용으로부터 완전히 분리되고 (포도르Jerry A. Fodor와 카츠J. J. Katz의 순수 의미론에서처럼) 실용적이고 정치적인 기능들을 박탈당한 자족적인 체계로 취급된다. 언어의 내적 논리에 부여된 특권에 의해 옹호되는 '순수하게' 언어적인 질서의 자율성이라는 환상은, 언어의 사회적 이용의 사회적 조건과 그 관련 현상들을 희생시키는 대가로 얻어진다. 그러한 환상은 마치 [언어] 약호의 이론적인 통달만으로도 사회적으로 적절한 [언어] 활용의 실용적인 통달에 충분한 것처럼 논의를 진행하는 모든 후속 이론들에 길을 터준다.

바캉 이로써 당신은 구조언어학의 주장에 대항해, 언어적 발화의 의미가 그 형식 구조의 분석에서 파생 혹은 연역될 수 없다고 주장하려는 것인가?

부르디외 그렇다. 좀더 강하게 설명하자면, 문법성grammaticality은, 촘스키(Chomsky 1967)가 줄 수 있는 믿음과는 달리, 의미 생산의 필요충분조건이 아니다. 그는 언어가 언어학적 분석을 위해서가 아니라 말해지기 위해서, 무엇에 관해à propos 말해지기 위해서 만들어졌다는 사실을 간과하는 것이다. (소피스트들은 언어를 배울 때 중요한 것은 적절한 것을 말하기에 적절한 순간, 즉 카이로스kairos를 배우는 것이라고 말하곤 했다.) 구조주의 ——이는 인류학과 사회학에서도 진실이다——의 모든 전제, 그리고 그에 따라 이어지는 모든 난점들은, 그것을 뒷받침하는 인간 행위에 대한 지성주의적 철학으로부터 생겨난다. 그것들은 발화 행위speech act를 단순한 실행execution으로 환원시키는 최초의 조작 안에 아주 간결하게 담겨 있다(Bourdieu 1980a: 51~63;

1982a). 언어(랑그langue) 그리고 발화, 즉 실천과 역사 속에서의 그 실현(파롤parole) 사이의 원초적 구분이야말로 구조주의가 이 두 실체 간의 관계를 모델과 그 실행, 본질과 존재로서가 아닌 다른 방식으로는 사유하지 못하게 만드는 근원에 자리한다. 그리고 그것은 모델의 수호자인 과학자를, 실천의 객관적 의미가 주어지는 라이프니츠적 신Leibnizian God의 위치에 놓기에 이른다.

이러한 태도에 도전하면서, 나는 언어에 대한 경제적 접근과 순수하게 언어학적인 접근 양자의 단점들을 넘어서고, 유물론과 문화주의의 통상적인 대립을 무너뜨리고자 노력했다. 그들 모두가 잊고 있는 것은 무엇인가? 길고도 까다로운 논증을 한 문장으로 요약하자면, 본질적으로 언어 관계는 언제나 상징적 세력 관계이며 그것을 통해 화자들과 그들 각각이 속한 집단들 간의 세력 관계가 변형된 형태로 현실화한다는 것이다. 결과적으로 순수한 언어학적 분석의 범위 안에 있기만 해서는 어떠한 커뮤니케이션 행위의 규명도 불가능하다.[114] 가장 단순한 언어 교환조차 특수한 사회적 권위를 부여받은 화자와 이러한 권위를 인정하는 정도가 천차만별인 청중 사이의, 또한 그들이 각자 속한 집단들 사이의 복잡하고 그물눈처럼 퍼진 역사적 권력 관계의 망을 작동시킨다. 내가 입증하고자 하는 것은, 말을 통한 커뮤니케이션에서 일어나는 일의 아주 중요한 부분이, 심지어 메시지의 내용 그 자체조차, 권력 관계의 구조 전체를 고려하지 않고는 이해 불가능한 것으로 남는다는 점이다. 그러한 구조는 보이지 않아도 [언어] 교환 안에 현존하는 것이다.

---

114 더 진전된 논의를 위해서는 Bourdieu & Boltanski 1975a, Bourdieu 1975b; 1977d; 1983a; 1988a를 보라.

바캉 그와 관련한 예를 들어 줄 수 있는가?

부르디외 식민 또는 탈식민의 맥락에서 식민지 점령자와 원주민 간의 커뮤니케이션을 사례로 들어보자. 첫번째로 떠오르는 문제는 그들이 어떤 언어를 쓸 것인가 하는 점이다. 지배자는 평등을 배려하는 표시로 피지배자의 언어를 감싸 안을 것인가? 만일 그가 그렇게 한다면, 이는 내가 겸양 전략strategy of condescension이라고 이름 붙인 것을 통해 이루어질 가능성이 크다(Bourdieu 1979a: 551). 대화자에게 '내려 닿기' 위해 일시적으로, 하지만 과시적으로 그의 지배적인 위치를 포기하면서, 지배자는 지배 관계를 부인함으로써 [실제로는] 계속 존재하는 지배 관계로부터 이윤을 얻는다. 상징적 부인(부정Verneinung의 프로이트적 의미에서), 즉 권력 관계에 대한 허구적인 괄호 치기는 포기가 이끌어 내는 권력 관계에 대한 인정을 생산하기 위해 권력 관계를 이용한다. 이제 단연코 가장 흔한 상황으로 돌아가 보자. 피지배자가 지배자의 언어를 채택해야만 하는 상황 말이다. 여기서 백인의 표준 영어와 흑인의 미국 방언은 훌륭한 보기를 제공한다. 라보프(Labov 1993[1972])가 보여 주었듯이, 이 경우에 피지배자는 '엉터리 언어'를 말하며, 그의 언어자본은 학교에서든 직장에서든 또는 지배자와의 사회적 교제에서든 어느 정도 완전히 평가 절하된다. 이러한 사례에서 대화 분석이 너무나 쉽게 빼먹는 것은 백인과 흑인 사이의 모든 언어적 상호작용이 그들 각자가 영어를 전유하는 포괄적인 구조적 관계에 의해, 또한 언어적 상호작용을 지탱하고 중산층 '백인' 영어의 자의적인 강요에 자연스러운 기운을 불어넣는 권력 불균형에 의해 속박된다는 사실이다.

이 분석을 더 밀고 나가면, 젠더, 교육 수준, 계급적 출신 배경, 거주 지역 등과 같은 온갖 종류의 위치 좌표를 도입할 필요가 있을 것이다. 이 모든 변인은 '커뮤니케이션 행위'의 객관적 구조의 결정에 매 순간 개입한다. 언어적 상호작용이 취하는 형식은 실질적으로 이 구조에 달려 있는데, 이 구조는 무의식적이며 거의 완전히 발화자들의 '등 뒤에서' 작동한다. 한마디로, 만일 프랑스인이 알제리인과 대화한다든지 미국 흑인이 앵글로색슨계 백인 신교도WASP에게 말을 건다면, 서로 이야기하는 것은 두 사람이 아니라, 그들을 통해 나타나는 식민주의의 전체 역사, 혹은 미국 흑인(또는 여성, 노동자, 소수자 등)의 경제적·정치적·문화적 복속의 전 역사인 셈이다. 첨언하면, 이는 다음과 같은 점을 보여 준다. 즉 민속방법론자들의 "곧장 눈에 보이는 질서에 대한 집착"(Sharrock & Anderson 1986: 113), 그리고 가능한 한 '구체적인 실재'에 분석을 가까이 유지하려는 관심 ——이는 대화 분석에 영감을 주었고(예컨대 Sacks & Schegloff 1979) '미시사회학적' 의도에 동력이 되었다——때문에 우리가 어떤 '실재'를 통째로 놓칠 수도 있다는 것이다. 상호작용을 형성하면서도 그것을 초월해 있는 구조 안에 깃들어 있어서 즉각적인 직관을 벗어나는 실재 말이다.[115]

---

115 "실천을 상황 속에 새겨진 속성들에 직접적으로 연결 짓도록 이끄는 온갖 형태의 우인론적偶因論的, occasionalist 환상에 맞서서 다음과 같은 점이 지적되어야만 한다. 즉 '대인' 관계는 단지 겉보기에만 개인 대 개인의 관계일 뿐이며, 상호작용의 진실은 결코 상호작용 안에 완전히 놓여 있지 않다는 것이다"(Bourdieu 1980a: 98). 구조적 분석 수준 및 분석 양식과 상호작용적 분석 수준 및 분석 양식 사이의 구분에 대한 가장 분명한 이론적 소개는 베버의 종교사회학에 대한 부르디외의 비판적 해제에서 찾아볼 수 있다(Bourdieu 1971f: 특히 5~6의 다이어그램; 1971c). 부르디외는 베버가 상호작용적 측면에서 기술한 종교 행위자들 간 관계를 구조적 측면에서 다시 정식화하고, 그럼으로써 베버가 해결할 수 없었던 몇몇 난점을 해소한다. 구조적 분석 수준과 상호작용적 분석 수준의 구분은 개인 주택 판매자와 매입자가 그들 만남의 정보와 협상 국면에서 전개하는 담론 전략에 관한 그의 연구에 더 자세히 예시되어 있다. 이를 통해 그는 다음과 같은 점을 보여 준다. "담론 구성 법칙을 담론 안에서만 탐색함으로써, '담론 분석'은 담론 생산의 사회적 공간의 구성 법칙 안에 있는 담론 구성 법칙을 발견하지 못한다"(Bourdieu & Christin 1990: 79). 그는 동일한 구분을 이 책 3부 5절에 나오는 선거 이후 텔레비전 토론에 대한 그의 분석에서도 강조한다.

바캉 당신은 모든 언어적 발화가 아마도 은밀한 권력 행위라고 주장한다. 하지만 (고프먼[Goffman 1987[1981]]이 분석하는 '잡담', 친구들끼리의 대화, 혹은 다른 세속적인 '이야기 형식들'forms of talk처럼) 언어 교환이 불평등의 구조와 무관하거나 직각으로 교차하는 실천 영역, 말로 하는 행동이 지배 관계에 삽입되어 있지 않은 실천 영역이 있지 않을까?

부르디외 모든 언어 교환은 권력 행위의 잠재력을 포함하며, 그것이 관련 자본의 분배에서 불평등한 위치에 놓여 있는 행위자들을 연루시킬 때는 더욱 그러하다. 이러한 잠재력은, 가족이라든지 아리스토텔레스적인 의미의 우애philia 관계에서 종종 그렇듯이, '괄호 쳐질' 수 있다. 이때 폭력은 일종의 상징적 불가침의 협정 속에서 중지된다. 한데 이러한 경우들에서조차 지배 행사의 거부는 겸양 전략의 일부이거나 폭력을 더 높은 수준의 부정과 위장으로 끌어올리는 방식, 오인 효과를 강화하고 그럼으로써 상징폭력의 효과를 강화하는 수단일 수 있다.

'우인론적 오류'는 필라델피아 근교의 자연스러운 상황에서 이루어진 흑인 아이들 간 커뮤니케이션에 대한 마저리 하니스 굿윈Marjorie Harness Goodwin의 탁월한 민족지에서도 예증된다. 언어 게임이라는 매개체를 통해 "자기들의 사회 세계를 창조하는 데 적극적으로 관여하는 행위자로서 아이들"을 취급하는 것은 훌륭하고 좋은 일이다(Goodwin 1990: 284). 그들 세계의 구조가 더 광범위한 인종, 젠더, 계급 관계에 의해 미리 한정되어 있다는 것을 인식하고 있다면 말이다. 직접적인 면대면 상황의 좁은 틀 안에 있을 때만 연구자는 "발화 사건은 그 자체 참여자들의 연대와 사회적 정체성을 형성시키면서 사회 조직을 규정한다"고 주장할 수 있다. 나아가 그들은 상황 안에 포함되어 있지 않은 규칙과 대립(이 경우, '자연스러운 상황'에는 없는 흑인과 백인의 대립, 또는 학교와 거리의 대립)에 따라 그렇게 하는 것이다. 연구자는 언어적 상호작용 (고프먼적 의미에서) '프레임'의 거시-사회정치적인 구성을 간과함으로써만 "사람들이 어떻게 자기 삶을 구조화하는지 인류학적으로 이해하는 데 대화 자료가 갖는 우선성"을 단언할 수 있는 것이다(Goodwin 1990: 287).

바캉 당신은 또한 말하기의 사회적 능력이 모든 이에게 동등하게 주어져 있다는 "언어적 공산주의의 환상"(Bourdieu 1982a: 23~24)을 비난한다.

부르디외 어떠한 발화 행위, 어떠한 담론이든지 하나의 결합, 즉 한편으로는 언어 하비투스, 다른 한편으로는 언어 시장 간의 만남의 산물이다. 언어 하비투스는 사회적으로 구성된 성향들의 집합으로서, 일정한 방식으로 말하고 특정한 것들에 관해 발화하는(표현적 이해관심) 기질, 그리고 말하는 능력 competence을 함축한다. 이 능력은 문법적으로 맞는 담론을 무한히 생성시킬 수 있는 역량ability뿐만 아니라, 이 능력을 주어진 상황에서 적절히 이용하는 사회적 역량으로 불가분 정의된다. 언어 시장은 스스로를 특수한 제재와 검열의 체계로서 부과하고 그럼으로써 언어 생산물의 '가격'을 결정하여 언어 생산을 틀짓는 데 이바지하는 세력 관계 체계이다. 이는 내 담론이 가져올 가격에 대한 실천적인 기대가 내 담론의 형식과 내용을 결정하는 데 기여하기 때문이다.[116] 내 담론은 어느 정도 '긴장될' 것이고, 어느 정도 검열될 것이고 때로는 취소되는 지경에까지 이를 것이다. 겁에 질린 침묵의 경우에서처럼 말이다. 언어 시장이 더 공식적이거나 '딱딱할'수록, 그

---

116 이 문장이 언어에 대한 단순한 합리주의적·경제주의적 모델로의 전락으로 오해되지 않도록, 다음과 같은 점이 강조되어야 한다. "의식적인 계산에 전혀 기대지 않는 이러한 기대는 언어 하비투스의 행동이다. 언어 하비투스는 특정한 시장의 법칙에 대한 오랜 기본적 관계의 산물이다. 그것은 상이한 여러 시장에서 자신의 언어 생산물과 다른 이들의 언어 생산물이 갖는 예상 가치와 수용 가능성에 대한 감각으로 기능하는 경향이 있다. [담론] 생산의 국면에서 우리가 담론의 예상 가치를 [스스로 알아서] 고려하도록 만듦으로써 온갖 형태의 자기 검열과 교정을 결정하는 것은 상징 이윤의 극대화를 겨냥하는 이런저런 형식의 합리적 계산이 아니라, 이 수용 가능성의 감각이다. 우리는 자기 검열과 교정을 통해 사회 세계에 대해 일정한 양보를 감행하는 셈이다. 그 세계 안에서 [우리 담론이] 받아들여질 수 있게 되기를 받아들인다는 사실에 의해서 말이다"(Bourdieu 1982a: 75~76).

러니까 그것이 실제적으로 지배 언어의 규범에 더욱 부합할수록(취임, 연설, 공공 토론 같은 공식 정치의 온갖 의례를 떠올려 보라) 검열은 더 심해지고, 시장은 정당한 언어 능력의 소유자인 지배자들에 의해 더 많이 지배된다.

언어 능력은 단순한 기술적 역량이 아니라 규약상의 역량statutoty ability이다. 이는 모든 언어적 발화가 동등하게 수용할 수 있는 것이 아니며, 모든 발화자가 평등한 것도 아니라는 의미이다.[117] 소쉬르는, 그 이전에 오귀스트 콩트가 썼던 은유를 빌려 오면서, 언어가 '자산'trésor이라고 말한다. 그는 언어에 대한 개인의 관계를, '같은 공동체에 속하는 주체들' 모두가 보편적이고도 동일하게 접근할 수 있는 공동 자산에의 일종의 신비로운 참여라고 기술한다. 모든 언어학자를 사로잡고 있는 '언어 공산주의'의 환상(촘스키의 능력 이론은 적어도 소쉬르 전통에 암묵적으로 남아 있는 '보편 자산'의 발상을 명확히 드러낸다는 장점을 지닌다)은 모든 사람이 햇빛, 공기, 물을 즐기듯이 언어에 참여한다는 환상이다. 곧 언어는 희소재가 아니라는 것이다. 사실 정당한 언어에의 접근은 상당히 불평등하며, 언어학자들이 모두에게 자유롭게 부여한 이론상 보편적인 능력은, 현실에서는 일부가 독점하고 있다. 어떤 범주의 발화자들에게는 어떤 상황에서 말할 수 있는 능력이 박탈되어 있다. 그들은 이러한 박탈을 종종 인정하는데, 이는 자기가 읍장 선거에 출마하려는 꿈도 꿔본 적 없다고 설명하는 농부나 마찬가지다. "나는 어떻게 말해야 되는지도 몰라!"

언어 능력의 불평등은 일상적인 상호작용의 시장에서 끊임없이 드러

---

117 "능력이 일정한 유형의 담론을 생성하는 특수한 기량capacity으로 환원될 수 없으며 화자의 사회적 인성을 구성하는 모든 자질에 연루되어 있기에 (……) 동일한 언어적 생산물도 전달자에 따라 아주 상이한 이윤을 얻을 수 있다"(Bourdieu 1977d: 25).

난다. 두 사람 간의 수다, 공적인 모임, 세미나, 입사 면접, 그리고 라디오나 텔레비전에서 말이다. 능력은 실제 차별적으로 기능하며, 경제적인 재화의 시장에서처럼 언어적인 재화의 시장에서도 독점이 있다. 이는 아마도 정치에서 가장 뚜렷이 가시화된다. 거기서 어떤 집합체의 의지에 대한 정당한 정치적 표현의 독점권을 부여받은 대변자들[즉 정치가들]은 그들이 대표하는 사람들을 위해서만이 아니라, 자주 그들을 대신해서 말한다.[118]

바캉 대변자들이 실재에 대한 한정된 표상(분류 도식, 개념, 정의 등)을 투사함으로써 실재를 모양 지을 수 있는 능력은 말의 권력이라는 문제를 제기한다. 말의 사회적 효능은 어디에 자리하는가? 이 대목에서 당신은 재차 오스틴이나 특히 하버마스가 대표하는 순수한 '커뮤니케이션' 모델, 즉 담론의 언어적 실질이 그 효과를 설명한다는 논리에 반대하는 주장을 편다.

부르디외 우리는 언어철학자들, 각별히 오스틴(Austin 1991[1962])에게 고마워해야 한다. 그들은 우리가 어떻게 (오스틴 책의 영어 제목처럼) '말로써 무언가를 할' 수 있는지, 발화가 어떻게 효과를 생산할 수 있는지 질문했던 것이다. 내가 어떤 조건 아래서 누군가에게 "창문을 열게!"하고 말한다고 해서, 어떻게 이 사람이 그것을 열게 되는 것일까? (그리고 만일 내가 편안한 의자에 느긋이 기대앉아 주말 신문을 읽고 있는 영국의 나이 든 귀족이라면, "존,

---

118 이는 부르디외(Bourdieu 1984c)가 '신탁 효과'라고 명명한 것이다. 그것은 위임 논리 그 자체에 가능성이 새겨져 있는 '정당한 사기'이다. 이를 통해 대변자는 자기 말과 세계가 자신이 대표하는 사람들의 말과 세계인 양 행세하며, 그들의 상황, 조건, 이해관심에 대한 그의 정의를 부과한다. 마레스카(Maresca 1983)는 프랑스 농민 사이에서의 이 효과에 대한 모범적인 연구를 제공한다. 이러한 도식의 장점과 한계에 대한 더 자세한 분석을 위해서는 Wacquant 1987을 보라.

자네 날씨가 조금 쌀쌀한 것 같다고 생각하지 않나?"라고 말하는 것만으로 충분할 테고, 존은 창문을 닫을 것이다.) 우리가 그것에 관해 생각하기를 멈춘다면, 말로써 어떤 일이 일어나게 만들 수 있는 이 능력, 명령을 하고 질서를 가져오는 말의 권력은 아주 마술이나 다를 바 없이 여겨질 것이다.

언어 표현의 권력을 언어학적으로 이해하려 애쓰는 것, 언어가 가진 효력의 원리와 메커니즘을 언어 안에 정초하려 애쓰는 것은 권위가 바깥으로부터 언어에로 오는 것이라는 점을 망각하는 것이다. 호메로스가 말하는, 막 연설을 하려는 웅변가에게 건네지는 홀skeptron에 대한 분석에서 에밀 뱅베니스트(Émile Benveniste 1969: 30~37)가 우리에게 일깨우듯이 말이다. 연설의 효력은 오스틴이 제시하는 것처럼 '발화 수반적 표현'illocutionary expressions이나 담론 그 자체에 있는 것이 아니다. 왜냐하면 그것은 제도의 위임 권력 이외의 다른 것이 아니기 때문이다. (공정하게 말하자면, 오스틴 그 자신은 언어 분석에서 제도에 중심적인 자리를 부여했다. 하지만 그의 논평가들, 특히 레카나티(Récanati 1981)는 수행적인 것the performative에 대한 오스틴의 이론을 내재적 속성에 대한 탐구로 비틀어 놓았다.)[119] 상징권력, 즉 주어진 것the given을 진술함으로써 구성하는 권력, 세계의 재현에 작용함으로써 세계에

---

119 오스틴(Austin 1991[1962])은 화행 이론speech-act theory에서 그가 "수행문"performative이라고 이름 붙인 발화의 한 층위(예컨대 "나는 이 배를 퀸 엘리자베스라고 명명한다")를 분석한다. 그러한 발화는 참이거나 거짓이라고 말해질 수 없으며, 어떤 '관습적인 절차'를 준수하는지 여부에 따라 '적절한' 혹은 '부적절한'이라고만 말해질 수 있다. 그러므로 이 영국 철학자는 상징적 효력이 제도적 조건에 달려 있음을 명백히 시사하지만, 그 조건(행위자, 시간, 장소, 권위 등)의 사회적 성격을 분석하기보다는 발화 행위locutionary, 발화 효과 행위perlocutionary, 발화 수반 행위illocutionary 사이의 언어학적 구분 속으로 퇴각한다(이 점에 관한 논의로는 Thompson 1984: 47~48를 보라). 포르넬(Fornel 1983)은 부르디외의 언어 정치경제학에 영감을 받은 언어학적 화용론의 입장에서 오스틴의 '적절성' 개념에 대한 좀더 상세한 이론적 검토를 제공한다.

작용하는 권력은 '발화 수반적 힘'의 형식 속에 있는 '상징 체계'에 놓여 있지 않다. 그것은 말의 정당성, 그리고 그것을 발화하는 사람의 정당성에 대한 믿음을 창조하는 일정한 관계 속에, 그 관계에 의해 정의된다. 그러한 상징권력은 그것을 감수하는 사람이 그것을 행사하는 사람을 인정하는 한에서만 작동한다. (이는 종교 언어의 권능을 구성하는 사회 관계망이 붕괴하면 그 권능이 갑작스레 추락하는 현상에서 분명히 볼 수 있다.) 이러한 원거리에서의 작용, 물리적 접촉 없이 이루어지는 실제 변환을 설명하기 위해서는, 마르셀 모스가 마술에 대해 그렇게 했듯이, 총체적 사회 공간을 재구성해야만 한다. 언어의 마법적 효력을 가능하게 만드는 믿음과 성향이 생성되는 총체적 사회 공간 말이다.[120]

바캉 그렇다면 언어에 대한 당신의 분석은 언어학 영역에로의 우연한 '침입'이 아니라, 당신이 다른 문화 산물들에 적용했던 분석 방법의 새로운 경험 영역 ——언어와 말, 또는 더 일반적인 (언어학자의 것을 포함하는) 담론 실천 ——으로의 확장인 셈이다.[121]

부르디외 맞다. 나는 아카데미 재생산의 순수한 산물이자 그 어떤 인식론적 기반도 갖고 있지 않은 [학문의] 자의적인 경계들과 싸우는 데 평생을 바쳤

---

120 원문이 1902~1903년 『사회학 연보』에 게재되었던 앙리 위베르Henri Hubert와 모스의 「마술의 일반 이론 개요」(Hubert & Mauss 2006)는 오트 쿠튀르[명품 패션]의 장에서 디자이너의 브랜드가 부리는 사회적 마술에 관한 부르디외와 델소(Bourdieu & Delsaut 1975)의 연구에도 직접적인 영감을 준 바 있다.

121 톰슨(John Thompson 2001[1991])은 이 점을 아주 설득력 있게 논증한다. 이는 부르디외의 언어관에 대한 니체와 비트겐슈타인의 영향을 다룬 스누크(Snook 1990)의 논문에서도 논의된다.

다. 사회학과 인류학, 사회학과 역사학, 사회학과 언어학, 예술사회학과 교육사회학, 스포츠사회학과 정치사회학 사이의 경계들 말이다. 여기서 다시 한 번 분과 학문 경계의 위반이 과학적 진보를 위한 선행 조건인 상황이 나타난다.

내가 보기엔, 언어 실천을 제대로 이해할 수 있으려면 먹고 마시는 습관, 문화 소비, 예술 취향, 스포츠, 옷, 가구, 정치 등과 같이 동시에 발생할 수 있는 실천들compossible practices의 온전한 세계 안에 그것을 자리매김해야만 한다. 언어적 하비투스는 사회 구조 내에서 점유된 공시적·통시적 위치인 계급 하비투스 전체가 스스로를 드러내는 한 가지 차원일 따름이기 때문이다. 언어는 신체 기술이다.[122] 그리고 언어적인(특히 발음상의) 능력은 사회 세계에 대한 총체적 관계가 표현되는 신체적 헥시스hexis의 한 차원이다. 예를 들어, 모든 사실로 미뤄보건대, 한 사회 계급에 특징적인 신체 도식은 피에르 기로(Pierre Guiraud 1965)가 '조음 스타일'articulatory style이라고 부른 것을 통해 계급적 발음을 특징짓는 음운론적 특성을 결정한다. 이 조음 스타일은 체화된fait corps 생활 양식의 중요한 부분이며, 정확히 이 생활 양식을 규정하는 신체와 시간의 활용과 연관 관계에 있다. (부르주아의 차별화가 신체에 대한 관계에서와 동일한 거리 두기의 의도를 언어에 대한 관계에서도 투여한다면 이는 전혀 우연이 아니다.)

구조적인 동시에 발생적인, 제대로 된 언어사회학은──언어적 실천이 그것의 한 양상에 지나지 않는──인간 실천의 통일성을 이론적으로 정초하고 경험적으로 복원할 것을 전제한다. 이는 사회학적으로 변별적인

---

122 '신체 기술'technique of the body이라는 개념은 같은 제목을 단 모스(Mauss 2006c[1936])의 독창적인 논문으로부터 빌려 온 것이다.

언어적 차이의 구조화된 체계를 역시 유사하게 구조화된 사회적 차이의 체계에 결합시키는 관계를 그 대상으로 취하기 위해서이다.[123]

바캉 내가 한번 당신의 주장을 요약해 보겠다. 어떤 메시지의 의미와 사회적 효력은 주어진 장(예컨대 저널리즘이나 철학) 안에서만 결정된다. 또 그 장 자체는 다른 장들과의 위계적 관계망 안에 놓여 있다. 이 장 안에서의 위치들을 규정하는 객관적 관계의 전체 구조, 각각의 위치가 부과하는 특수한 검열 형식의 전체 구조를 이해하지 않고서는, 이 위치들을 점유하는 사람들의 궤적과 언어적 성향을 알지 않고서는 커뮤니케이션 과정을 충분히 설명하기란 불가능하다. 즉 왜 무엇은 말해지고 무엇은 말해지지 않는지, 누구에 의해서 그러한지, 무슨 의미가 만들어지는지, 무엇이 이해되는지, 그리고 가장 중요하게는, 어떤 사회적 효과가 나타나는지 말이다.

부르디외 그것이 바로 『마르틴 하이데거의 정치적 존재론』(Bourdieu 1975d 와 1988a)에 관한 연구에서 내가 예증하고자 했던 것이다.[124] 사실 내가 하이데거에 관심을 갖게 된 것은 언어와 장 개념에 관한 내 연구의 논리를 따라서였다. 하이데거의 저작(나는 아주 일찍부터, 그러니까 감정 생활과 시간 경험의 현상학에 관한 책을 준비하던 젊은 시절부터 그의 저작에 매우 친숙했다)

---

123 락스(Laks 1983)는 파리 교외 출신인 일군의 십대 청소년들에게서 개인적인 계급 하비투스의 섬세한 구성을 통해 사회적 실천과 언어적 실천의 체계적인 조응이 어떻게 나타나는지 상세한 경험적인 예증을 제공한다.

124 부르디외가 독일 막스 플랑크 사회조사연구소에 체류하는 동안 썼던 이 연구는 원래 프랑스어로는 1975년 『사회과학 연구 논집』에 논문으로, 독일어로는 1976년 프랑크푸르트 신디카트 출판사Syndikat Verlag에서 단행본으로 각각 출간되었다(Bourdieu 1975d). 뒤이어 그것은 1988년 프랑스어 단행본으로 미뉘 출판사에서 수정, 출판되었다(Bourdieu 1988a).

은 문화 생산 장이 행사하는 검열 효과에 관한 내 가설을 검증하기에 아주 좋은 현장인 것처럼 보였다. 하이데거는 이중 화법, 혹은 다성적 담론의 달인—나는 달인의 대명사라고 말하고 싶다—이었다. 그는 동시에 두 가지 기조로, 즉 현학적인 철학 언어와 일상 언어로 말할 줄 알았다. 이는 겉보기에는 '순수한' 개념인 배려Fürsorge의 경우에서 각별히 잘 나타난다. 그것은 하이데거의 시간 이론(Heidegger 1986[1927])에서 중심 역할을 수행하는 한편으로, 사회 부조soziale Fürsorge라는 표현은 정치적인 맥락, 곧 복지 국가, 유급 휴가, 건강 보험 등에 대한 비난을 가리킨다. 그런데 하이데거는 또한 '순수한 철학자'의 모범적인 구현이라는 점에서 내 관심을 끌었다. 나는 내가 구상한 문화 산물의 사회학에 언뜻 가장 불리해 보이는 사례 속에서 내가 제시하는 분석 방법을 보여 주고자 했다. 그 방법은 작품 생산의 사회정치적 조건을 설명할 뿐만 아니라, 작품 그 자체에 대한 더 나은 이해에로 우리를 이끈다. 이 경우에는 하이데거 철학의 중심 취지인 역사주의의 존재론화에로 말이다.

하이데거는 사유를 그 시대의 사회경제적 조건은 고사하고, 그 사상가의 전기, 사상가 개인에게 관련짓는 것을 명시적으로 금지하고 거부했다(그리고 그는 늘 심층적으로 탈역사화된 방식으로 읽혔다). 모범적으로 '순수한' 비역사적 사상가로서 하이데거의 가치는 우리로 하여금 철학과 정치의 연관성을 다시 생각하도록 만든다. 그것이 바로 그 연구에 붙인 제목으로 내가 의미하고자 했던 것이다. 즉 존재론은 정치적이고 정치는 존재론이 된다. 하지만 아마도 그 어떤 다른 사례에서보다도 이 사례에서는 '철학적 지도자Führer'와 독일의 정치, 사회 사이에 존재하는 관계가 직접적인 것이 아니며, 철학적 소우주의 구조를 통해서만 구축될 수 있다. 그러므로 하이데거의 담론에 대한 적절한 분석은 이중의 거부에 기초해야만 한다. 그

것은 철학 텍스트의 절대적인 자율성을 주장하고 그에 따라 외적인 참조
점을 거부하는 태도를 기각한다. 그것은 또 텍스트를 극히 일반적인 생산
과 유통의 맥락에 직접 환원시키려는 태도를 기각한다.[125]

바캉 이러한 이중의 거부는 또한 당신의 문학사회학, 회화사회학, 종교사
회학 혹은 법사회학의 뒤에 있는 지도적 원리이기도 하다(각각 Bourdieu
1992a; 1987g; 1971c; 1986c를 보라). 이 하나하나의 경우에서 당신은 문화
산물을 그 전문화된 생산 장과 연결시키기를 제안하며, 내재적 독해와 외
부 요인들로의 환원을 모두 거부한다.

부르디외 정말 그렇다. 특수한 생산 장, 그리고 그것의 자율성 ——이는 '일반
적인' 역사로 환원 불가능한, 장의 고유한 역사의 산물이다——을 고려함으
로써, 당신은 서로 돋보이게 하고 알리바이를 제공하는 두 가지 상호 보충
적인 오류를 피할 수 있다. 작품을 자족적인 실재로 취급하는 오류와 아주
일반적인 사회경제적 조건에로 직접 환원하는 오류.[126] 그리하여 예를 들
자면, 하이데거의 나치즘 문제에 부딪히는 이들은 언제나 그의 철학적 담

---

125 "우리는 [철학 담론의] 독립성을 인정할 수 있다. 하지만 그러한 인정은 독립성이 철학 장의
   기능 작용을 결정하는 특수한 법칙에 대한 종속의 또 다른 이름이라는 점을 분명히 안다
   는 조건 위에 이루어진다. 우리는 [철학 담론의] 종속성을 인정할 수 있다. 하지만 그러한 인
   정은 이 종속성이 다만 철학 장의 특수한 메커니즘을 통해서만 작용한다는 사실로 인해 그
   [종속의] 효과가 겪는 체계적 변화를 고려하는 한에서만 이루어진다"(Bourdieu 1988a: 10).
126 뷔르거(Bürger 1990: 23)가 그렇게 하듯이, 예술과 다른 문화적 실천에 대한 분석에서 "부르
   디외는 급진적인 입장, 즉 외재적 관점을 취한다"고 주장하는 것은 부르디외 이론에 대한
   근본적인 오해와 관련된다. 왜냐하면 그러한 주장은 부르디외의 초기 논문들(예컨대 "지식
   장과 창조적 기획"에 관한 논문 1966a)에서부터 뚜렷이 나타나는 상징 생산 장의 개념을 지워
   버리는 것이나 다름없기 때문이다.

론에 너무 많거나 너무 적은 자율성을 부여한다. 하이데거가 나치 당원이었다는 것은 논쟁의 여지없는 사실이다. 하지만 초기의 하이데거도 성숙기의 하이데거도 [프랑크푸르트 대학의] 총장 크리크Ernst Krieck가 그랬던 방식으로 나치 이데올로그였던 것은 아니다. [하이데거 철학에 대한] 우상 파괴적인 외재적 해석과 예찬 일색의 내재적 해석은 모두 철학적인 형식화mise en forme의 효과를 무시한다는 공통점을 지닌다. 그들은 하이데거의 철학이 단지 철학 생산 장의 특수한 검열이 부과한 철학적 승화였을 수 있음을 간과한다. 나치즘에 대한 그의 지지를 결정했던 것과 동일한 정치적·윤리적 원칙의 승화 말이다. 이를 알기 위해서는 정치적 독해와 철학적 독해의 대립을 버리고서 그의 저작을, 철학적인 동시에 정치적인, 이중적 독해의 대상으로 삼는 일이 필수적이다. 그의 저작은 근본적으로 모호성에 의해, 그러니까—두 정신 세계가 대응하는—두 사회 세계에 대한 지속적이며 동시적인 참조에 의해 특징지어진다.

따라서 하이데거의 사유를 파악하기 위해서 당신은 그가 살았던 시대의 온갖 '고정관념'(이는 신문 사설, 학술 담론, 철학 책의 서문, 교수들 사이의 대화 등에서 드러난다)뿐만 아니라 신칸트주의자, 현상학자, 신토마스주의자 등과 같은 대단한 전문가들이 논전을 벌였던 철학 장의 특수한 논리를 이해해야만 한다. 하이데거는 철학에서 일으킨 '보수 혁명'을 완수하기 위해 기술적 창안을 위한 놀라운 능력, 즉 특별히 뛰어난 철학자본에 의존해야만 했다(그가 『칸트와 형이상학의 문제』*Kant and the Problem of Metaphysics*를 다루며 과시하는 대단한 기교를 보라). 마찬가지로 그는 또한 자신의 위치에 철학적으로 수용 가능한 형식을 부여하는 놀라운 능력에도 의존해야만 했다. 그러한 능력은 그 자체로 장 안의 위치들 전체에 대한 실질적인 통달, 철학적 게임에 대한 굉장한 감각을 전제한다. 슈펭글러Oswald Spengler, 윙거

Ernst Jünger, 니키슈Ernst Niekisch 같은 단순한 정치 팸플릿의 저자들과는 대조적으로, 하이데거는 그때까지 양립 불가능한 것으로 지각되었던 철학적 입장들을 새로운 철학적 위치 속으로 통합한다. 가능성의 공간에 대한 이러한 통달은 후기 하이데거에게서 가장 분명하게 나타난다. 그는 누군가 철학 장의 다른 위치들을 기반으로 생산할 수 있는, 자신의 과거와 현재 입장에 대한 표상들에 기대와 부인으로써 맞서면서, 자신을 끊임없이 관계 중심적으로 규정한다.[127]

바캉 당신은 하이데거의 정치 사상을 그 맥락에 대한 연구보다는 텍스트 자체에 대한 독해와 텍스트가 기능하는 다층의 의미론적 틀에 대한 규명을 통해 끌어낸다.

부르디외 이중 의미와 이중 어구로 이루어진 저작 자체를 이중적인 기조 속에서 읽어 내야만 하이데거 철학의 가장 예상치 못했던 일부 정치적 함의를 드러낼 수 있었다. 시간 이론의 한가운데 숨겨진 복지 국가에 대한 거부, '방랑'에 대한 규탄으로 승화된 반유대주의, 윙거와의 대화에 나오는 뒤틀린 암시 속에 새겨져 있는, 그의 예전 나치 지지에 대한 탄핵의 거부 같은 것들 말이다. 내가 1975년에 보여 주었듯이(Bourdieu 1975d), 이 모든 것은 텍스트 자체 내에서 쉽게 발견될 수 있었을 테지만, 철학적 독해의 정통을 수호하는 이들의 이해 너머에 있었다. 그들은 자기들을 빠져나가는 과학

---

127 부르디외가 『예술의 규칙』(Bourdieu 1992a)에서 논의한 플로베르의 문학 장 내 예술적 역량 및 전략과 하이데거의 그것들 사이에는 놀라운 병렬 관계가 있다. 이는 여기서 문제가 되는 것이 프라이부르크의 철학자에게 고유한 사례가 아니라, 일반적인 모델이라는 점을 시사한다.

의 진보가 그들의 차이에 제기하는 위협에, 마치 몰락한 귀족들처럼, 존재론과 인류학의 신성한 경계를 고수함으로써 대응했다. 순수하게 논리적이고 정치적인 분석 역시 이중적 담론의 설명에는 똑같이 무력하다. 그 담론의 진실은 공표된 체계와 억압된 체계 사이의 관계에 놓여 있는 것이다.

사람들이 종종 생각하는 것과는 반대로, 철학에 대한 적절한 이해는 이렇게 영원화를 통한 탈역사화를 요구하지 않는다. 한데 탈역사화는 영원한 철학philosophia perennis으로 여겨지는, 정전으로 인정받은 텍스트를 시대와 관계없이 읽는다든지, 더 나쁘게는 때때로 믿을 수 없는 왜곡과 견강부회를 대가로 치르면서 그 텍스트를 현재의 이슈와 논쟁에 맞추어 끝없이 개작함으로써 이루어지는 것이다. ('하이데거는 우리가 홀로코스트를 사유하는 데 도움을 준다'는 말을 들을 때면, 나는 꿈을 꾸고 있는 것만 같다―혹시 내가 충분히 '탈근대적'이지 못해서 그런 것일까!) 철학에 대한 적절한 이해는 진정한 역사화로부터 떠오른다. 진정한 역사화는 우리로 하여금 어떤 저작의 문제 설정, 그것이 구축된 가능성의 공간, 그리고 그것에 특정한 형식을 부여한 장의 특수한 효과를 재구성함으로써 작품의 바탕에 있는 원리를 발견하게 해준다.[128]

---

128 부르디외는 이 점을 다음과 같이 요약한다. "하이데거의 사상은 (……) '철학적인' 수준에서 '보수 혁명'―나치즘은 그것의 또 다른 형상이었다―의 구조적인 등가물로, 또 다른 형성 법칙에 따라 생산된 것이다. 그러므로 철학적 연금술이 부여한 승화된 형식 말고 다른 형식으로는 그것을 과거에나 현재에나 인정할 수 없는 사람들에게 하이데거의 사상은 진정으로 수용할 수 없는 것이다"(Bourdieu 1988a: 118). 마찬가지로 플로베르를 충분히 역사화함으로써만, 그러니까 그의 문학적 실천을 그의 궤적에 의해 매개된, 장과 하비투스의 만남의 산물로 재구성함으로써만 "우리는 그가 덜 영웅적인 운명의 역사성으로부터 스스로를 어떻게 떼어 놓았는지 이해할 수 있다"(Bourdieu 1992a: 145).

바캉 『하이데거의 정치적 존재론』이 처음에 독일어로 출간된 지 십 년도 더 지난 뒤에 이루어진 단행본 형식의 프랑스어 출판은 철학의 정치적인 맹목성, 혹은 최소한 일부 철학자들에 의한 철학의 정치적 이용이라는 문제를 아주 예리한 방식으로 제기하는 좋은 기회이기도 했다.

부르디외 나는 하이데거의 저작을 둘러싸고 불거져 나온 논쟁을 이용했다.[129] 그 논쟁에서 일부 철학자들(특히 라쿠-라바르트Philippe Lacoue-Labarthe와 리오타르Jean-François Lyotard)은 그 어느 때보다도 훨씬 명확하게 그들의 뿌리 깊은 정치적 무책임성을 드러냈다. 1960년대 이래 프랑스에 널리 퍼져 있었던 철학에 대한 어떤 개념화 방식이 지닌 모호한 정치적 함의를 두드러지게 만들면서 말이다. 특히 니체와 하이데거 저작의 찬양을 통해 이루어진 이 철학관은 지적으로나 정치적으로 지극히 모호한 위반의 심미주의, 내 몇몇 미국 친구들이 이야기하는 일종의 '급진적인 멋 부리기'로 이끈다.

---

129 나치 정치에 대한 하이데거의 지지와 연루를 상세히 기록한 파리아스의 연구(Farias 1987, 영역본은 1989)가 출판되면서 정치적으로 장전된 뜨거운 지적 논쟁이 야기되었다. 프랑스 지식 장의 '중량급 인사들'이 모두 그 안으로 빨려 들었다. 그것을 계기로 좌파 일간지 『리베라시옹』의 지면에서는 데리다와 부르디외 사이의 단호한 논전이 오갔으며, 공적으로나 사적으로 신랄한 논쟁이 이루어졌다. 이후 이 '사건'은 (부분적으로는 '폴 드 만Paul de Man 사건'과 얽히면서) 국제적인 것이 되었고, 그 글 이래로 계속 번져 가고 있다. 하이데거에 맞선 고발을 입증하거나 반박한다고 주장하면서 그의 철학에 대한 그러한 고발의 결론을 논하는 책들이 거의 매주 출간되고 있다. 프랑스와 독일에서 이 논쟁의 실례로는 Davidson 1989, 그리고 『뉴 저먼 크리틱』New German Critique 1989년 겨울호에 실린 가다머, 하버마스, 데리다, 블랑쇼Maurice Blanchot, 라쿠-라바르트와 레비나스Emmanuel Levinas의 논문을 볼 것. 『슈피겔』Der Spiegel의 편집인이자 하이데거의 유명한 '사후 출판' 인터뷰를 얻어 냈던 루돌프 아우크슈타인Rudolf Augstein은 하이데거와 나치즘의 연관성에 관한 부르디외의 연구가 이 '사건'을 족히 십 년은 앞섰다고 강조한 바 있다(그 책[즉 『하이데거의 정치적 존재론』]에 대한 로베르 마지오리Robert Maggiori의 서평에서 재인용, 『리베라시옹』, 1988년 3월 10일자, p. vi).

이러한 시각에서 내 작업 ——나는 특별히 『예술 사랑』(Bourdieu & Darbel & Schnapper 1966)[130]이나 『구별 짓기』를 염두에 두고 있다—— 은 사르트르 이래 늘 미학적인 차원을 수반했던 철학적 역할의 정확한 반명제를 구현한다. 그것은 문화에 대한 비판이 아니라, 상징적 지배의 수단이자 자본으로서 문화의 사회적 활용에 대한 비판이다. 이는 (보드리야르Jean Baudrillard는 물론이고) 바르트Roland Barthes나 『텔켈』Tel Quel에서처럼, 종종 과학적인 앞모습 뒤에 감춰져 있는 심미주의적 분위기와는 양립할 수 없다. 한데 그러한 분위기는 철학의 심미화를 이제까지 필적할 것이 없을 만한 수준으로 밀어붙인 프랑스 철학자들에게 소중한 것이다. 이 점에서 데리다는 의심의 여지없이 가장 능란하면서도 가장 모호한 인물이다. 내가 『구별 짓기』의 후기(Bourdieu 1979a: 565~585)에서 보여 주었던 것처럼, 그가 항상 '통속성'에로 전락할 수 있는 지점까지는 가지 않고 그냥 멈춰 버리는 분석들에 어떻게든 급진적인 단절의 외양을 부여할 줄 아는 한에서 말이다. 게임의 안쪽과 바깥쪽, 경기장과 사이드라인에 모두 자신을 위치시키면서 그는 철학 제도에 대한 진정한 비판을 완수하지 않고 그것에 거슬러 솔질을 함으로써 불장난을 벌인다.

그러므로 '하이데거 사건'은 내게 철학적 심미주의가 사회적 귀족주의에 근원을 두고 있다는 사실을 보여 줄 수 있는 좋은 기회였다. 사회적 귀족주의 자체는 사회과학에 대한 경멸의 바탕에 깔려 있는 것이다. 그것은 사회 세계에 대한 현실적인 시각을 촉진하기 매우 어렵고, 반드시 하이데거의 커다란 어리석음große Dummheit처럼 가공할 만한 정치적 '실수'

---

130 예술의 사회적 결정 요인들과 사회적 활용에 관해서는 Bourdieu et al. 1965와 Bourdieu 1968a; 1971b; 1971d; 1979a; 1992a 또한 보라.

를 결정짓지는 않더라도, 지식 생활에, 그리고 간접적으로 정치 생활에 아주 심각한 함의를 지닌다. 1960년대의 프랑스 철학자들은 '인간과학'과 근본적으로 양가성을 띠는 관계 속에서 자신의 철학적 기획을 형성했고, 철학자의 지위에 연계된 카스트의 특권을 결코 완전히 거부하지 않았다 (Bourdieu 1983e와 1989d). 바로 그들이 전 세계에 걸쳐, 특히나 미국에서 사회과학에 대한 낡은 철학적 비판에 새로운 생명을 불어넣었음은 우연이 아니다. 그들은 '프랑스 이론'의 후원으로 이루어지는 '해체'와 '텍스트' 비판의 덮개 아래, 얇은 베일에 싸인 비합리주의를 고취시킨다. 우리도 왜 그런지는 잘 모르지만, 때로 '포스트모던' 또는 '포스트모더니스트'라는 이름표가 붙어 있는 비합리주의 말이다.

바캉 그렇다면 하이데거에 대한, 그리고 더 일반적으로 철학 담론의 사회적 생산과 기능에 대한 당신의 분석[131]은 사회학이 철학과의 관계 속에서 가지는 객관적 위치에 대한 분석을 전제하고 또 환기하는 셈이다.

---

131 하이데거의 존재론은 제쳐 놓고, 부르디외는 '자유롭게 떠다닌다'고 주장하면서 역사적 결정성에 직면하기를 거부함으로써 자신과 타인들을 미혹시키는 지적 실천의 이념형적인 사례로 철학 담론과 제도를 분석했다(Bourdieu 1983a와 1985e). 이 프랑스 사회학자는 여러 주제 가운데서도 알튀세르식 맑스주의, 사르트르에 의한 '총체적 지식인'intellectuel total 상의 발명, 몽테스키외의 '현학적 신화', 그리고 1950년대 프랑스 대학에서 철학이라는 소명의 의미를 비판적으로 검토했다(각각 Bourdieu 1975e, 1980l, 1980j 그리고 1989d를 보라). 부르디외의 제자와 동료들이 수행한, 철학 장에 관한 실질적 분석들로는 사르트르에 관한 보셰티(Boschetti 1985)의 연구, 제3공화국 철학자들에 관한 파비아니(Fabiani 1988)의 연구, 그리고 현대 철학에 관한 팽토(Pinto 1987)의 연구 등이 있다.
부르디외(Bourdieu 1983b)에게 철학은, 사회과학 안에서 해소되지 않는 한, 그가 지지하는 일종의 성찰성을 실행함으로써만 자기 정초적인 급진성의 야심을 제대로 구현할 수 있다. 성찰성은 철학의 문제 설정, 범주, 실천을 사회적으로 위치시키고, 더불어 그 내적 기능 작용을 규제하는 사회적 법칙을 인식하는 것이다. 그것이 철학의 역사적 근거 안에 새겨진 한계를 초월할 수 있도록 돕는다는 이유에서 말이다.

부르디외 19세기 후반 이래 유럽 철학은 사회과학, 특히 심리학과 사회학에 맞서서, 그리고 이를 통해 사회 세계의 '통속적인' 실재에 명시적이면서도 직접적으로 향해 있는 모든 사유 형식에 맞서서 스스로를 규정해 왔다. 철학자들은 [사회과학처럼] 열등한 것으로 여겨지는 대상을 연구하거나, 통계 조사가 되었건 단순히 역사적인 사료 분석이 되었건, 그들이 언제나 '환원주의적', '실증주의적'이라고 질책하는 '불순한' 방법을 적용하는 타락을 거부해 왔다. 이는 역사적 사물의 덧없는 우연성에로 몰입하지 않으려는 의지와 함께 간다. 그러한 거부는 자기들의 지위상의 위엄에 주로 관심 있는 철학자들이 늘 (때로는 하버마스가 오늘날 입증하듯, 아주 예상치 않은 경로로) 가장 '보편적'이고 '영원한' 사상에로 되돌아가도록 자극한다.[132]

1960년대 이래 프랑스 철학의 특성 가운데 상당수는, 내가 『호모 아카데미쿠스』에서 논증했던 것처럼, 대학과 지식 장이 처음으로 (레비-스트로스, 뒤메질, 브로델 등이 이끄는) 인간과학의 전문가들에 의해 지배되기에 이르렀다는 사실로 설명될 수 있다. 당시 모든 토론의 초점은 언어학으로 옮겨 갔다. 언어학은 모든 인간과학의 패러다임을 구성했고, 이는 심지어 푸코의 것과 같은 철학적 기획에도 마찬가지였다. 이것이 내가 '-학 효과'-logy effect라고 이름 붙인 것의 기원이다. '-학 효과'는 '자유로운 사상가'의 특권적인 위상을 포기하지 않으면서 사회과학의 방법을 빌려 오고 과학성을 흉내 내려는 철학자들의 노력을 가리키는 용어이다. 예컨대, 바르트의 문

---

132 부르디외(Bourdieu 1983b)에 따르면, 철학은 주해를 위한 읽기를 수단으로 삼아서만 역사성과 진리 사이의 이율배반을 해결하지 못하는 무능력을 모면할 수 있다. 한데 그러한 읽기는 역사성을 거의 부정하는 방식으로 과거의 저작들을 현재화한다. 헤겔(보존하고 지양하는 변증법), 칸트(과거 철학의 회고적 구성), 하이데거(시원적 드러냄의 발현)가 제안한 [역사성과 진리 사이의] 이율배반에 대한 해결책은 모두 역사를 거부한다는 점에서 수렴된다.

학기호학, 푸코의 고고학archéologie, 데리다의 그라마톨로지grammatologie, 또
는 맑스에 대한 '과학적인' 독해를 가지고 그 자체 자족적인 과학이자 모든
과학의 잣대인 양 행세하려는 알튀세르주의자들의 시도 등등.

바캉 이는 마치 철학의 종언에 대한 요청인 것처럼 들린다. 그렇다면 다양
한 사회과학에 의해 사방으로 포위딩해 있는 철학에 남겨진 특수한 임무,
의미 있는 인식론적 공간이 있는가? 사회학은 학문의 여왕[즉 철학]을 폐
위시키고 그것을 폐물로 만들도록 되어 있는 것인가? '사회학적 철학'이라
는 아이디어(Collins 1989; 철학 쪽에서의 유사한 주장으로는 Addelson 1990
을 보라)를 위한 때가 무르익은 것인가, 아니면 그것은 단지 모순어법일 뿐
인가?

부르디외 철학적 사유가 수행되는 조건은 아카데미 세계가 보호받는 시장,
안정적 고객층과 더불어 자폐되어 있는, 스콜레의 스콜라적 상황이거나
아니면 좀더 광범위하게, 온갖 종류의 필요와 긴급성으로부터 거리 둔 상
황일 수 있다. 이러한 조건을 상기시키는 것은 모든 지식과 사유를 상대화
하려는 목적의 논쟁적인 비난과는 아무런 관계가 없다. 철학에 대한 진정
한 사회학적 분석은 그것을 파괴로 이끄는 것이 아니라, 문화 생산 장과 역
사적인 사회 공간 안에 다시 위치시킨다. 이는 다양한 철학들과 그 계승 논
리를 이해하고 그럼으로써 철학자들을 그들의 유산 속에 새겨진 사유되지 않
은 것으로부터 해방시키는 유일한 수단이다(Bourdieu 1983b: 52; 1990g). 그
것에 힘입어 철학자들은 가장 평범한 사유 도구인 개념, 문제, 분류법 등
이 그들 (재)생산의 사회적 조건에 빚지고 있는 모든 것, 그리고 철학 제도
의 기능과 작용에 내재하는 사회철학 안에 각인된 결정 요인들에 빚지고

있는 모든 것을 발견할 수 있게 된다. 이렇게 그들은 이 사유의 사회적으로 사유되지 않은 것을 다시 전유할 수 있다.[133]

만약 역사적 사회과학이 철학에 위험이 된다면, 그 이유는 이제까지 철학이 독점해 온 영역들을 그것이 빼앗기 때문은 아닐 것이다. 그보다는 그것이 지적 활동에 대한 어떤 규정을 부과하는 경향이 있는데, 그 규정의 명시적 또는 암묵적 철학(역사주의적이면서도 합리주의적인 철학)이 직업 철학자의 직위와 태도에 객관적으로 새겨진 철학과 마찰을 빚기 때문일 것이다(Bourdieu 1983e). 그래서 나는, 특히 프랑스에서, 철학자로 자처하거나 실제 철학자인 사람들이 위험에 처해 있는 그들 위엄의 외적 기호에 왜 마치 몰락한 귀족마냥 그렇게도 열심히 집착하는 경향이 있는지 이해할 수 있다.

바캉 당신은 당신 작업이 철학에 속한다고 말할 수 있는가?

부르디외 그것은 내가 별로 고민할 필요가 없는 질문이다. 그리고 나는 자기들 전문 영역을 지키는 데 주로 관심을 기울이는 철학자들의 대답이 무엇일지 너무나 잘 알고 있다. 만일 내가 나 자신의 지적 여정을 좀 이상화시킨 상을 제시한다면, 그 여정은 내가 철학에 대해 가지고 있던 아이디어를 실현시키게 해준 기획이라고 말할 것이다. 이는 통상 철학자로 일컬어지

---

133 "철학자들이 자신의 사유와 정체성을 인가하고 정초한 그 모든 것으로부터 자유를 누릴 수 있으려면, 철학자로서 자신의 존재와 결부되어 있는 철학 게임 그 자체를 의문에 부치고 위태롭게 만드는 모험을 감수해야만 한다"(Bourdieu 1983b: 52). 부르디외는 철학과의 이러한 대화를 『파스칼적 명상』(Bourdieu 1997a)에서 이어 나갔다. 이 책의 부제는 원래 "부정 철학 philosophie négative의 요소들"이었다

는 사람들이 모두 그리고 언제나 그 아이디어에 부합하지는 않는다는 말의 다른 표현이기도 하다. 어떤 생애사에든 엄청나게 많은 우연적 요소가 있기에, 그것은 다소 허구적인 상이다. 나는 내가 했던 일 대부분을 정말로 선택하지는 않았다. 동시에 그 대답에는 진실의 핵심이 있다. 왜냐하면 나는 사회과학이 발전하면 이 과학의 성과와 기법을 무시하고 지내기란 점점 더 어려운 일이 된다고 믿기 때문이다. 비록 대개의 철학자들은 그것을 별로 신경 쓰지 않는 것처럼 보이기는 하지만 말이다. 나는 '백지와 펜'의 환상으로부터 벗어날 수 있었다는 점에서 내가 아주 운이 좋았다고 생각한다. 내 지적 소양이 만일 철학적 훈련에만 한정되어 있었더라면 무슨 말을 했겠는가. 이를 상상하려면 최근에 나온 정치철학 논문들을 읽어 보는 것만으로도 충분하다.[134]

그럼에도 나는 철학적 훈련이 절대적으로 중요하다고 생각한다. 나는 단 하루도 철학 책을 (다시) 읽지 않고 지나치는 날이 없다. 특히나 영국과 독일 저자들의 책 말이다. 나는 [내 연구 속에서] 항상 철학자들과 함께 작업하며, 그들을 작업하도록 만든다. 하지만 차이점은 내게 철학적 기량이 수학 기법과 정확히 똑같은 수준에 놓인다는 것이다──이는 [철학을] 약간 탈신성화하는 것일 수 있겠다. 나는 칸트나 플라톤의 개념과 요인 분석 factorial analysis 사이에 어떤 존재론적 차이가 있는지 모르겠다.

---

134 부르디외는 적시하고 있지 않지만, 1980년대 이후 프랑스 인문학계에서는 '주체의 귀환'을 주장하는 논의와 더불어 정치철학이 유행하기 시작했다. 뤽 페리Luc Ferry, 알랭 르노Alain Renault, 마르셀 고셰Marcel Gauchet, 피에르 로장발롱Pierre Rosanvallon 등이 주도한 이 지적 흐름은 하이데거, 한나 아렌트, 레오 스트라우스Leo Strauss와 같은 저자들을 참조하면서 보수적인 성향을 강하게 띠었다. ──옮긴이

바캉 우리가 '이론' 이야기를 하고 있으니, 내가 어려운 문제 하나를 내겠다. 당신은 자주 '사회 이론가'로 광고되고, 확실히 그렇게 읽힌다(그리고 당신도 잘 알듯이, 미국에서 사회 이론가는 가능한 사회학적 페르소나의 갤러리에서 하나의 아주 명확한 유형이다). 그럼에도 나는 당신이 저작 속에서 순수하게 '이론적인' 진술이나 주장을 아주 드물게만 내놓는 데 대해 줄곧 감명받아 왔다. 당신은 몇 번이고 되풀이해서 특정한 연구 문제, 데이터를 수집하고 코딩하고 분석할 때 부딪힌 딜레마, 혹은 실질적인 이슈를 통한 사유에 주의를 돌린다. 파리 사회과학고등연구원의 연구 세미나에서(이 책의 3부를 보라) 당신은 처음부터 수강생들에게 그 수업에서 "하비투스와 장에 대한 깔끔한 요약 정리"를 얻어가지 못할 것이라고 거듭 경고한다. 당신은 또 당신 자신이 만든 개념들에 관해 [순전히 이론적으로만] 토론하거나 그것들을 경험적 증거로부터 떼어 놓고 쓰는 일을 극도로 꺼린다. 당신 저작에서 이론이 차지하는 자리를 설명해 줄 수 있겠는가?

부르디외 어떤 저작에 대한 지각이 독자들이 위치해 있는 지적 전통, 심지어 정치적 맥락에 따라 좌우된다는 점을 당신에게 새삼 일깨울 필요는 없을 것이다. 저자(또는 텍스트)와 독자들 사이에는 수용 장의 구조가 있다. 그 구조는 그 장에 속하는 모든 사람에게 그것이 부과하는 정신 구조를 통해 작동하며, 특히 현재 유행 중인 논쟁을 조직하는 구조화의 대립 쌍(오늘날의 예를 들면, 영국에서의 재생산 대 저항, 미국에서의 거시-미시)을 통해 작동한다(Bourdieu 1990e). 그 결과는 종종 상당히 놀랍거나 때로는 다소 고통스럽기까지 한 일련의 왜곡이다. 나의 사례에서 이 여과 과정의 가장 인상적인 결과는 프랑스에서의 내 저작에 대한 수용과 외국에서의 수용 간의 간극이다. 내 작업(실천 이론과 그것을 정초한 행위 철학)의 인간학적 기반과 이론적 함의는 여러 가지 이유로 인해——주된 이유 가운데 하나는 철학자들처럼 거기 동조할 수 있었던 이들이 그것들을 보지 않으려 했기 때문이며, 이는 그들이 내 저작의 어떤 면을 정치적, 비판적, 심지어 논쟁적인 차원으로 지각하고 당혹스러워 했기에 더욱 그러했다——프랑스에서 거의 주목받지 못한 채 묻혀 버렸다. 그 대신 한물 간 지적 논쟁과 결부된 전형적인 스콜라적 토론, 즉 자유와 결정론, 상대주의, 기타 전간기의 우울한 주제들tristes topiques[135]에 관한 토론만이 계속되었다. 이는 부분적으로는 많은 지식인들이 맑스주의에 굴복했기 때문이며 철학 수업에서 전수받은 아카데미적 문제 설정의 타성에 따랐기 때문이었다. 중요한 점은 현대 사회의 특수한 속성들에 대한 역사적 분석에 바탕을 둔 일반 인간학을 구축하려는 내 시도가——특히 학교 체계나 문화에 관한——일군의 정치적 테제로 해석되었다는 것이다.

내 의도에 대한 이와 같은 혼동은 의심의 여지없이 다음과 같은 사실에 일부 빚지고 있다. 즉 내가 사회 세계의 지식에 관한 보편적인 메타 담론은 고사하고 이 세계에 관한 일반 담론을 생산하려는 시도에 결코 스스로를 내맡긴 적이 없다는 것이다. 나는 과학적 실천에 관한 담론이 과학적 실천의 자리를 대신 차지하는 상황은 재앙이나 다를 바 없다고 주장한다. 왜냐하면 진정한 이론은 그것이 생산을 도왔던 과학적 작업 속에서 완수되고 또 소멸하는 것이기 때문이다. 나는 스스로를 과시하고 자랑하는 이론에는 별 취미가 없으며, 젠 체하고 눈에 띄기 위해 만들어진 이론, 프랑스어로 이른바 겉치레tape à l'oeil, 겉보기에만 번지르르한 이론에 반대한다. 이러한 취향이 오늘날 그렇게 흔하지 않다는 점은 나도 잘 안다.

---

135 레비-스트로스의 저서 『슬픈 열대』Tristes tropiques의 제목을 이용한 말장난이다.——옮긴이

우리가 인식론적 성찰에 대해 갖고 있는 관념은 너무나 자주 이론이나 인식론을 현실에 없는 과학적 실천에 관한 일종의 공허하고 모호한 담론쯤으로 여기게 만든다. 내게 이론적 성찰이란 그것이 형성시킨 과학적 실천의 밑에, 또는 그 안에 스스로를 감춤으로써만 드러나는 것이다. 이 대목에서 나는 소피스트였던 히피아스라는 인물을 불러내고 싶다. 플라톤의 『소히피아스』*The Lesser Hippias*에서 히피아스는 특수한 사례 이상으로 자기 정신을 고양시키지 못하는 일종의 열등생으로 나온다.[136] 아름다운 것의 본질에 관한 질문을 받고서도 그는 고집스럽게 구체적인 예들을 열거함으로써 대답한다. 아름다운 냄비, 아름다운 소녀 등등. 사실 뒤프렐(Dupréel 1978)이 보여 주듯이, 그는 일반화와 그것이 선호하는 추상의 물신화reification of abstraction를 거부하려는 명확한 의도에 따른다. 나는 (비록 다른 무엇보다 사회과학에서 자주 발견되는 추상의 물신화를 경계하면서도) 히피아스의 철학을 공유하지는 않지만, 우리가 이론적으로 구성된 경험적 사례들 안에서만, 또 그것들을 통해서만 잘 생각할 수 있다고 본다.

바캉 그렇지만 당신은 당신의 저작 안에 하나의 이론이 있다는 사실을 부인할 수 없을 것이다. 좀더 정확히 말해, (보편적이지는 않더라도 적어도 광범위한 적용 가능성을 가졌다고 할 수 있을) 비트겐슈타인의 개념을 쓰자면, '사유도구들'thinking tools의 집합체 말이다.

---

136 『소히피아스』는 플라톤(Platon 2005)의 초기 대화편으로, "거짓말에 관하여"라는 제목으로도 알려져 있다. 거기서 소크라테스는 진실을 말하는 사람과 거짓말쟁이 가운데 누가 더 우월한지를 논한다. 플라톤은 소피스트 히피아스를 혼란스럽고 불명확한 지식을 가진 건방진 변론가로 묘사한다.

부르디외 맞다. 하지만 그 도구들은 그것들이 생산하는 결과를 통해서만 가시화될 수 있을 뿐이며, [이론을 위한 이론] 그 자체로 구축된 것이 아니다. 이러한 도구들의 지반은 조사 연구에 있으며——예컨대 내가 1960년대 초반에 제안한 문화자본 개념[137]은 [통계적인 조사 분석 과정에서] 경제적 위치와 사회적 출신 배경을 통제한 이후에도 더 교양 있는 가정에서 자라난 학생들이 학업 성공률이 훨씬 높을 뿐만 아니라, 광범위한 영역에서 상이한 문화적 소비와 표현 양식 및 패턴을 드러낸다는 사실을 설명하기 위한 것이었다——현상적으로 다양한 일군의 대상을 비교에 의해 다루고 생각할 수 있도록 구성하려는 노력 속에서 생겨나고 맞부딪힌 실질적 문제와 수수께끼들에 있다.

나를 한 저작에서 다음 저작으로 이끌어간 맥은 조사 연구의 논리이다. 그것은 내가 보기엔 떼려야 뗄 수 없게 경험적이며 이론적이다. 나는 조사 연구에서 인터뷰를 수행하거나 사회 조사 설문지를 코딩하면서, 내가 아주 중요하게 여기는 이론적 아이디어들을 발견했다. 예를 들면, 사회 계급의 문제를 위로부터 아래로 다시 생각하게 만든, 사회적 분류법에 대한 비판(Bourdieu & Boltanski 1975b; Bourdieu 1978a; 1979a; 1984b; 1987k)은 내가 응답자들의 직업 분류 과정에서 맞닥뜨린 구체적인 난제들에 관해 성찰하면서 탄생했다. 그 덕분에 나는 계급에 관한 모호하고도 말만 많은 일반화, 맑스와 베버의 영원한 허구적 대결을 재연하는 일반화로부터 벗어날 수 있었다.

---

137 문화자본의 '세 형식'(체화된 형식, 대상화된 형식, 제도화된 형식)에 관해서는 Bourdieu 1979b를, 문화자본, 사회관계자본, 경제자본, 그리고 상징자본 사이의 관계에 관해서는 Bourdieu 1986g를 보라.

바캉 당신이 구상하는 이론과 '이론주의적 이론' 사이의 차이는 무엇인가?

부르디외 내게 이론은 다른 순수한 '이론주의적 이론들'(파슨스가 죽은 지 10년이 되었지만, 오늘날 몇몇 사회학자가 부활시키려 애쓰는 그의 AGIL 도식은 [이론주의적 이론의] 가장 좋은 예로 남아 있다)과 대결하려는 유일한 목적으로 여러 이론들을 오려 내거나 서로 붙여서 생겨나는 일종의 예언 담론, 혹은 프로그램 담론이 아니다.[138] 내가 해석하는 식의 과학적 이론은 그것이 구현하는 경험적 작업 속에서만 드러나는 지각과 행위의 프로그램——과학적 하비투스——으로 출현한다. 그것은 경험적 작업을 위해, 그것에 의해 구체화되는 일시적인 구성물이다.[139] 결과적으로, 그것은 이론적 논쟁에 끼어들기보다는 새로운 대상과 대결함으로써 더 많은 것을 얻을 수 있다. 이론적 논쟁은 지적인 토템처럼 다뤄지는 개념들을 둘러싸고 영속적으로 유지되며 대개는 그저 공허한 메타 담론을 조장할 따름이다.

과학적 실천을 실질적으로 인도하고 구조화하는 작동 양식으로 이론을 취급하는 것은 '이론가들'이 보통 이론과 함께 구축하는 다소 물신주의적인 편의를 포기한다는 뜻이다. 바로 이러한 이유에서 나는 하비투스, 장,

---

138 'AGIL 도식'은 파슨스(Parsons 1951)가 모든 사회적 행위의 네 가지 '환경'(경제, 정치, 사회, 문화)이 충족시킨다고 말한 네 가지 표준적인 기능(적응adaptation, 목표 성취goal attainment, 통합integration, 잠재성latency)을 가리킨다. 부르디외(Bourdieu & Chamboredon & Passeron 1973: 44~47)가 보기에, 개념들의 누적적인 편찬, 분류 혹은 정교화로서 이론에 대한 전통적인 표상(그는 탤컷 파슨스와 조르주 귀르비치의 노력을 중세의 교회법 학자에 비견한다)은 '학자적인 공통감각'의 한 요소이다. 사회학은 그것과 확고하게 단절해야만 한다(Bourdieu & Chamboredon & Passeron 1968[1973]). 그렇지 않으면 자기 실천 속에 연속주의적이고 실증주의적인 과학철학을 다시 끌어들이게 될 것이다. 한데 그러한 과학철학은 바슐라르(Bachelard 2003[1934])가 '새로운 과학 정신'으로 특징지었던 것과는 모순되는 것이다.

139 Bourdieu & Hahn 1970; Bourdieu & Chamboredon & Passeron 1968의 1부, 그리고 더 상세한 내용을 위해서는 이 책 3부의 논의를 참고하라.

상징자본처럼 내가 창안했거나 다시 활성화시켰던 개념들의 계보학을 거슬러 올라가려는 충동을 느껴 본 적이 없다. 그 개념들은 [조사 연구라는 짝 없이] 이론이 일종의 처녀 수태를 통해 낳은 것이 아니다 따라서 그것들이 이전의 용법들과 관련해 다시 위치 지어진다 해서 얻어질 수 있는 것은 별로 없다. 그것들의 구성과 이용은 연구 기획의 실용성 안에서 출현했으며, 그것들의 평가는 바로 이 맥락 속에서 이루어져야만 한다. 내가 사용하는 개념들의 기능은 무엇보다도 연구 절차 내에서, 일종의 속기술처럼, 긍정적이거나 부정적인 이론적 입장, 방법론적 선택의 원리를 나타내는 데 있다. 체계화는 생산적인 유비들이 점차 떠오르면서, 또 개념의 유용한 속성들이 성공적으로 시험되면서 필연적으로 사후에ex post 이루어진다.[140]

칸트를 비틀어 말하자면, 이론 없는 연구는 맹목이고 연구 없는 이론은 공허하다. 불행하게도 오늘날 사회적으로 지배적인 사회학 모델은 아직껏 연구(난 여기서 특별히 여론 조사로 요약되는 '과학자 없는 과학', 그리고 '방법론'으로 불리는 과학적인 어리석음을 떠올린다)와 순수 이론가들의 '대상 없는 이론' ——현재는 이른바 '미시-거시 연계성'(예컨대 Alexander et al. 1987)을 둘러싸고 창궐하는 최신 유행의 논쟁이 예증한다——사이의 명확한 구분과 실천적 분리에 입각해 있다. 한편으로는 사회 조사와 방법론에 기초한 연구, 다른 한편으로는 (자기 자신의 저작이 아니라면) 창건자들의

---

140 예를 들면, 부르디외가 '사회관계자본'의 총칭적 특성을 개관하는 논문(Bourdieu 1980h)을 쓴 것은 수년 동안 농민의 결혼 관계에서부터 연구 재단의 상징 전략, 고급 패션의 디자이너, 엘리트 학교의 동문회에 이르기까지 광범위하게 다양한 경험적 상황에서 그 개념을 이용하고 난 이후의 일이었다(각각 Bourdieu 1972b; 1977b; 1981c; Bourdieu & Delsaut 1975. 한편 프랑스 귀족층을 다룬 경험적 예시를 보려면, de Saint Martin 1980과 1985를 참조하라). 상징권력 개념 또한 마찬가지이다. 부르디외는 그 개념을 펼쳐 낸 지 십여 년이 지난 이후인 1973년 한 학술 회의에서 회고적으로 그 개념의 이론적 계보를 제시했다(Bourdieu 1977e).

경전에 대한 해석학적 숭배에 바쳐지는 렉토르lector[141]의 순수한 이론 간 대립은 완전히 사회적인 대립이다. 그것은 학계에서의 자원, 위치, 능력의 분포에 뿌리박은 전문직의 제도적·정신적 구조 안에 새겨져 있다. 전체 학파들(예를 들어 대화 분석 또는 지위 획득 연구)이 거의 전적으로 한 가지 특수한 방법에만 기초하고 있을 때처럼 말이다.

바캉 그렇다면 '이론적 작업'에 대한 당신의 개념화를 설명하게 만들 수 있는 더 좋은 길은 아마도 과학적 실천 속에서 당신이 얼마나 구체적으로 이론적 구성을 조사 과정 속으로 끼워 넣는지 질문하는 것일 터이다. 당신이 일정한 기간에 거쳐 작업했던 특수한 대상에 관해 숙고함으로써 말이다. 여기서 나는 당신이 상대적으로 잘 알려지지 않은 학술지인 『농촌 연구』 *Etudes rurales*에 최근 출간했던 논문을 염두에 두고 있다. 「금지된 재생산: 경제적 지배의 상징적 기초」(Bourdieu 1989c)라는 제목 아래 당신의 고향인 베아른 지역 농민들의 독신 상태를 분석한 논문 말이다. 내가 이 논문에서 가장 흥미롭게 여긴 것은 거기서 당신이 이미 삼십 년 전에 책 한 권 분량의 논문을 통해 연구했던 것과 동일한 주제로 되돌아갔다는 점이다. 같은 학술지에 「독신 상태와 농민 조건」(Bourdieu 1962a)이라는 제목을 달고 출판되었던 그 논문은, 하나의 특수한 사례를 기초로, 경제적 지배에 상징 폭력이 기여하는 바에 대한 일반 이론의 초안을 잡았다.

부르디외 이 연구의 출발점은 아주 개인적인 경험이었다. 나는 논문에서 그

---

141 새로운 담론을 창조하는 저자(아욱토르auctor)와 대비되는 의미에서, 기존 담론의 경전화와 주석에 몰두하는 독자로서의 행위자를 가리킨다. ―옮긴이

것을 자세히 이야기했지만, 슬쩍 가려진 형식 속에서만 그랬는데, 왜냐하면 당시에는 [연구에서 나 자신이] '사라져야만' 한다고 느꼈기 때문이다. 나는 '나라는 주어'를 절대 쓰지 않기 위해 힘겹게 비인칭 문장들을 구사했다. 나는 할 수 있는 한 중립적인 방식으로 최초의 장면을 묘사했다. 크리스마스 이브인 토요일 오후, 시골 선술집에서 마을 무도회가 열렸다. 삼십여 년 전에 친구 한 명이 나를 거기 데려갔다. 거기서 나는 귀가 먹먹해지는 광경을 목격했다. 이웃 도시에서 온 젊은 남녀들이 실내 공간의 한가운데서 춤을 추고 있었다. 당시 내 나이쯤 되었고 모두 아직 총각이었던, 좀더 나이 든 젊은이들의 또 다른 집단이 옆쪽에 빈둥거리며 서 있었다. 춤추는 대신에 그들은 오로지 무도회를 유심히 바라보았는데, 무의식적으로 앞으로 조금씩 움직이면서 춤추는 사람들이 쓰는 공간을 잠아먹고 있었다. 나는 이 최초의 장면을 일종의 도전으로 보았다. 당시 내 마음 속 한구석에는 내가 익숙하게 알고 있는 세계를 분석 대상으로 삼아 보려는 아이디어가 있었다. 카빌리라는 이방의 세계에서 작업하고 나서, 나는 일종의 뒤집어진 『슬픈 열대』(Lévi-Strauss 1984[1955])를 써보면 재미있겠다고 생각했다(그 책은 우리 모두가 당시 염두에 두고 있었던 위대한 지적 모델 가운데 하나였다). 고향 세계에 대한 객관화가 내게서 생산할 효과를 관찰하는 것이다.

이렇게 나는 작은 이론적 목표를 가지고 있었고, 무도회 장면은 질문들을 야기했다. 나는 당시 주민들과 언론인들에게 여전히 통용되고 있었던 일상적인 설명을 넘어서려는 시도에 착수했다. 매년 여러 마을에서 열렸던 '독신자 축제' 즈음이 되면, '여자들이 더 이상 시골에 남아 있고 싶어 하지 않는다'는 이야기가 들렸고, 실제 그렇다고 했다. 그래서 나는 통상 스스로를 재생산할 만한[즉 결혼해 자식을 낳을 만한] 정당성을 갖춘 사람인 장남들이 더 이상 결혼할 수 없게 된 데에서 큰 충격을 경험한 사람들의 말을 들었다. 다음으로 나는 통계 자료를 수집했고, 다양한 변인에 따른 독신 비율을 구성했다. 세부 사실들은 1962년에 출간된 긴 논문에 나와 있다.

그러고 나서 1970년대 중반에 어떤 영어권 출판사에서 내게 이 논문을 책으로 개작해 보지 않겠느냐는 요청을 해왔다. 나는 분석이 낡았다고 생각했고, 그것을 완전히 다시 작업했다. 이 개정 보수 작업으로부터 「재생산 전략 체계 내에서의 결혼 전략」[142]이라는 제목의 또 다른 논문이 나왔다(Bourdieu 1972b). 거기서 나는 내가 전에 했던 연구의 암묵적인 철학으로 여겨지는 것을 드러내기 위해 노력했다. 나는 당시 지배적이었던 친족 이론들의 모델, 즉 구조주의 이론을, 결혼 교환을 바라보는 방식으로 대체하려 시도했다. 그러한 방식은 [내 연구] 이래로 특히 가족사가들 사이에서는 다소 평범한 것이 되었다. 그것은 결혼을 복합적인 재생산 전략으로 개념화하는데[143](Medick & Warren 1984, Crow 1989, Morgan 1989, Hareven 1990, Woolf 1991), 거기에는 자산 규모와 출생 순위[예컨대 장남이냐 차남이냐]에서부터 거주지, 나이, 혹은 잠재적 배우자들 간 재산 격차 등에 이르는 여러 가지 매개 변수들이 관여한다. 그것이 첫번째 개정이었다. 그로부터 우리는 특히 '단절'에 관해 이야기하기 좋아하는 사람들을 위해 다음과 같은 교훈을 이끌어 낼 수 있다. 과학적 단절은 단번에 수행되지 않는다. 그것

---

142 이 논문의 정확한 제목은 결국 「사회 재생산 전략으로서 결혼 전략」(Bourdieu 1972b)이 되고 말았다. 그것은 전략들이 [그 자체] 독자적인sui generis 체계를 형성한다는 원래의 아이디어를 놓치고 있다. [제목이 그렇게 바뀐 이유는] 역사학 저널 『아날』*Annales: Economies, sociétés, civilisations*의 편집진이 원제의 스타일이 주는 인상을 좋아하지 않았기 때문이다 (Bourdieu 1987a: 85). 다양한 재생산 전략과 그 상호 관계에 대해서는 『국가 귀족』(Bourdieu 1989a: 386~427)에서 깊이 있게 탐색되었으며, Bourdieu 1994b에서 새롭게 정교화되었다.

143 부르디외(Bourdieu 1985c)는 '규칙으로부터 전략으로'의 패러다임 이동과 사회 이론에 대한 그것의 함의, 그리고 실제 연구 절차(어떤 유형의 데이터를 수집할 것인가, 그것을 어떻게 코딩할 것인가 등)를 논의한다.

은 입문 철학(그리고 알튀세르식 맑스주의)에서 말하는 식의 일종의 시원적 행위가 아니다. 그것은 30년이 걸릴 수도 있다. 그리하여 우리는 때로 동일한 대상에 열 번이라도 되돌아가야만 하는 것이다. 비판자들이 우리가 똑같은 것을 만날 되풀이한다고 불평할 위험조차 무릅쓰고서 말이다.

이렇게 해서 나는 첫번째 개정을 실행했다. 그것은 맨 처음 분석에 담겨 있었던 여러 명제를 훨씬 더 높은 수준으로 명료화했고, 더욱 역동적인 형태의 '전략적' 분석으로의 이행을 제안했다. 이는 또 우리로 하여금 '직관' 개념에 관해 생각하도록 만든다. 어떤 사회학자가 많은 '직관'을 가지고 있다고 누군가 말할 때, 그것이 칭찬을 뜻하는 경우는 별로 없다. 그러나 나는 내가 왜 그 마을 무도회를 [연구 대상으로] 선택했는지 이해하기 위해 거의 이십 년을 보냈다고 이야기할 수 있다……. 나는 심지어 ―십 년 전만 하더라도 내가 감히 이런 말을 꺼내지는 않았을 것이다―내가 그때 느꼈던 (그 용어의 가장 강력한 의미에서) 공감sympathy의 감정, 그리고 내가 목격했던 장면에서 스며 나온 파토스pathos의 감각이 확실히 이 대상에 대한 내 이해관심의 바탕에 있었다고 믿는다.

바캉 하지만 1989년 논문 「금지된 재생산」(Bourdieu 1989c)은 당신의 초기 분석을 확장하는 동시에 그와 단절하고 있다.

부르디외 부제에서도 나타나듯, 그 논문에서 나는 이 사례를 상징폭력의 일반 이론―나는 늘 이런 단어 쓰기를 주저한다―의 한 특수한 사례로서 다시 생각하고자 했다. 지주 가정(이들은 소농들로, 그들 대다수는 기껏해야 12에이커의 땅을 소유한다)의 큰 아들들은 체계의 이전 상태에서는 특권을 누리고 있었지만, 이제는 자기들 특권의 희생자가 되었고 '재생산이 금지되어' 독신 생활에 운명 지어져 버렸다. 그들이 [스스로의] 카스트를 잃을 수도, 명예를 떨어뜨릴 수도 없고 새로운 결혼 규칙에 적응할 수도 없었기 때문이다. 노총각들에게 무슨 일이 일어났는지 이 현상을 이해하기 위해 나는 무도회 장면 속에 감춰진, 잠재적인 것들을 구성해야만 했다. 더 정확히 말하자면, 이 장면이 드러내는 것과 가리는 것, 폭로하는 동시에 위장하는 것들을 말이다. 마치 구체적인 시장(이를테면 암스테르담의 꽃 시장)이 신고전파 경제학 시장의 구체적인 화신인 것처럼, 무도회는 결혼 시장의 구체적인 화신이었다. 비록 두 시장 사이의 공통점은 거의 없지만 말이다.

내가 보았던 것은 실천적인 상태에 있는 결혼 시장이었다. 그것은 새롭게 부상하는 교환 형식의 진원지이자 '개방 시장'의 구체적인 실현이었다. 그 개방 시장은 가족이 통제했던 과거의 폐쇄시장을 불과 몇 년 전에 대체했던 것이다. 이 대목에서 나는 폴라니Karl Polanyi를 인용할 수 있다. 무도회장 무대 주변에 샌님처럼 [인기 없이] 서 있던 노총각들은 폐쇄 시장을 개방 시장이 대체하면서 생겨난 희생자들이다. 개방 시장에서는 모두가 스스로의 힘으로 꾸려 나가야 하고 자기만의 자산, 자기만의 상징자본──즉 옷 입고 춤추고 자기를 소개하고 아가씨들과 이야기 나누는 등의 능력──에만 의존할 수 있다. 보호된 결혼 체제로부터 '자유 교환'의 결혼 체제로의 이행은 희생자들을 만들어 내며, 이 희생자들은 무작위적으로 분포되어 있지 않다. 이 단계에서 나는 그러한 이행이 사람들에게 미치는 영향이 그들의 거주지, '도시화' 정도, 교육 수준 등에 따라 달라진다는 사실을 보여 주기 위해 통계로 되돌아갔다. 이제 나는 내가 목격했던 것의 의미를 요약하는 그 논문의 한 대목을 인용할 수 있다(Bourdieu 1989c[2002a: 236]).

통계는 다음과 같은 점을 알려 준다. 결혼을 어떻든 해야만 할 때, 농부의 아들은 농부의 딸과 결혼하는 반면 농부의 딸은 농부가 아닌 사람과 결혼하는 경우가 더 많다. 이 분열된 결혼 전략은 그 대립 관계에 의해 다음과 같은 사실을 표현한다. 즉 집단[구성원들 — 바캉]은 자기들 아들을 위해 바라는 것을 자기들 딸을 위해 바라지는 않는다는 것이다. 더 나쁘게는, 설령 자기들 아들을 위해 자기들 딸의 일부를 원한다 하더라도, 마음속 깊은 곳에서는 자기들 딸을 위해 자기들 아들을 원하지는 않는다는 것이다. 농촌 가정은 여자를 받아야 하는지 아니면 주어야 하는지에 따라 좌우되는, 정반대로 대립하는 전략들에 의존함으로써 다음과 같은 사실을 드러낸다. 곧 주체와 대상이 하나인 상징폭력의 효과 아래서는 모든 이가 모든 이에 맞서서 할거하고 있다는 것이다. 족내혼이 평가 범주의 단일성, 그리고 그것을 통해 집단의 스스로에 대한 합치를 증명했던 반면, 결혼 전략의 이원성은 집단이 개인의 가치를 평가하기 위해 이용하는 범주의 이원성, 그리고 개인들의 등급으로서 그것이 지닌 가치를 나타낸다.

이것은 내가 입증하려고 노력했던 것을 어느 정도 일관되게 정리한 내용이다.[144] 우리는 무도회 장면의 원래 직관적인 지각으로부터 얼마나 멀리

---

144 부르디외(Bourdieu 1989c[2002a: 236~237과 241])는 이렇게 계속한다. "마치 상징적인 피지배 집단이 스스로에 맞서 공모하는 듯이 모든 일이 진행된다. 자기 왼손이 하는 일을 오른손이 모르는 것처럼 행동함으로써, 피지배 집단은 사회적 저주라고 자탄하는 상속자들의 독신 상태와 이농 현상을 위한 조건 조성에 이바지한다. 자기 딸들을 도시 거주자와 상향 결혼시 킴으로써, 그 집단은 농민은 이렇다든가 이럴 것이라는 가치에 대한 도시적 표상을 자기 것으로 삼게 된다는 점을 의식적으로든 무의식적으로든 드러낸다. 억눌려 있으면서도 늘 현존하는 농민에 대한 도시적 이미지는 심지어 농민의 의식 속에도 부과된다. 농민들이 학교 교육의 통합적인 유인력을 포함한 온갖 종류의 상징적 공격에 대항해 가까스로 보존해 왔던 자기 확신certitudo sui의 붕괴는 그것을 유발한 문제 제기의 효과를 악화시킨다. (……)

왔는지 알 수 있다.

독신 상태에 대한 이 사례 연구는 그것이 아주 중요한 경제 현상과 관련되어 있기에 흥미롭다. 프랑스는 지난 삼십 년 동안 상당히 많은 수의 농민들을 (시위에 대한 억압만 제외하면) 어떤 국가 폭력도 없이 제거했다. 반면 소련은 농민층을 없애기 위해 가장 잔인한 수단을 이용했다. (이는 도식적이다. 하지만 당신이 만일 논문을 읽는다면, 내가 훨씬 미묘한 차이를 살리는 모양새 좋은 방식으로 이 모든 것을 말했음을 알게 될 것이다.) 달리 말해, 일정한 조건 아래 일정한 대가를 치르면서 상징폭력은 정치폭력과 경찰폭력이 할 수 있는 일을 더 효율적으로 할 수 있다(심지어 경제 영역에서도 작동하는 이 '부드러운' 형식의 폭력을 고려할 여지를 만들지 못했다는 데 맑스주의 전통의 커다란 약점 가운데 하나가 있다).

이야기를 마무리하기 위해 내가 [논문] 마지막 쪽 마지막 줄에 썼던 각주 하나를 읽어 보겠다. 그것은 이 텍스트의 이른바 이론적인 내기물을 보지 못했을 (하지만 『농촌 연구』에 실린 독신 상태에 관해 텍스트에서 '거대 이론'을 찾고자 했을) 독자들을 위한 것이다.

자기 이론을 차별화하기 위해 다른 모든 라이벌 이론들을 검토하는, 전형적인 스콜라적 연습을 별로 좋아하지는 않지만 — 그런 짓을 하면 어떤

각 개인의 수준에서 [농민들이] 느끼는 내적인 패배감은 시장의 익명적인 고독이라는 덮개 아래 고립적으로 이루어지는 배신의 바탕에 있다. 그것은 여성의 탈주와 남성의 독신 상태라는 의도되지 않은 집합적 결과를 가져온다. 마찬가지 메커니즘이 학교 체계에 대한 농민 태도의 전환을 뒷받침한다. 이 메커니즘은 농민들을 생물학적·사회적 재생산 수단으로부터 차단하는 효과를 낳을 뿐만 아니라, 그들 의식 속에서 미래에 대한 파국의 이미지가 떠오르도록 부추기는 경향이 있다. 농민층의 소멸을 강력히 주장하는 기술 관료적 예언은 이러한 표상을 강화할 따름이다."

사람들이 이 분석에는 그저 차별화를 추구하려는 원리밖에는 없다고 믿게 될까 봐서 ─나는 훈육discipline 또는 '조련'dressage으로서의 푸코의 지배 이론, 그리고 또 다른 차원에서 모세관 같은 열린 네트워크의 은유가 [내가 제시하는] 장 같은 개념과 여러 가지 점에서 얼마나 다른지 강조하고자 한다.

한마디로, 비록 내가─세 번이나 지웠다가 결국 텍스트 안에 집어넣은 각주를 제외하고는─그런 말을 하지 않으려 애썼지만, 아주 하찮아 보이는 경험적 작업에도 중요한 이론적 이슈가 걸려 있을 수 있는 것이다.

바캉 그 논문에서 당신은 상징폭력 개념을 전개한다. 이 개념은 지배 일반에 대한 당신의 분석에서 이론적인 중추 역할을 한다. 당신은 그것이 선진 사회에서의 계급 지배, (제국주의나 식민주의에서처럼) 국가 간 지배 관계, 그리고 더 나아가 젠더 지배 같은, 겉보기에 아주 상이한 현상들을 설명하는 데 필수 불가결하다고 강력히 주장한다. 당신이 이 개념으로 지칭하고자 하는 것이 무엇인지, 그것은 어떻게 작동하는지 더 정확히 설명해 줄 수 있겠는가?[145]

부르디외 상징폭력은, 가급적 간결하고 단순하게 설명하자면, 어떤 사회적

---

145 교육, 종교, 법, 정치 그리고 지식인에 관한 부르디외의 글들은 기본적으로는 동일한 현상의 상이한 공략 지점들을 제시한다. 예를 들어, 그는 법을 "명명된 사물, 특히 집단을 창조하는, 명명하고 분류하는 상징권력의 특출한 형식"으로 취급한다. "그것은 분류화의 조작으로부터 출현하는 실재에, 하나의 역사적 제도가 다른 역사적 제도들에게 줄 수 있는 사물의 영속성을 부여한다"(Bourdieu 1986c: 13).

행위자에게 그 자신의 공모와 더불어 행사되는 폭력이다. 이제 이 표현 방식은 위험해진다. 그것이 권력이 '아래로부터' 오는지, 또는 왜 행위자가 그에게 강제되는 조건을 '욕망하는지' 등등에 관한 스콜라적 논의에 문을 열어 줄지도 모르기 때문이다. 그 개념을 좀더 엄밀하게 말해 보자. 사회적 행위자는 인식하는 행위자이다. 그는 결정 요인들에 종속될 때조차, 그를 결정하는 것들을 그가 구조화하는 만큼, 그를 결정하는 것들의 효력을 생산하는 데 이바지한다. 지배의 효과가 솟아나는 것은 바로 결정 요인, 그리고 그것을 그렇게 존재하는 그대로 구성하는 지각 범주 사이의 '일치' 속에서이다. (이는 당신이 지배를 자유와 결정론, 선택과 제약이라는 아카데미적인 이분법을 통해 사고하고자 한다면, 아무 데도 이르지 못할 것이라는 점을 부수적으로 보여 준다.)[146] 나는 당사자가 그것을 폭력으로서 지각하지 못하는 한에서만 행사되는 폭력을 인정/승인reconnaître하는 상태를 오인méconnaissance이라고 부른다.

내가 '오인'이라는 용어로 가리키는 것은 사회적 행위자의 정신이 세계의 구조로부터 유래된 인지 구조에 따라 구성되기 때문에 행위자가 사회 세계를 당연히 주어진 것으로, 있는 그대로 받아들이며, 그것을 자연스럽게 여긴다는 단순한 사실에 의해 끌어들이게 되는 일단의 근본적인, 선先반성적 가정들을 수용하는 현상이다. '오인'은 영향력의 범주 안에 들지 않는다.

---

146 "모든 상징적 지배는 그것에 복속하는 이들의 편에서 이루어지는 일종의 공모를 전제한다. 그러한 공모는 외부 제약에 대한 수동적인 굴복도, 가치에 대한 자유로운 지지도 아니다. (……) 상징폭력의 고유성은 그것을 당하는 이에게 어떤 태도를 요구한다는 바로 그 점에 있다. 그 태도는 자유 혹은 제약이라는 통상적인 양자택일에 도전한다. 하비투스의 '선택' (예컨대 표준말을 쓰는 발화자들 앞에서 r 발음을 교정해 말하기)은 의식도, 제약도 없이 성향들 덕분에 이루어진다. 그러한 성향들은 논쟁의 여지 없이 사회적 결정 요인들의 산물이지만, 의식과 제약의 외부에서 구성된다"(Bourdieu 1982a: 36).

나는 영향력에 관해 말하지 않는다. 여기서 작동하는 것은 누군가 다른 사람들을 겨냥해 선전propaganda을 벌이는 '커뮤니케이션의 상호작용' 논리가 아니다. 그것[오인]은 그보다 훨씬 더 강력하며 음험한 것이다. 사회 세계 안에서 태어난 우리는 말할 필요도 없고 주입을 필요로 하지 않으면서도 자명하게 여겨지는 광범위한 가정과 이치를 받아들인다.[147] 이것이 객관적 구조와 인지 구조 간의 즉각적인 합치immediate agreement에 기인하는, 세계에 대한 독사적 수용acceptation doxique의 분석이 지배와 정치에 대한 현실주의적 이론의 진정한 기초인 이유이다. 온갖 형태의 '은밀한 설득' 가운데 가장 가차 없는 것은, 아주 간단히, 사물의 질서에 의해 이루어지는 설득이다.

바캉 이러한 측면에서 당신 작업이 (예컨대 독일이나 다른 유럽 국가들에서보다 훨씬 더) 영국과 미국에서 받은 아주 흔한 오해들 가운데 어떤 것은 그들 자신의 특수한 구조, 즉 이론의 표준(당신을 파슨스에 비교하는 사람들처럼)과 방법의 차원에서만이 아니라 스타일의 차원에서, 자국의 대학 전통을 무의식적으로 보편화하는 아카데미 정신의 경향성에 기원하는 것은 아닌지 의문스럽다.

---

147 이는 부르디외의 상징폭력 이론과 그람시(1975[1929~1935])의 헤게모니 이론 사이의 주요 차이점 가운데 하나이다. 전자는 후자가 수반하는 '동의' 작업의 적극적인 '제조'를 필요로 하지 않는다. 부르디외(Bourdieu 1987c: 160~161)는 이 점을 다음 문장에서 명백히 밝힌다. "사회 질서의 정당화는 선전이나 상징적 부과의 의도적이고 목적 지향적인 행위의 산물이 (……) 아니다. 그보다 그것은 행위자들이 사회 세계의 객관적 구조 자체로부터 유래했으며 [그리하여] 세계를 자명한 것으로 그려 내는 경향이 있는 지각과 평가 구조를 사회 세계의 객관적 구조에 적용한다는 사실에서 기인한다."

부르디외 [내 책에 대한] 어떤 서평 논문들은 의기양양해하는 동시에 자만심의 철창에 완전히 갇힌 그러한 부류의 자민족중심주의를 보여 주는 기막힌 실례이다. 나는 특히 『호모 아카데미쿠스』에 관한 최근의 서평(Jenkins 1989)을 떠올리게 되는데, 그 저자는 내게 어떻게 글을 써야 하는지 배우러 대학—물론 영미권 대학—에 다시 가기를 권유한다("누가 부르디외 교수에게 고워스의 『평이한 글』*Plain Words*[148]을 한 부 건네줄 수 있을까?"). 과연 리처드 젠킨스 씨Mr. Richard Jenkins는 가핑클은 고사하고라도 기든스나 파슨스에 관해 이런 글을 쓸 수 있을까? 젠킨스 씨는 그가 프랑스 전통이라고 잘못 알고 있는 것에 대한 나의—진위가 의심스러운—집착을 비난하면서 ("그는 프랑스 학계의 생활에서 오래된 신성화된 전통과 게임을 벌인다"), 어떤 글쓰기 전통에 대한 그의 검토된 바 없는 애착을 드러낸다. 그 전통은 어떤 서약보다도 아카데미 구성원들을 한데 결합시켜 주는 독사—이것이 꼭 맞는 단어다—와 분리될 수 없는 것이다. 그리하여, 예를 들면, 그가 '담론독사적 양태'와 같은 표현을 들어 나를 통렬히 비난하는 데까지 이를 때, 그는 그의 무지('독사적 양태'는 민속방법론자들에 의해 이식되지 않은 후설의 표현이다)를 드러낼 뿐만 아니라, 더 의미심장하게는 그 자신의 무지에 대한 그의 무지, 그리고 그것을 가능하게 만든 역사적·사회적 조건에 대한 무지를 드러낸다.

만약 젠킨스 씨가 『호모 아카데미쿠스』에서 제시된 사고방식을 채택해 자신의 비판에 성찰적인 시선을 돌렸더라면, 그는 단순성에 대한 자신의 찬사 뒤에 숨겨진 뿌리 깊은 반지성적 성향을 발견했을 것이고, 그렇게

---

148 어니스트 고워스 경Sir Ernest Gowers이 1954년 출판한 영국식 영어의 스타일 안내서이자 고전적인 영작문 참고서로, 짧고 단순 명료하며 정확한 문장을 쓰도록 가르친다.—옮긴이

평이한 관점에서 순진하게 자민족 중심적인 편견을 노출하지 않았을 것이다. 한데 그러한 편견이 내 스타일상의 특수성(그것은 어쨌든 프랑스적이라기보다는 독일적이다)에 대한 그의 비난의 근원에 있는 것이다. 나는 『호모 아카데미쿠스』에서 그처럼 잘못된 논쟁적 객관화 논리를 경고하고 그에 맞서 나 자신을 보호하기 위해 열심히 노력했다. 그러한 잘못된 논리 가운데 하나를 내게 퍼붓기 전에("정말로 소통된 것은 위대한 인물의 구별 짓기이다"), 그는 혹시 "평이한 글", 평이한 스타일, 평이한 영어, 또는 말을 삼가기에 대한 숭배(그런 연유로 오스틴 같이 수사학을 안 쓰는 듯 쓰는 거장들이 자기들 책이나 논문 제목에서 동요의 순수한 단순성을 모방할 수 있다)가 그 자신이 속한 또 다른 학계의 전통, 어떠한 스타일상의 수행성이라고 평가할 수 있는 절대적인 잣대로 제도화된 전통과 연결되어 있는 것은 아닌지 질문했어야만 했다. 그리고 만일 그가 『호모 아카데미쿠스』의 진짜 의도를 이해했다면, 그는 자신이 느낀 당혹감, 아니 내 글쓰기에 대한 자신의 혐오감으로부터 스타일의 전통에 내재하는 자의성을 질문할 수 있는 좋은 기회를 발견할 수 있었을 것이다. 그러한 전통을 상이한 국가들의 학교 체계가 강제하고 주입하는 것이다. 영국 대학이 언어 면에서 부과하는 요구들이 일종의 검열, 거의 암묵적인 것으로 남을 수 있다는 점에서 더욱 엄청난 검열—학교 체계가 우리 모두에게 가하지만 우리는 간과하는 어떤 한계와 손상이 이 검열을 통해 작동한다—이 아닌지 자문할 수도 있는 기회 말이다.[149]

---

149 부르디외가 보기에, 국가들을 가로지르는 사상의 '자유 무역'에 대한 장애물 가운데 하나는 외국 저작들이 수입자는 전혀 의식 못할 수도 있는 자국의 이해 도식을 통해 해석된다는 사실이다. 따라서 학자들은 국가적인 학문 전통 내에 배태되어 있는 개념과 판단의 편향들로부터 해방되어야 한다. "사유 범주의 국제화(혹은 '탈국가화')는 지적 보편주의의 한 조건"이기 때문이다(Bourdieu 1990e: 10).

우리는 여기서 문화적 자의성 개념(내 비판자들이 종종 의문에 부치는 개념)의 기능, 즉 그것이 지식인 중심적인 독사와의 단절 수단으로서 쓸모 있다는 점을 깨닫는다.[150] 지식인은 종종 상징폭력을 발견하거나 알아채기에 가장 불리한 위치에 있는 경우가 있다. 특히 학교 체계가 행사하는 상징폭력에 대해서는 더욱 그러한데, 그가 평균적인 사람보다 거기 더욱 심하게 복속되어 왔고 [학교에서의 교육을 통해] 그것의 행사에 계속 기여하기 때문이다.

바캉 최근에 당신은 젠더에 관한 논문에서 상징폭력 개념을 더 정교화시켰다(Bourdieu 1990d). 거기서 당신은 남성 지배의 이론적·역사적 특수성을 뽑아내기 위해 특이하게 조합된 다양한 자료원 —— 알제리 전통 사회에 대한 당신의 민족지 자료, 버지니아 울프의 문학적 시각, 그리고 '인류학적 자료'로 다루어진 이른바 위대한 철학 텍스트들(칸트에서 사르트르까지)에 기댄다.

부르디외 상징폭력의 패러다임을 제공하는 형식으로 보이는 젠더 지배의 논리를 해명하기 위해, 나는 알제리 카빌리에서 내가 수행한 민족지 조사 연구를 분석의 기초에 놓고자 했는데(Bourdieu 1972a; 1980a), 이는 두 가지 이유에서였다. 첫째, 나는 젠더와 권력에 대한 이론적 담론의 공허한 사색과 그 클리셰, 슬로건들을 피하고 싶었다. 그것들이 이제껏 그 이슈[젠

---

150 이 개념은 『재생산』(Bourdieu & Passeron 1970: 10~12, 19~26)에서 광범위하게 논의된다. 현학적 독사와 단절하는 또 다른 수단은 지적 도구의 사회사, 특히 '교수식 판단 범주' categories of professorial judgement의 기원과 사회적 활용의 사회학이다(Bourdieu & Saint Martin 1975와 Bourdieu 1989a: 48~81).

더 지배의 논리]를 명확히 규명하기보다는 더 혼란스럽게 만들었기 때문이다. 둘째, 나는 젠더 분석이 제기하는 중요한 난점을 우회하기 위해 그러한 장치를 사용했다. 그 난점이란 우리가 이 경우에 수천 년 동안 사회 구조의 객관성과 정신 구조의 주관성에 새겨져 온 제도를 논한다는 것, 그래서 분석자는 그가 지식의 대상으로 다루어야 할 지각과 사고의 범주를 지식의 수단으로 이용할 위험이 있다는 것이다. 북아프리카의 이 산악 사회는 진정한 문화적 보고寶庫이기에 각별히 흥미롭다. 그것은 의례 관행, 시가, 구술 전통, 표상 체계, 또 더 낫게는 전체 지중해 문명에 공통된 시각과 구분의 원리 체계를 통해 지금까지 생생하게 유지되었다. 그것은 또 오늘날에도 우리 정신 구조 속에, 그리고 부분적으로는 우리 사회 구조 속에 살아남았다. 그래서 나는 카빌리의 사례를 우리가 남성적 세계관의 근본 구조를 더욱 쉽게 해독할 수 있는, 일종의 '확대된 사진'으로 취급했다. 그 근본 구조가 집합적이며 공적인 표현(재현)을 제공하는 '남근적 자기애' phallonarcissistic의 우주론은 우리의 무의식을 사로잡고 있는 것이다.

이러한 독해는 무엇보다도 먼저 남성 질서가 너무도 깊게 정초되어 있어서 아무런 자기 변호를 필요로 하지 않는다는 점을 보여 준다. 그것은 스스로를 자명한 것, 보편적인 것으로 부과한다(남자, 즉 vir는 인간, 즉 homo에 대한 독점권을 가지며 자신을 보편적인 것으로 경험하는 특수한 존재이다). 그것은 공간과 시간의 사회적 조직화와 성별적인 노동 분업 속에서 주로 표현되는 사회 구조, 그리고 몸과 정신에 새겨진 인지 구조 간에 이루어지는 거의 완벽하고 즉각적인 합일 덕분에 당연한 것으로 받아들여지는 경향이 있다. 사실 피지배자, 즉 여성은 (자연과 사회) 세계의 모든 대상에, 특히 그들이 빠져 있는 지배 관계에, 그리고 이 관계 실현의 매개가 되는 사람들에게 사유되지 않은 사유 도식을 적용한다. 그 도식은 짝지어진 쌍의 형태(높은/낮은, 큰/작은, 안의/바깥의, 똑바른/비뚤어진 등)로 이 권력 관계를 체화한 산물이며, 따라서 피지배자인 여성으로 하여금 이 관계를 지배자의 입장에서, 즉 자연스러운 것으로 구성하도록 이끈다.

젠더 지배의 사례는 상징폭력이 의식과 의지의 통제 너머——혹은 아래——에 있는 인식과 오인 행위를 통해 완수된다는 점을 다른 어떤 것보다도 잘 보여 준다. 그러한 인식과 오인 행위는 젠더화된 동시에 젠더화하는 하비투스 도식의 불투명성 속에서 이루어진다.[151] 그리고 그것은 우리가 강제와 동의, 외적 부과와 내적 충동 사이의 스콜라적 대립을 완전히 포기하지 않고서는 상징폭력을 이해할 수 없음을 예증한다. (플라톤주의가 이백 년 동안 널리 퍼지고 난 이후, 우리는 몸이 이론적 성찰과는 이질적인 논리를 통해 '스스로 생각할' 수 있다고는 잘 생각하지 못한다. 이러한 의미에서 우리는 젠더 지

---

151 젠더화된 하비투스가 성별적 불균형으로 가득 찬 사회 세계와 이루는 즉각적인 합치는, 여성들이 강간처럼 그들을 희생시키는 공격 형태와 어떻게 결탁하는지, 아니 심지어 그것을 어떻게 방어하고 변명하게 되는지를 설명한다. 린 챈서(Lynn Chancer 1987)는 1983년 3월 매사추세츠Massachusetts 베드포드Bedford에서 있었던 한 포르투갈 여성 집단 강간 사건——그것은 미디어를 통해 아주 널리 알려졌으며, 1988년 조디 포스터Jodie Foster의 배우이력에 기폭제가 된 영화「피고인」The Accused에 영감을 주었다——에 대한 다른 포르투갈 여성들의 부정적 반응을 사례 연구함으로써 이 과정을 생생하게 예증한다. 재판 중인 여섯명의 강간범을 옹호하며 행진했던 두 여성의 다음과 같은 언급은 이 공동체 안에서 사회적으로 규정된 대로의 남성성과 여성성에 관한 가정들이 사회적으로 규정된 대로 얼마나 당연한 것으로 받아들여지는지를 드러낸다. "나는 포르투갈 사람이며 그 사실이 자랑스럽다. 나는 여자이기도 하다. 하지만 당신은 내가 강간당하는 것을 보지 못한다. 만일 당신이 개에게 뼈다귀를 던져 준다면, 개는 그것을 물고 갈 것이다. 만일 당신이 벌거벗고 거리를 활보한다면, 남자들은 당신에게 덮칠 것이다", "그들은 그 여자에게 아무것도 하지 않았다. 그 여자가 할 일은 자기의 두 아이와 함께 집에 있으면서 좋은 엄마 노릇을 하는 것이다. 포르투갈 여자는 자기 아이들과 있어야 하며, 그게 전부이다"(Chancer 1987: 251). 우리는 여성 잡지를 가득 메우고 있는 르포, 이미지, 생활 정보 기사들의 주제에 대한 연구에 이와 같은 도식을 확대 적용시킬 수 있을 것이다. 그것들은 해방의 수사학 아래 고유한 방식으로 여성에 대한 남성 중심적 시각을 담아낸다("그를 기쁘게 만드는 26가지 비밀").

배가 프랑스어로 신체를 통한 구속contrainte par corps이라고 부르는 것 속에 있다고 말할 수 있을 것이다. 사회화 작업은 이중적 조작을 통해 젠더 지배 관계의 점진적인 신체화somatization를 수행하는 경향이 있다. 이중적 조작은 첫째, 세계에 대한 온갖 신화적 시각의 기반으로 봉사하는 생물학적 성의 시각을 사회적으로 구성함으로써, 둘째, 진정한 체화된 정치학을 구성하는 신체적 헥시스의 주입을 통해서 작동한다. 달리 말해, 남성 사회 신정론의 특수한 효능성은 그것이 그 자체 생물학화된 사회적 구성물인 생물학적인 것 안에 지배 관계를 각인함으로써 그 관계를 정당화한다는 사실로부터 나온다.

성적으로 분화되는 동시에 성적으로 분화시키는 이 주입의 이중 작업은 남성과 여성에게 사회적 게임에 대한 일단의 상이한 성향을 부과한다. 사회에 대해 중요한 것으로 유지되는 사회적 게임은 (남성성, 사내다움의 과시에 적합한) 명예와 전쟁 게임, 혹은 선진 사회에서의 정치, 비즈니스, 과학 등과 같이 제일 가치 있게 여겨지는 게임들이다. 남성 신체의 남성화와 여성 신체의 여성화는 아주 오래 지속되는 무의식의 구성물인 문화적 자의성의 신체화를 실행한다.[152] 이 점을 보여 주고 나서, 나는 버지니아 울프의 소설 『등대로』(Virginia Woolf 1983[1927])에서 표현된 것처럼, 피지배자의 입장에서 이 원초적인 배제 관계를 탐색하기 위해 한 극단의 문화 공간[즉

---

152 헨리(Henley 1977)는 성별 노동 분업에서 여성들이 어떻게 자기에게 적합한 행동거지, 즉 공간을 차지하고 걷고 몸 자세를 취하는 법을 배우는지, 즉 사회 조직이 어떻게 심층적으로 젠더에 고유한 방식으로 우리 몸을 모양 짓는지 보여 준다. 아이리스 영(Iris Young 1990)은 고전이 된 논문 「소녀처럼 내던지기」에서 예의 바른 몸에 대한 메를로-퐁티의 분석을 되살리면서 신체 운동성의 성별화sexuation를 해부한다. 스페인(Spain 1992)은 공간적 결집과 분리가 어떤 식으로 양성 간의 위계적인 분할을 재생산하는지 추적한다. 콘도(Kondo 1990)는 이 두 가지 주제를 결합해, 작은 일본 공장에서 이루어지는 여성 노동자들의 '자기 형성'을 연구한다.

알제리 카빌리 사회]에서 다른 극단으로 이동한다. 우리는 이 소설에서 상징 지배의 역설적인 차원에 대한 놀랍도록 명민한 분석을 발견한다. 페미니즘 비평에서 대개 간과되어 온 이 차원은 바로 지배자가 자신의 지배에 의해 지배되는 현상이다. 어떤 남자든 자신의 의기양양한 무의식 속에서 지배적인 남성 관념에 맞추어 살기 위해 기울여야만 하는 필사적이고도 어느 정도는 애처로운 노력에 대한 여성적 시선. 나아가 버지니아 울프는 사회의 중심 게임에로 행위자를 이끄는 일루지오를 무시함으로써 여성들이 그러한 연루와 함께 오는 지배 리비도ibido dominandi를 어떻게 벗어나는지, 그리하여 통상 그들이 단지 대리인으로서만 참여하는 남성 게임에 대해 상대적으로 명석한 시각을 얻을 수 있는 사회적 기질을 어떻게 갖게 되는지 이해할 수 있게 해준다.

바캉 여성에게 거의 보편적으로 열등한 지위가 부여되는 수수께끼는 여전히 설명되어야 할 것으로 남아 있다. 이와 관련해 당신은 페미니즘 계열의 몇몇 답변(예컨대 O'Brien 1981; MacKinnon 1982; Connell 1987; Chodorow 1989; Fraser 1989)과 조화를 이루면서도 차이가 있는 해결책을 제안한다.

부르디외 잘 알려진 사회들 모두에서 여성이 열등한 사회적 위치를 할당받고 있는 사실을 설명하기 위해서는 상징 교환의 경제에서 각 젠더에 귀속되는 지위의 불균형을 반드시 고려해야 한다. 남성은 자신의 상징자본을 유지하거나 증진시킬 수 있도록 활용하는 결혼 전략의 주체인 반면, 여성은 언제나 이 교환 속에서 인상적인 결연에 적합한 상징으로서 순환하며 대상으로 취급받는다. 이렇게 상징적 기능을 부여받고서 여성은 계속해서 자신의 상징적 가치를 보존하기 위해 노력해야만 한다. 정숙성과 성실성으로 정의되는 여성적 가치에 대한 남성적 이상에 부합함으로써, 그리고 자신의 신체적 가치와 매력을 증대시킬 수 있는 신체 및 미용상의 온갖 속성을 갖춤으로써 말이다. 여성에게 주어지는 이러한 대상으로서의 지위는 카빌리 신화-의례 체계가 재생산에 대한 이바지하는 부분에서 가장 잘 나타난다. 이 체계는 성행위에서의 남성 개입에 이익이 되도록, 역설적이게도 여성의 고유한 임신 노동을 부정한다(농경 주기에서 토양에 해당하는 노동을 부정하는 것처럼 말이다). 우리 사회에서와 마찬가지로, 여성이 집안과 바깥의 고유한 상징 생산에서 수행하는 특별한 역할은 언제나 기각되거나 평가절하된다.[153]

따라서 남성 지배는 상징 교환의 경제 논리 위에 세워져 있다. 즉 친족과 결혼의 사회적 구성 속에 제도화된 남성과 여성 간의 근본적인 불균형, 그러니까 주체와 대상, 행위자와 도구의 불균형 위에 말이다. 생산 양식의 변화에도 불구하고 어떻게 남성 지배가 영속될 수 있는지를 설명하는 것은 바로 상징자본 경제의 상대적 자율성이다. 따라서 여성 해방은 체화된 구조와 객관적 구조 사이의 즉각적인 합치에 실질적으로 도전할 수 있는 상징 투쟁을 목표로 한 집합 행동으로부터만 올 수 있다. 상징자본의 생산과 재생산의 근거 그 자체, 특히 차별화의 기호로서 이루어지는 문화 재화의 생산과 소비의 바탕에 있는 허세 부리기와 구별 짓기의 변증법을 의문에 부치는 상징혁명으로부터만 말이다.[154]

---

153 이는 문학 장 내 여성 작가들에 대한 구조적 평가 절하 속에서 잘 드러난다. de Saint Martin 1990b 참조.

154 "사실 모든 것으로 미루어 우리는 이렇게 생각하게 된다. 여성 해방은 지배의 사회적 메커니즘에 대한 진정한 집합적 통제력을 필수적으로 요구한다. 지배 메커니즘 탓에 우리는 문화를 구별 짓기의 사회적 관계가 아닌 다른 것, 이를테면 인류가 그 안에서, 그것을 통해서 스스로를 정립한 금욕ascesis과 승화sublimation로서 개념화하지 못한다. 구별 짓기의 사

6. 이성의 현실 정치를 위하여

바캉 『사회 조사 연구』*Social Research*에 실은 논문(Bourdieu & Passeron 1967: 212)에서, 당신은 "미국 사회학이 그 경험적 엄밀성으로 한동안 프랑스 사회학의 과학적인 죄책감으로 기능했던 것처럼" 프랑스 사회학은 "그 이론적인 박력으로 미국 사회학의 철학적인 죄책감이 될" 수 있을지도 모른다는 희망을 피력했다. 20년이 지난 지금, 이러한 바람은 어디에 서 있는가?

부르디외 바슐라르는 우리에게 인식론이 언제나 국면적이라고 가르친다. 즉 그것의 각종 제안과 취지는 그 당시의 주요 위협에 의해 결정된다는 것이다. 오늘날 우리가 당면한 주된 위험은 이론과 조사 연구 사이의 점증하는 분열이다. 이는 도처에서 관찰되며, 방법론적 남용과 이론적 공론의 동반 성장을 부추긴다. 그러므로 나는 이 진술이 함축하는 이론과 조사 연구 사이의 구분 그 자체가 도전받아야 하며, 그것도 수사학적으로가 아니라 실천적으로 도전받아야 한다고 본다. 만일 프랑스 사회학이 미국 사회학의 과학적인 죄책감이 되어야 할 것이라면(혹은 그 반대라도 상관없다), 먼저 이 분열을 성공적으로 극복해야만 한다. 더 큰 이론적 욕심과 더 많은 경험적 엄밀성에 기반을 둔 새로운 형태의 과학적 실천을 밀어붙임으로써 말이다.

·

회적 관계는 본성/자연에 맞선 것[즉 문화]으로 단언되는데, 그러한 본성/자연은 결코 피지배 집단들—여성, 빈자, 식민지 주민, 낙인찍힌 소수자 등—의 본성/자연화된 숙명 이외의 다른 것이 아니다. 비록 여성이 온갖 문화 게임에 장막으로 기능하는 본성/자연에 언제나 완전히 동일시하지 않을지라도, 주체보다는 대상으로서 허세 부리기와 구별 짓기의 변증법에 들어가는 것이 명백하기에 우리는 여성 해방의 선행 요건이 지배 메커니즘에 대한 진정한 통제라고 여기게 되는 것이다"(Bourdieu 1990d: 31). 이러한 분석은 『남성 지배』(Bourdieu 1998a)에서 다시 확장되고 심화된다.

바캉 그렇다면 우리는 어떤 의미에서 과학적 진보를 말할 수 있는가? 지난 수십 년간 사회학은 진보했는가? 아니면 우리는 1950년대에 밀스(Mills 2006[1959])가 규명했던 '거대 이론'과 '추상화된 경험주의'라는 동일한 악과 아직까지 싸우고 있는가?

부르디외 어떤 수준에서 보자면, 사회학 정경은 지난 사반세기 동안 별로 변화하지 않았다. 한편으로 경험 연구의 주력은 주로 진지한 과학적 사유보다는 '현학적인 상식'의 산물인 질문들을 건네는 데 계속 기울여진다. 그리고 그러한 연구는 종종 스스로를 '방법론'으로 정당화한다. 이때 방법론은 대개 그 자체가 하나의 전문 분야로서 개념화되며, 대상을 알기 위해서가 아니라 어떻게 대상을 알 수 있는지 안다고 보이기 위해 준수해야만 하는 비법과 기술적 교훈의 모음으로 이루어진다. 다른 한편으로 어떠한 연구 실천으로부터도 분리된 일종의 거대 이론의 귀환이 있다. 실증주의적 조사 연구와 이론주의적 이론은 함께 가면서 서로를 부추기고 보완한다. 그럼에도 또 다른 수준에서 보자면, 사회과학은 중대한 변화를 겪었다. 1960년대 라자스펠트-파슨스-머튼이라는 정통의 붕괴 이래 여러 사조와 운동이 등장했고, 그것들은 논쟁을 위한 새로운 공간을 열었다(Bourdieu 1988i). 나는 여기서 다양한 조류 가운데 상징적 상호작용론과 민속방법론이 주도한 '미시사회학 혁명'(Collins 1985)이라든지 또는 페미니즘에 의해 영감을 받은 작업들을 떠올린다. '거시사회학'에서, 그리고 이제는 문화사회학에서 강력한 역사적 조류의 부활, 또 조직사회학과 경제사회학에서의 몇몇 새로운 작업 등은 확실히 긍정적인 효과를 가져왔다.

하지만 진보에 대해 말하는 대신에, 나는 진보의 장애물과 그것을 제거할 수 있는 수단에 관해 말하고자 한다. 의심의 여지없이 [사회학에는] 진보가 있고, 사회학은 관찰자들이나 심지어 그 실행자들이 인정하는 것보다도 훨씬 더 선진적인 과학이다. 의식적이든 아니든 우리는 종종 한 분과 학문의 상태를 암묵적인 진화 모델의 관점에서 평가한다. 과학의 위계서열에 관한 오귀스트 콩트의 유명한 표는 일종의 이상적인 인기순위표처럼 여전히 우리의 정신을 사로잡고 있으며, '단단한' 과학은 아직도 '무른' 과학이 스스로를 평가하는 데 써야만 하는 잣대로 여겨진다.[155] 사회과학에서 과학적 진보를 어렵게 만드는 한 가지 요인은 과거에 이른바 단단한 과학의 구조를 모방하려는 시도가 있었다는 것이다. 2차 대전 이후 파슨스 주위에서 정교화되었으며 1960년대 중반까지 미국 사회학과 대부분의 세계 사회학을 지배했던, 구멍 많고 잘못된 패러다임이 그것이다.[156]

---

155 우리는 콩트가 『실증 철학 강의』(Comte 1998[1830~1842])에서 3단계(신학적, 형이상학적, 실증적)의 법칙에 기초해 과학들의 위계를 작성한 적이 있다는 점을 상기할 수 있다. 그 법칙은 복잡성이 증가하는 정도에 따라 과학에 순위를 매겼다. 즉 천문학, 물리학, 화학, 생물학 순으로 올라가면서 사회학이 모든 학문의 정상에 놓이는 것이다.
'단단한' 과학에 대한 가치 부여는 사회학과 경제학 사이의 객관적으로 불균형한 관계 속에서 뚜렷이 드러난다. 경제학에 흠딱 빠져서 그것을 부러워하는 사회학자들의 예찬은 사회학을 즐기면서 얕보는 경제학자들의 회의주의를 종종 강화시킨다. 두 분과 학문의 경계에서 작업하는 일급 경제학자 및 사회학자들의 인터뷰집에서 스베드버그(Swedberg 1990: 322)는 이렇게 썼다. "서열은 다음과 같은 것으로 보인다. 즉 물리학, 수학, 생물학은 모두 경제학보다 더 높은 지위를 가지며, 경제학은 사회학, 심리학, 역사학보다 더 높은 지위를 가진다. 더 정교한 수학을 이용할수록, 그 지위는 높아진다." 자연과학을 모방하려는 과학주의적 기획이 사회 이론에 아직까지 살아 있다는 증거는 최근 닐 스멜서Niel Smelser가 편집한 『사회학 핸드북』Handbook of Sociology의 첫머리에 [경제학자] 윌러스(Wallace 1988)가 쓴 '분과 학문 매트릭스'disciplinary matrix의 가정이 실렸다는 사실에서도 나타난다(그러한 기획의 실행 가능성에 대해 이의를 제기하는 관점으로는 Coser 1989을 보라).
156 1961년 파슨스와 그의 동료들은 『사회의 이론들』(Parsons et al. 1961)이라는 제목의 1500쪽짜리 단행본을 발간했다. 이 책은 행위에 대한 (파슨스식) 자원주의적voluntariste 이론을, 1600년부터 1935년까지 사회 사상이 진화한 귀결로서 제시한다. 그것은 또 자원주의적 행위 이론이, 자연과학에 대해 진화론이 그랬던 것과 유사하게, 사회과학에 대해 통합적인 역할을 수행할 것으로 예견한다.

과학적 정통은 과학 질서를 모사한 산물이다. 그러한 모사는 실제의 논쟁적 과학 논리가 아니라, 모종의 실증주의적 인식론이 투사하는 과학의 표상에 부합한다.[157] 쿤[Kuhn 1970]의 장점 가운데 하나는 축적이라든지 약호화, 복제 등과 같은 미명 아래 과학성을 모방했던 이러한 부류의 실증주의적 정통을 폭파시켰다는 데 있다. 과학의 시뮬라크르에 대한 모사는 실제로는 퇴보의 요인으로 작용했다. 왜냐하면 사실상 진정한 과학 장은 연구자들이 오직 의견 불일치의 근거, 그리고 그 해소 수단에 동의하는 공간이기 때문이다.

바캉 당신에게 사회학 장은 어떤 모습이어야 하는가? 과학 장에 대한 당신의 시각을 대체적으로 그려 줄 수 있겠는가?

부르디외 1950년대 미국 학계의 정통은 암묵적인 거래에 의해 조직되었다. 한쪽에서 '거대 이론'을, 다른 쪽에서는 '다변량 통계 분석'을 가져왔고 마지막에 '중범위 이론'이 왔으며, 우리는 새로운 아카데미 사원의 삼신전 Capitoline triad을 가지게 되었다. 그 후 우리는 미국 사회학이 세계 최고이며 다른 것들은 모두 그것의 불완전한 판본일 따름이라고 말하게 되었다. 그리고 곧 프랑스 뒤르켐 사회학의 가짜 역사를 쓴 테리 클라크의 책(Terry Clark 1973)이 나왔다. 그의 책은 프랑스 사회학이 미국에서 개시한(그리고 당연히 거기서 끝나는) 진정 과학적인 사회학의 발전 도상에서 잠정적인 단

---

157 과학의 논쟁적인 성격에 관해서는 Bourdieu 1976a와 1991d를 보라. 또한 2차 세계대전 이래 미국 사회학을 형성시켰으며 계속해서 뒤덮고 있는 '도구적 실증주의'에 대한 브라이언트(Bryant 1985)의 꼼꼼한 해부를 보라.

계에 지나지 않는다고 주장했다.[158] 나는 사회학에 입문하면서 이 모든 것에 맞서 싸워야만 했다.

과학을 흉내 내는 또 다른 방식은 아카데미 권력의 위치를 점유하는 것으로 이루어진다. 이는 [학계 내] 다른 위치들, 훈련 프로그램, 교육 자격 등, 한마디로 교수진의 재생산 메커니즘(Bourdieu 1984a)을 통제하고 정통을 부과하기 위한 것이다. 그러한 독점 상황은 과학 장과 아무런 관계가 없다. 과학 장은 연구자들의 자율적인 세계이다. 거기서 서로 대결하기 위해 연구자들은 학계의 권위라는 무기를 비롯한 모든 비과학적 무기를 내던져야만 한다. 진정한 과학 장에서 당신은 자유롭게, 자유로운 토론에 들어갈 수 있으며, 과학의 무기를 가지고서 어떤 반대자와도 격렬하게 대적할 수 있다. 반대자가 당신의 위치를 좌우할 수 없으며, 당신은 다른 곳에서 또 다른 위치를 얻을 수 있기 때문이다. 지성사는 논쟁적이고 진정한(즉 과학적인) 갈등이 살아 있는 과학이 순응적인 개념, 흐릿한 프로그램, 논전 없는 출판과 [독창적인 저서들이 아닌] 편집서들에 입각한 과학보다 훨씬 더 진보된 것임을 보여 준다.[159]

장은 차마 공언할 수 없는 [아주 세속적인] 동기들을 과학적으로 적절한 행동으로 돌리고 변환시킬 수 있으면 있을수록 더욱 과학적인 것이 된다. 낮은 수준의 자율성으로 특징지어지는 느슨하게 구조화된 장에서는 정당하지 않은 동기들이 정당하지 않은 전략, 나아가 과학적으로 무가치

---

158 클라크의 『예언자와 후원자』*Prophets and Patrons*에 대한 신랄하고 자세한 비판으로는 Chamboredon 1975를 볼 것. 그것은 프랑스 대학에 대한 클라크의 이미지가 함축하고 있는 진화론적 미국중심주의를 폭로한다.

159 바슐라르는 『아니오의 철학』에서 이렇게 쓴다. "두 사람은, 진심으로 합의하기를 원한다면, 먼저 서로를 논박했어야만 한다. 진실은 공감의 딸이 아닌, 논쟁의 딸이다"(Bachelard 1962[1940]: 134).

한 전략을 생산한다. 대조적으로 오늘날의 수학 장과 같은 자율적인 장 안에서는, 자신의 적수들을 이기고자 하는 최고의 수학자라면, 장의 힘에 의해, 수학을 생산함으로써 그렇게 해야 한다. 그렇지 않으면 장으로부터 배제될 것이다. 이러한 사실을 알기에 우리는 과학 공동체Scientific City를 구축하기 위해 노력해야 한다. 정말 공언하기 어려운 동기들을 과학적 표현으로 승화시키는 그러한 공동체 말이다. 이와 같은 시각은 전혀 유토피아적이지 않다. 나는 그것을 실현하기 위한 아주 구체적인 방책을 여럿 제시할 수 있다. 예를 들면, 우리는 단 한 명의 자국 심사자나 평가자가 있는 곳에 세 명의 외국인 심사자들로 구성된 국제 패널을 설치할 수 있을 것이다(물론 그러자면 서로 간의 안면과 친분 관계로 맺어진 국제적 네트워크의 효과를 통제해야만 한다). 어떤 연구소나 학술지가 독점 상황을 즐기고 있을 경우에는 경쟁 상대를 만들 수 있을 것이다. 장에 진입하기 위해 요구되는 특수한 능력의 최소량, 훈련 수준 등을 올려 잡는 일련의 조치들로써 과학적 검열의 기준을 높일 수도 있을 것이다.

간단히 말해, 우리는 아주 범속하고 비열한 최악의 참여자라 해도 당시 통용 중인 과학성의 규범에 맞게 행동하지 않을 수 없는 조건들을 창조해야만 한다. 가장 선진적인 과학 장은 과학적인 지배의 리비도libido dominandi가 앎의 리비도libido sciendi로 어쩔 수 없이 변환되는 연금술의 장소이다(Bourdieu 1990f: 300). 이것이 내 기준으로는 가능한 최악의 상황인 부드러운 합의에 내가 저항하는 근본적인 이유이다. 다른 것이 없다면, 최소한 갈등이라도 있어야 한다!

바캉 이론과 조사 연구의 분리 말고도, 당신은 적절한 사회과학adequate science of society의 발전 도상에 있는 여러 이원론 혹은 대립 쌍을 지적한 바 있다.[160] 그것들이 반복 출현할 수 있는 이유는 무엇으로 설명 가능한가?

부르디외 그 이원론들은 정말 끈질기다. 나는 때때로 그것들이 정말 없어질 수 있을지 의구심을 품는다. 진정한 인식론, 즉 과학적 도식들의 실제 작동에 배경이 되는 사회적 조건의 지식에 기반을 둔 인식론의 주요 과제 가운데 하나는, 이 이원론들의 존재가 제기하는 문제들과 대결하는 것이다. 아무런 의미도 없고 과학사의 도정에서 천 번도 더 무너진 대립 쌍들이 있다(예를 들자면, 개인과 사회, 또는 개인주의와 전체론holism 혹은 전체주의totalitarianism—나는 정말 [개인주의의] 대극점에 무엇을 놓아야 할지 모르겠다—의 대립 쌍처럼 말이다). 하지만 그것들은 쉽게 되살아날 수 있으며, 그것들을 부활시키는 이들은 그렇게 함으로써—이는 아주 중요한 점인데—많은 이익을 얻을 수 있다. 달리 말해서, 이 대립 쌍들은 사회적 실재 안에 각인되어 있기에 그것들을 분쇄하는 데에는 비용이 많이 든다. 그러므로 사회과학은 시시포스와 같은 과업을 마주하고 있다. 그것은 언제나 [상식이나 이데올로기와] 단절하고 예증과 논증의 작업을 새롭게 시작해야 한다. 잘못된 대립 쌍들로 되돌아가야 하게 됨으로써 이 모든 작업이 아무 때나 순식간에 파괴될 수 있다는 점을 알면서 말이다. 알랭Alain[161]은 언젠가 "대화는 언제나 가장 멍청한 수준에서 앞으로 나아간다"고 말한 적이 있다. 사회과학에서는 가장 어리석은 이조차 상식을 불러낼 수 있고 거기

---

160 '사회과학의 그릇된 대립 쌍들' 가운데서 부르디외(Bourdieu 1988i)는 이론과 조사 연구 혹은 방법론 사이의 분리, 분과 학문들 간의 대립, 주요 저자들의 이론적 종파로의 분열(맑스주의, 베버주의, 뒤르켐주의 등), 구조와 행위(또는 역사), 미시와 거시, 질적 방법론과 양적 방법론의 양자택일, 그리고 객관주의와 주관주의라는 근본적인 대립 쌍을 열거한다.

161 프랑스의 철학자이자 비평가(1868~1951). 행복, 미학, 문학, 종교 등에 관한 짧은 에세이들로 유명하다. ―옮긴이

서 자기 구장의 근거를 발견할 수 있다.

사회과학의 탄생 이래 —프랑스에서는 뒤르켐 이래—사회과학이 야만적으로 십자가형에 내건 개인의 부활, '주체의 귀환'을 되풀이해 선포했던 사람들이 있었다. 그리고 그들은 매번 환호받았고 갈채받았다. 문학사회학이나 예술사회학이 그렇게나 낙후된 상태에 있는 이유 가운데 하나는 그것들이 개인 정체성을 엄청나게 중시하는 영역이기 때문이다. 따라서 사회학자가 현장에 와서 평범한 과학적 절차를 수행할 때, 또 사회적인 것의 핵심이 개인 아닌 관계로 이루어진다고 우리를 일깨울 때, 그는 엄청난 장애물들과 만난다. 그는 매 순간 상식 수준으로 다시 내려가기 쉽다. 과학이 그 바위를 언덕 위로 조금 밀어 올리자마자, 누군가 이렇게 말한다. "여러분 들으셨습니까? 아무개는 개인이 존재한다는 사실을 부인합니다! 정말 충격적입니다!"(또는 "어쨌거나 모차르트는 프랭크 시내트라Frank Sinatra 보다 훨씬 더 낫습니다!"). 그리고 그는 많은 것을 얻는다. 그는 사상가로 여겨진다…….

사실상 (폴 리쾨르Paul Ricœur와 다른 '주체 철학자들'이 1960년대에 설명하곤 했듯) '주체 철학'과 주체 없는 철학 사이의 논쟁은 사회과학과 철학 간 투쟁 형식 가운데 하나일 따름이다. 철학은 항상 자신의 헤게모니에 대한 위협으로 감지된 사회과학의 존재를 참기 힘들어 했으며, 사회 세계에 대한 과학적 지식의 근본 원리들—특히 이름에 값하는 모든 사회학자나 역사학자가 취하는 '객관화의 권리'—을 받아들이기도 어려워했다. 느슨하게 정신주의, 관념론, '개성론' 등으로 특징지어질 만한 철학과 철학자들은 자연스레 이 전투의 최전방에 있다(뒤르켐 시대에 이는 명백했는데, 요한 바오로 2세와 '인권'의 시대인 지금에도 좀더 위장된 형태 속에서 여전한 진실로 남아 있다).[162] 그러므로 오늘날 문화 매거진들이 호들갑스럽게 예찬하는 '주체의 귀환'은 이 '세계관들'의 주기적인 교체 논리를 잘 알고 있는 이들에게는 그다지 놀랄 일로 다가오지 않는다. 1960년대 ([가톨릭 우파 시사 월간지인] 『에스프리』Esprit의 독자들에게 충격을 주도록 솜씨 좋게 만들어진, [푸코의 『말과 사물』Les Mots et les choses에 나오는] '인간의 죽음' 및 기타 정식들로 요약되는) '주체 없는 철학'의 승리는 뒤르켐 사회학이 구현한 '주체 없는 철학'의 (좀 더 멋진) '부활'에 다를 바 없다. 한데 전쟁[2차 대전] 직후 시기의 세대는 뒤르켐 사회학에 맞서서 ——사르트르의 『존재와 무』(Sartre 1976[1943]), 그리고 그 못지않게 아롱의 『역사 철학 입문』(Aron 1938) ——스스로를 정립했고, 실존주의는 뒤르켐 사회학을 공공의 비방거리로 만들었다. (나는 이 대목에서 『사회적 사실은 사물이 아니다』라는 제목이 붙은 모네로(Monnerot 1946)의 책을 생각한다. 이 책은 자기들이 새로운 지평을 열고 있다고 믿으면서 그것을 앵무새처럼 되뇌고 있는 이들——거기엔 몇몇 '사회학자'도 포함된다——에게조차 잊혀졌다.) 그리고 1970년대와 80년대에 새롭게 장에 진입한 이들은 당시 장을 지배하고 있던 인물들(특히 푸코) ——어떤 반사회학적 에세이스트는 이 장의 지배자들을 사회학주의라고 올러대는 역설적 일격을 날리면서 '68 사상'이라는 꼬리표 아래 한 덩어리로 묶었다[163] ——에 맞서 반발했다.

---

162 "인간 중심적 공리의 숱한 잔재들이 여기저기서 과학으로 가는 길목을 가로막고 있다. 인간이 그렇게나 오랫동안 사회질서를 놓고 스스로에게 부여해 왔던 무한정한 권력을 포기하게끔 만드는 것은 인간을 편치 않게 하는 일이다. (……) 모든 다른 과학들로부터 내쫓긴 이 개탄스러운 편견이 사회학에서는 끈질기게 유지되고 있다"(Durkheim 1988[1895: 91]).

163 부르디외는 페리와 르노의 책 『68 사상』(Ferry & Renault 1988)을 암시하고 있다. 그것은 "60년대 지적 세대"에 대한 총괄적인 비판을 제공한다. 즉 그 세대가 "유럽과 서구 가치의 악마화" 기획에 참여하는 독일 철학의 허무주의적 조류의 "과장된" 화신이라는 것이다. 거기서 푸코는 "프랑스식 니체주의"의 대표자로, 데리다는 "프랑스식 하이데거주의"의 전형으로, 라캉은 "프랑스식 프로이트주의"의 옹호자로, 그리고 부르디외는 "프랑스식 맑스주의"의 기수로 그려진다.

이는 왕정복고[좌파 대통령 아래 우파 정부가 들어선 상황의 은유]의 정치적 국면이 제공한 아주 운좋은 환경에 힘입어, 개인과 인성, 문화와 서구, 인권과 휴머니즘의 수호로의 복귀라는 지적 풍조를 낳았다.

언론인과 에세이스트, 그리고 잉여의 명성을 추구하는 과학 장의 참여자들을 매료시킨 이 표피적인 갈등은 진짜 대립을 숨겨 버린다. 그 대립은 '세속적인' 갈등과 직접적으로 관련되는 경우가 아주 드물다. 사회과학자들이 스스로를 위치 짓는 공간은 지적이든 정치적이든 '시사적인 이슈' (Bourdieu 1986a) ──이 말로 우리는 주요 신문과 문화 매거진의 서평란에서 논쟁이 되는 것을 가리킨다──의 공간이 아니다. 그것은 완전히 국제적이며 상대적으로 시간에 영향을 받지 않는 맑스와 베버, 뒤르켐과 모스, 후설과 비트겐슈타인, 바슐라르와 카시러, 또 고프먼, 엘리아스, 시쿠렐의 공간이다. 즉 오늘날 연구자들이 대결하는 문제 틀을 생산하는 데 기여했던 모든 이들의 공간인 것이다. 그것은 시사적 이슈에 눈을 떼지 않고 있는 사람들에 의해서 혹은 그들을 향해서 제기되는 문제들과는 별 관련이 없다.

바캉 그것은 대부분의 이원론에도 마찬가지로 적용되는 이야기인가?

부르디외 그 이원론들이 왜 그렇게 지속될까? 어느 정도는 그것들이 장 내 적대적인 분할을 중심으로 조직된 세력들의 결집 지점으로 이용되기 쉽기 때문이다. 어떤 의미로 그것들은 이원론적 분할을 둘러싸고 구축된 사회 공간들의 논리적 표현이다. 만일 이 말이 옳다면, 이원론을 없애기 위해서는 그것을 반박하는 것만으로 충분하지 않다는 이야기가 된다. 그것은 순진하고 위험한 지성주의적 환상인 것이다. 순수한 인식론은 인식론의 타당성 조건들에 대한 사회학적 비판을 동반하지 않는다면 대개는 명백히 무력하다. 당신은 인식론적 주장만으로는 사람들이 아주 중요한——그리고 실제적인——이해관심을 가지고 벌이는 논쟁Streit을 없앨 수 없다. (사실 내가 보기에는, 누군가 사회과학을 지체시키고 싶다면 개떼에게 뼈다귀 하나를 던져 주는 식으로 어리석은 논쟁거리들을 던져 주기만 하면 된다. 불행하게도 프랑스의 [사회과학] 장은 바로 이러한 유형에 속한다. 그러니까 그것이 아가리를 한껏 벌리고 [어리석은] 논쟁거리를 잡아채지 않는 경우는 거의 없다.)

하지만 이것이 전부는 아니다. 내 생각에 이 이원론들, 사회적 적대에 뿌리박고 있는 이 과학적 외양을 띤 적대들의 저주는 그것들이 교육학 안에서 또 다른 사회적 받침대를 발견한다는 것이다. 나는 어디선가 적어도 사회과학에서는 아마도 교수들이 과학적 지식의 진보에 주요 장애물일 것이라고 쓴 적이 있다. 나는 경험상(나는 약 삼십 년간 가르쳤다) 교수들이 강의 목적으로 단순한 대립 쌍들을 절실하게 필요로 한다는 점을 안다. 이 이원론들은 편리하다. 1부에서는 합의론(또는 미시론), 2부에서는 갈등론(또는 거시론), 그리고 3부에서는 자기 이론……. 오래전에 죽고 묻혀버린 수많은 가짜 논쟁(예컨대 문학 연구에서 내재적 분석 대 외재적 분석, '방법론'에서 양적 기법 대 질적 기법)은 교수들이 강의 계획서와 시험 문제를 짜기 위해 그것을 필요로 한다는 이유에서만 존재한다.

사회학의 사회학은 그 자체만으로 이 [사회적] 힘들을 파괴할 수 없지만(진실한 관념은 내생적 힘을 갖지 않는다), 적어도 약화시킬 수는 있다. 성찰성을 발전시킴으로써 그것은 사람들에게 다음과 같은 사실을 언제나 유념하도록 가르칠 수 있다. 즉 그들이 무엇을 말하거나 생각할 때, 그들은 이유[reasons: 내적이고 주관적인 근거]뿐만 아니라 원인[causes: 외적이고 객관적인 동인]에 의해서도 움직일 수 있다는 것이다. 과학 공동체의 유토피아는 사회학의 사회학이 균질적이고 보편적으로 확산되어 있는 곳, 즉 이 '정신의 격투기'를 모든 이가 구사할 수 있는 곳이다. 만일 그러한 유토피아를 건설한다면, 우리는 과학적 삶이 완전히 달라진 것을 보게 될 것이다. 이는 그것이 사회학을 테르시테스Thersites[164]의 시각으로 환원하는 아주 사악한 현학적 게임이 되지 않는다는 조건 아래서만 그렇다. (당신도 알듯이, 우리는 어떠한 실용적 조언도 그것의 있을 법한 활용과 대치되는 반反-조언을 동시에 하지 않고는 내놓을 수 없다.)

바캉 어떻게 하면 우리가 사회과학의 특수한 난점들에 관한 이러한 지식을, 과학적 자율성과 성찰성을 강화하기 위한 구체적인 형태의 행동이나 조직으로 번역해 낼 수 있을까?

부르디외 우리가 집단적으로 통달해 이용하는, 공통의 성찰성 도구 집합체가 존재한다면 자율성을 위한 놀라운 수단이 될 것이다(최소한의 인식론적 문화가 결여되어 있기 때문에, 연구자들은 이론을 이용한 그들의 실천[실제 조사 연구 작업]보다 별로 흥미롭지 못한 그들 실천의 이론[예컨대 인식론적·방법론적 원칙과 처방]을 구축하는 일이 종종 생긴다). 하지만 우리는 또한 연구비 지원의 이슈를 고려해야만 한다. 사회학과 다른 지적 노력 ──특히 철학──의 차이는 전자의 비용이 많이 든다는(그리고 이윤은 조금만 낳는다는) 것이다. 하나의 제안서가 다음 제안서를 부르는 논리의 덫에 빠져들기란 아주 쉬

---

164 셰익스피어의 『트롤리우스와 크레시다』*Trolius and Cressida*에서 보병인 테르시테스[테르시테스는 트로이 전쟁에 복무한 그리스 졸병으로, 추한 외모에 저속한 품성, 남들을 욕하는 험한 입을 가진 것으로 유명하다. 여기서 부르디외는 사회학을 테르시테스에 비유하고 있다]는 질투심과 원한에 이끌려 자기 상관들을 비방하고 철없이 목적론적인 역사관을 받아들이게 된다. 이 개념에 대한 부르디외의 논의로는 『호모 아카데미쿠스』(Bourdieu 1984a: 13)를 보라.

운 일이다. 그것이 연구의 필요에 봉사하는지, 연구자의 필요에 봉사하는지, 아니면 연구비 제공자의 필요에 봉사하는지 말하기가 어려운 논리 말이다. 우리는 정부가 되었든 재단이나 사기업이 되었든 연구비 제공자들과의 관계 관리에서 합리적 정치학을 정교화할 필요가 있다. (예를 들어 우리는 정치적 직관뿐만 아니라 인식론적 성찰에 기초해서, 이미 수행된 바 있는 연구, 답이 이미 대강 나와 있는 문제에 관한 연구가 지원금이나 계약을 따내기 수월할 것이라는 원리를 가정할 수 있다. 이러한 고려는 당신의 자율성을 보호하는 수단이며, 어떠한 주문도 당신에게 난폭하게 또는 은밀하게 부과되지 않도록 보장하는 수단이다.)

나는 여기에 또 다른 원리를 더하고자 한다. 당신은 연구 프로그램의 구상 안에 실제 실현 조건을 끼워 넣을 필요가 있다. 최상의 설문지, 굉장한 가설들, 훌륭한 관찰 계획안이라도 실제 실현 조건을 포함하지 않는다면 공허하며 무가치하다. 지금 이러한 형식의 과학적 현실주의scientific realism 는 가르쳐지지 않으며, 사회과학에 진입하는 사람들 대부분의 하비투스 속에 자생적으로 새겨져 있지도 않다. 나는 정말 뛰어난 연구 제안서가 추상적으로만in abstracto 구상된 그 프로그램을 가능하게 만들 수 있는 사회적 조건을 통합하지 않았기 때문에 갑작스레 유산된 경우를 정말 많이 봤다. 종합하자면, 당신은 사회학의 실행 과정에서 사회적 힘의 노리개가 되는 것을 피하는 법을 배워야만 한다.

바캉 당신은 과학적 자율성을 증진시키기 위한 도구로서 성찰성을 옹호한다. 그러나 자율성 또는 타율성의 또 다른 원천이 있다. 학문 장 내의 어떤 위치들에 장착된 원천 말이다. 리센코 사건이나 캐멀롯 프로젝트[165]를 들먹이는 데까지 나아갈 필요도 없이, 확실한 것은 사회과학 공간 내 모든 위치가 외부 권력으로부터 동일한 정도의 독립성을 누리지는 않는다는 사실이다. 성찰성은 시카고대 정교수(그리고 콜레주 드 프랑스 교수)의 가까이에는 있을지도 모른다. 하지만 지역 초급 대학의 조교수나 정부 연구원에게도 같은 정도로 이용 가능할까?

부르디외 당연히 성찰성은 그 자체만으로는 자율성을 보장하기에 충분하지 않다. 나는 당신이 시카고대 교수의 예를 가지고 무슨 말을 하려는지 안다. 어떤 위치들은 당신이 세속적 권력의 소유자에게 "난 댁이 아주 진절머리납니다"라고 말할 수 있게 해주는, 지위상 보장된 독립성을 지닌다. 다른 위치들은 당신에게 그런 사치를 제공하지 않는데 말이다. 아리스토텔레스는 이를 좀더 맛깔스러운 용어로 설명한다. "미덕에는 어느 정도의 여유가 요구된다[곳간에서 인심난다]." 자유의 미덕은 자유의 사회적 조건 없이 오지 않는다. 그리고 많은 이들에게 연구비 지원자 혹은 국가에게 "난 댁이 아주 진절머리납니다"라고 말하는 것은 구조적으로 금지되어 있다(첨언하자면, 이는 정부나 기업에 그렇게 말하는 이들에게 아무런 공적이 없다는 의미는 아니다. 세상 안에서 온갖 필요한 사회적 조건을 가지고서도 전혀 그렇게 말하지

---

165 구소련의 농생물학자 트로핌 리센코Trofim Lysenko, 1898~1976는 멘델의 유전학보다 '이데올로기적으로 우월한' 프롤레타리아 생물학의 주창자였다. 스탈린은 그를 서구의 '부르주아' 과학에 맞서는 맑스주의적이고 소비에트적인 과학의 상징이자 책임자로 승격시켰다(Graham 1990). 그는 1948년 유전학에 대한 공식적 비난을 개시했다. 이는 1948년 유전학에 대한 공식적 비난을 개시했다. 이는 구소련의 모든 유전학자들이 해고당하는 사태로 이어졌고, 그 가운데 상당수는 이후 투옥되고 처형되었다. 한편 캐멀롯 프로젝트(Horowitz 1967)는 1964년 미 국방성이 아메리칸 대학American University와 함께 착수한 비밀 연구 프로그램이었다. 그 목적은 주변부 국가들에서 일어나는 반란의 사회문화적 기초를 이해하는 데 있었다. 칠레 정부와 학자들의 항의가 빗발치자, 로버트 맥나마라Robert McNamara는 이 프로그램을 폐기했다. 그것은 미국 대학 사회에서 격렬한 논쟁의 대상이 되었다.

않는 과학자들도 많이 있기 때문이다). 그러므로 자율성은 자율성의 사회적 조건 없이 오지 않는다. 그리고 이 조건들은 개인적인 기반 위에서 얻어지지 않는다.

결국 자율성의 필수 조건은 자율적인 과학자본의 존재이다. 왜 그런가? 과학자본이 방어, 구성, 주장 등의 도구들로 이루어지기 때문이기도 하지만, 인정받은 과학적 권위가 당신을 타율성의 유혹으로부터 보호해 주기 때문이기도 하다. 내가 연구했던 모든 문화 생산 장, 예술, 문학, 종교, 과학 등에 적용 가능한 사회적 법칙이 있다. 타율성은 장의 특수한 범주에 따르면 피지배적인 위치에 있게 되는 행위자들이 끌어들인다는 것이다.[166] 이것의 본보기는 플로베르의 『감정 교육』(Flaubert 2001[1869])에 나오는 위소네이다. 실패한 작가인 위소네는 종국에 문화위원회로 향하게 되고, 정부에서의 그의 위치를 이용해 예전 친구들에게 무시무시한 권위를 행사한다. 그는 가장 타율적인 운명의 인물, 문학 장의 특수한 범주에 따르면 제일 성공하지 못한 탓에——국가, 저명한 협회 인사, 정당 등과 같은——세이렌의 유혹에 가장 민감한 인물이다.

사회과학이 상식과 단호하게 단절하고 고유한 법칙nomos을 정립하는 데서 겪는 어려움은 많은 부분 다음과 같은 사실 때문이다. 즉 과학적으로 피지배적인 위치에 있으면서 자생적으로 사전에 구축된 것[즉 과학적인 단

---

166 부르디외(Bourdieu 1982b: 25~26)는 이렇게 묻는다. "사회 세계에서 누가 사회 세계에 대한 자율적 과학의 존재에 이해관심을 가지는가? 어쨌든 그것이 과학적으로 가장 결핍되어 있는 이들은 아닐 것이다. 그들은 누가 되었든 외부 권력과 동맹을 맺고서, 내부 경쟁에서 생겨난 제약과 통제에 맞서 일종의 보호막, 혹은 복수를 추구하게끔 구조적으로 이끌린다. 그들은 언제나 정치적 비난 속에서 과학적 비판의 손쉬운 대체물을 발견할 수 있다. 진정으로 자율적인 사회과학을 단지 경쟁자로밖에 보지 못하는 이는 [과학 세계 내의 열등한 자들이지] 세속적이거나 종교적인 권력의 소유자들이 아니다."

절과 구성의 작업 이전에 일상생활 속에서 존재하는 자명한 것, 이데올로기에 의해 형성된 것]의 편에 서는 사람들, [과학적으로] 구성된 것을 해체하고 [과학적으로] 이해된 것을 오해하고 그럼으로써 모두를 [과학 이전의] 출발점으로 되돌려 놓는 데 아주 중요한 이해관심을 갖는 사람들이 언제나 있다는 것이다. 그들은 장 바깥에서뿐만 아니라 장 안에서도 발견될 수 있다. 그리고 장 바깥에 있는 사람들은 내부에서 그들을 지원하는 사람들이 없다면 훨씬 영향력이 덜할 것이다.[167] 사회학이 자율성을 확보하는 데 그토록 어려움을 겪는 주된 이유 중 하나는, 상식을 퍼뜨리는 사람들이 경제학자들에게 친숙한 원리, 곧 악화가 양화를 구축한다는 원리에 따라 장 안에서 항상 기회를 갖기 때문이다.

바캉 당신에게는 사회학이 자기 행로에서 만나게 되는 특수한 장애물, 사회학에 고유한 "다른 과학들과 마찬가지로 과학이 되는 일의 어려움"(Bourdieu 1982b: 34)이 사회적 힘에 극히 취약하다는 데서 비롯한다고 간주된다. 해석학적 사조가 주장하듯이(예컨대 Geertz 1984[1973]; Rabinow & Sullivan 1979), 사회학이 설명보다는 해석과 감정 이입을 요구하는 의미

---

167 "사회학은 두 가지 근본적으로 모순된 논리에 동시에 참여한다. 하나는 정치 장의 논리이다. 거기서 관념의 힘은 주로 그것을 진실로 받아들이는 집단이 가진 권력의 함수이다. 다른 하나는 과학 장의 논리이다. 가장 발전된 상태의 과학 장은 스피노자가 말했던 '진실한 관념의 내생적 힘'만을 알고 인정한다. 그리하여 과학적으로 "개연성은 없지만"not probable "단어의 어원적 의미에서 다수의 동의와 박수갈채applause를 받을 만한, 즉 그럴듯한plausible 언명인 "통념의 명제들endoxic propositions"이 사회학 안에서 통용될 수도 있고 심지어 논리적 비판과 경험적 반박을 견뎌 낼 수도 있는 것이다(Bourdieu 1991e: 376~377). [여기서 '통념의 명제'라는 표현은 부르디외가 아리스토텔레스에게서 빌려온 것이다. 아리스토텔레스에 따르면, 사람들이 그것을 염두에 두게 되는 것은 주로 두 가지 이유에서이다. 하나는 유력자들이 그것을 진실로 믿고 싶어 하기 때문이다. 다른 하나는 그것이 아주 널리 퍼져 있는 범속한 통념, 즉 독사에 속해 있기에 최대 다수의 승인과 환호를 끌어내기 쉽기 때문이다.]

있는 행위, '텍스트'를 다루기 때문이 아니라 말이다.

부르디외 사실 여러 사회적 힘에 취약하다는 사실이 사회학의 특수성과 어려움을 설명한다. 이때 어려움이란 사회학이 과학성을 확인하는——즉 것을 성취하고 인정받는——데서 겪는 난점을 가리킨다. 이 문제만 제외한다면, 나는 인간과학의 특수성에 관한 딜타이Wilhelm Dilthey식의 온갖 스콜라적 토론에도 불구하고, 인간과학은 모든 과학에 적용되는 동일한 법칙에 복종해야 한다고 주장한다. 당신은 경험적으로 관찰 가능한 수많은 사실을 설명하는 간명한 모델 속에 조합된 명제들과 변인들의 일관성 있는 설명 체계를 생산해야만 한다. 논리적 일관성, 체계성, 그리고 경험적 반증 가능성이라는 동일한 조건에 복속해야만 하는 더 강력한 또 다른 모델만이 이전 모델과 대립할 수 있다.[168] 나는 화학자, 물리학자, 신경생물학자 같은 내 친구들과 이야기할 때, 그들의 실천과 사회학자의 실천 사이에 유사성이 많다는 데 놀란다. 실험적 탐색, 통계 분석, 학술 논문 읽기, 그리고 동료들과의 토론으로 이루어지는 사회학자의 전형적인 하루는 내가 보기엔 평범한 과학자의 그것과 아주 많이 닮았다.

사회학이 부딪히는 난점 가운데 많은 것은 바로 우리가 늘 그것이 여

---

168 부르디외는 "사회학에 대해 인식론적으로 예외적인 지위를 부여하는 것을 거부하기"를 원한다. 하지만 그가 문화에 대한 해석적 이해와 자연에 대한 인과적 설명을 분리시키는 딜타이식 이원론을 기각한다고 해서 사회학을 사회에 대한 자연과학과 동일시하는 입장에 서는 것은 아니다. "사회학이 과학인지 아닌지, 그것이 다른 과학들과 같은 과학인지 아닌지 하는 질문 대신에, 우리는 엄밀한 과학적 통제에 복속하는 연구의 출현과 발전에 어떤 유형의 과학 공동체의 조직과 기능 작용이 가장 유리한가 하는 질문을 제기해야 한다. 이 새로운 질문에는 그 누구도 전부 아니면 전무라는 식으로 대답할 수 없다"(Bourdieu, Chamboredon, & Passeron 1968[1973: 103]).

타 과학들과는 다른 과학이 되기를 원한다는 사실에 기인한다. 우리는 사회학에 너무 많이 기대하는 동시에 너무 적게 기대한다. 그리고 정말 거창한 요구에 부응하는 너무나 많은 '사회학자들'이 있다. 만일 내가 언론인들이 내게 인터뷰하자고 요청하는 주제 목록을 작성한다면, 당신은 깜짝 놀랄 것이다. 그것은 핵전쟁의 위협과 치마 길이에서부터 동유럽의 변화, 훌리건 폭력, 인종주의, 에이즈에 이르기까지 모든 영역을 가로지른다. 사람들은 사회학자에게 사회적 존재의 모든 문제에 일관되고 체계적인 대답을 제공할 수 있는 예언자의 역할을 부여한다. 이러한 기능은 불균형하며 유지될 수도 없다. 그것을 아무에게나 부여하는 것은 미친 짓이다.[169] 하지만 동시에 사람들은 사회학자가 주장할 권리가 있는 것, 즉 그가 과학적으로 구축할 수 있는 문제에 대해 정확하고 검증 가능한 답변을 제시하는 능력은 거부한다.

사회학의 특이성은 평범한 사람들(그리고 때로는 학자들)이 그것에 대해 가지는 사회적 이미지에 많은 것을 빚지고 있다. 뒤르켐은 사회에 대한 과학의 구성에서 주된 장애물 중 하나는 모든 사람이 그런 문제에서는 자기들도 사회 세계에 대한 타고난 지식, 선천적인 과학science infuse을 가지고 있다고 믿기 때문이라고 즐겨 말했다. 예를 들면, 생물학이나 물리학에

---

169 부르디외는 "공식적으로 인가받은 예언자"(베버)의 망토를 두른 사회과학자들을 경멸한다. 그들은 "일상적 경험이 광범위한 수준에서 만나는 존재론적 질문에 자생적 사회학이 내놓는 답변의 그릇된 체계화"(Bourdieu & Chamboredon & Passeron 1968[1973: 42])를 제공한다. 그는 어떻게 그들이 자기 고유한 능력의 범위를 넘어서는지, 그리고 때로는 공중 혹은 '보편적 대의명분'에 봉사한다는 미명(이는 종종 국가의 행위자들이 당면한 관심사 이상의 아무것도 아니라는 사실이 밝혀진다) 아래 지식인으로서 자신의 이해관심에 봉사하는지를 폭로한다. '사회학에서 예언주의의 유혹'에 대한 인식론적 비판을 위해서는 Bourdieu & Chamboredon & Passeron 1968[1973: 41~43]을 보라.

서의 발견에 대해서는 감히 토론할 엄두도 내지 못하고, 물리학자와 수학자 간의 철학 토론에는 개입하지도 못하는 언론인들이, '사회 문제'를 해설하고 대학이나 지식 세계의 기능 작용에 대한 과학적 분석을 평가하는 데에는 별로 주저하지 않는다. 다른 과학에서와 마찬가지로 과학적 연구와 논쟁의 자율적 역사의 산물인, 그러한 분석의 특수한 내기물—예컨대 사회 구조와 인지 구조의 관계 문제—에 대해서는 조금도 모르면서 말이다 (나는 한 언론인을 생각한다. 내 책『국가 귀족』이 출간되었을 때, 그는 내게 아주 솔직하게 그리고 아주 친절하게 부탁했다. 그랑제콜을 '반대하는' 발언을 할 국립 행정학교École nationale d'administration의 총장과 면대면 논쟁을 벌이면서 3분 동안 그것을 '옹호하는' 발언을 해달라고 말이다……. 그 언론인은 내가 자신의 제안을 거절할 수 있으리라고는 상상도 못했다). 사회학이 외부인들의 즉각적이고 직접적인 판단에 놓이기 쉽다는 사회적 사실은 엄청난 중요성을 지닌다. 기술 관료나 정치인 누구나 그가 아무것도 모르는 문제에 관해 신문이나 텔레비전에서 공적인 입장을 취할 수 있다. 조롱거리가 되거나 자격을 의심받을 염려는 조금도 없이 말이다.

사회과학이 '도약' 과정에서 만나는 어려움은 이렇게 설명 가능하다. 그것은 항상 모든 이와 관련되며 (베버에 의하면 예언이 그렇듯이) 때로는 '삶과 죽음'의 문제와도 관계되는 질문에 대답하라는 아주 강력한 요구에 직면한다는 것이다. 또 그것은 자율성의 모든 조건, 그리고 외적 요구의 압력에 저항하는 데 필요한 수단을 언제나 누리지는 못한다. 이 상황은 그 자체로 이러한 요구가 분과 학문을 과거에 지배한 데 따른 부산물이다.[170] 이

---

170 『사회학의 문제들』에서 부르디외는 사회과학이 공공 토론과의 복잡한 관계 속에서 직면하는 또 다른 몇몇 핸디캡을 열거한다. "대변자, 정치가, 에세이스트, 언론인의 담론에 맞선 투

는 특히 가능한 최저 비용을 들여 온갖 수요에 부응하는 데 동의함으로써 즉각적인 이윤을 추구하는 이들을 사회과학이 저지하거나 불신임하거나 배제하지 않기 때문이다. 일반 공중의 '사회적 문제'를 과학적 해결책이 가능한 사회학적 문제로 전환하는 데 요구되는 필수적인——그리고 까다로운——작업을 하지 않고서 말이다.

바캉 당신은 정말 지식 장의 자율성을 맹렬하게 옹호한다.

부르디외 그렇다. 나는 과학적 자율성에 대한 단호하고 고집스럽고 절대주의적인 지지자이다(어떤 사람들에게는 이 말이 어리둥절하게 여겨질지도 모르지만, 나는 내 사회학이 기성 질서와 공모한다는 혐의를 받지는 않으리라고 믿는다). 나는 사회학은 그 자체의 사회적 수요와 고유한 기능을 규정해야 한다고 생각한다. 지금 어떤 사회학자들은 사회학자로서 자신의 존재를 정당화해야 할 의무감을 느끼고, 자신들이 봉사해야만 한다고 느끼는 의무를 수행해야 할 의무감을 느낀다. 누구에게 무엇을 봉사하는가? 사회학은 먼저 그 자율성을 단언해야만 한다. 그것은 자기 독립성의 문제에서는 언제든지 아주 과민하고 거만해야만 한다.[171] 그것은 이런 식으로만 엄밀한 도구들을

쟁에서 모든 것은 과학적 담론에 불리하게 작용한다. [과학적] 담론의 정교화는 어렵고 느리게 이루어지기에 그것은 '전투가 끝난 뒤에 도착한다'. 그것은 불가피하게 복잡하기 때문에 단순하고 편향된 정신의 사람들, 혹은 단지 그것을 해독하는 데 필요한 문화자본을 갖고 있지 않은 사람들을 좌절시킬 가능성이 있다. 그것의 추상적인 비개인성은 동일시와 온갖 유형의 만족스러운 투사를 방해한다. 특히 그것은 통념과 원초적 확신으로부터 거리를 둔다"(Bourdieu 1980b: 8).

171 "사회과학은 정당화 도구나 조작 도구로서의 사회적 수요를 거부함으로써만 성립할 수 있다. 사회학자가 그것을 개탄할는지 몰라도, 그는 자기 연구의 논리에 힘입어 스스로 부여하게 되는 것 말고는 다른 어떤 임무나 사명도 갖지 않는다"(Bourdieu 1982b: 27~28).

획득할 수 있고, 그에 따라 정치적인 적합성과 효능을 얻을 수 있다. 사회과학이 가질 수 있는 정치적 효능은 무엇이든 간에 그 고유한 과학적 권위, 즉 자율성에서 비롯할 것이다.[172]

과학 장의 자율성 강화는 사회과학에서 합리적 커뮤니케이션의 제도적 조건을 뒷받침하기 위해 고안된 집합적 성찰과 행동으로부터만 기인할 수 있다. 베버(Weber 1995[1920~1922])가 우리에게 상기시켜 주는 것은, 전쟁 기술에서의 가장 위대한 진보가 기술적 발명이 아니라 마케도니아 방진Macedonian phalanx과 같은 전사들의 사회적 조직화 방안의 혁신으로부터 왔다는 사실이다. 마찬가지로 사회과학자들이 사회과학의 진보에 가장 효과적으로 기여할 수 있는 방법은 더 열려 있는 커뮤니케이션 형식과 사상의 대결을 촉진하기 위해, 상이한 국가적 전통들이 고립주의나 제국주의——온갖 형태의 과학적 불관용——로 나아가려는 경향을 좌절시킬 수 있는 제도적 메커니즘을 구축하고 강화하기 위해 노력하는 것이다.[173]

하버마스(Habermas 1987[1981])에게는 미안하지만, 만일 [그가 주장하는] 커뮤니케이션의 초역사적 보편소가 존재하지 않는다면, 보편적인 것의 생산을 활성화할 수 있는 커뮤니케이션의 사회적 형식이 확실히 존재

---

172 부르디외에게는 자율성과 참여 사이에 아무런 대립도 없다. 사실 그가 보기에는 과학적인 것과 정치적인 것, 이 두 차원의 "불안정한 조합"이야말로 "보편적인 것의 조합주의"에 역사적으로 결합한 "이중적 차원의 역설적인 존재"로서 근대 지식인이 지니는 특수성을 정의한다(Bourdieu 1989h).

173 부르디외의 최근 세 가지 활동은 그 자신이 말하는 "진정한 과학적 국제주의"를 진작하기 위해 고안된 것이다. 첫째, 『리베르: 유럽 서평지』를 창간한 것이다. 둘째, 초국가적인 지식 교환에 관한 유럽 범위의 연구프로그램을 조직하기 위해 1991년 2월 콜레주 드 프랑스에서 "사상의 국제적 유통" 학술 회의를 개최한 것이다(Bourdieu 1990e). 셋째, 1989년 5월 시카고에서 열린 '변화하는 사회에서의 사회 이론'Social Theory in a Changing Society에 관한 러셀 세이지Russel Sage 학술 회의에 제임스 콜먼James Coleman과 함께 공동 좌장으로 참여한 것이다(Bourdieu & Coleman 1991).

한다. 우리는 사회학에서 '체계적으로 왜곡된' 커뮤니케이션을 철폐하기 위해 도덕적인 훈계에 의존할 수는 없다. 과학적 이성의 현실 정치Realpolitik 만이 커뮤니케이션 구조의 변형에 이바지할 수 있다. 과학이 생산되는 세계의 기능 작용 양식과 그 세계 안에서 경쟁하는 행위자들의 성향을 동시에 변화시키고, 그들의 형성에 주로 기여하는 제도인 대학을 변화시키는 데 힘을 보탬으로써 말이다.

바캉 당신이 제안하는 과학 장의 전망에는 과학사에 대한 어떤 철학이 내재한다. 그것은 또 다른 주요 대립, 즉 역사주의와 합리주의 사이 대립의 초월을 주장한다. 그 대립은 적어도 칸트와 헤겔 이래 계속해서 우리 곁에 있어 왔으며, 독일 방법론 논쟁[174]의 중심에 놓여 있었다. 그리고 하버마스와 '포스트모더니즘' 지지자들 간의 논쟁은 여러모로 그것의 분신이라 해도 과언이 아니다.

부르디외 나는 과학이 상대적이지도 않고 역사로 환원되지 않으면서도 철저하게 역사적이라고 믿는다. 역사 속에 이성의 발생과 진보를 위한 역사적 조건이 있다.[175] 내가 열린 갈등(비록 충분히 과학적이지 않더라도) 상황이 가짜 학문적 합의 상황, 고프먼이 말하는 '작업용 합의'working consensus 상

---

174 방법론 논쟁Methodenstreit은 19세기 말 독일에서 사회과학자들 사이에 인식론과 방법론을 둘러싸고 벌어졌던 논쟁으로, 역사주의적·상대주의적·관념론적 패러다임과 실증주의적· 객관주의적·실재론적 패러다임 간의 기본적인 대립 위에 이루어졌다. ─옮긴이
175 부르디외에게 과학 장은 다른 것들과 마찬가지의 하나의 장인 동시에, 그 자체의 역사적 생산 조건을 초월하는 생산물(진실한 지식)을 산출해 낼 수 있다는 점에서 독특한 투쟁 공간이기도 하다. 이 "과학적 이성의 역사의 특수성"은 Bourdieu 1991d에서 논의되었으며, "사법 장"(Bourdieu 1986c)의 기능 작용과 대조될 수 있다.

황보다 선호되어야 한다고 말할 때, 그것은 이성의 정치학politics of Reason이 있을 수 있다고 보는 역사철학의 이름 아래서이다. 나는 이성이 정신이나 언어 구조 안에 있다고 여기지 않는다. 그보다 이성은 대화와 비폭력적 커뮤니케이션의 어떤 사회적 구조, 어떤 유형의 역사적 조건 안에 자리한다. 엘리아스(Elias 2003[1939])를 따라 과학적 문명화 과정이라고 이야기할 만한 것이 역사 속에 있다. 그것의 역사적 조건은 상대적으로 자율적인 장들의 구성과 더불어 주어진다. 장 안에서 모든 행동이 허용되는 것은 아니다. 거기에는 내재적인 규칙성이 있고, 포섭과 배제의 암묵적인 원리와 명시적인 규칙이 있으며, 지속적으로 그 기준이 상승하는 입장의 권리admission rights가 있다. 과학적 이성은 실천 이성의 윤리 규범 속에 혹은 과학적 방법론의 기술 규칙 속에 각인될 때 실현되는 것이 아니다. 그것은 겉보기에는 무정부적인, 전략들 간 경쟁의 사회적 메커니즘 속에, 그리고 지속적인 성향 속에 각인될 때 실현되는 것이다. 스스로의 활용을 규제할 수 있는 행동과 사유의 도구로 무장한 전략, 또 장의 기능 작용이 생산하고 전제하는 성향 말이다.[176]

누구든 혼자서 과학적 구원을 발견하지는 않는다. 예술가가 혼자 예술가가 아니라 예술 장에 참여함으로써 예술가인 것처럼, 과학 장 역시 마찬가지로 바로 그것의 작동을 통해서 과학적 이성을 가능하게 만든다고 말할 수 있다. 하버마스의 주장에도 불구하고, 이성 그 자체는 역사를 지닌다.

---

176 온갖 형태의 초월주의에 반대해서 부르디외는 이성과 역사의 모순을 해결하기 위해 칸트-헤겔주의적 문제 틀을 급진적으로 역사화하자고 제안한다. "우리는 이성이 스스로를 역사 속에서 실현시킨다는 점을 시인해야만 한다. 그것이 규제된 경쟁의 객관적인 메커니즘 내에 각인되는 한에서 말이다. 그 메커니즘은 이해관심이 걸려 있는 [진리의] 독점에 대한 주장이 어쩔 수 없이 보편적인 것에 대한 기여로 전환되게끔 강제할 수 있다"(Bourdieu 1991d: 21~22).

그것은 우리 사고나 언어에 미리 새겨진, 신이 주신 선물이 아니다. 하비투스는 (과학적인 것이든 다른 것이든) 초월성이지만, 장의 구조와 역사에 구속되는 역사적 초월성이다.

바캉 달리 말해, 만일 지식인의 자유가 있다면 그것은 데카르트적 코기토의 개인적인 자유가 아니라, 역사적으로 특정한 시공간에서, 규제된 토론과 비판 공간의 구성을 통해 집합적으로 쟁취된 자유인 셈이다.[177]

부르디외 그것은 지식인들이 매우 드물게 인식하는 문제이다. 그들은 독자적인 기조에서 사유하는 경향이 있으며, 지혜와 입문을 통한 정복 논리 속에서 개인적인 해방을 통한 구원을 기대한다. 지식인들은 지적 자유의 정치학이 있다는 사실을 너무 자주 잊어버린다. 내가 말한 모든 것을 기초로, 우리는 해방적 과학은 그것을 가능하게 만드는 사회정치적 조건들이 현존하는 경우에만 가능하다는 것을 분명히 알 수 있다. 이는 예컨대 게임에 진입하기를 원하는 이들이 그렇게 하는 것을 방해함으로써 ——업적이 뛰어난 후보자에게 연구비 지원을 거부한다든지 연구 기금을 삭감하는 식으로 (이는 한층 거친 형태의 검열이지만 일상적으로 벌어지는 일이라는 점을 잊지 말아야 한다) ——과학적 경쟁을 왜곡하는 지배 효과의 종식을 요구한다. 학문적 예의bienséance를 통해 행사되는 더 부드러운 형식[의 지배 효과]도 있다. [학문적인 아이디어로] 이바지할 것이 많은 사람이 있다고 치자. 당신은 그

---

177 '집합적 지식인'이라는 그의 개념과 더불어 부르디외(Bourdieu 1989d)는 전후 시기에 나온, 지적 활동에 대한 두 가지 주요한 정치적 모델, 즉 (사르트르가 구현한) '총체적 지식인'total intellectual과 (푸코가 전형화한) '특수한 지식인'specific intellectual을 종합하고 또 지양하고자 한다(Bourdieu 1989h).

에게 현 시기의 실증주의적 규준에 따라, 자신이 제안하는 명제들 하나하나에 모두 충분한 증거를 제공하는 데 상당한 시간을 들이도록 강요함으로써 그가 아주 많은 새로운 명제들을 생산하지 못하도록 막을 수 있다. 그것들을 제대로 검증하는 일은 다른 이들에게 남겨질 수도 있을 텐데 말이다. 내가 『호모 아카데미쿠스』에서 보여 주었듯이, 아카데미 권력의 행사는 주로 시간의 통제를 통해 이루어진다.[178]

보편적인 주체는 결코 단번에 완결되지 않는 역사적 성취물이다. 우리는 역사적 세력 공간 내의 역사적인 투쟁을 통해서 보편성을 향해 조금 더 진보한다(Bourdieu & Schwibs 1985). 우리는 이성을 위한 투쟁에 참여하고 역사 속에 이성을 투입하는—즉 '이성의 현실 정치'Realpolitik of Reason(Bourdieu 1987k)를 실천하는—조건 아래서만 이성을 더 앞으로 밀고 나갈 수 있다. 예를 들면, 대학 체제를 개혁하는 개입을 통해, 혹은 소규모 독자층만을 가지는 저작 출간의 가능성을 수호하는 조치를 통해, 정치적인 이유로 조교수들을 [재임용에서] 탈락시키는 데 맞서 시위함으로써, 혹은 인종주의 이슈에서 유사 과학적인 주장을 이용하는 데 대해 투쟁함으로써 말이다.[179]

바캉 그런데 사회학의 수많은 단점과 불행의 근원 가운데 하나는 그것이 종종—과학, 철학, 법, 예술 등처럼 보편성을 주장하는 실천까지 포함해—온갖 인간 실천을 대상으로 취하는 데 자기 능력을 잘못 쓴다는 사실에 있지 않을까? 그러니까 그것이 자처하는 '메타'meta에 늘 다다르지는 못

---

178 『호모 아카데미쿠스』의 「시간과 권력」 부분을 보라(Bourdieu 1984a: 120~139).
179 부르디외의 정치, 특히 그의 학문 정치에 대한 논의는 이 책의 1부 7절을 보라.

한다는 사실에 있지 않을까?

부르디외 그것은 모두 당신이 '메타'라는 말로 무엇을 의미하는지에 달려 있다. 메타가 된다는 것은 위에 있다는 것이고, 과학적 투쟁에서 대개 사람들은 다른 이들 위에 있다는 의미에서 메타가 되려고 노력한다. 나는 이를 예시하기 위해서 동물행동학자 켈로그W. N. Kellogg가 수행했던 아주 우아한 실험을 떠올린다. 켈로그는 방 안에 갇혀 있는 한 무리의 원숭이들의 손에 닿지 않는 거리에 바나나 하나를 놓았다. 원숭이들은 금세 그것을 알아차리고 모두 뛰어올라 그것을 잡으려 낑낑거렸다. 결국 패거리 중에서 가장 똑똑한 우두머리가 작은 여자친구를 바나나 아래 밀어 놓고는 재빨리 그 위에 올라타 바나나를 잡아채 먹었다. 다음에 일어난 일은 원숭이들이 모두 일어나 바나나 아래서 한쪽 발을 들고 서성거리며 다른 원숭이의 등에 올라탈 기회를 엿보는 것이었다(Kellogg & Kellogg 1933). 잠시 그 장면을 생각해 보라. 그러면 당신은 이 패러다임이 많은 과학적 토론에 들어맞는다는 사실을 깨닫게 될 것이다. 대체로 이 논쟁들은 아주 비생산적이다. 사람들이 서로 이해하려 노력하는 것이 아니라, 상대의 우위에 서려고 애쓰기 때문이다. 사회학자라는 직업의 무의식적인 동기 가운데 하나는 그것이 메타가 되는 방식이라는 점이다. 내 의견으로, 사회학은 메타가 되어야 하지만, 언제나 스스로에 대해서 그래야 한다. 사회학은 스스로가 무엇이고 무엇을 하고 있는지 알아내기 위해, 또 스스로가 어디 서 있는지 더 알기 위해 그 자체의 도구들을 이용해야만 한다. 그것은 다른 이들을 객관화하기 위한 용도에만 봉사하는 '메타'의 논쟁적인 활용을 거부해야만 한다.

바캉 여기서 누군가는 이러한 성찰적인 회귀가 그 자체 목적이 되어 버리는 심각한 위험을 무릅쓰지 않느냐고 반문할 수 있다. 지식 세계에 관한 이러한 성찰은 그저 자족적인 기획인가? 아니면 더 엄밀하기 때문에 더 강력한 정치적 효과를 생산할 수 있는, 사회적인 것에 관한 더 엄밀한 과학으로의 수단인가?

부르디외 그러한 분석은 한편으로는 과학적이고 다른 한편으로는 정치적인, 두 유형의 효과를 가진다. 과학적인 효과가 다시 정치적인 효과를 생성시키면서 말이다. 나는 개인 행위자와 관련해 앞에서 무의식이 결정 논리와 공모 관계에 있다고 말했던 것과 마찬가지로, 지식인들의 집합적 무의식은 지식인들이 지배적인 사회정치적 힘과 맺는 공모 관계가 띠는 특수한 형식이라고 주장한다. 나는 지식 장을 지배함으로써 지식인들의 실천을 지배하는 사회적 힘에 대한 지식인들의 맹목이 어떻게 해서 인텔리겐치아가 종종 꽤 급진적인 태도를 취하면서도 집합적으로 지배 세력의 영속화에 기여하는지 설명해 준다고 믿는다. 나는 이렇게 노골적인 진술이 지식인들이 스스로에 대해 만들어 낸 이미지를 거스르기 때문에 충격적이라는 점을 안다. 그들은 자신이 해방자이며 진보적이라고(또는 최악의 경우, 특히 미국에서처럼, 중립적이며 불편부당하다고) 생각하기를 좋아한다. 그들이 자주 피지배자들의 편에 서 왔던 것은 사실이다. 그것은 지배자 가운데 피지배자로서의 그들의 위치에 힘입은, 구조적인 이유에서이다.[180] 하지만 그들

---

180 부르디외에게 지식인들(혹은 더 일반적으로는 상징 생산자들: 예술가, 작가, 과학자, 교수, 언론인 등)은 '지배 계급의 피지배 분파'를 구성한다. 더 최근의 ──그리고 그가 보기에 더 적합한── 정식화는 그들이 권력 장의 피지배적인 축을 차지하고 있다는 것이다(Bourdieu 1979a: 293~301, 321~336, 362~364; 1987a: 172~174; 1989a: 373~385, 481~486; 1989h). 그들은 "문화자본의 보유에 부여된 권력과 특권의 소유자로서, 심지어 그들 중 일부는 문화자본에 대한 권력을 행사하기에 충분한 양의 문화자본을 보유하면서 거기 부여된 권력과 특권의

은 그럴 수[피지배자 편에 설 수] 있었던 것보다 [실제로는] 훨씬 덜 그렇게 했으며, 자신들이 그렇다고 믿는 것보다는 특히나 훨씬 덜 그렇게 했다.

바캉 그것이 당신이 '비판사회학'이라는 꼬리표를 거부하는 이유인가? 당신은 '급진' 사회학 혹은 '비판' 사회학이라는 자기 선언적 기치 아래 행진하는 어떤 것에서도 항상 신중하게 거리를 두고 떨어져 있었다.

부르디외 당신 말이 맞다. 심지어 젊은 사회학자로서 내 초기의 반사 신경 가운데 하나는 나 자신을 프랑크푸르트 학파의 어떤 이미지에 반대해서 정립하는 데 있었다고 말할 수 있다.[181] 내 생각에는 정치적·윤리적 종속의 집합적 메커니즘에 대한 무지, 그리고 지식인의 자유에 대한 과대평가 때문에 (사르트르처럼) 가장 진지하게 진보적인 지식인들조차 자신들이 맞서 싸우고 있다고 여긴 세력과 공모 관계에 남아 있었다. 그리고 그것은 그들이 지적 결정론의 족쇄로부터 벗어나기 위해 온갖 노력을 기울였음에도

소유자로서 지배적"이다. 하지만 그들은 "정치권력과 경제권력 소유자의 관계에서는 피지배적"이다. 지배자들 가운데 피지배들, 혹은 정치 장과의 상동성에 비춰 보자면, 우파의 좌파로서 그들의 모순적인 위치는 그들 입지의 모호성을 설명한다. "위치의 상동성(피지배적 지배자=피지배자)에 기초한 동맹이 위치의 동일성, 따라서 조건과 하비투스의 동일성에 기초한 연대보다 늘 훨씬 더 불확실하고 취약하기" 때문이다(Bourdieu 1987a: 172와 174). 주교는 권력 장에서 피지배적 지배자의 특수한 모순을 구현하는 전형이다. 그는 영적인 세계에서 세속적 권력을 휘두르면서도, 세속적 권위도 영적 권위도 소유하지 못한다(Bourdieu & de Saint Martin 1982)

181 "나는 언제나 프랑크푸르트 학파와 약간 양가적인 관계를 맺고 있었다. 우리 사이에 분명히 친화성이 있음에도 불구하고, 나는 총체화하는 비판의 귀족주의에 대해 어떤 불편한 감정을 느꼈다. 그것은 틀림없이 경험 연구의 부엌에서 손을 더럽히지 않으려는 조바심에서 나오는, 거대 이론의 온갖 특징들을 갖고 있었다"(Bourdieu 1987a: 30). 가트먼(Gartman 1991)은 부르디외의 문화 이론과 프랑크푸르트 학파의 문화 이론에 대해 비판적으로 비교한다.

불구하고 일어난 일이었다. 왜냐하면 이 [지식인의 자유에 대한] 과대평가
는 그들로 하여금 비현실적이고 순진하고 '치기 어린' 투쟁 형식에 뛰어들
도록 부추겼기 때문이다.

　　나와 같은 입장을 방어하고자 할 때 우리가 젊은이들adolescents(이 용
어의 사회학적 의미에서, 즉 젊은 학자들과 대학원생들)을 실망시킬 위험을 감
수해야만 한다는 데 일부 어려움이 있다. 모든 지식인은 [소크라테스가 받은
비난처럼] '젊은이들을 타락시키는 사람'이 되기를 꿈꾼다……. 그렇다면
젊은이들에게 그들의 전복적인 의도가 때로는 풋내난다고, 즉 몽상적이고
유토피아적이며 비현실적이라고 말하는 것은 그들을 실망시킨다. 사실상
자리 이동displacement 전략인, 광범위한 전복 전략이 있다. 지식인들에 관
한 내 작업의 목표 중 한 가지는 이 모든 배임 행위, 이중 언동과 이중 게임
doubles jeux의 원리가 지식인들이 자기가 소속된 지식 장에 보이는 불성실
에 있음을 보여 주는 것이다.

　　지식인들은 자기들의 특수한 이해관심을 위장해야 할 때 각별히 창의
적이다. 예를 들면, 68 이후 프랑스 지식계에는 다음과 같은 질문으로 이루
어진 일종의 토포스topos가 있었다. "한데 당신은 어디에서 말하는가? 나
는 어느 자리에서 말하고 있는가?"라는 토포스. 이 나르시시즘적 가짜 고
백은 정신분석학에서 희미하게 영감을 받은 것인데, 프로이트적인 의미에
서 연막screen으로 기능했으며, 진정한 규명, 그러니까 발화자의 사회적 입
지의 발견, 이 경우에는 곧 대학 위계질서 내에서의 위치 규명을 막았다. 내
가 지식 세계와 예술 세계의 사례 속에서 장 개념을 처음 정교화시켰던 것
이 우연은 아니다.[182] 나는 지적인 나르시시즘, 그리고 아주 사악한 객관화

---

182 이 개념이 초기에 어떻게 발전되었는지는 Bourdieu 1966a; 1971a; 1971c에서 볼 수 있다.

의 속임수를 파괴하려는 의도에서 이 개념을 구축했다. 그 속임수는 객관화를 개인의 독특한 것으로 만들거나—여기서 정신분석학은 편리한 도구가 된다—, 아니면 너무 광범위한 것으로 만든다. 문제가 되는 개인이 아주 넓은 [사회] 범주의 상징으로 변해 자기 책임은 완전히 사라져 버리게 될 정도로 말이다. 사르트르가 그렇게 하기 좋아했듯이, "나는 부르주아 지식인이다, 나는 더러운 쥐새끼다"라고 단언하는 것은 아무런 함의도 갖지 않는다. 그러나 "나는 그르노블 대학의 조교수이며 파리 대학의 정교수에게 이야기하고 있다"고 말하는 것은 발화자로 하여금 자신을 통해 이야기하고 있는 것이 혹시 이 위치들 간의 관계는 아닐지 질문하게 만든다.

바캉 내가 당신을 제대로 이해했다면, 과학은 여전히 우리가 가진 최상의 지배 비판의 수단인 셈이다. 당신은 단호하게 계몽Aufklärung의 근대주의적 기획의 노선과 함께(그리고 탈근대주의자들과 날카롭게 불화하면서) 간다. 과학적인 사회학은 본래 정치적으로 진보적인 힘을 구성한다고 주장하면서 말이다.[183] 한편으로 당신은 사회 세계에 대한 독사적 이해가 함축하는 오인과 상징적 지배가 지금껏 배제해 왔던 역사적 가능성을 합리적으로 닿을 수 있는 범위 내에 끌어옴으로써 자유의 공간, 해방적인 자의식 각성 공간의 가능성을 확장한다. 다른 한편 당신은 급진적인 탈신비화를 수행함으로써 우리가 그 안에서 계속 투쟁해야만 하는 이 사회 세계를 거의 살 수

---

183 콜레주 드 프랑스 취임 강연의 결론에서 부르디외는 제도의 과학, 그리고 제도의 기능 작용을 뒷받침하는 신념의 과학은 '과학에 대한 신념'을 전제한다고 역설한다. 사회학자는 "확실히 모든 상징권력 가운데 그나마 가장 덜 부당한 권력인 과학의 권력이 지니는 해방적 미덕에 대한 믿음이 없다면, 사회학이 제공하는, 제도로부터의 자유를 보편화할 가능성과 필요성에 대한 믿음을 가질 수" 없을 것이다(Bourdieu 1982b: 56, 강조는 바캉).

없는 곳으로 만든다. 여기에는 일종의 역설이 있지 않은가? 달리 말해, 의식과 자유의 증진 수단을 제공하려는 [당신의] 의지, 그리고 어디에나 스며 있는 사회적 결정 논리에 대한 지나치게 예리한 인식이 사람들을 좌절하게 할 위험 사이에는 팽팽한 긴장, 아마도 모순이 있다.

부르디외 『호모 아카데미쿠스』에서 예시한대로, 나는 성찰성이 제공하는 도구들을, 비성찰성이 끌어들인 편향을 통제하기 위해, 또 반성을 변화시킬 수 있는 메커니즘에 대한 지식을 진전시키기 위해 이용한다. 성찰성은 더 적은 과학이 아니라, 더 많은 과학을 생산하기 위한 도구이다. 그것은 과학적인 야심을 좌절시키기 위해서가 아니라, 그것을 더욱 현실주의적인 것으로 만들기 위해 고안되었다. 과학의 진보, 사회 세계에 대한 지식의 성장을 보조함으로써, 아카데미의 안팎에서 성찰성은 더욱 책임 있는 정치학을 가능하게 만든다. 바슐라르(Bachelard 1993[1935])는 "숨겨진 것의 과학만이 있다"고 썼다. 폭로는 그 효과로서 [폭로의 주체인 과학자에 의해] 의도되지 않은 비판을 가져온다. 그것은 과학이 강고할수록 더욱 강력해져서, 오인에 그 효력을 일부 빚지고 있는 [지배] 메커니즘을 더 잘 폭로할 수 있게 되며, 그리하여 상징폭력의 근간에까지 이를 수 있게 되는 것이다.[184]

따라서 성찰성은 전혀 '예술을 위한 예술'의 일종이 아니다. 성찰적인 사회학은 지식인들을 자기 환상 — 무엇보다도 먼저 자기들은, 특히 자기 자신과 관련해서는, 아무런 환상도 가지고 있지 않다는 환상 — 으로부터

---

184 "만일 '숨겨진 것의 과학만이 있다'면, 사회학이 각 시대마다 권력 관계의 진실을 공표하게끔 강제하는 역사적 세력들과 제휴하는 이유가 분명해진다. 그 세력들로 하여금 스스로 더 많이 감추게 할 수 있다면 말이다."(Bourdieu & Passeron 1970: 12).

자유로워질 수 있도록 도우며, 적어도 그들이 상징적 지배에 수동적이고 무의식적으로 기여하는 것을 훨씬 더 어렵게 만든다는 소극적인 미덕을 지닐 수 있다.

바캉 당신은 여기서 사회학은 "우리 과학의 범위를 넓힌다는 단순한 사실에 의해 우리 행동의 범위를 넓힌다"고 말한 뒤르켐(Durkheim 1921[1909])의 경구를 떠올리게 만든다. 하지만 나는 내 질문으로 되돌아와야만 하겠다. 성찰성이 생산하는 탈신비화는 우리가 '유순하게 보수적인 태도'를 보인다고 비난받을 위험을 무릅쓰게 만들지 않는가? 『사회학 연보』의 창시자[즉 뒤르켐]는 [경구에서] 이미 그러한 논리에 대해 자기 변호를 하고 있지만 말이다.[185]

부르디외 이 질문에 대한 일차적인 수준의 답변은 다음과 같다. 만약 그 위험이 단지 치기 어린 반항, 왕왕 지적인 청년기를 지나면 더 지속되지 않는 반항을 탈신비화하고 침식하는 것이라면, 그것은 대단한 손실이 아니다.

바캉 거기에 당신의 반反예언자적인 면모가 있다.[186] 그리고 아마도 그것은 당신의 저작과 푸코의 저작을 구별하는 특징 가운데 하나일 것이다.

---

185 뒤르켐의 인용구(Durkheim 1921[1909]: 267)는 이렇게 시작한다. "사회학은 인간에게 결코 유순하게 보수적인 태도를 부과하지 않는다. 오히려 그 반대이다."

186 "만일 바슐라르가 말하듯 '모든 화학자는 자기 안의 연금술사와 싸워야만 한다'면, 모든 사회학자는 공중이 자기에게 구현하기를 요구하는, 자기 안의 사회적 예언자와 싸워야만 한다"(Bourdieu & Chamboredon & Passeron 1968[1973: 42]).

부르디외 사실 푸코 저작의 어떤 측면(물론 그의 작업에는 그 이상의 무언가가 있다)은 자기 가족, 그리고 여러 제도와 갈등을 겪고 있는 젊은이의 반항을 이론화한다. 가정 교육을 중개하고 '훈육'을 강제하는 제도(학교, 진료소, 수용소, 병원 등등), 즉 외부에 있는 사회적 제약 형태 말이다. 젊은이의 [치기 어린] 반항은 종종 일반적인 사회 통제에 대한 상징적 부정, 유토피아적 대응을 표상한다. 그것은 특수한 역사적 형식, 특히 상이한 계층의 행위자들에게 다르게 작용하는 사회적 제약의 차별적인 형식을 제대로 분석하는 과업을 피할 수 있게 해준다. 그것은 또 신체의 조련dressage을 통해 작동하는 것보다 한층 더 미묘한 사회적 제약 형식에 대한 분석의 수행을 피할 수 있게 해준다.[187]

젊은이들의 환상을 깨는 것은 당연히 즐거운 일이 아니다. 특히 그들의 반항에는 꽤나 진지하고 심오한 것이 있기 때문이다. 거기에는 기성 질서, 순종적인 어른들의 체념, 아카데미의 위선에 대항해 나아가려는 경향이 있다. 또 젊은이들이 아주 잘 포착할 수 있는 일련의 문제가 있다. 그들이 [아직은] 냉소적이거나 환멸에 사로잡혀 있지 않기 때문에, 또 적어도 프랑스의 경우, 내 세대의 수많은 이들이 했던 일종의 [사상] 전향을 하지 않았기 때문에 간파할 수 있는 그런 것들 말이다. 아마도 좋은 사회학자가 되기 위해서는 젊음과 연계되는 어떤 성향들 ——일종의 단절, 반항, 사회적 '순수'의 힘 ——을 통상 많은 나이와 연계되는 성향들 ——현실주의, 사회 세계의 거칠고 실망스런 현실에 대적할 수 있는 능력 ——과 결합시키는 일이

---

187 부르디외는 여기서 『감시와 처벌』에서 푸코(Foucault 1975)가 제시한 분석을 언급하고 있다. 푸코는 개인들을 "더 유순하고 유용하게" 만들기 위해 훈육 테크놀로지가 그들 신체를 어떻게 '조련'하는지 논의한다.

필수적일 것이다.

나는 사회학이 탈신비화하는 효과를 행사한다고 믿는다. 그런데 내가 보기에 이는 순진한 유토피아주의의 절대적인 반명제인 과학적·정치적 현실주의로의 진보를 나타낸다. 과학적인 지식은 우리로 하여금 책임 있는 행동을 위한 실제 적용 지점의 위치를 가늠할 수 있게 해준다. 그것은 진정 책임을 져야 할 현장을 요령 있게 빠져나가기 위한 방편으로 자유가 없는 곳에서 투쟁하는 것 ─이는 종종 배신의 알리바이가 된다─을 피할 수 있게 해준다.[188] 사실 어떤 부류의 사회학, 아마도 특히 내가 실천하는 사회학은 사회의 '냉혹한 법칙'에 대한 복종으로서 사회학주의를 조장할 수 있다(비록 그것의 의도는 정확히 그 반대이긴 하지만). 하지만 나는 유토피아주의와 사회학주의에 대한 맑스의 양자택일은 다소 오도하는 면이 있다고 믿는다. 사회학주의적인 포기와 유토피아적 의지주의 사이에는 이성에 근거한 유토피아주의라고 할 만한 것의 공간이 있다. 즉 사회 법칙, 특히 그 타당성의 역사적 조건에 대한 진정한 지식이 제공하는 자유의 한계를 합리적으로, 또 정치적인 의식을 가지고 이용하는 것 말이다.[189] 사회과학의 정

---

188 "사회 법칙의 언명 속에서 숙명론적이거나 냉소적인 굴복의 알리바이, 운명으로 전환된 알리바이를 발견하고자 하는 이들에 대항해서, 우리는 이해와 심지어 면책의 수단을 제공하는 과학적 설명이 우리를 변화시켜 준다는 점을 상기해야만 한다. 지식 세계를 지배하는 메커니즘에 대한 지식의 증가가, 자크 부브레스Jacques Bouveresse가 걱정하듯이, '도덕적 책임이라는 당혹스런 부담으로부터 개인을 방면해 주는' 효과를 가져와서는 안 된다(나는 일부러 이렇게 모호한 언어를 쓴다). 그것은 반대로 개인이 자신의 자유가 실제 자리하는 곳에 그의 책임을 위치시킬 수 있도록 가르쳐 주어야 한다. 그것은 사회적 필연성에 힘을 주는 아주 작은 소심성과 나태조차도 개인이 단연코 거부하도록 가르쳐야 하며, 사회 세계가 요구하는 체념 속의 자기 만족과 순종적인 공모에 조금이라도 양보하는 기회주의적 무관심이나 헛똑똑이의 순응주의에 맞서 싸우도록 가르쳐야만 한다"(Bourdieu 1984a: 14~15).
189 "사회 법칙은 우리가 그것을 작동하도록 내버려 두는 한에서, 즉 그것이 봉사하는 이들이 그 효력의 조건들을 영속화할 수 있는 위치에 있는 한에서 스스로를 영속화하는 역사적인

치적인 과제는 무책임한 의지주의와 숙명론적 과학주의 모두에 맞서, 가능한 것the possible이 실현될 수 있도록 개연적인 것the probable에 대한 지식을 이용함으로써 합리적 유토피아주의를 명료화하도록 돕는 데 있다. 그러한 사회학적, 즉 현실적인 유토피아주의는 지식인들 사이에서 정말 있음직하지 않은 것이다. 우선 그것이 프티 부르주아적으로 보이기 때문이며, 충분히 급진적으로 보이지 않기 때문이다. 극단이 언제나 더 멋있다. 그리고 지식인들에게는 정치적 행동의 미학적 차원이 매우 중요하다.

바캉 이 주장은 또 지식인들에게 아주 소중한, 정치에 대한 이미지를 부인하는 하나의 방식이기도 하다. 자유 의지의 행사와 정치적인 자기 공언을 통해 스스로를 구성하는 합리적인 정치적 동물zôon politicon이라는 아이디어 말이다.

부르디외 나는 그 문제를 그런 식으로 설명하지는 않겠다. 그보다 나는 그 이미지 자체가 역사적인 기획의 일부라고 주장하고 싶다. 그러한 입장을 취하는 이들은 자신이 어떤 사람들로 구성된 아주 오랜 계보의 역사적 상속자라는 사실을 알아야만 한다. 그 계보의 사람들은 자유를 조금 진전시키는 데 기여할 기회를 갖도록 해주는 역사적 조건 속에 위치 지어졌던 이

법칙이다. (⋯⋯) 보수적인 사회학자들이 이른바 권력의 집중화 경향에 관해서 그렇게 하듯이, 영원한 법칙을 제기한다고 주장할 수 있을 것이다. 사실 과학은 시간 속에서 어떤 순간에 어떤 게임을 특징짓는 논리를 경향적인 법칙의 형식으로 기록할 뿐이라는 것을 알아야만 한다. 그러한 논리는 원칙상으로나 사실상으로 게임의 규칙을 설정할 수단을 가지고 있으며 게임을 지배하는 사람들에 유리하게 기능한다. 법칙이 공표되자마자, 그것은 투쟁의 내기물이 될 수 있다. (⋯⋯) 경향적 법칙의 규명은 그 법칙이 틀렸음을 입증하기 위한 행동의 성공 조건이다"(Bourdieu 1980b: 45~46, 번역은 바캉).

들이다(Bourdieu 1989h). 그들은 일단 다음과 같은 사실을 이해해야만 한다. 즉 그 [자유의] 기획을 진척시키기 위해서는 철학 교수직이라든가 사회학과가 있어야만 하고(이는 특수한 형태의 소외를 함축한다), 국가가 인가한 공식 분과 학문으로서 철학이나 사회과학이 발명되어야만 한다는 것 등 말이다. 자신이 남아프리카의 인종 분리 정책이나 중남미와 루마니아에서의 억압, 또는 자국에서의 젠더 불평등에 관해 목소리를 높여야만 한다고 느끼는 지식인을 효과적인 신화로 존재할 수 있게끔 하는 데에는 파리코뮌이 있어야 했고, 드레퓌스 재판이 있어야 했고, 에밀 졸라와 다른 많은 이들이 있어야 했다.[190] 우리는 문화적 자유의 제도가 사회보장 제도나 최저임금 못지않은 사회적 성취물이라는 점을 결코 잊지 말아야만 한다(Bourdieu & Schwibs 1985).

바캉 당신의 분석 방법과 당신이 실천하는 사회학이 사회 세계에 관한 이론과 윤리학 모두를 포함한다고 말할 수 있을까? 당신의 사회학으로부터 개인 행동을 위한 일종의 이상을 끌어낼 수 있을까?

부르디외 나는 예와 아니오 둘 다라고 답변하고 싶은 유혹을 느낀다. 우리가 실증적인 것과 규범적인 것 사이의 오랜 대립에 계속 머무른다면 내 대답은 아니오가 될 것이다. 그 대립을 넘어서 사유하는 데 동의한다면 내 대답은 예가 될 것이다. 사실 그것은 과학이기 때문에 윤리학을 포함한다. 만일 내가 말하는 것이 맞는다면, 즉 오직 과학만이 폭로할 수 있는 결정 요인들

---

190 정신 구조와 사회 구조에 '효과적인 신화'로 점진적으로 각인된 근대 지식인 형상의 '역사적 발명'에 대한 분석으로는 Charle 1990과 Pinto 1984b를 보라.

에 대한 지식을 통해서만 윤리학의 조건이자 상관물인 어떤 형식의 자유가 가능하다면, 사회에 대한 성찰적 과학은 윤리학을 함축하거나 또는 포함한다. 이는 그것이 과학주의적 윤리학이라는 의미는 아니다(물론 이것이 윤리학을 정초하는 유일한 수단이 아니라는 점은 말할 나위도 없을 것이다). 이 경우에 도덕성은 과학이 특정한 환경 아래서 촉발할 수 있는 의식의 각성에 의해 가능해진다.

나는 사회학이 고도로 추상적이고 형식적인 수준에 머무른다면 [사회의 진보에] 아무런 기여도 할 수 없다고 믿는다. 실제 삶의 핵심에까지 내려갈 때, 그것은 사람들이 거의 임상적인 목적으로 스스로에게 적용할 수 있는 도구가 된다. 사회학이 제공하는 진정한 자유는 우리가 어떤 게임을 하고 있는지 알 수 있는 작은 기회, 또 우리가 살고 있는 장의 힘에 의해서나 우리 안에서 작동하는, 체화된 사회적 힘에 의해 조종당하는 측면을 최소화할 수 있는 작은 기회를 제공한다는 데 있다.[191] 나는 사회학이 세계의 모든 문제를 해결할 수 있다고 암시하지 않는다. 그와는 거리가 멀다. 하지만 그것은 일정한 자유가 있는 장소와 그렇지 않은 장소를 분별할 수 있게 해주며, 그렇게 우리가 자유의 여지가 없는 지대에서 투쟁하면서 에너지를 쓸데없이 낭비하지 않도록 해준다.[192]

따라서 나는 성찰적 사회학의 철학적인 혹은 윤리적인 활용이 정말 있다고 생각한다. 그것의 목적은 다른 사람들의 흠을 들춰내는 것도, 또 예컨

---

191 부르디외는 이렇게 쓴다(Bourdieu 1982b: 29). "역사적인 주체이자 역사적으로 위치 지어진 주체, 사회적으로 결정된 주체인 사회학자를 통해서 역사, 달리 말해 계속 존속하는 사회는 스스로를 성찰한다. 모든 사회적 행위자는 사회학자를 통해서 자신이 누구인지, 무엇을 하고 있는지 좀더 잘 알 수 있다. 하지만 이는 바로 오인이나 부정, 지식의 부인에 기득권을 가진 이들이 사회학자들에게 결코 맡기고 싶어 하지 않는 과제이다"(번역은 바캉).

대 '단지 아무개의 아들'이라며 그들을 격하하거나 비난하거나 혹평하는 것도 아니다. 차라리 그 반대이다. 성찰적 사회학은 세상을 이해하고 설명할 수 있게 해준다. 내가 아주 좋아하는 [프랑스 시인] 프랑시스 퐁주Francis Ponge의 표현을 쓰자면, 세상을 필연적인 것으로 만드는 것이다(Bourdieu 1986e). 어떤 공간 안에서 활동하는 개인의 행위를 제대로 이해한다는 것은 그의 행위 이면의 필연성을 이해하는 일이자, 처음에는 우연적인 양 보이는 것을 필연적인 것으로 만드는 일과 다를 바 없다. 그것은 세계를 변호하는 수단이 아니라, 그렇지 않으면 받아들이기 어려웠을 수많은 것들을 받아들이는 법을 배우는 수단이다.[193] (물론 우리는 이러한 유형의 사회적 관용에 접근할 수 있는 사회적 조건이 보편적으로 주어진 것이 아니며, 거기 접근할 수 없는 이들에게 그것을 요구해서는 안 된다는 점을 명심해야 한다. 예를 들어 인종주의에 반대하는 것은 아주 좋은 일이다. 하지만 당신이 반인종주의를 가능하게 만드는 사회적 조건 — 주거, 교육, 고용 등 — 에 [다른 사람들이] 동등하게 접근할 수 있도록 동시에 노력하지 않을 때 그것은 단순한 위선이 된다.)

성찰적 사회학을 자신에게 적용할 때, 당신은 진정한 자유의 장소를 규명하고, 내가 보기엔 별로 크지 않은 인간 자유의 범위와 함께 가는, 작으

---

192 부르디외에게 자유와 필연성은 서로 반비례하는 모순적 용어가 아니다. 오히려 그것들은 상호 강화하는 관계에 있다. "나는 필연성에 대한 지식으로 가능해지는 것 말고 다른 자유가 있을지 의심한다. 겉보기와는 정반대로, 사회과학은 필연성에 대한 인지 정도를 높이고 사회 세계의 법칙에 대한 더 나은 지식을 제공함으로써 우리에게 더 많은 자유를 준다. (……) 필연성에 대한 지식에서의 모든 진보는 가능한 자유에서의 진보이다"(Bourdieu 1980b: 77, 44, 번역은 바깥).

193 "널리 알려지고 퍼뜨려져야 할 것은 과학적 시선, 객관화하는 동시에 이해하는 이러한 시선이다. 우리 자신에게로 되돌려졌을 때, 그것은 우리가 스스로를 감당할 수 있게 해주고, 심지어 주장할 수 있게 해준다. (……) 그것은 사회적 행위자를 숙명이나 자연으로 다루어지는 '근원의 사회적 존재' 안에 봉인하는 문제가 아니라, 자신의 하비투스를 죄의식이나 고통 없이 감당하는 가능성을 제공하는 문제이다"(Bourdieu 1980b: 42).

면서도 신중한 실천적 도덕을 세울 수 있는 가능성을 열게 된다. 사회적 장은 모든 것이 계속해서 움직이며 결코 미리 완전히 결정되어 있지는 않은 세계이다. 그런데 그것은 내가 처음 사회학을 시작할 때 믿었던 것보다는 훨씬 더 결정되어 있는 세계이다. 나는 종종 세상 일이 결정되어 있는 정도에 놀라 아찔해진다. 때로 나는 속으로 생각한다. "이렇게 믿어지지 않을 만큼 결정되어 있다니. 사람들은 내가 과장한다고 생각할 거야." 그리고 진심이건대 나는 이런 상황을 즐기지 않는다. 사실 내가 필연성을 그토록 예리하게 간파해 낸다면, 그것을 유별나게 참아 내지 못하기 때문일 것이다. 한 명의 개인으로서 나는 누군가 필연성 ─빈자의 필연성이든 부자의 필연성이든 간에 ─의 덫에 걸려 있는 것을 볼 때 인간적으로 괴롭다.

바캉 당신이 최근 '사회적 고통'의 경험에 관해 착수한 연구는, 내가 보기엔, 일종의 사회적인 문답법social maieutics으로 이해되는 사회학의 윤리적 개념화로부터 비롯한 것 같다(Bourdieu 1991). 그것은 사회과학, 정치학, 시민 윤리의 교차로에 놓이기에 각별히 흥미롭다. 그리고 그것은 사회학의 소크라테스적 기능이 무엇일 수 있는지를 예증한다. 사회정치적인 재현의 기성 형식이 정초한 검열을 건너뛰는 것 말이다.[194]

부르디외 지난 십여 년간 정치 세계는 점점 더 자폐적인 방향으로, 즉 내적인 경쟁, 자체적인 시시한 정쟁과 그 특수한 내기물에 몰두하는 방향으로

---

194 부르디외가 동료 연구자들과 함께 진행한 이 일련의 연구는 『사회과학 연구 논집』에 계속 발표되었고, 1993년 『세계의 비참』*La misère du monde*이라는 제목의 단행본으로 한데 묶여 출간되었다. ─옮긴이

성장했다. 정부 지도자들은 든든한 측근인 친절한 기술 관료 집단에게 붙잡혀 있는 죄수이다. 그 관료 집단은 시민들의 일상적인 삶에 관해서는 아무것도 모르며, 스스로가 얼마나 무지한지조차 모른다. 관료들은 여론 조사의 마술을 매개로 행복하게 지배한다. 그 합리적 인민 선동의 유사 과학적인 테크놀로지는 관료들에게, 피조사자들이 부과된 질문들에 대해 내놓은 억지 답변 이상의 정보를 주기 어렵다. 그 질문들은 조사 대상이 된 개인들이, 그런 식으로 자신에게 제기될 때까지는 그러한 용어로 제기하지 않았던 것들이다.[195] 바로 이와 같은 상황에 대한 반작용에서 나는 사회적 고통, 비참, 불편, 또는 원한ressentiment에 대해 탐색적인 연구를 하자고 제안했던 것이다. 그러한 경험과 감정이 제도화되지 않은 저항 형태에 대한 (고등학생과 대학생, 간호사, 선생, 운전기사 등의) 최근의 수요 아래에, 그리고 '이슬람 베일' 문제와 공공 주거지의 낙후를 둘러싸고 불거져 나온 긴장 이면에 놓여 있으며, 매일 매일의 차별과 적반하장 격 비난의 '사적인 정치'를 추동한다.[196]

에마뉘엘 테레(Emmanuel Terray 1990)는 히포크라테스 전통에서 진정한 의술은 보이지 않는 병들의 치료와 더불어, 그러니까 환자가 모르거나 까먹고 밝히지 않아서 전혀 말하지 않은 사실들에 대한 지식과 더불어 시작된다는 점을 알려 주었다. [사회적 고통에 관한] 이 조사 연구는 사회

---

195 여론 조사의 정치적·사회적 활용이라는 문제는 Bourdieu 1973b; 1987a: 217~224, Bourdieu & Champagne 1989, 그리고 Champagne 1990에서 논의된다.

196 개인 주택 시장에 관한 부르디외의 분석은 이러한 언급을 확장, 보완한다. 그 분석이 다루는 것은 "프티 부르주아지의 불행, 더 정확하게는, 온갖 작은 불행, 즉 자유와 소망과 욕망에 가해지는 온갖 한계의 주된 기반 가운데 하나이다. 그것은 삶을 걱정거리와 실망, 제약과 실패, 그리고 또 어쩔 수 없이, 멜랑콜리와 원한으로 번민하게 만든다"(Bourdieu 1990a: 2. 더 심화된 논의를 위해서는 Bourdieu 2000a를 보자).

적 불만을 정치적으로 다루어질 수 있는 해독 가능한 징후로 전환시키려고 노력한다. 이를 위해 때로 어리석고 종종 가증스러운 투사의 장막screen of projections, 그 뒤에 고통이 숨어 있는 이 장막을 돌파하는 일이 필수적이다. 결코 변호될 수 없는 (인종주의 같은) 사회적 환상과 증오를 부추기는 사람들에게, 그들의 반발, 불안, 절망을 조장하는 사회적 좌절과 지위 하락―이 역시 변호될 수 없는 것인데―을, 어쩔 수 없이 고통스럽지만 애써 불러일으키게끔 도와야만 하는 것이다.

이 연구는 가장 개인적인 것이 가장 비개인적이라는 발상에 전제를 두고 있다. 많은 수의 가장 내밀한 드라마, 뿌리 깊은 불편함, 여성들과 남성들이 경험하는 자기만의 고통은 노동과 주택 시장의 구조, 학교 체계의 무자비한 제재, 또는 경제적·사회적 상속 메커니즘 안에 새겨진 객관적 모순, 제약과 이중 구속에서 그 근원을 찾을 수 있다. 그렇다면 목표는 말로 표현되지 않은, 억압된 담론을 떠오르게 만드는 것이다. 이는 [크게 두 부류의] 사람들과 이야기함으로써 이루어진다. [한편으로는] 사회 공간의 민감한 지대에 위치해 있기에 자기들이 겪는 병폐에 대한 좋은 '역사가'가 될 법한 사람들, 그리고 [다른 한편으로는] 사회 공간의 전략적 입지를 점하며 그 기능 작용에 관한 자생적 지식의 살아 있는 보고인 '실제 전문가들', 즉 '사회문제'의 공식 종사자들(경찰, 사회복지사, 노동조합 활동가, 판사 등)과 말이다. 개인의 사회적 궤적과 생활 맥락에 대한 충분한 지식으로 무장하고서 우리는 아주 길고 최대한 상호작용적인 심층 인터뷰를 수단 삼아 앞으로 나아간다. 그러한 인터뷰의 조준점은 대상자들이 그들의 극단적인 비극이나 일상적인 불행의 숨겨진 원리를 발견하고 진술하도록 돕는 것이며, 또한 이 외적인 실재[즉 사회 공간과 특정한 방식으로 관계 맺는 하비투스]를 제거할 수 있도록 해주는 것이다. 그들 안에 살면서 그들을 사로잡고 있는 이 실재는 안으로부터 그들을 붙들고 있으며, 영화 「에일리언」Alien의 괴물과도 같은 방식으로 그들에게서 자기 존재의 주도권을 빼앗아가 버린다. 「에일리언」은 이른바 소외alienation, 즉 주체성의 한가운데 현존하는 타자성에 대한 훌륭한 이미지를 제공하는, 일종의 근대적 신화로 여겨질 수 있을 것이다.

　우리가 이 연구를 어떻게 진행했는지 구체적인 예들을 제시한다면 논의가 너무 길어질 것이다. 나는 단지 이 인터뷰의 수행이 정보 제공자에게뿐만 아니라 연구자에게도 아주 가슴 아프고 고통스러운 과정일 수 있다는 점만을 말해 두고자 한다(Bourdieu 1991a). 나는 우리가 어느 날 밤 인터뷰했던, 파리 알르레Alleray 가에서 우편물 분류원으로 일하는 한 젊은 여성, 그가 일하는 넓고 침침하며 먼지 투성이인 홀, 그리고 남부 억양에도 불구하고 빈약하고 슬픔에 찬 그의 잿빛 언어를 결코 잊지 못할 것이다. 그 홀에서 그는 사흘 중 이틀을 밤 아홉 시부터 다음날 아침 다섯 시까지 수취 우편물을 분류하는 66개의 투입구 앞에 서서 일한다. 그는 뒤죽박죽이 된 자기 삶, 야간근무 교대 뒤의 차가운 아침에 먼 교외에 있는 작은 아파트로 되돌아가는 통근길, 이제는 불가능해진 듯 보이는, 귀향에 대한 향수 어린 동경을 어두운 언어로 털어놓았다……. 나로 하여금 이 연구에 착수하도록 이끈 충동 가운데 하나는 순진하게 윤리적인 감정이었다. 국가의 기술 관료 집단이 아무런 시민 의식과 책임감 없이 그런 식으로 계속하도록 내버려 둘 수는 없다는 것, 사회과학자가 자기 학문의 한계에 대한 적절한 인식을 가지고서 개입하지 않는다면 이는 용납할 수 없는 비양심적인 일이라는 것이다(Bourdieu 1992b).

　이 연구에 관해 한 가지 더 말해 둘 것은 그것이 공식적인 방법론의 거의 모든 권고 사항을 위반한다는 점이다. 바로 그런 이유로 그것은 각종 행정 조사가 자명한 일로서 간과해 온 것을 포착할 수 있는 약간의 기회를 가지게 되었다. 나는 그것이 과학적이고 정치적인 이중의 기능을 수행할 수 있으리라고 생각한다——혹은 적어도 그럴 수 있기를 희망한다. 그것은 연구자들에게 그들이 평소에 관습적으로 실행하던 (공식적이며 형식주의적인 방법론적·이론적 활동은 말할 필요도 없고) 설문 조사가 그들 시야로부터 가로막았던 것을 일깨워 줄 것이다. 그리고 그것은 우리 사회를 지배하는 기술 관료들에게 공식 정치 생활의 형식상 민주적인 절차(특히 간부 회의와 정강, 법안 발의 등을 포함하는 정당 생활의 의례), 잘 시연된 미디어와의 교류, 그리고 겉보기에만 과학적인 경제 예측의 보증책이 무시하게 만드는 모든 것을 일깨워 줄 것이다. 한마디로, 공적인 표현 수단을 박탈당함에 따라 점증하는, 새로운 종류의 고통과 부정의에 대한 감각 말이다.

7. 객관화하는 주체의 객관화

바캉 콜레주 드 프랑스의 취임 강연에서 당신은 "[사회학이] 내놓는 모든 명제는 사회학자 자신에게 적용될 수 있으며 또 그래야만 한다"(Bourdieu 1982b: 8)고 말했다. 우리가 부르디외에 대한 부르디외식 사회학을 할 수 있을까? 당신은 자신을 설명할 수 있는가? 만일 그렇다면, 사적인 개인으로서 피에르 부르디외에 관해 말하기를 왜 그리도 확고하게 꺼려하는가?

부르디외 내가 일종의 직업적인 조심성을 가지고서 지나치게 자기중심적인 태도를 금한 것은 사실이다. 그러한 태도가, 특히 프랑스에서는, 지식 제도에 의해 승인받고 심지어 보상받는데도 말이다. 하지만 나 자신에 대해 말하기를 꺼려하는 데에는 또 다른 이유가 있다. 어떤 사적 정보를 드러냄으로써, 즉 나 자신, 나의 생활 양식과 선호에 관한 보바리즘적 고백을 함으로써 나는 사회학에 맞서 존재하는 가장 기초적인 무기인 상대주의를 이용하는 사람들에게 공격의 빌미를 줄 수 있다. 단 한 방의 단순한 상대화("결국 이것은 교사의 딸인 아무개의, 원한과 질투 등등으로부터 자극받은 의견일 따름이야")로써, 과학적 담론의 조건인, 분석 대상과 주체 양쪽에서 과학적인 작업을 파괴하기란 쉬운 일이다.[197] 내게 제기되는 개인적인 질문은 종종 칸트가 말한 '병리학적 동기'에서 나온다. 사람들은 계급과 취향에 관한 내 글에서 그들을 불편하게 만드는 것에 맞설 무기를 구하기 위해 나의 출신 배경이나 취향에 관심을 갖는 것이다.

나의 사회학 담론은 나의 사회학 실천에 의해 내 개인적인 경험으로부터 분리되어 있다. 나의 사회학 실천은 부분적으로 그 자체가 내 사회적 경험에 대한 사회학의 산물이다. 그리고 나는 나 자신을 [사회학적] 대상으로 취하기를 결코 그쳐 본 적이 없다. 자아도취적인 의미에서가 아니라, 어떤 [사회적] 범주의 한 대표자로서 말이다. 사람들을 자주 불쾌하게 만드는 일 가운데 하나는 내가 나 자신을 분석할 때 ——『호모 아카데미쿠스』는, 내가 거기서 '공인받은 자들'라고 이름 붙인 범주에 속하는 만큼, 나 자신에

---

197 스탠리 호프먼(Stanley Hoffman 1986: 47)은 『구별 짓기』에 대한 서평에서 과학 장의 존재를 건성으로 다루는, 이러한 경멸이 담긴 개인적 환원의 본보기를 제공한다. 그는 이렇게 질문한다. "만일 우리 개개인이 계급 하비투스의 산물이라면, 과연 하비투스에 대한 과학적 관찰이 가능할까? [부르디외의] 체계는 자신의 고유한 하비투스를 설명할 수 있을까……? 하지만 그렇다면 과학적이라는 허식은 어떻게 되는가? 사실상 이 방대한 저작, 프랑스 사회에 관한 명백히 도식적이며 논쟁적인 해석은 더 심층적으로는 피에르 부르디외[라는 사람 자체]의 폭로—이자 그에 의한 카타르시스—이다." '특수화시키는 환원'에 대한 토론으로는 부르디외의 『구별 짓기』의 일본식 독해에 대한 서문」(Bourdieu 1991g)을 보라.

관한 내용을 여러 면에 걸쳐 담고 있다[198] —나 자신에 관해 말하면서 다른 이들의 진실에 관해 큰소리로 말한다는 점이다.

문제는 나 자신, 나의 정체성, 나의 사생활을 보호하는 것이 아니라, 나라는 고유한 개인에 대해서 내 담론과 내 발견의 —그렇게 말할 수 있다면—자율성을 보호하는 것이다. 이는 구체적 개인인 나, 피에르 부르디외가 객관화를 벗어날 수 있다는 의미는 아니다. 나는 다른 모든 사람과 마찬가지로 객관화될 수 있다. 다른 모든 사람과 마찬가지로 나는 취향이 있고 선호가 있고 좋아하는 것과 싫어하는 것이 있으며, 이는 대체로 사회 공간에서의 내 위치에 상응한다. 나는 사회적으로 분류되며, 나는 내가 사회적 분류 속에서 어떤 위치를 차지하는지 정확히 알고 있다. 만약 당신이 내 저작을 이해한다면, 당신은 내 위치와 내 글에 대한 지식으로부터 나 자신에 관해 엄청나게 많은 것들을 쉽게 연역할 수 있을 것이다. 나는 당신에게 그러한 작업을 위해 필요한 모든 도구를 주었다. 그 밖의 것은 그저 내게 남겨달라……

바캉 그렇게 온전히 환원할 수는 없겠지만, 당신의 사회학은 부분적으로 당신의 궤적과 지적 형성 과정 —특히 철학에서 사회학으로의 이행—이 함축했던 '사회적 전환'의 산물이라고 말할 수 있지 않을까?

부르디외 내가 사회학과 인류학에서 했던 모든 것을, 나는 내가 배운 것 덕

---

198 『호모 아카데미쿠스』에서 부르디외는 "공인받은 이단자들"hérétiques consacrés(Bourdieu 1984: 140)이라는 소제목 아래 자신을 포함한 콜레주 드 프랑스의 교수들과 유명 지식인들을 분석하고 있다. —옮긴이

분에 했던 만큼이나 내가 배운 것에 대항하면서 했다. 나는 이러한 표현이, 예술가나 작가들에게서 자주 나타나는, 누구에게도 어떤 것도 빚지지 않은 '창조되지 않은 창조자', 위대한 창시자가 되고자 하는 주장으로 이해되지 않길 바란다.[199] 그 표현으로 나는 단지 다음과 같은 사실을 가리키고자 한다. 즉 내가 고등사범학교의 철학도로서 내 학문적 궤적의 일부로 다가왔던 이론적 고상함hauteur에 대한 허세와 단절해야만 했던 반면, 동시에 내가 받은 교육, 특히 이론적이고 철학적인 훈련을 이용하기 위해서 끊임없이 불러와야만 했던 사실 말이다. 내 학창 시절에 프랑스 말로 '빛나는 경력'brilliant cursus 덕분에 두각을 나타냈던 이들은, 사회학자의 직업을 구성하는 세속적이고 하찮은 실제 과제에 관여하게 되면, 다른 이들로부터 무시당할 각오를 해야만 했다. 우리는 다시 한번 사회과학이 사회적 이유 때문에 어렵다는 점을 알게 된다. 사회학자는 아무개를 인터뷰하기 위해 거리로 나가고, 그의 말을 듣고, 그로부터 배우려고 애쓰는 사람이다. 이는 소크라테스가 능숙했던 일인데, 오늘날 소크라테스를 예찬하는 사람들이야말로 그것을 결코 이해하지도 못하고 사회학이 요구하는 '세속성'에 아랑곳없이 철학자-왕의 역할을 포기할 줄 아는 사람이 되지 못한다.

내가 사회학에 이르기 위해 수행해야만 했던 전환이 내 자신의 사회적 궤적과 연관되어 있음은 말할 필요조차 없다. 나는 프랑스 남서부의 작고 외딴 마을, 도시민들이 즐겨 말하던 대로 아주 '구석진' 곳에서 어린 시절의 대부분을 보냈다. 나는 내 원초적인 경험과 학습 가운데 많은 것을 부

---

199 이 이데올로기에 대한 비판으로는 예컨대 「누가 창조자를 창조했는가?」(Bourdieu 1980g: 207~221)와 플로베르의 문학적 혁신에 대한 부르디외의 분석(Bourdieu 1988f; 1992a)을 참조하라.

인함으로써만 학교 교육의 요구에 맞출 수 있었다. 그것[내가 부인해야만 했던 것]이 사투리 억양만은 아니었다……. 인류학과 사회학 덕택에 나는 내 자신과 원초적 경험을 화해시킬 수 있었고, 그것을 내 몫으로 할 수 있었으며, 이후 배운 것 가운데 어떤 것도 잃어버리지 않고 떠안을 수 있었다. 이는 자신의 출신 배경과 원초적 경험에 대해 종종 커다란 불행과 수치심을 느끼는 계급 '배반자/망명자들'transfuges 사이에서 일반적인 일은 아니다.[200] 1960년대경 고향 마을에서 했던 연구는, 그 어떤 내면적 반성보다도, 내가 나 자신과 연구 대상에 관해 많은 것을 발견할 수 있도록 도와주었다 (Bourdieu 1962a).

플로베르를 읽으면서, 나는 또 다른 사회적 경험, 즉 공립학교의 기숙생도로서의 삶의 경험이 내게 역시 깊은 흔적을 남겼다는 사실을 알게 되었다. 플로베르는 어디선가 "열 살이 될 때까지 기숙학교를 모르고 지낸 사람은 사회에 관해 아무것도 모른다"고 쓴 바 있다. 고인이 된 내 친구 어빙 고프먼은 『수용소』(Goffman 1968[1961])에서 '수용 시설'이 강제하는, 종종 가혹한 제약에서 살아남기 위해, 피수용자들이 얼마나 특별하게 창의적인 전략을 발전시키는지를 보여 주었다. 나는 조립 공정에서의 노동이라든지 비숙련 사무 노동의 따분한 일상 같이 내가 직접적으로 알지 못하는 상

---

200 예를 들어, 『낙원의 이방인: 노동 계급 출신의 학자들』(Ryan & Sackrey 1984)에 편집된 서사들, 그리고 민중 계급 배경의 학자들이 고통받는 "계급의 숨겨진 상처"[hidden injuries of class, 이는 리처드 세넷Richard Sennett의 책 제목이기도 하다]에 대한 감동스러운 개인적 증언으로는 낸시 로젠블럼Nancy Rosenblum과 도널드 크레시Donald Cressey의 솔직한 자서전 (in Bennett Berger 1990)을 보라. 사회적 분석을 통해 이 모순을 감당하려는 관련 시도로는 Hoggart 1970[1957]을 보라. 아니 에르노의 『남자의 자리』(Annie Ernaux 1984)는 이러한 경험에 대해 예외적으로 통찰력 있는 문학적 언명을 제공한다. 부르디외는 사회학적 소명을 틀 지은 자기 어린 시절의 사회적 경험과 궤적에 대한 사회분석을 제시한 바 있다(Bourdieu 2004).

황에 대한 경험을 이해하거나 심지어 예기하는 능력을 어디에서 얻게 되었는지 궁금할 때가 있다. 나는 청소년기에, 그리고 ──[계급적] 상향 이동을 한 사람들의 경우 늘 그렇듯, 아주 다양한 사회적 환경을 가로지르게 만든──내 사회적 궤적을 통해서 [온갖 사회 상황과 현실에 관한] 일련의 정신적 사진들을 [머릿속에] 촬영했고, 내 사회학적 작업은 그것들을 현상하려는 시도라고 믿는다.

바캉 당신은 일상생활에서도 그런 정신적 스냅 사진을 계속 찍고 있는가?

부르디외 플로베르는 '나는 모든 삶을 살고 싶다'는, 뭐 그런 요지의 말을 한 적이 있다. 이는 내가 아주 잘 이야기할 수 있는 것이다. 온갖 인간 경험을 겪어 보는 것 말이다. 나는 사회학이라는 직업의 가장 놀라운 보상 가운데 하나는 그것이 다른 이들의 삶 속으로 들어갈 수 있는 가능성을 준다는 것이라고 본다. 이를테면, 부르주아적 관습 때문에 당신이 당신 자신이나 일 등등의 '진지한' 화제에 관해 말하지 못하는 파티에서 당신을 거의 죽을 지경으로 따분하게 만드는 사람들도 그들이 자기 직업상 무슨 일을 하는지 이야기하게 되면 곧 엄청나게 흥미로워진다. 말할 나위 없이, 내가 일상생활에서도 끊임없이 사회학을 하고 있지는 않다. 하지만 별 의식 없이, 나는 나중에 현상하고 또 이용하게 될 일종의 사회적인 '스냅 사진' 같은 것을 [머릿속에서] 찍는다. 내 생각에는, 연구의 많은 가설이나 분석을 뒷받침하는 이른바 '직관'의 일부는 그러한 스냅 사진들, 때로는 아주 오래된 것들로부터 비롯한다. 이러한 측면에서, 사회학자의 작업은 작가나 소설가(나는 특히 프루스트를 떠올린다)의 작업과도 유사하다. 작가나 소설가처럼, 우리의 과제는 일상적으로 표현되지 않거나 간과되는, 일반적인 혹은 특수한 경험에 대한 접근과 설명을 제공하는 데 있다.

바캉 당신은 사회학자가 포크너William Faulkner, 조이스, 클로드 시몽Claude Simon, 프루스트(예컨대 당신은 이들을 『구별 짓기』에서 즐겨 인용한다)와 같은 작가들로부터 영감을 얻고 배울 수 있다고 암시한다. 당신은 문학과 사회학이 반드시 대립한다고는 보지 않는다.[201]

부르디외 물론 사회학과 문학 사이에는 중요한 차이점들이 있다. 그래도 우리는 그것들을 화해 불가능한 적대 관계로 돌려놓지 않도록 주의해야만 한다. 당연히 사회학자는 작가들과 그들 영역에서 경쟁한다고 주장할 수 없고 그래서도 안 된다. 그렇게 하면 사회학자는 문학 장의 논리 자체에 새겨져 있는, 축적된 요구와 잠재력을 모르기 때문에 '멋모르는 작가'(우리가 멋모르는 화가라고 말할 때의 의미에서)로 전락하게 될 것이다. 그런데 그는 문학 작품 속에서 과학 장에 특수한 검열이 사회학자에게 감추거나 금

---

201 부르디외는 플로베르, 포크너, 버지니아 울프, 말라르메, 프랑시스 퐁주, 벨기에 문학, 독자와 독서, 만화책, 시, 혹은 총체로서의 문학 장에 이르기까지 문학과 작가들에 관한 광범위한 글을 남겼다(각각 Bourdieu 1975c; 1988f; 1987a: 132~143; 1985b; 1971b; 1983d; 1995a와 1995b; 1991h). 1970년대에 그는 고등사범학교에서 문학에 관한 연구 세미나를 지도했다. 그로부터 많은 수의 박사 논문과 출판물이 나왔는데, 그 가운데 일부는 『사회과학 연구 논집』에 실렸다(볼탕스키, 샹보르동, 샤를, 퐁통Rémi Ponton, 드 생마르탱, 그리고 티에스Anne-Marie Thiesse의 글들). 문학과 사회과학 사이의 친연성이라는 발상에 곧장 주춤하게 되는 사람이라면 로버트 니스벳(Robert Nisbet 1976)의 짧지만 계몽적인 연구를 참조할 수 있을 것이다. 그는 『예술 형식으로서의 사회학』Sociology as an Art Form에서 고전 사회학과 문학의 공통성을 심리학적 충동, 역사, 재현 기법, 인지적 목적이라는 측면에서 개관한다. 또한 혁명 사회학과 아카데미 사회학 양쪽 모두에 탄생 배경을 제공했던 소설적인 '애도 전통'에 관해서는 매즐리시(Mäzlisch 1989: 4장)를 읽어 보라.

지하는, 연구의 단서와 방향성을 발견할 수 있다.[202] 그는 또 채록과 분석 작업을 통해, 딱히 '문학적인' 의도에 따른 것은 아닐지라도 문학적인 효과를 생산할 수 있는 담론을 가시화할 수 있으며, 19세기 말 사진이 화가들에게 제기했던 것과 유사한 질문을 작가들에게 제기할 수 있다.

나는 이 기회를 빌려 작가들이 우리에게 그보다 훨씬 더 많은 것을 가르쳐 준다고 말하고 싶다. 그들이 과학적 작업에 대한 과학주의적, 또는 실증주의적 재현에 함축된 검열과 전제를 벗어나는 데 어떻게 도움을 주었는지 한 가지 예를 들어 보자. 몇 달 전, 베아른의 어린 시절 친구가 자신이 아주 극적인 방식으로 거치면서 겪고 있는 개인적인 문제에 대한 조언을 구하기 위해 나를 만나러 왔다. 그는 내게 포크너적이라고나 할 법한 이야기를 들려주었다. 처음에 나는 그것을 이해할 수 없었다. 관련된 사실 정보를 내가 거의 다 알고 있었는데도 말이다. 몇 시간의 토론 끝에 나는 이해하기 시작했다. 그가 내게 말했던 것은 서너 개의 서로 엮여 있는 비슷한 이야기들을 동시에 풀어 놓은 것이었다. 먼저 아내와의 관계를 중심으로 한 자신의 인생담이 있었다. 그는 몇 년 전에 죽은 아내가 자기 형과 부정한 짓을 하지는 않았는지 의심했다. 다음으로 자기 아들의 약혼자와의 관계 이야기를 중심으로 한 인생담이 있었다. 그는 그 아가씨가 별로 '좋은' 여자가 아니라고 믿었다. 또 이 두 이야기의 조용하면서도 신비로운 목격자인 그의 어머니의 인생담이 있었다. 여기에 몇몇 주변적인 인생담이 더해졌다. 나는 어떤 주요 인생담이 그에게 가장 고통스러웠는지, 그 자신의 것인지, 그의 아들 것인지 말할 수 없다(거기서 내기물로 걸려 있었던 것은 농

---

202 부르디외(Bourdieu 1990d와 1998a)가 젠더 지배의 남성 경험을 해명하기 위해 버지니아 울프의 소설들을 어떻게 이용하는지 볼 것.

장과 그에 딸린 토지의 미래를 통한 아버지와 아들 간의 관계의 미래였다). 나는 어떤 이야기가 또 다른 이야기를 위장하고 있는지, 아니면 상동성에 의해, 다른 이야기를 가려진 형태로 진술하도록 만들고 있는지도 알 수 없었다. 확실한 것은 이 이야기의 논리가 대용어들, 특히 "그를", "그의", 또는 "그녀를", "그녀의 것" 등의 지속적인 모호성에 기대고 있다는 점이었다. 나는 그 용어들이 가리키는 대상이 그 자신인지, 그의 아들인지, 아들의 약혼자인지, 아니면 그의 어머니인지 말할 수 없었다. 그것들은 서로 교환 가능한 주체로서 기능했으며, 그 대체 가능성 자체가 그가 겪은 드라마의 원천이었다.

나는 바로 거기서 민족지학자와 사회학자가 만족해하는 선형적인 생애담이 얼마나 인위적인 것인지, 버지니아 울프, 포크너 혹은 클로드 시몽의 겉보기로는 지나치게 형식적인 탐구가 전통적인 소설들이 우리를 익숙하게 만든 선형적 서사보다 오늘날 얼마나 더 (만일 이 단어가 어떤 의미가 있다면) '사실주의적'realistic으로 보이는지, 인류학적으로 얼마나 더 진실하며 시간적 경험의 진실에 가깝게 보이는지 충분한 정도로 아주 분명하게 깨달았다. (물론 나는 여기서 연구자, 혹은 과학의 관점에 위치한다. 그리고 당연히 우리는 문학에서 '실재적인 것'의 폭로 이외의 여러 가지 것들을 기대할 권리 ─나 또한 기대한다─가 있다.) 그리하여 나는 전기biography와 관련해,[203] 더 일반적으로는 과정으로서 인터뷰의 논리에 관해, 즉 체험의 시

---

203 생애담의 선형적인 개념화에 대한 공격을 포함해, 이 이슈들에 관한 비판적이면서도 연구 프로그램 예비적인 논의를 위해서는 「전기적 환상」(Bourdieu 1986b)을 보라. 이 논문에서 부르디외는 '생애담'life-story이라는 "사회적으로 비난할 수 없는 인공물"을, 구성된 '궤적 개념"으로 대체하자고 제안한다. 그 개념은 "끊임없이 진화하며 지속적으로 변화하는 공간 속에서 동일한 행위자(또는 동일한 집단)가 연속적으로 점유하는 일련의 위치로 이해된다. 삶을 일관성이라고는 단지 그 이름밖에 없는 '주체'와의 연관만을 가지는 잇단 사건들

간적 구조와 담론 구조 사이의 관계에 관해 억압되어 있었던 질문들 전체를 내 사유의 전면에 갖고 돌아오게 되었다. 그리고 동시에 내가 의식적이기보다는 무의식적으로 배제하려 애썼던, 광범위한 이른바 '날것의' 자료를 정당한 과학적 출판 및 논쟁의 가치가 있는 과학적 담론의 지위에 올려놓게 되었다. 마찬가지 방식으로 나는 플로베르에 관한 책에서 그가 부딪혔던 많은 문제들, 예컨대——인터뷰의 전사轉寫와 출간 문제의 중심에 있는——직접 문체, 간접 문체, 그리고 자유로운 간접 문체의 결합 사용과 같은 문제——그리고 해결책——를 만났다.

수많은 사회학자들은 초창기부터 오늘날까지 자기들 분과 학문의 과학성을 단언하기 위해 (볼프 르페니스[Wolf Lepenies 1990[1988]]가『세 문화』에서 보여 준 것처럼) 문학에 맞서서 스스로를 정의하는 것이 필수적이라고 생각해 왔다. 한데 나는 문학이 여러 가지 점에서 사회과학보다 더 진보했다고 보며, 일련의 근본 문제——이를테면 서사 이론과 관련된 문제——에 대한 발견을 포함한다고 믿는다. 사회학자들은 [문학적] 사유와 표현 형식이 명예를 손상시킨다고 여기면서 그로부터 여봐란 듯이 거리를 두는 대신 그것을 비판적으로 검토하고 자기만의 것으로 만들어야 한다.

바캉 뒤르켐이나 사르트르, 아롱, 레비-스트로스, 푸코, 데리다처럼 뛰어난 다른 프랑스 학자들과 마찬가지로, 당신은 프랑스 인텔리겐치아의 전통적

의 독특하며 자기 충족적인 연속으로 이해하려 드는 것은 어리석은 일이다. 그것은 거의 지하철 노선망, 즉 상이한 지하철역 간 객관적 관계의 매트릭스를 고려하지 않으면서 지하철 안에서 여정을 이해하려 애쓰는 것 못지않게 그렇다. 전기적인 사건들은 사회 공간, 더 정확히 말하면 해당 장에서 내기물이 되는 상이한 유형의 자본 구조의 상이한 연속적 상태 내에서의 숱한 입지와 이동placements et déplacements으로서 적절히 정의될 수 있을 것이다"
(Bourdieu 1986b: 71).

인 온상인, 파리 윌름 가Rue d'Ulm의 고등사범학교 졸업생이다. 동시에 『국가 귀족』(Bourdieu 1989a)이 풍부하게 입증하듯이, 당신은 엘리트 학교와 그 생산물, 그 특권의 가장 예리한 비판자 중의 한 명이다. 당신은 스스로 "지식인으로서의 존재를 결코 당연하다고 느끼지 않는다"며, 학문 세계에서 "편안하다고" 느끼지 못한다고 썼다.[204]

부르디외 그것은 내가 아주 강렬하게 느끼는 것이며, 내 삶에서 두 번의 계기를 통해 가장 날카롭게 경험한 바 있다. 바로 고등사범학교에 입학했을 때와 콜레주 드 프랑스에 취임했을 때이다. 고등사범학교에서의 학업 기간 내내 나는 엄청난 불편함을 느꼈다. 나는 루소의 파리 상경에 대한 그뢰튀센[205]의 묘사를 생생하게 기억한다(Groethuysen 1983). 그것은 내게 일종의 계시와도 같았다. 나는 또한 폴 니장Paul Nizan에 관한 사르트르(Sartre 1960)의 텍스트, 즉 니장의 [기행 수필] 『아라비아의 아덴』Aden Arabie을 위한 서문을 당신에게 참조하라고 말할 수 있다. 그것은 내가 고등사범학교에 입학했을 때 느꼈던 감정을 하나하나 정확하게 기술하고 있다. 이는 내

---

204 "내가 제기하는 대부분의 질문은 우선 —대답은 많이 가지고 있지만 실상 질문은 거의 가지고 있지 않은— 지식인들에게로 돌아간다. 그것은 아마도 지식인 세계에서 내가 이방인으로 존재한다는 느낌에 근원을 두고 있을 것이다. 내가 이 세계를 문제시하는 까닭은 이 세계가 나를 문제시하기 때문이다. 사회적 배제라는 단순한 감정을 훨씬 넘어서는 아주 심층적인 방식으로 말이다. 나는 결코 지식인으로서 내 존재를 당연하다고 느끼지 못한다. 난 '정말 내가 있어야 할 자리에 있는 것처럼 편안하다고' 느끼지 못한다. 난 정당화될 수 없는 특권처럼 여겨지는 것[즉 지식인으로서의 존재]에 대해 뭔가 되갚아야 할 것이 있다고 —그런데 누구에게? 나도 모르겠다— 느낀다"(Bourdieu 1980d: 76).
205 딜타이와 짐멜의 제자이자 근대사가인 베르나르 그뢰튀센Bernard Groethuysen은 『프랑스 혁명의 철학』과 『프랑스에서 '부르주아 정신'의 기원』에 관한 영향력 있는 두 편의 연구(Groethuysen 1987[1977]; 1983)로 유명하다. 그는 『장-자크 루소』에 관한 지적 전기, 그리고 철학적 인간학에 관한 기타 여러 저서의 저자이기도 하다.

경험이 나 혼자만의 것은 아니었다는 또 다른 증거이다. 그것은 사회적 궤적의 산물이었다.

프랑스에서 당신이 먼 지방 출신이라는 것, 루아르 강 남쪽에서 태어났다는 것은 식민 상황과도 견줄 만한 여러 속성을 갖게 만든다. 그것은 당신에게 일종의 객관적이며 주관적인 외재성을 부여하며, 당신을 프랑스 사회의 중심 제도, 그리고 지식 제도와 특별한 관계에 밀어 넣는다. 당신이 명민해지지 않을 수 없게 만드는, 미묘한(동시에 그리 미묘하지도 않은) 형식의 사회적 인종주의가 있다. 타자성을 끊임없이 되새기면서 당신은 일종의 영원한 사회학적 경계 상태 속에 들어간다. 그것은 다른 사람들이 보거나 느낄 수 없는 것을 지각할 수 있도록 돕는다. 이제 나는 고등사범학교를 배반한 고등사범학교의 산물이다. 하지만 당신이, 원한이 동기가 된 것처럼 보이지 않으면서 고등사범학교에 관해 그러한 것을 쓰기 위해서는, 고등사범학교 출신이어야만 한다…….

바캉 프랑스에서 가장 권위 있는 학문 기관인 콜레주 드 프랑스의 사회학 교수에 당신이 선임된 것은, 당신의 언어를 빌린다면, '사회적 공인'social consecration 과정이라고 기술될 수도 있을 것이다. 이러한 임명은 당신의 과학적 실천에 어떠한 영향을 미쳤는가? 더 일반적으로, 당신은 학문 세계의 기능 작용에 관한 당신의 지식을 어떻게 이용했는가?

부르디외 내가 콜레주 드 프랑스에 선출되었던 때가 공인의 사회적 마술, 그리고 '임명/제도화 의례'rites of institution에 대해 광범위한 작업을 했던 시기와 겹치는 것은 전혀 우연이 아니다(Bourdieu 1981c, 1982a: 121~134; Bourdieu 1989a). 제도, 특히 아카데미 제도가 무엇인지, 무엇을 하는지에 대해 많은 고민을 해왔기에, 나로서는 그렇게 공인받는 데 동의하는 행동의 함의를 결코 모를 수 없었다.[206]

내가 경험하고 있는 바를 성찰하면서, 나는 벌어지고 있는 일로부터 일정한 자유를 추구했다. 내 작업은 종종 결정론적이고 숙명론적인 것으로—내가 보기엔 잘못—읽힌다. 하지만 당신이 게임 속에, 그리고 게임에 의해 사로잡혀 있는 바로 그 순간에 지식인에 대한 사회학을 한다는 것, 콜레주 드 프랑스에 대한 사회학을 한다는 것, 콜레주 드 프랑스에서 취임강연을 하는 행위의 의미에 대한 사회학을 한다는 것은 그로부터 자유로워지려고 노력하고 있다고 단언하는 일이다.[207] 내게 사회학은 사회분석의 역할을 수행했다. 그것은 내가 (나 자신을 위시해서) 이전에 참을 수 없다고 여겼던 것들을 이해하고 용인할 수 있도록 도와주었다. 그래서 우리가 거기서 이야기를 시작했으니만큼, 콜레주 드 프랑스에 관한 당신의 질문으로 되돌아오자면, 나는 이렇게 믿는다. 즉 내가 공인에 먹혀버리지 않을 수 있는 아주 작은 기회라도 가질 수 있었다면, 그것은 공인을 분석하려 노력했다는 사실 덕분이라는 것이다. 심지어 나는 공인이 내게 부여한 권위를, 공인의 논리와 효과에 대한 내 분석에 더 많은 권위를 부여하기 위해 이용할 수 있다고 생각한다.

우리가 그것을 좋아하든 말든 관계없이, 사회 세계, 특히 지식 세계에

---

206 "문화적 공인은 진정 그것이 건드리는 대상, 개인, 상황에 성스러운 변화에 가까운, 일종의 존재론적 승격을 가져다 준다(Bourdieu 1979a: vii).『국가 귀족』에서 부르디외는 공인의 권력, 즉 신성한 사회적 분할과 질서를 생산하는 권력(공인된 엘리트라는—적극적인 의미에서의—제도, 즉 우월하고 독립되어 있을 뿐만 아니라 "스스로를 인정받을 만하다고 인식하며 [실제로도] 인정받는" 범주에서와 같이)이야말로 상징권력으로서 "국가의 마술"을 구체적으로 규정한다고 주장한다(Bourdieu 1989a: 140~162, 533~539 & passim; Bourdieu & Wacquant 1993 역시 보라).

대한 과학적 분석은 불행하게도 두 가지 상이한 독해와 활용의 대상이 되기 쉽다. 한편으로 임상적이라고 할 만한 활용이 있다. 그것은 내가 방금 사회분석의 아이디어와 함께 환기시킨 것으로, 과학의 산물을 자기도취 없는 자기 이해의 수단으로 다룬다. 다른 한편 냉소적이라고 할 만한 활용이 있다. 그것은 사회적인 메커니즘의 분석에서 사회 세계에 자기 행동을 적응시키거나 학문 장에서 자기 전략을 조정하기 위한 도구를 찾는다(이는 『구별 짓기』의 일부 독자들이 그것을 에티켓 교본으로 취급할 때의 방식이다). 내가 냉소적인 독해를 저지하고 임상적인 독해를 장려하기 위해 끊임없이 애써 왔다는 사실은 말할 필요도 없을 것이다. 하지만 지적인 혹은 정치적인 투쟁 논리가 우리로 하여금, 자기 자신과 타자에 대한 인식과 이해의 수단을 제공하는 임상적 활용보다는, 냉소적인 활용, 특히 상징 전투에서 각별히 강력한 무기로 간주되는 사회학의 논쟁적인 활용에로 기울어지게 하는 경향이 있다는 점은 의심의 여지가 없다.

바캉 당신이 철학이나 정신분석학이 아닌 사회학을 받아들였던 것은 사회과학에서 탈신비화와 자기-전유self-appropriation를 위한 더 강력한 도구를 발견할 수 있다고 여겼기 때문인가?

부르디외 이 질문에 대해 충분한 답변을 하자면 긴 지적 사회분석이 필요할

---

207 부르디외의 취임 강연은 제목 그대로 "강의에 관한 강의"였다. 자신의 동료들, 명망 높은 외국 초청 인사들, 그리고 공식적인 학계 권위자들로 이루어진 청중이 빽빽이 들어찬 가운데, 부르디외는 탈신화화하는 예리한 통찰력을 발휘하면서 의례의 메커니즘을 분석해 나갔다. 그 메커니즘이 "[제도로부터 개인에게로 권위의] 위임 행위를 발효시키는데, 새로운 선생이 권위를 가지고 말할 수 있게끔 인가하는 그 행위는 선생의 말을 적절한 장소에서 나오는 정당한 담론으로 제도화한다"(Bourdieu 1982b: 7)는 것이다.

것이다.[208] 다만 이 말만 해두자. 나라는 사람의 사회적 존재, 나라는 사람을 생산한 사회적 조건들이 무엇인지를 고려하면, 사회학은 내가 할 수 있는 최선의 것, 삶과 일치하는 기분까지 들게 하지는 않더라도 최소한 세상을 그럭저럭 받아들일 만하게 만들어 주는 최선의 것이었다. 이러한 제한적 의미에서 나는 내가 내 작업에서 성공했다고 믿는다. 즉 나는 일종의 자기 치료법을 수행했고, 그것은 동시에 다른 사람에게도 쓰일 수 있는 도구를 생산했다.

　나는 사회학자들에게 불가피하게 가해지는 사회적 결정 요인들에 대한 내 작업을 정화시키기 위해 사회학을 계속 이용했다. 물론 지금 나는 한순간도 내가 그러한 결정 요인들로부터 완전히 자유롭다고 믿거나 주장하지 않는다. 매 순간 나는 내가 보지 못하는 것을 볼 수 있었으면 하고 바란다. 나는 끊임없이 강박적으로 알고 싶어 한다. "이제 네가 열지 못한 다음번 블랙박스는 뭐지? 아직도 너를 조종하고 있는 제약 요소들 중에 네가 잊고 있는 것은 뭐야?" 내 지적 우상 가운데 한 명은 칼 크라우스이다.[209] 그는 자기만의 방식으로 지식인에 대한 진정한 비판을 행사했던 몇 안 되는 지식인에 속한다. 그의 비판은 (반지성주의적 원한이 아닌) 지적 가치에 대한 진정한 믿음에 의해 고취된 것이었고, 실제적인 변화 생산의 효과를 가지고 있었다.

　나는 성찰적인 사회학이 우리가 원한의 감정을 마지막 싹까지 추적해

---

208 부르디외(Bourdieu 1980a: 7~41; 1987a: 13~71; 2004)는 여러 곳에서 그러한 사회분석의 초안을 잡았다. 철학에서 사회과학으로의 부르디외의 전향에서 고려해야 할 주요인은 그것이 개시되었을 때의 사회정치적·군사적인 국면이다. 모든 것으로 미루어 볼 때, 알제리 독립 전쟁이라는 무시무시한 맥락에서 사회학과 인류학은 그에게 추상적이고 비현실적인 철학 논쟁보다 정치적으로 더 효과적이고 윤리적으로 더 타당성 있는 지적 소명을 제공했다.

남김없이 잘라 버릴 수 있게 해준다고 믿는다. 원한은 (여성의 원한에 관해 정말 끔찍한 글을 썼던) 셸러(Scheler 1970[1912])가 보듯이 지배자에 대해 피지배자가 경험하는 증오와 동의어가 아니다. 그것은 그 용어를 만들어 낸 니체가 시사하듯이, 사회학적으로 손발이 잘린 존재—나는 빈민이다, 나는 흑인이다, 나는 여성이다, 나는 수탈당한 사람이다—를, 지배자에 대한 무의식적 매혹 위에서, 인간적인 우월성, 자유의 선택적인 성취, 그래야만 하는 것devoir-être, 숙명fatum의 모델로 전환시키는 사람의 감정이다. 사회학은 당신을 이러한 상징적 뒤엎기의 병적인 전략으로부터 해방시킨다. 왜냐하면 그것이 당신에게 이렇게 자문하지 않을 수 없도록 하기 때문이다. 내가 이것을 쓰는 이유는 …… 하기 때문은 아닐까? 내가 테니스 치는 지스카르 데스탱Giscard d'Estaing을 묘사할 때(Bourdieu 1979a: 233) 느낀 반발심, 아이러니, 빈정거림, 형용사들의 수사학적 동요의 근원에는, 심층적으로 더 내려가면, 그의 존재에 대한 나의 질투심이 있지는 않을까? 내가 보기에, 원한은 인간적인 불행의 특별한 형식이다. 그것은 지배자들이 피지배자들에게 강제하는 최악의 것이다(아마도 어떤 사회 세계에서든 지배자들의 주요 특권은 구조적으로 원한에서 풀려나 있다는 것이다). 그러므로 내게

---

209 오스트리아의 카리스마 넘치는 극작가이자 시인, 에세이스트, 풍자가이기도 했던 크라우스(1874~1936)는 정치·경제적 기성 체제와 지식인(특히 언론인)의 타협을 폭로하고 비난하는 데 전 생애를 바쳤다. 그는 권위 있는 비엔나의 평론지 『횃불』Die Fackel의 창건자이자 40년의 대부분 기간 동안 유일한 필자였다. 거기서 그는 문화 생산이 점점 더 전문화되어 가면서 나타나는 통제와 검열 메커니즘을 끊임없이 폭로했다. 그는 지적인 기회주의와 이른바 '언론 강도질'을 폭로하고 규탄하기 위해 각종 도발 기법(재판, 가짜 청원서, 인신공격 등)을 가차없이 활용한 특이한 존재였다(그의 "진행형인 지식인 사회학"에 대한 폴락[Pollak 1981]의 사회학적 분석은 지식 세계에서 크라우스와 부르디외의 입지 사이에 있는 몇몇 유사점을 제시한다). 합스부르크 비엔나에서 활동한 크라우스의 생생한 전기 겸 지적 초상화는 Timms 1986에서 찾아 볼 수 있다. 그의 텍스트와 아포리즘 선집으로는 Kraus 1976a와 1976b를 볼 것.

있어 사회학은 해방의 도구, 따라서 관용의 도구이다.

바캉 결론적으로, 『호모 아카데미쿠스』는 여러모로 당신의 자서전처럼 읽힌다. 당신이 대학과 맺는 관계를 과학적으로 지배하려는 승화된 노력이자, 당신의 궤적 전체를 캡슐의 형태 안에 담은 그 책은 자기도취에 대항하는 성찰성 혹은 자기-전유의 한 본보기이다. 당신이 영역본에 붙인 서문에서 그 책이 "자기 분석의 대리물을 상당한 분량으로 포함한다"고 썼을 때, 당신은 같은 것을 암시하는 듯 보인다.[210]

부르디외 자서전을 쓴다는 것이 때로는 자기 자신에게 기념비를 겸한 웅장한 무덤을 세워 주는 하나의 방식인 한, 나는 차라리 그 책이 반-자서전 anti-autobiographie이라고 말하고 싶다. 사실상 그 책은 사회과학에서 성찰성의 외적인 경계를 테스트하려는 시도인 동시에, 자기에 대한 지식의 기획이기도 하다. 자기에 대한 지식은 보통 자신의 독자적인 깊이에 대한 탐구로 여겨진다. 그러한 표상에 대한 우리의 믿음과는 반대로, 우리 존재의 가장 내밀한 진실, 가장 사유될 수 없는, 사유되지 않은 것l'impensé le plus impensable은 우리가 과거에 점유했고 현재 차지하고 있는 사회적 위치의 객관성과 역사 속에도 새겨져 있다.[211]

---

210 부르디외는 다음과 같은 고백으로 이 서문을 맺는다. "대학 제도에 대한 조금은 독자적인 사회학이 내 작업 안에서 차지하는 특수한 자리를 설명하는 것은 확실히 어떤 특수한 힘이다. 그 힘과 더불어 나는 자기 파괴적인 원한 감정 속으로 도피하기보다는 내 실망감을 합리적으로 지배할 필요를 느꼈다. '공인된 자'가 자신이 운명지어져 있고 헌신했던 진실과 가치의 붕괴에 직면해서 겪는 실망감 말이다"(Bourdieu 1988h: xxvi). 나는 다른 곳에서 『호모 아카데미쿠스』가 근본적으로는 지식인들에게 집합적인 사회학적 자기 보고를 수행하도록 초대하고 있음을 주장한 바 있다(Wacquant 1990a).

내 의견으로는, 바로 그렇기 때문에 ──문제의 발생, 사유 범주, 분석 수단들의 규명을 통한 사회학자의 과학적 무의식에 대한 탐색으로 이해되는──사회학의 역사가 과학적인 실천의 절대적인 전제 조건을 구성한다. 이는 사회학의 사회학에도 마찬가지로 진실이다. 내가 제안하는 사회학이 과거와 현재의 다른 사회학들과 의미 있는 차이를 보인다면, 그 차이는 무엇보다도 내 사회학이 자신이 생산하는 과학적 무기를 그 자체에 끊임없이 되돌린다는 점에 있다. 그것은 스스로에게 영향을 미칠지도 모르는 사회적 결정 요인들에 관해서 얻어 낸 지식 ──특히나 특정한 순간에 특정한 장 안에서 어떤 궤적과 더불어 특정한 위치를 차지하고 있다는 사실에 연계되는 온갖 제약과 한계에 대한 과학적 분석 ──을 그 요인들의 효과를 특정하고 또 중화시키기 위해 이용한다.

성찰성의 관점을 채택한다는 것은 객관성을 포기한다는 것이 아니다. 정반대로, 그것은 객관화 작업에서 자의적으로 해방된 지식 주체의 특권을 순수하게 이지적으로noetic 의문에 부침으로써 객관성에 온전한 일반성을 부여하는 것이다. 그것은 경험적인 '주체'를 ──특히 사회 공간 내의 일정한 자리에 위치시킴으로써 ──과학적인 '주체'에 의해 구성된 객관성의

211 『실천 감각』을 여는 긴 사회분석적 서문은 다음과 같은 말로 마무리된다. "인성주의적 부정은 과학적 객관화를 거부하면서 공상적인 인물만을 구축할 수 있다. 이에 맞서서 특히 분류 형식을 탐색하는 고유한 인류학적 전통 안에 자리 잡은 사회학적 분석은 객관성에 대한 객관화를 통해 진정한 자기 재전유를 가능케 한다. 이때 객관성이란 주관성의 진원지로 가정되는 곳을 사로잡은 사유와 지각과 평가의 사회적 범주 같은 것을 가리키는데, 그것이야말로 이른바 객관적 세계에 대한 모든 재현의 사유되지 않은 원리인 셈이다. 사회학은 우리가 내재성의 한가운데서 외재성을, 희소성의 환상 뒤에서 평범성을, 특이성의 추구 속에서 일반성을 발견하게 만든다. 그럼으로써 그것은 자아도취적인 자기중심주의의 온갖 사기를 고발하는 효과를 가진다. 뿐만 아니라 사회학은 결정 요인들에 대한 인식을 통해 주체와 같은 무언가를 구성하는 데 기여할 수 있는 아마도 유일한 수단을 우리에게 제공한다. 그렇지 않았더라면 우리는 그저 세상의 힘에 내맡겨졌을 텐데 말이다"(Bourdieu 1980a: 40~41).

측면에서 설명하려 시도하는 것이며, 그럼으로써 과학적 주체와 경험적 대상을 묶어 주는 여러 끈, 즉 이해관심, 충동, 전제 등을 통해 과학적 주체에 가해지는 온갖 제약, 사회학자가 온전한 과학적 주체로 스스로를 구성하기 위해서는 단절해야만 하는 이 제약들에 대한 인식과 (가능한) 지배력을 확보하는 것이다

고전 철학은 오랫동안 '주체' 속에서 객관성의 조건을, 또한 주체가 정립하는 객관성의 한계를 찾아야만 한다고 가르쳐 왔다. 성찰적 사회학은 우리가 과학에 의해 구성된 대상 속에서 '주체'의 사회적 가능성의 조건(이를테면 그의 활동을 가능하게 만드는 스콜레의 상황, 그리고 개념, 문제, 방법 등 상속받은 지적 유산 전체), 그리고 객관화 활동의 가능한 한계를 찾아야만 한다고 가르친다. 이는 우리로 하여금 고전적 객관성의 절대주의적인 주장을 거부하면서도 상대주의의 품속으로 떠밀려 들어가지 않도록 강제한다. 과학적 '주체'와 과학적 대상의 가능성의 조건이 아주 동일하기에 그렇다. 과학적 '주체' 생산의 사회적 조건에 대한 지식에서의 진보는 매번 과학적 대상에 대한 지식에서의 진보에 부응하며, 그 역도 마찬가지이다. 이는 연구가 과학적 지식의 진정한 주체인 과학 장을 그 대상으로 취할 때 가장 분명하게 나타난다.

그렇다면 사회학적 실천의 사회적 결정 요인들에 대한 사회학은, 사회과학의 토대를 침식하기는커녕, 그 요인들로부터 가능한 자유를 위한 유일하게 가능한 지반이 된다. 사회학자는 스스로를 이러한 [자기] 분석에 끊임없이 복속시킴으로써 그 자유를 충분히 이용한다는 조건 아래서만 사회 세계에 대한 엄밀한 과학, 즉 행위자들에게 경직된 결정론의 쇠우리를 선고하지 않고 해방적인 잠재력이 있는 의식 각성의 수단을 제공하는 과학을 생산할 수 있는 것이다.

3부

성찰적 사회학의 실천

파리 워크숍

나는 데카르트의 규칙들을 어떤-화학자인지-기억나지 않는다(I-don't-remember-what-chemist)의 다음과 같은 격언에 비유해 볼까 한다. 당신이 해야만 하는 것을 받아들이고 그대로 진행하라. 그러면 당신이 원하는 것을 얻을 것이다. 정말로 명확하지 않은 어떤 것도 인정하지 말라(즉 당신이 인정해야 하는 것만을 인정하라). 주제를 필수 부분들로 나누라(즉 해야만 하는 것을 하라). 순서에 따라 진행하라(당신이 진행해야만 하는 것에 따르는 순서대로 말이다). 빠짐없이 열거하라(즉 당신이 열거해야만 하는 것들을 말이다). 바로 여기에 '당신은 좋은 것을 추구해야만 하고 나쁜 것을 멀리해야만 한다'고 말하는 사람들의 방식이 있다. 이 모든 것은 틀림없이 적절한 것이다. 당신이 좋은 것과 나쁜 것을 가르는 기준을 결여하고 있다는 점만 제외한다면.

— G. W. 라이프니츠, 『철학 논집』

1. 직능의 전수

오늘 나는 이례적으로 이번 세미나에서 내가 추구하는 교육 목표에 대해 약간의 설명을 하고 싶다. 다음 번에 모든 참가자는 간략한 자기 소개와 몇 마디의 연구 주제 발표를 하게 될 텐데, 별도의 준비 없이 편안하게 하면 된다. 내가 바라는 것은 공식 프레젠테이션, 다시 말해 비판에 대한 두려움을 떨쳐 버리는 것을 그 첫번째 목적으로 삼는(이는 쉽게 이해할 만한 일이다) 자기 폐쇄적이고 방어적인 담론이 아니라, 여러분이 수행한 작업, 그 과정에서 마주쳤던 어려움, 밝혀낸 문제들 등에 관한 솔직 담백하고 겸손한 발표이다. 어려움만큼 보편적이며 또 보편화할 수 있는 것은 없다. 각자의 미숙함과 무능력 탓으로 돌리게 되는 굉장히 많은 어려움들이 보편적으로 공유되고 있다는 것을 알게 되면서 우리는 저마다 상당한 위안을 찾게 될 것이다. 그리고 표면상으로는 내 조언이 [발표자에 맞추어] 아주 개별화되어 있다고 여겨질지도 모르겠지만, 그로부터 모두가 더 많은 이익을 얻게 될 것이다.

지나가면서 나는 이번에 내가 심어 주고 싶은 모든 성향들 가운데 조사 연구를 합리적인 기획이자 노력으로서 이해하는 능력이 포함되어 있다는 것을 말하고 싶다. 그것은 일종의 신비주의적 탐색이 아닌데, 어떤 이들은 자기 확신을 위해 그렇다는 식으로 과장해서 말하며, 이는 결국 두려움이나 초조감을 증가시키는 효과를 낳는다. [조사 연구를 합리적인 기획이자 노력으로서 이해하는] 현실주의적(이는 냉소주의적이라는 의미는 아니다) 태도는 여러분의 투자 수익률을 극대화하는 데 그 목적이 있으며, 여러분이 쓸 수 있는 시간을 비롯한 여러 자원의 최적 배분을 향해 맞춰져 있다. 나는 과학적인 작업을 경험하는 이러한 방식이 어느 정도 환상에서 깨어난 것이자 또 환상을 깨는 것이며, 많은 연구자들이 지키고 싶어 하는 자기 이미지를 손상시킬 위험이 있다는 사실을 알고 있다. 그러나 이것은 어쩌면 학자를 기다리고 있는 훨씬 더 심각한 절망에서 그를 보호할 유일한 방법이자 최선의 방법일 수도 있다. 단순히 자기 일을 수행하기보다는, 자신이 조사 연구 그리고 연구자로서의 자신에 대해 가지고 있는 미화된 이미지에 부응하고자 훨씬 더 많은 에너지를 소비하는 자기 미혹의 수많은 세월을 보낸 뒤, 높은 곳에서 추락하는 학자 앞에 놓인 절망 말이다.

　　조사 연구의 발표는 여러분이 뽐내며 다른 이들에게 깊은 인상을 심어 주고자 하는 쇼show[1], 과시와는 모든 점에서 정반대되는 것이다. 그것은 여러분이 그 안에서 자신을 드러내며 위험을 감수하는 담론이다. (여러분의 방어 메커니즘을 확실히 약화시키고 여러분이 사용할 법한 인상 관리 전략을 무력화하기 위해, 나는 여러분에게 불시에 발언권을 주고 사전 경고와 준비 없이 말하도록 요구할 것이다.) 여러분이 스스로를 더 많이 드러낼수록 토론에서 더

---

1 원본에서 영어로 표기.

많은 것을 얻을 기회를 갖게 되고, 더 건설적이며 호의적인 비판과 조언을 받게 될 것이다. 실수를 없애는, 또 종종 그 근원이 되는 공포를 없애는 가장 효과적인 방법은 그것을 모두 웃어넘길 수 있는 능력이며, 여러분은 곧 그렇게 되는 자신을 발견할 것이다……

나는 때때로——아마 다음 번에——내가 현재 수행 중인 조사 작업을 발표할 예정이다. 그때 여러분은 보통 완성된 상태에서만 볼 수 있는 연구를 우리가 '되어 가고 있다'고 부를만한, 즉 뒤죽박죽의 흐릿한 상태로 보게 될 것이다. 호모 아카데미쿠스는 완성된 것을 좋아한다. 퐁피에 pompier(아카데미풍) 화가마냥, 그는 붓질 자국, 터치와 리터치의 흔적을 자기 작품에서 사라지게 만들고 싶어 한다. 마네의 스승이었던 쿠튀르Thomas Couture 같은 화가들이 인상파 회화——이는 퐁피에 회화에 맞서 구축된 것이다——에 아주 가까운 훌륭한 스케치들을 남겼으나, 종종 그것들을 아카데미 미학에서 볼 수 있는, 세련되게 잘 만들어진 작품에 대한 규범이 요구하는 마무리 터치로 어떤 의미에서 '망쳐' 놓았다는 사실을 알고 난 뒤 나는 가끔 엄청난 고통을 느꼈다.[2] 나는 진행 중인 이 조사 작업을 어느 정도 뒤죽박죽인 상태로, 물론 너무 과하지는 않게 발표할 것이다. 사회적으로 나는 여러분만큼 혼란스러워 할 수 있는 권리가 없으며, 내가 여러분에게 용인하는 만큼 여러분이 내게도 그럴 권리를 주려 하지는 않을 것이기 때문이다. 어떤 의미에서 그것은 정당한 일이다(하지만 이는 암묵적인 어떤 교육적 이상에 준거할 때만 그렇다. 예를 들면, 우리가 강의의 가치와 교육적인 이익을, 얼마나 많은 양의 필기를 명료하게 할 수 있는지에 따라 평가하는 식의 이

---

2 19세기 프랑스 제2공화국에서 인상주의 회화의 출현과 더불어 이루어진 상징혁명에 대한 역사적 분석은 Bourdieu 1987g를 참고할 것.

상 말이다. 이러한 이상은 아마도 의문에 부쳐질 필요가 있을 것이다).

　이런 세미나의 기능 가운데 하나는 어떻게 조사 연구가 실제적으로 수행되는지 알 기회를 여러분에게 제공하는 것이다. 물론 여러분이 온갖 역경과 실패, 그리고 최종 원고를 만드는 데 필요했지만 거기에선 삭제되어 있는 온갖 반복 작업에 대한 완전한 기록을 얻지는 못할 것이다. 하지만 여러분이 보게 될 고속 영화는 여러분에게 '실험실'laboratory, 또는 좀더 겸손하게 ─ 콰트로첸토Quattrocento 화가나 장인의 공방이라는 의미에서의 ─ 작업실atelier이라는 내밀한 공간에서 어떤 일이 일어나는지 알려 주어야 할 것이다. 그것은 모든 잘못된 출발, 망설임, 막다른 지점, 포기 등을 포함한다. 작업 진행 단계가 다양한 연구자들이 자신이 구성하려 한 대상을 제시하고, 다른 이들의 질문을 받을 것이다. 이들은 전통적인 직업metiers[3] 용어를 빌자면, 업계의 동업자, 또는 오랜 작업 동료compagnons의 태도로, 자기들이 과거의 시행착오를 통해 축적해 온 집단적 경험을 제공해 줄 것이다.

　사회과학에서 기술art의 정점summum은, 내가 보기에는, 비웃음을 살 만큼 때로는 아주 세속적이며 구체적이고 경험적인 대상을 수단으로 매우 수준 높은 '이론적' 내기물을 끌어들이는 능력에 있다. 사회과학자들은 어떤 대상이 사회정치적 중요성을 가진다면 그것에 관한 담론 역시 충분히 중요성을 띠게 된다고 너무 쉽게 가정하는 경향이 있다. 아마도 이러한 이유 때문에 (오늘날 국가나 권력을 연구하는 사람들 중 일부가 그러하듯) 연구

---

3 슈얼(Sewell 1980: 19~39)은 [프랑스] 구체제 아래서의 직능métier 개념에 대한 상세한 역사적 해설을 제공한다. 그는 18세기 프랑스에서의 조합 관용구를 간결하게 특징짓는데, 그것은 부르디외가 구상하는 식의 사회학자 직능의 두 가지 중요한 차원을 포착하고 있기에 인용할 만한 가치가 있다. "직능인Gen de métier은 손으로 하는 수고나 노동의 영역과 예술 또는 지성의 영역 간의 교차점으로서 정의될 수 있다."

대상의 지위와 자신의 지위를 곧잘 동일시하는 과학자들이 정작 방법론적 절차에는 거의 주의를 기울이지 않는 것인지 모른다. 실제로 중요한 것은 대상의 구성이다. 사유 양식의 힘은 (고프먼이 면대면 상호작용의 사소한 점들에 대해 그렇게 했듯이) 사회적으로 대단치 않은 대상을 과학적 대상으로 구성하는 능력 속에서 가장 확실하게 증명된다.[4] 또는, 결국 같은 것이겠지만, 사회적으로 의미 있는 주요 대상을 예상치 못한 각도에서 접근하는 능력 ──이는 내가 (질병, 장애, 교육 등의) 증명서에 대한 철저한 현실적 분석을 통해 정당한 상징폭력 수단의 국가 독점이 가져오는 효과에 대한 연구를 통해 시도하고 있는 것이다[5] ──역시 마찬가지다. 이런 의미에서 오늘날의 사회학자는, 필요한 부분만 수정을 가한다면mutatis mutandis, 마네나 플로베르와 매우 유사한 위치에 놓여 있다. 그들은 창안 중이던 실재 구성 양식을 온전히 구현하기 위해서 그것을 전통적으로 아카데미 예술 영역으로부터 배제된 대상들에 적용해야만 했다. 한데 아카데미 예술 영역은 사회적으로 중요하다고 여겨지는 인물과 사물에만 관심을 쏟았고, 바로 그런 이유로 마네나 플로베르를 '리얼리즘'이라고 비난했던 것이다. 사회학자는 다음과 같은 플로베르의 모토를 자기 것으로 삼을 수 있을 것이다. "진부한 대상에 관해 잘 쓸 것Bien écrire le médiocre."

우리는 어떻게 고도로 추상적인 문제를 철저하게 실제적인 과학적 조작 절차로 번역하는지를 배워야만 한다. 이는, 앞으로 알게 되겠지만, 통상 '이론'과 '조사 연구'(경험empirie)로 불리는 것에 대한 매우 특별한 관계를 전

---

4 부르디외가 『르몽드』에 고프먼의 갑작스런 죽음에 관해 쓴 조사를 보라(Bourdieu 1982c).
5 이러한 분석은 Bourdieu 1993b에서 그 개요가 잡혔으며, 근대 국가의 역사적 발생과 관료제 장의 현재 기능 작용에 관한 콜레주 드 프랑스 강의에서 정교화되었다(Bourdieu 2012).

제로 한다. 그러한 기획에서 『사회학자의 직능』(Bourdieu & Camboredon & Passeron 1973)에 제시된 것 ─예를 들면 '대상을 구성해야만 한다', '이미 구성된 대상을 의문에 부쳐야 한다' 등등─과 같은 추상적 교훈들은, 우리의 주의를 일깨우고 경계시키는 미덕은 있을망정 실질적으로 큰 도움이 되지는 않는다. 확실히 그렇다. 왜냐하면 일종의 가이드 혹은 코치 곁에서 그것을 실행하는 것 이상으로 실천 ─이 점에서는 과학적 조사 연구의 실천도 예외가 아니다─의 기본 원리들에 통달할 방법은 없기 때문이다. 그는 여러분을 안심시키고 기운을 북돋우며, 예를 제시하고, 특정한 사례에 직접 적용되는 지침을 상황에 맞게 제공함으로써 여러분의 잘못을 바로잡아 준다.

물론 음악 교육, 격투기의 논리, 재즈 비평의 출현, 공공 보조 임대 주택 시장의 부상 혹은 프랑스 신학자들에 관한 두 시간의 토의를 듣고 나서, 여러분은 시간 낭비를 한 건 아닌지, 어쨌든 뭔가 배우긴 한 건지 의문을 갖게 될 수도 있다. 어쨌든 여러분은 커뮤니케이션 행위, 체계 이론, 또는 장과 하비투스 개념에 관한 간결한 요약 정리를 가지고 이 세미나실을 나가게 되지는 않을 것이다. 내가 20년 전 그랬듯이 현대 수학과 물리학에서의 구조 개념, 그리고 구조적 사고방식을 사회학에 적용할 수 있는 조건들에 관해 멋지게 발제하는 대신[6](이것은 확실히 훨씬 더 '인상적'이었다), 나는 같은 말을 실용적인 방식으로 할 것이다. 그러니까 아주 사소한 지적과 기본적인 질문들 ─정말 너무 기본적이어서 사람들이 문제 제기의 필요성 자체를 종종 까맣게 잊는 질문들─을 제시하고, 매번 각 개별 연구의

---

6 「구조주의와 사회학적 지식 이론」의 부르디외(Bourdieu 1968b) 논의를 참고하라. 거기서 그는 사회적 인식론으로서 구조주의에 그가 진 빚, 그리고 거리 두는 지점들을 분명하게 밝힌다.

세부 사항으로 들어가겠다는 뜻이다. 우리는 조사 연구——여기서 문제가 되는 것이다——를 담당하는 연구자와 그것을 진정으로 함께 한다는 조건에서만 실제로 그것을 지도할 수 있다. 이는 우리가 설문지를 구성하고 통계표를 읽거나 문서 자료를 해석하고, 필요한 경우엔 가설을 제안하는 등의 일을 내포하고 있다. 분명한 것은 그런 조건 아래서 우리는 매우 적은 수의 작업만을 지도할 수 있으며, 많은 수의 조사 연구를 '지도하는' 척하는 사람들은 실제로는 그렇게 하고 있지 않다는 점이다.

소통되어야 하는 것은 본질적으로 작동 방식이다. 그것은 명확한 인지 방식, 시각과 구분의 원리를 전제로 하는 과학적 생산 양식이다. 이 점을 감안할 때, 그것을 배우는 유일한 방법은 사람들로 하여금 그것이 실제로 작동하는 과정을 보게 하거나, 이 과학적 하비투스(그 이름으로 부르는 편이 낫겠다)가 실질적 선택들——표집 유형, 질문지, 코딩 문제 등——에 직면하여, 그것들을 반드시 교과서적으로 설명하지 않고서, 어떻게 '반응'하는지를 관찰하게 만드는 것이다.

직능의 교육, 또는 뒤르켐(Durkheim 1989[1922])처럼 말해, "이론 없는 순수한 실천"으로서 사회적 '기술'art의 교육은 지식savoirs 교육에 적합한 것과는 완전히 다른 교수법을 요구한다. 글쓰기와 학교가 없는 사회에서 분명히 관찰되는 것처럼, 적지 않은 수의——종종 가장 중요한——사고방식과 행동 방식이 실천에서 실천으로 전수된다.[7] 가르치는 사람과 배우는 사람 사이의 직접적이고 지속적인 접촉에 근거한 총체적이며 실천적인 전수 방식("내가 하는 대로 따라 해라")을 통해서 말이다. 이는 공식적인 학교 교

---

7 Bourdieu 1980a를 보라. 코너턴(Connerton 1989)은 몸과 기억을 연결하면서 이러한 주장을 효과적이면서도 요령 있게 발전시킨다. 잭슨(Jackson 1989: ch. 8) 또한 참고하라.

육이 있는 사회, 그리고 심지어는 학교 안에서 이루어지는 전수 과정에도 여전히 진실이다. 역사가들과 과학철학자들, 그리고 특히 과학자들 자신은 과학자의 직능이 상당히 많은 부분 철저하게 실용적인 전수 방식을 통해 습득되는 것을 자주 인지해 왔다.[8] 그리고 지식의 내용, 사고방식과 행동 방식 그 자체가 덜 명확하고 덜 약호화된codified 그런 과학에서는 분명히 침묵의 교수법pedagogy of silence이 ——이것은 전수되는 도식과 전수 과정에서 작동하는 도식 모두에 설명의 여지를 거의 두지 않는다—— 훨씬 더 큰 역할을 한다.

사회학은 사람들이, 심지어 사회학자들이 일반적으로 믿고 있는 것보다도 더 많이 진보된 과학이다. 전공 분야의 성과에 뒤처지지 않기 위해 자신이 정통해야만 하는 것에 대해 사회과학자가 가지고 있는 견해의 수준은 아마도 그가 분과 학문에서 차지하는 위치를 가늠하는 좋은 기준이 될 것이다. 방법, 기술, 개념 혹은 이론에서의 최신의 성취에 대한 지식이 증대함에 따라 그 자신의 과학적 능력에 대한 가식 없는 이해 성향도 증가하지 않을 수 없다. 하지만 사회학은 아직도 거의 규약화되어 있지 않으며 별로 형식화되어 있지도 않다. 그러므로 우리는 다른 분야에서 하는 것처럼 사유의 자동성이라든지, 사유를 대신하는 자동성(라이프니츠가 데카르트의 명증성évidence에 대립시키곤 했던 상징의 '맹목적 명증성', 즉 용어에서 나오는 명

---

8 쿤(Kuhn 1982[1962]), 라투르와 울가(Latour & Woolgar 2006[1979]) 그리고 크노르-세티나와 멀케이(Knorr-Cetina & Mulkay 1983)를 참고하라. 이 점은 또한 루즈(Rouse 1987)와 트래윅 (Traweek 1989), 섀핀과 섀퍼(Shapin & Schaffer 1993[1985])가 뒷받침한다. 도널드 숀(Donald Schon 1983)은 『성찰적 실행가』에서 (경영학과 공학, 건축학, 도시 계획 그리고 심리 요법의) 전문가들이 말로 표현할 수 있는 것보다 더 많이 알고 있다는 것을 보여 준다. 즉 유능한 실행가로서 그들은 "일종의 실천적 앎을 드러내는데, 그것은 대부분 암묵적이다." 그리고 그들은 대학원에서 배운 공식들에 기대기보다는 활동 중에 학습된 임기응변에 의지한다.

증성evidentia ex terminis[9])에, 혹은 가장 규약화된 과학 장의 법칙을 구성하는 적절한 과학 행위의 모든 규약들 ──방법, 정해진 관찰 절차 등──에 의지할 수가 없다. 따라서 [과학에] 부응하는 실천을 이끌어 내기 위해 우리는 무엇보다도 하비투스라는 체화된 도식에 기대야만 한다.

과학적 하비투스는 '인간이 된' 규칙, 체화된 규칙, 더 낫게는, 그 규범들을 명시적인 원리로 가지고 있지 않은 과학의 규범들에 따라 실천적인 상태로 기능하는 과학적 작동 방식이다.[10] 그것은 일종의 과학적인 '게임 감각'sens du jeu이다. 그것은 우리가 무엇을 해야만 했는지를 고심할 필요도 없이, 또 이렇게 편안한 실천을 하도록 이끄는 뚜렷한 규칙을 모르면서도 우리가 적절한 때 할 일을 하게끔 만들어 준다. 그래서 과학적 하비투스를 전수하고자 하는 사회학자는 소르본 대학의 교수보다는 일류 스포츠 코치와 더 많은 공통점을 갖는다. 그는 주요 원칙과 일반 지침에 따라서는 거의 말하지 않는다. 물론 그는, 『사회학자의 직능』에서 내가 그랬던 것처럼, 원칙이나 지침에 관해 말할 수 있겠지만, 그 지점에서 멈춰서는 안 된다는 사실을 아는 한에서만 그래야 한다. 인식론이 학회에서의 화젯거리와 학술 논문[11]을 위한 주제가 되고 조사 연구의 대용물이 될 때, 어떤 의미에서 그것보다 더 나쁜 것은 없다. 사회과학자는 실용적인 제안들을 통해 계속

---

9 라이프니츠는 직관에 기초한 데카르트의 방법을 비판하면서, 데카르트의 명증성을 용어, 상징, 잘 구축된 논리적 수단들의 자동적인 기능 작용으로부터 나오는 명증성으로 대체한다. 직관에만 의존하는 사람은 우연, 망각, 부주의 등의 위험할 수밖에 없는 데 반해, 정교한 형식 언어를 갖추고 그에 의존하는 사람은 각각의 특수한 사례에 주의를 기울여야 하는 필요성으로부터 해방된다는 것이다. ──옮긴이

10 작동 중인 과학적 하비투스로서 부르디외 이론에 대한 섬세한 분석을 보려면 Bourdieu 1990f 그리고 Brubaker 1993을 참고하라.

11 프랑스어의 '논문'(dissertation)에는 공허하고 쓸데없는 담론이라는 약간은 조롱조의 함의가 담겨 있다. ──옮긴이

나아간다. 이런 점에서 그는 동작을 흉내 내거나('내가 너라면 이렇게 할 텐데……'), 수행 중인 활동을 실용적인 태도로 '교정해 주는'('나라면 적어도 이런 식으로 이 질문을 던지지는 않을 것이다') 코치와 아주 많이 유사하다.

2. 관계 중심적으로 사유하기

대상의 구성은 의심할 바 없이 가장 중요한 조사 연구 절차임에도 불구하고, 특히 '이론'과 '방법론'의 대립을 둘러싸고 조직된 지배적 전통에 의해 아주 철저하게 무시되어 온 것이 사실이다. 이론주의적 '이론'의 (본보기가 되는 구현물이라는 의미에서) 패러다임은 파슨스의 작업이 잘 보여 준다. 그 개념적 용광로melting pot[12]는 몇몇 선택된 걸작들(뒤르켐, 파레토, 베버 그리고 마셜Alfred Marshall ──흥미롭게도 맑스는 제외)의 순전히 이론적인 편집에 의해 만들어졌는데, 거기에서 이 저작들은 '이론적인', 아니면 더 나은 표현으로, 교수법적인 차원으로 축소된다. 우리에게 더 가까운 [이론주의적 이론의] 예로는 제프리 알렉산더의 '신-기능주의'neo-funtionalism[13]가 있다. 학생들을 가르칠 필요에서 나온 그러한 절충주의적 편집, 분류를 위한 편집은 교육용으로는 좋지만, 그 밖의 다른 목적에는 별 쓸모가 없다. 다른 한편 우리는 교훈들의 카탈로그인 '방법론'을 발견한다. 그것은 과학적 이론에도, 인식론에도 속하지 않는다. 과학적 실천의 성공은 물론이거니와 실패

---

12 원본에서 영문으로 표기.

13 Parsons 1937, Alexander 1980~1982, 1987b 그리고 학부생을 위한 일련의 수업 강의로부터 나온 알렉산더의 『스무 편의 강의』(Alexander 1987b)를 보라. 이러한 장르에 전형적인 알렉산더의 책은 2차 세계대전 이후 사회학 이론의 진화를 다룬다.

에서도 파악되는 도식[하비투스]의 해명을 지향하는 성찰로서의 인식론 말이다. 이 대목에서 나는 폴 라자스펠트(Lazarsfeld 1970)를 떠올리게 된다. 파슨스와 라자스펠트, 이 한 쌍은 (그 둘 중간에 서 있는 머튼[Merton 1968]과 그의 '중범위' 이론과 더불어) 2차 대전 후 30년간 세계 사회학을 지배한, 사회적으로 매우 강력한 '과학적' 지주 회사holding를 형성했다.[14] '이론'과 '방법론'의 분할은 인식론적 대립을 구축한다. 이 대립은 사실 (교수들과 응용 조사연구소의 연구원들 간 대립으로 표현되는) 특정한 시기 과학적 노동의 사회적 분업을 구성하는 것이다.[15] 나는 두 추상[즉 이론과 방법론]을 결합함으로써 구체성으로 되돌아갈 수는 없다고 확신하기 때문에, 두 가지 별개의 심급으로의 이러한 분할은 철저히 거부되어야 한다고 믿고 있다.

정말로 대상 구성에서 가장 '경험적인' 기술적 선택은 가장 '이론적인' 선택과 분리될 수 없는 것이다. 이런저런 표집 방법, 데이터 수집과 분석 기술 등은 바로 대상의 명확한 구성에 따라서만 긴요한 것이 된다. 좀더 정확히 말하자면, 어떤 경험 데이터는 오직 일련의 이론적 전제로부터 나온 가설의 집합에 따라서만 증거proof로서, 또는 영미권 학자들이 말하는 대로 명확한 증거evidence[16]로서 기능할 수 있는 것이다. 우리가 명확한 증거라고 이야기되는 것을 마치 자명한 것처럼 다루며 일을 해나가는 이유는 대개 학교 교육 과정(미국 대학에서 가르치는 유명한 '방법론' 과목)을 통해 부과되고 주입되는 문화적 관례를 신뢰하기 때문이다. '명확한 증거'에 대한 물신

---

14 더 정교한 논의를 위해서는 Bourdieu 1988e를 보라. 폴락(Pollak 1979, 1980)은 미국 바깥에 실증주의 사회과학 ——표준과 제도——을 체계적으로 수출하려 노력한 라자스펠트의 활동을 개략적으로 분석한다.
15 콜먼(Coleman 1990a)은 컬럼비아 사회학의 이 두 '극점', 그리고 1950년대 그것들의 근접과 상호 정당화에 관해 풍부한 전기적 회상을 제공한다.
16 원본에서 영어로 표기.

숭배는 때때로 그러한 '명확한 증거'의 정의 자체를 자명한 것으로 인정하지 않는 경험 연구를 거부하게 만든다. 모든 연구자는 오로지 주어진 것의 작은 단편, 그러나 그의 문제 틀이 끌어낸 단편이 아니라, 연구자가 그 일부를 이루는 교육학적 전통이 허용하고 보장하는 단편에 대해서만 데이터의 지위를 부여한다.

이 점에서 온갖 '학파'나 조사 연구 전통이 자료 수집과 분석 기법들 가운데 한 가지를 중심으로 발전한다는 사실은 시사적이다. 예를 들어, 오늘날 일부 민속방법론자들은 텍스트의 주해로 환원된 대화 분석conversation analysis만을 인정하고 싶어 한다. 즉각적인 맥락(전통적으로 '상황'이라는 이름표가 붙었던 것)에 관한 현장기술지적 데이터나, 이러한 상황을 사회 구조 속에서 조망할 수 있게 해줄 만한 데이터는 완전히 무시한 채 말이다. 구체성 그 자체로 (잘못) 여겨지는 이들 '데이터'는 사실 엄청난 추상의 산물――모든 데이터는 구성물이기에 이는 언제나 그렇다――이지만, 이 경우에는 스스로 추상인 줄 모르는 추상이다.[17] 그리하여 우리는 로그 선형 모형log-linear modeling의, 담론 분석의, 참여 관찰의, 개방형 인터뷰나 심층 인터뷰의, 또는 현장기술지(민족지)의 편집광들을 발견하기에 이른다. 연구자는 이러저러한 한 가지 자료 수집 방식을 엄격히 고수함으로써 어떤 '학파'의 성원권을 얻는다. 이를테면, 상징적 상호작용론자는 참여 관찰에 대한 숭배로, 민속방법론자는 대화 분석을 향한 열정으로, 지위 획득 연구자는 경로 분석의 체계적 사용으로 식별 가능한 것이다. 그러니 담론 분석

---

17 주택 구매자와 판매자 간의 담론적 상호작용에 관한 부르디외(Bourdieu 1990b)의 분석을 보라. 또 대조를 위해 그의 구조주의적 구성주의를 쉬글로프(Schegloff 1987)의 직접적이고 미시적인 상호작용 담론 분석 틀과 비교해 보라.

을 현장기술지와 결합한다는 사실은 방법론적 일신론에 대한 소중한 도전이며 돌파구로서 크게 환영받을 것이다! 다중회귀 분석, 경로 분석, 네트워크 분석, 요인 분석, 혹은 사건사 분석 그 어떤 것이 되었든, 통계 분석 기법의 경우에도 우리는 유사한 비판을 수행해야 할 필요가 있을 것이다. 여기서도 다시, 거의 예외 없이, 일신론이 난무한다.[18] 그러나 가장 기초적인 사회학의 사회학이 우리에게 가르쳐 주는 것은 방법론적 비난이 대개는 우리가 사실 잘 모르고 있는 것을 적극적인 방식으로 무시하고 간단히 처리한 척하는, 그리하여 필연성을 매력인 양 만드는 위장된 방식에 불과하다는 점이다.

　　그리고 우리는 데이터 제시의 수사학을 분석할 필요가 있다. 그것은 데이터와 연구 기법과 절차의 과시적인 나열로 변질될 때, 대상 구성에서의 기본적인 실수들을 숨기는 데 기여한다. 반면 적절한 결과에 대한 엄격하고 경제적인 제시는, 날데이터datum brutum의 전시 정도에 의해 평가당하면서, 종종 '명확한 증거' 형식의 (용어의 이중적 의미[규약서, 실험 기록]에서) 프로토콜protocole을 물신 숭배하는 이들의 선험적 의심을 자초한다. 불쌍한 과학이여! 그대의 이름으로 얼마나 많은 과학적 범죄가 자행되었는가! ……. 이 모든 비판을 긍정적 교훈으로 변환시키려 애쓰면서, 나는 우리가 과도하게 배타적인 신앙 고백들 뒤에 숨어 있는 온갖 편파적인 거부를 경계해야 한다는 점만 말할 것이다. 대상의 정의와 자료 수집의 실제적 조건이 주어진다면, 우리는 어떤 경우에든 실질적으로 사용 가능하며 적

---

18 "아이에게 망치를 주어라. 그러면 그 아이에게는 뭐든지 망치로 두들기기 좋은 것으로 보인다는 사실을 당신은 알게 될 것이다"라고 캐플런(Kaplan 1964: 112)은 경고한다. '방법론적 자파중심주의'methodological ethnocentrism에 대한 에버렛 휴즈(Everett C. Hughes 1984[1961]: 112)의 비판은 여기서 적절하다.

절한 모든 기법을 동원하기 위해 노력해야 한다. 예컨대, 내가 최근에 프랑스의 단독 주택 구성에 연루된 여러 회사들의 광고 전략 사례 연구에서 했던 것처럼(Bourdieu & Bouhedja & Christin & Givry 1990) 담론 분석을 수행하기 위해 대응 분석을 이용할 수 있다. 또는 내가 『구별 짓기』(Bourdieu 1979a)에서 시도했던 것처럼, 가장 표준적인 통계 분석을 일련의 심층 면접이나 현장기술지적 관찰과 결합시킬 수도 있다. 그 길이에 관계없이 사회 조사 연구는 너무도 진지하고 어려운 것이어서 우리는 과학적 경직성을 과학적 엄밀성으로 착각해선 안 된다. 과학적 경직성은 지성과 창조의 강적일 따름이다. 따라서 우리는 사회학의, 그리고 인류학, 경제학, 역사학 등 자매 학문 분야의 모든 지적 전통에서 이용 가능한 이런저런 자원들을 외면해서는 안 된다. 그런 문제들에서 나는 "금지하는 것은 금지되어 있다"[19] 또는 방법론 감시견들을 조심하라! 와 같은 오직 하나의 규칙만이 적용된다고 말하고 싶다. 두말할 필요도 없이 내가 여기서 옹호하는 최대한의 자유(이는 내게 분명한 의미를 담고 있으며, 일부 지역에서 굉장히 유행하고 있는 상대주의적 인식론의 자유방임주의laissez faire와는 아무런 관계가 없다)에는 그에 대응하는 조건이 있다. 즉 제기된 문제에 분석 기법들이 지니는 적합성을 보장하고 그 기법들의 이용 조건에 최대한의 주의를 기울여야만 한다는 것이다. 우리의 방법론적 '경찰'(엄격한 도덕군자pères-la-rigueur)은, 알고 보면 그들이 열광하는 바로 그 방법의 사용에 있어서 별로 엄격하지 않으며 심지어 해이하기까지 하다고 나는 종종 생각한다.

어쩌면 우리가 여기서 하게 될 일이 여러분에게는 하찮은 것처럼 비

---

19 독자들은 여기서 프랑스 68년 5월 혁명의 유명한 슬로건, "금지하는 것은 금지되어 있다"il est interdit d'interditre를 떠올릴 것이다.

칠지도 모르겠다. 그러나—최소한 나의 개인적 조사 연구 경험으로 미루어보자면—대상의 구성은 일종의 개시적인 이론 행위를 통해 단번에 만들어지는 어떤 것이 아니다. 이론 행위가 일어나는 관찰 및 분석 프로그램은 여러분이 엔지니어 식으로 미리 작성하는 청사진이 아니다. 그것은 오히려 일련의 세세한 수정과 교정을 통해 조금씩 완성되는, 장기간에 걸친 고된 일이다. 그 과정은 직능 내지 '노하우', 그러니까 소소하면서도 단호한 선택에 방향성을 주는 일단의 실질적 원칙에 의해 영감을 받아 이루어진다. 따라서 조사 연구에 대해 다소 미화되고 비현실적인 관념을 가지고 있는 사람들은 겉보기에 사소한 세부 사항을 우리가 그토록 길게 토의해야 한다는 사실 때문에 놀라게 될 수도 있을 것이다. 이를테면, 연구자가 [연구 대상자들에게] 자기 신원을 사회학자라고 밝혀야 하는지, 덜 위협적인 정체성(인류학자나 역사가) 아래로 숨어야 하는지, 아니면 정체성을 완전히 숨겨야 하는지, 혹은 통계 분석용 조사 도구에 이러저러한 질문들을 포함시키는 편이 나은지, 그것을 소수의 선별된 정보 제공자들과의 면대면 심층 인터뷰를 위해 유보해 두는 편이 더 나은지 하는 것들 말이다.

조사 연구 절차의 세부 사항들에 대한 지속적인 관심은 매우 중요하다. 연구 절차의 사회적 차원(예컨대 믿을 만하고 통찰력 있는 정보 제공자를 어떻게 찾아낼지, 그들에게 여러분 자신을 어떻게 소개할지, 연구 목적을 어떻게 설명할지, 그리고 좀더 일반적으로 연구 대상이 된 세계에 어떻게 '진입할지' 등등) 역시 적잖이 중요하다. 이 지속적인 관심은 개념과 '이론'의 물신 숭배에 맞서도록 여러분에게 경고음을 발하는 효과를 가져야만 한다. 개념과 이론의 물신 숭배는 '이론적' 도구들—하비투스, 장, 자본 등—을 움직이고 작동하게 만들기보다는, 그것들을 이론 자체로서만, 이론을 위한 이론으로서 고려하는 경향으로부터 기인하는 것이다. 장 개념은 조사 연구의 모든 실질적인 선택을 지배하거나 방향 지을, 대상 구성 양식의 개념적인 속기술로 기능한다. 그것은 비망록pense-bête, 기억 보조물처럼 기능한다. 다시 말해, 그것은 내가 구성한 대상이 관계망 속에서 잘 포착되고 있는지 매 단계마다 확인해야만 한다는 점을 알려 준다. 그 관계망, 즉 장이야말로 그 대상에 가장 두드러진 특질들을 부여하는 것이다. 장 개념은 우리에게 방법의 가장 중요한 지침을 일깨운다. 즉 그것은 사회 세계를 실재론적realist 혹은 실체론적substantialist 방식으로 사고하려는 원초적 성향에 가능한 모든 수단을 사용해 저항하도록 요구하는 것이다. 『실체와 기능』(Cassirer 1977[1910])에서의 에른스트 카시러처럼 말하자면, 우리는 관계 중심적으로 사고해야만 한다. 그런데 관계의 관점에서보다는 집단이나 개인과 같은, 어떤 의미에서 '손으로 만져질 수' 있는 실재의 견지에서 사고하는 편이 더 쉽다. 예를 들면, 사회 분화를 관계 공간의 형식으로보다는 실재론적 계급 개념에서와 같이 특정한 인구 집단의 형식으로, 그리고 이들 집단 간 적대라는 견지에서 사고하는 편이 더 쉬운 것이다.[20] 일반적인 조사 연구 대상은 어떤 의미에서 '문제를 일으킴'으로써 '눈에 띈다'는 사실 때문에 연구자들이 알게 되는 현실이다. 예컨대 '시카고 흑인 빈민가의 복지 수혜 대상 십대 미혼모들'의 경우에서처럼 말이다. 대개 연구자들은 어느 정도 자의적으로 규정된 인구 집단이 야기하는 사회 질서와 교화의 문제들을 연구 대상으로 채택한다. 이때 그 인구 집단은 '노인', '젊은이', '이민자', '준-전문직', '빈곤층' 등과 같이 사전 구성된 초기 범주의 연속적인

---

20 더 자세한 설명은 Bourdieu 1984b; 1987c; 1987k를 보라. 부르디외는 사회 공간과 그 안에서 개인들의 인식론적 지위에 대한 그의 관계 중심적 개념을 정초하기 위해 논리학자 피터 스트로슨(Peter F. Strawson 1959)의 저작을 참조한다.

분할을 통해 생산된다. '빌뢰르반Villeurbanne의 서쪽 교외 지구 청소년'[21]이
라는 예를 들어보자. 이와 같은 사례들에서 가장 일차적이며 급박한 과학
적 우선권은 사전 구성된 대상의 사회적 구성 작업을 자신의 대상으로 삼는 데
두어져야 할 것이다. 바로 거기에 진정한 단절 지점이 자리한다.

그러나 실재론적 사고방식에서 벗어나기 위해서는 거대 이론의 거창
한 말들을 사용하는 것만으로는 충분하지 않다. 예를 들어, 권력과 관련해
서 어떤 이들은 ('문화의 진원지'를 끝없이 탐색하며 배회하는 문화인류학자들
처럼) 그 장소성에 대한 실체론적이고 실재론적인 질문을 제기할 것이다.
또 다른 이들은 권력이 어디서 오는지, 위로부터인지 아래로부터인지 물
을 것이다("누가 지배하는가?"). 프티 부르주아 혹은 부르주아 가운데 어디
에 언어학적 변화의 진원지가 놓여 있는지 고민했던 사회언어학자들이 그
랬듯이 말이다.[22] 지배 계급은 우리가 권력이라 부르는, 현실적 실체를 소
유한 실제 인구 집단을 나타내는 실재론적 개념이다. 내가 그러한 지배 계
급보다는 '권력 장'에 관해 논하는 것은, 오래 묵은 이론의 와인병에 새로
운 상표를 붙이는 스릴을 위해서가 아니라, 실체론적 사고방식과 단절하
기 위해서이다. 권력 장은 사회적 위치들 사이에 성립되어 있는 세력 관계
를 뜻한다. 이 사회적 위치들은 그 점유자에게 권력 독점을 위한 투쟁에 진
입할 수 있을 만큼의 사회적 힘 또는 자본을 보장하는 것이다. 권력 장에
서 벌어지는 투쟁의 중요한 차원은 정당한 권력 형식의 정의를 둘러싼 투

---

21 미국에서의 구조적 등가물을 대자면, '시카고 남부 공영 주택 단지의 갱단 조직원들' 쯤이 될
   것이다.
22 권력의 진원지에 대한 탐색으로는 로버트 달(Robert Dahl 1961)의 『누가 지배하는가』, 그리
   고 '위로부터의' 관점을 위해서는 '공동체 권력 구조'community power structure 논쟁을 참
   고하라. '아래로부터의' 관점은 밑으로부터의 역사 서술의 전통과 최근의 인류학(예를 들어
   Scott 1985)이 대표한다. 언어적 변화의 장소에 관해서는 Labov 1980를 볼 것.

쟁이다(나는 여기서 특히 19세기 후반 '예술가들'과 '부르주아'의 대결을 생각한다).[23]

이렇게 보면, 관계적 분석의 주된 어려움 가운데 하나는 이용 가능한 자료가 개인 혹은 제도에 결부되어 있기 때문에 사회 공간은 대개 개인들이나 구체적인 제도들 사이 속성들proprieties의 분포 형식 속에서만 포착될 수 있다는 점이다. 따라서 프랑스에서 경제권력의 하위 장과 그 재생산의 사회·경제적 조건들을 파악하기 위해서는 프랑스 최고 CEO 200명을 인터뷰하는 것 외에 달리 뾰족한 방법이 없다(Bourdieu & de Saint Martin 1982; Bourdieu 1989a: 396~481). 하지만 그렇게 할 때, 여러분은 사전 구성된 사회적 단위들이라는 '실재'로의 회귀를 매 순간 경계해야만 한다. 이를 위해 나는 여러분에게 매우 간단하고 편리한 대상 구성 도구인 행위자 또는 제도들의 관여적 속성에 관한 교차표의 활용을 제안한다. 만일 내 과제가, 예컨대 다양한 격투기(레슬링, 유도, 합기도, 권투 등), 상이한 고등 교육 기관, 또는 파리의 여러 신문을 분석하는 것이라고 한다면, 나는 각각의 이 기관들을 행line 위에 쓰고 그것들 가운데 하나를 특징짓는데 필요한 속성을 발견할 때마다 새로운 칸column을 만들 것이다. 이것은 나로 하여금 다른 모든 기관들에 그런 속성이 있는지 혹은 없는지 의문을 갖게 할 것이다. 이것은 [기관들의] 처음 위치를 잡는 순전히 귀납적인 단계에서 행해질 수 있다. 그리고 나서 나는 군더더기를 솎아 내고 구조적으로 또는 기능적으로 동등한 속성에 할애된 칸들을 없애고서는, 상이한 기관들을 구별해 줄 수

---

23 권력 장에 관해서는 Bourdieu 1971a; 1989a와 이 책의 1부 3절; 그리고 Bourdieu & Wacquant 1993을 참고하라. 19세기 말 프랑스에서 '예술가'와 '부르주아' 간의 충돌에 관해서는 Bourdieu 1983d와 1988f; 1992a; 그리고 Charle 1987을 참고하라.

있는, 따라서 분석적으로 적절성이 있는 그러한 모든 속성들을—오직 그러한 속성들만을—남겨 둘 것이다. 매우 간단한 이 도구는 여러분이 검토 중인 사회적 단위들과 그 속성들을 관계적으로 생각하게끔 강제하는 미덕을 지닌다. 속성들은 유/무(예/아니오)의 용어로, 혹은 단계적으로(+, 0, - 또는 1, 2, 3, 4, 5) 특징지어질 수 있다.

바로 그러한 구성 작업(그것은 한 번이 아니라 시행착오를 통해 이루어진다)을 대가로 우리는 사회 공간들을 점진적으로 구성하게 된다. 이 공간들은, 비록 고도로 추상적이고 객관적인 관계의 형식 안에서만 나타날지라도, 또 우리가 '그것들을 가리키거나' 만지거나 할 수는 없을지라도 사회세계의 현실 전체를 만드는 것이다. 여기서 여러분은 내가 그랑제콜[24]에 관해 최근에 출간한 연구(Bourdieu 1989a: 특히 331~352)을 참고할 수 있을 것이다. 거기서 나는 근 20년에 걸쳐 전개된 연구 조사 프로젝트의 응축된 기록을 사용하여, 어떻게 단일 주제에 대한 보고서로부터 진짜 구성된 과학적 대상으로, 그러니까 이 경우에는 프랑스에서 권력 장의 재생산을 맡은 학문 기관들의 장으로 이행하는지를 상술한다. 이때 나는 그 '이해관심'의 진정한 원리가 무엇인가를 명확히 알지 못한 채 내가 당연히 이해관심을 가지는 대상을 다룬다는 점에서 이미 구성된 대상의 덫에 빠질 위험을 피

---

24 프랑스의 그랑제콜Grandes écoles은 정규 대학 체계와는 분리된 엘리트 대학원이다. 여기에는 1945년 설립되어 고위공무원을 양성하는 국립행정학교Eole nationale d'administration: ENA, 1881년 설립되어 경영인과 비즈니스 전문가를 훈련시키는 고등상업학교École des hautes etudes commerciales: HEC, 1794년 설립되어 엔지니어를 육성하는 기술학교École polytechnique와 산업학교École Centrale, 그리고 1794년 설립되어 최고의 교사와 대학 교수를 양성하는 고등사범학교 등이 포함된다. 고등학교를 졸업하고 1년에서 4년 정도의 특별한 준비 교육을 받은 뒤에 아주 치열한 전국적 선발 시험을 통과한 학생들만이 이들 학교에 입학할 수 있다.

하기가 더욱 더 어려워진다. 예를 들어 그것은 내가 고등사범학교[25]의 동문이라는 사실일 수도 있다. 내가 이 기관에 관해 직접 얻은 지식, 미혹으로부터 벗어나 있고 미혹을 깰수록 더 치명적인 이 지식이 불러일으키는 더없이 순진한 일련의 의문들은, 자기가 나온 학교, 즉 자기 자신에 관해 궁금해하는 고등사범학생normalien의 '마음속에 즉시 떠오르기' 때문에 모든 고등사범학생은 그것들이 흥미롭다고 생각할 것이다. 이를테면, 학교 입학 순위는 수학과 물리학 혹은 문학과 '철학'같은 전공의 선택을 결정하는 데 기여하는가? (상당한 자기도취적 만족이 들어 있는 자생적 문제 틀은 사실 보통이보다도 훨씬 더 순진하다. 나는 여기서 여러분에게 지난 20년간 이런저런 그랑제콜에 관해 출판된 엄청난 수의 자칭 학술서들을 인용할 수도 있다.) 우리는 결국 겉으로는 완벽하게 과학적 사실들로 가득하지만 문제의 핵심을 놓치고 있는 두꺼운 책을 쓸 수도 있다. 만일 내가 믿는 것처럼 (내가 나의 사전 투자로 인해 생긴 긍정적 혹은 부정적 애착의 감정으로 결부돼 있는) 고등사범학교가 사실상 객관적 관계의 공간에 있는 하나의 점(구조 속에서 그 '무게'가 결정되어야만 할 점)에 지나지 않는다면, 즉 대립과 경쟁 관계의 네트워크 안에 이 기관의 진실이 존재한다면 말이다. 좀더 정확히 말해, 그 네트워크는 프랑스에서 이 기관과 일단의 고등 교육 기관들을 연결하는 것이자, 이들 학교가 접근할 수 있게 해주는 권력 장에서의 전체 위치들의 집합과 [고등교육 기관들의] 네트워크를 이어 주는 것이다(Bourdieu 1987e). 만약 실재적인 것이 관계적이라는 말이 정말 맞는다면, 내가 전부를 안다고 생각하는

---

25 부르디외는 자크 데리다보다는 1년 먼저이며 푸코보다는 3년 뒤인 1954년에 역사학자 르 루아 라뒤리Emmanuel Le Roy Laudrie, 문학 이론가 제라르 주네트Gerard Genette와 함께 고등사범학교를 졸업했다(그리하여 고등사범학교 졸업생이 되었다).

기관에 대해 나는 아무것도 모를 수도 있다. 왜냐하면 전체와 맺는 관계의 바깥에서 그 기관은 아무것도 아니기 때문이다.

거기서부터 우리가 피할 수 없는 전략의 문제들이 생겨난다. 그리고 그것들은 연구 프로젝트에 관한 우리의 토론에서 반복해서 튀어나올 것이다. 그 가운데 첫번째 문제는 다음과 같은 식으로 제기될 수 있다. 이처럼 구성된 대상의 온갖 관련 요소들에 관한 광범위한 연구를 수행하는 것이 나은가? 아니면 과학적 정당화를 결여한 그 이론적 총체의 제한된 부분에 관한 집중적인 연구에 몰두하는 것이 더 나은가? 정확성과 '신중함'이라는 실증주의적 발상의 이름 아래, 사회적으로 제일 빈번하게 승인되는 선택이 바로 후자이다. 그것은 논문 지도 교수들이 말하기 좋아하는 것처럼 '매우 정확하고 범위가 잘 좁혀진 대상을 철저하게 연구하는' 일이다. (여기서 소규모 사업 경영이나 관료제의 중간급 지위에서 적절하게 여겨지는 '신중함', '진지함', '정직함' 등과 같은 전형적인 프티 부르주아의 덕목들이 어떻게 '과학적 방법'으로 변환되는가를 보여 주는 것은 너무 간단한 일일 것이다. 사회적으로 승인되어 있지만 실체는 없는 것 ─ '공동체 연구' 또는 조직의 연구 논문 ─ 이 어떻게 사회적 마술의 고전적인 효과로 인해 과학적 실존을 인정받을 수 있는지를 보여 주는 것 역시 그러하다.)

실제로 우리는 장의 경계라는 이슈가 되풀이해서 언급되는 것을 볼 것이다. 그것은 분명히 이론적 답을 제시할 수 있는 실증주의적 문제이다(어떤 행위자나 기관이 어떤 장에 속하는 것은 그 안에서 효과를 생산하고 경험하는 한에서 그렇다). 따라서 여러분은 거의 언제나, 실질적으로 파악 가능한 대상의 부분에 대한 집중적인 분석과 진정한 대상에 관한 광범위한 분석 사이에서 선택에 직면할 것이다. 여러분이 연구 중인 대상(예를 들어 특정 엘리트 학교)을 뽑아낸 공간, 더 나은 정보가 없어서 2차 정보로 대충이라도 작성하려 애써야만 하는 그 공간을 알게 됨으로써 얻는 과학적 이윤이 있다. 그 이윤은 여러분이 무엇을 하고 있는지, 그리고 [연구 중인] 부분이 추출된abstracted 실재가 무엇으로 이루어져 있는지 알게 됨으로써, 적어도 검토 중인 그 지점에 제약을 가하는 공간을 구조화하는 주요 세력선들의 윤곽을 드러낼 수 있다는 사실에 있다(자기들이 세부적으로 표현하고 싶어 하는 부분이 자리 잡고 있는 건물 전체를 목탄으로 스케치했던 19세기 건축가들 식으로 말이다). 그러므로 여러분은 실제로는 부분의 외부에 존재하는, 그러니까 부분과 다른 대상들과의 관계 속에 존재하는 원리나 메커니즘을 부분 안에서 구하는 (그리고 '발견하는') 위험을 겪게 되지는 않을 것이다.

과학적 대상을 구성하는 작업은 또한 '사실'을 마주하는 적극적이고 체계적인 자세를 취할 것을 요구한다. 거대 '이론화'의 실속 없는 담론에 빠지지 않으면서도, 상식의 사전 구성물을 재가하는 것에 지나지 않는 경험주의적 수동성과 단절해야 한다. 그런데 이 단절은 여러분에게 거창하고 공허한 이론적 구성물을 제시하도록 요구하는 것이 아니라, 모델을 세운다는 목적을 가지고 아주 구체적인 경험 사례와 씨름할 것을 요구한다(이 모델이 엄밀해지기 위해 반드시 수학적이거나 추상적인 형식을 취할 필요는 없다). 여러분은 자기 추진적인 조사 연구 프로그램으로 기능할 수 있는 방식으로 적절한 데이터를 연결해야만 한다. 자기 추진적인 조사 연구 프로그램이란 체계적인 답이 주어지기 쉬운, 간단히 말해, 그 자체로 테스트될 수 있는 일관성 있는 관계 체계를 산출하기 쉬운 체계적인 질문들을 생성해 낼 수 있는 프로그램이다. 문제는 바슐라르(Bachelard 1966[1949])가 말했듯이 개별 사례를 '가능한 것들의 특수한 사례'로 구성함으로써 그것을 체계적으로 탐문하는 것이다. 이는 그러한 탐문에 의해서만 밝혀질 수 있는 일반적인 혹은 항상적인 속성들을 끌어내기 위해서이다. (만일 역사가들의 연구에 이러한 의도가 너무 자주 결여되어 있다면, 그것은 분명 그들 전공의 사회적 정의에 새겨진 과업 규정이 사회학자에게 떠맡겨진 것보다는 야심이나 허세가 덜하고 또한 그 점에서 요구가 덜하기 때문이다.)

(장의 항상적인 법칙의 지식에 바탕을 둔) 상동성의 직관에 근거한 유추 추론analogical reasoning은 대상을 구성하는 강력한 도구이다. 그것은 경험주의적 개별 사례 기술지마냥 여러분이 거기서 익사하도록 만들지 않으면서도, 다루고 있는 사례의 특수성에 완전히 몰입할 수 있게 해준다. 그것은 또 과학 그 자체라 할 수 있는 일반화의 의도를 실현시켜 준다. 형식적이고 공허한 개념적 구성물들의 인위적이고도 관계없는 적용을 통해서가 아니라, 특수한 사례를 진정 그 자체로 사유하는 특수한 방식을 통해서이다. 이러한 사유 양식은 '가능한 것들의 특수한 사례'로 구성된 개별 사례를 여러분이 관계적으로 사고할 수 있게 해주는 비교 연구법 안에서 그리고 그것을 통해서 논리적으로 온전히 구현된다.[26] 이는 상이한 장들(예컨대 교수-지식인, 주교-신학자 관계의 상동성을 통한 학문적 권력의 장과 종교적 권력의 장) 간에 존재하는 또는 동일한 장의 다른 상태들(이를테면 중세와 오늘날의 종교 장) 사이에 존재하는 구조적 상동성에 의존함으로써 이루어진다.

내 바람대로만 된다면, 이 세미나는 내가 진전시키려 애쓰는 방법의 실천적이며 사회적인 실현이 될 것이다. 이 자리에서 여러분은 여러 사람의 발표를 듣게 될 것인데, 이들은 아주 다른 대상들을 연구하고 있지만 언제나 같은 원칙들에 의해 방향 지어진 질문을 받게 될 것이다. 그 결과 내가 전수하고자 하는 것의 작동 방식은 명백한 이론적 설명의 필요 없이 다

---

26 Bourdieu 1971c; 1971f; 1987b 참조. 지나는 길에, 부르디외가 종교 장에 부여하는 모태적 역할을 지적해 두자.

양한 사례에 대한 반복적인 적용을 통해 어떤 의미에서는 실용적으로 전수될 것이다. 다른 사람들의 말을 경청하는 동안, 우리 각자는 자신의 조사 연구에 대해 생각할 것이다. 이렇게 해서 생겨난 관행화된 비교 상황(윤리와 마찬가지로 이러한 방법도 제대로 작동하려면 사회 세계의 메커니즘 안에 새겨질 수 있어야 한다)은 각각의 참여자가 자신의 대상을 특수화/개별화하도록, 즉 그것을 특수한 개별 사례로 인지하도록 만든다(이는 사회과학의 가장 흔한 오류 가운데 하나인 개별 사례의 보편화에 맞서는 것이다). 동시에 그리고 아무런 모순 없이, 비교 상황은 일반적인 질문들의 적용을 통해서 개별 사례가 독특성의 외관 아래 감추고 있는 불변의 특성들을 발견하고 또 일반화하도록 만들 것이다. (이러한 사유 양식의 가장 직접적인 효과 중의 하나는 일종의 반쪽짜리 일반화를 막는 데 있다. 그러한 [잘못된] 일반화는 분석되지 않은 그대로의 단어나 사실을 과학의 세계로 몰래 가져온 결과물인 추상-구체적 개념을 생산하도록 이끈다.) 지도 교수로서 안내 역할에 훨씬 충실했던 시절에 나는 연구자들에게 적어도 두 개의 대상을 연구하도록 강하게 권유했다. 예를 들어, 역사가의 경우 주 대상(제2제정하의 출판사)과 더불어 동시대의 등가물(파리의 출판사)을 조사하라는 식으로 말이다. 현재에 대한 연구는 적어도 역사가가 과거의 실천을 명명하기 위해 지금의 단어를 사용한다는 사실만으로 과거에 투사할 법한 선관념prenotions을 통제하고 객관화하게끔 강제하는 미덕이 있다. 그 관념이 놀랍게도 근래의 발명품이라는 점을 사람들로 하여금 종종 잊게 만드는 '예술가'라는 단어처럼 말이다(Bourdieu 1975c; 1987l; 1988f).[27]

---

27 마찬가지로 샤를(Charle 1990)은 근대적 사회 집단이자 인지 도식, 그리고 정치적 범주로서 '지식인'이 최근의 '창안물'로서 19세기 후반 프랑스에서 생겨났으며, 드레퓌스 사건을 둘러

3. 근본적 의심

과학적 대상의 구성은 어떤 무엇보다도 먼저 상식과의 단절을 요구한다. 우리가 단절해야만 하는 상식, 즉 모두가 공유하는 표상은, 평범한 존재의 진부한 말이든 공식적인 재현이든 간에 종종 제도 안에 새겨져 있으며, 따라서 사회 조직의 객관성 안에도 그 구성원들의 마음속에도 존재한다. 사전에 구성된 것은 어디에나 있다. 다른 모든 사람과 마찬가지로, 사회학자는 말 그대로 그것에 둘러싸여 있다. 그러므로 사회학자에게는 자신이 그 산물이기도 한 대상——즉 사회 세계——을 이해하는 임무가 맡겨진다. 이때 그가 이 대상에 제기하는 문제와 그가 쓰는 개념이 이 대상 자체[사회 세계]의 산물일 가능성이 크다(이는 그가 사회 세계를 알기 위해 가져오는 분류용 개념, 직업 명칭과 같은 일반적 개념, 분과 학문의 전통으로부터 전수되는 학문적 개념 등의 경우에 특히 그렇다). 어떤 문제와 개념의 자명성은 객관적 구조와 그것을 문제시하지 않도록 보호하는 주관적 구조 사이의 일치에서 기인하는 것이다.

사회학자는 어떻게 근본적으로 의심하기를 실제로 실천할 수 있는 것일까? 사회학자 자신이 사회적 존재라는 사실, 그러므로 자신은 사회화되어 있고 자신이 그 구조를 내면화시켜 온 사회 세계 안에서 '물속의 고기'처럼 느끼게 된다는 사실에 내재하는 모든 전제 조건들을 괄호 치는 데 필수적인 이 근본적으로 의심하기 말이다. 어떻게 사회학자는 사회 세계 그

싸고 구체화되었음을 보여 주었다. 부르디외(1989h)처럼 샤를 또한 [지식인의 근대적 발명] 이전 시대의 사상가와 저술가들에게 그 개념을 무차별적으로 적용하는 것은 결국 시대착오나 현재주의적 분석으로 귀착됨으로써 '지식인'의 역사적 특이성을 어지럽히는 일이라고 본다.

자체가 [연구]대상을 구성하는 것을 막을 수 있는가? 사회 세계에 의한 대상 구성은 어떤 의미에서는 사회학자를 통해서, 이 자의식 없는 절차들 혹은 사회학자가 외양상의 주체일 뿐임을 자각하지 못하는 절차들을 통해서 이루어지니 말이다. 실증주의자의 과잉 경험주의가 비판적 검토 없이 개념들('성취'와 '귀속', '전문직', '행위 주체', '역할' 등)을 받아들일 때 그러하듯, 구성하지 않는 것은 구성하는 것과 마찬가지다. 왜냐하면 그것은 이미 구성되어 있는 무언가를 기록하는 것 — 그리하여 승인하는 것 — 이기 때문이다. 범속한 사회학은 그 고유의 절차들에 대한, 그리고 고유의 사고 도구들에 대한 근본적 문제 제기를 생략하며, 그러한 성찰적 의도를 철학적 사고방식의 흔적으로, 과학 이전 시대의 유물로 간주한다. 따라서 그 사회학은 그것이 안다고 주장하는, 그런데 그 자신을 알지 못하기 때문에 실제로는 알 수 없는 대상으로 완전히 가득 차 있다. 자신에 대해 의문을 품지 못하는 과학적 실천은 엄밀히 말해, 자신이 무엇을 하는지 알지 못한다. 그것은 자기 대상으로 취한 대상 안에 파묻혀 있거나 사로잡혀 있으므로 대상의 무언가를 드러내긴 한다. 하지만 그 무언가는 실제로는 객관화되지 않은 것이다. 객관화란 바로 대상 이해의 원리들로 이루어지기 때문이다.

이 절반만 학술적인 과학[28]이 문제, 개념, 지적 도구들을 사회 세계로부터 빌려온다는 것을 보여 주기란 쉽다. 그것이 종종 과학 이전 단계의 산물인 사실, 표상, 또는 제도들을 데이터로서, 그러니까 지식 활동 그리고 그것을 수행하는 과학 활동과는 무관하게 경험적으로 주어진 것으로서 기록한다는 것을 보여 주는 일 역시 간단하다. 한마디로, 그것은 자신을 의식하는 일 없이 자신을 기록한다…….

---

28 프랑스어로는 science demi-savante.

잠시 이 몇 가지 논점에 관해 자세히 설명해 보자. 사회과학은 언제나 그것이 사회 세계에 대해 제기하는 이슈들을 그것이 연구하는 사회 세계로부터 받는 경향이 있다. 각 사회는 매 순간 논의될 만한 가치가 있는, 공적인 것이 되고 때로는 공식화될 만한, 그리고 어떤 의미에서는 국가에 의해 보장되는, 정당한 것으로 받아들여지는 수많은 사회 문제들을 부지런히 만들어 낸다. 예를 들면 연구를 공식적으로 위임받은 고위급 위원회에 맡겨진 문제들이라든가, 또는 온갖 형식의 관료제적 수요, 조사 연구와 기금 프로그램, 계약, 교부금, 보조금 등을 통해 얼마간 직접적으로 사회학자에게 맡겨진 문제들이 그것이다.[29] 공식 사회과학이 승인한 수많은 대상 그리고 숱한 연구 제목들은 단지 사회학 안으로 슬며시 숨어 들어온 사회

---

29 가장 좋은 예는 미국의 빈곤 연구 분야의 형성일 것이다. 그것은 대체로 1960년대 "빈곤과의 전쟁"이 낳은 부산물이자, 그 후 자신이 길들이는 데 실패한 인구층에 관해 지식을 얻고자 하는 국가의 요구에 따라 생겨났다. 1964년 경제기회국Office of Economic Opportunity이 문제를 공식적으로 재정의하면서, 그때까지 사회정치적 이슈였던 것이 정당한 '과학적' 탐구의 영역으로 전환되었다. 그로 인해 다수의 학자들——특히 경제학자들——이 빈곤과 그 공공 관리를 전문으로 다루는 새로운 연구소, 학술지, 학술 회의로 이끌리게 되었고, 종국에는 '공공정책 분석'이라는 고도로 기술적인(그리고 고도로 이데올로기적인) 분과 학문이 제도화되기에 이르렀다. 이는 관료제적 범주와 정부의 측정법(개념적 부적합성이 자주 드러나며 심지어 점점 더 커지고 있음에도 불구하고 담론의 경계를 계속해서 규정하는 그 유명한 연방 정부의 '빈곤선'poverty line 같은 측정법) 뿐만 아니라 빈곤에 대한 지배층의 도덕주의적이고 개인주의적인 지각을 '과학적 사실'로 물화시킨 연구 관심사(복지비 수령은 빈민이 일을 덜 하게 만드는가? 공공 원조 수령자들은 문화를 공유하거나 '주류' 규범을 거스르는 활동에 참여하는가? 그들을 '자급자족할 수' 있게——즉 사회적으로나 정치적으로 눈에 뜨이지 않게——만드는 가장 경제적인 수단은 무엇인가?)를 사회과학자들이 무비판적으로 수용하는 현상을 초래했다(Katz 1989: 112~123). 헤이브맨(Haveman 1987)은 그 과정에서 연방 정부 또한 사회과학의 얼굴을 완전히in toto 새롭게 성형했음을 보여 주는 좋은 예를 들었다. 즉 1960년대 모든 연방 정부 조사 연구 지출의 0.6%를 차지했던 빈곤 관련 연구가 1980년대에는 30%를 흡수한 것이다. 최근 '최하층 계급' underclass 담론의 확산은 재단들이 촉발한 연구 기금의 유입이 어떻게 새로운 요구 안에 장착된 전제에 대한 비판적 토론 없이 사회과학 논쟁의 용어를 재정의할 수 있는가에 대한 더 구체적인 본보기이다.

문제들—빈곤, 일탈, 청소년, 고등학교 중퇴자, 여가, 음주운전, 기타 등등—일 따름이다. 그러한 사회 문제들은 그 시대에 대한 사회적 또는 학술적 의식의 변동에 따라 함께 변화하는 것이다. 이는 현실주의적인 주요 사회학 분과들의 시간에 따른 진화 분석이 입증할 수 있을 것이다(이는 주류 학술지들 혹은 세계 사회학 총회World Congress of Sociology에서 정기적으로 소집되는 분과라든지 연구회 이름에서 쓰이는 부제를 통해 파악될 수 있다).[30] 사회 세계가 자체의 고유한 표상을 구성하는 매개들 가운데 하나가 여기에 있다. 사회학과 사회학자는 이런 목적에 이용된다. 자신의 사유를 생각되지 않은 상태impensée에 버려 두는 것은 그가 스스로 생각한다고 주장하는 그것의 도구에 지나지 않는다고 자신에게 선고하는 것이나 다를 바 없다. 이는 다른 어떤 사상가보다도 사회학자에게 특히 그러하다.

어떻게 우리가 이러한 단절을 수행하게 되는가? 어떻게 사회학자는 신문을 읽거나 텔레비전을 볼 때마다, 그리고 심지어 동료의 저작을 읽을

---

30 이는 또한 서평 저널 『현대 사회학』Contemporary Sociology이 책 분류에 사용하는 범주들의 진화에서, 또는 핸드북의 장별 제목이라든지(예를 들어 Smelser 1988) 사회과학 백과사전의 기재 항목 변화에서 쉽게 볼 수 있다. 『사회학 연지』Annual Review of Sociology가 이용하는 주제 분류법은 분과 학문의 (학문적) 역사로부터 내려온 순전히 자의적인 구분과 상식적·관료제적 구분이 혼합된 훌륭한 예이다. 사회학이 그 주제를 나누는 방식에 (사회학)논리적(soico)logical 일관성을 사후적으로 부여할 수 있는 사람은 흔치 않다. 각각의 책은 언제나 자기 충족적인 주제로 만들어진 '이론과 방법론'이라는 범주로 시작한다. 그다음으로는 너무도 방대해서 무엇이 거기 해당하지 않을 수 있는지도 알기 어려운 범주인 '사회적 과정'이 오며, 문화를 별개의 대상으로 실체화하는 '제도와 문화'가 온다. 왜 '공식 조직'이 '정치사회학과 경제사회학'으로부터 분리되었는지는 불명확하다. 어떻게 그것들이 '계층화와 분화'와 구분될 수 있는지 또한 논의의 여지가 있다. '역사사회학'은 별도의 전공으로 물화되는 의심스런 특권을 갖는다(아마도 방법론의 기초 위에서 그러할 텐데, 그렇다면 그것은 '이론과 방법론'에 함께 재편되어야 하지 않을까? 또 왜 다른 접근법들은 '그들만의' 구역을 갖지 않는가?). '세계 종교의 사회학'이 왜 그것만의 항목을 가지고 있는지도 의문이다. '정책 연구'란 사회적 지식에 대한 관료제 국가의 요구에서 나온 직접적 파생물이다. 그리고 상식의 신성화라는 차원에서 모든 다른 범주의 마지막을 장식하는 항목은 '개인과 사회'이다.

때조차 자신에게 가해지는 은밀한 설득을 피할 수 있는가? 그가 언제나 경계한다는 사실은 중요하지만 충분치는 못하다. 단절의 가장 강력한 도구 중 하나는 문제, 대상, 그리고 사유 도구들의 사회사, 즉 (역할, 문화, 청년 등과 같은 공통 개념이나 분류법 속에 담긴) 실재의 사회적 구성 작업의 역사에 있다. 그러한 작업은 전체 사회 세계 안에서, 이런저런 전문화된 장에서, 특히 사회과학 장에서 수행된다. (이는 우리가—아직까지 대부분 쓰여져야 할 것으로 남아 있는—사회과학의 사회사 교육에 지금과는 완전히 다른 목적을 부여하게 만들 것이다.) 『사회과학 연구 논집』에 많이 실리는 공동 연구의 상당 부분은 평범하게 존재하는 가장 평범한 대상들의 사회사를 다루고 있다. 나는 예를 들어, 법정의 구조, 박물관 공간, 투표소, '업무상 재해' 또는 '관리자층'cadre 개념, 교차 분석표, 혹은 아주 단순하게 글쓰기나 녹음하기 같이 너무 흔하고 당연시되는 나머지 아무도 주목하지 않는 그 모든 것들에 관해 생각한다.[31] 그렇게 개념화된 역사는 단지 호고好古 취미에 의해서가 아니라 우리가 왜 그리고 어떻게 이해하는가를 이해하려는 의지에 의해 고취된다.

자신이 대상으로 택한 문제들의 대상이 되지 않기 위해 여러분은 이 문제들의 출현과 그 점진적 구성의 역사, 즉 종종 경쟁과 투쟁을 통해 완수되는 집단적 작업의 역사를 추적해야만 한다. 이 집단적 작업은 이러저러한 이슈들이 정당한 문제로서, 그러니까 공언하고 공표할 수 있는 공공의 공식적 문제로서 알려지고 인정받게 만드는faire connaitre et reconnaitre 데 필수적인 것으로 드러난다. 나는 여기서 레미 르누와르(Remi Lenoir 1980)가

---

31 Lenoir 1980; Boltanski 1979; 1982; Garrigou 1988; Bourdieu 1972a[2000: 80 이하와 285]; 그리고 Sayad 1985를 각각 참고하라.

연구한 '산업 재해' 또는 직업적 위험의 문제를, 혹은 샹파뉴(Champagne 1979)가 탐구한 '중장년'troisieme age의 발명을, 그리고 좀더 일반적으로는 가족, 이혼, 비행, 마약, 여성 노동력 참여와 같은 '사회 문제'의 사회학 주제들을 생각한다. 이 모든 경우에서 우리는 (모든 연구자들이 갖는 일차적인 성향인) 범상한 실증주의가 당연하게 받아들이는 문제가 사회적 현실 구성의 집단적 작업 속에서, 그리고 그것에 의해서 사회적으로 생산되어 왔음을 발견할 것이다.[32] 또한 사적이고 특수하며 개별적인 문제였으며 그렇게 남아 있을 수 있었던 문제를 사회 문제, 즉 공적으로 논의될 수 있는 공공의 이슈 (낙태나 동성애의 운명을 떠올려 보라),[33] 또는 공식적 의사 결정과 정책의 대상, 법률과 법령의 대상이 되는 공식적인 문제로 전환시키기 위해 집회와 위원회, 협회와 연맹, 간부 회의와 운동 조직, 시위와 탄원 운동, 청원과 토론, 투표와 저항, 프로젝트, 프로그램 그리고 결의가 취해졌음을 알게 될 것이다.

---

[32] 부르디외의 입장이 사회 문제에 대한 '사회구성론적'social constructionist 접근과 유사하게 보일지도 모른다(예컨대 Schneider 1985, Gusfield 2009[1981], Spector & Kitsuse 1987). 하지만 그것은 [사회 문제의] 상징적·조직적 구성이라는 사회적 작업의 기초를 그것이 일어나는 사회 공간의 객관적 구조 속에 둔다는 점에서 사회구성론적 접근과 실질적으로 다르다. 부르디외가 옹호하는 것은 (베스트[Best 1989: 245~289]가 정의하는 식의) '엄격한' 혹은 '맥락 중심의' 구성주의적 입장이 아니라, 주장 형성claim-making과 그 산물을 객관적인 조건에 인과적으로 연결시키는 '구조적 구성주의'structural constructivism이다. 이러한 계보에서 이루어진, '여론'의 사회적 구성에 관한 분석은 Champagne 1990을 참고할 것.

[33] 크리스틴 루커(Kristin Luker 1984)와 페이 긴즈버그(Faye Ginsburg 1988)는 정치적·대중적 수준에서 낙태가 공공 이슈로서 사회적으로 구성되는 과정에 대해 역사적이며 민족지적인 설명을 제공한다. 폴락(Pollak 1988)은 1980년대 프랑스 정치 담론에서 에이즈와 동성애 간 관련성의 공적인 틀 짓기public framing를 개괄적으로 분석한다. 볼탕스키는 '고발'에 관한 그의 중요한 논문에서 개인적인 사건과 분노를 사회적으로 수용되는 이슈와 부정의로 변환시키기 위해 고안된 전략의 효력 조건들을 규명한다(Boltanski with Daré & Schiltz 1984와 Boltanski 1990).

여기서 정치 장 그리고 특히 관료제 장(행정 장)의 특수한 역할을 분석할 필요가 있을 것이다(Bourdieu 1981d와 1993b). 내가 현재 1975년 즈음 프랑스의 개인 주택보조 공공정책의 정교화 사례에서 연구하고 있는 논리인, 행정위원회의 매우 독특한 논리를 통해 관료제 장은 '보편적인' 사회 문제의 구성과 신성화에 결정적으로 이바지한다.[34] 어떤 사회 세계에서 당연시되는taken for granted 문제들이 연구재단, 개인회사, 또는 정부기관 같은 행정당국과 과학 기구의 경영자들의 마음에 매우 들, 프랑스어로 잘 보일bien vus 가능성이 가장 큰 것일 때, 그리하여 물질적 혹은 상징적 교부금grants[35]이 할당될 가능성이 가장 큰 것일 때, 특정한 문제 설정problématique이 부과될 여지는 더욱 커진다(이는 왜 '과학자 없는 과학'인 여론 조사가 그것을 의뢰할 수단을 가지고 있는 자들, 자기 요구와 명령을 거부할 때는 사회학에 대해 그토록 비판적인 자들의 승인을 언제나 얻어 낼 수 있는지 설명해 준다).[36] 사회학자는——다른 모든 사회적 행위자와 마찬가지로——이 문제 설정을 가지고 고민하며, 그 시대의 사회정치적 분위기를 표현하는 문제들을 자기 이익을 위해 채택할 때마다 이 문제 설정의 중개자이자 지지자가 된다.

문제를 좀더 복잡하게 만들기 위해, 또 사회학자가 정말 거의 절망적인, 얼마나 어려운 곤경에 처해 있는지 여러분이 알도록 하기 위해 몇 마디

---

34 '주택 경제'를 특집으로 꾸민『사회과학 연구 논집』1990년 3월호 전체를 참조하라(Bourdieu 1990a; 1990b; 1990c). 이 작업은『경제의 사회적 구조』(Bourdieu 2000a)에서 확장, 보완된다.

35 텍스트에 영어로 표기. 여기서 부르디외는 문제 틀의 물질적인 부과와 인지적인 부과 사이의 유기적 관계를 강조하기 위해 'grants'와 'for granted'란 단어들로 말장난을 한다.

36 1960년대 프랑스 정치 생활에 여론 조사가 도입된 이래로 부르디외는 그것의 사회적 활용에 대해 끈질기고도 종종 신랄한 비판을 가해 왔다.「여론은 존재하지 않는다」(Bourdieu 1973b)라는 도발적인 제목을 단 그의 1971년 논문은 많은 학술지와 논문집에 다시 수록되었으며, 6개 언어로 번역되었다. 이 주제는「과학자 없는 과학」에서 다시 논의되었다(Bourdieu 1985f).

덧붙이자. 공식적 문제들, 즉 국가에 의해 보장된다는 사실이 부여하는 일종의 보편성을 갖춘 그러한 문제들의 생산 작업은 거의 언제나 오늘날 전문가로 불리는 이들을 위한 여지를 남긴다. 그들 이른바 전문가들 가운데에는 문제들에 대한 관료제적 표상의 보편성, 객관성, 그리고 무상성을 승인하기 위해 과학의 권위를 사용하는 사회학자들이 있다. 적어도 사회학자라는 이름에 값할 만한 사회학자라면, 즉 그가 사회 세계에 대해 제기할 수 있는 문제들의 주체가 되기 위해 요구되는 것을 수행하는 사회학자라면, 자신의 대상 속에 사회학과 사회학자들(즉 그의 동료들)이 공식적인 문제들의 생산에 기여하는 바를 포함시켜야만 한다. 비록 이것이 직업적 연대 의식과 조합주의적 이해관계에 대한 배신으로, 혹은 참을 수 없는 오만함의 표식으로 보일 가능성이 크다고 할지라도 말이다.

사회과학에서 인식론적 단절은 종종 사회적 단절, 그러니까 어떤 집단의 근본적인 믿음과의 단절, 때로는 전문가 집단의 핵심적인 신념과의 단절, 학자들의 공통 의견communis doctorum opinio를 정초한 공유된 확실성과의 단절이다. 사회학에서 근본적 의심을 실천하기란 무법자가 되는 것과 비슷하다. 의심의 여지없이 데카르트는 이 점을 예리하게 감지했다. 하지만 그는, 후대의 논평가들이 놀랄 정도로, 자신이 지식의 영역에서 그토록 대담하게 개시했던 사고방식을 결코 정치로까지는 확장시키지 않았다(그가 마키아벨리에 관해 말할 때 얼마나 신중한지 보라—Quillien 1992 참조).

우리는 이제 '전문직'profession[37]이 사회 세계에 관해 말하고 그것을 생각하기 위해 이용하는 개념, 단어, 그리고 방법에 이르렀다. 언어는 사회학자에게 각별히 극적인 문제를 제기한다. 그것은 사실상 자연화된 사전 구

---

37 부르디외가 '전문직'이라는 영미권 사회학의 개념을 비판할 작정으로 원본에 영어로 표기.

성물의 거대한 저장고이다.[38] 이 사전 구성물은 [사전 구성물이라는 사실이] 그 자체로 인지되지 못하고 [사회학적 대상] 구성의 무의식적 도구로 기능할 수 있다. 나는 여기서 직업 분류법을 예로 들고자 한다. 그것은 일상에서 통용되는 직업의 이름들일 수도 있고, INSEE(프랑스 국립경제통계조사연구소)의 사회경제적 범주일 수도 있다. 후자는 행정적 개념화[39], 관료제적 보편성의 모범적 예이며, 더 일반적으로는 사회 전체가 공유하는 사회적 이해 범주여서 사회학자들이 깊이 생각하지 않고 사용하는 온갖 분류법(사회적 자의성으로부터 자유롭지 않다고 우리가 알고 있는 연령 집단, 청년과 노년, 젠더 범주 등)의 예이다.[40] 또는 내가 말하는 '교수식 판단 범주'([교수들에 의해] 학생 논문이나 동료들의 장점을 평가하기 위해 쓰이는 짝지어진 형용사들의 체계 [Bourdieu 1989a: 48~81])의 경우에서처럼, 이 범주들은 [그 사용자들의] 직

---

38 혹은 비트겐슈타인(Wittgenstein 1990[1978])의 말을 빌리자면, "언어는 모든 이에게 동일한 함정을 놓는다. 그것은 쉽게 접근 가능한 잘못된 분기점들의 거대한 네트워크이다". 이러한 시각을 공유했던 엘리아스(Elias 1991b[1970]: 131)도 사회에 대한 과학의 가장 심각한 장애물 가운데 하나로 "전승된 말하기 구조와 사유 구조"를 꼽는다. 즉 "현재 사회학자들이 이용 가능한 말하기와 사유 수단은 대부분 그들이 수행하도록 요구받는 과제에 적합하지 않다". 그는 벤저민 리 워프를 좇아, 특히 서구 언어가 관계를 희생한 채 실명사substantives와 목적어를 전면에 내세우면서 과정을 정적인 조건으로 환원하는 경향이 있다고 지적한다.

39 또 다른 예는 미국 사회'과학'에서 '빈곤선'의 행정적인 발명과 그것의 뒤이은 물화가 될 것이다(Katz 1989: 115~117).

40 알박스(Halbwachs 1972: 329~348)는 이미 오래전에 연령 범주에 '자연적인' 것은 전혀 없음을 보여 주었다. 피알루(Pialoux 1978), 모제와 포세-폴리악(Mauger & Fossé-Polliak 1983) 그리고 부르디외(Bourdieu 1980e)의 글 「청년은 단어에 지나지 않는다」는 청년층을 사례로 그러한 주장을 더 심도 있게 전개한다. 샹파뉴(Champagne 1979)와 르누아르(Lenoir 1978)는 그것을 '장년층'의 사회정치적 구성에 적용한다. 최근 몇 년 동안 젠더 관계에 관한 무수한 역사 연구들이 남성과 여성 범주의 자의성을 입증했다. 아마도 그 가운데 가장 예리한 연구는 조앤 스콧(Scott 1988)의 작업일 것이다. '남성/여성'Male/Female에 관한 『사회과학 연구 논집』(1990년 6월호와 9월호) 두 특집호에 실린 여러 논문을 참조할 것. 한편 '자연적' 범주의 정의를 둘러싼 투쟁과 관련해 확장된 논의를 위해서는 르누아르(Lenoir in Champagne et al. 1989: 61~77)를 참고하라.

업 조직에 속한다(이는 그것들이 최종적으로는 드문——흔한, 독특한——평범한 등과 같은 사회 공간의 기본적 대위 속에서 구조들 간 상동성에 바탕을 두고 있음을 배제하지 않는다).

그러나 나는 우리가 한 걸음 더 나아가, 직업의 분류와 직무의 등급을 가리키기 위해 사용되는 개념들뿐만 아니라 직업occupation, 혹은 전문직 개념 바로 그 자체도 의구심을 품어야 한다고 믿는다. 그런데 이 개념은 하나의 연구 전통 전체에 기반을 제공해 왔으며, 어떤 이들에게는 일종의 방법론적 모토 노릇을 해왔던 것이다. '전문직' 개념과 그 파생물(전문직주의, 전문직화 등)의 개념은 라슨(Larson 1977), 콜린스(Collins 1979), 프리드슨(Friedson 1986), 그리고 특히 애벗(Abbott 1988)의 저작들에서 철저하게 문제시되었고 나름대로 학문적 성과를 거두었음을 나는 잘 알고 있다. 이들은 무엇보다도 전문직 세계에 만연한 갈등을 집중적으로 조명했다. 그러나 그것이 아무리 급진적이라 해도 우리는 이러한 비판을 넘어서야만 하며, 내가 하는 것처럼 이 개념을 장 개념으로 대체하기 위해 노력해야만 한다.

전문직 개념이 그 자신에 유리하도록 중립적 외관을 띠고 있고, 그것의 사용은 파슨스(Parsons 1968)의 이론적 잡동사니에 비해 진보한 것이기 때문에 훨씬 더 위험하다. '전문직'을 이야기하는 것은 진정한 실재, 그러니까 같은 이름을 지닌 일단의 사람(예컨대 그들은 모두 '변호사들'이다)에 집중하는 것이다. 그들은 대충 동등한 경제적 지위를 부여받으며, 더 중요하게는 입회 규칙 등을 규정하는 집합체, 혹은 윤리 수칙을 갖춘 '전문직 협회'로 조직된다. '전문직'은 과학 언어에 무비판적으로 반입되어 왔으며 그 안으로 전체 사회적 무의식을 끌어들이는 민간 개념이다. 그것은 무엇보다도 사회적 구성물, 역사적으로 이루어지는 집단 구성과 집단 재현의 사회적 산물이다. 이 재현이 바로 이 집단의 과학에 은밀히 들어온 것이다. 그와 같은 이유로 이 '개념'은 아주 잘, 보기에 따라서는 너무도 잘 작동한다. 만약 여러분이 자신의 [연구]대상을 구성하기 위해 이 개념을 받아들인다면, 여러분은 가까이에 주소록, 이미 작성된 목록과 일대기, 편집된 참고문헌, '전문직' 단체들이 구축한 정보와 데이터베이스 센터를 발견할 수 있을 것이며, 조금 더 기민하다면 (변호사의 경우 매우 빈번하게 그러하듯이) 그것을 연구하기 위한 기금을 발견할 것이다. 전문직 범주는 어떤 의미에서 진실이기에는 '너무나 실제적'인 실재를 지칭한다. 그것이 정신적 범주와 사회적 범주를 동시에 포착하고 있기 때문이다. 한데 그 범주는, 예컨대 '변호사'라는 '전문직'을 경쟁과 투쟁의 공간으로 만드는 모든 종류의 경제적·사회적·인종적 차이와 모순을 삭제하거나 폐기함으로써만 사회적으로 생산되는 것이다.[41]

내가 만일 '전문직' 개념을 액면 그대로 받아들이는 대신, 그 개념을 생산하는 데 필요했던 군집화와 상징적 각인 작업을 심각하게 고려한다면, 그리하여 내가 만일 그것을 장으로서, 즉 사회적 힘과 투쟁의 구조화된 공간으로서 다룬다면 모든 것은 달라져 버리며 훨씬 더 어려워진다.[42] 여러분은 어떻게 장에서 표본을 추출할 것인가? 만일 정통 방법론이 명한 규준을 따라 무작위 표본을 택한다면, 여러분은 여러분이 구성하려 마음먹은 바로 그 대상을 훼손하게 될 것이다. 예를 들어 사법 장의 연구에서 대법원의

---

41 법과 법률 전문가에 관한 『사회과학 연구 논집』 64호(1986년 9월호)와 76/77호(1989년 3월호, 특히 이브 드잘레이Yves Dezalay, 알랭 방코Alain Bancaud 그리고 안 부아졸Anne Boigeol의 논문)를 참고하라.
42 장 개념은 이 책의 2부 3절에 자세히 설명되어 있다. 프랑스 사회에서 '관리자층' 범주의 조직적이고 상징적인 창안에 대한 심도 깊은 검토는 Boltanski 1982를 보라. 동일한 분석 노선을 따라 수행된 '지식인' 범주에 대한 검토로는 Charle 1990을 볼 것.

재판관을 끌어오지 않는다면, 또는 1950년대 프랑스 지식 장에 관한 탐구에서 장-폴 사르트르를, 미국 학계 연구에서 프린스턴 대학을 빼놓는다면, 여러분의 장은 쓸모없어질 것이다. 이들 인물이나 기관만이 핵심적인 위치를 나타내는 한에서는 말이다. 장에는 오직 한 명의 점유자만을 허락하지만 전체 구조를 지배하는 위치들이 존재한다.[43] 그런데 '전문직'으로 개념화된 예술가나 지식인들의 무작위 표본 혹은 대표성 있는 표본으로는, [이러한 지배와 관련해] 아무런 문제가 없다no problem.[44]

만약 여러분이 전문직 개념을 대상으로서보다는 [분석의] 도구로서 받아들인다면, 어떤 것도 어려움을 야기하지는 않는다. 그것이 나타내는 바 그대로 그것을 받아들이는 한, 주어진 것(실증주의 사회학자들의 신성화된 데이터)은 별 문제 없이 여러분에게 자신을 내어 줄 것이다. 모든 것이 순조롭게 진행되고, 모든 것이 당연하게 받아들여진다. 문과 입이 활짝 열린다. 어떤 집단이 사회과학자의 신성화하고 자연화하는 기록을 거절하겠는가? 교회나 기업의 문제 설정을 (암묵적으로) 인정하는 주교나 기업 경영자에 관한 연구는 주교단과 경영자협회의 지지를 얻을 것이다. 자신들의 성과에 관해 열성적으로 논평하게 된 주교와 기업 경영자는 자기들이 스스로의 사회적 존재에 대해 가지는 주관적 표상에 객관적인, 즉 공적인 실재를 부여하는 데 성공한 사회학자에게 언제나 객관성이라는 증서를 수여한다. 간단히 말해, 여러분이 사회적으로 구성되고 사회적으로 승인된 외양들의 영역 안에 남아 있는 한——그리고 이는 '전문직' 개념이 속해 있는

---

43 예를 들어 사르트르는 1950년대 프랑스 지식 장을 지배했으며, 자신의 지배에 의해 다시 지배받았다(Boschetti 1985 그리고 Bourdieu 1980l과 1984d를 보라).

44 원본에서 영어로 표기.

질서이다——여러분은 여러분을 위한 모든 외양, 심지어 과학성의 외양까지도 갖추게 될 것이다. 반대로 여러분이 진정으로 구성된 대상에 관한 연구에 착수하는 순간, 모든 것은 어려워진다. '이론적' 진전은 그에 따른 '방법론적' 난점들을 낳기 때문이다. '방법론자들'로서는 구성된 대상을 한껏 잘 파악하기 위해 수행되어야 하는 방법들에서 여러 가지 흠잡을 만한 것들을 어렵지 않게 찾을 수 있을 것이다(방법론이란 프랑스 사람들이 '그것은 얼간이의 과학이야'c'est la science des ânes[45]라고 말하는 철자법과도 같다. 그것은 그러한 짓을 많이 저지르는 것을 보니 너는 바보가 틀림없다고 할 만한 실수들의 집대성으로 이뤄진다). 솔직히 말하자면, 집성된 오류들fallacies 가운데는 나라도 혼자서는 찾아내지 못할 만한 것들도 있다. 하지만 [학생들이 저지르는] 대부분의 사소한 오류들이 교수들을 행복하게 만든다. 니체가 일깨운 바 있듯이, 성직자들은 [신도들의] 죄악으로 먹고 산다……

    여러 난점들 가운데 내가 앞서 간단히 언급한 장의 경계라는 문제가 있다. 가장 용감한 실증주의자는 정의definition의 문제('아무개는 진정한 작가가 아니다!')가 연구 대상 내부에서 쟁점이 된다는 사실을 알지 못하고——기존 목록을 써서 그 문제를 아주 단순하게 무시할 수 없을 때면——이른바 '조작적operational 정의'('이 연구에서 나는 ……를 '작가'라고 부를 것이다'; '나는 ……를 '준전문직'으로 간주할 것이다')로 그 난점을 해결한다.[46] 연구 대상 안에서는 누가 게임의 일부인지, 누가 실제로 작가라는 이

---

45 프랑스에는 "철자법은 얼간이들의 과학"이라는 오랜 격언이 있다. 이는 철자법이 아무리 바보 같은 사람이라도 가질 수 있는 능력이라는 의미이다.——옮긴이

46 사회적으로 자의적인 '노숙'homelessness의 정의를 '과학적' 고려에 근거한 양 통하게 하려는 피터 로시(Peter Rossi 1989: 11~13)의 부단한 노력은 실증주의적 순진무구의 정도를 보여 주는 본보기이자 (노숙에 일종의 플라톤적 본질이 존재한다는 전제를 포함해) 그 자체의 고유한 전제 조건들에 맹목적이라는 점에서 주목할 만하다. 로시는 (최소한) [노숙에 대한] 상이한

름에 걸맞는지를 둘러싼 투쟁이 존재한다. 작가 개념 그 자체는——뿐만 아니라 법률가, 의사, 혹은 사회학자의 개념도——인증을 통한 규약화와 동질화의 온갖 노력에도 불구하고, 작가(또는 법률가 등)의 장에서 언제나 쟁점이 된다. 즉 정당한 정의를 두고서 벌어지는 투쟁은——그 내기물은 범위, 경계, 진입 권한, 때때로 정원 제한이다——장의 보편적 속성이다.[47]

경험주의적 포기[즉 과학적인 구성 노력 없이 사회 안에서 경험적으로 주

정의가 어떻게 상이한 크기, 상이한 구성, 상이한 궤적의 인구 집단을 생산하는지 보여 주지도, 여러 정의의 다양한 지지자들을 대립시키는 논쟁에 연루된 정치적·과학적 이해관심을 분석하지도 않는다. 대신 그는 기존 데이터와 선입견에 잘 맞춰진 그의 정의를 권위 있게ex cathedra 주장하는 데 만족한다. 일상의 담론에서 빌려 온 개념에 도전하는 것이 아니라 그 것을 강화하는 방식으로 '조작하기' 위한 자신의 투쟁에서 로시는 일반적 상식, 학자적 상식, 그리고 정부 조사 연구의 실용적 제약과의 조화를 쌓고자 한다. 그는 "[개념] 정의라는 학문적 훈련에 빠져 들면 꼼짝 못하게 되기 쉽다"고 지적하면서 이렇게 설명한다. "내가 사용하는 노숙의 정의는 그 용어의 본질을 포괄하면서 또한 실제 연구에서 쓰기에 실용적이다. 궁극적으로는 노숙이 정도의 문제라고 개념화하고 있을지라도, 나는 내가 의존하는 노숙 관련 사회과학 연구들에서 가장 흔한 정의를 부득이하게 사용해야만 한다. (……) 노숙에 관한 대다수의 연구가 실제로 이 정의를 채택해 온 데에는 매우 논리적이고 설득력 있는 몇몇 이유가 있다"(강조는 바캉). 그의 [연구] 대상의 구성——이 경우, 해체라고 말하는 편이 더 적절할지도 모르겠다——은 현상의 관찰 가능한 주요 접합을 따르는 것도, 그 원인과 변이에 대해 이론적으로 인도된 문제 설정을 따르는 것도 아니다. 그것은 결국 그 현상을 규범화하고 최소화하려는 이해관심이 널리 증명되어 있는 국가 관료 기구들의 정의를 기본적으로 차용하고 승인하는 "아주 좁은 정의"를 산출하는 데 그치고 만다. 즉 그것이 집중하는 것은 "주로 노숙자 중 가장 쉽게 접근할 수 있는 자들, 노숙자를 위해 세워진 쉼터, 급식소, 진료소 같은 서비스 제공 기관의 이용자들"이다. 그것은 정부가 진짜bona fide 노숙자로 인정하길 원치 않는 그런 모든 사람들(부모나 친구 집의 방 한 칸을 차지하거나 빌려 살아야만 하는 이들을 포함해, "불안정하게 집에 수용되어 있는" 사람들과 요양원, 교도소, 구치소, 병원에 거주하는 사람들)은 배제한다. 이 실증주의적인 절묘한 솜씨는 로시가 일상적이고 상식적인 '노숙' 범주를 현재의 '사회학적 방언'(머튼)의 또 다른 범주인 '극빈'으로 대체하면서 절정에 달한다. 그것은 여기서, 마찬가지의 자명성(그리고 동일한 자기 확신적 자의성)의 감각과 함께, 또 다른 행정적 구성물인 '공식 빈곤선'의 75퍼센트 이하 수입으로 정의된다. 이렇게 해서 노숙과 빈곤은 사회정치적인 조건——즉 사회적 부의 생산과 분배를 둘러싼 투쟁에서 생기는 일군의 역사적 관계와 범주——으로부터 하나의 상태, 곧 개인들을 계산하고 분할하고 훈육할 수 있게 해주는, 깔끔하고 명확한 원자론적 변인들에 의해 측정되는 상태로 변형된다.

어진 대상을 연구에 그대로 취하는 태도]는 무언가 애쓰는 모습만을 보이고 서 널리 승인 받는다. 그것이 [연구 대상의] 자의식적인 구성을 피함으로써 과학적 구성의 핵심 절차들을 있는 그대로의 사회 세계, 즉 기성 질서에 맡겨 두고 그 결과 자동적으로 독사의 인준이라는, 본질상 보수적인 기능을 수행하기 때문이다. 과학적 사회학의 발전을 방해하는 모든 장애물들 가운데 가장 까다로운 것 하나는 사회적 존재의 범속한 시장에서는 물론이거니와, 더 큰 자율성을 기대할 수 있는 학문 시장에서도 진정한 과학적 발견들은 최대의 비용을 들인 뒤 최소의 이익으로 돌아온다는 사실이다. 내가 전문직과 장 개념에 수반되는 사회적·과학적 비용과 이익의 차별성을 논하려 했듯이, 과학을 생산하기 위해서는 종종 과학성의 겉치레들에 앞서 나갈 필요가 있다. 심지어 현재 통용되는 규범을 반박하고 과학적 엄밀성의 통상적인 범주에 도전할 필요가 있는 것이다. [과학성의] 겉치레는 언제나 겉으로 드러난 것[즉 경험적 현상]을 지지한다. 진정한 과학은 종종 그리 대단한 것이 아니다. 과학의 진보를 위해서는 과학성의 온갖 외적 징표들을 드러내지 않는 위험을 무릅쓰는 일도 간혹 필요하다(우리는 [연구를] 과학적인 양 보이게 가장하는 짓이 얼마나 쉬운지 자주 잊는다). 거기엔 여러 이유가 있지만, 무엇보다도 초보적인 '방법론' 규준의 표면적인 위반에 집착하는 사람들, 파스칼이 바로 헛똑똑이demi-habiles라 일컬었던 이들이 실증주의적 확신에 따르기 때문이다. 그들은 '방법론'이라는 탈출구의 이용을 의도적으로 거부하는 데 근거한 방법론적 선택들을 너무 많은 '실수'로, 그리

---

47 법률 전문가의 사회적 정의와 기능상의 최근 변화에 관해서는 Dezalay 1989를 참고하라. 17세기 프랑스에서 작가가 무엇인지 정의하기 위한 투쟁에 관해서는 Viala 1985를 참고하라. 있는 그대로 인정받기 위한 여성 작가들의 딜레마에 관해서는 de Saint Martin 1990b를 참고하라.

고 무지 혹은 무능의 결과로 인식한다.

두말할 필요도 없이, 엄밀한 과학적 실천의 조건인 강박적 성찰성은 지금 확산되고 있는, 과학에 대한 의구심이라는 그릇된 급진주의와는 전혀 다르다. (나는 여기서 과학에 대한 해묵은 철학적 비판을 새삼스레 끌고 들어오는 이들을 떠올린다. 물론 이들의 비판은 미국 사회과학에서의 유행과 보조를 맞추기 위해 약간 갱신된 것이긴 하다. 역설적이지만 [그러한 비판에 대한] 미국 사회과학의 면역 체계는 몇 세대에 걸친 실증주의 '방법론'에 의해 파괴되어 왔다.) 이 비판들 가운데 민속방법론자들의 비판은 특별한 자리를 차지하지 않을 수 없다. 비록 일부 정식화 속에서 그들의 비판이 과학 담론을 텍스트 상태로 축소된 세계에 관한 수사학적 전략들로 환원시킨 이들의 결론과 수렴하고 있긴 하지만 말이다.[48] 실천 논리에 대한 분석, 그리고 세상을 이해하기 위해 실천 논리가 스스로를 무장하는 데 쓰는 자생적 이론들에 대한 분석은 그 자체가 목적이 아니다. 일반적인 (즉 성찰적이지 않은) 사회학, 특히 그것이 통계학적 방법을 사용하는 데 있어서 지니는 전제 조건들에 대한 비판만큼이나 그렇다. 그것은 속인의 그리고 학자적인 상식의 전제 조건들과 단절하는 절대적으로 결정적인 계기이지만, 단지 하나의 계기일 뿐이다. 만약 우리가 실천 감각의 도식을 객관화해야 한다면, 그것은 사회학이 세상에 대한 수많은 관점들 가운데 하나, 다른 것보다 더 과학적이지도 않고 덜 과학적이지도 않은 하나의 관점을 제공할 수 있음을 입증하기 위해서가 아니다. 그것은 과학적 이성을 실천적 이성의 포위로부터 떼어 내기 위해서, 후자가 전자를 오염시키지 못하게 막기 위해서, 지식의 대상이 되

---

48 특히 아롱 시쿠렐의 상호 보완적인 두 연구인 『청소년 정의의 사회적 조직』(Cicourel 1968)과 『아르헨티나 출산률 연구의 이론과 방법』(Cicourel 1974)을 보라.

어야만 하는 것을 지식의 도구로 취급하지 않도록 하기 위해서이다. 사회 세계의 실천 감각, 전제 조건들, 체험된 세계에 그 구조를 부여하는 지각과 이해의 도식을 이루는 모든 것은 지식의 도구가 아닌 대상이 되어야 한다. 상식적인 이해 그 자체를 연구 대상으로 받아들이는 것, 또 주체를 마주 대하는 대상으로 구성되지 않은 세계의 비정립적인 수용인 사회 세계에 대한 원초적 경험 그 자체를 연구 대상으로 받아들이는 것은 바로 대상이라는 '덫에 걸리는' 것을 피하는 수단이다. 그것은 세계의 독사적인 경험을 가능하게 만드는 모든 것, 다시 말해, 이 세계에 대한 사전 구성된 표상뿐만 아니라 이러한 이미지 구성의 바탕에 있는 인지적 도식에 대해서도 과학적으로 면밀한 검토를 수행하는 수단이다. 민속방법론자들 가운데 이러한 [독사적] 경험을 가능케 하는 사회적 조건 ——즉 사회 구조와 정신 구조, 세계의 객관적인 구조와 그것을 이해하는 데 쓰이는 인지 구조 사이의 상응——에 의문을 품지 않고 그것의 단순한 기술에만 만족하는 이들은 실재의 실재에 관한 가장 전통적인 철학의 가장 전통적인 질문을 되풀이하는 것에 불과하다. 인식론적 대중영합주의가 (범속한 사유를 복권시킨다는 이유로) 그들에게 부여하는 이러한 외형상의 급진주의가 지닌 한계를 평가하려면 다음과 같은 사실을 깨닫는 것만으로 충분하다. 즉 민속방법론자들은 세계에 대한 독사적인 경험의 정치적 함의를 결코 알아채지 못해 왔다는 것이다. 그런데 비판의 거리 바깥에 자리한, 기성 질서의 근본적인 수용으로서 독사적인 경험은, (올바른 독사이자 우파의 독사로서) 정치적인 정통을 확립하기 위해 애쓰는 일보다 훨씬 더 근원적인, 보수주의의 가장 확실한 토대인 것이다.[49]

4. 이중 구속과 개종

내가 앞서 전문직 개념과 더불어 제시한 예는 좀더 일반적인 난점의 한 가지 경우에 지나지 않는다. 사실 우리가 끊임없이 문제 삼고 체계적으로 의심을 품어야 하는 것은 바로 사회학의 학문적savante 전통 전체이다. 이름값하는 모든 사회학자가 필연적으로 빠지게 되는 일종의 이중 구속double bind은 어디서 오는가? 학문적 전통이 남긴 지적 도구들이 없다면 우리는 아마추어, 독학자, 자생적 사회학자에 지나지 않는다(그리고 학자들 대부분이 확실히 제한된 범위의 사회적 경험만을 지닌다는 점을 고려할 때, 모든 속인-사회학자들 가운데 가장 잘 준비된 부류는 아닐 것이다). 그러나 동시에 이 도구들로 인해 우리는 끊임없이 범속한 상식의 순진한 독사를 그 못지않게 순진한 학문적 상식sens commun savant의 독사로 단지 대체해 버릴 위험에 놓인다. 이 학문적 상식은 과학적 담론이라는 예복을 두르고서 기술적인 용어로 상식의 담론을 앵무새처럼 흉내만 낸다(나는 이것을 '디아푸와뤼스Diafoirus 효과'[50]라 부른다). 나는 특히 미국에서 다음과 같은 사실을 종종 관찰했다. 이런저런 사회학자가 말하는 바를 진정으로 이해하려면, 그 전 주의 『뉴욕 타임스 매거진』*New Times Magazine*을 읽었어야만 한다는(그리고 그것으로 충분하다는) 것 말이다. 그는 그 잡지의 내용을 진짜로 구체적이지

---

49 심도 깊은 토론을 위해서는 이 책의 2부 1절을 참고할 것. 그러한 보수주의가 일정한 역사적 상황 아래서 어떻게 정반대의 것으로 전환될 수 있는지 이해하기란 쉬운 일이다. 캘훈(Calhoun 1979)이 영국 노동자 계급의 형성에 관한 E. P. 톰슨의 분석에 수정주의적 비판을 가하면서 보여 주었듯이, 독사적 세계관, 즉 의문에 부쳐지지 않고 통일되어 있는 문화적 '전통'은, 그것이 도전받았을 때, 급진적인 집합 행동에 필요한 인지적 메커니즘을 제공한다.

50 이는 몰리에르Molière의 희극 『부르주아 신사』*Le Bourgeois gentilhomme*에 나오는, 라틴어 학문 용어를 틀리게 사용하며 잘난 체하는 의사 이름을 본뜬 것이다.

도, 진짜로 추상적이지도 않은 끔찍한 연막 언어langage-écram로 다시 옮긴다. 그리고 그러한 언어는, 그 자신은 알지 못하지만, 그의 교육 배경과 사회학 제도권의 검열이 그에게 부과한 것이다.

한편에는 과학적 구성 도구를 잃은 독학자의 무기력한 무지가 있으며, 다른 한편에는 사회 관계의 특정한 상태와 연계된 인지 범주들, 사회 세계로부터 어느 정도 직접적으로 빌려 온 반쯤 구성된 개념들을 의식 없이 무비판적으로 받아들이는 반푼이 과학자의 반푼이 과학half-science이 있다. 그 사이에서의 양자택일, 딜레마를 피하기란 쉽지 않다. 이러한 모순은 민족학ethnology의 경우에서 가장 강하게 느껴진다. 사회학자와 달리 민족학자는 문화적 전통의 차이와 거기서 비롯된 이질감 때문에 즉각적인 이해라는 환상 아래 살 수 없기 때문이다. 예를 들어, 내가 알제리에서 '현장에' 가기 전에 민족학자들의 연구를 읽지 않았더라면, 아마도 나는 내 정보원들(그리고 심지어 그들이 사용하는 언어)이 평행 사촌혼과 교차 사촌혼 사이에 두는 근본적 차이를 간파하지 못했을 것이다. 이 경우, 여러분은 다음과 같은 딜레마에 처한다. 아무것도 보지 못하거나, 아니면 선배 연구자들로부터 물려받은 인지 범주와 사고방식(인류학자의 법리주의legalism)을 계속 간직하거나. 그런데 후자는 선배 연구자들 역시 또 다른 학문 전통(예를 들어 로마법 전통)에서 물려받은 유산일 가능성이 크다. 이 모든 것은 우리를 학문적 독사의 재생산으로 이끄는 일종의 구조적 보수주의로 기울게 한다.[51]

그로 인해 조사 연구의 교육에는 독특한 이율배반이 존재한다. 즉 그것은 실재 구성의 검증된 도구들(문제 틀, 개념, 기술, 방법)과 함께 그러한 도

---

51 이 점은 Bourdieu 1985c와 1986d에서 좀더 자세히 논의된다. Bourdieu 1972a; 1980a: 67~68과 273~279 또한 볼 것.

구들에 가차 없이 의문을 제기하는 아주 비판적인 성향 모두를 전수해야만 한다. 예를 들어 INSEE 혹은 기타 기관의 직업 분류표의 경우, 이것은 행운으로 주어지는 것도, 현실로부터 나와서 곧장 써먹을 수 있게 생긴 것도 아니다. 두말할 필요 없이 이 모든 메시지를 전달하는 교육이 성공할 가능성은 실질적으로 그 수용자의 사회적으로 구성된 성향에 따라 달라진다. 조사 연구의 제대로 된 전수는 선진적인 과학 문화에 통달해 있으면서도 그것에 대한 일종의 저항 내지 거리 두기 능력을 겸비한 사람들과 더불어 있는 상황에서 가장 잘 이루어질 수 있다. 과학 문화에 대한 저항 혹은 거리 두기란 사람들이 액면가로 '그것을 사지' 않도록 밀어붙이며, 아주 간단하게 말하자면, 사회학 안에서 사회적으로 우세한 담론에 의해 제공되는, 방부 처리되고 현실감이 떨어지는 사회 세계의 표상에 맞서는 유형의 저항이다. 시쿠렐은 그 훌륭한 예이다. 그는 젊은 시절 오랜 시간을 LA 빈민가에서 '비행 청소년들'과 어울리면서 자연스럽게 '비행'delinquency의 공식적 표상에 대해 의문을 제기하고 싶은 마음을 품게 되었다. 자신이 비행 청소년의 세계와 맺었던 내밀하고 친숙한 관계가 통계학과 통계 실천에 대한 견고한 지식과 결합하면서, 그는 '비행'에 대한 통계적 질문들을 제기할 수 있었다. 이는 세상의 그 어떤 방법론 교과서들도 만들어 내지 못했을 질문들이었다(Cicourel 1968).

연구의 진정한 교육학이 고려해야 할 장애물들 중에는 우선 범속한 교수의 범속한 교육학이 있다. 그는 학교적인 재생산의 논리 속에, 그리고 (내가 말했던) 아무런 지각 도구 없이 '사물 그 자체로' 돌아가기의 불가능성 속에 새겨진 순응주의에의 성향을 강화시킨다. 나는 범속한 사회학 교육과 이러한 교육에서 태어나 거기 되돌아가도록 예정되어 있는 지적 생산물들이 오늘날 사회과학 발전의 주된 장애물을 구성한다고 확신한다.

여기에는 여러 가지 이유가 있다. 나는 그 가운데 내가 자주 환기시킨 바 있는 하나의 이유만을 소환하고자 한다. 그러니까 범속한 교수는 어느 정도 허구적인 대립들을 영속화하고 정전화한다는 것이다. 그것들은 저자(베버 대 맑스, 뒤르켐 대 맑스 등), 방법(양적/질적), 분석 유형(거시사회학/미시사회학, 구조/역사 등), 개념 등 다양한 층위에서 만들어진다. 그 대립들은 교수의 자리, 즉 자신이 기술하는 다양한 분할 위에 있는 교수의 존재를 확인하는 데 유용할 따름이다. 그것들의 목록화 작업은 교수의 그릇된 지식을 위협하는 과학의 진정한 진보에 맞서는 방어 체계로 작동한다. 경험 없는 이론의 온갖 허구적인 종합과 개념 없는 '방법론'의 쓸모없고 비생산적인 각종 경계 태세가 그렇듯이 말이다. 그 일차적인 피해자는 두말할 필요도 없이 학생들이다. 특별한 성향, 즉 특별히 비순종적인 성향이 없다면, 학생들은 교수처럼 언제나 과학 전쟁, 또는 인식론 전쟁에 뒤처지게 되어 있다. 교수가 학생들을, 당연히 그래야만 하는 대로, 가장 앞선 연구자들이 다다른 지점에서 출발하게끔 하는 대신에, 이미 검증된 영역으로 끊임없이 몰아가서 과거의 전투를 영원히 수행하도록 만드는 것이다. 이는 학교에서의 고전 숭배가 지니는 기능 가운데 하나로, 진정으로 비판적인 과학사의 정반대 편에 놓인다.

근본적 의심을 극한으로 몰고 가는 것처럼 보일 위험이 있지만, 나는 사회학에서 게으른 사고가 취할 수 있는 가장 악성적인 형태를 다시 환기시키고자 한다. 나는 맑스주의와 같은 비판적 사유가 연구자들(이는 맑스의 옹호자와 비판자 모두에게 해당한다)의 마음속에서뿐만 아니라 그들이 순수한 관찰의 문제로서 기록하는 현실 속에서도 사유되지 않은 것impensé의 상태로 기능하는, 매우 역설적인 사례를 떠올린다. 사회 계급의 존재 여부, 크기, 그리고 그들 간의 적대 등에 대한 더 깊은 성찰 없이 사회 계급에 관한 설문 조사가, 특히 맑스주의 이론을 불신임하기 위해, 종종 수행되어 왔다. 이는 맑스 이론이 특히 '계급 의식을 고양하고자' 노력했던 정당과 노조의 활동을 통해 미친 효과가 현실 안에 남긴 흔적을, 우리가 스스로도 알지 못한 사이에 연구 대상으로 취하는 일이다.

　계급 이론이 행사했을지도 모를 '이론 효과'——우리가 경험적으로 측정하는 '계급 의식'은 부분적으로는 그 부산물이다——에 관해 내가 말하고 있는 바는 좀더 일반적인 현상의 특수한 예에 불과하다. 사회과학 그리고 여론 조사, 미디어 어드바이징, 광고 등과 같이 사회과학과 친족 관계에 있다고 주장하는 사회적 실천[52]의 존재 때문에, 뿐만 아니라 [사회과학] 교육과 심지어 정치인 혹은 정부 관리, 사업가, 언론인들의 행태 때문에, 사회 세계 내에서는 자기들 실천에, 그리고 더 중요하게는 사회 세계에 대한 표상 생산과 그것의 조작 작업에, 과학적 지식은 아니더라도 학문적 지식을 끌어들이는 행위자들이 점점 더 많아지고 있다. 그 결과 과학은 과학에서 나왔다고 주장하는 실천들의 결과[예컨대 여론 조사]를 무심코 기록하는 위험을 점점 더 많이 무릅쓰고 있다.

　마지막으로, 더 미묘하게, 다른 상황에서라면 강력한 단절 효과를 가할 수도 있는 그러한 습관일지라도 어떻든 사고 습관에 굴복하는 것은 예기치 않은 형식의 순진한 태도를 낳을 수 있다. 나는 맑스주의가 사회적으로 이용될 때는, 대개의 경우 특출한par excellence 형식의 학문적 사전 구성이 되어 버린다고 주저없이 말할 것이다. 맑스주의가 [비판적 연구자들에게는] 모든 의구심을 초월해 있기 때문이다. 우리가 '법률', '종교', 또는 '교수' 이데

---

52 프랑스의 '새로운 정치 공간'에서 사회과학과 유사 사회과학의 활용에 관해서는 Champagne 1988과 1990을 참고할 것.

올로기 연구에 착수한다고 가정해 보자. 이데올로기라는 단어 자체는 행위자가 자기 실천에 부여하는 표상과의 단절을 나타낸다고 주장한다. 다시 말해, 그것이 의미하는 바는 우리가 행위자의 진술을 문자 그대로 받아들이지 말아야 한다는 것, 그는 고유한 이해관계를 가지고 있다는 것 등등이다. 그러나 이데올로기라는 단어가 행사하는 성상 파괴적 난폭성 속에서 우리는, 그것을 객관화하기 위해 우리가 거리 두어야만 하는 지배가, 주로 지배로서 인식되지 않기 때문에 행사된다는 점을 잊게 된다. 우리는 실천의 객관적 표상은 실천의 원초적 경험에 맞서서 구성되어야만 했다는 사실, 또는 이러한 경험의 '객관적 진실'은 경험 그 자체에는 도달할 수 없다는 사실을 과학적 모델 속으로 되가져 올 필요가 있다는 점을 잊는 것이다. 맑스는 우리가 독사의 문을, 원초적 경험에 대한 독사적 애착의 문을 부수어 열도록 해준다. 그러나 이 문 뒤에는 덫이 놓여 있고, 학문적 상식을 신뢰하는 헛똑똑이는 학문적 구성 작업이 괄호 치고 한편에 제쳐 두어야만 했던 원초적 경험으로 되돌아가는 것을 잊는다. '이데올로기'(정말 이제는 거기 다른 이름을 붙이는 편이 나을 것 같다)는 우리에게 그리고 그 자체에게 그런 식으로 [즉 이데올로기로] 나타나지 않으며, 바로 이러한 오인이 이데올로기에 상징적 효력을 부여하는 것이다. 요약하자면, 범속한 상식, 혹은 범속한 형태의 학문적인 상식과 단절하는 것만으로는 충분치 않다. 우리는 단절의 수단들과도 단절해야 한다. 그것들은 스스로 그에 맞서 구성되었던 바로 그 경험을 부정하기 때문이다. 이 단절은 최초의 순진함과 이 순진함이 감추고 있는 객관적 진실 모두를 포괄하는 더 완전한 모델을 구축하기 위해 이루어져야만 한다. 자신이 다른 누구보다 더 영리하다고 생각하는 헛똑똑이들은 또 다른 형태의 순진함에 빠져서 그저 객관적 진실 앞에서 멈춰 버린다. (나는 여기서 탈신비화되어 있고 탈신비화하고 있으며 영리하다고 느낄 때의 전율감, [사회적] 신화에서 벗어난 신화 파괴자의 역할을 수행할 때의 전율감은 수많은 사회학적 소명에서 아주 중요한 구성 요소라는 점을 말하지 않을 수 없다……. 그리고 그것을 위해서 엄격한 방법이 요구하는 희생은 너무나도 값비싼 것이다.)

우리가 사회 세계를 생각할 때 갖게 되는 어려움과 위험성은 아무리 강조해도 지나치지 않다. 사전 구성된 것의 힘은 다음과 같은 사실에 있다. 즉 그것이 사물과 정신 속에 새겨져 있으면서, 정의상 당연한 것으로 여겨지기에 간과되는, 자명성의 베일을 쓰고 있다는 것이다. 단절은 실제로 우리 시선의 전환을 요구하며, 입문 철학자들initiatory philosophers이 간혹 말했던 것처럼, 사회학의 가르침은 먼저 '새로운 안목을 부여'해야만 하는 것이라고 말할 수 있다. '새로운 사람'이 아니라면, 적어도 '새로운 시선', 사회학적인 눈을 생산하는 것이 그 임무이다. 그리고 이것은 진정한 개종conversion, 회심metanonia, 정신혁명, 사회 세계에 대한 총체적 시각의 전환 없이는 이뤄질 수 없다.

'인식론적 단절'[53]이라 불리는 것, 즉 일상적인 사전 구성물들 그리고 이들 구성물을 가공하는 데 일상적으로 작용하는 원리들을 괄호 치는 것은 종종 상식, 일상적 감각, (지배적인 실증주의 전통이 숭배하고 이상화하는 모든 것인) 빼어난 과학적 감각의 겉모습을 가진 사고방식, 개념, 방법 들과의 단절을 전제로 한다. 사회과학의 가장 중요한 임무, 따라서 사회과학에

---

53 많은 영미권 독자들이 알튀세르(또는 푸코)와 연계시키는 '인식론적 단절' 개념('인식론적 형상'epistemological profile 개념도 마찬가지다)은 바슐라르(2003[1934]의 과학철학)에게서 비롯했으며, 구조주의적 맑스주의의 전성기 훨씬 이전에 부르디외에 의해 상당히 광범위하게 사용되었다(원본이 1968년에 출간되었던 부르디외, 샹보르동, 파스롱의 공저 『사회학자의 직능』 [Bourdieu & Chamboredon & Passeron 1968[1973]]이 이 개념에 부여하고 있는 중추적인 지위에 주목하라).

서 조사 연구 교육의 가장 중요한 임무가 사고의 전환, 시선의 혁명, 사전 구성된 것과의 단절, 사회적 질서에서 ─ 그리고 과학적 질서에서 ─ 사전 구성된 것을 지탱하는 모든 것과의 단절을 과학적 실천의 근본적인 규범 으로 확립하는 데 있다고 확신할 때 ─ 나는 확실히 그렇다 ─, 우리는 예 언자적 교권magisterium을 행사하며 개인적인 개종을 요구하고 있다고 영원 히 의심받을 운명에 처한다. 여러분은 이 점을 확실히 이해할 것이다.

내가 기술하려 애써 온 과학적 기획의 특수한 사회적 모순들을 정확히 알기 때문에, 나는 평가해야 할 연구 보고서를 검토할 때, 내게 진정한 과학 적 대상 구성의 필요조건처럼 보이는 비판적 시각을 부과하기 위해 노력 해야 하는 것인지 종종 자문하지 않을 수 없다. 언제나 강권 발동coup de force 처럼, 일종의 지적인 합병Anschluss처럼 보이기 쉬운, 사전 구성된 대상에 대 한 비판을 개시함으로써 말이다. 사회과학에서 오류의 원리는, 적어도 내 가 경험한 바로는, 대개 사회적 공포와 사회적 환상, 그리고 사회적으로 구 성된 성향 속에 뿌리내리고 있기 때문에 이러한 어려움은 더욱 심각해진 다. 그 결과 비판적 판단을 공공연하게 표현하기란 종종 어렵다. 그것이 과 학적 실천을 넘어서 하비투스의 가장 깊숙한 성향들을 건드리는데, 이 성 향들은 사회적·민족적 출신, 젠더, 그리고 이전의 학문적 헌신 정도와 밀 접하게 연관되어 있기 때문이다. 나는 여기서 오만만큼이나 치명적인 일 부 연구자들의 (남성들보다 여성들에게서, 혹은 '소박한' 사회적 배경을 가진 사 람들에게서 더 빈번한) 과장된 겸손에 관해 생각한다. 내가 보기에, 올바른 자세는 우리가 더 크게 보도록à voir grand 이끄는 분명한 야망, 그리고 자신 을 대상의 아주 구체적인 세부 사항에까지 충분히 몰입시키는 데 없어서 는 안 될 대단한 겸손 사이의 정말 있음직하지 않은 결합으로 이루어진다. 그러므로 진심으로 자기 역할을 완수하길 원하는 연구 책임자라면 고해

신부 또는 구루(프랑스에서는 '의식의 지도자'라고 한다)의 역할을 떠안아야 할 것이다. 이 역할은 꽤 위험하며 어떤 식으로도 정당화되지 않지만, 때로 '너무 크게 보는' 사람은 현실로 되돌려 놓고, 쉽고 작은 과제의 안전성이라는 덫에 걸린 사람들에게는 더 많은 야망을 불어넣어 주는 것이다.

사실 초보 연구자가 경험에서 바랄 수 있는 가장 결정적인 도움은 다음과 같은 것이다. 즉 그 자신이 자기 프로젝트를 정의할 때, 그것을 실현하기 위한 실제 조건들, 다시 말해 (특히 그의 사회적 경험과 훈련의 성격을 전제로, 시간과 구체적인 능력의 면에서) 사용 가능한 수단들 그리고 정보 제공자들이라든지 정보, 문서, 자료원 등에의 접근 가능성을 고려하도록 만들어 주는 도움이다. 많은 경우, 연구자와 '그의' 대상 사이에서 이상적인 조합은 바로 일련의 과잉 투자와 과소 투자의 단계를 통해 오래 끈 사회분석 작업의 마지막에 이르러서야 이루어진다.

사회학의 사회학이 사회학자의 사회학, 즉 그의 과학적 프로젝트, 야망과 실패, 대담함과 두려움의 사회학이라는 아주 구체적인 형태를 취할 때, 그것은 일종의 자아도취적 사치, 혹은 영혼의 보충supplément d'âme이 아니다. 즉 여러분의 사회적 출신, 학문적 배경, 젠더와 연계된 성향들, [연구에] 유리하거나 불리한 이 성향들에 대한 각성prise de conscience은 여러분에게 그것들을 잘 통제할 수 있는, 아마도 제한적인, 기회를 제공한다. 그럼에도 사회적 충동의 간계는 셀 수 없이 많으며, 자기가 속한 세계에 대한 사회학을 하는 것은 때때로 그러한 억눌린 욕구를 교묘하게 에둘러 충족시키는 또 다른 사악한 방법이 될 수도 있다. 예를 들어 신학자들을 연구하는 사회학자로 변신한 왕년의 신학자는 일종의 퇴행을 경험하면서 신학자처럼 말하기 시작할지 모르고, 더 나쁘게는 신학자로서의 과거를 청산하기 위한 무기로 사회학을 이용할지도 모른다. 이것은 왕년의 철학자에게도 마찬가지다. 그 또한 다른 수단으로 철학 전쟁을 수행할 은밀한 방법을 철학의 사회학 속에서 찾으려는 모험을 감행할 것이다.

5. 참여 객관화

내가 참여 객관화[54]라 불러 왔던 것(그리고 이것은 참여 관찰과 혼동되어서는 안 된다)은 분명 가장 어려운 훈련이다. 왜냐하면 이것은 연구자들에게 대상에 '이해관심'을 느끼게 만드는 애착과 집착 가운데 가장 깊고 무의식적인 것과의 단절, 다시 말해, 그가 알고자 하는 대상과 맺는 관계와 관련된 모든 것과의 단절, 그가 정작 알고 싶어 하지는 않는 이 모든 것과의 단절을 요구하기 때문이다. 이것은 가장 어렵지만 또한 가장 필수적인 훈련이기도 하다. 내가 『호모 아카데미쿠스』(Bourdieu 1988a)에서 시도했듯이, 이경우 객관화의 작업이 아주 특수한 대상을 상대하기에 그렇다. 이 대상 안에는 어떤 가능한 대상의 이해 원리들을 규정하는 아주 강력한 사회적 결정 요인들 가운데 일부가 은연중에 새겨져 있는 것이다. 즉 한편으로는 학문 장의 구성원이 되는 것 그리고 그 장에서 특수한 위치를 점유하는 것과 연계된 특수한 이해관심이 있다. 다른 한편으로는 [행위자가] 학문 세계 그리고 사회 세계의 [이해에 이용하는], 사회적으로 구성된 지각 범주가 있는 것이다. 이 교수식 판단 범주는, 내가 앞서 말한 바대로, 미학(예를 들어 아

---

54 이 개념에 관해서는 『실천 감각』(Bourdieu 1980a: 7~41), 『호모 아카데미쿠스』(Bourdieu 1984a: 11~33, 289~307), Bourdieu 1978a 그리고 이 책 2부 1절을 참고하라. 또한 Bourdieu 2002c와 2004를 보라.

카데미 예술art pompier)이라든지 또는 인식론(모든 형태의 과학적 대담성에 반대하면서 그 못지않게 실증주의적 엄밀성의 소심한 신중성을 언제나 소중히 여기는 원한의 인식론—그것은 필연성을 미덕으로 만든다—의 경우)의 토대를 제공할 수 있다.

성찰적 사회학이 그러한 분석으로부터 이끌어 낼 수 있는 온갖 교훈에 대한 자세한 설명은 여기서 생략할 것이다. 나는 다만 그러한 대상에 작용하며 그 즉각적인 결과—이는 사회학의 사회학이 생필품이지 사치품이 아니라는 증거이기도 하다—가 대상 자체에 대한 더 나은 지식인, 과학적 기획이 나로 하여금 밝혀내게 만들었던 그 기획의 가장 은밀한 전제 조건들 중 가운데 한 가지만을 제시하고 싶다. 내 작업의 첫번째 단계에서 나는 대학 공간의 모델을 특수한 세력 관계에 연결된 위치 공간으로서 구축했으며, 또한 세력 장이자 그 자체를 보존하거나 변형시키기 위한 투쟁의 장으로서 구축했다. 나는 거기서 멈출 수도 있었을 것이다. 하지만 과거 알제리에서 수행한 민족학 연구 과정 중에 내가 관찰했던 것은 나를 스콜라적 관점과 결합한 '인식중심주의'에 민감해지도록 만들었다. 게다가 출판과 관련해 내가 가지게 된 불편함, 나 자신을 내가 여전히 참여하고 있는 게임의 관찰자로 놓음으로써 일종의 배신을 저질렀다는 느낌으로 말미암아 나는 내 기획을 되돌아보지 않을 수 없었다. 그 결과, 나는 중립적 관찰자의 입지를 택한다는 주장의 함의를 아주 첨예하게 경험했다. 연구 조사 절차의 절대적인 비인격성 뒤에 숨어 있기 때문에 어디에나 있는 동시에 보이지는 않는, 그리하여 경쟁자이기도 한 동료들에 대해 거의 신이나 다름없는 관점을 취할 수 있는 중립적 관찰자 말이다. 사회학을 장 내부의 투쟁에 대한 지식의 도구, 또 무엇을 하든 상관없이 계속해서 투쟁을 이어갈 수 밖에 없는 이 인식하는 주체 그 자신에 대한 지식의 도구가 아닌, 이 투쟁 속의 무기로 바꾸어 놓는 제왕적 지위에 대한 야심을 객관화함으로써, 나는 관점의 공간을 구성하는 이의 국지적이고 국지화된 관점에 결부되어 있는 각종 전제와 편견들의 의식을 분석 안에 다시 끌어들이는 방법을 갖게 되었다.

객관주의적 객관화의 한계에 대한 인식은 나로 하여금 사회 세계, 특히 학문 세계 안에서 제도들이 총체적으로 연계되어 있으며, 그 효과는 세계에 대한 객관적인 진실과 우리는 무엇이며 세계 안에서 무엇을 하는가에 관한 체험된 진실 ——객관화된 주체들이 '세상 일들은 그렇지 않다'는 생각으로 객관주의적 분석에 맞설 때 제시하는 모든 것 ——사이의 간극을 받아들일 수 있게 한다는 점을 깨닫게 해주었다. 예컨대 고객 전체가 또한 경쟁자가 되는 시장에서 독점력을 가지기 위해 모든 이가 투쟁하며 따라서 삶이 매우 고단해지는 세계의 경우,[55] 환경이 제공하는 보상의 만족감이나 핑계를 수용함으로써 우리가 스스로를 인정할 수 있게 해주는 집단적인 방어 체계가 존재한다. 객관적이면서도 주관적인 이러한 이중의 진실 double truth이 바로 사회 세계의 총체적인 진실을 구성하는 것이다.

조금 망설여지긴 하지만, 내가 마지막 예로 들고 싶은 것은 얼마 전에 선거 직후 텔레비전 토론 방송[56]에 관해 발제했던 내용이다. 그것은 겉으

---

55 이는 부르디외(1971d; 1992a: 192~210)가 '제한생산 시장'이라 부르는 것으로[이를테면 순수 수학 장이 대표적이다], 문화 생산자가 최대 다수의 일반인 공중에게 자기 작업을 내놓게 되는 '일반화된 [대량생산] 시장'과는 반대된다.

56 매번 총선이 치러지는 날 밤이면 프랑스의 주요 텔레비전 채널들은 저명 정치인, 정치학자, 언론인 그리고 정치 평론가들이 나와 선거 결과의 예측과 국내 정치 발전에서의 그 의미를 해석하고 토론하는 프로그램을 편성한다. 그러한 프로그램은 프랑스 텔레비전 시청자들이 거의 보편적으로 일체화할 수 있으며, 점점 더 큰 영향력을 발휘하는 정치 행위의 수단을 구성한다.

로 쉬워 보이기 때문에(그에 관한 모든 것이 즉각적인 직관에 즉각적으로 주어진다) 사회학자가 부딪힐 수 있는 많은 어려움을 보여 주는 대상이다. 말라르메Stéphane Mallarmé가 말하곤 했던 것처럼, 어떻게 하면 우리는 늘 "세상이 하는 소리를 되풀이하는"faire pleonasme avec le monde 영리한 서술을 넘어설 수 있을 것인가? 다음과 같은 관행은 정말로 아주 위험하다. 관련된 행위자들이 이미 말하거나 행해 왔던 것을 다른 언어로 되풀이 말하고 [거기서] 일차적인 의미를 끌어내는 것(이를테면 [선거] 결과에 대한 기다림의 극화, [선거] 결과의 의미에 대한 참여자들 간 투쟁 등), 또는 행위자들이 지니는 의식적인 의도의 산물로서의 의미 —이는 그들이 시간 여유가 있고 방송 출연을 겁내지 않는 조건에서야 말할 수 있는 것이다—를 단순하게(혹은 오만하게) 밝히는 것. 방송 출연자들은 자기 위치에 가장 유리한 표상을 부과해야 하는 내기물이 걸린 상황에서 재-인식[인정]re-connaissance의 행위로서의 [선거] 실패에 대한 공적인 시인이 사실상de facto 불가능하다는 점을—적어도 실천적으로, 그리고 오늘날에는 점점 더 의식적으로—잘 알기 때문이다. 그들은 또한 엄밀히 말해, 숫자와 그 의미가 보편적 '사실'이 아니라는 것을, 그리고 (54퍼센트는 46퍼센트보다 크다는) '명백한 것을 부정'하는 데 내재하는 전략이, 비록 겉보기에는 실패하게 되어 있을지라도 어느 정도의 타당성을 지닌다는 것을 안다(X당이 이겼지만 Y당이 정말로 패한 것은 아니다. 다시 말해 X당이 이겼지만 지난 선거만큼 깔끔하게 승리하지 못했거나 예상보다 더 적은 표 차이로 이겼다 등등).

그러나 진정으로 문제가 되는 것이 바로 이것일까? 단절의 문제가 여기서 특별히 더 두드러지게 제기된다. 그 이유는 분석가가 대상의 해석에서 자기 경쟁자들의 대상 속에 포함되며, 이들 경쟁자들 역시 과학의 권위에 호소하기 때문이다. 이 문제는 다른 과학들의 사정과 대비해 볼 때, 단순한 서술, 심지어 ──적절한 속성들만을 포착하는── 구성된 서술조차 내재적인 가치를 갖지 않기에 특히 예리한 형태로 제기된다. 그것은 중세 왕의 대관식이나 호피Hopi족 사이에서의 은밀한 제의에 대한 서술의 사례에서 가정되는 내생적 가치를 갖고 있지 않은 것이다. 2백만 텔레비전 시청자들이 방송 장면을 시청했고 (일정한 수준에서 그리고 어느 정도까지) 이해했으며, 녹화본은 그 어떤 실증주의적 녹취록도 필적할 수 없는 데이터를 제공한다.

　　사실 객관적 관계들의 공간(구조) ──우리가 직접 관찰하는 의사소통과 언어 교환(상호작용)은 단지 그것의 표현에 지나지 않는다── 을 실제로 구성하지 않는다면, 우리는 끝없이 이어지는 상호 반박 가능한 해석들을 피할 수가 없다. 해석가는 현상 혹은 결과에 관한 결정적인 발언을 제시하기 위해 경쟁하는 해석가들 간의 투쟁에 연루되어 있다. [우리가 해결해야 할] 과제는 스스로를 드러냄으로써 도리어 스스로를 감추는 숨겨진 실재를 파악하는 데 있다. 이 실재는 그것을 감추는 일화적인 형식의 상호작용 속에서만 관찰자들에게 모습을 드러낸다. 이 모든 것은 무엇을 의미하는가? 바로 우리 눈앞에 저널리스트 아마르 씨, 역사가 레몽 씨, 정치학자 X 씨 등, 그들의 성으로 지칭되는 일단의 개인들이 있다. 그들은 겉보기에 '담론 분석'에 어울릴 법한 발언들을 주고받으며, 거기서 모든 가시적 '상호작용'은 그 자체의 분석에 필요한 모든 도구를 제공하는 것처럼 보인다. 그러나 사실 텔레비전 스튜디오에서 펼쳐지는 장면, 행위자들이 평결의 부과를 독점하기 위해, 즉 논쟁의 쟁점에 관한 진실을 말할 수 있는 능력의 인정을 두고 벌이는 상징 투쟁에서 이기기 위해 구사하는 전략들은 관련된 행위자들 간, 아니 좀더 정확하게는 그들이 연루되어 있으며 다양한 입장의 위치를 점유하는 상이한 장들 간 객관적인 세력 관계의 표현이다. 바꿔 말하면, 상호작용은 위계화된 장들의 교차점에서 생겨나는 순전히 현상적이며 가시적인 결과이다.

상호작용의 공간은 언어 시장의 상황으로서 기능하며, 우리는 그 국면적 특성들의 기초가 되는 원리들을 밝혀낼 수 있다.[57] 첫째, 이것은 사전 구성된 공간으로 이뤄진다. 즉 참가자 집단의 사회적 구성은 사전에 결정되는 것이다. 스튜디오에서 말할 수 있는 것과 특히 말할 수 없는 것을 이해하기 위해서, 우리는 발언자 집단의 형성 법칙을 알아야만 한다. 누가 제외되고 누가 스스로 빠지는지를 말이다. 가장 극단적인 검열은 [특정한 행위자/집단의] 부재이다. 따라서 우리는 다양한 범주들(성별, 나이, 직업, 학력 등)의 (통계적이고 사회적인 의미 양쪽에서) 대표 비율, 그리고 각 발언자가 사용한 시간으로 측정되는 발언 접근 기회를 고려해야만 한다. 두번째 특징은 언론인이 이 게임 공간에 대해 (구조적인 것이 아니라 국면적인) 어떤 지배 형식을 행사한다는 것이다. 이 공간은 그가 구축했으며, 거기서 그는 '객관성'과 '중립성'의 규범을 부과하는 심판의 역할을 맡는다.

그렇지만 우리는 여기서 멈출 수 없다. 상호작용의 공간은 여러 상이한 장들 사이의 교차가 실현되는 현장이다. '공정한' 해석을 부과하기 위한, 달리 말해 시청자들이 행위자들의 관점을 객관적이라고 인정하게 만들기 위한 투쟁에서 행위자들은 객관적으로 위계화된 장에의 소속, 그리고 장 안에서의 위치에 따라 달라지는 자원들을 마음대로 사용한다. 우선 우리에게는 정치 장이 있다(Bourdieu 1981d). 정치인들은 직접적으로 게임에 연루되어 있고 그 결과 직접적으로 이해관계가 있으며 또 그렇게 보이

---

57 언어 시장의 개념은 Bourdieu 1977d; 1982a: 34~38, 59~95, 그리고 이 책의 2부 5절에 자세히 설명되어 있다.

기 때문에, 그들은 즉각 판관이자 피고로 인식되고, 따라서 이해관계가 있고 편향되어 있으며, 이 때문에 신뢰가 떨어지는 해석을 제시한다고 항상 의심받는다. 그들은 정치 장에서 상이한 위치를 차지한다. 즉 이 공간에서 그들의 위치는 특정한 정당에의 소속뿐만 아니라 정당 내에서의 지위, 그들의 지역적 또는 국가적 명성, 대중적 인기 등에 의해 결정된다. 다음으로 저널리즘 장이 있다. 언론인들은 만일 필요하다면 '정치평론가'politologues 의 도움을 받아 객관성과 중립성의 수사학을 취할 수 있으며 그래야만 한다.[58] 또 '정치학'의 장이 있다. 그 안에서 '미디어 정치평론가'들은 변변치 않은 위치를 차지한다. 비록 바깥에서는, 특히 그들이 구조적으로 지배하는 언론인들 사이에서는 상당한 특권을 누리지만 말이다. 다음은 정치 마케팅의 장이다. 그것은 정치인들에 대한 그들의 평가를 '과학적' 논변들로 치장하는 미디어 자문단과 광고주들로 대표된다. 마지막으로 학문 장이 있는데, 이는 선거 결과에 대한 논평을 전공으로 발전시켜 온 선거 역사 전문가들로 대표된다. 이렇게 해서 우리는 구조적으로나 법적으로 가장 '연루된' 장으로부터 가장 '동떨어진' 장으로 나아간 셈이다. 학자는 가장 '뒤늦은 지혜', '거리 두는 태도'를 가진 자이다. 선거 이후 뉴스 프로그램에서 그러하듯이, 가능한 한 효과적인 객관성의 수사학을 생산하는 데 있어, 학자는 다른 모든 이들에 비해 구조적인 이점을 누린다.

다양한 행위자들의 담론 전략, 특히 표면상의 객관성을 생산하는 데 목표가 있는 수사학적 효과는 장들 간 상징적 세력 균형, 그리고 이 장들에

---

58 저널리즘 장의 기능 작용, 그리고 그것이 정치 장 및 다양한 문화 생산 장 들과 맺는 관계에 대해서는 '저널리즘의 패권'을 특집으로 다룬 『사회과학 연구 논집』의 합본호(101/102호, 1994년 3월호)와 부르디외의 몇몇 작업(Bourdieu 1994c; 1996a; 1996b)을 참고하라.

의 소속이 여러 참여자에게 부여하는 특수한 자원에 의해 좌우될 것이다. 바꿔 말하면, 그 효과는 '중립적' 평결을 두고 이루어지는 이 특별한 상징 투쟁에서 참여자들이 상이한 장들 사이에서 얻게 되는 보이지 않는 관계 체계 속에서의 위치 덕분에 소유하는 특수한 이해관계와 차별적인 자산에 따라 결정된다는 것이다. 예를 들어 정치학자는 객관적이라고 사람들이 좀더 쉽게 믿는다는 사실 때문에, 그리고 비교 분석이 가능할 만큼 선거 역사에 통달한 그의 특수한 능력을 드러낼 수도 있기 때문에 정치인과 언론인에 비해 우위를 점할 것이다. 그는 언론인과 동맹을 맺을 수도 있는데, 그럼으로써 언론인이 내세우는 객관성의 요구를 강화하고 정당화할 것이다. 이 모든 객관적 관계의 결과가 상호작용 안에서 수사학적 전략의 형태로 스스로를 드러내는 상징권력의 관계이다. 바로 이들 객관적 관계가 누가 누군가를 중단시키고, 질문을 하고, 방해받지 않으면서 길게 말하고, 또는 다른 이의 방해를 무시할 수 있는지, 누가 (이해관심에 대한, 그리고 이해관심이 걸린 전략에 대한) 부정의 전략을 맡을 것인지, 혹은 누가 대답을 의례적으로 거절하거나 진부한 상투어들을 떠안을 것인지를 대부분 결정하는 것이다. 객관적 구조에 대한 분석이 어떻게 담론의 세부 사항과 수사학적 전략을, 공모와 반대를, 그리고 그 시도와 효과의 추이를 설명할 수 있게 해주는지, 한마디로 그것이 어떻게 담론 분석이 담론만을 근거로 이해할 수 있다고 믿는 모든 것을 설명할 수 있게 해주는지 보여 줌으로써, 우리는 [연구를] 더 밀고 나갈 필요가 있을 것이다.

그러나 이 경우 어째서 분석이 특별히 어려운 것일까? 이는 분명 사회학자가 객관화하려는 사람들이 바로 객관적인 객관화의 독점을 둘러싼 경쟁자들이기 때문이다. 사실 사회학자는 자신이 연구하는 대상이 무엇인가에 따라서 그가 관찰하는 내기물과 행위자들로부터 어느 정도 떨어져 있기도 하고, 그들과 어느 정도 직접적으로 경쟁 관계에 놓이기도 하며, 그리하여 객관성의 가면을 쓰고서 메타 담론의 게임에 들어가고 싶어지기도 한다. 여기서의 경우처럼, 분석 중인 게임이 다른 모든 담론들——선거 승리를 선언하는 정치인, 후보자들 간 격차를 객관적으로 보도한다고 주장하는 언론인, 과거 혹은 현재의 통계 자료를 가지고서 표 차이와 추세 비교에 기대 우리에게 객관적인 설명을 제시한다고 주장하는 선거 역사 전문가와 '정치평론가'의 담론——에 관한 메타 담론을 전하는 게임일 때, 한마디로 스스로를 담론의 힘만으로 게임의 꼭대기, 즉 메타에 위치시키는 게임일 때, 전략들의 과학을 활용하는 것은 솔깃한 일이다. 상이한 행위자들이 게임의 진실을 말하기 위해 그들의 '진실'에 대한 승리를 확실히 할 셈으로, 그리하여 혼자 힘으로 게임에서 승리를 확보하려고 전개하는 전략들에 대한 과학적 분석 말이다. 관찰자의 지각을 결정하는 것, 특히나 그 자신의 기득권을 알려 주는 [즉 기득권 때문에 생겨나는] 맹점들을 관찰자에게 부과함으로써 관찰자의 지각을 결정하는 것은 바로 정치사회학과 '미디어 지향적인 정치평론' 간의 객관적 관계, 더 엄밀하게는, 관찰자와 관찰 대상이 객관적으로 위계화된, 그들 각자의 장에서 차지하는 위치들 간의 객관적 관계이다.

이러한 사례에서 우리가 명확하게 볼 수 있듯이, 사회학자가 그의 대상과 맺는 관계의 객관화는 분명히 대상에 대한 그의 '이해관심'의 근원에 있는, 그 대상에 투자하려는 성향과 단절하기 위한 필요조건이다. 우리가 객관화를 수행하는 위치에 있으려면 어떤 의미로는 과학을 이용해서 대상에 개입하려는 시도를 단념해야만 한다. 이때 객관화란 단순히 게임 내부에서부터 다른 참여자(들)에 대해 얻을 수 있는 편파적이고 환원주의적인 시각이 아니라, 오히려 게임에서 물러나 있기에 그것을 있는 그대로 파악할 수 있는, 게임에 대한 포괄적인 시각인 것이다. 오직 사회학의 ──그리고 사회학자의 ──사회학만이 우리가 즉각 구하는 과학적 목표들을 통해 추구될 수 있는 사회적 목표들을 확실하게 통제할 수 있게 해준다. 어쩌면 사회학적 기술sociological art의 최고도의 형식일 참여 객관화는 다음과 같은 한도에서만 실현 가능한 것이다. 즉 그것이 참여 사실 자체에 새겨져 있는, 객관화에 대한 이해관심의 가급적 완전한 객관화에 기반을 두고, 동시에 이러한 이해관심과 그 위에 서 있는 표상들에 대한 괄호 치기에 기반을 두는 한에서 말이다.

부록

감사의 말

이 책 2부의 일부분은 이전에 다른 형식으로 공개된 바 있다. 우리는 Pierre Bourdieu & Loïc J. D. Wacquant, "For A Socio-Analysis of Intellectuals: On 'Homo Academicus'"(*Berkeley Journal of Sociology*, 34[1989]: 1~29)에서 몇몇 문단의 재출간을 허락해 준 『버클리 사회학 저널』의 편집위원회, 그리고 Loïc J. D. Wacquant, "Toward a Reflexive Sociology : A Workshop with Pierre Bourdieu"(*Sociological Theory*, 7[Spring 1989]: 26~63)에서 수정된 일부의 재출간을 허락해 준 미국사회학회American Sociological Association와 블랙웰 출판사Basil Blackwell, Publishers에 감사한다.

이 책에 관해 작업하면서 나는 여러 기관, 그리고 여러 분들의 지적이며 물질적인 도움을 누릴 수 있었다. 먼저 시카고 대학 사회학과. 여기서 빌 윌슨은 계속해서 나를 개인적으로 또 지적으로 격려해 주었는데, 이는 제임스 콜먼의 우정 어린, 하지만 격렬한 비판에 훌륭한 균형추가 되었

---

† 이 글부터 「부르디외를 읽는 두 가지 경로」까지 네 편의 글은 로익 바캉의 것이고, 그 뒤로는 옮긴이의 후기와 용어 해설을 수록했다.

다. 도시 빈곤 프로젝트Urban Poverty Project, 정치연구센터Center for the Study of Politics, 와일더 문화와 역사의 집Culture and History at Wilder House에서 초고의 많은 부분이 물리적으로 생산되었다. 인간과학연구원Maison des sciences de l'homme의 소장인 클레먼스 헬러는 이 기획의 결정적인 전기에 필요한 여행을 할 수 있도록 도와주었다. 하버드 펠로우 협회Society of Fellows at Harvard University에서 나는 1부를 쓰기 위해 필수적인 은신처를 발견했으며, 최종 수정본 직전의 원고를 마쳤다.

수많은 친구와 동료들이 친절하게도, 혹은 바보스럽게도 이 텍스트의 여러 판본을 꼼꼼히 봐주느라 자기 작업 시간을 버리곤 했다. 원고는 틀림없이 그 덕분에 훨씬 더 나아질 수 있었다. 그들 가운데 나는 특히 크레이그 캘훈, 윌리엄 로저스 브루베이커, 데이비드 스타크David Stark, 그리고 다니엘 브레슬라우의 이름을 들고 싶다. 나는 각별히 로저스에게 빚지고 있는데, 그는 신뢰할 만하게 명석한 제안을 해주었으며 이 프로젝트를 뒤늦게나마 끝맺을 수 있도록 나를 재촉해 주었다. 나는 또 베넷 버거, 필립 부르구아, 린 샤론 챈서, 랜달 콜린스, 찰스 크로더스Charles Crothers, 폴 디마지오, 데이비드 라이틴David Laitin, 돈 러빈, 레이먼드 T. 스미스Raymond T. Smith, 조지 슈타인메츠George Steinmetz, 존 톰슨, 에릭 올린 라이트Eric Olin Wright, 그리고 노버트 윌리Norbert Wiley의 논평과 반응으로부터 도움을 받았다(노버트 윌리는 『사회학 이론』Sociological Theory지에 '시카고 워크숍'의 원형을 싣도록 초대했다. 이는 확고한 명성을 가진 학술지 편집장으로서는 다소 대담한 결정이었는데, 그 자신은 모르겠지만 이렇게 해서 이 책의 씨앗을 뿌린 셈이 되었다). 덕 미첼Doug Mitchell은 이러한 과업을 그만의 열정과 효율성, 요령 있는 속도감을 배합해 수행해 주었다. 나는 젊은 사회학자들이 모두 그와 같은 편집자와 함께 일할 수 있는 기회를 누리길 바란다. 클라우디아 렉스Claudia

Rex는 무척이나 힘든 상황에서 굉장한 원고 편집 능력을 발휘해 주었다.

파리의 유럽사회학연구소 연구원들은 몇 차례에 걸친 짧은 방문에서 나를 진심으로 그들의 일원처럼 반겨 주었고, 그들의 개인 작업과 공동 작업이 무엇인지, 『사회과학 연구 논집』이 어떻게 편집되는지, 또 어떻게 해서 부르디외 팀의 일상적인 세계 속으로 일종의 사회화가 빠르게 이루어지는지 소중한 통찰력을 제공했다. 나를 편안하게 맞아 주고 연구소의 지적 열정을 공유하게 만들어준 그들에게 (특히 이베트 델소Yvette Delsaut, 모니크 드 생마르탱Monique de Saint Martin, 모니크 아르망Monique Armand, 압델말렉 사야드, 파트리크 샹파뉴, 그리고 마리-크리스틴 리비에르와 로진 크리스탱Rosine Christin에게) 심심한 감사의 마음을 표하고 싶다.

끝으로 나는 피에르 부르디외에게 감사한다. 그는 지난 3년간 내가 그에게 다양한 미디어(면대면 토론, 국제 전화 통화, 편지와 소포 꾸러미, 전자우편과 팩스)를 통해 언제 끝날지도 모르는 질문과 반대를 계속 제기했음에도 변함없이 참을성 있고 신중한 답변을 해주었다. 뿐만 아니라 그는 이 책의 최종본을 어떻게 만들지 하는 문제와 관련해 내게 완전한 편집상의 자유를 주었다. 그와 함께 이 책을 공동으로 쓰는 작업이, 내게는 그 자체로 하나의 교육이었으며, 어떤 대학원도 주지 못했던 종류의 지적 성실성에 대한 교훈이었음은 두말할 나위가 없다.

내가 사회 이론이라는 골치 아픈 기획 속에서 허우적거리는 동안 그래도 두 발을 땅에 —아니 정확히 말해, 링 매트에— 붙이고 있게 해준 디디DeeDee와 63번가의 내 친구들에게도 고마움의 말을 전하고 싶다. "이봐, 루이, 친구, 뭔 소리를 하는 거야? 성찰적 사회학이라니, 그게 뭔데?"

1991년 10월 시카고에서

부르디외를 기억하며

스무 살에 부르디외를 만나다

내가 부르디외를 만난 것은 1980년 11월의 어느 침침한 저녁, 파리 근교의 국립이공과학교École Polytechnique에서였다. 거기서 그는 '정치의 문제'라는 주제로 공개 강연을 하고 있었다. 내게는 빡빡하고 난해한 강연이었다. 강연 이후 학교 카페에서 한 무리의 학생들과 토론이 있었고 이는 새벽까지 이어졌다. 거기서 부르디외는 미테랑이 승리했던 1981년 대통령 선거 전야의 프랑스 사회와 정치 사이의 심층적 관계를 뛰어난 외과 의사의 솜씨로 해부했다. 그것은 계시와도 같았고, 나는 곧 이렇게 생각했다. "만일 이런 게 사회학이라면, 나는 사회학이 하고 싶다." 그래서 나는 낭테르[파리10

† 이 글의 원제목은 "Heart of Bourdieu/Bourdieu au coeur"이다. 바캉은 부르디외 타계 십 주기를 기념하는 이 글을 전 세계 십여 개국의 크고 작은 미디어에 기고, 출간했다. 국내에서 는 2012년 『인문예술잡지 F』 5호(69~76쪽)에 번역, 게재된 바 있다. 새로 약간의 교정을 거친 이 글을 바캉의 허락을 얻어 이 책의 후기로 싣는다. 재출판을 양해해 준 『인문예술잡지 F』에 감사한다. ─옮긴이

대학]에서 사회학 과정을 시작했다. 나는 콜레주 드 프랑스에 막 취임한 부르디외의 강의를 들으러 가느라 고등상업학교HEC에서의 강의를 습관적으로 땡땡이쳤다. 콜레주 강의가 끝나면 나는 참을성 있게 그를 기다렸다가 질문을 쏟아냈다. 우리는 파리 시내를 함께 걸으면서 그의 집으로 돌아가곤 했다. 그것은 사회학자 지망생에게는 환상적인 특별 강의였다.

당시 부르디외는 클로드 레비-스트로스나 미셸 푸코, 자크 데리다와 같은 사회과학의 기라성 같은 거장들 사이 어디에 위치했는가? 그때 이미 그는 『실천 이론 개요』(1972), 그리고 『구별 짓기』(1979)의 저자로 유명했다. 전자는 구체적인 상황 속에 있는 사람들의 일상적인 행위를 포착하려 노력하면서 레비-스트로스의 관념적 구조주의에 도전했다. 후자는 우리의 가장 내밀한 선호마저도 사회 내에서의 우리 위치와 궤적에 의해 특징지어진다는 사실을 드러냄으로써 데리다가 옹호한 취향의 철학적 비전을 반박했다.

하지만 나는 부르디외를 당대의 주요 사상가들과 관련시켜 보지 않았다. 일단은 내가 지적 야심이 없었던 데다가, 그가 친절하고 따뜻하며 수줍음 많은 사람이었기 때문이다. 나는 그를 학술지 『사회과학 연구 논집』이라는 오케스트라의 지휘자로 보았다. 읽기 매우 어렵긴 했지만 나는 그 잡지를 정기 구독하고 있었다. 『사회과학 연구 논집』은 독자들을 과학의 주방으로 들어가게 해준다는 점에서 매우 독특한 학술지였다. 그것은 상식과 단절해 구축되는 사회학적 대상의 생산 과정을 보게 해준다. 우리 세대의 연구자들에게 부르디외로부터 배우는 가장 좋은 방법은 그가 창간했고 사반세기 동안 편집했던 이 잡지를 읽는 것이었다. 나중에 또 다른 세대들은 그가 1996년 출범시켰던 "행동의 이유"라는 문고본 총서를 통해 그의 사상을 발견하게 된다.

실천의 과학과 지배에 대한 비판

부르디외는 백과사전적인 사회학자이다. 그는 40권의 책과 수백 편의 논문을 펴냈다. 그것들은 엄청나게 다양한 주제를 다루고 있다. 농촌 마을의 친족 관계로부터 학교 교육, 사회 계급, 문화, 지식인, 과학, 법, 종교, 남성 지배, 경제, 국가에 이르기까지 그 목록을 만들자면 끝도 없을 것이다. 그런데 이 당황스러울 만큼 풍부한 경험적 대상들 아래 소수의 개념과 원리가 놓여 있다. 그것들이 그의 저작에 놀라운 통일성과 응집력을 부여한다.

부르디외는 '인간 실천의 과학'을 발전시켰다. 그것은 계급적, 인종적, 성적, 국가적, 관료제적 등등 온갖 유형의 지배에 대한 비판에 바탕을 둔다. 이 과학은 반이원론적anti-dualistic이고 투쟁 중심적agonistic이며 성찰적이다. 그것은 신체와 정신, 개인적인 것과 집단적인 것, 물질적인 것과 상징적인 것과 같은 철학과 고전 사회학에서 내려오는 대립들을 피해 가면서, 미시적인만큼이나 거시적인 수준에서 (이유를 추적하는) 해석과 (원인을 발견하는) 설명을 병합시킨다는 점에서 '반이원론적'이다. 이 사회학은 '투쟁 중심적'이다. 그것이 모든 사회 세계, 심지어 겉으로 보기에는 가장 평화로운 가족이나 예술조차 끝없는 다면적 투쟁의 장소라고 주장하기 때문이다. 끝으로 부르디외 사회학은 '성찰적'이라는 점에서 맑스, 뒤르켐, 베버 등과 같은 창건자들의 사회학을 포함한 다른 사회학들과 결별한다. 그에 따르면, 사회학자는 자기 자신에게로 자기 도구들을 반드시 되돌려야 하며, 사회적 존재이자 문화 생산자로서 자기에게 가해지고 있는 사회적 결정 요인들을 통제하려 노력해야 한다.

부르디외에게 역사적 행위는 두 가지 형식 아래 존재한다. 하나는 신체 속에 침전된 체화된 형식이며, 다른 하나는 사물 속에 침전된 제도화된 형식이다. 한편으로 역사적 행위는 부르디외가 '하비투스'라고 이름 붙인 지각과 평가의 범주들, 지속적인 성향 다발의 형식 아래 개인 유기체의 가장 깊숙한 곳에 쌓이면서 '주체화'된다. 다른 한편 그것은 부르디외가 '자본'이라는 용어로 포착한 유효 자원의 배분 형식 아래, 그리고 그가 (정치, 사법, 예술 등의) '장'이라고 부른, 특수한 기능 작용의 논리를 갖춘 소세계들의 형식 아래 '객체화'된다.

부르디외 사회학의 의제는 신체로 이루어진 역사와 사물로 이루어진 역사 사이의 변증법, 달리 말하면 하비투스와 장, 성향과 위치 사이의 대위법적 상호작용을 규명하는 데 있다. 이는 사회 생활이 지닌 신비의 핵심으로 우리를 이끈다. 부르디외는 다음과 같이 주장한다. 만일 (하비투스라는) 정신 구조와 (장이라는) 사회 구조들이 서로 호명하고 응답하고 상응한다면, 이는 그것들이 발생적이며 순환적인 관계에 의해 연결되어 있기 때문이다. 즉 사회는 일단의 개인들에 특징적인 존재와 감각과 사고방식, 성향을 틀 짓는다. 이 성향이 다시 행위를 좌우하는데, 바로 그 행위에 의해 개인들은 역으로 사회를 틀 짓는 것이다.

여기에 자본 유형들의 다원성과 태환 가능성이라는 중심 아이디어를 덧붙이자. 지금 우리 사회에서 불평등은 경제자본(재산, 수입)뿐만 아니라 문화자본(학위), 사회관계자본(유용한 사회적 연줄), 상징자본(권위, 인정)으로부터 비롯된다. 이제 이 모든 것을 뒤섞는다면, 당신은 유연하면서도 역동성 있는 투쟁 중심적 사회학의 레시피를 갖게 된 셈이다. 이 사회학은 우리가 역사를 생산하는 과정에서의 물질적·상징적 투쟁을 추적할 수 있게 해준다.

시민 사회의 이슈와 정치 참여

사람들은 종종 부르디외의 정치 참여에 대해 의아하게 여긴다. 특히 1995년 12월 소요 이후의 그의 개입에 대해서 말이다. 당시 수백만의 프랑스인들이 복지국가를 후퇴시키려는 정부 계획에 저항하기 위해 거리로 쏟아져 나왔다. 사실 부르디외의 정치 '참여'는 알제리 위기 동안 수행된 그의 청년 시절 작업들로 거슬러 올라간다. 1955~1962년의 알제리 위기는 계속되는 프랑스의 통치에 대항한 민족주의 폭동에 의해 촉발된 것이었다. 고등사범학교를 갓 졸업했던 부르디외는 철학에서 인류학으로, 즉 순수한 사변으로부터 경험적 탐구로 전향한다. 이는 이 끔찍한 전쟁이 가져다준 정서적 충격을 흡수하고 탈식민화에 대한 임상진단적인 시선을 전개하기 위해서였다. 탈식민화는 프랑스 제4공화국을 뒤흔들었고 결국엔 무너뜨렸다.

부르디외에게 사회과학을 한다는 것은 언제나 시민 사회의 논쟁에 기여하는 하나의 방식이었다. 그의 주요 저작들은 당시의 주된 사회정치적 질문과 맞붙었고 그것을 다시 정식화했다. '해방하는 학교'라는 능력주의의 신화를 벗겨낸 『재생산』(1970)이 그랬고, 관료제적 지배의 정당화 메커니즘을 폭로했던 『국가 귀족』(1989)이 그랬다. 『세계의 비참』(1993)에 관한 연구팀의 현장 조사 보고서 역시 마찬가지이다. 그것은 1995년 12월 공공지출 삭감에 항의하는 리옹 역의 철도 노동자들 앞에서 부르디외가 했던 유명한 연설에 2년 앞서 나왔다.

시간이 지나면서 변화한 것은 시민으로서 부르디외의 참여 활동이 나타나는 방식이다. 애초에 그것은 순전히 과학적 작업 속에서, 그것을 통해 승화되었다. 이후 그것은 조금씩 더 눈에 띄는 형식을 취하다가 종국에는 일반 공중의 시야에까지 들어오는 구체적인 행동들로 치닫게 되었다. 거기엔 두 가지 이유가 있다. 일단 부르디외가 변했다. 그는 나이 들었으며, 과학적 권위를 축적했다. 그는 또 정계와 언론계의 작동 방식을 더 잘 파악하게 되었고, 거기서 일정한 효과를 생산해 낼 수 있는 더 많은 능력을 갖게 되었다. 하지만 세상 역시 변화했다. 1990년대에는 시장 독재가 민주주의 투쟁의 집단적인 성과물들을 직접적으로 위협하게 되었고, 따라서 개입은 사회적으로 긴급한 문제가 되었다. 늘 변하지 않은 채 남아 있었던 것은 연구에 대한 부르디외의 탐욕스러운 열정과 과학에 대한 헌신이었다. 그는 '싸구려 철학'philosophie de magazine과 이른바 포스트모더니스트들의 비합리주의가 침식해 들어오는 데 맞서 필사적으로 과학을 방어했다.

부르디외를 확장시키기

부르디외의 작업을 어떻게 앞으로, 또 바깥으로 나아가게 만들 것인가? 인문학과 사회과학을 통틀어 부르디외 이론을 채택하고 검증하고 진보시켰던 학자들을 모두 열거하자면 열 권짜리 책으로도 모자랄 것이다. 나는 그의 가르침을 세 종류의 전선에서 확장·전개시키고 있다. 육체, 게토, 그리고 형벌 국가가 그것이다. 『육체와 영혼: 어느 복싱 견습생의 민족지 노트』에서 나는 하비투스 개념을 이중적으로 테스트했다. 먼저 경험적 대상으로서이다. 나는 어떻게 한 사람에게서 정신 도식, 운동 기술, 그리고 육체적 욕망이 조합되는지를 해부했다. 이것들이 함께 어우러져 열망을 가진 유능한 권투 챔피언을 만드는 것이다. 다음으로는 탐구 방법으로서이다. 나는 시카고의 흑인 게토 지역에 있는 체육관에서 3년 동안 연습하면서 권투 하비투스를 습득했다. 이는 육체를 지식의 장애물로서가 아니라 지식 생산의 벡터로서 다루는 육체 사회학carnal sociology으로의 길을 내기 위해서였다.

내 책『도시의 버림받은 자들』Urban Outcasts, 2008은 부르디외의 모델을 인종과 도시 불평등의 전선에 배치한다. 이는 세기의 전환기에 국가가 도시의 주변성들을 근거로 삼아 구조와 정책의 형태를 만들어 내는 방식을 보여 주는데, 그렇게 미국에서는 '하이퍼 게토', 프랑스와 서유럽에서는 '안티 게토'가 출현하기에 이른 것이다.

끝으로『가난을 엄벌하다』Prisons of Poverty, 1999; 2009에 집약된 내 연구는 '톨레랑스 제로'tolérance zero 정책과 같이 강력한 법에 의한 질서 유지라는 의제의 전 지구적인 확산에 관한 것이다. 그것은 감옥의 귀환이 가난에 대한 새로운 관리 양식의 도래를 특징짓는다는 사실을 폭로한다. 이 양식은 탈규제화된 노동 시장의 '보이지 않는 손'과 지나칠 정도로 활동적이며 부당하게 난입하는 형벌 장치의 '철권'을 결합한 것이다. 신자유주의는 '작은 정부'를 낳는 것이 아니다. 그것은 사회정책적인 면에서는 복지welfare로부터 생산적 복지workfare로의 이행이고 사법적인 면에서는 '감옥 복지' prisonfare의 대규모 확장이다.

상징권력의 중앙은행으로서 국가

1989년부터 1992년까지 부르디외가 콜레주 드 프랑스에서 강의했던 내용이 얼마 전『국가에 대하여』(2012)라는 제목으로 간행되었다. 이 책은 부르디외의 주요 저작 가운데 하나로, 정치 사상이나 시민 사회의 논쟁에 대한 부르디외의 중요한 목소리를 담고 있다.

앞으로 출간될 예정인 유작들 가운데 첫번째 주자인 이 책은, 부르디외가 우리를 선생님처럼 안내하는 형식을 취하고 있다. 그는 니체가 '차가운 괴물'이라고 공격했던 대상, 이제 우리에게 너무나 익숙해져 버린 나머지 그것이 스스로를 거의 보이지 않게 만들었다는 것조차 깨닫지 못하게 된 그 대상을 향해 서서히 나아간다. 그는 (행정 설문지를 채운다든지 의료 확인서에 서명한다든지 하는 평범한 행동들로부터 출발해 국가에 접근하면서) 자신이 왜 그런 식으로 문제를 제기하는지를 명료하게 밝히고, 그가 피해 가는 함정들을 가리키며 자신의 시행착오, 의구심, 심지어는 불안감까지도 드러낸다. 이렇게 부르디외는 우리를 자신의 사회학적 실험실 안으로 초대하면서 실천적인 사회학 예비 과정을 제공하는 것이다.

부르디외는 국가를 '상징자본의 중앙은행'으로 특징지으면서 국가이론에 새로운 활기를 불어넣는다. 국가는 (한 세기 전에 막스 베버가 제안했듯) 경찰과 군대를 가지고 물리적 폭력의 정당한 활용을 독점하는 기관일 뿐만 아니라 '상징폭력'의 정당한 활용을 독점하는 기관이기도 하다. 상징폭력이란 특히 교육 체계와 법을 통해 범주들을 주입하고 정체성을 부여하는 능력, 즉 세계에 대한 진실을 언명veridiction하는 권력을 말한다. 『국가에 대하여』는 일련의 놀라운 역사적 창안물들을 다시 추적한다. 권력의 사적인 전유와 왕조적인 전승에 기반을 둔 '왕실'maison du roi은 그러한 창안물들을 통해 학위에 기초한 관료제적인 수단에 의해 재생산되는 '국가 이성'raison d'État으로 점차 변모해 갔던 것이다. 이렇게 해서 국가는 야누스적 얼굴을 한 제도로서 등장했다. 한편으로는 그 조종간을 구성하고 통제하는 이들이 자기들 이익에 맞게 보편적인 것l'universel을 전용하는 수단이 국가이며, 다른 한편으로는 보편적인 것을 촉진시키고, 그리하여 정의를 진보시킬 수 있게 해주는 방편이 바로 국가이다.

『국가에 대하여』는 '장기 지속'longue durée이라는 관점에서 오늘날 전세계를 뒤흔들고 있는 금융과 화폐 경제의 붕괴로 인한 정치적 투쟁의 쟁점과 의미를 더 잘 포착하는 데 쓸모 있는 소중한 도구들을 제공한다. 그것은 우리에게 다음과 같은 사실을 일깨운다. 즉 시장은 국가가 구축한 것이며, 따라서 국가는 시장을 제어할 수 있다. 국가를 지배하는 이들이 그렇게 하겠다는 집단적인 정치적 의지를 결집시킨다면 말이다. 부르디외의 분석은 또한 다음과 같은 점을 시사한다. 기존의 경제 질서가 두르고 있는 겉보기에만 학술적인 언표들(예컨대 신용 등급 평가 기관들의 평가)은 그에 대한 집단적 믿음에 기대고 있는 상징적 쿠데타에 지나지 않는다고 말이다. 그 믿음은 (주류 미디어를 비롯해) 그러한 쿠데타에 굴복한 이들에 의해 부여되는 것이다.

이와 관련해 우리가 부르디외의 소책자 『맞불』Contre-feux, 1998 ─이 책의 부제는 "신자유주의의 침공에 맞서는 저항을 지원하기 위한 논고"이다─에 실려 있는 글을 다시 읽어 본다면 유익할 것이다. 거기서 부르디외는 그가 (당시 독일연합은행의 수장이었으며 유로화의 전도사였던) '티트마이어Tietmeyer 사상'이라고 이름 붙인 것을 혹평한 바 있다. 그것은 이후 '트리셰Trichet 사상'이 되었고, 다시 '드라기Draghi 사상'이 되었다.[1] 그것은 근본에 있어 자의적이며 정치 지도자들의 자발적 복종에 의해서만 지속될 수 있는 금융 독재를 마치 불가피한 것인 양 표상한다.

---

1 장-클로드 트리셰는 유럽중앙은행의 제2대 총재이며, 마리오 드라기는 제3대 총재이다.─옮긴이

부르디외의 타계 이후 개인적으로 가장 그리운 것은 새벽 두 시 버클리에 걸려 오곤 하던 그의 전화다. 종종 걱정스런 어조로 시작한 통화는 언제나 웃음소리와 함께 끝났다. 그것은 내게 자극적인 에너지를 불어넣어 주었다. 그의 작은 부엌에서 함께 먹곤 했던 아침 식사 역시 그립다. 식사 시간 동안에는 연구 작업, 정치 토론, 인생살이의 조언과 같은 것들이 모두 사회학에 담겨 뒤섞였다. 그는 결코 자신의 사회학적 안경을 벗어 놓은 적이 없었다. 피에르 카를Pierre Carles이 그에 관해 만든 다큐멘터리 영화 「사회학은 격투기다」(2001, DVD 2007)에서 부르디외는 자기가 그렇지 않다고 변명했지만.

어쨌거나 『실천 감각』의 저자는 우리들 사이에서 여전히 살아 현존해 있다. 그의 사유가 자극한 전 세계의 수많은 작업들을 통해서 말이다. 부르디외는 이제 다양한 분과 학문과 국가의 경계들을 가로지르는 집단적인 연구 기획의 이름이 되었다. 그것은 엄밀하면서도 기성 질서에 비판적이고 역사적 가능성의 스펙트럼을 넓히고자 고심하는 사회과학에 자양분을 제공한다.

2012년 1월 파리에서

부르디외를 어떻게 읽을 것인가

사방으로 뻗쳐 있는 부르디외의 저작에 들어가는 문을 발견하는 과업은, 초심자에게, 어디에서 시작해야 할 것인가라는 난감한 문제를 제기한다. 다음에 나오는 전략은 나 자신의 개인적인 선호를 반영한다. 그것은 내가 조직했던, 피에르 부르디외에 관한 워크숍 참가자들이 효율성을 확인한 전략이기도 하다(여기에는 영어로 번역된 글만 포함되었으며, 긴 글보다는 짧

---

† 1992년 영어판에 실린 이 부록은 2014년 프랑스어 개정 증보판에서는 「부르디외를 읽는 두 가지 경로」로 대체되었다. 그것이 기본적으로 영미권 독자들을 위한 안내문이며, 1992년을 기준으로 삼은 부르디외 서지 사항이 이제 '낡았다'는 저자 바캉의 판단 때문이었을 것이다. 영어판의 개정본이 나오더라도 프랑스어 신판을 기준으로 삼을 테고, 이 부록은 빠질 가능성이 크다. 그럼에도 이 텍스트를 우리말 번역본에 군이 포함시킨 이유는 그것이 갖는 나름대로의 유용성이 있다고 보기 때문이다. 「부르디외를 읽는 두 가지 경로」가 부르디외 사상을 시기별, 핵심어별로 전체적으로 조망하는 데 초점이 맞춰져 있다면, 이 텍스트는 제목 그대로 (외국인) 초심자를 위한 독서 가이드의 역할에 충실하다. 이 텍스트가 부르디외 저작의 영역본 정보를 제공하고 있다는 사실 또한 상대적으로 영어 문헌에 접근하기 편한 우리 독자들에게는 유리한 점이다. 부르디외 저작의 우리말 번역도 상당히 이루어져 있긴 하나, 아예 독해 불가인 책들이 적지 않고, 그나마 논문들의 경우엔 영역본을 참조할 수밖에 없는 국내 학계의 사정 또한 이 부록을 여전히 의미 있게 만든다. 각주에서 부르디외 저작의 경우에는 저자 표기를 생략하였으며, 원문의 발간 연도는 번역본과 다른 경우에만 [ ] 안에 별도로 표시하였다. ——옮긴이

은 글들에 우선순위가 두어졌다). 더 (메타)이론적이며 개념적인 것에서부터 경험적인 것으로 내려가는 목록의 순서는 어느 정도 자의적이다. 부르디외가 인식론, 이론, 그리고 경험적인 작업을 분리시키지 않았기 때문이다. 하지만 그것은 논문들의 강조점에 대한 대강의 암시로는 유용하다. 내가 일반적으로 독자들에게 조언하고 싶은 바는 다음과 같은 것들이다. 경험적인 영역들을 가로질러가며 읽기, 좀더 이론 지향적인 연구와 좀더 경험 지향적인 연구들을 번갈아 가며 읽기, 그리고 무엇보다도 부르디외를 친숙한 어휘로 "번역하기"에 앞서 그 자신의 용어 속에서 이해하기. 왜냐하면 그의 논증 스타일과 그 실질은 긴밀하게 얽혀 있기 때문이다.

부르디외의 「사회 공간과 상징권력」에서부터 시작하자.[1] (이와 더불어 로저스 브루베이커의 훌륭한 개관을 읽으면 좋겠다. 폴 디마지오, 그리고 니콜라스 간햄과 레이먼드 윌리엄즈의 글도 유용하다.[2]) 그리고 나서 논문 「상징권력에 관하여」(『언어와 상징권력』에 재수록)과 1986년의 두 인터뷰(이 둘은 『달리 말하면』에 재수록)로 옮겨 가자. 「상징권력에 관하여」는 고전 사회학과 철학의 다양한 조류(헤겔, 칸트, 뒤르켐, 맑스, 베버, 카시러, 소쉬르, 레비-스트로스 등)와의 관계 속에서 부르디외의 기획에 대해 밀도 있게 서술하고 있다.[3] 1986년 인터뷰들은 그것을 프랑스와 국제적인 지식 무대의 맥락에 좀더 충분히 자리매김할 수 있도록 돕는다.[4] 약간 오래되기는 했으나, 「이론

---

1 1989[1988]. "Social Space and Symbolic Power", *Sociological Theory* 7(1): 18~26.

2 Rogers Brubaker. 1985. "Rethinking Classical Sociology: The Sociological Vision of Pierre Bourdieu", *Theory and Society* 14(6): 745~775; Paul DiMaggio. 1979. "Review Essay on Pierre Bourdieu", *American Journal of Sociology* 84(6): 1460~1474; Nicholas Garnham & Raymond Williams. 1980. "Pierre Bourdieu and the Sociology of Culture", *Media, Culture, and Society* 2(3): 297~312.

3 1979[1977]. "Symbolic Power", *Critique of Anthropology* 13/14: 77~85.

적 지식의 세 가지 형식」은 부르디외가 보는 세 가지 근본적인 이론화 형식들, 즉 주관주의적 형식, 객관주의적 형식, 그리고 (이 두 가지의 초월인) 실천론적 형식이 지닌 강점과 약점에 대한 쓸모 있는 요약이다. 이 논문은 『실천 이론 개요』에 대한 유용한 소개글이기도 하다.[5]

다음으로 「인간과 기계」[6]를 읽자. 이 간결한 논문에서 부르디외는 신체(하비투스, 성향) 속에 구현된 사회적 행위와 제도(장, 또는 위치 공간) 속에 구현된 그것 사이의 변증법, 혹은 '존재론적 공모'를 그가 어떻게 개념화하는지 개관한다. 그런데 바로 이 변증법에 의해서 부르디외는 행위와 구조, 미시분석과 거시분석 간의 이분법을 극복하자고 제안하는 것이다. "자본의 형식들"은 자본 혹은 권력의 주요 유형(경제자본, 문화자본, 사회관계자본, 그리고 상징자본), 그리고 각 자본의 구체적인 효과와 속성, 전형적인 전략과 태환의 딜레마에 대한 부르디외의 개념화를 제시한다.[7] 「사회 공간과 집단들의 발생」은 사회 공간에 대한 부르디외의 개념, 그리고 사회적 집합체들의 구성에서 상징권력과 정치의 역할을 포함하는 그의 집단 형성 이론에 대한 주요 논문이다.[8] 「언어 교환의 경제」는 이 모델을 언어 분

---

4 1986[1985]. "From Rules to Strategies", *Cultural Anthropology* 1(1): 110~120; (with Axel Honneth & Hermann Kocyba & Bernd Schwibs) 1986. "The Struggle for Symbolic Order: An Interview wiith Pierre Bourdieu", *Theory, Culture, and Society* 3: 35~51.

5 1973. "The Three Forms of Theoretical Knowledge", *Social Science Information* 12: 53~80; 1977[1972]. *Outline of A Theory of Practice.* Cambridge: Cambridge University Press.

6 1981. "Men and Machines", in *Advances in Social Theory and Methodology: Toward an Integration of Micro- and Macro-Sociologies.* Edited by Karen Knorr-Cetina and Aaron V. Cicourel. London: Routledge and Kegan Paul, pp. 304~317.

7 1986[1983] "The Forms of Capital", in *Handbook of Theory and Research for the Sociology of Education.* Edited by John G. Richardson. New York: Greenwood Press, pp. 241~258.

석에까지 확장하며 『언어와 상징권력』에까지 나아간다.[9] 이 책의 편집자 서문을 쓴 존 톰슨은 부르디외의 언어사회학과 정치학이 더 광범위한 실천이론에 어떻게 부합하는지를 효과적으로 논의한다.[10]

『재생산』과 『구별 짓기』 사이의 연결 고리를 구성하는 분류/계급화 투쟁에 대한 부르디외의 시각은 부르디외와 볼탕스키의 공저 논문 「교육 체계와 경제: 학위와 지위」에서 요령 있게 드러나 있다.[11] 분류/계급화 투쟁을 통해서 문화권력과 경제권력 사이의 상응성이 구축된다. 「사회 구조의 변화와 교육 수요의 변화」는 계급의 재생산과 재태환 전략 체계의 구조와 기능 작용을 분석한다.[12] 「사회적 재생산 전략으로서 결혼 전략」은 이러한 분석을 친족의 영역으로 가지고 가서 집단 형성 연구를 위한 패러다임을 제공한다.[13] 「교수식 판단 범주」(『호모 아카데미쿠스』의 영문판 후기)에 대한 부르디외와 모니크 드 생마르탱의 탐구는 이 주제들 가운데 많은 것을 결

---

8 1985[1984]. "Social Space and the Genesis of Groups", *Theory and Society* 14(6): 723~744.

9 1977. "The Economy of Linguistic Exchanges", *Social Science Information* 16(6): 645~668; 1991. *Language and Symbolic Power*. Edited and with an introduction by John B. Thompson. Cambridge : Polity Press.

10 John Thompson. 1991. "Editor's introduction", in Pierre Bourdieu, *Language and Symbolic Power*. Cambridge : Polity Press, pp. 1~31.

11 (with Luc Boltanski) 1981[1975]. "The Educational System and the Economy : Titles and Jobs", in *French Sociology : Rupture and Renewal Since 1968*. Edited by Charles C. Lemert. New York : Columbia University Press, pp. 141~151.

12 (with Luc Boltanski) 1977[1973]. "Changes in Social Structure and Changes in the Demand for Education", in *Contemporary Europe : Social Structures and Cultural Patterns*. Edited by Scott Giner and Margaret Scotford Archer. London : Routledge and Kegan Paul, pp. 197~227.

13 1977[1972]. "Marriage Strategies as Strategies of Social Reproduction", in *Family and Society : Selections from the Annales*. Edited by R. Foster and O. Ranum. Baltimore : The Johns Hopkins University Press, pp. 117~144.

합시키는 사회적 분류와 학문적 분류의 작동 및 상호 강화에 대한 강력한
경험적 본보기를 제공한다.[14]

　장이라는 중심 개념에 대한 초기의 경험적 정교화는 「과학 장의 특수
성」에서 발견할 수 있다.[15] 거기서 부르디외는 과학적 진보에 대한 사회학
적 이론의 토대를 제공하며, 그의 사회학적 인식론이 지닌 윤곽을 알려 준
다. 이 두 가지는 「과학적 이성의 특이한 역사」에서 더 발전된다.[16] 「문화 생
산 장」은 19세기 후반 프랑스 문학계의 형성과 기능 작용에 대한 상세한
탐구의 맥락에서 문화와 권력에 대한 부르디외의 접근, 그리고 장, 하비투
스, 이해관심, 구조적 상동성 등 그의 개념 활용을 예시한다.[17] 「법의 힘: 사
법 장의 사회학을 향하여」는 사법 영역에 부르디외의 분석 틀을 적용하며,
사회에서 공식적 약호화/법령화codification의 의미에 대한 사회학적 이론
의 개요를 잡는다.[18] 「순수 미학의 역사적 발생」은 예술적 시선 — 예술 장
에서의 그것의 제도화와 심미적 하비투스에서의 체화 — 의 '발명'에 대한
간결한 개관이다.[19] 비슷하게 지식인의 역사적 출현과 그 역할에 대한 부르
디외의 개념화는 "보편적인 것의 조합주의"에 관한 논문에서 나온다.[20]

14　1988[1984]. *Homo Academicus*. Stanford : Stanford University Press, pp. 194~225.

15　1975. "The Specificity of the Scientific Field and the Social Conditions of the Progress of Reason", *Social Science Information* 14(6): 19~47.

16　1991. "The Peculiar History of Scientific Reason", *Sociological Forum* 5(2): 3~26.

17　1983. "The Field of Cultural Production, or the Economic World Reversed", *Poetics* 12: 311~356.

18　1987[1986]. "The Force of Law: Toward a Sociology of the Juridical Field", *Hastings Journal of Law* 38: 209~248.

19　1987. "The Historical Genesis of a Pure Aesthetics", *The Journal of Aesthetics and Art Criticism* 66: 201~210.

20　1989. "The Corporatism of the Universal : The Role of Intellectuals in the Modern World", *Telos* 81: 99~110.

더 경험적인 연구를 선호하는 성향의 독자라면 개념적인 논문들로 되돌아가기 전에 먼저 「교수식 판단 범주」과 더불어 독서를 시작하고, 장에 관한 부르디외의 사례 연구들로 넘어가는 편을 원할지도 모르겠다. 「예술가 생애의 발명」은 부르디외 이론의 잠재력에 대한 좋은 테스트를 제공한다.[21] 그것이 사르트르의 작업과 같은(사르트르의 거대한 네 권짜리 저작 『집안의 백치』*The Family Idiot*, 1981~1991를 보라), 플로베르에 대한 전통적인 문학적 혹은 철학적 분석들에 맞서서 가늠될 수 있기 때문이다. 「스포츠 사회학의 프로그램」은, 협소한 제목에도 불구하고 부르디외의 관계적 사유 양식을 이례적으로 명징하게 보여 주는 논문이다.[22] 그것은 이론적 추상과 경험적 구체 사이를 끊임없이 왔다 갔다 하면서, 겉으로는 거의 아무런 공통점이 없어 보이는 현상적 영역들과 분석적 관심사들(이 경우에는 비발디, 사회학의 사회학, 럭비, 비디오, 신칸트주의 철학, 프티 부르주아의 문화적 선의, 분류화 투쟁, 전문직화)을 연결시키는 부르디외의 능력을 조명해 준다는 점에서도 귀중하다. 그것은 또한 부르디외 사회학에서 신체와 믿음이 지니는 핵심적인 자리를 생동감 있게 서술한다. 『알제리 60』을 여는 글인 「세계의 탈주술화」는 '경제 구조와 시간 구조' 간의 상호 구성 관계에 관한 장문의 에세이인데, 첫번째 읽을거리의 또 다른 후보가 될 만하다.[23] 대부분 1960년대 중반에 쓰였던 이 글은 부르디외의 개념적 무기고를 완전히 열어 보여 주진 않지만, 그래서 좀더 이해하기 쉬운 면도 있고, 그의 독특한 사회학적 추론 방식을 분명하게 예증한다. 부르디외가 '대상을 구성하기'라는 말로

21 1987[1975] "The Invention of the Artist's Life", *Yale French Studies* 73: 75~103.
22 1988. "Program for a Sociology of Sport", *Sociology of Sport Journal* 5(2): 153~161.
23 1979[1977]. *Algeria 1960*. Cambridge : Cambridge University Press.

무엇을 의미하는지 명료하면서도 강력하게 예시하는 글로는, 두 개의 여론 조사에 대한 그의 분석을 보라. 하나는 정치인들에 대한 즉흥적 분류인 "사회학적 게임"에 관한 것(『구별 짓기』의 부록)이고, 다른 하나는 "프랑스 지식인들의 히트 퍼레이드"에 관한 것(『호모 아카데미쿠스』)이다.[24]

이것들 모두, 혹은 일부라도 일단 소화가 되고 나면, 『구별 짓기』(특히 2, 3, 5~7장, 결론, 그리고 후기를, 후기부터 시작해서 읽자)와 『실천 감각』(아마도 부르디외의 가장 훌륭한 그리고 중요한 저작)을 함께 읽어야만 한다.[25] 여기에는 『호모 아카데미쿠스』와 맞붙기 전에 「스콜라적 관점」이라는 제목의 논문이 하나의 통로를 제공한다.[26] 영어로 된 것 가운데 가장 쉽게 접근할 수 있는 책 단 한 권을 고르라면 에세이와 대담의 모음인 『말한 것들』(번역에 약간의 약점은 있다)을 들 수 있다.[27] 이는 부르디외의 지적 기획으로 이끄는 여러 길과 창문을 제공한다.

24 1984[1979]. *Distinction : A Social Critique of the Judgement of Taste*. Cambridge, Mass : Harvard University Press, pp. 546~559; 1988[1984]. *Homo Academicus*, pp. 256~270.

25 1990[1980]. *The Logic of Practice*. Stanford : Stanford University Press.

26 1990. "The Scholastic Point of View", *Cultural Anthropology* 5(4): 380~391.

27 1990. *In Other Words : Essays Toward a Reflexive Sociology*. Cambridge : Polity Press.

부르디외를 읽는 두 가지 경로

차별적인 개념어들과 나선형의 [논의를 점점 심화시켜 가는] 글쓰기가 위압감을 줄 수도 있지만, 사실 부르디외만큼이나 자신의 사유를 그토록 다양한 형식 아래, 그리고 그토록 광범위한 배음背音에 맞추어 소통하고자 노력을 기울였던 저자도 거의 없다. 따라서 그의 저작을 처음 접하는 독자라면 『사회학의 문제들』(1980b), 『말한 것들』(1987a), 『실천 이성』(1994a)에서 부르디외 작업의 건축물 안으로 들어가는 계단을 발견할 수 있을 것이다. 그 순서대로 내용의 난이도와 복잡성이 커지는 이 세 권의 구술 담론 모음집(학술회의, 인터뷰, 비전문가들 앞에서의 발표, 온갖 학문 분야의 연구자들—이들은 종종 외국인이었는데, 이는 부르디외가 자신의 주장을 명료화하는 데 좋은 조건을 마련했다—과의 논쟁)은 함께 합쳐져서 일종의 텍스트적 계단을 이룬다. 거기에 피에르 카를의 영화 「사회학은 격투기다」(2001, DVD 2007)와 『자기 분석에 대한 초고』(2004a)를 보충한다면, 이 책들은 부르디외 사회학이 가로질렀던 지적 풍경과 색조의 첫인상을 그릴 수 있게 해줄 것이다.

독자들은 이 초석으로부터 출발해, 각자 자신의 취향과 능력에 따르는 선택을 할 수 있다. 부르디외 저작의 주요 봉우리들(『구별 짓기』, 『실천 감각』,『언어와 상징권력』,『호모 아카데미쿠스』,『국가 귀족』,『예술의 규칙』, 그리고『파스칼적 명상』)을 곧장 등반하든지, 아니면 두 가지 독서 경로 가운데 하나를 좇아가든지. 두 가지 경로란 부르디외의 작업을 그 발전 단계들을 통해 포착하는 발생적인génétique 경로, 또는 그 작업을 짜고 있는 개념들을 해독하고 이론적 매듭들을 풀어내는 분석적인analytique 경로를 가리킨다. 사회과학에 익숙한 독자가 부르디외의 사유 양식을 흡수하는 또 다른 방법이 있다. 국가에 관한 콜레주 드 프랑스 강의를 따라가며 그의 여정을 뒤좇는 것이다. 거기서 그는 국가의 역사적 발명이라는, 예상할 수도 없었고 일어날 법하지도 않았던 사건을 추적한다.『국가에 대하여』(2012)는 부르디외가 왜 그런 방식으로 문제들을 제기하는지 명확히 밝히고, 그가 피하려는 함정들을 알려주며, 그의 암중모색, 의구심, 심지어 불안감까지를 내비친다. 그럼으로써 그 책은 우리가 부르디외의 실험실에 들어가 실천적인 사회학 예비과정을 밟을 수 있도록 해준다.

아래에 이어지는 부르디외 읽기의 두 가지 경로는 그의 사후 출간물들을 포함한 전 저작을 포괄한다. 40여 권의 단행본과 700편 이상의 문헌(논문, 발표문, 인터뷰)이 거기 해당한다. 두 경로는 서로 독립적이며, 그 목적상 모든 참고 서지를 망라하지 않고 선별해서 제공한다. 이는 접근 가능성, 확장성, 그리고 이해 가능성 사이의 불가피한 타협의 산물이다.

발생적 경로

라이프니츠와 후설, 카시러에 반했던 젊은 철학도인 부르디외는 그의 스승인 조르주 캉길렘과 쥘 뷔유맹의 뒤를 좇아 과학사와 과학철학의 훈련을 받았고 그것을 계속하기로 예정되어 있었다. 그런데 그는 알제리 전쟁이 안겨 준—서로 뗄 수 없게 연결된 감정적, 정치적, 지적— 충격의 여파로 인해 인류학, 나아가 사회학으로 전향한다. 젊은 시절 그의 작업은 이식민 사회의 민족지적 경제사회학, 그 사회를 전복시킨 정치사회적 대격변, 그리고 카빌리 문화와 (그의 고향인) 농촌 세계를 다루었다. 본국으로 돌아온 부르디외는 일련의 조사 연구를 수행하는데, 이는 30여 년간 사회과학의 중심에 놓여 있는 수많은 영역과 문제 들을 갱신하고 특히 서로 연결시켰다. 친족 관계, 의례, 신화; 교육, 계급 불평등, 취향; 문화 생산의 장, 언어, 집단의 발생; 경제, 정치, 국가; 과학, 철학, 지식인; 이성, 정의, 사회적 투쟁. 그는 (판단력, 믿음, 존재, 시간, 집합체의 존재론 같은) 철학의 거대한 추상적 질문들을 구체성 있는 경험적 퍼즐들로 전환시킴으로써 자신의 패러다임을 구축했다. 그 퍼즐들은 실천과 상징권력에 대한 성찰적 과학을 진전시킬 수 있다. 이는 다시 온갖 형태의 지배에 맞서는 무장된 비판을 배양한다.

교육적인 편의를 위해 이 작업의 여정을 다섯 단계로 구분할 수 있을 것이다. 여기서 이루어지는 모든 시기 구분에 인위적인 면이 있을 수 있음을 강조해 둔다는 조건 아래서 말이다. 왜냐하면 부르디외가 언제나 비스듬히 여러 가지 연구 프로젝트를 수행했고, 여러 각도와 다양한 영역에서 동일한 주제들(젠더 관계, 분류화 투쟁 혹은 사회적 무질서)로 루프처럼 끊임없이 되돌아갔을 뿐만 아니라, 늘 자신의 분석을 재검토하고 늘 더 응축적인 개념들로 그것을 다시 썼기 때문이다. 그 결과, 어떤 시기를 특징짓는 대상, 도구, 아이디어는 다른 시기들에도 다른 표현 방식 아래 나타난다. 이러한 시간적 중복성은 조사 연구의 실행과 출간 사이의, 십 년이 넘을 수도 있는, 간극에 의해 가중된다. 따라서 다음에 나오는 일련의 차별적 국면들을 교육적인 목적의 실용적 개관쯤으로 여겨야 한다. 거기서 각 국면은 '인식론적' 분할이 아닌, 하나의 기조를 나타내며 하나의 단계를 알려준다.

전향과 기초 : 식민지 알제리와 베아른 지방에서의 사회적 격변(1958~1964)

청년 부르디외는 "알제리에서의 전쟁과 사회 변동"(1960) 사이의 관계에 대한 분석에 필사적으로 몰입한다. "소외"라는 제목이 붙은 『알제리 사회학』(1958; 2001년 재판, 6장)의 마지막 장은 제국주의 권력이 수행한 '사회적 생체 해부'의 결과인 식민 사회의 형성을 요약하고, 격변 중에 있던 계급 구조와 카스트 질서의 교차를 조명한다. 화폐 경제가 촉발하고 전쟁이 가속화한(1959a; 2008에 재수록) 이러한 격변은 두 가지 상호 보완적인 측면에서 연구된다. 알제리 농민층의 '전통 문화 상실'déculturation과 파괴(『뿌리 뽑힘』, with Sayad 1964), 그리고 도시 노동 계급의 출현(『알제리에서의 노동과 노동자』, with Darbel & Rivet & Seibel 1963)과 분할이 그것이다. 도시 노동 계급은 "실업에 대한 강박관념"으로 침식당한 하층 프롤레타리아(1962b, 2008에 재수록), 그리고 안정적인 봉급과 주거에 대한 접근 덕분에 가사 활동과 미래에 대한 관계를 완전히 재편하기에 이르는 프롤레타리아로 구분된다(1977a).

미국 문화인류학과 레비-스트로스의 구조주의에 자극받은 부르디외는 세 편의 민족지 속에서 "알제리 원(原) 사회의 내적 논리"(1959b, 2008에 재수록)를 간파하려 애쓴다. 이 분야의 고전이 된 이 민족지들은 「시간과 경제적 행위에 대한 태도」(1963), 「명예의 감정」(1965) 그리고 「카빌리 가옥, 또는 뒤집어진 세계」(1970)이다. (이 텍스트들은 『실천 이론 개요』[1972a]에 확장·통합되고 나중에는 『실천 감각』[1980a]에서 다시 작업된다.) 부르디외의 알제리 현장이 보여준 식민적이고 전통적인 두 얼굴은 농업 기반 제3세계에서 민족주의의 가능한 정치적 궤적들의 동력을 다시 사유해야 할 필요성, 한마디로 "혁명 속에서의 혁명"(1961, 2008에 재수록)을 실행해야 할 필요성을 보여 준다. 그것은 또한 "사회학의 탈식민화"(1976b)가 필수적이라는 문제를 제기한다.

이와 동시에, 부르디외는 자기 고향 마을에서 "농촌 사회에서의 남성과 여성 관계"(1962c, 2002a에 재수록)에 관한 오랜 조사 연구에 착수한다. 이는 사회 구조와 정신 구조의 변증법이라는 알제리에서의 문제 틀을 선진 사회라는 배경에 옮겨 놓은 것이다. 그의 목적은 두 가지였다. 이국적인 세계로부터 친숙한 세계로 사회학적 시선을 돌림으로써 '인식론적 실험'을 수행하는 것(1985c), 그리고 학교와 미디어의 중개로 하부 사회 세계들에까지 침투한 중앙의 문화권력이 그것들을 어떻게 "금지된 재생산"에로 이끄는지 보여 주는 것(1989c, 2002a에 재수록). 이어서 베아른 현장은 여러 차원에서의 발판 혹은 시험대의 역할을 한다. 미적 성향에 관한 연구들(「농민과 사진」, with Marie-Claire Bourdieu 1965)의 사정거리를 가늠하기, "재생산 체계 내에서의 결혼 전략"(1972b)의 자리를 구체화하기, 집단의 제조에 초점을 맞추기(「농민층, 하나의 대상 계급」, 1977f), 혹은 사회적 고통의 '발생 메커니즘'을 생생한 상태로in vivo 포착하기(「잃어버린 삶」, et al. 1993[1998: 797~816]).

젊은 시절 지중해를 가로질러 이루어진 조사 연구들에 대한 읽기는 부르디외가 무엇보다도 사회 구조와 정신 구조의 역사적 변증법을 자기 관심사들의 중심에 놓고 있었음을 보여 준다. 이러한 변증법은 상징 체계에 고유한 효능과 관성을 일깨우는 이접과 단절의 형식 아래에서 나타난다. 그런데 본국으로 돌아온 이후 이루어진 계급과 문화의 관계에 관한 탐구에서 이 젊은 사회학자에게 부과된 것은 그 반대의 형상, 즉 일치와 재생산의 형상이었다.

받침대들 : 교육, 정당한 문화, 사회학적 인식론(1964~1970)

카빌리 자료들을 가지고 작업하는 한편으로, 부르디외는 교육, 정당성을 확보했거나(미술과 미술관) 또는 그런 와중에 있는 문화(사진), 그리고 사회적 불평등의 재생산과 정당화에 대한 문화자본의 기여에 대한 경험 연구라는 광활한 전선을 열어젖힌다. 교육 민주화의 신화를 고발하면서, 「보수적 학교」(1966b)는 학교 교육을 놓고 나타나는 비가시적인 계급 간 간극을 강조한다. 다른 한편 『상속자들』(with Passeron 1964)은 어떻게 대학이 가족에 의해 전수된 지식의 유효성을 인정함으로써 "사회적으로 조건화된 특권을 개인적 재능으로 변환시키는지" 폭로한다. 『재생산』(with Passeron 1970)은 "문화적 재생산과 사회적 재생산"(1971e) 간의 관련성에 대한 이론을 심화시킨다. 시험과 학위의 경제적이며 상징적인 효과, 특히 그 공인 효과를 상세히 검토하면서 말이다. 그로써 그는 다음과 같은 주장을 되풀이한다. 즉 학교는 형식적 평등을 옹호하는 해방적 행위를 수행한다고 자처할 때 불평등을 영속시키고 정당화하는 기능을 가장 잘 충족시킬 수 있다는 것이다. 「교육 체계와 사유 체계」(1967b)는, 뒤르켐의 학문적 그늘 아래서, 학교가 국민국가의 공통감각을 기초하는 범주들을 주입시킴으로써 사회를 도덕적으로 통합한다고 주장한다(이 주제는 이십 년 뒤에 『국가 귀족』[1989a]에서의 지배 계급, 그리고 국민국가 문제[2012]에 대해 다시 취해지고 적용될 것이다).

사진에 관한 두 권의 공동 저작인 『중간 예술』(1965 with Boltanski, Castel & Chamboredon)과 『예술 사랑』(1966, with Darbel)은 미학과 윤리학이 맺는 은밀한 관계라는 아주 오랜 질문을 거의 실험적인 용어로 다시 정식화한다. 교양 있는 쾌락의 바탕에 있는 '좋은 취향'을 엄밀한 과학적 검토 아래 놓으면서, 이 책들은 가족적 학습의 산물인 고상한 문화적 취향이 사회적 분할의 영속과 위장에 참여한다는 것을 확인한다. 그로부터 계급 문제를 다시 고려해야 할 필요성이 나온다. 특히 "계급 조건과 계급 위치"(1966c)를 구분하면서 말이다. 그 배경에는 이른바 영광스런 30년의 호사스런 기간 동안 불평등이 지속되었을 뿐 아니라 증대했다는 사실이 깔려 있었으며, 이는 부르디외가 『이익의 분배』*Le Partage des bénéfices*(1966, 통계학자, 경제학자, 사회학자 들의 집단 저작. 다라스Darras라는 가명으로 알랭 다르벨Alain Darbel과 공동 편집)를 재해석하도록 만들었다. 학력화와 임금노동화의 효과 아래 이루어진 사회 변화가 계급 간 격차를 물질적 소비 질서의 층위로부터 상징적 소비 질서의 층위로 옮겨 놓는 현상을 동반했기 때문이다.

이론적 차원에서 부르디외는 자신이 알제리와 프랑스의 민족지에서 도입했던 하비투스 개념(1967a)을 가지치기하는 한편, 『사회학자의 직능』 (with Chamboredon & Passeron 1968[1973])에서는 가스통 바슐라르의 '합리적 유물론'의 교훈을 역사적 분과 학문에 적용함으로써 과학철학을 유기적으로 구성한다. 이미 형성된 것이 아닌, 형성 중인 과학의 철학과 역사 속에서 착상을 끌어오면서, 그는 사회학적 사실이 "쟁취되고 구성되고 확인된다"는 점을 역설함으로써 사회학의 과학적 계통 관계를 힘주어 단언한다. 부르디외는 미뉘 출판사에서 '공통감각'Le sens commun이라는 총서를 시작한다. 그 총서 안에서 그는 자신의 저서들을 출판했을 뿐만 아니라 (1989년까지), 부당하게 방치된 고전적 저자들(뒤르켐, 모스, 알박스, 래드클리프-브라운)을 재출간하고, 그가 과거의(카시러, 파노프스키, 벤베니스트, 사피어), 그리고 새로운(어빙 고프먼, 윌리엄 라보프, 존 설) 대가로 꼽은 사람들을 번역하게 했으며, 그의 뒤를 좇아 작업하는 젊은 연구자들의 책을 간행했다. 부르디외는 「지식 장과 창조적 기획」(1966a), 「1945년 이후 프랑스에서의 사회학과 철학」(with Passeron 1967), 그리고 특히 관계 중심적 사유 양식의 우월성을 확언한 「구조주의와 사회학적 지식 이론」(1968b)에서 구조주의에 대한 그의 빚을 표하는 동시에 단절을 도모한다. (이 무렵에 그의 논문집이 『상징 형식의 사회학을 위하여』(1970)라는 의미심장한 제목[카시러의 주저인 『상징 형식의 철학』을 암시한다는 점에서] 아래 독일어로 나온다. 이는 프랑스에는 그 등가물이 없는, 외국어로 출간된 첫번째 텍스트 선집이었다.)

패러다임의 정교화 : 문화 생산 장, 언어와 상징권력, 계급과 계급화(1971~1982)

이러한 단절은 『실천 이론 개요』(1972a)에서 정점에 이른다. 이 책은 구조에서 전략으로, 약호code의 정신적 대수학에서 사회화된 신체의 실천적 지식으로, 달리 말해, 행위의 작용인으로서 하비투스로 이행하기를 권유한다. 구조주의와의 단절은 「종교 장의 발생과 구조」(1971c)에서 공고해지고 진전된다. 이 논문은 『상징재 시장』(1971d)에서 개요가 잡힌 모델을 구체화하기 위해 「막스 베버 종교 이론에 대한 하나의 해석」(1971f)에 기초한다. 부르디외는 장 개념에 사회과학고등연구원에서의 3년간의 세미나를 할애한다. 그는 "미적 성향과 예술적 능력"(1971b)을 연결하고, 구스타프 플로베르의 불안정성 속에서 "예술가적 삶의 발명"(1975c)을 추적하고 "디자이너와 그의 브랜드"(with Delsaut 1975)가 행사하는 고유한 마술적 권력의 기반을 간파하기 위해 장 개념을 펼쳐 낸다. 조준선으로서 문화 생산 장(1983d)이 구성하는 이 '뒤집어진 세계'의 형성을, 부르디외와 그 제자들은 30년 동안 그 예술적, 문학적, 시적, 연극적, 음악적 등등의 변형태 안에서 연구하게 된다.

1975년에 부르디외는 『사회과학 연구 논집』이라는 학술지를 출범시킨다. 이 잡지는 "과학적 방법과 대상의 사회적 위계"(1975a)를 뒤섞으면서 사회학적 글쓰기를 혁신하고 그의 연구 프로그램의 전 방위 확장을 가속화하는 작업장 노릇을 하게 된다. 그는 거기서 일관성 있는 상징 체계의 주요 제조 장소들, 즉 과학 장(1976a), 종교 장(with Saint Martin 1982), 정치 장(1981d), 그리고 사법 장(1986c)을 탐색한다. 물론 전 자본주의 사회에서의 신화(1976c)도 빠뜨리지 않고서 말이다. 이것들은 모두 지각 도식으로서 구조적 분석을 정당화하는 '구조화된 구조들'인 동시에, 지배 도구로서 봉사하기 위해 잘 만들어진 '구조화하는 구조들'이므로 상호 비교적인 관점에서 다루어져야만 한다.

"상징권력에 대하여"(1977e), 그리고 그 고유한 효과에 대하여 초점을 맞춤으로써 지식사회학과 권력사회학을 통합하려는 기획은 "언어 교환의 경제"(1977d)에 관한 논문들의 두번째 행렬을 낳았다. 비트겐슈타인, 그리고 오스틴과의 시너지 속에서 부르디외는 소쉬르 모델의 인식론적·이론적·경험적 비판을 발전시키고 사회학적 화용론으로 향한다. 그는 "언어의 물신숭배"(with Boltanski 1975)가 어떻게 국가에 의한 언어 활용의 강제적인 통합을 감추고 있는지, 또 언어의 역할을 어떻게 부인하는지 보여 준다. 언어는 행위의 벡터이자, "정체성과 재현"représentation(1980k) ─심리학적이고(재현) 연극학적이고(공연) 정치적인(대의) 삼중의 의미에서 ─사이 게임의 중심으로서 역할을 갖는 것이다. 그는 "권위 있는 언어"(1975f)의 사회적 메커니즘을 해부한다. "임명(제도화) 행위로서 의례"(1982d)에 의해 증폭되는 그 언어는 그것을 이미 가지고 있는 사람들에게 세계를 변화시키거나 유지시킬 수 있는 권력을 부여한다.

이러한 사회학적 화용론은 철학이 자기 위상을 확고히 세우는 데 이용하는 '무게 잡는 담론'에 대한 날카로운 비판을 낳는다. 부르디외는 그것을 "하이데거의 정치적 존재론"(1975d), 알튀세르주의자들의 "맑스 읽기"(1975e), 그리고 몽테스키외와 문화의 기후 결정론이라는 그의 '학술적 신화'에 차례로 적용한다(1980j). 이 논문들은『말하기의 의미』(1982a)에 한데 모였는데, 이 저서는『언어와 상징권력』을 연결하는 네 편의 주요 텍스트를 보탠 영어 증보판으로 1991년에 개정되었다(프랑스에서는 2001년 간행). 이 텍스트들은 사회상징적 연금술alchimie sociosymbolique로서의 정치에 대한 발생사회학을 디자인한다. 사회상징적 연금술은 "정치적 재현"(1981d)의 구체적인 작업, 그리고 "기술하기와 처방하기"(1981f)의 권력을 수행적으로 활성화하는 위임의 기법들(1984c)에 기초하면서 자의적인 것을 정당한 것으로 변환시킨다.

이 시기의 세번째 주요 전선은 계급 문제를 다시 정식화하는 것이다. 다양한 "자본의 형태들"(1986g)을 보지 못하는 맑스주의 전통, 그리고 주관적 평가의 객관적 결정 요인들을 간과하는 미국식 계층화 접근과 이중적으로 단절하는 대가를 치르면서 말이다. "계급의 미래와 개연적인 것의 인과성"(1974a)은 개인적·집합적 궤적의 원동력 역할을 강조하고 "계급화, 탈계급화, 재계급화"(1978a)의 삼각형을 둘러싼 분석을 다시 틀 짓는다. "재전환의 전략들"(with Boltanski & Saint Martin 1973)은 자본 변환의 장소로서 교육 체계 및 그와 연관된 투쟁, 즉 "학위와 직위"(with Boltanski 1975) 간의 등가성을 결정하는 투쟁에 중심적인 자리를 부여한다. 부르디외는 "지배 계급의 분파들과 예술 작품의 전유 양식들"(1974b), "경영자층"(with Saint Martin 1978), 그리고 "학교 시험과 사회적 공인"(1981c) 속에서 나타나는 부르주아지의 구조와 내부 모순에 각별한 주의를 기울인다. 그러한 모순은 부르주아지의 경제적 축과 문화적 축 사이의 교차 대립

opposition chiasmatique 안에 닻을 내리고 있다.『사회과학 연구 논집』의 한 특집호는 "지배 이데올로기의 생산"(with Boltanski 1976, 2008년에 재간행)을 면밀히 검토하며, 소위 중립적인 기구들을 주의 깊게 조사한다. 지배 이데올로기에 대한 믿음을 강화시키는 이 기구들은 통치 계급의 고유한 도덕적 힘을 만드는 것이다. 그리고 부르디외는 '권력 장'(1971a 이하) 개념의 준비 작업을 개시하는데, 이는 머지않아 지배 계급 개념을 대체한다.

이 세 가지 탐구 노선의 합류 지점이자 정점으로서『구별 짓기』(1979a)는 일상생활, 문화 생산 장, 그리고 정치적 소우주 내에서 이루어지는 계급 구성과 계급 투쟁의 원초적 형태들을 해부하고 '판단력의 사회적 비판'을 위한 기초를 놓는다. 이는 마침내 칸트를 사회학화하기에 이른다. 이 여러 겹의 책은 가정 교육과 학교 교육의 역사적 산물이자 사회적 능력으로서 지각 이론을 발전시킨다. 그것은 결정 요인들의 구조로서 사회 공간이라는 개념을 전개하며, 취향의 세 가지 변이형 —즉 부르주아지의 탁월성 감각, 프티 부르주아지의 문화적 열의, 민중 계급의 필연적인 것에 대한 사랑—의 지도를 그린다. 그리고 뒤르켐과 베버를 화해시키면서 존재의 '스타일화'가 어떻게 사회적 통합의 숨겨진 차원을 계급 갈등으로 구성하는지 폭로한다.

선진 사회에 관한 이러한 연구들과 병행해 부르디외는 알제리에서의 조사 연구를 재작업한다. 이는『알제리 60』(1977a)에서 "경제 구조와 시간 구조"의 변증법을 해독하고, "지배 양식들"의 유형론을 구축하며,『실천 감각』(1980a)에 대한 그의 분석을 심화시키기 위한 것이다. 그에게 실천 감각은 행위와 사회 세계-내-존재l'être-dans-le-monde social의 원동력으로, 객관주의에 내재하는 지성주의로는 포착할 수 없는 실천의 '유동적인 논리'의 토대이다.『구별 짓기』와『실천 감각』은 모두 사회학과 인류학 사이의 경계를 지우며, '물화된 역사와 체화된 역사의 관계' 연구에 중점을 두는 사회학적 기획의 초석을 쌓는다. 이 풍요로운 기획 덕분에 부르디외는 1982년 콜레주 드 프랑스의 교수로 선출된다.

공고화와 명료화 : 성찰성, 집단의 생산, 권력 장, 지식인의 사명(1982~1992)
이렇게 해서 성찰성의 보호 아래, 『강의에 대한 강의』(1982b)가 개막한 공고화의 십 년이 열린다. 이 텍스트-프로그램은 자의적인 것을 평가하고 사유되지 않은 것 ─당장 자신의 사유에서부터─ 을 폭로하기 위해 제도에 대한 자연스러운 지지와 단절하려는 사회학의 '비유와 패러다임'을 제시한다. 그것은 "교수식 판단 범주들"(with Saint Martin 1975)의 탐색을 확장한다. 그는 집단 이론의 수정을 예고하며, 세계, 그리고 권력과 맺는 관계 속에서 호모 인텔렉투알리스homo intellectualis ─대학인, 철학자, 예술가, 이론가─의 주요 형상들에 대한 추적을 알린다. 그 목표는 그들을 개탄하거나 단죄하는 데 있는 것이 아니라, 사회학자의 사유를 포함한, 사유 전반에 작용하는 결정 요인들을 가늠하는 데 있다.

　『호모 아카데미쿠스』(1984a)는 대학 장을 구조적·기능적으로 재단한다. 이는 여러 유형의 학술 자본의 분포 내에서 교수들이 차지하는 위치가 지적인 작업 양태와 결과물, 그리고 그들의 경력과 투쟁 ─1968년 5월 혁명이라는 '위기의 순간'에 대한 그들의 반응을 포함해─에 얼마나 큰 영향을 미치는지 폭로한다. 사회학 방법론에 관한 실천적 담론이기도 한 이 책은 인식하는 주체의 객관화가 갖는 한계를 넘어서고, 사회과학에서 읽기의 규칙을 명확히 진술한다(이는 사회과학 글쓰기에 관련해 당시 유행하고 있었던 포스트모던 여담들의 흐름을 거스른 것이다). 이를 위해 부르디외는 '경험적 개인'과 '인식론적 개인'individu épistémique의 중요한 구분을 짜며,

이는 도중에 그가 "전기적 환상"(1986b)을 해소시키는 데 도움을 준다.

　지식인의 결정 요인들과 책임이라는 주제는 부르디외에게 여전한 중요성을 띠었다. 그는 『마르틴 하이데거의 정치적 존재론』(1988a)에 관한 자신의 우상 파괴적 연구를 단행본의 형태로 다시 출간한다. 이는 이 최고의 철학자가 나치 정권과 어떻게 타협했는지 알려진 뒤 벌어진 논쟁을 뒤이은 것이다. 철학 장의 불가분하게 지적이며 사회적인 논리가 '[인종주의에 입각한] 민족주의적völkisch 정조를 실존 철학으로 변환시킨 진정한 조작자'로 여겨진다. 이는 "사회과학과 철학"(1983b) 사이에 중간 휴지休止를 만드는 발생적 사유 양식을 고집하는 방식이었으며, 부르디외로 하여금 자신의 친구이자 동창생이기도 한 자크 데리다와 공개적인 논전을 벌이도록 자극했다(Libération, 19 mars 1988; 「철학자 지망생」, 1989d도 보라). 동일한 입장이 『말한 것들』(1987a)에서도 나타난다. 결산과 전망을 뒤섞은 이 책에서 부르디외는 이론적 가능성들의 공간 안에서 자신의 기획을 위치 지으며, 문학, 법, 스포츠, 여론 조사, 그리고 '별개의 세계인 지식 장'과 같이 다양한 대상에 주요 개념들을 적용한다. 그것은 또한 사회학자의 사회학을 실천 속에서 촉진하는 수단이기도 하다. 그는 『사회학의 문제들』(1980b: 79~94)에서 사회학의 사회학이 사회학적 접근 방식의 필수 불가결한 조건 sine qua non이라고 지적한 바 있다.

　부르디외는 [사회학적] 대상 구축 작업에 성찰적으로 되돌아가면서 『구별 짓기』에서 제시한 사회적 시각vision과 구분division의 변증법 모델을 개정할 필요성을 느낀다. 「사회 공간과 '계급'의 발생」(1984b)은 집합체들의 선험적a priori 실존이라는 존재론적 공리를 기각하고, 그것들의 생산을 좌우하는 상징 노동을 중심에 놓는다. 「무엇이 사회 계급을 만드는가?」(1987k)는 '집단의 이론적 존재와 실천적 존재' 사이의 간극을 조명하는 데, 그러한 간극은 "위임과 정치적 물신숭배"(1984c)의 복잡한 기제가 메우는 것이다. 이렇게 해서 훨씬 더 일반적인 모델이 떠오른다. 그것은 사회 공간을 범주들의 현실화réalisation des catégories에 찬성하거나 반대하는, 적대적이고 불평등한 상징권력들 간의 격전장으로 만든다. 이는 모든 사회적 시각과 구분의 원리에 적용된다. 연령, 종족, 계급, 젠더, 가족, 국가 등등(각각 1980b: 143~154; 1980k; 1984b; 1990d; 1993d; 그리고 2012: 335~345, 461~463, 546~571).

"재생산 전략들과 지배 양식들"(1994b)의 대결 장소로서 "지배 계급으로부터 권력 장으로"(with Wacquant 1993)의 동일한 분석적 미끄러짐이 『국가 귀족』(1989a)의 중심에 있다. 계급 권력의 신성화에 대한 이러한 사회학은 『구별 짓기』와 『재생산』을 교차하면서 확장하고 관료제 장의 측량술을 예시한다. 1989년 『국가 귀족』의 출간은 부르디외가 프랑스 대혁명 이백 주년에 바친 불협화의 오마주였다. 즉 평등의 이상은 그랑제콜의 위계화된 공간을 부르주아지의 상이한 분파들과 연결하는 구조적 상동성에 의해 조롱당하는 것이다. 학교를 통한 기사 서임식은 '정당화의 연쇄'를 연장하면서, 기술관료제가 '법복귀족의 구조적인 ― 그리고 종종 혈통상의 ― 계승자'라는 사실을 (스스로) 감출 수 있게 해준다. 기술관료제가 만들어지기 위해 근대 국가와 공공 서비스 개념이 창안되었다(1993b; 2012). 그런데 이러한 공공 서비스 개념을 방어해야만 한다. 보편적인 것에 속한다고 자처하는 모든 행위자들(고위공무원, 법률가, 종교인, 학자 등) 간 '지배의 노동 분업'이 점점 더 복잡해짐에 따라 "국가의 근본적인 양가성"(1993b)을 이용하면서 보편적인 것(1991i)을 진전시킬 수 있는 가능성이 열리기 때문이다.

외국어 번역의 수가 급증하면서 부르디외는 국제적이고 초학제적인 지적 수요에 더욱 민감해졌고, 따라서 환질환위법contraposition에 의해 자신의 견해들을 명료화하기에 이른다. 이는 그가 알박스, 사르트르, 푸코뿐만 아니라, 어빙 고프먼, 앨버트 허시먼, 로버트 머튼(1990f)이라든지, 프랑시스 퐁주, 물루 마므리Mouloud Mammeri, 그리고 버지니아 울프에게 바친 오마주hommage 텍스트들이 잘 보여 준다. 이는 또 이른바 포스트구조주의 또는 포스트모던 인류학(1985c), 그리고 특히 합리적 행위 이론에 대해 거듭 가했던 비판들이 증명한다. 그는 합리적 행위 이론을 그 본거지인 시카고 대학에까지 가서 비판했는데, 미국에서 그 조류의 지도자 격을 맡고 있던 제임스 콜먼과 공동으로 조직한 학술 대회에서였다(Bourdieu & Coleman 1991). 강연문 「위기 만세!」(1988i)를 통해 분과 학문들의 벽을 무너뜨리고 전세계 사회과학에서 이단들을 번창시키자고 호소한 바 있는 부르디외이지만, 세 가지 점에서는 줄곧 결연한 입장을 견지한다. 그는 경제학자들이 정전화한, 이해관계에 대한 공리주의적 개념화를 기각한다(1984f; 1989e). 그는 상징권력에 고유한 생산성을 간과하고 상대적 자율성을 부정하는 접근들과 투쟁한다(1988g; 1989c). 그리고 그는 맹렬히 "스콜라적 오류"(1990g)를 탐지하고 해체한다. 이 오류는 지성주의에 특징적인 것으로, 학자가 자신이 세계와 맺는 관조적 관계를 연구 대상 속에 투사하는 식으로 저질러진다.

『예술의 규칙』(1992a)과 더불어 부르디외는 또 다른 카리스마적 —나아가 구원자적 —지성의 형상인 작가를 사회학적 증류기 속에 넣는다. 삼십 년에 걸친 탐구의 결산인 부르디외의 '플로베르'는 문학 장의 역사적 발생을 뒤쫓고 그 이원적 구조를 그리며 그 역동성을 해부해 '작품의 과학'을 정초하고자 한다. 내적 독해와 외적 독해, 상호 텍스트적 해석과 사회적 설명의 그 어느 한편에도 치우치지 않으면서, 그는 장의 결정적인 매개와 프리즘적 역량을 앞머리에 놓는다. 발생사회학은 이렇게 창작의 신비를 해명한다. 예술이라는 특수한 '역사적 초월성'의 모태이자 '물질의 정수를 추출하는 연금술사'인 문학적 소우주와 미적 성향 사이의 ─구조화와 조건화라는─ 이중적 관계를 재구성함으로써 말이다(1987g; 1987l; 1988f; '역사적 초월성' 개념은『파스칼적 명상』[1997a]과 국가에 대한 강의[2012], 그리고 우리가 관련 강의에서 그 개요를 찾아볼 수 있는 마네에 관한 미완성 저작[2013a]에서 더욱 충실해진다).『예술의 규칙』은 또한 돈에 대한 예술의 종속성, 그러니까 경제자본과 문화자본의 불균형한 관계 문제를 역사적인 용어로 제기함으로써, 권력 장이라는 주제를 풍요롭게 만든다(1992a: 85~105, 135~149, 204~210; 이와 공명하는 다른 글들로는 1979a: 128~144와 1989a: 375~385).

부르디외는 이러한 합리주의와 역사주의의 화해를 예술에서 과학으로 연장해 "과학적 이성의 특수한 역사"(1991d)를 해독하고, 시민 공동체 내에서 지식인 역할의 유효성을 인정한다. 하버마스에 맞서서contra 이성이 인간학적 보편소가 아니라 '역사적 발명물'(with Schwibs 1985)이며, 따라서 취약하고 가역적이라고 주장하는 것은, 과학과 문화 생산의 제도들을 공고하게 만들 목적으로 이루어지는 "이성의 현실 정치"(1987h)에 관여할 수 있게 해준다. 지식인들이 "보편적인 것의 두 제국주의"(1992c)라는 사이렌들에게 굴복하지 않고, 역사가 그들에게 부여한 임무인 "보편적인 것의 조합주의"(1989h)를 수호하기 위해서는, 그들이 사회적 결정 요인들로부터 자유롭다는 유심론적 판타즘에서 벗어나야만 한다(1980b: 61~78). 지식인들은 "사상의 국제적 유통의 사회적 조건들"(1990e)을 더 잘 제어하기 위해 그것들을 이해해야만 한다. 그들은 또 개인적 구원을 헛되이 추구하지 말고 국제적이며 '집합적인 지식인'을 벼려 내야만 한다. 그러한 지식인은 '계몽Aufklärung의 영원한 계몽'을 수행하면서 다양한 정신과학들의 상징적 힘을 축적할 수 있을 것이다(1992d). 이는 부르디외가 십여 년간 (1989~1999) 지휘했던 『리베르』에 부과한 야심이다. 그는 거기 정기적으로 시사 비평 텍스트들(베를린 장벽의 붕괴, 시몬 드 보부아르의 페미니즘, 국제주의의 장애물 등)을 기고했는데, 이는 그 연속적인 필치 속에서 일종의 철학적, 문학적, 시민적 자화상의 윤곽을 드러낸다.

그의 사회학이 공론장에서 지니는 함의는 다양한 형태를 띤다. 부르디외는 그의 유명한 1973년 논문 「여론은 존재하지 않는다」(1973)의 직접적인 연장선 위에서 "여론 조사의 과학적 가치와 정치적 효과"를 가차 없이 문제 삼았다. 그는 생물학자 프랑수아 그로François Gros와 협력해 「미래 교육을 위한 콜레주 드 프랑스의 제안」(1985)을 내놓았다. 미테랑 대통령에게 제출한 이 보고서는 곧 사회당 정부의 캐비닛 안에 방치된 반면, 외국에서는 널리 논의되었다(부르디외는 텔레비전 프로그램 「아포스트로프」 Apostrophes에서 교육부 장관 슈벤느망Chevenement과 부질없는 설전을 벌였다). 부르디외는 "과학과 시사성"(1986a)의 관계에 관심을 기울였다. 이는 아프가니스탄(with les Centlivres 1980) 침공, 뉴칼레도니아 토착민들의 봉기 (with Bensa 1985), "유대인 정체성"(with Sholem & Bollack 1980)에 관한 토론, 알제리에서 내전으로의 이행에 대한 반응이기도 했다. 그는 유럽 텔레비전의 문화 채널 창설(이는 아르테Arte가 된다)을 지지하고, 세계작가의 회Parlement international des écrivains의 출범을 추진했다.

『성찰적 사회학으로의 초대』는 이러한 분석적 명료화와 경험적 정교화의 십 년을 마무리한다. 그것은 부르디외 사회학을 동맹 패러다임들 및 경쟁 패러다임들과 치열하게 대결시키는 과정에서, 처음으로 그 사회학의 모든 원리와 개념과 주요 테제의 파노라마를 제공한다. 이 책은 학자의 입장과 도구들에 내재하는 편향을 통제하려는 목표를 지니는 인식론적 성찰성을 예증한다. 또 그것은 실천 이론에 대해 '사회 발생적 접근'을 적용하기를 권유하는데, 그러한 접근은 실천 이론의 학문적 잠재력을 엄청나게 증폭시킬 수 있다(1993c).

학문적 성숙성과 시민적 참여로 되돌아가기 : 과학, 신자유주의, 사회 정의(1993~2002)

신자유주의의 '보수 혁명'으로 두드러지는 혼란스러운 사회적·지적 맥락 속에서의 이 마지막 국면은 부르디외의 학문적 완숙기이다. 당시의 맥락은 부르디외로 하여금 한편으로는 그의 사회학이 역사학, 철학, 정치학과 맺는 관계를 명료화하도록 이끌고, 다른 한편으로는 시민적 논쟁과 투쟁 —이렇게 그는 젊은 시절의 열렬한 관심사를 회복한다—에의 참여에 중점을 두도록 자극한다. 그렇게 해서 사회학자는 자신의 공인받은 학문적 명망을 분과 학문, 방법, 글쓰기 형식, 지적 행동 전략 들 간의 기존 경계를 위반하는 데 이용하게 된다. 학문적인 만큼이나 공공적인 그의 개입은 민주적 시민성의 지적 도구들을 전파하려는 성찰적 사회학의 적용 실천이다.

1993년 부르디외는 CNRS(국립과학연구소)의 금메달을 수상한 첫번째 사회학자가 되며, 『사회과학 연구 논집』은 100호를 출간한다. 거기에 부르디외는 총론 격 논문인 「현실화된 범주로서 가족에 관하여」(1993d)를 싣는다. 『문화 생산 장』(1993a)은 프린스턴 대학 가우스 비평 세미나에서의 발표문들을 포함해, 예술과 문학에 관한 그의 기본적인 글들을 한데 모은 것이다. 행위 이론을 깊이 탐구하는 『실천 이성』(1994a)은 '발생 구조주의'의 도식들을 다른 대상, 국가, 시대에 어떻게 옮겨 놓을 수 있는지 알려 준다. 하이데거, 말라르메, 플로베르 이후 부르디외는 아폴리네르(1995a), 보들레르(1995b), 마네(1987m), 그리고 베토벤(2001d)에 덤벼드는데, 이는 '상징혁명'의 모델을 정련하기 위한 것이다. 근대 문화의 혁신자들은 이러한 상징혁명에 의해 장을 전복시킨다. 숨어 있던 장의 잠재력을 그들의 혼종적 하비투스가 현실화함으로써 말이다. 동시에 부르디외는 예술가 한스 하케(1994), 작가 귄터 그라스Gunter Grass와 토니 모리슨Toni Morrison, 비평가 테리 이글턴Terry Eagleton, 역사가 로제 샤르티에(Bourdieu & Chartier 2010에 재수록), 로버트 단턴(1995), 에릭 홉스봄(2001) 등과 일련의 대화를 갖는다. 거기에는 한 가지 되풀이되는 주제가 있다. 그것은 바로 문화적 왕정복고와 사회적 퇴행에 맞서 이기기 위해 그 벡터를 감지하는 것이다.

부르디외는 『세계의 비참』(22명과 공저, 1993)에서 인화성 있는 주제에 관한 현장 조사로 되돌아간다. 매우 함의가 큰 민족지적 인터뷰들에 기초한 이 방대한 저작은 프랑스 사회를 관통하는 다양한 긴장의 만화경적 초상을 그려 낸다. 그것은 방법과 글쓰기, 주제의 모든 면에서 혁신적이다. '조건의 비참'과 '위치의 비참', 뿐만 아니라 "국가의 사임"(1993[1998: 337~350])이 가중시키는 "상속의 모순들"(1993[1998: 1091~1103])을 함께 다룬다는 점에서 더욱 그렇다. 고통에 대한 이 '사회분석'은 성찰적 사회학과 정신분석 사이에 하나의 다리를 놓는다(그 접점은 자크 메트르와의 대화 [avec Jacques Maître 1994] 속에서 탐색된 바 있다). 그것은 사회학자를 자기 시대의 병을 따져 묻고 새로운 인식을 낳는 일종의 [소크라테스적 의미에서] '산파'로 만든다. 그러한 접근 방식은 또한 '자기의 재전유'(1988h; 1998c)를 가능하게 하고 집합 행동에 형상을 줄 수 있다. 『세계의 비참』은 미디어에서뿐만 아니라, 예술적·대중적으로도 커다란 반향을 불러일으키면서 책임 있는 (무책임한) 정치인들을 소환했고, 부르디외로 하여금 국가-시장의 쌍에 더욱 초점을 맞추도록 만들었다.

그리하여 부르디외는 국가라는 주제와 정면으로 맞서게 된다. 그는 1989년부터 1992년까지의 콜레주 드 프랑스 강의(2012)에서 국가와 관련된 주요 이론들을 끈기 있게 정리하고 8세기에 걸친 국가의 형성 과정을 끌어낸 바 있다. "관료제 장의 발생과 구조"(1993b)에 이르는 "왕실에서 국가이성까지"(1997c)의 느린 변동에 대한 분석은, 리바이어던을 '명명의 중심 심급'이자 '사적인 것을 공적인 것으로 변환하는' 도가니로 다시 사유하게끔 만든다. 나아가 그것은 "국가과학"(with Christin & Will 2000)을 아주 미묘하게 만드는, 지식과 공권력 간의 불분명한 연관을 밝히게 해준다. 이러한 역사적 침잠을 통해 부르디외는 그가 주창하는 '급진적 역사주의'의 접근과 역사 서술(with Raphael 1995; 1999b; with Chartier 1989)의 관계, 그리고 아이러니한 「듀크로의 통행증」(1996c)에서 문학적인 프랑스 이론과의 관계를 조명한다.

하지만 그가 인식, 행위, 시간 그리고 권력에 대한 자신의 개념화를 정제하는 것은 『파스칼적 명상』(1997a)이라는 체를 통해서이다. 그는 사유하는 주체를 신성화하려 들지 않는 철학들(파스칼, 라이프니츠, 스피노자뿐만 아니라, 비트겐슈타인과 넬슨 굿맨Nelson Goodman) 속에서 자원을 길어 온다. 부르디외는 철학적 인간학의 중심에 '인정을 위한 상징 투쟁'을 위치시킨다. 이는 우리를 실존의 부조리로부터 구해 내지만, 젠더와 같은 위계적 범주들 안에 스스로를 가두는 대가를 치러야만 한다. 버클리에서 고프먼 상을 수상할 때, 부르디외는 "남성 지배"(1996d; 1998a; 1999c)의 감춰진 메커니즘을 재론한다. '역설적인 예속의 특별한 형태'로서 남성 지배는 '탈역사화의 역사적 작업'에 의해 생산된다. 그것은 남성성을 고귀한 것으로서 제도화하고, 여성을 페미니즘의 반란이 있을 때까지 억압한, '상징적인 종속'의 영속적인 상태 속에 자리매김한다.

이와 함께 부르디외는 경제적 문제로 되돌아간다. 전 지구화라는 학문적 신화의 시대적 흐름을 거스르면서, 그는 「경제적 하비투스의 형성」 (2000c)에서 이른바 합리적인 경제 성향이란 내생적이지도 보편적이지도 않다는 점을 환기시킨다. 이제 공론장을 식민화한 경제주의에 대항해서, 그는 시장이 역사적인, 따라서 정치적인 제도이며, 그것의 제어가 유럽 차원에서 사회적 국가의 시급한 구축을 필요로 한다는 사실을 보여 준다 (1993e). 실상 국가와 "경제 장"(1997d)은 너무 긴밀하게 얽혀 있어서, 『경제의 사회적 구조』(2000a)에 관한 책은 둘 중 어느 한 쪽의 정치인류학으로 읽힌다 해도 무방하다. 그것은 프티 부르주아지의 비참의 본산으로서 단독 주택 시장의 생산에 관한 광범위한 조사 연구이며, 『세계의 비참』에서 해독된 바 있는, 가치가 떨어진 민중 집단 주택 단지에서의 (하층)프롤레타리아의 비참에 대응한다.

시장 만능 이데올로기의 확산과 그 피해를 추적하기 위해서는 미디어의 기능 작용을 이해하는 일이 필수 불가결하다. 「저널리즘의 패권」(1994c)이 분석과 개입, 그리고 전문직 종사자들과의 대결 ——「세계의 진정한 지배자들에게 보내는 질문들」(1999e; 2002b: 417~424에 재수록) 같은——을 조합한 이 작업대를 연다. 『텔레비전에 대하여』(1996a)는 방송이 어떻게 예술, 과학, 정치에서 (예를 들면, "출판에서의 보수 혁명"[1999a]을 부추기면서) "타율성의 트로이의 목마" 역할을 수행하는지, 또 '눈물 없는 사회학'을 열렬히 좋아하는 제도권 미디어가 어떻게 일상적인 검열 수단으로 작동하는지 보여 준다. 『정치 장에 관한 논고』(2000b)가 저널리즘에 대한 문화 생산장 이론의 이러한 임상적 적용의 뒤를 잇는데, 격렬한 논란을 야기해 마침내는 지배적인 언론 기관들의 [부르디외에 대한] 중상모략 캠페인으로 흘러간다.

부르디외가 보기에, 지배가 과학과 그 부산물에 점점 더 많이 의지해 가는 상황에서 사회과학은 상아탑 안에 고립될 수도 없고, 그렇게 되어서도 안 된다. 그로부터 이중적인 의제가 나온다. "제국주의적 이성의 간지"(with Wacquant 1998)에 유리하게 전 세계에 부과되는 유일 사상pensée unique의 틀을 분해하기, 그리고 정의의 이상에 부합하며 연구가 그 유효성을 입증하는 '합리적 유토피아'를 내세우면서 '탈정치화의 정치'에 맞서 투쟁하기. 이러한 관점에서 『맞불』(1998b)은 신자유주의에 대한 생생한 진단을 제시한다. 상품화의 정치로서 신자유주의는 '집합체들의 체계적인 파괴'에 기초하며 '불안정한 삶의 일반화된 확산'에 책임이 있는 것이다. 『맞불 2』(2001b)는 부르디외가 사회과학의 지지를 부추긴 '유럽 사회운동'의 저항 잠재력과 가능한 투쟁 장소들을 가리킨다. 이 개입들은 사회과학과 정치 행동 사이의 시너지 관계에 대한 개념화에서 비롯한다. 알제리에서의 갈등에 관한 초기 작업에서부터 이미 부르디외를 이끌어 온 그러한 개념화는 자율성과 참여의 쌍 안에 닻을 내리고 있다(1989h; 2001b: 33~41). 그것은 1995년 12월의 총파업 시위 이후 "행동의 이유"Raisons d'agir라는 연구자 네트워크와, 같은 이름의 출판사가 출범하면서 구체화된다. 피에르 카를의 다큐멘터리 영화 「사회학은 격투기다」(2001)는 부르디외가 포괄하는 다양한 공중—각종 분과 학문 소속의 외국 학자들로부터 노조, 비영리 라디오, 반세계화 운동 관련자들, 그리고 [대중연예잡지인] 『텔레라마』Télérama의 독자들에 이르기까지—을 포착하며, '전투적 과학'이자 상징적 보양의 '공공 서비스'로서 고안된 사회학의 매력을 복원한다.

새로운 세기인 2000년대 초반, 부르디외는 젊은 시절의 사랑으로 되돌아감으로써 자신의 지적 궤적을 완결 짓는다. 과학의 역사적 논리, 시민 공동체 내에서의 과학의 함의, 그리고 행위의 감정적 토대가 그것이다. 『과학의 사회적 활용』(1997b)은 '과학 장에 대한 임상 사회학sociologie clinique'의 밑그림을 제시하면서, 경제적·정치적 힘의 난입에 직면한 연구의 자율성 강화를 목표로 삼는다. 콜레주 드 프랑스에서의 그의 마지막 강의는 이성을 사회학적으로 방어하는 데 바쳐졌으며, 『과학의 과학과 성찰성』(2001c)이라는 제목이 붙었다. 이후 그는 『자기 분석에 대한 초고』(2004a)에서 실천 이론을 자기 자신에게 적용한다. 『독신자들의 무도회』(2002a)는 부르디외를 어린 시절의 고향 마을로 다시 데려간다. 거기서 그는 상징폭력 개념이 주인공일 법한, 세 단계의 방법론적-이론적 성장소설 Bildungsroman 속에서 '베아른 농민 사회의 위기'를 탐색한다. 2001년 스리지Cerisy에서 그의 작업을 논의하기 위해 열린 학제적인 국제 학술 회의에 응하면서, 부르디외는 그의 독자들과 비평가들에게 세계와 그 인식 범주들에 대해 끊임없이 질문하기를 권유한다. 일종의 사회학적 묘비명과도 같은 다음의 표현과 더불어서 말이다. "당신의 구조들을 뒤흔드십시오!" (2005).

분석적 경로

부르디외는 자기 작업의 분석적 핵심에 대해 세 가지 촘촘한 판본을 차례로 남겼다. 『실천 이론 개요』(1972a)는 구조주의와 현상학에 대한 이중적 단절을 수행하고 정당화한다. 『실천 감각』(1980a)은 '이론적 이성 비판'을 전개하고 카빌리와 베아른에서의 의례, 전략, 사회 질서를 지배하는 '실천 논리'를 해부한다. 『파스칼적 명상』(1997a)은 인식론적 토대(역사적 합리주의)와 철학적 인간학(인식-인정-오인의 3항식에 정박해 있는)을 해명하면서,

부르디외 실천론의 중심 개념과 원리 들을 정교화한다. 여섯 개의 주요 개념들—하비투스, 장, 사회 공간, 자본, 상징권력, 그리고 성찰성—이 도드라진다.

하비투스

하비투스라는 매개 개념은 예방적인(혹은 소극적인) 역할을 한다. 그것은 우리를 구조주의의 난관에서 벗어나게 해주고 주체 철학의 오류를 쫓아 버리는 한편, 우리가 행위자를 역사화해야 할 필요성을 분명히 알려준다 (1980i). 부르디외는 그 개념을 철학적 전통에서 빌려왔으며(아리스토텔레스가 『니코마코스 윤리학』에서 말한 헥시스가 『신학 대전』*Summa Theologiae*에서 토마스 아퀴나스에 의해 하비투스로 번역되었으며, 이는 후설, 하이데거, 메를로-퐁티의 현상학에서 다양한 명칭으로 다시 등장한다), 지속적으로 다시 작업한다. 그는 하비투스 개념을 자신의 고향인 베아른과 식민지 알제리의 촌락 사회에서의 명예, 친족, 권력의 관계에 대한 교차 민족지에 경험적으로 편입시킨다(1962a; 2002a: 110~128에 재수록; with Sayad 1964: 150~177). 그는 또 학교 생활과 성적, 그리고 미래와 맺는 관계에 출신 계급이 행사하는 영향력을 규명하기 위해 그 개념을 이용한다(with Passeron 1970, 2장; 1974a). 부르디외는 자신이 『고딕 건축과 스콜라 사상』(1967a)이라는 제목 아래 편집한 에르빈 파노프스키Erwin Panofsky의 두 텍스트에 부친 중요한 후기에서 그 개념의 '발굴'을 변호하고, 『실천 이론 개요』(1972a[2000: 256~300])에서 그 소명을 적시한다. 그러고 나서 그는 그 개념을 현대 계급들의 '생활 양식 공간'의 원동력(1979a, 3장)이자 '실천 감각'의 나침반(특히 1980a: 333~439의 '유비의 악마'를 보라)으로서 동시에 펼쳐 낸다.

하비투스는 행위의 분석을 "규칙에서 전략으로"(1987a: 75~93) 전환하고, 나아가 한 행위자의 이질적 실천들의 실천적 일관성 및 서로 유사하거나 조정된 성향을 갖춘 여러 행위자들의 실천들의 객관적인 조율을 포착할 수 있게 해준다(1980a: 95~105와 411~439; 1984a: 112~167; 1989a: 254~264). 이러한 '암묵적 공모'는 행동 양태로서는 '약호화'(1987a: 94~105)에 대립한다. 약호화는 [행동 양태를] 명시화하고 탈시간화하면서 '형식의 고유한 상징적 힘'을 부각시킨다. 성향에 대한 발생론적 접근은 "신체에 의한 인식"(1997a, 4장)을 정초한다. 이는 세계와의 독사적 조화 accord doxique의 원리일 수 있으며, 상징폭력의 동력일 뿐만 아니라 부적응과 분열의 동력일 수 있다(1977a: 45~65; et al. 1993[1998: 1091~1103]). 부르디외는 "구조, 하비투스, 실천"(1980a: 87~109)의 삼위일체에 기대, 교수적, 예술적, 남성적, 여성적, 경제적, 그리고 과학적 하비투스의 양상들을 드러냄으로써 그 개념을 다시 손질한다(각각 1989a: 48~81; 1992a: 465~522와 1993a; 1998a: 54~87; 1997d와 2000a: 256~266; 2001a: 77~90). 이는 행위의 동기 libido; illusio가 소우주, 혹은 장에 따라 어떻게 구체화되는지 가늠해 볼 수 있는 기회를 제공한다(1994a, 5장 「무사무욕한 행위는 가능한가?」)

장

대조적으로 장 개념은 구축적인(또는 적극적인) 역할을 수행한다. 부르디외가 그 개념을 벼려낸 것은 문화 생산계, 혹은 "상징재 시장"(1971d)의 특수성을 간파하고, 역사화를 통해 구조주의 모델에 역동성을 부여하기 위해서이다. 「지식 장과 창조적 기획」(1966a)에서 초안을 잡은 이후, 그는 "종교 장의 발생과 구조"(1971c)에 관한 핵심 논문에서 장 개념을 도입한다. 거기서 그는 카시러에 의지하면서 맑스, 뒤르켐, 그리고 베버 관점의 삼각대형에 의해 스스로를 위치 짓는다. 그리고 나서 그는 과학 장(1976a; 1991d),

철학 장(1975d ─ 1988a에 재정리), 예술 장(1975c; 1983d; 1991h), 정치 장 (1981d ─ 2001a에 재수록), 대학 장(1984a), 그리고 사법 장(1986c)에 대한 일련의 경험적 조사 연구를 따라 장 개념을 정교화한다. 그것에 대한 가장 심화된 논의는 『예술의 규칙』(1992a, 특히 2부 "작품의 과학의 기초"; 또 1994a: 59~80을 보라)에서 제2제정 치하 문학 장의 출현과 기능 작용에 관한 연구에 들어 있으며, 근대 예술의 형성에 대한 "마네 효과"(2013a)에 역시 나타나 있다.

이와 더불어, 부르디외는 연관 개념들을 발전시킨다. 지배 계급 개념을 포괄하면서 기각하는 권력 장(1971a; 1989a, 4부; 1993b; 2011), 그리고 관료제 장(1993b; 1997c; 2012, 특히 417~437, 461~533)이 그것이다. 특히 관료제 장 개념과 함께 그는 국가를 '메타-자본', 즉 권력들에 대한 권력을 갖기 위해 벌어지는 투쟁의 산물이자 장소이며 내기물로서 다시 사유한다. 이 두 개념의 교차를 통해 부르디외는 사회적 위계질서를 영속시키는 재생산 전략 체계의 그림을 그리고(1994b), 다양한 지배 양식에 특수한 모순들을 탐지하며(2011), 물질적이며 상징적인 권력의 분리 자체가 허용하는, 두 '권력의 유기적 연대'를 조준한다. 마찬가지로 그는 현 시기 국가의 (금융적) 오른손과 (사회적) 왼손 사이의 점증하는 적대를 고찰하기에 이른다 (1998b: 9~17). 이는 우파만이 아니라 좌파 정치 지도자들마저 '신자유주의적 전망으로의 집합적 개종'을 단행한 데 잇따른 것이다(「국가의 사임」 in et al. 1993[1998: 337~350]). 이후 부르디외는 정치 장, 저널리즘 장, 과학 장간 관계(1994c; 1996b; 2001a), 그리고 국가와 경제 장의 상호 착종(2000c: 113~180)을 규명한다.

사회 공간

회고적으로 장은 더 일반적인 사회 공간 개념을 구체화한 결과로 여겨진다(1994a: 53~57). 사회 공간은 위치들의 다차원적 구조(자율화되거나 개별화될 수도 있고 그렇지 않을 수도 있는)를 규정하는 유효 속성들의 분포이다. 이 개념은 "계급 위치와 계급 조건"(1966c), 그리고 "계급의 미래와 개연적인 것의 인과성"(1974a)에 관한 두 논문, 그리고 자본 개념의 다원화(아래에서 논의)에 그 뿌리를 두고 있다. 그것은 『구별 짓기』(1979a, 특히 2부 "실천의 경제", 특히 109~144)에서 정련되었다가, 「사회 공간과 '계급'의 발생」(1984b ─2001a[1991]에 재수록)에서 종합되고, 부르디외가 『구별 짓기』의 모델을 독일과 일본의 사례에 적용하면서 가한 수정에 의해 정확해진다(1994a: 14~35).

상징 공간, 사회 공간, 물리 공간 사이의 상호 중첩과 전환의 역동적인 관계는 젊은 시절의 텍스트들, 즉 농촌의 식민화와 군사적 '평정'에 의한 알제리 농민층의 『뿌리 뽑힘』(with Sayad 1964, 1, 3, 7장), 「베아른 농민 사회의 위기」(1962a ─2002a의 1장에 재수록; 1989c ─2002a의 3장에 재수록), 「카빌리 가옥, 혹은 뒤집어진 세계」(1970 ─1972a[2000]에 재수록) 등에서 다루어진다. 그러한 관계는 "지역 관념"을 둘러싼 패러다임의 갈등(1980k ─2001a[1991]), 그리고 도시 외곽의 낙인찍힌 집단 주택 단지가 그 상징적 현장인 "장소 효과"에로 확장된다(et al. 1993[1998: 249~262]). 마침내 그것은 행위자와 세계의 상호 '내포의 역설적 이중 관계' 속에서 다시 정식화된다.

방법론적 수준에서 부르디외는 수학자 장-폴 벤제크리가 창안한 데이터 분석의 통계적 기술들을 채택해 사회 공간(그리고 장들)을 지도 그리는 독창적인 접근을 체계화한다. 이 다중 대응 분석은 후에 "데이터의 기하학적 분석"(Benzécri 1973; Le Roux & Rouanet 2004) 안에 통합된다. 그는 그것을 취향(1979a: 특히 139~144, 293~301, 391~398), 주교들과 경영자들(with Saint Martin: 1978과 1982), 대학인들(1984a, 3장), 그랑제콜(1989a, 2부), 개인 주택 시장(2000a, 2, 3장) 그리고 출판인들(1999)에게 연속해서 적용한다.

자본

사회 공간과 장 개념은 자본 형태의 다원성 및 태환 가능성 이론과 유기적으로 연계된다(1986g). 모든 장이 특수한 자본 유형(예술적, 정치적, 사법적 등)의 축적과 독점 장소로서 구성되기에 그렇다. 부르디외는 문화자본 개념을 창안하는데, 이는 가족 내의 문화적 상속이 학교에서의 성공에 대해 행사하는 영향력을 고려하고(with Passeron 1964: 34~44, 그리고 1970: 87~113; 1966b와 1971e), 『예술 사랑』(with Darbel 1966)을 낳는 미적 성향의 불평등한 분포를 설명하기 위한 것이다. 그는 "문화자본의 세 가지 상태"(1979b), 즉 대상화되거나 체화되거나 제도화된 상태를 구분하고, 『구별 짓기』(1979a, 특히 1장, "문화귀족의 칭호와 혈통")에서 그 습득 양식과 반향을 열거한다. 그는 재생산 전략 수단들의 체계 내에서 학교의 부상 —이는 기술관료적 지배를 지탱한다— 과 연관관계를 맺는 "새로운 자본"(1994a: 37~51)의 상승을 판독한다. 사회자본(1980h)의 특수성은 친족 관계(1980a, 2부, 1장과 2장), 가족(1993d —1994a: 135~145에 재수록), 경영자층과 그랑제콜(1989a: 225~264, 428~481), 그리고 더 일반적으로는 그가 '단체'corps라고 부른 것(1984a: 4장; 1984c; 1999d)에 대한 연구들에서 다루어진다.

최상의 승화된 자본 형식으로서 상징자본은 실질적으로 부르디외의 모든 작업에 나타나지만, 특별히 다음의 주제를 다루는 텍스트들에서 두

드러진다. 명예(1965 —1972a에 재수록[2000: 19~60]; 1993b), 전 자본주의 사회에서 '적나라한 폭력'의 '부드러운 폭력'으로의 변환(1976d), 구별 짓기(1978c; 1979a: 특히 293~364[부르주아지와 프티 부르주아지 간 환질환위법]; 1989a: 278~305[경제권력의 소유자들과 문화권력의 소유자들 사이의 '궁정전쟁']), 믿음의 역할(1977b), 그리고 "상징재 경제"(1994a, 6장)에서 인식과 오인의 변증법. 상징자본 개념은『실천 감각』(1980a: 191~207), 그리고『파스칼적 명상』(1997a: 340~351)에서 직접적인 이론적 논의 대상이 된다.

상징권력

부르디외 사유의 핵심으로서 그의 지적 브랜드이자 그의 의도를 압축하는 개념이 있다면, 그것은 바로 상징권력(그리고 그 파생물로서, 시각과 구분의 사회적 원리들을 부과하는 데서 비롯하는 상징폭력)이라는 데 논란의 여지가 없을 것이다. 하지만 그것은 또 가장 파악하기 어려운 개념이기도 하다. 그것의 속성, 변형, 효과 들을 정리하려면, 부르디외의 저작 전체에 거의 완전히 숙달해 있어야 할 터이기 때문이다. 부르디외는 그 개념의 이론적 계보(1977e —2001a[1991]: 201~211)와 여러 종합적 특징(with Passeron 1970: 13~84, 「상징폭력 이론의 기초」; 1980a: 209~231 「지배양식들」; 1997a: 248~276, 「정치적 폭력과 상징 투쟁」)을 제시한 바 있다. 그는 범주화의 온갖 유효한 거대 심급들을 하나하나 철저히 분석한다. 그것들은 신화, 종교, 학교, 과학, 정치, 법 등이며, 그 끝에는 그가 '상징자본의 중앙은행'이자 계급화/분류 투쟁의 궁극적 조정자로 기술하는 국가(1993b; 2012: 257~324)가 있다. 그는 「상징권력의 사회 제도」(1982a와 2001a[1991], 2부) 안에서 언어의 역할을 추적하며, 집합체들 —계급, 종족, 지역, 또는 국가(1984b; 1987a: 147~188; 2012: 239~256, 330~347, 461~479) —의 형성을 해독하기 위해 [사회 공간 X 상징권력의] 개념쌍을 거듭 소환한다. 하지만 부르디외가 보기에 상징폭력의 현실화된 패러다임을 제공하는 것은 바로 『남성 지배』(1998a) 이다. 세계에 대한 지각과 평가 도식들의 주입으로서 상징폭력은 구조들을 자연스러운 것으로 만들고, 이를 매개로 그 질서를 영원한 것으로 만드는 경향이 있다.

행위자는 그의 하비투스 구조들(정신적 분류)이 사회 구조들(자본 분포)과 자생적으로 일치하면, 세계를 자명한 것으로 여긴다. 이렇게 상징권력은 독사를 발생시키며, 반대로 그것에 의지한다(1980a, 4장 「믿음과 신체」; 1998a: 7~10). 독사는 플라톤에게까지 거슬러 올라가는 철학소(플라톤에게 그것은 공통의 믿음 혹은 의견을 가리킨다)이다. 부르디외는 그것을 에드문트 후설의 현상학에서 가져와 이중의 사회학적 비틀기를 수행한다. 우선 그는 당연한 것으로 간주되는 일상적 경험의 사회적 가능 조건들을 추출한다(1972a[2000: 234~255]). 다음으로 그는 각각의 사회적 소우주가 그에 고유한 독사를 어떻게 생산하는지 보여 줌으로써(1997a: 139~147) 독사를 다원화한다. 그리하여 『예술의 규칙』(1992a)은 문학적 독사뿐만 아니라, 그 철학적·미학적 사촌들까지 해부한다. 이렇게 부르디외는 독사를 분석과 사회 비판의 역사적 범주로 만든다. '개념 없는 인식'의 성격을 띠는 독사는 사회 공간 안에서 개인을 이끄는 '한계 감각'을 뿌리내리게 한다(1979a: 543~564). 그것은 수행적 담론의 연금술을 활성화하며(1981f), "국가 지배자들의 관점"(1993b)을 상식으로 정초한다. 마지막으로, 그것은 가상apparence에 대한 (가짜) 학자인 여론 조사자에게서 정식 자격을 갖춘 특유의 전문가를 발견한다(1972c; 1987a: 217~224). 한마디로, 부르디외는 자신이 '사회학화'하는 다른 철학 개념들에 대해서도 그렇게 하듯이, 독사의 역사적 토대와 정치적 성분을 드러낸다.

성찰성

바슐라르가 말하는 '인식론적 경계'vigilance épistémologique라는 정언 명령의 [부르디외 사회학적] 번역어인 성찰성은, 사회과학이 대상을 구성한 절차에 사회과학의 도구를 다시 적용하도록 요청한다. 따라서 그것은 사회학적 실천의 집합적 조직 같은 구체적 행동 속에 새겨져야만 한다. 부르디외는 그 실천적인 요건을 우선 『알제리의 노동과 노동자들』(et al. 1963: 257~264)에서, 그리고 이론적인 요건을 『사회학자의 직능』(et al. 1968[1973: 95~106])에서 표명했으며, 이후 학술지 『사회과학 연구 논집』(1975a와 1975b) 창간을 통해 성찰성을 물질화했다. 그는 학교, 대학, 과학, 지식인에 관한 연구들에서 성찰성을 작동시킨다. 이는 사회과학의 사회학을 모든 연구의 필수 불가결한 요소로 만들어야 한다는 되풀이되는 요구에 의해 증폭된다(1980b: 37~94; 1987a: 47~71; et al. 1993[1998: 1389~1447]). 부르디외는 『강의에 대한 강의』(1982b)를 통해 성찰성을 다시 확언하고 또 예시한다. 그 책은 그가 어쩔 수 없이 순응해야 했던 과학적 공인 의례 속에서 문제가 되는 상징권력에 대한 불경스러운 분석이다.

부르디외는 학자를 형성시키고 스콜레 안에 가두는 사회 세계를 인식하기 위해 지칠줄 모르는 노력을 기울인다. 그 결과, 그는 '논리적 논리'와 '실천 논리'(1980a: 7~41와 135~165) 간의 간극을 지적하고, 사회과학이 세계와 맺는 관조적 관계를 행위자에게 투사할 때 저지르게 되는 가장 심각하면서도 흔한 오류들을 "스콜라적 편향"(1994a, 7장)이 어떻게 결정하는지 보여 준다. 이러한 추론 착오는 인식의 층위 말고도 윤리(법, 정치)와 미학(1997a, 2장 「스콜라적 오류의 세 가지 형태」)을 얼룩지게 만든다. 그 해독제인 "객관화하는 주체의 객관화"는 "이성의 역사적 토대"(1997a, 3장, 특히 157~176)를 규명하는 '사회학적 시선'의 진정한 사회학인 『호모 아카데미쿠스』(1984a)와 더불어 그 실험의 정점에 이른다. 여정의 끝에 부르디외는 『과학의 과학과 성찰성』(2001c)에서 '사회과학이 스스로를 이해하고 통제하기 위해 자체의 무기를 이용하는 작업'의 교훈들을 끌어 내고, 그것들을 『자기 분석에 대한 초고』(2004a)에서 자신의 작업에 적용한다. 영국 왕립 인류학회의 헉슬리 메달 기념 강연은 「참여 객관화」(2002c)의 특징들을 적시하면서 인식론적 절제ascèse épistémologique를 완수한다. 부르디외에게 참여 객관화는 가장 완성된 형태의 과학적 이성이다.

부르디외를 다시 읽자

부르디외의 연구서를 제대로 읽기란, 일반 독자들에게는 말할 것도 없고, 전문 연구자들에게조차 쉽지 않은 일이다. 거기엔 여러 가지 이유가 있다. 일단 그만의 새로운 개념과 고유한 용어들, 책 곳곳에서 심심치 않게 튀어나오는 라틴어 관용구, 장황하고 난삽한 그의 문체 탓이 크다. 정교하고 미묘한 논리를 누적시키며 점점 더 복잡하게 구성해 가는 그의 사유 스타일도 한몫 거든다. 게다가 종횡무진 펼쳐지는 광범위한 철학적·역사적 배경 지식, 상당한 맥락 정보를 요구하는 구체적인 경험 분석 또한 부르디외 읽기의 어려움을 낳는 무시할 수 없는 원천이다. 그 결과, 그는 너무나 일찌감치 '고전적인' 저자, 그러니까 사람들의 입에 자주 오르내리면서도 정작 제대로 읽히지는 않는 저자가 되어 버린 감이 있다. (엉망으로 번역된 책이 적지 않은 국내에서는 더욱 그렇다!)

그나마 다행인 것은 부르디외가 생전에 자신의 연구 성과를 더 많은 독자들에게 알리고 그들과 소통하려는 시도를 나름대로 소홀히 하지 않았다는 점이다. 프랑스뿐만 아니라 외국에서도 상당한 판매 부수를 올리며 독서 공중 사이에 부르디외의 이름을 각인시킨 『텔레비전에 대하여』, 『맞불 1』, 『맞불 2』 등은 그 단적인 예일 것이다. 한데 시사 문제에 대한 사회학자의 직접적인 개입을 보여 주는 이 일련의 정치 팸플릿 말고도, 부르디외 사회학을 대중화하는 데 중요한 역할을 담당해 온 텍스트들이 있다. 부르디외가 자신의 사회학을 일반 독자들을 대상으로 쉽게 설명하기 위해, 주로 강연문이나 학회 발제문, 각종 대담 등을 편집해 출간한 일군의 저작이 그것이다. 그것을 일종의 '자기 해설서' 장르라고 묶어 볼 수도 있을 텐데, 여기 우리말로 옮겨 내놓는 『성찰적 사회학으로의 초대』는 『사회학의 문제들』*Questions de sociologie*, 『말한 것들』*Choses dites*, 그리고 『실천 이성』*Raisons pratiques*과 더불어 이 범주의 대표적인 저서에 속한다.

부르디외의 '자기 해설서' 가운데 『사회학의 문제들』이 짧은 글들로 이루어진, 가장 어렵지 않게 접근 가능한 책이라면, 『말한 것들』과 『실천 이성』은 좀더 이론적이고 전문적인 쟁점들을 요령 있게 풀어 내고 있는 책이다. 한편 『성찰적 사회학으로의 초대』는 앞의 책들과는 다른 몇 가지 특징을 지닌다. 우선 구성이 훨씬 체계적이고 내용 또한 종합적이라는 점이다. 이는 다른 책들의 경우 부르디외가 기존에 다양한 주제로 이리저리 발표한 글들을 '사후에' 모은 결과물인데 반해, 『성찰적 사회학으로의 초대』는 '사전에' 일정한 체재를 잡고 쓰여진 기획물이라는 사실에서 비롯한다. 이 저작은 부르디외 사회학에 대한 소개문, 주제별 인터뷰, 부르디외의 강의 원고 순으로 이루어져 있다. 즉 부르디외의 제자이자 공저자이기도 한 사회학자 로익 바캉이 먼저 부르디외의 이론을 상세하게 정리, 평가하는 개관을 제시하고, 그 구체적인 논점들을 부르디외와 함께 심도 있게 토론하며, 마지막으로 부르디외가 독자-연구자들에게 사회학적 사유와 분석을 위한 실용적인 지침을 제공하는 식이다. 여기 부르디외 사회학에 효과적으로 다가갈 수 있는 원전 읽기 방법에 대한 바캉의 조언과 참고 서지가 덧붙여진다. 이와 같은 체계적인 구성과 종합적인 내용 덕분에『성찰적 사회학으로의 초대』는 '교육적' 가치를 극대화하면서, 독자를 새로운 사회학적 인식의 지평으로 이끄는 길잡이 노릇을 충실히 수행한다.

　이 책의 또 다른 장점은 그 큰 부분을 차지하는 '대담' 형식으로부터 나온다. 달리 말해, 독자는 부르디외의 논의를 일방적으로 수용하는 위치에서 벗어나, 대담자의 입장에서 부르디외에게 다양한 논점의 비판을 제출하고 그에 대한 '대담'——이는 이 책의 프랑스어판 원제목이기도 하다——을 듣는 경험을 공유할 수 있는 것이다. 그리하여, 우리는 부르디외가 그의 사회학을 둘러싸고 되풀이된 갖가지 비판——결정론, 환원론, 기계론, 과학주의, 사회학주의 등등——에 어떤 의견을 갖고 있는지, 또 자신을 어떻게 변호하는지 알게 된다. 부르디외 스스로 오해받고 있다고 여기는 지점들을 해명하고자 애쓰기 때문이다.[1]

　설령 부르디외의 답변이 그에게 제기된 의문점들을 완전히 해소시켜주지는 못한다 하더라도, 사회과학 논쟁의 전반적인 지형 속에서 그의 입장과 논리를 좀더 정확하고 균형 있게 이해할 수 있도록 도와주는 것은 사실이다. 그럼으로써 이 책은 독자들이 부르디외의 주장이나 그에 대한 비평가들의 비판을 최종 답안으로 간주하지 않고, 그것들을 끊임없는 질문의 회로 안에서 바라볼 수 있게 해준다. 즉 독자들은 사회학의 오래된 문제들을 해결했다고 자처하는 부르디외가 동시에 어떠한 새로운 문제들에 직면해 있는지, 그 의미는 또 무엇인지 곱씹게 될 것이다. 그럼으로써 이 책

---

1 한때 부르디외의 제자였다가 그와 결별한 문화사회학자 미셸 라몽은 그래서 이 책에 "부르디외는 어떻게 읽히기를 선호하는가"How Bourdieu Prefers to be Read라는 부제를 달 법하다고 냉소적으로 말한 바 있다. Michèle Lamont, "How Has Bourdieu Been Good to Think With? The Case of the United States", *Sociological Forum*, Vol. 27, no. 1, 2012, p. 230.

은, 경제학자 앨버트 허시먼의 수사를 빌리자면, 질문을 해결하지 못할지 언정 논쟁의 수준을 높이는 데 기여한다.

당연한 말이겠지만, 부르디외를 제대로 이해하려면, 그가 맑스도 베버도 뒤르켐도 사르트르도 푸코도 하버마스도 아니게끔 만드는 것을 이해해야 한다. 그의 정체성을 구축하는 차이들이 무엇인지 판별할 수 있어야 하는 것이다. 『성찰적 사회학으로의 초대』는 독자들이 그동안 부르디외에게서 자기가 이미 알고 있던 것, 다른 여러 저자로부터 배운 것을 확인하는 데 급급해 미처 간파하지 못했던 지적 독창성과 차별성을 일깨워 준다. 이는 특히 부르디외와 관련해 널리 퍼져 있는 통념을 섬세하게 교정하는 과정을 동반한다. 이를테면 그는 자신이 '거대 이론가'가 아니라고 말하고, '하비투스'를 그저 '습관'과 동일시하지 않기를 당부하며, '재생산'에 대한 자신의 주장은 아버지 직업과 아들 직업 사이에 직접적이고 결정적인 관계가 있다는 식의 기계적 환원론이 아니라고 역설한다. 그러니까 부르디외의 자기 해설에 따르면, 경험적 실재에 대한 준거를 결여하고 있는 추상적인 거대 이론이 아니라, 이론적인 것과 경험적인 것이 서로 뗄 수 없게 결합된 발견 과정으로서의 연구야말로 그가 진정 추구했던 것이다. 또 하비투스는 무엇보다도 '생성적'이라는 점에서, 단순한 반복적 활동으로서의 습관에 주목하는 이전의 사유 전통과 단절한 개념이다. 이러한 하비투스는 언제나 특정한 구조, 특정한 상황과의 관계를 통해 작동한다. 그러므로 이를 매개로 이루어지는 사회 구조의 재생산 역시 지위 세습의 강고한 메커니즘이라기보다는, 우발성과 불안정성을 내포한 '보증 없는' 과정으로 이해되어야 한다.

나아가 이 책에서 부르디외는 인문사회과학의 '그릇된 이분법들' ―합리적 행위자/비합리적 행위자, 거시/미시, 구조/개인, 과학적 인식/

일상적 인식, 보편주의/역사주의 등등──로 말미암은 '비생산적 논쟁'에 대한 자기 나름의 답변을 명확하게 정리해 내놓는다. 이는 그가 주로 구체적인 경험 연구들을 통해 그러한 논쟁의 허구성과 대결했던 점을 감안하면, 사뭇 이례적이다. 부르디외는 이와 같은 이론적 명료화 작업을 바탕으로 자신의 '실천 이론'과 '과학적 인식론'이 지니는 타당성을 다시금 강조한다. 그가 보기에, 행위 이론에서 가장 핵심적인 것은 '실천 감각'과 그에 따른 행동의 '비의식적인 규칙성'이다. 행위자의 의식적 합리성과 반성 능력은 일상적인 적응과 자연스러운 조정이 더 이상 먹히지 않는 위기 상황에서나 작동하는 예외적인 자질일 따름이다. 그는 또 하비투스 개념을 매개로 '거시와 미시', '구조와 개인'의 연계성 문제를 해소하며, '구조적인 것이 현실화되는 양태'로서 '상호 작용'을 파악한다. 한편 부르디외는 사회학에 '과학'의 지위를 부여하려는 욕망을 포기하지 않으면서도, 과학적 인식과 일상적 인식 간의 복잡한 접합 관계를 인정한다. 즉 과학은 일상생활을 지배하는 통념과 상식으로부터 끊임없는 인식론적 단절을 요구하지만, 동시에 감정적·직관적 기원을 가진다. 공감, 연민, 동정, 혐오, 분노, 그리고 창조적인 발상과 직감은 과학적 작업의 초합리적 바탕을 이룬다는 것이다. 부르디외가 구상하는 과학적 사회학은 보편주의와 역사주의의 대립을 지양하는 역사적 합리주의로 특징지어진다. 그것은 '모든 것은 역사적'이라는 시각을 견지하면서도, 우리가 자율적인 과학 장의 역사 속에서 '역사적 보편'으로서의 사회학적 진실들을 쟁취해 나갈 수 있다고 본다. 우리는 우리 존재를 결정짓는 사회적 메커니즘을 폭로하는 이 진실들을 자유의 확장과 사회 진보를 위해 활용해야 한다. 부르디외에 의하면, 바로 거기에 '과학적 사회학의 윤리적 전망'이 있다.

이러한 맥락에서 『성찰적 사회학으로의 초대』는 '성찰성'과 '지식인'

에 대한 부르디외의 논의를 상세하게 담고 있다는 미덕을 지닌다. 성찰성은 '학자' 부르디외에게 핵심적인 개념이었던 만큼이나, '실천적 지식인' 부르디외를 기존의 다른 투사 지식인들과 차별화하는 요소였다. 부르디외는 성찰성에 관한 자신의 사유를 『파스칼적 명상』*Méditations pascaliennes*, 그리고 콜레주 드 프랑스의 마지막 강의인 『과학의 과학과 성찰성』*Science de science et réflexivité*에서 더욱 정교화한 바 있다. 그는 1980년대 후반에 와서야 지식인의 기능에 대한 '규범적' 논의를 본격적으로 펼치기 시작했다. '보편적인 것의 조합주의'를 추구하는 '집합적 지식인'의 구성으로 요약 가능한 그의 지식인론은 『성찰적 사회학으로의 초대』과 같은 해에 나온 『예술의 규칙』*Les règles de l'art*, 그리고 2년 뒤에 나온 예술가 한스 하케와의 대담집 『자유 교환』*Libre-échange*에 자세히 나와 있다.

『성찰적 사회학으로의 초대』는 애당초 공저자 바캉이 부르디외 사회학을 영미권에 소개하려는 목적으로 부르디외와 더불어 구상, 편집한 책이다. 이처럼 그것이 원래부터 외국 독자를 상정해 쓰였다는 사실 또한 우리에게는 의도되지 않은 장점으로 작용한다. 바캉이 부르디외 연구 노동의 일국적 맥락—프랑스의 정치사회적 변동, 교육 제도, 학계의 논쟁 구도, 지식인들 간의 관계 등—에 대한 의식적인 해설을 세세한 질문과 장문의 각주에 담아 놓았기 때문이다. 이러한 배려는 프랑스 특유의 지식 생산 조건을 잘 모르는 영미권 독자들을 위한 것이지만, 우리에게도 유용한 정보가 아닐 수 없다. 더욱이 바캉은 부르디외 사회학과 영미권 사회학 간의 접점과 대립 구도를 만들고 관련 문헌 자료를 성실하게 수집, 정리해 제시함으로써 상대적으로 영미권 전통에 익숙한 국내 독자들에게 쓸모 있는 도구를 제공하고 있다. 이 점에서 그는 프랑스 출신의 미국 사회학자라는 자신의 이중적 배경을 효과적으로 활용하면서, 성실한 해설자이자 예리한 대담자, 그리고 친절한 안내자로서의 다양한 역할을 솜씨 있게 수행하고 있다. 그럼에도 부르디외와 바캉 모두 부르디외 이론이 프랑스 사회학의 전체 지형에서 어떤 위치에 있으며, 알랭 투렌Alain Touraine, 레몽 부동 Raymond Boudon, 미셸 크로지에Michel Crozier, 브뤼노 라투르Bruno Latour 등과 어떤 갈등 혹은 대립 관계를 맺고 있는지에 대한 논의를 생략하고 있다는 사실은 주목할 만하다. 그 의미심장한 누락이 실제 연관성의 부재를 반영한다기보다는 무의식적인 자기 검열의 흔적으로 여겨지기 때문이다.

『성찰적 사회학으로의 초대』는 부르디외의 교육자적 면모를 일깨운다는 점에서도 흥미롭다. 2001년의 『과학의 과학과 성찰성』 이후 2012년의 『국가에 대하여』Sur l'état, 2013년의 『마네 : 상징혁명』Manet: Une révolution symbolique으로 이어지고 있는 부르디외의 콜레주 드 프랑스 강의록 출간은 연구자로서뿐만 아니라 교육자로서 그가 발휘했던 탁월한 자질을 확인시켜 주는 기회를 제공하고 있다. 마찬가지로, 이 책의 3부로 실린 부르디외의 대학원 세미나 녹취록은 그가 어떤 식으로 학생들에게 '과학적 하비투스'를 전수하는지 생생하게 드러냄으로써, 구체적인 내용에서뿐만 아니라 교수법의 차원에서도 많은 시사점을 갖는다. 사실 부르디외가 자신의 지적 작업을 통해 궁극적으로 의도했던 바는, 우리 나름대로 해석해 보자면, 피지배자들의 '사회과학적 주체화'라고 할 수 있다. 서로 긴밀하게 얽혀 있는, '계몽'과 '힘 돋우기'empowerment의 두 축이 그러한 주체화의 기획을 지탱한다. '계몽'이란 비판적 사회과학의 연구 성과를 최대한 널리 알리고 공유함으로써, 피지배자들로 하여금 부당한 지배 관계를 감수하게 만드는 오인을 걷어 내고 변화의 가능성을 발견하도록 돕는 것이다. '힘 돋우기'란 누구나 사회과학의 무기를 자유롭게 활용할 수 있는 상태에서 사회 세계의 문제와 법칙을 정확하게 인식함으로써 그 구속력으로부터 자유로운 공간을 확보할 수 있도록 이끄는 것이다. 『성찰적 사회학으로의 초대』는 이러한 부르디외의 철학적 지향이 형식이나 내용 면에서 선명하게 나타난 저작이라고 평가할 만하다.

부르디외에게 '사회과학적 주체'는 무엇보다도 '(자기) 치유적 주체'이다. 그는 스스로 사회 속에서 아프게 보고 듣고 겪은 모든 것을 성찰과 객관화의 대상으로 삼는다. 이렇게 그는 사회가 자신에게 남긴 무수한 상처들을 의식의 표면 위로 드러내고 그 감춰진 부분들을 낱낱이 풀어낸다. 이는 개인적으로는 어렵고 힘겨운 치유의 과정이기도 하다. 우리가 어떤 사건이나 상황에 깊은 심리적·정신적 충격을 받을 경우, 명징하게 언어화될 수 없는 그것은 하나의 이미지로 각인된다. 트라우마가 그렇게 생겨난다. 환자가 트라우마로부터 벗어날 수 있게 하기 위해 정신분석학자가 하는 일 가운데 하나는 환자로 하여금 그것을 언어화할 수 있도록 돕는 것이다. 정신분석학자는 환자가 부인과 은폐, 수치심이라는 장벽을 넘어 자신의 상처를 직시하고 이름 짓고 말할 수 있도록 새로운 언어를 준다. 부르디외가 사회적으로 말할 수 없는 사람들, 말을 잃어버린 사람들에게 말을 되돌려 주는 데 사회학자의 소명이 있다고 주장할 때, 그는 사회학자에게 정신분석학자와 동일한 기능을 부여하는 것처럼 보인다. 역사, 혹은 사회가 우리의 진정한 무의식이라면, 사회분석이야말로 곧 진정한 정신분석일 터이기 때문이다. 사회학자는 피지배자들에게 자기를 분석하고 자기에 관해 말할 수 있는 도구를 제공한다.

한데 『성찰적 사회학으로의 초대』는 부르디외의 사회분석이 다른 사회 구성원들의 계몽과 힘 돋우기에 앞서, 일차적으로 그 자신을 향해 있지는 않았는지 곱씹어 보게 만든다. 바캉과의 대담에서 그는 자기가 여러 사회 계급을 가로지르며 숱한 '정신적 사진들'을 찍었고, 그것들을 과학적으로 현상해 낸 결과가 자신의 사회학적 작업이었다고 술회한다. 그렇다면 부르디외가 기억 속 밑자리에 새겨 놓았다가 나중에 비판적 학문의 언어로 객관화했던 사회 세계의 이미지들은 일종의 '부드러운 트라우마들'이 었다고 말할 수 있지 않을까? 제국주의 프랑스의 수탈로 피폐해진 식민지 알제리에서 그가 수행했던 성실한 현지 조사와 그 결과물로 나온 여러 권의 연구서들, 고향인 베아른 농촌 마을의 옛 친구들이 경제 개발과 근대화의 와중에서 '시대에 뒤떨어진' 노총각으로 쓸쓸히 늙어 가는 모습에 대한 연민에서 출발한『독신자들의 무도회』*Le bal des célibatires*, 지방에서 파리로 상경한 대학생들이 문화자본의 상대적 빈곤으로 인해 겪는 문제들을 다룬 발자크풍 제목의『상속자들』*Les héritiers*, 사투리나 어휘력, 말투 같은 언어 능력을 통해 작동하는 미묘한 상징폭력을 비판하는『언어와 상징권력』*Langage et pouvoir symbolique*, 생활 양식 전체를 둘러싸고 벌어지는 사회 계급들 간 미세한 경계 짓기와 차별을 탐구하는『구별 짓기』*La distinction*, 사회당 정권 아래서도 나아지지 않은 중하층 계급의 열악한 생활 조건과 그로 인한 집단적 고통을 탐구하는『세계의 비참』*La misère du monde* 등, 부르디외의 저서 대부분은 어떤 개인적인 상처와 울분의 흔적을 담고 있는 것처럼 보인다. 사회 세계에 대한 자신의 냉정한 시선, 과학적인 분석, 그리고 금욕적인 글쓰기를 밀어붙인 힘이 궁극적으로는 '세상에 대한 격렬한 분노'였다는 그의 고백은, 그래서 별로 놀랍지 않다. 그는 1990년에 가진 텔레비전 인터뷰를 다음과 같은 이야기로 끝맺은 바 있다.

나는 분노에 찬 젊은이였다. 나는 내가 분노에 찬 늙은이일 수 있길 바란다. 내가 나 자신에 대해 가지고 있는 관념에 나름대로 충실하자면 말이다. 거기에는 약간의 나르시시즘이 있지만, 뭐, 사실이 그렇다. 다른 한편으로, 나는 그것이 내 혜안의 원리라고 생각한다. 보통 당연한 것으로 받아들여지는 여러 가지 일들이 유독 내 눈에 띈다면, 그것들이 내 마음에 들지 않기 때문이다. (……) 인간관계의 지극히 미시적인 차원을 폭로하는 굉장한 작업을 수행했던 고프먼은 냉정하고 가차 없는 사람으로 통했다. 한데 그는 단지 사회 세계가 살아내기 너무 힘들다고 느낀 사람일 뿐이었다. 내가 세상을 견딜 수 있다면, 그것은 분노할 수 있기 때문이다. 내 속내를 털어놓자면 그렇다…….[2]

*

마지막으로 번역 텍스트의 원본, 그리고 한글 번역본의 구성과 관련해 몇 마디를 덧붙여 두자. 이 책은 1992년 영어본 간행과 동시에 『대답: 성찰적 인간학을 위하여』*Réponses : Pour une anthropologie réflexive*라는 제목의 프랑스어본으로도 발간되었다. 그런데 특기할 만한 점은 프랑스어본이 영어본의 완역본이 아닌 축약본이었다는 사실이다. 프랑스어본에는 별다른 설명 없이 바캉의 해설과 부르디외와의 대담 내용이 상당 부분 빠졌으며, 적지 않은 양의 각주 역시 사라져 버렸다. 그러한 재구성의 사정에 관해서는 바캉이 2014년 프랑스어 개정신판을 내면서 쓴 서문에 상세한 설명이 나와 있으니 참조 바란다. 다만 1992년 판본의 제목에 들어있는 '성찰적 인간학'이라는 표현의 함의에 대해서는 간단한 부연 설명이 필요할 듯싶다. 부르디외는 '인류학'ethnologie과 '사회학'sociologie을 포괄하기 위해 '인간학'이라

---

2 Pierre Bourdieu, *Si le monde social m'est insupportable, c'est parce que je peux m'indigner*, Paris: Editions de l'Aube, 2002, pp. 58~59.

는 용어를 쓴다. 그는 그러한 용법을 통해 그것들이 별개의 학문이 아니라고 주장하며, 나아가 "인간과학의 통일성"unité des sciences de l'homme을 확인한다. 결국 1992년 프랑스어본의 제목은 부르디외가 말하는 사회학이 제도화된 분과 학문의 틀을 넘어서는 '총체적인 인간학'을 겨냥한다는 의미를 분명히 드러내고 있었던 셈이다.[3] '총체적인 인간학'으로서의 사회학이라는 부르디외의 개념화는 어떤 면으로는 중요한 강점일 수 있지만, 또 다른 면에서는 의외의 약점일 수도 있다. 어쨌든 여기에서는 그의 이러한 지향을 하나의 '사실'로서 지적해 두는 것만으로 족할 터이다. 참고로, 2006년 주어캄프Suhrkamp 출판사에서 나온 독일어본의 제목은 『성찰적 인간학』Reflexive Anthropologie이다.

바캉은 2014년에 영어본의 전체 내용을 충실히 옮기고 각주와 부록들을 새롭게 정리한 프랑스어 개정판을 『성찰적 사회학으로의 초대』라는 제목으로 출간했다. 한국어본의 번역은 영어본을 주 텍스트로 삼고, 두 개의 프랑스어 판본을 참조하면서 이루어졌다. 한국어본의 구성은 2014년 프랑스어 개정판의 체재에 맞추어 1992년 영어본의 기존 체재를 재정리했다. 바캉의 프랑스어 개정판 서문, 두 저자의 공동 서문인 「합리성과 성찰성」, 바캉의 부록 「부르디외를 읽는 두 가지 경로」, 그리고 부르디외의 새로운 서지가 그렇게 해서 덧붙여졌다. 또 후기인 「부르디외를 기억하며」는 저자인 바캉과의 상의 아래 국역본에만 실리는 것이다.

부르디외의 책은 읽기 어려운 만큼이나 번역하기도 몹시 까다롭다. 그

---

3 Pierre Bourdieu, "L'objectivation participante", *Actes de la recherche en sciences sociales*, no. 150, 2003, p. 57.

의 문장이 때로는 과하다 싶을 정도로 미묘한 엄밀성을 추구하기에 더욱 그렇다. 그냥 지나치기 쉬운 수사학, 예컨대 '의식적으로 혹은 무의식적으로', '~한 경향이 있다', '모든 일이 마치 ~처럼 진행된다'와 같은 표현 하나하나에 그는 자신의 고유한 과학철학을 담는다. 개념은 물론이거니와 조동사나 부사 하나조차 신중하게 계산된 그의 문장들을 적절한 우리말로 옮기고 의미를 '제대로' 전달하는 일이 결코 쉬울 리 없다. 더욱이 그는 사회학자로는 드물게 자기만의 고유한 문체──그에 대한 사람들의 호오야 어떻든──를 구축했다고 평가받는 인물이다. 훌륭한 번역이라면 그러한 문체의 풍미까지도 살려 줄 수 있어야 할 텐데, 이 모든 유의점들을 고려해 가며 부르디외의 책을 '잘' 번역하기란 정말 만만치 않은 과제가 아닐 수 없다. 그나마 『성찰적 사회학으로의 초대』는 대부분 구어체 문장들로 이루어져 있어서 부르디외의 다른 책들에 비해 번역하기 훨씬 나은 편에 속한다. 하지만 그렇다고 해서 이 책을 우리말로 옮기는 작업이 부르디외 번역의 전반적인 난점들로부터 완전히 자유로운 것은 아니었다. 결국 우리는 부르디외의 개성적인 문체 혹은 말투를 가급적 살리려는 시도는 일찌감치 포기한 채, 길고 복잡한 문장을 과감히 여러 개의 단문으로 해체한 후 재구성하는 편을 택했다. 원저자의 스타일을 희생시키더라도 부르디외의 문제의식과 개념을 정확하게 옮기고 최대한 많은 독자들이 내용을 쉽게 읽고 이해할 수 있도록 만드는 것이 이 책의 근본적인 저술 취지에 부합한다는 판단에서였다. 바캉이 쓴 부분의 번역도 마찬가지 원칙 아래 이루어졌다. 저자와 독자들의 양해를 구한다. 그럼에도 여전히 남아 있을지 모를 번역상의 오류는 독자들의 비판을 통해 기회가 닿는 대로 수정하고 또 보완해 나가고자 한다.

책의 번역과 출판 진행 과정에서 여러 가지 우여곡절이 있었고, 2012년 여름에 초고가 나왔던 한글 번역본이 원래 예정했던 기일보다 훨씬 뒤늦게야 빛을 보게 되었다. 그 바람에 2014년 프랑스어 신판의 개정 내용을 국역본에 반영할 기회를 갖게 된 만큼, 영 의미 없는 지체는 아니었던 셈이다. 오랜 기간 동안 참을성 있게 원고의 완성을 기다려 주고 정성껏 책을 꾸며 준 그린비 편집부에 각별한 감사의 마음을 보낸다. 그동안 미출간 초고를 몇 차례 대학원 세미나 시간의 읽을거리로 쓰기도 했다. 함께 읽고 토론했던 대학원생들과의 즐거운 기억을 오래도록 간직하고 싶다. 최종 교정 원고를 전체적으로 한 번 꼼꼼히 검토해 준 김선기에게는 특히 고맙다. 번역 과정에서 계속 연락을 주고받으며 관련된 여러 문제를 성심껏 상의해 준 로익 바캉에게도 이 자리를 빌려 감사의 인사를 전한다.

지배와 차별과 불평등의 타파가 후기 자본주의 사회의 여전한 과제로 남아 있다면, 부르디외의 비판적 사유는 아직도 현재적인 중요성을 지닌다. 이 책이 부르디외의 사회학을 그 자신의 생생한 목소리로 접하고자 하는 이들뿐만 아니라, 사회 문제 일반에 관심이 있는 이들에게도 널리 읽힐 수 있기를 바란다. 이 책을 읽으며 부르디외와 더불어, 때로는 부르디외에 맞서 고민하는 이들이 많아질수록, 우리가 사는 세상의 문제들을 개선해 나갈 수 있는 가능성 또한 더욱 커질 것이다.

2015년 3월
이상길

부르디외 사회학의 주요 개념

사람들은 흔히 '부르디외 사상'을 몇몇 핵심 용어로, 심지어는 몇몇 책 제목으로 환원
시킨다. 이는 그들을 '재생산', '구별 짓기', '자본', '하비투스' 같은 일종의 종착점으
로 이끈다. 이 모든 용어는 그것이 드러내는 바에 대한 실질적인 이해 없이 종종 사람
들을 오도하는 방식으로 쓰이는데, 그리하여 슬로건이 된다. 그런데 실제로 이 개념
들—이 틀거리들—은 통상 단순히 실용적인 성격을 지니는 과학적 작업을 위한 원리
들일 따름이다. 그것들은 종합하거나(synthetic) 혹은 개관하는(synoptic) 용어들이며,
과학적 방향성을 가진 연구 프로그램의 제공에 이바지한다. 결국 가장 중요한 것은
연구 그 자체, 즉 어떤 주제에 관한 연구 그 자체이다. 확실히 이 개념들은 신중하게
다루어져야만 한다. 하지만 이것들을 다룰 때, [활용의] 자유를 존중하는 감각이 없다
면 아무런 진보도 이룰 수 없을 것이다.

— 피에르 부르디외[1]

이 부록은 옮긴이가 이미 다른 기회에 정리·출간한 바 있는 용어 해설을
일부 보완한 것이다(스테판 올리브지, 『부르디외, 커뮤니케이션을 말하다』, 이
상길 옮김, 커뮤니케이션북스, 2007, 130~186쪽 참조). 중복 게재의 부담을 무
릅쓰고 그 텍스트를 여기 다시 싣는 이유는 부르디외의 성찰적 사회학을
좀더 깊이 있게 이해하려는 이 책의 독자들에게 나름대로 유용할 것이라
는 편집자의 판단과 요청이 있었기 때문이다. 이 부록의 작성을 위해 부르
디외의 다양한 저작을 참고하고 또 인용했다. 하지만 용어 해설이라는 텍
스트의 성격상 세세한 각주는 달지 않았으며, 어떤 문헌에서든 직접 인용
한 부분은 겹따옴표 안에 넣어 표시하였다. 용어 해설 말미에 달린 기타 참

---

1 Pierre Bourdieu & Franz Schultheis & Andreas Pfeuffer, "With Weber against Weber:
In Conversation with Pierre Bourdieu", in Simon Susen & Bryan S. Turner(Eds.), *The
Legacy of Pierre Bourdieu: Critical Essays*. New York: Anthem Press, 2011, p. 117.

고문헌의 경우, 부르디외의 저작이 아닌 경우에 한해 출처를 명기했고, 직접 인용은 역시 겹따옴표로 처리하였다. 몇몇 항목의 내용 정리를 위해 프랑스에서 나온 부르디외 용어 사전 두 권에서도 포괄적이고 간접적인 도움을 받았으나, 일일이 항목별 참고문헌에 넣지는 않았다.[2]

객관화(objectivation)

객관화는 부르디외가 자주 쓰면서도 명확하게 정의한 적은 없는 용어 가운데 하나다. 이를 구태여 정의한다면, 뒤르켐이 제시한 사회학 방법론의 첫째 원칙, 즉 '사회적 사실le fait social을 사물la chose로 취급하기'가 그 의미에 제일 부합한다고 볼 수 있을 것이다. 구체적으로 객관화는 사회학자가 하나의 사회 현상을 첫인상이나 주관적 편견, 집단적인 고정관념에 기대지 않고, 또 행위자들의 의견이나 자기합리화에 휩쓸리지 않고 객관적인 관계구조 속에서 포착하는 활동을 말한다. 부르디외는 그러한 객관화 기법의 예로 통계나 관찰 등을 들고 있다. 나아가 그는 객관화가 모든 사회학적 연구의 기초 작업일 뿐, 그 자체가 전부는 아니라는 점을 강조한다. 사회학자의 과제가 객관주의에만 한정되지는 않는다는 것이다. 자연과학과 달리 총체적인 인간학은 객관적인 관계구조만이 아닌, 의미작용의 주관적 경험까지 재구성해야 하기 때문이다.

부르디외에 따르면, 그러한 과제를 수행하기 위해서는 첫째, 객관적 관계 구조를 구성하고 둘째 측정 가능한 규칙성에 따라 조직된 행동의 객관적 의미를 구성하며, 주체가 자기 존재의 객관적 조건 그리고 객관적 의미와 맺는 독특한 관계를 구성해야 한다. '객관화된 주관성', 즉 사회적인 것과 개인적인 것의 결합에 대한 서술은 객관성의 내면화, 또는 하비투스에 대한 서술이다. 객관화와 관련된 논의에서 또 하나 중요한 점은 자기 분석에 대한 강조라고 할 수 있다. 부르디외는 객관화가 완전히 성공적일 수 있으려면 객관화하는 관점 자체의 객

---

2 여기에 그 서지 사항을 따로 밝혀둔다. Jean-Philippe Cazier(Dir.), *ABéCédaire de Pierre Bourdieu*, Paris: Sils Maria, 2006; Christine Chauviré & Olivier Fontaine, *Le vocabulaire de Bourdieu*, Paris: Ellipses, 2003.

관화가 필수적이라고 말한다. 대상에 대한 연구자의 주관적 관점을 객관화하는 일은 객관성 확보 조건의 일부이기 때문이다. 그리하여 그는 "객관화는 그것이 발화되는 관점, 즉 게임 전체를 보기를 거부하거나 무시하는 한 부분적이며 따라서 그릇된 것으로 남게 된다"고 주장한다. 이는 사회학이 과학적이기 위해서는 궁극적으로 객관화하려는 연구자의 이해관계를 다시 객관화하는 시각이 연구에 반드시 통합되어야 한다는 의미다. 이러한 시각을 부르디외는 '참여 관찰' observation participante과 구분되는 '참여 객관화'objectivation participante라고 이름 붙인 바 있다.

참조 : 에밀 뒤르켐, 『사회학적 방법의 규칙들』, 윤병철·박창호 옮김, 새물결, 2001.

구별 짓기(distinction)

부르디외의 대표작 가운데 하나의 제목이기도 한 '구별 짓기' 는 우월한 계급을 특징짓는 변별적 속성들의 총체 및 그것이 다른 계급과의 관계 속에서 정교화되고 자연화되는 역동적인 과정 자체를 동시에 가리킨다. 그것은 원어의 이중적인 의미 그대로 '탁월성'이자 '차별화'인 것이다. 부르디외는 구별 짓기를 향한 투쟁이 사회 생활의 근본적인 차원이라고 본다. 그는 사회 계급의 상이한 생활 양식이 자세, 몸짓, 발음, 어법, 신체적 특징, 각종 재화의 선택 취향과 소비 방식 등의 미세한 수준에서 이루게 되는 분화와 그것이 객관화하는 권력 관계에 주목한다. 사회적 행위자들은 자신이 행하는 구별 짓기에 의해 스스로를 구별하며, 이를 통해 객관적 관계망 안에서 자신의 위치를 드러낸다. 그들은 특히 취향 판단에 의해 다른 이들을 분류하며, 마찬가지로 다른 이들에 의해 분류 당한다. 그리하여 예컨대 부르주아지는 자신의 취향을 통해 졸부들의 과시나 속물 근성, 또는 중간 계급의 변변치 못한 취향이나 모방으로부터 스스로를 차별화하게 된다.

유의할 점은 취향을 드러내는 개인의 모든 선택이 사회 공간 안에서 그가 차지하는 위치에 거의 자동적으로 연결되며, 그의 의지와는 무관하게 변별적인 가치를 부여받는다는 것이다. 어떤 행위자가 남들로부터 스스로를 의도적으로 구별 지으려 한다면, 이는 남들이 그를 오히려 평가 절하하는 요인이 될 수도 있다. 우리가 탁월하다고 여기는 사람들은 그들의 탁월성을 나타내기 위해 조바심칠 필요가 없는 특권을 가진 사람들이다. '진정한' 탁월성은 '자연스런' 탁월성이어야만 한다. 그것은, 부르주아지에게는, 생활 환경과 가정 교육에 의해 무의식적으로 체화되는 것이며, 마치 '천성'처럼 자연스러운 것이다. 이는 탁월해 보이려 애쓰는 프티 부르주아지나 신흥 부르주아지의 불안한 모습과 대비된다. 이들은 학교 교육과 같은 기회를 통해 학습한 '정당한' 문화를 의식적으로 추구하지만, 이는 '몸에 밴' '자연스런' 탁월성과 자연스럽게 구별된다.

구별 짓기는 특히 소비 영역에서 잘 나타난다. 부르디외가 보기에, 사회 집단 간 경제적 차이가 재화 소유의 차이를 낳는다면, 거기에 다시 재화 소비 방식에서 상징적 구별의 추구가 새로운 차이를 덧붙인다. 상징적 소비는 재화를 기호로 변화시키며, '실제의 차이'를 '의미 있는 구별'로 변화시킨다. 그것은 대상과 활동의 기능보다는 그 형식이나 방식을 중요시하면서, 그것을 '가치'로 만든다. 구별 짓기의 수단과 양태는 시대에 따라, 사회에 따라 달라진다. 한 예로 한국 사회에서 스포츠 활동의 경우, 1970년대에는 테니스가 상류층의 구별 짓기 수단이었다면 지금은 골프가 그렇다. 이는 두 가지 사실을 알려 준다. 먼저 구별 짓기 효과가 어떤 대상이나 활동의 속성에 내재된 것이 아니라, 계급들 사이의 관계 속에서 규정된다는 것이다. 즉 테니스가 그것을 즐기는 상류층의 탁월성을 보여 준다면, 이는 바로 중산층이나 하류층이 그것에 접근하기 어렵다는 경제적·시간적·심리적 조건 아래서 그런 것이다. 사정이 이렇다 보니, 구별 짓기의 수단은 계속해서 변화한다. 즉 테니스를 상류층이 즐기면 중산층은 이를 뒤쫓게 되고, 그 과정에서 테니스가 가지는 구별 짓기 수단으로서의 효능은 점차 줄어들게 된다. 그 결과, 중산층에게 테니스가 일반화된 활동이 될 즈음이면, 상류층의 스포츠는 다른 것, 예컨대 골프로 바뀌어 버리는 것이다. 이러한 역학을 부르디외는 "구별 짓기와 따라잡기의 변증법"dialectique de la distinction et de la divulgation이라고 말한다. 이는 "끝나지 않고 계속되는 부드러운 형식의 계급 투쟁일 수밖에 없는 경쟁의 원동력"이다.

궤적(trajectoire)

부르디외는 사회과학자라면 개인의 '전기적 환상'illusion biographique과 단절해야 한다고 주장한다. 그에 따르면, 한 개인의 삶은 어떤 주관적 의도나 기획의 통일적인 표현이 아니며, 일관된 방향성을 부여받은 과정이 아니다. 삶의 연대기적 순서는 시작점으로부터 어떤 목적과 존재 이유의 완성에까지 이르는 논리적 순서와 동일시될 수도 없는 것이다. 이는 계급과 같은 사회 집단의 운명에 있어서도 마찬가지다. 부르디외는 전기를 대체하기 위해 궤적이라는 개념을 제시한다. 궤적이란 장의 역사 안에서 한 개인이나 집단이 연속적으로 점유하는 일련의 위치를 가리킨다. 그것은 개인이나 집단의 소역사라고도 할 수 있다. 이 궤적 속에서 행위자는 사회적 상승 또는 쇠락의 체험 등을 하게 되고, 이는 그의 취향과 사유 방식에 영향을 미치게 된다.

근대성(modernité)

부르디외는 초기 저작 정도를 제외하면 '근대'나 '근대성' 같은 용어를 별로 쓰지 않았다. 하지만 그의 사회학에서는 근대성에 관한 독특한 성찰이 드러난다. 그는 '전통 사회/근대 사회'의 이분법보다는 '전 자본주의 사회/자본주의 사회', '미분화된 사회/(고도로) 분화된 사회'의 분류를 즐겨 쓴다. 이는 그가 전 자본주의로부터 자본주의, 그리고 삶의 영역과 질서 들이 미분화된 사회로부터 세분화된 사회로의 이행에 대한 일종의 '진화론적' 관점을 가지고 있음을 시사한다. 전통 사회, 전 자본주의 사회에 대한 그의 인식에는 1950년대 후반 독립전쟁의 와중에 있었던 식민지 알제리 사회에서의 인류학적 현지 조사 경험이 구체적이고 실질적인 준거를 제공하고 있는 것으로 여겨진다.

부르디외의 논의를 종합해 추론하자면, 그는 근대성에서 다음의 세 가지 특징에 각별히 주목한다고 말할 수 있다. 첫째, 실천이 더욱 약호화되는 경향이 있다는 것이다. 즉 근대 사회일수록 사람들의 행위에서 모호성, 즉흥성, 우발성의 여지가 줄고, 공식적인 규약이나 제도에 따라 이루어지는 정도가 커진다. 이는 실천의 상호 조정과 예측 가능성을 높인다. 둘째, 근대 사회에서는 상징폭력을 통한 지배의 메커니즘이 객관화된다는 것이다. 여기에는 여러 요인들이 관여한다. 상징자본이 체화된 형식 못지않게 대상화·제도화된 형식으로 정립되는 것, 상징 생산의 장이 별도의 영역으로 분화되고 관련 전문가 집단이 나타나는 것, 상징자본의 본원적 축적 과정을 거친 상징자본을 정당하게 독점하는 국가가 출현하는 것 등이다. 셋째, 상징자본이 막강한 영향력을 행사하는 전근대 사회와 달리, 근대 사회에서는 경제자본의 중요성이 상대적으로 훨씬 더 커진다는 것이다. 더욱이 경제자본은 다양한 자본 형식들을 궁극적으로 결정하는 위상까지 확보하기에 이른다.

하지만 부르디외가 알제리 사회에 대한 연구에서 발견한 행위자-구조 간의 긴밀한 연관성, '존재론적 공모'를 '선진' 프랑스 사회에도 적용 가능한 인간 실천의 보편적 모델로 변화시켰다는 점에 유의해야 한다. 이는 그에게 전통과 근대의 구분과 단절은 결정적인 것이 아니라는 뜻이다. 부르디외는 전근대 사회나 근대 사회나 그 바탕에 행위자의 '위치'와 '성향', '객관적 사회 구조'와 '주관적 정신 구조' 사이의 일치가 있다는 점에서는 공통적이라고 본다. 따라서 중요한 문제는 전통/근대의 범주보다는 행위자들의 사회적 위치와 성향체계, 상황이 서로 조화롭게 일치하는지, 아니면 불일치하는지 여부에 있다. 그것이야말로 개인적인 혹은 집단적인 수준에서 변화와 역동성을 자아내는 주요 변인이기 때문이다.

참조 : Danilo Martuccelli, *Sociologies de la modernité*, Paris : Gallimard, Folio/ Essais, 1999.

도식(schème)

도식은 하비투스의 정의에 핵심적인 개념이다. 하비투스가 일반적으로 "지속적이며 여러 곳에 적용 가능한transposable 성향들의 체계"이자, "인지, 평가, 행위 도식들의 체계"라고 규정되기 때문이다. 부르디외의 도식 개념은 생리학, 심리학, 현상학 등에 그 연원을 두고 있으며, 구체적으로는 두 저자에게 크게 영향받은 것으로 보인다. 먼저 『지각의 현상학』(1945)에서 '신체 도식'schema corporel 개념을 발전시켰던 철학자 모리스 메를로-퐁티다. 그는 기존의 생리학과 심리학에서 나온 이 개념을 가지고, 몸의 통일성, 나아가 여러 감각과 대상의 통일성을 새로운 방식으로 기술하고자 했다. 메를로-퐁티에 따르면, 개인의 몸은 각각의 기관과 부분들을 지니지만 바로 신체 도식을 통해 통합적으로 이해될 수 있다. 나의 신체는 반드시 표상을 거치지 않고도 세계를 포착하고 파악한다. 그것은 세계의 매개자다. 신체의 운동 경험은 우리가 대상에 접근하는 방식, 본연의 실천적 지식을 제공한다. 신체와 세계의 관계에 있어, 습관은 중요한 의미를 지닌다. 메를로-퐁티에 의하면, 그것은 기계적 동작이나 인식이 아니라 노력에 따라 경험되고 신체 안에 새겨지는 앎이다. 습관은 우리가 존재를 확장시켜 가는 능력이고, 그러기 위해 새로운 대상과 도구들에 스스로를 합치시켜 가는 방식으로 우리의 존재를 변화시키는 능력이다. 결국 신체 도식은 습관에 의해 역동적으로 변화 가능한 것이다. 새로운 습관의 획득은 신체 도식의 개조와 개선, 재구조화를 뜻한다.

메를로-퐁티의 신체 도식 개념이 신체와 습관의 철학적 중요성을 강조한다는 점에서 부르디외의 도식 개념과 연결된다면, 심리학자 장 피아제의 도식 개념은 부르디외가 도식의 구체적인 작동 논리를 설정하는 데 실제적인 틀이 된 것으로 여겨진다. 피아제는 아동에게서의 실천 문제를 분석하면서, 주체와 객체의 변증법적 관계에 관심을 기울인다. 우선 그는 실천praxis 혹은 행동action을 "어떤 결과나 의도에 맞추어 조율된 움직임들의 체계"로 정의한다. 예컨대 두 손을 앞으로 모으고 고개를 숙였다 드는 인사는 하나의 실천이지만, 단순히 고개를 숙이는 행위acte는 이러한 실천 내의 부분적인 움직임에 지나지 않는다. 실천은 교육이나 주체의 경험 등을 통해 습득되는 것이다. 피아제는 이러한 실천 혹은 행동의 일반적인 구조를 '행동 도식'schèmes d'une action이라 일컫는다. 피아제에 의하면, 이 구조는 반복 과정 속에서 유지되고, 실행에 의해 강화되며, 상황 변화에 적응 가능한 것이다. 피아제는 이러한 도식의 역동성을 설명하는 기제로 동화assimilation와 조절accommodation을 든다.

동화란 기존의 도식에 새로운 자극이나 상황을 통합시킴으로써 도식을 확장하는 과정을 가리킨다. 이는 인간이 신체 기관을 작동시켜 자연을 자기 속으로 끌어들이는 행동이다. 조절은 기존의 도식을 어떤 대상의 속성에 맞게 수정하고 분화시키면서 새로운 구조를 만드는 과정을 말한다. 동화가 대상이 달라도 유지되는 기능의 동일성을 강조한다면, 조절은 기능의 차이를 강조한다. 한편 이미 형성된 구조들을 연결하는 자기 규제의 과정인 조직화가 있다. 조직화를 통해 조절과 동화의 상호 보완적 균형 관계가 유지되며, 유기체는 물질 세계, 사회 세계에 적응할 수 있다. 이러한 조직화는 전체 구조structure d'ensemble라는 관점에서 조명된다. 피아제는 이러한 개념들을 통해 감각 운동 발달의 단계를 설명하였다. 그는 또 행동의 반복을 중시했는데, 아동이 어떤 행동을 반복하면서 의도성이 생겨나고 동화와 조절을 거치는 행동의 종류도 다양해진다고 보았다. 피아제에 따르면, 감각 운동의 속성들이 더 높은 수준으로 발달하면서 이는 아동의 기호 체계가 발달하는 틀이 되고, 아동의 표상은 신호에서 지표를 거쳐 상징의 수준으로 발전한다. 부르디외가 하비투스를 '도식들의 체계'로 정의할 때, 그는 한 번도 명시한 적 없지만, 피아제의 발달심리학이 거둔 성과를 분명히 의식하고 있었다고 여겨진다.

이렇게 볼 때 부르디외의 도식 개념은 두 가지 특징을 지닌다. 우선 그것은 신체적인 것이면서, 인지·사고·행위의 차원을 통일적으로 포괄하는 것이다. 그러한 맥락에서 '정신 도식', '사고 도식', '실천 도식'과 같은 용어들이 나온다. 다음으로 도식은 유기체가 생래적으로 가지고 태어나는 것이 아니라 환경과 접촉하면서 반복적인 행동과 경험을 통해 형성, 발달되는 것이다. 하비투스가 '외재적인 것의 내면화'라고 부르디외가 말할 때, 이는 피아제의 심리학을 통해 그 구체적인 기제가 이해될 수 있다. 행위자는 이처럼 사회적으로 구성된 도식들을, 실재의 객관적·주관적 구성에 적극적으로 이용한다. 이것이 바로 하비투스가 '내면적인 것의 외재화'라는 부르디외의 말이 지니는 의미이기도 하다.

참조 : 모리스 메를로-퐁티, 『지각의 현상학』, 류의근 옮김, 문학과지성사, 2002; Jean Piaget, *Problèmes de psychologie génétique*, Paris : Denoël/Gonthier, Paris, 1972.

독사(doxa)

흔히 억견臆見, 통념, 믿음이라고도 번역되는 독사는 원래 그리스 철학에서 비롯된 용어다. 플라톤은 독사를 인간의 감각적 경험으로부터 나오는 현상에 대한

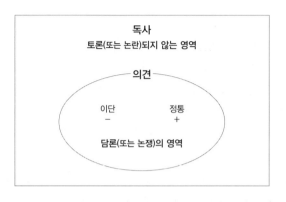

지식, 즉 주관적이며 상대적인 의견으로 보았다. 이는 설령 바르거나 참된 것이라도 이론적 근거logos에 이르지 못한 한, 그에 이른 지식인 에피스테메epistēmē와는 구별된다는 것이다. 플라톤 이후 이 개념은 후설과 메를로-퐁티의 현상학적 전통에서 그 의미와 중요성을 새롭게 부여받는다. 거기서 독사는 정상적이며 자연적인 태도를 가리킨다. 즉 그것은 세계에 대한 전반성적인pré-réflexif 관계 차원인 것이다. 독사는 개인의 직접적인 체험 세계인 생활 세계의 기반이다. 생활 세계란 우리의 인식 활동과 실천적 삶이 이루어지는 보편적인 지평을 말한다. 그것은 우리 모두에게 공통으로 주어져 있으며, 직관적으로 파악될 수 있는 구체적인 삶의 환경이다. 우리 모두가 소박하게 그 존재를 믿는 눈앞에 놓인 하나의 현실 세계로서, 자연적 태도의 세계이기도 하다. 이 세계는 '확실성', '자명성' 아래 미리 수동적으로 주어져 있다. 이런 의미에서 생활 세계는 독사의 영역이다. 후설의 제자이자 현상학적 사회학의 주창자인 알프레드 슈츠Alfred Schütz가 말한 '당연시되는 것'taken for granted은 독사의 또 다른 사회학적 번역어라 할 수 있다.

흥미롭게도 부르디외는 독사가 정신적이기보다는 신체적인 것이라고 본다. 그의 이 개념을 단순히 '통념'이나 '억견'으로 번역하기 어려운 이유다. 즉 그것은 의식적·반성적 수준에서가 아닌, 전의식적이고 반사적인 수준에서 작용한다는 것이다. 부르디외에 따르면, "실천적 믿음은 '영혼의 상태'가 아니며, 잘 정립된 일단의 교의와 원리에 대한 결연한 신봉('신앙')이 아니다. 그것은, 이런 표현이 허락된다면, 신체의 상태état du corps다. 본원적인 독사doxa originaire는 하비투스와 그것이 조율된 장 사이에 실천 속에서 성립하는 즉각적인 애착의 관계다. 이는 실천 감각이 낳는, 당연한 것으로서의 세계에 대한 묵언의 경험이다." 이처럼 부르디외에게 독사는 모든 사유와 행동의 뒤에 암묵적으로 전제된 실천적 믿음의 총체로, 신체에 깃들어 있다. 하지만 그의 다양한 실제 연구 속에서 독사 개념이 어느 정도 구분되는 이중적인 차원을 보여 준다는 점에도 유의할 필요가 있다.

먼저 (알제리 동부의 산악 지대인) 카빌리 지방의 베르베르 족에 대한 초기 인류학적 조사에서, 부르디외는 전체 사회 질서에 대한 사람들의 거의 자동적인 지지를 설명하기 위해 독사 개념을 이용한다. 사람들은 자기 사회를 그들에게 주어진 당연한 세계로 수용하고 경험한다. 이 즉각적인 믿음의 관계는 일종의 독사적 태도attitude doxique라 할 수 있다. 그렇다면 어떻게 이런 일이 일어나는가? 부르디외는 (맑스와 뒤르켐에 기대) 독사의 발생 원리에 주목하면서, 단순한 현상학적 해석의 수준을 넘어선다. 사회 세계에 대한 사람들의 인식은 사고와 평가의 도식들을 통해 이루어진다. 주어진 세계가 '자연스럽게 여겨진다'는 것은 객관적인 사회 질서와 사람들이 내면화한 주관적인 인지 도식이 완벽에 가깝게 '조응'한다는 것이다. 예컨대 불평등한 세계가 자연스러운 이유는 그에 맞추어 조정된 분류 체계를 사람들이 가지고 있기 때문이다. 그런데 분류 체계가 사회적으로나 역사적으로 자의적이고 가변적인 반면, 그러한 자의성, 가변성은 사람들에 의해 제대로 인식되지 못한다. 주어진 세계가 대개 당연하고 객관적으로 느껴진다는 것이 그 증거다. 독사의 구성은 바로 분류 체계가 가능하게 하는 인식의 한계들에 대한 오인을 전제로 한다. 이 오인 위에서 사람들은 사회 세계를 자명하고 불가피한 것으로 수용하며, 세계에 대한 애착과 소속감을 지니게 된다. 이처럼 분류 체계는 기존 사회 질서의 유지와 재생산에 기여하는 정치적 도구로서의 역할을 수행하는 것이다. 그렇다면 그것은 어떻게 사람들에게 내면화되는가? 부르디외에 따르면, 이는 생활 세계에서의 경험과 실천을 통한 습득, 그리고 교육(제도)을 통한 학습에 의해 이루어진다.

부르디외는 카빌리 지방처럼 상대적으로 미분화된 사회에서는 분류 체계의 정치적 기능이 별로 주목받지 못한다고 말한다. 객관적 구조와 주관적 인지 도식이 거의 완벽하게 조응하면서, 지배적인 분류 체계가 다른 대안적 원리들과 경합하지 않기 때문이다. 예컨대 남녀 간 불평등한 권력 배분과 노동 분업이 존재하는 사회에서 남성 중심적 가치의 신화-의례 체계가 지배적이라면, 이 질서를 정당화하기 위한 별도의 노력은 필요 없다. 이 세계에는 아예 기존 질서의 정당성에 대한 문제 제기가 없으며, 따라서 다양한 의견들의 자리도 없다. 정당성에 대한 질문은 정당성을 가지려고 경쟁하는 집단들 사이의 갈등으로부터 나오며, 의견 영역은 경쟁하는 담론들(정통과 이단)의 대결 장소이기 때문이다. 의견 영역은 상이한 혹은 적대적인 신념의 가능성을 인식하고 인정한다는 점에서 독사와 다르다(그림 참조). 독사에 대한 실질적인 문제 제기는 정치경제적 대립이나 문화 충격을 매개로 일어난다. 이처럼 객관적인 위기는 독사에 대한 문제 제기의 필요조건이지만, 비판 담론의 충분조건이 되지는 못한다. 한편 피지배 계급의 이해관계가 독사의 한계와 자의성을 드러내는 데 있다면, 지배 계급은 독사를 있는 그대로 온전하게 지키거나, 그것이 불가능할 경우, 독사의 불완전한 대체물인 정통을 지켜내는 데 이해관계를 가진다.

(카빌리 지방과 달리) '분화된 선진 사회'인 프랑스에 대한 연구 속에서, 부르디외는 독사를 개별 장과 연결 지어 논의한다. 즉 각각의 장에는 고유한 독사가 있으며, 그것은 장에의 편입과 소속을 규정짓는 요인이라는 것이다. 장 안에서 자연스럽고 정당한 것으로 여겨지는 사고와 행동 방식이 독사라 할 수 있다. 부르디외는 특히 상징 생산이 전문적으로 수행되는 영역인 지식 장champ intellectuel의 독사에 대한 분석을 중요시했다. 그에 따르면, 지식 장 안에서 정통과 이단의 대립은 토론과 논쟁의 가치가 있는 주제들에 대한 근본적인 합의를 전제한다. 이는 행위자들의 의식적인 인지 대상이 되지 않으면서도 지적 실천을 틀 짓는 암묵적인 가정과 공통 범주로서 독사가 존재한다는 사실을 가리킨다. 이때, 독사는 뒤르켐의 '문화적 무의식'inconscient culturel과도 유사한 개념으로 나타난다. 뒤르켐처럼 부르디외 또한 교육 체계가 지적인 독사를 구축하는 데 결정적인 역할을 한다고 보았다.

분류/계급화(classement)

부르디외에 따르면, 다양한 신체적·물질적 속성 안에 새겨진 객관적 차이는 행위자들이 그것을 가지고 만드는 표상 속에서, 또 그 표상에 의해 차별화의 이윤을 생산할 수 있다. 예를 들어, 몸짓, 언어, 옷, 가구, 자동차 등등 모든 사회적 대상/사물은 상응하는 속성들의 표상 체계 안에서 어떤 위치를 차지하는가에 따라 가치를 부여받는다. 그 체계는 사실 사회적인 자본 분포의 체계에 객관적으로 관련되어 있다. 즉 피부가 하얀지, 검은지, 살이 쪘는지, 말랐는지, 옷이 어떤 브랜드의 것인지 등등의 속성은 객관적이며 물질적인 차이를 넘어서서 상징적인 차원의 이윤을 생산하는 원천이 된다. 이때 지배 계급이 피부가 하얗고 말랐으며 이탈리아 브랜드를 즐겨 입는다면, 이러한 특성들은 속성들의 표상 체계 내의 높은 위치에 놓이며 더 많은 이윤을 낳게 된다. 주목할 점은 이 과정이 그 특성들을 일정한 방식으로 인지하고 인정하게끔 미리 방향 지어진 지각과 평가 도식을 갖춘 행위자(집단)가 있기에 가능하다는 것이다. 이 행위자(집단)는 사회화 과정을 통해 지배적인 사회 질서에 조응하는 도식을 이미 내면화한 존재다. 결국 사회 세계에 대한 행위자의 지각, 판단, 평가는 근본적으로 분류 활동에 다름 아니며, 분류 활동은 이처럼 계급 체계와 연계된 사물 속성들의 표상 체계, 그리고 내면화된 지각과 평가 도식 사이의 관계 속에서 이루어진다. 상징자본은 바로 이 분류 활동을 통해 발생하며, 기존의 불평등한 계급 간 세력 질서를 지지하는 경향을 띤다. 결국 부르디외는 뒤르켐 사회학의 전통에서 인간 사유의 기본 범주와 분류 활동이 집단, 조직 등의 사회적 분리를 기초로 형성되어 있으며, 나아가 그러한 분리를 다시 강화하면서 계급화 과정을 촉진시킨다고 주장하는 셈이다.

비의식의 원칙(principe de la non-conscience)

부르디외는 사회학을 과학으로 구축하기 위한 인식론적 기반의 정교화에 많은 노력을 기울였다. 그에 따르면, 비의식의 원칙은 사회과학이 자연과학과 같은 '진정한' 과학이 되기 위해 요구되는 원칙들 가운데 하나다. 어떤 행위의 의미는 행위자들의 말이나 표상, 의도를 통해서가 아니라, 그것이 이루어진 객관적 상황과 관계 체계에 대한 지식을 통해서만 제대로 파악될 수 있다는 것이 그 내용이다. 행위자는 자기 행위의 의미를 알지 못하며, 설령 그가 안다고 여길 때조차, 그 행위의 객관적 의미는 그들이 알거나 체험하는 의미를 훨씬 넘어서 있다는 것이다. 비의식의 원칙은 행위자들의 (자기)표상이 객관적 진실에 접근하는 데 종종 큰 장애물이 된다는 가정을 깔고 있다. 부르디외는 이 원칙에 의지해 자생적 사회학sociologie spontanée, 즉 행위자들이 사회 세계에 대해 가지고 있는 다종다양한 의견들과 단절하려 했다. 그것은 적극적으로는 다음과 같은 원리로 나타난다. 즉 사회 관계는 동기나 의도에 의해 활성화된 주체성들 간의 관계로 환원될 수 없다. 사회 관계는 사회적 조건과 위치 사이에 정립되며 그것이 연결하는 주체들보다 훨씬 더 현실성을 가지기 때문이다. 우리는 개인들이 편입되어 있는 객관적 관계 체계를 구성해야 하는데, 그것은 주체들이 표방하는 의도나 의견에서보다는 집단의 경제나 형태에서 더 잘 나타난다. 주체들 사이의 객관적인 진실은 잠정적 객관주의objectivisme provisoire를 통해서 드러난다. 이는 주체들이 객관적인 관계 체계 속에서 그들의 객관화된 진실과 맺는 체험된 관계를 완전히 이해하는 데 필요한 조건이다.

전체적으로 그의 사회학은 비판적 '실증주의'의 성격을 띤다. 그것이 '비판적' 실증주의인 이유는 부르디외가 기존의 실증주의와 달리 객관적인 검증의 논리만이 아니라, 과학적 발견의 근원에 대해서도 주의를 기울이기 때문이다. 즉 사회학자의 과학적 실천은, 부르디외에 의하면, 개인적인 직관이나 지적 능력에 따라서만 이루어지는 것이 아니라, 통상 사회적인 가치, 신념, 이해관계, 표상 체계 등을 통해 매개된다. 그러므로 사회학자는 과학적 지식의 '구성' 과정에 개입하는 전제들을 언제나 성찰적으로 감시하고 통제하려 노력해야 하는 것이다. 이러한 부르디외의 인식론적 입장은, '비판적 실재론'critical realism과 가깝다고 여겨지기도 한다.

사회 계급(classe sociale)

넓은 의미에서 사회 계급은 동일하거나 유사한 특성을 가진 개인들의 집합으로 정의되며, 좁은 의미로는 카스트나 세습 신분 등과 구분되는, 근대 이후 사회의

층화 집단으로 정의된다. 이러한 계급과 관련해서는 부르디외를 포함해 많은 사회 이론가들이 다양한 개념화를 시도한 바 있는데, 크게 맑스의 실재론적 입장과 베버의 명목론적 입장이 두 진영을 이룬다. 먼저 맑스에게 계급은 물질적 이해가 대립되는 적대적인 사회 관계를 의미한다. 계급을 가르는 가장 결정적인 기준은 직업이나 소득 수준이 아닌, 생산 수단의 소유 여부이다. 이렇게 정의된 계급은 사회 내 생산 수단에 대해 유사한 관계를 맺고 있고, 그 결과 권력과 부의 소유, 물질적 보상의 불평등 구조 안에서 공통된 위치를 차지하고 있는 행위자들의 총체를 말한다. 맑스는 이러한 '즉자적 계급'class in itself이 착취 체제의 현실과 자신들의 공동 이익을 인식하고 계급 의식을 발전시키면서 '대자적 계급'class for itself으로 변화할 수 있다고 보았다. 대자적 계급은 일정한 역사적 조건 아래서 조직적인 투쟁 활동을 벌이게 된다. 맑스는 상이한 계급 간의 경제 투쟁이 정치 투쟁으로 전환되고, 결국 자본주의적 생산 양식의 붕괴와 계급의 소멸을 가져올 것으로 믿었다. 베버는 이와 같은 맑스의 입장이 계급을 독자적인 실체로 보면서, 특정한 목표를 추구하는 실질적인 공동체와 혼동한다고 비판한다. 나아가 그는 계급을 실재로서가 아니라, '계급 상황'으로 간주해 분석할 것을 제안했다. 이러한 관점에서 보면, 계급은 동일한 상황 내지 유사한 조건에 처해 있으면서, 유사한 이해관계를 드러낼 개연성이 높은 개인들의 집합을 가리킬 따름이다. 계급 구분은 노동 분업, 권력, 위신, 생활 양식 등과 같은 여러 범주들을 고려해 이루어지며, 계급 이외의 지위 집단, 공동체, 직업 집단 등도 사회적 중요성을 가진다.

부르디외의 계급 개념은, 그의 스승이었던 레몽 아롱이 적극적으로 옹호했던 베버의 입장에 가깝다고 할 수 있다. 이는 특히 두 가지 점에서 그렇다. 첫째, 부르디외는 계급의 실체를 인정하지 않는다. 그에 따르면, 실재하는 것은 계급이 아니라 사회 공간일 뿐이다. 그것은 비가시적인 관계들이 구성하는 상호 규정적인 위치 공간이다. 다차원의 이 구조주의적 '차이의 공간'에서 우리는 위치들 간의 상대적인 근접성, 거리, 이동 등을 따질 수 있다. 계급은 이러한 사회 공간 안에서의 위치들에 대한 사회학자의 분류 작업—가까운 위치들끼리 무리 짓기, 서로 먼 위치들을 분리하기, 위치들의 변화를 추적하기 등—에 의해 구성되는 것이다. 달리 말하면, 계급은 사회 공간 안에서 가상적으로만 존재할 따름이다. 부르디외가 "종이 위의 계급"이라는 표현을 쓰는 이유가 여기에 있다. 나아가 그는 맑스가 '이론 효과'effet de théorie에 의해 계급이라는 이론적 존재를 실체로 변질시켜 놓았다고 비판한다. 둘째, 부르디외는 사회 계급의 이론적 구성에 있어서 베버의 제안을 따라 여러 범주를 취한다. 즉 그는 위치 공간을 파악하기 위해 다양한 (경제적·사회적·문화적) 자본의 총량과 그 구조를 고려하는 것이다. 행위자들이 보유한 자본의 총량과 구성비가 비슷할수록, 그들은 공간적으로 서로 가까운 위치에 놓이게 되고, 그런 만큼 그들의 사회적 거리 역시 가깝다고 할 수 있다.

이러한 전제 위에 부르디외는 크게 부르주아지, 프티 부르주아지, 민중 계급의 세 집단을 구별하며, 이들 집단 내에서 자본 구성비의 차이와 시간적 변화, 역학 관계에 따라 여러 분파들fractions을 구분한다. 하지만 실제 집단의 구획은 결코 고정불변의 것이 아니다. 사회 공간이 역동적이기 때문이다. 행위자들은 다양한 희소재(자본, 권력 등)를 두고 치열한 경쟁을 벌이며, 이들 간 사회적 위치는 유동적으로 상호 관계 속에서 규정되는 것이다. 또 이러한 관점에서 부르디외는 애초에 계급 의식이 있기보다는, 사회 공간 안에서의 위치 감각이 있을 뿐이라고 주장한다. 위치 감각이란 개인이 자신의 위치에 주어진 가능성과 필연성, 한계에 대해 가지는 감각이다. 계급이 사회 현실 속에서 계급 의식과 동질감을 가지고 공통의 목표를 위해 투쟁하는 실체로서 존재할 수 있으려면, 특정한 행위자들을 계급의 이름 아래 호출하고 대표하며 동원하는 (이론가, 활동가, 대변인, 노조, 정당 등의) 정치적 노동이 요구된다. 마지막으로 부르디외의 관점이 명목론적·상대주의적 입장으로 완전히 환원되지는 않는다는 점에 유의하여야 한다. 부르디외가 '종이 위의 계급'을 강조한다고 해서, 계급을 무슨 기준으로 어떻게 구분하든 문제없으며, 계급에 대한 상이한 개념화가 모두 동등한 가치를 지닌다고 보는 것은 아니다. 그는 계급에 대한 이론적 구성은 '실재에 가까울수록' 실제 정치에서 더 큰 동원력을 가질 수 있다고 주장한다.

참조 : Raymond Boudon et al.(Dir.), *Dictionnaire de la sociologie*, Paris : Larousse, 1989.

사회분석(socio-analyse)

부르디외는 종종 사회분석으로서 사회학에 관해 이야기한다. 사회분석이라는 표현이 암시하듯, 이때 사회학은 정신분석psychanalyse과의 대비 속에서 그 특징이 논의된다. 부르디외는 사회분석이라는 용어를 명확히 정의하고 있지는 않다. 하지만 그 말의 쓰임새와 맥락을 살펴보면 몇 가지 의미를 뽑아낼 수 있다. 우선 그는 "정신분석과 사회학 사이의 대립을 실질적으로 지양하는 사회분석은 제도에 대한 욕망의 작업과 욕망에 대한 제도의 작업이라는 이중 작업을 그 대상으로 취해야 한다"고 말한다. 이는 사회분석이 '개인적인 것'과 '사회적인 것'의 이분법을 변증법적으로 해소해야 한다는 의미인데, 여기서 중요한 매개 구실을 하는 개념이 바로 하비투스다. 하비투스는 "스스로에 대해 반드시 의식적이지는 않은, 사회적으로 구성된 리비도"라고 말할 수 있다. 그리하여 부르디외가 구상하는 사회분석(혹은 사회학)은 두 개의 중심을 지닌 타원형을 그린다. 하나의 중심이 하비투스(리비도)의 사회적 형성 과정 ─ "사회 세계가 어떻게 다양한 충동pulsions의 길을 내고 방향을 잡고 조작하고 구성하고 정립하고 작업하고 변형시키는가" ─ 에 대한 탐구라면, 또 다른 중심은 사회 공간 내에서의 하비투스의 발현과 효과 ─ "행위자가 제도 안에 새겨진 가능성들을 자기에게 유리하게 우회하면서 어떻게 자신의 가족사와 연계되어 있는 개인적 욕망이나 이해관심을 충족시키는가" ─ 에 대한 탐구다.

『마르틴 하이데거의 정치적 존재론』(1988)은 그러한 사회분석의 모범적인 사례를 제공한다. 부르디외는 하이데거의 철학 담론이 지니는 특이성을 규명하기 위해 이중적인 접근을 수행한다. 그는 사회적 출신 배경, 아버지와의 관계, 학업과 경력 등에 대한 검토를 바탕으로 하이데거의 사회적 리비도, 즉 하비투스를 분석하는 한편, 유대인 칸트주의자, 사회학자들 등이 활동했던 1930년대 독일의 철학 장을 재구성한다. 이 장은 그로부터 축출되지 않으려면 그 작동 규칙에 철저히 굴복해야만 하는 검열 심급의 역할을 수행한다. 하이데거의 담론은 결국 하비투스와 장의 특수한 역사적 관계 속에서 빚어진 승화의 산물이다. 부르디외에 의하면, 하이데거는 엄청난 검열에 복속했기 때문에 때로는 사악한 개인적 이유들(열등감, 증오, 경쟁심 등)을 가지고서도 굉장한 철학적 창조를 할 수 있었다는 것이다. 이러한 맥락에서 사회분석은 정신분석과 사회학의 이상적인 결합을 구현한다. 이는 부르디외가 "정신분석의 협력자"로 자처하는 근거이기도 하다.

한편 부르디외는 '사회적 무의식'inconscient social이라는 개념을 쓰곤 한다. 이때 사회학은 사회적 무의식을 해부하는 작업이 되며, 정신분석과도 비교 가능한 사회분석이 된다. 사회적 무의식의 연구는 그 자체 사회사 연구일 수밖에 없다. 부르디외가 자주 인용하는 뒤르켐의 말처럼, "역사야말로 진정한 무의식"이기 때문이다. 이렇게 사회분석이라는 용어는 사회학과 역사학이 별개의 것이 아니며 "사회학은 현재의 역사학, 역사학은 과거의 사회학이 되어야 한다"는 부르디외의 지론과도 이어진다. 그리하여 사회분석은, 부르디외의 표현을 그대로 빌리자면, '상기 작업'travail d'anamnèse이기도 하다. 이때 그는 자신이 정신분석학적 의미에서 작업이라는 말을 쓴다고 강조한다. 이는 꿈의 해석에 대한 프로이트의 논의와 연결된다. 프로이트는 현실에서의 사건이나 경험뿐만 아니라 무의식 속에 억압되어 있는 성향이나 소망도 꿈 내용에 포함된다고 주장했다. 검열을 피하기 위해 그 성향이나 소망은 본래 내용을 변형시켜 스스로를 위장하게 되는데, 프로이트는 이를 가리켜 '꿈-작업'이라 일렀다. 압축, 전위, 시각화 등이 꿈-작업에서 전형적으로 나타나는 특징이다. 프로이트에 따르면, 이 꿈-작업과는 반대 방향으로 나아가 현재적 꿈으로부터 무의식을 드러내는 일이 바로 '해석 작업'이다. 이 논리를 적용하자면, 부르디외가 말하는 상기 작업으로서 사회분석은 현재의 제도, 현상, 사실들을 가능하게 만든 역사를 드러내는 일이라고 할 수 있다. 우리의 가장 내밀한 진실이자 가장 사유 불가능한 차원은, 부르디외에 따르면, 우리가 과거에 점유했고 지금 점유하는 사회적 위치와 그에 조응한 신체의 역사이기 때문이다. 결국 '물화된 역사'로서의 장과 '체화된 역사'로서의 하비투스가 사회분석의 주요 대상인 것이다. 이와 같은 맥락에서 부르디외는 예컨대 『구별 짓기』(1979)를 "사회적 정신분석"으로, 『호모 아카데미쿠스』(1984)는 "사회학적 자기 분석"으로 표현한다. 그는 또 『세계의 비참』(1992)에서는 사회학자를 구조의 피해자들로 하여금 스스로 말할 수 있게끔 도와주는 산파이자 정신분석가처럼 자리매김한다.

사회분석과 정신분석 사이에서 볼 수 있는 또 다른 유사성은 진실에 대한 당사자들의 '저항'과 관련된다. 사회분석에 대한 저항은 역설적으로 그것이 잘 수행되었는지를 판단하는 하나의 지표가 될 수 있다. 사회분석은 행위자들의 중요한 이해관계를 건드리기 때문이다. 그들이 불평등한 사회 질서 속에서 따르게 되는, 의식되지 않은 이해관계와 그에 대한 오인은 지배 체제의 유지와 재생산에 필수적인 조건이다. 부르디외는 사회학의 임무가 권력의 이 감춰진 차원을 폭로하는 데 있다고 본다. 그가 "숨겨진 것의 과학만이 있다"는 바슐라르의 말을 즐겨 인용하는 이유도 거기에 있다. 이런 관점에서 부르디외는 사회학적 발견에 대한 관련자들의 부인과 거부를 정신분석 치료에 대한 환자들의 집요한 저항과 같은 수준에 놓고 이해할 수 있다고 말한다. 이러한 주장은 부르디외 스스로 자신의 사회학을 진실로 전제하면서 그에 대한 타당한 비판까지도 원천적으로 봉쇄하는 독단론에 불과하다고 많은 비판을 받았다.

참조 : 지그문트 프로이트, 『정신분석학 개요』, 박성수·한승완 옮김, 열린책들, 1997; 『정신분석 강의』, 임홍빈·홍혜경 옮김, 열린책들, 2003.

상동성(homologie)

상동성은 원래 문학사회학자 뤼시앵 골드만에 의해 유명해진 용어다. 발생 구조주의적 방법méthode structuraliste génétique을 주창하기도 한 골드만은, 저서『소설사회학을 위하여』(1964)에서 네오맑스주의 이론 안에 상동성 개념을 끌어들였다. 이는 그가 시장 재화와 인간이 맺는 일상적 관계, 그리고 소설의 문학 형식 양자 사이에서 발견한 동형성을 부각시키기 위한 것이었다. 골드만은 겉보기에는 다른 두 가지 현상 아래 존재하는 동일성, 즉 두 가지 상이한 수준에서 나타나는 하나의 구조를 가리키기 위해 이 개념을 사용했다. 부르디외의 용법 역시 골드만의 것에서 크게 벗어나지 않는다.

부르디외는 상동성을 "차이 속의 유사성"으로 간단히 정의한다. 하지만 그 유사성은 구조의 재생산이나 반복을 가리킨다는 점에서, 단순히 형태 수준에서 존재하는 상사성analogie과는 대비된다. 예를 들어 지하철의 지도는 실제 지하철과 상동성을 지닌다. 각 정차 역과 노선이 동일한 구조적 관계에 있기 때문이다.

또 인간의 입은 외양에 있어서는 물고기의 입과 상사성을 보이지만, 호흡 기능이라는 차원에서는 물고기의 아가미와 상동성을 가진다. 결국 상동성은 연구자가 사회적 실재의 이면에서 발견하는, 일종의 숨겨진 유사성이라고 할 수 있다. 그러므로 연구자가 상동성을 구성하는 과정에서 상사성은 오히려 장애로 작용하기도 한다. 그가 드러난 현상의 액면가에만 주목한다면, 정작 상동성은 간과할 수 있기 때문이다. 부르디외는 바로 그런 이유에서 추상화 작업이 필요하다고 말한다. 그에 따르면, 우리는 실재의 즉각적인 외양에 맞서서 쟁취되고 체계적인 정교화에 의해 구성된 사회학적 대상들 사이에서 유사성을 구축할 수 있다. 그는 장 피아제의 다음과 같은 조언을 따른다. "닮은꼴semblant과는 무관하게 유사성ressemblance을 사고하라."

이러한 상동성 개념에 기대 부르디외는 현상학적·상호작용론적 관점과 일정하게 단절하고, 구조주의적인 관점에서 사회 내 다양한 주체와 대상, 현상 들의 '구조적·기능적 상동성'을 본다. 에르빈 파노프스키가 스콜라 철학과 고딕 건축 사이의 상동성을 간파했듯이, 그는 예컨대 알제리 카빌리 지방의 가옥 구조와 노동 분업 구조, 베르베르 족 여성의 노동 주기와 요리 주기, 프랑스 교육 기관과 중세 가톨릭 교회 사이에서 상동성을 포착하고 분석하였다. 그 가운데서 특히 장들 간의 상동성, 장과 하비투스 간의 상동성, 그리고 하비투스들 간의 상동성은 부르디외의 사회학 이론의 중심 고리 역할을 하는 개념들이다.

먼저 장들 간의 상동성이란 다양한 내기물을 중심으로 분화된 장들이 그 구조에 있어서는 근본적인 유사성을 보인다는 사실을 가리킨다. 정치 장, 문학 장, 과학 장, 종교 장 등은 실제 행위자 집단도, 제도나 기구도 다르고, 그 안에서 문제가 되는 자본의 성격도 다르다. 그것들은 서로에 대해 상대적인 자율성을 지닌다. 하지만 이들 장은 모두 특수한 자본을 둘러싼 게임의 규칙을 가지며, 지배와 피지배의 대립선을 가진다. 거기서는 정통/보존 전략과 이단/전복 전략, 그리고 재생산 기제가 공히 작동한다. 이런 점에서 예컨대 정치 장과 문학 장에는 상동성이 있는데, 이는 (동일하지는 않지만) 구조적으로 등가인 속성들이 두 장에 존재한다는 의미다. 상동성 개념은 상이한 장들, 그리고 이 장들과 사회 공간 사이에 존재하는 구조적 조응correspondance structurelle을 이해할 수 있게 해준다는 점에서 중요하다. 이 조응은 예컨대 문학 장 안에서 종속적인 위치에 있는 작가들의 작품은 전체 사회 공간 안에서도 피지배 계급 구성원들에게 더 많이 읽히며, 이들은 서로 일정한 이해관계를 공유한다는 것을 알려 준다.

부르디외에 의하면, 장과 하비투스 간의 상동성 또한 존재한다. 특정한 장의 작동 논리와 그 안에 있는 행위자들의 실천 논리가 유사성을 지닌다는 것이다. 문학 장에 들어가 소설가가 되는 사람들은 이미 어렸을 때부터 책 읽기를 즐겨하고 돈벌이를 경멸하며 문학자본을 중시하는 하비투스를 형성시켰을 가능성이 높다. 그러한 하비투스는 경제자본에 대해 일정한 거리를 두고 문학자본을 중심으로 구성된 장의 구조에 잘 조응한다. '문학적' 하비투스를 가진 행위자들은 (하비투스와 장의 상동성에 이끌려) 문학 장에 진입할 확률이 높아지고, 또 실제 이렇게 될 경우, 장과 하비투스는 지속적으로 서로를 구성해 가기에 이른다. 즉 장은 하비투스를 조건 지으며 구조화하고, 하비투스는 장을 의미 있는 세계로 구축하는 것이다.

부르디외는 사회 공간 안에서 가까운 위치에 있거나 동일한 집단에 속하는 구성원들 간의 하비투스에서도 상동성을 발견한다. 그것이 근본적으로 유사한 환경, 조건, 맥락을 내면화한 산물이기 때문이다. 개개인 고유의 독특한 하비투스를 넘어서는 집단 하비투스, 계급 하비투스의 구성이 그래서 가능해진다. 또 공통된 하비투스의 소유자들은 서로에게 자연스럽게 이끌리며, 그들과 다른 하비투스의 소유자들에 대해서는 어쩐지 거리감을 느끼고, '주는 것도 없이 싫거나' 최소한 자신과 같은 부류가 아니라고 여긴다. '끼리끼리 모이는' 선택적 친화성, 같은 계급 내에서의 결혼, 계급별 취향과 생활 양식에 대한 논의는 이러한 하비투스들의 상동성을 기반으로 삼는다.

참조 : Lucien Goldmann, *Pour une sociologie du roman*, Paris : Gallimard, 1964; Tim O'Sullivan et al., *Key Concepts in Communication*, London : Methuen, 1983.

상징권력(pouvoir symbolique)

부르디외는 상징권력, 혹은 상징적 효능efficacité symbolique이라는 개념을 크게 두 가지 의미로 쓴다. 먼저 상징권력은 상대에게서 인정을 얻을 수 있는 권력, 인정을 하게 만드는 권력이다. 그것은, 달리 말하면, 어떤 유형(정치, 경제, 문화 등등)의 권력이 그 자의성과 폭력성(이라는 진실)을 상대로 하여금 오인하게 만들 수 있는 힘이다. 따라서 상징권력은 이미 존재하는 것들을 공인하거나 신성화하는 권력이다. 물리력이 아닌 이 권력은 지식과 의미의 수준에서 행사된다. 다음으로 상징권력은 사람들로 하여금 특정한 것을 보고 믿게 만들고, 세계에 대한 특수한 전망을 갖게 하며, 나아가 그들을 동원할 수 있게 만드는 권력이다. 이러한 맥락에서 부르디외는 상징권력을 "세계를 만드는 권력"이라고도 말한다. 사실 상징권력의 이 두 가지 차원은 긴밀하게 연계되어 있다. 상징권력이 상징자본의 소유를 바탕으로 하기 때문이다. 상징권력은 인정을 부과할 수 있을 만큼 이미 인정을 얻어낸 사람들에게 주어진 권력이다. 즉 다른 사람들에게 사회 세계에 대한 시각을 부과하는 권력은 이전의 투쟁 속에서 얻어진 사회적 권위에 달려 있는 것이다.

상징폭력(violence symbolique)

부르디외 사회학의 중심 질문이 어떻게 한 사회의 불평등과 지배 관계가 계속 유지될 수 있는가에 있다면, 상징폭력은 그에 대한 답변의 핵심에 놓인 개념이라 할 수 있다. 그것은 피지배 집단이 사회 질서에 '자발적으로' 복종한다는 전제, 즉 지배에 '자발적으로' 동의한다는 전제를 깔고 있다. 물론 이때 '자발성'의 의미는 조심스럽게 해석되어야 한다. 그것이 무지 내지 오인에 기초한 자발성이기 때문이다. 상징폭력은 그 폭력의 자의성을 알지 못하는 혹은 오인하는 사람들의 '공모'에 의해서 행사되는, 비가시적인 폭력을 말한다. 그것은 남성과 여성, 교육자와 피교육자, 지배 계급과 피지배 계급, 식민 통치자와 피치자 등 다양한 사회 관계들에서 나타난다. 중요한 것은 우리가 상징폭력을 일반적으로 폭력의 범주에 포함시키지 않으며, 때로는 폭력과 대척점에 있는 것으로 여긴다는 것이다. 그것은 그와 같은 무지와 오인 덕분에 더욱 효율적으로 작동한다. 구체적으로 계급 관계에서 행사되는 상징폭력의 예를 하나 들어보자. 민중 계급의 구성원은 '촌스러운' 자신의 취향을 '부끄럽게' 여긴다. 이 경우, 그가 부끄러운 감정을 느끼는 이유는 자신의 취향이 '촌스럽다고' 인정하기 때문이다. 그런데 문제는 어떤 것이 세련되었다거나 촌스럽다는 구분 자체가 지극히 자의적이라는 사실이다. 밥을 많이 먹는 민중 계급의 하비투스가 촌스럽게 비쳐진다면, 이는 언제나 원래 그랬던 것은 아니며 앞으로 영원히 그럴 것이라고도 볼 수 없다. 밥을 많이 먹는 행위 자체는 사회나 시대에 따라 세련된 것이 될 수도, 촌스러운 것이 될 수도 있다. 그것이 현재 촌스럽게 여겨진다면, 이는 그저 밥을 적게 먹는 현재의 부르주아지 중심의 가치 기준이 사회 안에서 지배적이며, 이를 당연한 것으로 다른 계급들이 내면화하고 있기에 가능한 일일 뿐이다. 상징 폭력 개념의 요체는 바로 여기에 있다. 부르디외의 말을 빌리면, "이 특수한 형식의 폭력은 인식하는 주체들에 대해서만 행사될 수 있다. 그런데 이들의 인식 행위는 부분적이며 신비화되어 있기에, 지배에 대한 암묵적인 인정을 내포한다. 지배는 그것 자체의 진정한 기초에 대한 오인과 맞물려 있다."

피지배 집단은 '자연스럽게' 지배 집단의 범주와 논리를 이용해 사회 세계를 인식하는데, 그 결과 자신에게 불리한 권력 관계, 착취 관계를 지배 집단의 관점에서 받아들이게 된다. 구체적으로 그들은 스스로에 대해 판단할 때 지배적 분류 도식을 그대로 쓰게 된다. 자기도 모르는 사이에 지배 집단의 시각을 가져오고, 거기 담긴 편견을 인식하지 못한 채 정당한 것으로 인정하면서 스스로를 평가하는 것이다. 민중 계급이 자신의 날씬하지 않은 몸이 창피하다고 여길 때, (부르주아지의) 날씬한 몸이 특정한 계급 조건 — 힘든 육체노동으로부터의 해방, 몸을 가꾸고 식단을 조절할 수 있는 시간적·경제적 여유 등 — 의 산물이라는 사실은 잊히며, 날씬한 것=아름다운 것, 뚱뚱한 것=추한 것이라는 현재의 지배적 분류 체계는 그대로 받아들여진다. 바꿔 말하면, 피지배 집단이 자신을 지배하는 구조나 힘, 지배 집단을 파악할 때 사용하는 범주들은 그 자체가 지배의 산물이다. 피지배 집단의 의식과 무의식 자체가 그에게 강요된 지배 관계의 구조에 적합하게 구성되어 있기 때문이다. 이 경우, 그의 인식 행위란 자신과 세계에 대한 지배 집단의 자의적 해석을 인정하는 것과 마찬가지다. 이러한 해석은 사회적인 동시에 인지적으로 강제된 것이지만, 피지배 집단에게는 그렇게 의식되지 못하고서 오히려 자연적·자발적인 것으로 이해된다. 주의할 점은 지배적 분류 체계가 지배 집단에 의해 '의도적으로' 주입되고 훈육되는 것만은 아니라는 사실이다. 그런 면이 분명히 있지만, 더 근본적으로는 불평등한 세계의 질서가 사회화 과정을 통해 사회 구성원들에게 체화되는 면이 더 크다. 상징폭력은 세계의 기존 질서에 바탕을 두는 만큼 더욱 효과적이며, 또 신체 안에 새겨져 의식 아래 수준에서 행사되기 때문에 벗어나기 매우 어렵다.

요약하자면, 한 사회의 불평등과 지배 관계는 경제적인 착취, 그리고 그와 연계된 정치적인 강제나 억압뿐만 아니라, 상징적인 종속에 의해 유지된다는 것이 부르디외의 주장이다. 지배 체제의 지속과 강화는 피지배 집단이 그들의 상황을 당연하고 불가피한 세상 질서에 따르는 것으로 인지하는 경향이 있기에 가능하다는 것이다. 상징폭력 개념은 이 경향에 대한 비판적 서술어라 할 수 있다. 상징폭력은 물리적, 신체적 폭력에 대립하는 '부드러운' 지배형식이지만, 물질적 지배에 대립하는 것은 아니다. 오히려 그것은 물질적 지배의 산물이자 가능성의 조건이기도 하다. 그것이 '상징'폭력인 이유는 피지배 집단이 자신과 세계에 대해 생산하는 의미 작용의 영역에서 이루어지기 때문이다. 또 그것이 상징 '폭력'인 이유는 피지배 집단에게 불리한 현 상태를 필연적인 것, 불변하는 것으로 믿게 만들기 때문이다. 상징폭력은 피지배 집단이 보여 주는 자기 모멸감, 자기 부정, 자기 검열, 자기 소외 등의 주원인이 되기도 한다. 이처럼 상징폭력은 지배 구조가 의식적인 성찰이나 의지의 통제를 받지 않는 지각과 인지 영역에 깊이 뿌리내리고 있다는 점을 알려 주는 개념이다. 그렇다고 해서 부르디외가 그러한 폭력의 전능성, 완전성을 전제하면서 상징 투쟁의 가능성을 완전히 배제하는 것은 아니다.

상징혁명(révolution symbolique)

부르디외는 사회 세계에 대한 행위자의 지각 범주 혹은 인지 도식을 가리켜 '시각과 구분의 원리'principes de vision et de division라고 부른다. 여기에는 개인이 세상을 바라보는 시각이 기본적으로 구분의 틀과 함께 간다는 함의가 있다. 이러한 정신 도식은, 부르디외에 따르면, 사회적 구분(성, 계급, 민족, 인종 등등)을 체화한 것이다. 즉 사회적 구분과 정신 도식은 발생적으로 연결되어 있으며 구조적 상동성을 가진다. 행위자의 시각과 구분의 원리는 대개 기존 질서(따라서 그것을 지배하는 자들의 이해관계)의 구분에 맞추어 조정된다. 그 원리는 마치 기존 질서가 객관적인 필연성인 양 지각하도록 만든다. 결국 사회 질서는 시각과 구분의 원리와 이루는 조화에 의해 더욱 강화되는 것이다. 부르디외가 보기에, 제도의 변혁이 어려운 이유는 사회 구조와 (그 생산물인) 정신 구조 사이에 이처럼 역사적인 조화가 성립해 있기 때문이다. 그는 이러한 맥락에서 정신적인 차원의 변화라는 문제에 대해 각별한 관심을 기울인다.

상징혁명은 세상을 바라보고 분류하고 인식할 수 있게 해주는 시각과 구분의 원리에서의 근본적이고 집단적인 전환을 가리킨다. 그것은 "당연한 것으로 여겨지는 사회 세계의 근본에 있는 인지 구조와 사회 구조 사이의 일치, 하나의 상징질서와 단절"하는 계기로서, "사유 양식과 생활 양식, 더 구체적으로는 일상적 실존의 온갖 상징적 차원에서 일어나는 심층적인 변환"을 말한다. 이는 마치 우리가 새로운 종교로 전향한 뒤 이전과는 완전히 다른 세계상을 갖게 되는 현상과도 유사하다. 부르디외는 특히 예술상의 혁신적 변화라든지 지적·정신적 진보를 가리키기 위해 상징혁명이라는 용어를 쓴다. 예컨대 그는 1863년 살롱 낙선전에서 이루어진 「풀밭 위의 점심식사」의 전시를 혁명적 사건으로 규정한다. 마네의 작품 활동이 마침내 아카데미 체제의 붕괴와 미술 장의 구성으로 귀결하는 여러 사회적·예술적 변화들의 접점에서 상징혁명을 촉발했기 때문이다. 부르디외의 해석에 따르면, 마네는 미술 장의 창시자이자 '상징혁명가'인 셈이다. 그는 『예술의 규칙』(1992)과 『마네 : 상징혁명』(2013)에서 19세기 문학과 미술 분야에서 일어난 상징혁명의 역사적 조건과 효과에 대해 상세한 분석을 제시한 바 있다.

성찰성(réflexivité)

부르디외는 사회학이 과학이 될 수 있다고 믿었다. 그런데 그것은 근대 자연과학의 모델을 모방해, 연구자 주체와 구체적 맥락의 흔적을 최대한 지우고 객관화 기법을 엄격히 적용하는 실증주의적 방식으로는 가능하지 않다. 그는 사회학이 과학적일 수 있으려면, 무엇보다도 성찰적이어야 한다고 보았다. 즉 성찰성이야말로 과학성의 가장 중요한 덕목이라는 것이다. 연구자가 연구 담론과 실천 자체를 규정짓는 사회적 조건들에 주목하고, 그로부터 비롯되는 오류나 편향을 최대한 교정함으로써만 객관성에 좀 더 근접할 수 있기 때문이다. 그렇다면 성찰성은 기본적으로 연구자의 위치와 이해관계와 관점, 연구자와 연구 대상의 관계, 연구의 사회적 조건, 분석 도구와 기법 등 여러 차원에 적용되어야 한다. 그런 한에서만 과학은 "상징권력들 가운데 가장 덜 부당한 권력"이 될 수 있다. 이렇게 볼 때, 부르디외가 다양한 연구 속에 기존 사회과학의 인식론이나 방법론에 대한 반성적인 논의를 통합하고 새로운 방향을 적극적으로 모색했다는 사실은 자연스럽게 여겨진다. 『실천 감각』(1980)이나 『세계의 비참』(1993)은 그 대표적인 예에 속한다.

부르디외가 특히 강조한 성찰성의 대상은 바로 연구자의 이론주의 내지 지성주의였다. 그에 따르면, 이는 연구자 집단의 무반성적인 자계급중심주의로부터 나온다. 연구자가 자신의 담론과 실천을 가능하게 만든 사회적 조건들을 간과할 때, 그는 예컨대 자계급의 특성을 마치 사회 구성원 전체의 특성인 양 일반화하는 잘못을 범할 수 있는 것이다. 모든 개인이 합리적이고 계산적이며 자의식적이라는 일부 사회과학의 가정은 그러한 위험성이 현실화된 결과다. 부르디외가 말하는 성찰성은 결국 연구자의 자기 위치와 관점, 이해관계에 대한 객관화 작업 속에서 가장 잘 구현된다. 이때 객관화의 대상은 연구자 개인이 속한 학문 장의 특징, 그가 거기서 차지하는 위치와 이해관계, 그의 궤적, 그가 취한 관점에 새겨진 편향 등이다. 분과 학문과 대학 제도에 대한 비판적 분석이 요구되는 것이다. 이러한 작업은 다시 그 자체에 대한 객관화, 즉 객관화 작업 아래 숨겨진 이해관계에 대한 객관화를 포함해야 한다. 부르디외에 의하면, 이 근본적·자기비판적 객관화를 통해 사회학은 가장 과학적인 수준에 이를 수 있다. 『호모 아카데미쿠스』(1984)는 그러한 시각이 철저히 반영된 저작이다.

부르디외는 자신이 주장하는 성찰성이 포스트모더니즘 사회과학의 자기도취적이며 상대주의적인 성찰성과는 무관하다고 역설한다. 연구자가 자신의 개인적 특성이나 경력, 관심사를 의식하고 기술하는 작업은 물론 의미 있는 성찰성의 출발점이 될 수 있다. 하지만 스스로에게 사회학적 도구를 적용하는 실천의 목표는, 연구자가 자신이 속한 장의 무의식적인 전제와 검열이 빚어낼 수 있는 왜곡과 오류를 반성하고 통제하는 데 있다. 따라서 연구자는 자신이 지니는 개별성, 내면성, 독특성의 환상에서 벗어나, 자신을 규정하는 집단적 힘에 주목해야 한다. 출신 배경, 교육 과정, 하비투스, 이해관계 등 연구자들이 공유하는 평범한 속성들에 대한 분석이 필요한 것이다. 이를 통해 연구자는 연구 주제, 사고 범주, 분석 도구들의 기원을 파악할 수 있고, 자신을 포함한 연구자 집단의 과학적인 무의식을 탐구할 수 있다. 부르디외에 따르면, 이러한 성찰성은 끊임없는 실천 속에서 실현되어야 하며, 결국 연구자 집단 전체의 공동 기획이 되어야만 한다.

성향(disposition)

부르디외는 자신의 하비투스 개념이 성향주의적 행위 철학philosophie dispositionnelle de l'action에 기초한다고 말한다. 성향이란 특정한 환경에서 규칙적으로 특정한 방식의 행동을 낳는 성질을 가리킨다. 성향은 적성, 경향, 습관, 능력 등과 비슷한 용어이면서도, 그 모두를 포괄한다는 특징을 지닌다. 하비투스를 '성향 체계'로 정의하는 부르디외는 『실천 이론 개요』(1972)의 한 주석에서 성향이라는 용어가 하비투스 개념의 여러 함의를 드러내는 데 적당하다고 말한다. 성향은 우선 조직적 행동의 결과로서, 구조와 비슷하다. 그것은 또 존재 방식, (특히 몸의) 습관적인 상태를 가리킨다. 마지막으로 그것은 선유경향, 성벽, 기질 등을 나타낸다. 부르디외에 따르면, 개인의 행위는 일반적으로 실천의 장 안에서 습득된 성향들의 무반성적인 표현이다. 즉 행위는 순전히 의식적이거나 계산적이지 않고, 그렇다고 기계적이지도 않다. 하비투스는 인지와 동기 구조를 통해서 어떤 일을 할 것인지 말 것인지를 결정하는 데 기여하고, 이것이 행위를 촉발한다. 이러한 성향주의 이론은 행위자가 동원하는 지식의 실천적인 성격, 그리고 이 육화된 지식의 특수한 논리를 강조한다. 사회적 행위자는 과거의 경험에 의해 신체에 새겨진 성향을 지닌다. 이 인지, 평가, 실천 도식들의 체계는 실용적인 지식과 행동의 원동력이 된다. 행위자는 대개 목적에 대한 뚜렷한 의식이나 수단에 대한 합리적 계산 없이 행동하며, 그가 반응하도록 이미 성향 지어져 있는 관습적인 자극과 조건에 의해 영향받는다. 행위는 행위자를 형성시킨 동시에 현재의 그를 규정하는 구조적 제약들의 한계 안에서 일어난다. 부르디외는 이러한 맥락에서 "우리는 행동의 4분의 3에서 경험적이다"는 철학자 라이프니츠의 말을 즐겨 인용한다.

철학자이자 작가인 에마뉘엘 부르디외 —피에르 부르디외의 세 아들 가운데 한 명이기도 하다— 는 성향주의적 행위 철학의 의미를 좀더 명료하게 정리한 바 있다. 그에 의하면, 전통적으로 성향주의는 합리적·비판적 사고가 발전하기 이전의 상식에 불과한 오류의 철학으로 비판받아왔다. 성향주의적 명제는 기껏해야 행동의 규칙성을 기술하는 중언부언의 방식일 뿐이며, 어떤 경우에는 물화된 원리를 신비화한다는 것이다. "그는 고기를 좋아하는 성향이 있으므로 육식을 한다"는 전형적인 성향주의의 명제가 좋은 실례다. 이는 사실 동어반복이나 다름없다. 더구나 이때 고기를 좋아하는 성향은 마치 실제 사실과는 독립적으로 존재하면서 육식의 효과를 낳는 원인인 양 제시된다는 점에서 문제가 있다. 에마뉘엘 부르디외는 이러한 논증 체계를 본질주의적 성향주의dispositionnalisme substantialiste라고 보는데, 이와는 구별되는 비판적 성향주의 dispositionnalisme critique가 가능하며, 인문사회과학에 대안적인 행위 철학을 제시할 수 있다고 주장한다. 그에 따르면, 지성주의는 행동의 신체적이고 비계산적인 성격을 간과한다. 유물론은 행동의 의도성 내지 지향성intentionnalité을 설명하지 못한다. 유물론이나 지성주의와 결합하기도 하는 기계론mécanisme은 모든 실천의 내재적 미결정성, 그리고 그로부터 비롯하는 무한한 적응 가능성이라는 문제에 부딪힌다. 계약론은 행위의 불가피성과 의식 초월성을 포착하지 못한다. 심리주의는 결정과 예측이 불가능한 정서 개념 속에서 행위의 법칙성을 해소해 버린다. 사회학적 구조주의는 습득된 성향들의 관성이라는 부인할 수 없는 사실을 피해 간다.

이들 이론과 달리, 비판적 성향주의는 인간 행동의 이해에 성향 개념이 여전히 유용하다는 입장을 견지한다. 의도적이며 심리적인 결정 요인을 가지지 않으면서도 일반 원리에 따라 거의 자동적으로 이루어지는 행위들이 있기 때문이다. 그것들은 반드시 의식적으로 학습되지는 않으며, 일정한 조건화 과정의 산물이다. 사실 자세나 몸짓, 운동과 같은 신체적 반응 행위를 비롯해 많은 일상적 행위가 그렇다. 비판적 성향주의는 성향 개념을 명료화하고 그 작동 논리를 체계화함으로써 이 습관적·자동적 행위들의 일반 원리를 해명하려는 이론적 시도라 할 수 있다. 에마뉘엘 부르디외에 기대자면, 성향은 몇 가지 특징적인 원리를 가진다. 먼저 그것이 어떤 조건 아래서 자극되는지, 어떤 결과를 낳는지는 아주 일반적인 방식으로만 정의될 수 있다. 성향의 초기 조건과 결과 사이의 관계는 불확정적이며 통계적으로만 가치를 지닌다. 또 성향의 발현 조건은 변화할 수도 있다. 성향의 이러한 비결정성은 그것이 다양한 실천 맥락에 유연하게 적응할 수 있게 해준다. 한편 일단 습득된 성향은 그 습득을 가능하게 한 구조적 조건들과는 무관하게 오랫동안 지속되는 경향을 보인다. 일종의 고유한 내적 관성을 지니는 것이다. 또한 성향은 특정한 개인에게 속해있다는 점에서 개인적이지만, 그것이 발현되는 실천 영역의 규범에 어느 정도 종속된다는 점에서 집단적이기도 하다.

에마뉘엘 부르디외는 이러한 성향 논의에 바탕을 두고, '믿음-성향'disposition-croyance과 '총괄 성향'dispositions génériques이라는 새로운 개념을 통한 확장 내지 보완 가능성을 모색한다. 우선 믿음-성향은 행동의 동기를 설명할 필요성으로부터 나온 개념이다. 성향이 행동으로 어떻게 이행하는지를 이해하기 위해 특정한 내용성을 가지는 믿음이 성향화된 상태를 가정할 수 있다는 것이다. 다음으로 총괄 성향은 한 개인이나 계급이 보이는 성향들의 일정한 응집성을 고려한 개념이다. 총괄 성향은 어떤 하나의 실천 영역에 한정되지 않고 다양한 영역에서 특정한 성향의 형식 아래 드러난다. 예를 들어, 어떤 사람이 당구도 잘 치고 카드놀이도 잘하고 게임도 잘한다면, 이 잡기에 능숙한 성질은 고유한 적용 영역을 말하기 어려운 총괄 성향이라 할 수 있다. 피에르 부르디외가 『구별 짓기』에서 분석했던 프티 부르주아지의 '과잉교정'hypercorrection 성향은 또 다른 예다. 그것은 사회적으로 상승중인 프티 부르주아지가 언어 습관이나 식사 태도, 예술 향유 등 여러 영역에서 지나칠 정도로 지배 규범을 의식하고 준수하려드는 경향을 가리킨다. 이처럼 총괄 성향 개념은 특수한 일차적 성향들이 하나의 응집력 있는 체계를 이룬다는 가정을 담고 있다. 에마뉘엘 부르디외는 성향주의 철학의 비판적 재구성을 통해 기존 행위 철학들의 단점을 지양할 수 있을 것으로 전망한다. 피에르 부르디외의 하비투스 개념 역시 이러한 맥락에서 그 철학적 배경이 이해되어야 한다.

참조 : Emmanuel Bourdieu, *Savoir faire : Contribution à une théorie disposi-tionnelle de l'action*, Paris : Seuil, 1998.

스콜라적(scholastique)

스콜라schola는 학교를 뜻하는 라틴어 낱말이다. 여기에서 유래한 스콜라주의는 11세기 중반부터 15세기 중반까지 유럽에서 성행했던 학문적 경향이다. 이는 그리스·로마 철학을 기독교의 지식과 결합시켜 정돈된 체계를 마련하고자 했던 시도로 요약될 수 있다. 스콜라주의는 일반적이고 추상적인 개념들에 대한 사변을 내용으로 하면서, 포괄적인 체계화 성향을 드러냈다. 스콜라 철학자들은 진리가 교리 안에서 정해진다고 보았으므로, 개념적인 조작에 머물면서 경험적 탐구를 경멸하고 과소평가했다. 이후 '스콜라적'이라는 용어는 어떤 것이 내용 없는 형식주의적 궤변이자 현학, 공리공론에 불과하다는 다소 '비판적인' 어감을 담게 되었다.

부르디외는 스콜라적이라는 형용사에 이러한 일반적 의미 말고도, 특수한 철학적 개념으로서의 지위를 부여한다. 즉 그는 영국의 언어철학자 존 오스틴John Austin에게서 '스콜라적 관점'scholastic point of view이라는 개념을 빌려와, 스콜레skholè의 상황에 의해 가능해진 특수한 시각을 가리키기 위해 '스콜라적'이라는 표현을 쓴다. 여가라는 의미의 그리스어 스콜레는 시간적 여유를 뜻하는데, 이는 모든 학문 장의 존재 조건이다. 부르디외에 따르면, 스콜라적 시각이란 "사회 세계, 언어, 혹은 온갖 사유 대상에 대한 완전히 특수한 관점으로, 스콜레, 즉 여가의 상황에 의해 가능해진 것이다. 여가의 특수한 형식으로서 ─ 그 역시 스콜레에서 나온 단어인 ─ 학교는 학구적인 여가가 제도화된 상황이다". 학교가 생산하는 스콜라적 관점은 세계로부터의 거리 두기, 실제적(특히 경제적) 압박으로부터의 해방을 전제하는 동시에 이러한 조건에 내재하는 특권을 간과하거나 망각한다.

축적된 경제적 자원이 비물질적으로 변환된 결과물인 스콜레는 학문 활동이나 연구를 그 자체가 목적인 진지한 게임으로 만든다. 그것은 겉보기에 무사무욕하고 불편부당하며 모든 경제적 이해관계나 역사적 맥락의 제약으로부터 벗어난 듯 보이는 지식 세계를 생산한다. 그 세계에서 활동하는 '호모 아카데미쿠스'는 생계를 위한 밥벌이로부터 해방된 시간, 학교에서 습득한 능력, 그리고 동기 없는 무상의 게임을 할 줄 아는 성향—스콜레의 상황에서 얻어지고 강화되는—을 갖추고 있어야 한다. 그 성향은 생활의 긴급한 필요에 의해서가 아니라, 그저 문제 풀이의 기쁨을 위해서 사변적인 문제들을 제기하는 적성이자 경향이다. '호모 아카데미쿠스'는 '진지하게 즐기거나' 혹은 '즐거운 것을 진지하게' 다룰 줄 아는 인간형이다. 이를테면 그는 언어를 단순한 의사소통 수단으로서가 아니라 명상이나 분석, 유희의 대상으로 취급한다. 결국 스콜라적 관점은 인식론적 오류를 낳는 중요한 원천이 될 수 있다. 예컨대 스콜라적 관점을 통제하지 못하는 언어학자들은 발화자가 마치 문법학자인 듯 가정하며, 경제학자들은 소비자가 마치 정확한 경제적 타산에 따라 움직이는 합리적 행위자인 것처럼 간주한다. 행위자의 합리성과 실천 논리에 자신의 이론적 이성을 반성없이 투사하는 것이다. 부르디외는 연구자가 행위자의 실천에 대한 실천적 관계를 복원하고 과학적으로 분석하려면 스콜라적 관점을 성찰하고 통제할 수 있어야 한다고 주장한다. 이러한 문제는 『파스칼적 명상』(1997)에서 특히 깊이 있게 다루어진다.

신체(corps)

부르디외의 사회학에는 멀리는 '주관의 신체성'을 강조한 후설, 가까이는 메를로-퐁티와 파스칼의 영향을 강하게 받은 신체의 철학이 자리 잡고 있다. 그의 후기 저작인 『파스칼적 명상』(1997)은 이를 분명히 보여 준다. 부르디외는 지성주의적 전통이나 의식철학의 전통이 신체/정신의 이분법 위에서 신체의 중요성을 간과해왔다고 주장한다. 그런데 인간은 무엇보다도 신체적인 존재라는 것이다. 이때 신체는 여러 기관들의 병렬적 총체가 아니며, 외부의 자극에 단순히 수동적으로 반응하는 대상이 아니다. 부르디외는 신체를 그 자체로 살아 움직이며 세계를 형태화하고 조직화하는, 육화된 지향적 활동성으로 보는 메를로-퐁티의 현상학적 입장을 그대로 따른다. 『지각의 현상학』에서 메를로-퐁티가 말하듯, 신체는 "세계에 닻을 내리고 있는 우리의 정박지"이며, "우리가 세계를 소유하는 일반적 수단"이다. 그것은 개인적 정체감의 근원이며, 일정한 시간과 공간 안에서 세계에 대한 우리 경험을 접합하는 도식이다. 부르디외는 『실천 감각』(1980)에서 이렇게 적는다. "신체는 자신의 연기를 믿는다. 슬픔을 흉내내는 경우, 그것은 운다. 신체는 스스로의 연기를 재현하지 않는다. 그것은 과거를 기억하지 않는다. 그것은 과거를 움직이게 만든다. 이렇게 과거는 그 자체로서는 무효가 되며, 신체는 그것을 다시 산다. 몸으로 배운 것은 우리가 가진 것이 아니다. 그것은 우리가 자기 앞에 쥐고 있는 지식과 같은 것이 아니라, 바로 우리 존재인 것이다." 이러한 신체는 '체화' 과정을 통해 세계에 포획된다. 부르디외가 보기에, 메를로-퐁티는 신체와 세계 사이의 복잡한 관계를 깊이 있게 성찰한 철학자 가운데 한 사람이다. 메를로-퐁티로부터 영향을 받은 부르디외의 신체 철학은 특히 하비투스와 실천 감각 개념을 통해 드러난다.

부르디외에 따르면, 신체는 단지 유전적으로 주어진 그 무엇이 아니다. 그것은 자연에 대한 시간적 거리, 즉 오랜 기간에 걸친 사회 세계의 접촉과 그 과정에서의 생리적·인지적 발달을 통해 구성되는 것이다. 음식과 교육, 노동과 여가 활동 등의 실천이 그 구성에 개입하다 보니, 신체는 성적이며 계급적인 분화를 겪을 수밖에 없다. 남자의 몸과 여자의 몸, 상층 계급의 몸과 하층 계급의 몸이 달라지는 것이다. 더욱이 신체는 뇌와 감각 덕분에 자기 자신의 외부, 즉 '세계 안'에 있을 수 있는 능력을 가진다. 그것은 세계의 규칙성에 계속 노출되어 있으면서 거기에 부합하는 성향 체계, 곧 하비투스를 습득한다. 하비투스는 자연과 문화, 생물학적인 것과 사회적인 것을 이어 주는 접점이며, 그 계급적 기반과 특징에도 불구하고 개인에게는 자연스러운 것, 본능적인 것으로 인식된다. 한편 신체는 이처럼 일정한 존재 조건의 반복 경험으로부터 형성된 하비투스를 통해 세계의 규칙성을 실천적으로 예측한다. 우리가 '몸으로' 배울 수 있다는 것이다. 부르디외의 표현을 빌리면, "신체에 의한 인식"이 의식과 언어의 수준을 넘어서 이루어지는 것이다. 춤, 운동 등의 학습은 간단한 예이지만, 자세나 요령, 기술이 몸으로 거의 반사적인 수준에 이르기까지 터득될 수 있다는 점을 잘 보여준다. 이와 같이 신체는 우리가 특별한 의도나 계획 없이도 거의 즉각적으로 다양한 상황에 적절하게 대응하고 효과적으로 행동할 수 있게 해준다. 한마디로 그것은 실천 감각sens pratique의 담지자다.

나아가 부르디외는 파스칼로부터 사회 질서가 곧 신체들의 질서와 다르지 않다는 통찰을 이끌어낸다. 부르디외에 따르면, 파스칼은 세계 내의 정치, 종교, 학문 등 다양한 소세계가 제각기 일정한 믿음을 기반으로 삼고 있다고 보았다. 그 믿음은 소세계 안의 사람들이 마치 자동인형처럼 그것을 받아들이도록 이미 준비된 성향을 갖추고 있기에 존재할 수 있는 것이다. 부르디외식으로 말하자면, 장과 하비투스의 조응으로 독사가 유지되는 것이다. 습성이 믿음을 낳고 그 믿음 위에 소세계가 서 있다면, 그 습성의 원천인 신체와 세계는 결국 동일한 질서 속에서 움직이는 것이다. 부르디외가 보기에, 파스칼은 메를로-퐁티와 다른 철학 언어를 쓰면서도 같은 문제를 고민한 철학자였던 셈이다. 파스칼은 또 신체가 상징적인 권력과 지배가 직접 가해지는 장소라는 데 주목했다. 부르디외는 그러한 시각의 연장선 위에서 계급적인 위계와 차별의 기제를 파악한다. 이를테면 하비투스에 대한 특정한 표상의 부과는 사회적 세력 관계의 아주 미묘한 표현 가운데 하나다. 민중 계급의 하비투스가 아름답지 않은 몸, 품위 없는 언어, 세련되지 못한 행동 등으로 여겨질 때, 그 계급의 존재 가치는 평가 절하되며 지배는 정당화된다. 민중 계급 구성원들이 내면화한 사회적 열등감은 곧장 신체적인 반응으로 나타난다. 사진 찍힐 때 얼굴을 붉힌다든지, 다른 계급에 속하는 사람들과 대화하며 말을 더듬는다든지, 고급 레스토랑에서 식사하면서 어색해한다든지 하는 식으로 말이다. 이는 의지나 의식 너머에 있는 신체의 고유한 작동 방식을 보여 주는 동시에, 그것과 사회 질서 사이의 긴밀한 연계성을 알려준다.

참조 :: 메를로-퐁티, 『지각의 현상학』; 블레즈 파스칼, 『팡세』, 김형길 옮김, 서울대학교 출판부, 1996.

알로독시아(allodoxia)

독사와도 관련되는 그리스 철학의 용어인 알로독시아는 원래 한 존재를 다른 존재로 잘못 인식한다는 의미이다. 부르디외 사회학에서도 이는 어떤 사물을 다른 것으로 인지함으로써 인식과 평가의 오류를 범한 상태를 뜻한다. 부르디외는 비유적인 예로, 친구를 기다릴 때 자기에게 다가오는 사람이 모두 바로 그 친구처럼 보이는 경우를 든다. 현실적으로 얻기 어려운 대상에 대한 강렬한 열망이 알로독시아의 원인이 된다. 문화적 알로독시아는 이단을 경험하면서도 체계적인 착각으로 인해 그것이 정통이라는 환상을 가지는 상황에서 단적으로 드러난다. 예를 들면 프티 부르주아지는 문화적 정통에 대한 지나친 외경심을 보이는데, 거기에는 욕망과 불안이 뒤섞여 있다. 그는 알로독시아 속에서 경음악을 고상한 음악인 양, 수필집을 철학책인 양, 복제 미술품을 진품인 양 향유한다. 이러한 오도된 동일시는 불안감과 동시에 자신감을 불러일으킨다. 부르디외가 보기에, 프티 부르주아지는 자폐적인 환상을 통해 지배 계급의 탁월성이 주는 만족감을 느끼는 것이다.

에토스(ethos)

에토스는 원래 그리스어로 습관, 관습, 풍속, 품행 등을 가리키는 말이다. 이 용어는 형태상으로는 관습consuetudo과 같은 어원을 가지며, 의미론상으로는 하비투스와 가깝다. 그 구체적인 의미는 개인이 자기 외부에 있는 무언가를 자기 것으로 만드는, 즉 체화시키는 과정 또는 그 결과라 할 수 있다. 아리스토텔레스에게서 에토스는 도덕적, 실천적 개념으로, 동일한 행동의 반복을 통해 형성된, 지속적인 습관을 의미했다. 초기 부르디외는 하비투스를 에이도스eidos(논리적 도식), 에토스(가치론적·실천적 도식), 헥시스(신체적 도식)의 차원을 포괄하는 것으로 개념화하면서, 에토스를 "행동과 평가의 암묵적인 도식 체계"로 정의하였다. 하지만 그는 1980년대 이래 이 용어들을 따로 쓰기보다 하비투스 개념 안에 한데 아우르는 경향을 드러낸다. 여기에는 하비투스 개념의 내적인 세분화가 지나치게 조작적이며 실제 경험 연구에 별 도움이 되지 않는다는 판단이 깔려 있는 듯 보인다. 그럼에도 부르디외의 에토스 개념이 여전히 흥미로운 이유는 그것이 하비투스 개념의 형성 과정에 베버 사회학이 남긴 흔적을 보여 주기 때문일 것이다.

베버는 종교사회학 관련 저작들에서 에토스 내지 윤리éthique 개념을 중요하게 이용한 바 있다. 그는 자본주의 경제의 발전과 종교 윤리의 관계를 연구하면서, 후자를 경전에 담긴 도덕률이 아니라 "종교의 심리적이고 실용적인 연관에 근거를 두는, 행위에 대한 실천적 자극"이라고 정의했다. 종교가 조장하는 '생활 태도'conduite de vie; Lebensführung는 경제 윤리를 결정짓는 핵심 요인들 가운데 하나다. 예컨대 금욕적 청교도주의는 '합리적·실천적인 생활 태도'를 중심 윤리로 삼고 그에 부합하는 행동에 '구원'이라는 보상을 약속하였다. 베버에 의하면, 이는 직업을 소명이자 도덕적 의무로 여기는 근대 부르주아지의 에토스 발전을 촉진시켰고, 자본주의 문화의 사회 윤리를 구성하는 데 크게 이바지했다. 부르디외가 하비투스의 일부로서 에토스를 가치론적·실천적 도식이라고 규정했을 때, 또 주로 '계급 에토스'라는 표현 속에서 에토스를 "성향들의 체계"로 규정했을 때, 그는 그리스 철학 못지않게 베버의 종교사회학적 개념들에서 주된 영감을 얻은 것으로 보인다.

참조 : François Héran, "La seconde nature de l'habitus", *Revue Française de Sociologie*, vol. 28, n. 3, 1987, pp. 385~416; Max Weber, *Sociologie des religions*, Paris : Gallimard, 1996.

오인(méconnaissance)

오인은 "신비화된 인식으로서의 인정"reconnaissance comme connaissance enchantée ou mystifiée을 말한다. 부르디외의 관점에서 보자면, '애초에 오인이 있다'. 사회 세계에 대한 '평범한 인식'은 인정이며, 모든 인정은 기본적으로 오인이기 때문이다. 행위자들은 세계를 자신의 지각과 평가 도식을 통해 이해한다. 그런데 이 도식은 사회적 조건이 체화된 결과물이다. 그 결과, 정신은 근본적으로 있는 그대로의 세계를 자연스럽게 받아들이도록 구조화된다. 부르디외는 객관적 구조와 주관적 구조 사이의 이 근원적인 조응 관계가 실재에 대한 오인을 생산한다고 본다. 행위자들은 계급 조건에 의해 규정된 속성을 불가피한 본성이라고 여기고, 자신들에게 주어진 것에 만족하고, (마치 자기가 딸 수 없는 높이에 열린 포도송이를 보며 "저 포도는 실 거야"라고 말하는『이솝 우화』속 여우처럼) 자신들에게 '객관적으로' 거부되어 있는 것을 '자발적으로' 거부한다. 그들은 기존 질서가 자신들을 규정하는 대로 스스로를 규정하고, 주관적인 기대를 그들에게 부여된 객관적인 기회 구조에 맞추며, 사회 구조에 의해 부과된 결정을 자신들의 의도에 따른 것인 양 확정 짓는다.

부르디외에 따르면 행위자들은 이처럼 현실을 당연한 것으로 인정하는데, (그 인정을 가능하게 하는 인지 도식 자체가 현실에 의해 구성된 것이므로) 이는 행위자들을 그렇게 만든 현실에 대한 '이미 조율된' 인정이며, 따라서 근원적으로 오인이다. 예컨대 피지배 계급은 지배 계급이 보여 주는 '탁월성'을 (탁월성-범속성에 대한 지배적인 도식에 따라) '정말 탁월한 것'으로 '인정'한다. 이때 그 인정은 '탁월한 것이라는 인식' 자체인데, 이는 실재에 대한 정확한 인식이라기보다는 '신비화된' 것이다. 그 탁월성의 구분이 자의적인 것이며, 지배 계급이 지닌 탁월성은 본성이 아닌 사회적 조건에 기원을 두고 있기 때문이다. 그렇다면 탁월성은 오인된 것이다. 이러한 오인은, 부르디외의 표현을 빌리자면, "사회 질서에 대한 가장 절대적인 승인 형식"이다. 중요한 것은 행위자들이 스스로 오인하고 있다는 사실을 알지 못한다는 것이다. 그런 면에서 오인은 '과학적 인식' 없는 인정이기도 하다. 이 개념을 통해 부르디외는 사회적 행위자가 공유하는 전반성적인 가정들을 문제 삼는다. 오인 개념은 부르디외가 말하는 상징적 지배의 기제가 지배 계급의 선전이나 조작, 교묘한 이데올로기 통제에만 있는 것이 아니라, 더 심층적으로 주체의 형성 과정 그 자체에 있다는 점을 강조한다. 부르디외의 관점에서 주체의 구성은 중립적인 과정이 아니라, 개인이 불평등한 기존 질서에 '맞추어지면서만' 가능한 과정이기 때문이다.

오인 개념은 원래 주체 구성에 대한 (프로이트와) 라캉의 정신분석학적 논의로부터 나온 것이다. 이를 맑스주의에 끌어들여 "이데올로기 일반의 이론"을 확립하고자 했던 사람은 철학자 루이 알튀세르였다. 그는 이데올로기를 역사가 없는, 무의식의 기반이자 개인을 주체화하는—즉 '나'로 만드는—심급이라고 보았다. 그에 따르면, 이데올로기에 의한 주체sujet의 구성은 구체적인 개인들이 대문자 주체Sujet의 호명interpellation에 응답하면서 일어난다. 그런데 어느 사회에서나 주체 아닌 개인은 있을 수 없으므로, 이데올로기 없는 사회는 없다. 달리 말해 우리는 "언제나-이미 주체"이며, '사회적 행위자'는 그가 속한 사회의 유형과 관계없이 대문자 주체에 의해 언제나-이미 주체로 호명된 존재일 수밖에 없다. 대문자 주체의 보기로 알튀세르는 신, 도덕, 법, 인권, 민족, 국익, 진보, 혁명, 가족 등등을 든다. 곧 그것은 사람들이 가지는 다양한 표상체계와 그 조직원리를 가리키는 셈이다. 개인이 주체가 된다는 것은 결국 개인이 그러한 표상 체계들과 조직 원리에 기대서만 스스로 사유하고 행동할 수 있게 된다는 말과도 다르지 않다.

이때 주의할 점은 대문자 주체와 소문자 주체들이 서로를 규정하는 관계에 있다는 것이다. 예컨대 종교 이데올로기는 신이라는 대문자 주체를 통해 신자라는 소문자 주체들을 구성한다. 그렇다고 해서 이것이 신이라는 대문자 주체가 논리적으로나 현실적으로 신자라는 소문자 주체들에 앞서 존재한다는 뜻은 아니다. 소문자 주체들은 대문자 주체에 의해 호명되고 그에 대한 복종assujettissement을 통해 구성되지만, 대문자 주체 역시 소문자 주체들의 인정 속에서만 존재할 수 있는 것이다. 유물론적 시각에서 보자면, 신을 믿는 신자들과 그들의 실천 없이는 신 또한 없다. 이처럼 동시적으로만 포착될 수 있는 주체 구성 과정을 알튀세는 '반사 관계'로 특징짓는다. 즉 대문자 주체와 소문자 주체들이 서로가 서로를 되비추며 상대방의 모습 속에서 자신의 모습을 발견하는 이중 거울 구조 안에 놓여 있다는 것이다. 알튀세르에 따르면, 이 기제는 '계급 착취 관계의 재생산'이라는 실재를 인정의 형식 속에서 오인하게 만든다. 이데올로기의 원초적인 효과는 바로 자명성이다. 우리가 어떤 것을 자명하다고 여긴다면, 이는 이데올로기의 두 가지 기능인 인정과 오인이 작용하기 때문이다. 알튀세르는 아예 "이데올로기=인정/오인"이라고까지 말한다. 단어의 의미에서부터 인식, 행동, 관습에 이르기까지 모든 것들의 자명성("바로 그거야", "그게 맞아", "당연히 그렇지")의 근거는 이데올로기라는 것이다.

알튀세르에 의하면, 개인은 상대적인 독립성을 지니는 다수의 이데올로기에 복속한다. 그로 말미암아 의식 내부에서 일종의 이데올로기 간 갈등이나 충돌이 일어날 수도 있다. 그럼에도 다양한 이데올로기들은 "개인의 실제 존재 조건, 즉 생산 관계에 대한 상상적 관계"라는 차원에서 일반성을 띤다고 알튀세르는 주장한다. 이 상상적 관계가 이데올로기적 표상의 중심에 있다는 것이다. 그리고 이를 통해 생산 관계는 행위자들의 의식과 실천 속에서 일상적·지속적으로 재생산된다. 이렇게 보자면, 부르디외의 오인 개념은 알튀세르의 오인 개념과 그 문제의식이나 기능에서 상당히 유사한 측면이 있다. 다만 부르디외가 오인 기제의 설명을 위해 뒤르켐 사회학과 현상학에 주로 의지하는 반면, 알튀세르는 전적으로 정신분석에 의존한다는 차이점을 드러낸다. 부르디외는 인정-오인이 결코 심리적 작용으로 완전히 환원될 수 없다는 점을 강조한다. 그에 따르면, 이 기제는 행위자들의 과학적 인식을 방해하는, 객관적인 세력 관계 안에서의 그들의 위치와 관련되어 있는 것이다.

참조 : 루이 알튀세르, 『재생산에 대하여』, 김웅권 옮김, 동문선, 2007; 『레닌과 철학』, 이진수 옮김, 백의, 1991.

이데올로기(idéologie)

맑스는 이데올로기가 계급 사회에서 경제적 지배 현실을 '반영'하는 동시에 '신비화'하는 것으로 파악하고, 그 사회정치적 기능을 비판적으로 접근했다. 그런데 부르디외는 맑스의 이데올로기론이 나름의 유용성을 갖지만 한계 또한 명백하다고 지적한다. 그것은 문화의 '상대적 자율성'과 '구성적인 힘'을 간과하는 한편, 의식이 내적으로 어떻게 조직되는지, 실천과는 또 어떻게 접합되는지와 같은 중요한 문제들을 방기한다는 것이다. 따라서 그는 맑스주의적 이데올로기 개념이 지배 메커니즘에 대한 과학적인 인식에 충분하지 않으며, 상징폭력 같은 다른 개념들로 대체될 필요가 있다고 주장했다. 그가 이데올로기라는 용어를 쓰면서도 신중히 제한적으로만 사용했던 이유다.

부르디외는 대체로 다음과 같은 몇 가지 근거에서 맑스주의의 이데올로기론과 비판적 거리를 두었던 것으로 여겨진다. 우선 그는 지배가 명시적이고 정치적인 관념 체계보다는, 완전히 비정치적인 것처럼 보이는 상식('당연한 것')의 구조를 통해 작동한다고 본다. "사회 질서의 정당화는 선전이나 상징적 강제라는 의도적으로 방향 지어진 행동의 산물이 아니다. 그것은 행위자들이 사회 세계의 객관적 구조에 대하여 객관적 구조로부터 나온 지각과 평가 구조를 적용하고 그리하여 세계를 자명한 것으로 파악하는 경향을 지닌다는 데서 비롯한다." 다음으로 계급과 이데올로기의 관계를 중개하는 사회적 심급을 구체적으로 제시하지 않았던 맑스와 달리, 부르디외는 상징 체계가 언제나 이중적인 매개 안에서 결정된다고 강조한다. 즉 그것은 일차적으로는 문화 생산 장에서 특수한 이해관심을 지니는 전문가 집단에 의해, 그리고 이차적으로는 계급 관계에 의해 결정되는 것이다. 부르디외에 따르면, "상이한 계급과 계급 분파들은 그들 이해관계에 가장 잘 부합하는 사회 세계에 대한 정의를 부과하기 위한 상징 투쟁에 관여한다." 상징 투쟁이라는 용어는 이데올로기적 생산이 조화롭게 균질성과 통일성을 보장받는 것은 아니라는 점을 분명히 드러낸다. 나아가 "지배 담론은 그것이 일탈이나 불일치를 배제하지 않는다는 사실에서 (오인의) 고유한 상징적 효력을 확보한다". 끝으로 부르디외는 지배가 언어와 담론을 바탕으로 하는 것 못지않게 신체와 실천 속에서 이루어진다는 점에 주목한다. 그가 보기에 하비투스는 그러한 측면을 부각시키는 개념인 반면, 이데올로기 개념은 지나치게 의식과 표상의 차원에 의존한다는 한계를 지닌다.

참조 : Loïc Wacquant, "De l'idéologie à la violence symbolique : culture, classe et conscience chez Marx et Bourdieu", *Actuel Marx*, no. 20, 1996, pp. 65~82.

인식론적 단절(rupture épistemologique)

인식론적 단절은 프랑스의 과학철학자 가스통 바슐라르가 자연과학 활동의 중요한 특징 가운데 하나로 제시한 개념이다. 바슐라르에 따르면 과학적 실천은 첫째, 대상에 대한 연구 주체의 원초적인 감각 이미지 및 선유관념과 단절해야 하며, 둘째, 사실을 구성하여야 하고, 셋째, 경험적으로 사실을 테스트 해보아야 한다. 그는 특히 비판을 거치지 않은 주관적 경험, 부정확한 일반론, 실체론적·생기론적 사고, 맹목적인 계량주의 등을 주된 인식론적 장애물로 꼽고, 이들과 단절함으로써만 진정한 과학적 사유를 쟁취할 수 있다고 보았다. 바슐라르의 논의를 뒤이어, 부르디외는 과학으로서의 사회학 또한 단절rupture, 구성

construction, 확인constat의 세 단계를 겪어야 하며, 따라서 인식론적 단절과 함께 시작되어야 한다고 주장했다. 이 단절은 무엇보다도 사회적 상식이나 고정관념과의 단절이며, 그런 것들이 과학의 역할을 대신할 수 있다는 관념과의 단절이라는 것이다. 사회학에서는 특히 행위자들이 세상에 대해 자기 위치에서 '자연스럽게' 갖게 되는 관념인 '자생적 사회학'과의 단절이 중요하다. 왜냐하면 자생적 사회학은 실제로는 지배적 분류 체계와 편견의 재생산에 불과하며, 행위자들이 자유롭고 자기 의지에 따라 행동할 수 있는 사회 세계라는 환상에 기초해 있기 때문이다.

참조 : Gaston Bachelard, *La formation de l'esprit scientifique*, Vrin, 1938.

일루지오(illusio)

부르디외에 의하면, 사회학의 임무 가운데 하나는 사회 세계가 어떻게 '생물학적 리비도', 즉 분화되지 않은 충동을 특수한 '사회적 리비도'로 구성하는지 분석하는 것이다. 리비도의 사회화 작업이란 충동을 특수한 이해관심intérêt으로 변화시키는 것이다. 이 이해관심은 사회 공간과의 관계 속에서만 존재한다. "제도의 사회적 마술"은 정치, 경제, 종교, 법, 과학, 문학, 미술, 거의 무엇이든 실제적인 이해관심으로 구성할 수 있다. 장이 존재하는 만큼 다양한 사회적 리비도, 사회적 이해관심이 존재한다(그 반대도 마찬가지다). 이러한 리비도, 이해관심, 또는 투자investissement와 거의 같은 말이자, 무념무상, 무사무욕과 대척점에 있는 말이 바로 일루지오다. 일루지오는 게임이라는 뜻을 가진 라틴어 루두스ludus에서 나왔다. 부르디외 사회학에서 그것은 사회적 게임에 참여하는 사람들이 거기에 몰두하고 그것을 진지하게 받아들이는 능력과 관련된다. 간단히 정의하자면, 그것은 "게임과 그 내기물에 대한 투자, 게임에 대한 이해관심, 게임의 전제들(독사)에 대한 애착"을 아울러 가리킨다. 부르디외에 따르면, 일루지오는 "게임에 대한 신비화된 관계"로서 "사회 공간의 객관적 구조들과 정신적 구조들 사이의 존재론적 공모 관계의 산물"이다. 이는 어떤 게임에 존재하는 내기물에 행위자 스스로가 투여되고 또 투자하는 상태를 뜻한다.

사회적 행위자들은 다양한 장에서 특수한 자본을 축적하기 위해 경쟁을 벌인다. 그런데 이들은 이 게임과 거기 걸린 내기물 자체가 가지는 중요성을 의심하지 않는다는 공통점을 지닌다. 이러한 심층의 공모는 이들 사이에서 벌어지는 투쟁의 원칙이기도 하다. 바꿔 말하면, 행위자들은 사회적 게임의 가치에 대한 집단적 인정과 신념을 바탕으로 거기 참여하는 것이다. 일루지오는 이처럼 장 안에 내기물로 걸려 있는 자본이 가치 있으며, 따라서 그것을 획득하기 위한 경쟁은 의미 있다는 사람들의 믿음 또는 환상을 가리키는 것이다. 이를 부르디외는 모든 행위의 근원에 놓여 있는 "원초적 형식의 물신주의"라고 규정한다. 일루지오는 사회적 게임의 조건인 동시에 그 산물이기도 하다. 그것은 일종의 전의식처럼 사회적 행위자들의 머릿속에 이미 새겨져 있다. 행위자들은 일루지오를 가지고 장 안에서 경쟁하며, 그것은 경쟁을 통해 더욱 강화된다. 또 각 장에는 그에 고유한 일루지오가 있다. 예를 들어 철학 장 안에서 철학자들은 특수한 상징자본인 철학자본을 더 많이 축적하기 위해 노력한다. 이 철학자본이 (비록 돈벌이에 직접적인 도움이 되지 않는다 하더라도) 정말 중요하다는 신념을 공유하고 있기 때문이다. 이 일루지오는 철학 장에나 고유한 것이다. 즉 그러한 일루지오에 빠져 있는 사람이 정치 장이나 경제 장에서의 게임에 참여하기는 쉽지 않다. 따라서 일루지오는 장의 상대적 자율성과도 연관된 개념이다.

특정한 게임이나 그 내기물에 아무것도 투자하지 않은 사람, 그 게임의 바깥에서 중립적인 관찰자의 관점을 취하는 사람에게는 그 게임의 기반이 되는 일루지오가 곧 허상illusion이나 다를 바 없다. 하지만 인간이 사회적인 동물인 한, 어떤 일루지오에든 사로잡힐 수밖에 없다. 일루지오는 원래 "존재 이유가 없는 존재"인 인간에게 삶의 의미를 부여해 준다는 점에서 필수불가결한 것이다. 모든 게임의 허상성 내지 무의미를 깨닫고 그것을 거부하는 사람, 곧 일루지오를 벗어난 사람은 결국 노자老子처럼 세속의 사회 세계로부터도 튕겨 나가게 된다. 반면 어떤 게임에 '잘 맞는' 하비투스를 가진 사람은 게임 감각을 가지고 게임에 참여할 수 있기에 냉소주의나 허무주의로부터 자유롭다는 특권을 지닌다.

임명/제도화 의례(rite d'institution)

부르디외에 따르면, 통과 의례, 입문식 등은 바로 임명 의례(또는 제도화 의례)

라는 개념을 통해 정확하게 그 효과가 이해될 수 있다. 임명 의례는 공인 의례rite de consécration, 정당화 의례rite de légitimation 등과 같은 의미를 가진다. 임명한다는 것은 공인하는 것이며, 사물의 특정한 상태, 즉 기존 질서를 법적·정치적 의미에서 제정하여 이를 재가하고 정당화하는 것이다. 이는 의례의 본질적인 효과가 의례를 거친 사람을 앞으로 그것을 거칠 사람이 아닌, 앞으로도 거치지 않을 사람과 분리하는 데 있다는 점에 주목한다. 이 점에서 임명 의례는 통과 의례와 다르다. 부르디외에 의하면, 임명 의례는 제도적 경계가 자의적이라는 속성을 부인하는 한편, 그것을 정당한 것으로 혹은 그에 상당하는 것으로 용인하게끔 함으로써 기존의 경계를 공인(사회적으로 인지·승인)하거나 정당화하는 기능을 가진다. 예컨대 할례를 통해 구분되는 집단은 (포경 상태가 아닌) 남자 어른과 (포경 상태인) 남자 아이가 아니라 남성 집단과 여성 집단, 혹은 남성 세계와 여성 세계다. 의례는 남성과 여성을 다르게 취급함으로써 남녀 간의 차이를 신성화하고 제도화한다. 특정한 집단에게 '(여자와는 다른 진짜) 남자'라는 이름을 사회적으로 부여하는 것이다. 이성애 중심 사회에서 결혼식 역시 결혼식을 올릴 수 있는 집단과 그렇지 못한 집단을 구분함으로써 이성애자와 동성애자 간의 차이를 정당한 것으로 구성한다. 임명이란 이처럼 어떤 사람들에게 특수한 정체성을 제도적으로 확인해 주는 것이다. 할례나 결혼식은 그런 점에서 임명 의례가 된다. 학위 수여식, 서임식, 취임식 등도 마찬가지다. 이를 통해 사람들은 자신이 누구이며 또 어떻게 행동해야 하는지를 알게 된다. 성인, 기혼자, 박사, 신부, 대통령 등 이름이 주어진다는 것은 자리가 주어지는 것이며, 일단 자리가 주어지고 나면 자리가 사람을 만든다. 이러한 맥락에서 "사회적 기능fonctions은 사회적 허구fictions"라는 그의 주장이 나온다. 달리 말해 임명 의례는 사람들에게 사회적 본질, 능력을 배정하는 절차이며, 어떻게 되어야 한다는 의무, 또 그렇게 될 수 있는 권리를 부과하는 과정이다. 그것은 어떤 사람들이 우월한 지위와 위치를 유지하게끔 하고, 다른 이들은 자신의 위치에서 만족하며 박탈감조차 느끼지 못하도록 만든다. 임명 의례가 성공적이려면 반드시 권위 있는 제도에 의해 인정을 받아야 한다. 의례에 앞서 존재하는 제도에 대한 집단적 믿음은 의례의 효력을 보장하는 조건이다.

자본(capital)

부르디외는 자본을 "희소재 및 그와 관련된 이윤을 전유할 수 있는 능력"으로 정의한다. 이 개념은 맑스주의적 의미에서의 엄밀한 자본보다는, 베버적 의미의 자산asset 개념에 가깝다. 이러한 자본은 사회 공간에서 희소재들의 전유를 둘러싸고 행위자들이 벌이는 투쟁에 동원된다. 부르디외는 자본의 기본 유형으로 크게 세 가지를 꼽는다. 첫째, 경제자본capital économique으로, 여러 생산 요소들(토지, 공장, 노동력 등)과 각종 재화(수입, 소유물 등)로 구성된다. 이는 돈으로 즉각적·직접적인 전환이 가능하며, 소유권의 형식 속에 제도화되어 있다. 둘째, 문화자본capital culturel이다. 문화자본은 가족에 의해 전수되거나 교육 체계에 의해 생산되는데, 대개 세 가지 상태로 존재한다. 먼저 말투나 몸짓, 지식, 교양, 취미처럼 지속적인 성향으로 '체화된' 상태다. 다음으로 책, 음반, 미술품 등의 다양한 문화 재화로 '대상화된' 상태다. 끝으로 지적인 자격 부여의 공인 형식인 학위나 졸업장, 자격증 속에 '제도화된' 상태다. 부르디외는 문화자본의 상위 범주로서 정보자본capital informationnel 개념을 쓰기도 한다. 이것은 개인이 외부로부터 받아들인 정보를 구조화하고 인식할 수 있게 해주는, 각종 정보와 성향의 저장물stock 을 말한다. 셋째, 사회(관계)자본capital social은 한 개인 혹은 집단이 동원하고 활용할 수 있는 사회적인 연줄과 관계망으로 정의된다. 이 자본은 예를 들면 '귀족'이라는 명칭 속에서 제도화될 수 있다. 이를 소유하기 위해서는 관계를 맺고 관리하는 '사교노동'(초대, 집단적 유흥, 단체 가입, 동호회 활동 등)이 요구된다.

나아가 부르디외에 따르면, 어떤 유형의 자본이든 그것이 실질적이거나 명시적인 인정을 얻게 되면, 상징자본capital symbolique으로 기능하는 경향이 있다. 이를테면 (경제자본이 많은) 부자, (문화자본이 많은) 지식인, (사회자본이 제도화된) 귀족이 누릴 수 있는 사회적 존경, 위신, 명예, 신용 등은 모두 상징자본의 예에 속한다. 구체적인 상징자본의 또 다른 예로 '기업 이미지'를 들 수 있다. 그것은 어떤 기업이 기왕에 상속받고 축적한 모든 물질적·비물질적 자산을 응축하고 있는 상징자본인 것이다. 이러한 상징자본은 "자본의 상징적 효과", 혹은 자본이 의식에 행사하는 비물질적인 폭력의 효과로 이해된다. 한편 부르디외는 각 장마다 내기물이 되는 고유한 자본의 존재를 상정한다. 예컨대 문학 장에서는 문학자본이, 철학 장에서는 철학자본이, 정치 장에서는 정치자본이 구성된다는 것이다. 이것들은 모두 상징자본의 특수한 형식이라 할 수 있다. 지금까지 말한 자본의 기본 유형이 개인 행위자에 적용된다면, 기업을 단위로 삼는 기업 장의 경우 조금 다른 설정이 가능하다. 금융자본, 문화자본(테크놀로지자본, 법률자본, 조직자본으로 구성), 상업자본, 사회관계자본, 상징자본이 그가 『경제의 사회적 구조』(2000)에서 제시한 자본 형식들이다. 이렇게 볼 때, 부르디외는 자본 개념을 구체적인 연구 대상에 따라 상당히 유연하게 쓴다고 할 수 있다.

장(champ)

부르디외는 사회를 그 안에서 개인들이 고유한 위치를 점하고 있는 삼차원의 공간으로 이해한다. 이 사회 공간espace social은 다양하게 분화된 하위 공간들로 이루어져 있다. 장은 바로 이러한 하위 공간을 가리키는 이름이다. 그것은 사회적 행위자들의 구체적인 실천 영역이라 할 수 있다. 특정한 장에 들어가는 행위자들은 거기서 효율적으로 행동하는 데 필요한 하비투스를 갖추었을 확률이 높다. 부르디외에 따르면, 사회 공간 속의 장들은, 마치 모빌처럼, 제각기 독립적이면서도 멀든 가깝든 서로 연결된 상태로 영향을 주고받는다. 그 구분은 선진 사회의 경우, 대체로 공적인 직업 활동 영역에 따른다. 예를 들면 정치 장, 경제 장, 종교 장, 사법 장, 행정 장, 문화 생산 장, 과학 장, 저널리즘 장 하는 식이다. 장은 그 내부에 다시 하위 장들을 가질 수 있다. 문화 생산 장 안에 문학 장, 미술 장, 영화 장 등이 존재할 수 있는 것이다. 장은 이처럼 러시아 인형과 같은 구조를 갖춘 것으로 개념화된다.

부르디외는 장을 간단하게 "위치들 간의 객관적 관계망"이라고 정의한다. 이때 '위치'는 다양한 자본 — 경제자본, 문화자본, 사회(관계)자본, 상징자본 등 — 의 분포 구조와 관련된다. '객관적 관계망'이란 장 내부의 위치가 점유자들의 개인적 특성과는 무관하게 분석될 수 있으며, 언제나 다른 위치들과의 상대적 관계 속에서 규정된다는 의미다. 장은 마치 자기장처럼 그 안의 모든 행위자에게 다양한 힘을 가한다. 행위자들이 장으로부터 받는 힘은 (그들의 자본 총량과 구조가 결정하는) 위치에 따라 달라진다. 장은 또 이 힘의 구조를 보존하거나 변형하려는 투쟁이 일어나는 장소이기도 하다. 과학 장의 예를 들어 보자. 그것은 불균등한 자본의 소유자들이 내부의 세력 관계를 보존하거나 변화시키기 위해, 나아가 과학자본의 정당한 독점을 위해 투쟁하는 공간으로 정의될 수 있다. 장의 경계를 설정하는 일 ─ 과학자본이나 이윤에 대한 정의, 상이한 자본들 간 위계 매기기, 진입 장벽의 구축 등 ─ 은 늘 중요한 투쟁의 대상이 된다.

한편 부르디외는, 사회학자 노르베르트 엘리아스가 결합체 개념을 설명하기 위해 그렇게 하듯이, 장 개념을 설명하기 위해 게임의 은유를 즐겨 쓴다. 게임에서 참가자는 자신의 몫으로 받은 패를 가지고 특정한 규칙에 따라 다른 사람들과 판돈을 더 많이 차지하기 위한 경쟁을 벌인다. 게임이 장이라면, 참가자의 패는 그가 이용할 수 있는 자본, 판돈은 그 장에 고유한 자본인 셈이다. 물론 장에서 행위자의 자본은 게임의 패처럼 우연히 배분된 것이 아니며, 많은 부분 상속된 것이다. 장의 작동 원리 또한 게임의 규칙처럼 명시화된 것도, 누구에 의해 정해진 것도 아니다. 하지만 게임의 은유는 장과 거기에 걸린 내기물의 가치에 대한 행위자들의 집단적 신념을 잘 드러낸다는 점에서 특히 유용하다. 즉 게임 참가자들은 게임과 게임의 판돈 자체가 지니는 중요성을 의심하지 않는다. 이러한 심층의 공모가 그들 사이에서 벌어지는 경쟁과 갈등의 원리이다. 이는 장의 행위자들에게도 마찬가지인 것이다. 그들은 장에서 내기물이 되는 자본에 대한 객관적·주관적 이해관심을 가진다. 부르디외는 이를 일루지오로 개념화한 바 있다.

부르디외에 의하면, 다양한 장들은 기본 구조에 있어서는 상동성을 보인다. 하지만 각 장은 저마다 특수성 역시 지니며, 다른 장들에 대해 상대적 자율성을 가진다. 예컨대 과학 장에는 과학 장에만 존재하는 논리 ─ 과학자본의 중요성, 진리의 발견을 둘러싼 이해관심, 과학과 과학 장 고유의 역사 등 ─ 가 있다. 이는 과학 장이 다른 장들에 대해 가지는 '상당한' 독자성의 원천이 된다. 물론 과학 장은 다른 장들과 상호 작용한다. 하지만 예를 들어, 경제 장의 주동력인 경제 자본은 과학 장에서는 평가 절하되며, 과학자본으로의 전환conversion 등을 통해 부차적인 영향력만을 행사할 수 있을 따름이다. 그러므로 과학 장의 역사는 경제 장이나 정치 장의 역사와는 분명히 차별적일 수밖에 없다. 그것은 '과학적인 것'이 무엇인지에 대한 정의를 둘러싸고 전개되는 다양한 실천, 비판과 자기 비판, 보수와 혁신의 끝없는 운동 과정이기 때문이다. 이 과정에서 장 안에 축적되는 과학자본(작품, 권위, 제도)은 장의 작동 논리에 다시 영향을 미치면서, 과학 장의 자율성과 특수성을 강화하는 경향이 있다.

참조 : 노르베르트 엘리아스, 『사회학이란 무엇인가』, 최재현 옮김, 나남, 1987.

재생산(reproduction)

재생산은 경제학의 핵심 개념 가운데 하나다. 한 사회의 존재와 발전의 기반으로서 경제적 생산은 하나의 고립된 계기가 아니라 끊임없는 운동이다. 이때 매 번의 생산은 그 전에 이루어진 생산이 갱신·반복되는 현상이며, 따라서 모두 재 생산이라고도 할 수 있다. 맑스주의적 관점은 특히 재생산 과정에서 물질적 재 화뿐만 아니라 생산 관계 역시 재생산된다는 점에 주목한다. 예컨대 자본주의 적 재생산은 이전 생산의 규모를 유지하는 단순 재생산과 그것을 확대하는 확 대 재생산으로 구분된다. 이는 모두 자본가가 임금노동자로부터 착취한 잉여가 치를 그 기반으로 삼는다는 공통점이 있다. 따라서 자본주의 체제는 생산물과 더불어 노동-자본 간 착취 관계의 존재 조건을 통일적으로 재생산하는 것이다. 자본주의 생산 과정의 내적 논리는 상품과 잉여가치, 그리고 그와 함께 그 전제 들(자본과 착취의 사회 관계)을 생산한다. 이러한 재생산 개념은 맑스주의에서 언제나 역동적인 것으로 이해된다.

맑스주의적 분석의 의미를 사회학적으로 확장시키면서, 재생산 개념은 한 사회의 근본적인 위계질서와 계급 관계의 불평등 구조가 유지·존속되는 현상을 가리키게 되었다. 부르디외 사회학에서도 이 개념은 중요한 위치를 차지한다. 그것은 부르디외가 1970년 동료 사회학자 장-클로드 파스롱과 함께 쓴 책의 제목이기도 하다. 이 책을 위시한 여러 교육사회학 관련 연구들에서 부르디외는 자본주의 체제의 문화적·사회적 재생산 과정에서 교육 제도와 교육 커뮤니케이션이 수행하는 특수한 역할을 분석하였다. 문화적 재생산이란 "문화적 자의성 un arbitraire culturel의 재생산"을, 사회적 재생산이란 "계급 간 세력 관계 구조의 재생산"을 각각 가리킨다. 그에 따르면, 학교 교육은 지식과 정보를 전수하는 중립적 활동이 아니다. 학업 성취도는 개개인에게 비공식적으로 상속되고 체화되는 문화자본의 불균등한 사회적 배분과 관련되어 있기 때문이다. 문화자본이 풍부한 학생들은 학교 교육의 요구에 부합하는 적성(말하기와 글쓰기 능력, '모범적인' 태도, 지배 문화에 대한 친숙성 등등)을 갖춘 상태에서 교과 과정을 거치게 되며, 그 결과 다른 학생들보다 뛰어난 학업 성취도를 거두는 경향이 있다는 것이다. 그럼에도 문화자본의 불평등성은 사람들에게 제대로 인식되지 못한 채 '타고난 재능'의 문제로 변해 버린다. 부르디외는 이러한 시각에서 프랑스 사회의 공화주의 이데올로기를 비판했다. 공화주의의 기획은 평등한 교육 기회의 보장을 통해 사회적 불평등을 감소시키는 것이었으나, 학교는 기회의 평등이라는 허상 아래 실제로는 문화자본의 불평등한 분배 구조를 재생산하고 있다는 것이다.

다양한 문화사회학 관련 연구들에서도 부르디외는 한 사회의 지배 문화가 지배 계급의 이해관계와 사회적 권위를 자연화하고 정당화함으로써 불평등한 권력 관계를 유지·강화하는 기제에 주목하였다. 부르디외 사회학은 이처럼 체계의 수준에서 드러나는 불평등의 재생산에 주목하지만, 이를 개인 행위자의 하비투스 및 전략과 연결 지어 설명한다는 점에서 특징적이다. 그에 의하면, 사회 공간 내의 행위자들은 의식적으로나 무의식적으로 자기 위치를 보존하고 자기 존재를 영속시키려는 경향을 보인다. 소유 자본의 양이 많은 이들일수록 그러한 경향은 더욱 두드러진다. 이는 자기가 소유한 자본의 적절한 투자와 가족적 전수를 통한 '재생산 전략'으로 이어지며, 교육, 직업 선택, 결혼, 출산 등은 그러한 전략의 중요한 계기가 된다. 물론 이 전략은 하비투스에 의해 자연스럽게 조정되므로 반드시 의식적인 것은 아니다. 더욱이 주어진 상황에서 전략이 실패할 가능성은 언제나 존재한다. 이는 재생산이 사회 공간의 이전 상태를 기계적으로 반영하고 재연하는 과정은 아니라는 의미다.

예를 들어 학교 교육을 통한 재생산이 그저 조화롭게 이루어지는 것은 아니다. 문화자본이 많은 가정의 아이들이라 할지라도, 그들이 가정 교육에 힘입어 부모의 문화자본을 계승하고 이를 다시 학업에서의 성공으로 연결시키는 데에는 상당한 위험성과 불확실성이 작용한다. 또 학교 제도는 상대적 자율성을 가지며, 교과 과정과 지배 문화 사이에는 일정한 거리가 존재한다. 그렇다고 이것이 지배 계급의 재생산을 불안정하게 만들 정도는 아니지만, 어쨌든 미시적인 수준의 다양한 변수들이 재생산 과정에 개입하는 것이다. 인구학적인 변화라든지 경제 구조의 변동과 같은 거시적인 수준의 변수들 또한 재생산 전략에 큰 영향을 미친다. 이를테면 농민이나 육체 노동자처럼 전반적으로 쇠락하는 계급의 재생산은 원만하게 이루어지지 못한다.

결국 부르디외가 사회적·문화적 재생산을 강조한다고 해서 변화의 가능성마저 부인하는 것은 아니다. 그에 따르면, 사회 세계는 투쟁에 열려 있다. 그 과정에서 (때로는 지배의 유지를 위해서라도) 다양한 자본 간의 태환율이나 이용 방식이 조정되며, 게임의 규칙에 변화가 일어나고, 하비투스와 제도 사이에 부조화가 생겨난다. 문화 영역에서도 여러 이해 집단들이 지배적인 표상 체계들을 둘러싼 끊임없는 경합을 벌이며, 이는 정당화된 의미 형식과 실천에 대한 저항으로 나타난다. 이처럼 현재는 아무 모순 없이 단선적으로 미래에 반복되지는 않는 것이다.

참조 : 알튀세르, 『재생산에 대하여』.

전략(stratégie)

일반적으로 전략은 어떤 목적에 맞추어 잘 조율된 수단과 행동의 총체를 가리킨다. 이러한 정의는 비용과 이익을 잘 계산한 의식적인 행위자의 의도를 전제한다. 하지만 부르디외는 이 개념을 그와 관련 없이 쓴다. 부르디외 사회학에서 전략이란 특정한 규칙과 내기물에 의해 구조화된 장 안에서 행위자가 자신의 자본으로부터 최대한의 이윤을 끌어내기 위해 채택하는 행동 양식을 말한다. 즉 이윤의 측면에서 최적화되어 있는 실천 모델이라 할 수 있다. 그런데 유의해야 할 점은 부르디외가 말하는 행위자(집단)의 전략이 반드시 의도적으로 채택되지 않으며, 그럴 필요도 없다는 것이다. 그것은 "어느 정도 장기적인 목표들을 겨냥해 질서 지어진 행동들의 총체인데, 반드시 그런 식으로 설정될 필요는 없으며, 어떤 집합체의 구성원들에 의해 생산되는 것"이다. 부르디외는 전략 개넘의 일차적 목적이 행위자 없는 행위를 전제하는 구조주의적·객관주의적 관점과의 단절에 있다고 말한다. 핵심 문제는 "의식적이지도 계산적이지도 않으며 기계적으로 결정된 것도 아닌 실천의 방향성"을 이해하는 것이다. 전략은 '미리 의도되고 계산된 목적에 맞춰진 추구'가 아니라, '객관적으로 정향된 행동 노선들의 실제적인 전개'에 가깝다. 그것은 의식적인 규칙을 따르지 않고 사전에 숙고된 목표를 겨냥하지 않으면서도, 규칙성에 복종하며 일관성 있는 배열을 이룬다.

사회 세계에서 행위자들이 펼치는 전략 가운데 대표적인 것은 '재생산 전략'이다. 이는 주로 가족적인 수준에서 혼인이나 출산, 교육 등의 문제를 둘러싸고 이루어진다. 각 가족은 사회 공간 내에서 자기 계급 위치를 적어도 유지, 혹은 상승시키는 방향으로 여러 결정을 내리고 다양한 자본의 투자를 수행한다. 예컨대 프티 부르주아 계급은 비슷한 출신 배경의 배우자를 골라 아이를 적게 낳고 교육에 많은 비용을 들이는 것이다. 한편 특정한 장 안의 행위자들은 자신의 자본을 유지 내지 증가시키는 데 어떤 것이 유리한지에 따라, 장의 구조를 보존하거나 변형시키기 위해 투쟁한다. 이는 대체로 '계승 전략'(또는 '보존 전략')과 '전복 전략'의 두 가지 형식으로 나타난다. 계승 전략은 자본에 대한 기존의 정의와 위계를 지속시키고 게임의 규칙을 보존하고자 하는 정향을 말한다. 반대로 전복 전략은 기존의 규칙을 부분적이거나 전면적으로 변화시킴으로써 자본 가치의 위계화 원리를 새롭게 규정하고자 하는 정향을 말한다. 과학 장에서 주류의 학문 전통을 승계·발전시키는 경우와 그것을 비판하고 새로운 대안을 탐색하는 경우가 각기 계승 전략과 전복 전략의 사례를 제공한다. 대개 장 내에서 많은 자본을 가진 행위자가 계승 전략을, 자본이 적은 행위자가 전복 전략을 택하는 경향이 있다. 이처럼 특정한 행위자가 어떤 전략을 채택하느냐 하는 문제는 그가 보유한 하비투스와 자본에 따라 달라진다.

전략은 고의가 아닐 때, 또 고의가 아니기 때문에 더욱 효과적일 수 있다. 행위자가 주관적으로 특정한 목적(자기 자본의 이윤 극대화)을 추구하지 않으면서도 객관적으로 방향 지어진 전략을 실행하게 되고, 이것이 결과적으로 행위자에게 이익을 가져다주는 식으로 전략이 작동한다는 뜻이다. 이러한 전략의 특성은 실천의 원리가 '체화된 성향'으로서의 하비투스이기 때문에 가능해진다. 부르디외의 말대로라면, 전략은 의식적·합리적 계산의 산물이 아닌 만큼이나 무의식적인 프로그램의 산물도 아니다. 그것은 "특수한 사회적 게임의 감각으로서 실천 감각의 산물"이다. 행위자는 장 안에서 자신에게 '자연스러운' 행동을 명백한 자의식 없이 수행한다. 이와 같은 행동은, 사회학자의 시각에서 보자면, 자신의 사회적 위치와 자본을 보존하거나 상승시키려는 전략으로 여겨진다. 일상적인 의미에서의 의도적·합리적 전략이 계획plan과 조응한다면, 부르디외가 말하는 무의식적 전략은 기대anticipation와 조응한다. 물론 기존의 재생산 양식에 위기가 온다면 개인의 의식적인 전략의 가능성이 높아지겠지만, 부르디외의 전략 개념은 대체로 일상적인 의미에 비해 수동적이고 무의식적인 것으로 이해된다. 이는 하비투스 개념이 일상적인 의미의 '습관'보다 훨씬 더 창조적이고 능동적인 것으로 전제된다는 점과 흥미로운 대비를 이룬다. '무의식적 전략'이라는 개념이 과연 얼마나 설득력 있는지도 지속적인 논란의 대상이 되고 있다.

참조 : Alain Dewerpe, "La 'stratégie' chez Pierre Bourdieu", *Enquête*, no. 3, 1996, pp. 191~208.

정당성(légitimité)

부르디외는 지배의 유지가 그것이 정당하다는 피지배자들의 집단적 신념 위에서만 가능하다고 보았다. 그는 이러한 맥락에서 정당성 개념을 자기 사회학의 중심에 놓는다. 정당성의 어원은 '합법적인', '법에 따르는'이라는 의미의 라틴어 레기티무스legimus다. 이 단어는 중세에 이르러서는 법보다 관습에 부합한다는 의미로 쓰였으며, 권력에 대한 경험과 연관되었다. 중세법과 철학은 정당성을 통치권에 대한 자격으로 규정하고, 정당한 권력의 구성에 피지배자의 동의가 중요한 것으로 간주했다. 근대 사회로 접어들면서 정당성 개념은 권력에 대한 동의와 관련된 규범, 그리고 지배자의 요구에 따르게 되는 피지배자의 동기화 과정을 밝혀내는 사회심리학적 차원으로 발전해 왔다. 그것은 정치 질서가 어떤 인정을 통해 이익을 보는 상황을 파악하게 해주는 개념이다. 피지배층의 동의를 확보하고 정당성을 구축한 지배 집단은 권력 행사의 안정성을 증진시키고 강제력의 대가를 최소화할 수 있기 때문이다.

정당성을 사회과학의 중요한 문제로 자리매긴 사람은 막스 베버다. 베버는 정치 권력이 피지배자들의 최소한의 자발적·도덕적 지지 없이는 유지될 수 없으며, 정치 질서는 그들에 의해 정당한 것으로 여겨져야만 한다고 보았다. 베버는 도둑이 몰래 훔친다면 그것은 합법성légalité을 침해하는 동시에 정당성은 인정하는 것이라고 지적한다. 이러한 맥락에서 그는 지배에 순응하게 되는 동기 구조를 신념이라는 심리적 현상으로 이해했으며, 정당성 신념이 나오게 되는 지배권의 성격에 따라 '전통적 정당성', '카리스마적 정당성', '합리적-법적 정당성'을 구분하였다. 이들 정당성의 근거는 각각 감정 이입, 영감, 합리적 주장에 의한 설득이라는 사회심리학적 요인으로 제시되었다.

지배 관계에서 피지배자들의 무의식적인 공모를 강조하는 부르디외는 베버와 비슷하면서도 조금 다른 방식으로 정당성 개념에 접근하였다. 그는 베버가 권력행사와 유지에 정당성 표상이 기여하는 방식을 조명했다는 장점이 있지만, 그 표상에 대한 사회심리학적 개념화 속에 갇혀 있다는 한계를 가진다고 비판한다. 베버는 맑스와 달리, "사회 관계가 곧 권력 관계라는 객관적 진실에 대한 오인이 사회 관계 속에서 수행하는 기능"을 질문하지 않는다는 것이다. 부르디외에게 정당성은 지배에 대한 오인 상황에 기초한다. 즉 피지배자들은 (객관적인 사회 구조와 주관적인 인지 구조가 조화를 이루는 상태에서) 지배를 지배로서 인식하지 못하거나, 그저 자연스러운 것으로 받아들인다. 이러한 오인은 곧 암묵적인 인정을 의미하며, 이는 현 상태에 대한 정당성의 부여로 이어지는 것이다. 부르디외가 보기에, 지배를 인지하지 못하고 나아가 지배에 이의를 제기하지 못하는 것은 곧 묵시적 승인에 의한 인정이나 다를 바 없는 것이다. 근본적으로는 자의성을 띠는 어떤 제도, 행위, 담론이 지배적이며 그 자의성과 지배성을 우리가 인지하지 못할 때, 그것은 정당하(게 받아들여진)다. 부르디외에 따르면, 정당성의 부과는 피지배자와의 공모에 의해서만 행사될 수 있는 "상징폭력의 완성된 형식"이다. 부르디외는 독사나 일루지오, 상징폭력과 같은 개념들을 통해 지배 체제의 정당성을 논쟁 이전의 무의식적이며 사회심리학적인 차원에 위치시켰으며, 하비투스 개념을 통해 (정치)사회화 자체를 지배의 강력한 정당화 메커니즘으로 파악하였다.

한편 하버마스는 선진 자본주의 국가의 정당성 위기 문제를 고민하면서, 베버나 부르디외와는 다른 접근을 시도했다는 점에서 참고할 만하다. 그는 정당성에 대한 사회심리학적 접근이 강제나 습관, 또는 합리적 선택에 의해 생겨난 신념들을 혼동하며, '더 나은 정당성 근거'에 대한 규범적 판단을 피해 간다고 비판한다. 그는 정당성을 "승인되어야 하는 정치 질서의 가치"로 정의한다. 이는 지배 질서의 안정성이 정당성에 대한 실제적인 인정에 달려 있지만, 동시에 정당성 자체는 "논박될 수 있는 타당성 주장"이라는 점을 일깨운다. 따라서 정당성의 구축에는 정당화 논리와 작업이 요구된다. 그것이 성공적이려면 특히 정당화 논리는 그 자체의 설득력과 합리화 능력을 갖추어야 하며, 정당성의 근거를 수용할 수 있는 형식적 조건들을 갖추어야 한다. 하버마스는 자유롭고 평등한 사람들 간의 합의와 우연하거나 강제된 합의를 가릴 수 있게 해주는 "규칙들과 커뮤니케이션 전제들"rules and communicative presuppositions만이 정당화의 힘을 가진다고 본다. 민주주의가 다른 지배 체제와 구분되는 이유는 바로 이러한 합리적인 정당화 원리 때문이다. 하버마스는 서로 경쟁하는 정당성 주장들을 합리적이고 상호주관적이며 검증 가능한 방식으로 검토할 수 있어야 한다고 지적했다. 그러려면 각 정당성 주장의 바탕에 있는 합리화 체계justificatory system를 재구성하고 평가해야 한다. 합리화 체계가 사회 구성원들의 합의를 끌어내기 위해서는 어떤 절차와 전제가 필요한지 성찰하는 작업 역시 뒤따라야 한다.

참조 : 막스 베버, 『경제와 사회 1』, 박성환 옮김, 문학과지성사, 1997; Jürgen Habermas, *Communication and the Evolution of Society*, New York : Beacon Press, 1979; J. Merquior, *Rousseau and Weber : Two studies in the theory of legitimacy*, London : Routledge & Kegan Paul, 1980.

체화(incorporation)

체화는 하비투스의 형성과 긴밀하게 관련되어 있는 개념이다. 사회적인 힘이 개인의 신체 안에 주입되는 과정이 바로 체화인 것이다. 특정한 사회적 조건에 오랫동안 누적적으로 노출되면서, 개인은 지속적이며 전이 가능한 성향 체계인 하비투스를 습득하게 된다. 이는 외적인 사회 환경의 특수성이 행위자에게 내면화되는 것으로, "외재성의 내재화"이자 "사회화된 신체"라고 할 수 있다. 외부에 있는 객관적 실재의 특성과 제약이 유기체 내부에 새겨지는 것이다. 특정한 자세, 몸가짐의 요구——눈을 내려뜨지 말아라, 똑바로 서 있어라, 여자가 다리를 벌리고 앉지 말아라 등등——와 같은 신체의 훈육은 대표적인 예다. 부르디외에 따르면, 이는 육체적인 태도나 습관의 수준에서 뿐만 아니라 정신적인 수준에서도 일어난다. "사회 질서는 뇌 속에 각인된다"는 것이다. 사실 육체와 정신은 분리될 수 없는 것이기도 하다. "신체에 의한 인식"을 말할 때 그는 행위자의 실천과 인지 도식, 행위 도식의 상호 규정적인 발전을 전제하고 있다. 이렇게 볼 때, 체화는 신체라는 거점을 기반으로 문화가 자연화하며 제2의 천성이 되는 과정이다. 이는 의식적인 학습의 산물이기보다는 대부분 무의식적이며 실천적인 흉내 내기와 반응, 반복의 결과로 볼 수 있다.

부르디외에 따르면 "습득 과정, 실천적 미메시스mimesis(혹은 흉내내기mimétisme)는 총체적인 동일시 관계를 함축하는 따라 하기faire-semblant다. 이는 명시적으로 모델이 되는 행위, 말, 대상을 재생산하려는 의식적인 노력을 전제하는 모방imitation과는 아무런 관계가 없다". 신체는 자신을 형성한 사회적 조건과 상황을 실천 속에서 다시 활성화시키며 재생산하는데, 이 과정은 개인의 의식이나 표현, 혹은 그것들이 전제하는 반성적인 거리 너머에서 이루어진다. 체화를 통해 사회 세계와 개인은 일종의 '존재론적 공모 관계'complicité ontologique(메를로-퐁티)에 놓인다. 부르디외에 의하면, "신체는 사회 세계 속에 있으며, 사회 세계는 신체 속에 있다." 이는 개인이 주어진 세계를 자연스럽고 친숙하며 자명한 것으로 받아들이게끔 만든다. 한편 하비투스가 사회 공간 안에서 그 가치를 인정받는 자본(신체자본, 문화자본)으로 기능한다는 점에서, 체화는 '자본의 원초적 축적 과정'으로도 이해될 수 있다.

취향(goût)

부르디외는 "명시화된 선호"인 취향이 "'풍미를 지각하는 능력'인 동시에 '심미적 가치를 판단하는 능력'"이라고 정의한다. 하비투스가 '인지와 평가의 도식'

이라는 점을 고려하면, 취향이야말로 결국 어떤 개인이나 계급의 하비투스를 가장 잘 드러내는 계기이다. 한데 취향은 차이의 체계 안에서 그 정체성을 확인한다. 달리 말해 그것은 다른 취향들과의 관계 속에서 그 위상과 속성이 규정되는 것이다. 그러므로 부르디외에 따르면 "취향은 불가피한 차이의 실천적인 확인이다. 그것이 자기를 변호해야 할 때 완전히 부정적인 방식으로, 즉 다른 취향들에 맞선 거부로써 스스로를 긍정한다는 점은 우연이 아니다. 어디에서보다도 취향의 영역에서 모든 결정은 부정적으로 이루어진다. 아마도 취향은 무엇보다 다른 취향들에 대한, 다른 이들의 취향에 대한, 본능적으로 참을 수 없고("구역질 나") 소름 끼치는 혐오dégoûts다."

부르디외가 보기에, 취향은 사회 공간과 문화 생산의 장에서 벌어지는 상징 투쟁의 가장 핵심적인 내기물 가운데 하나다. 취향이 행위자(집단)의 하비투스, 즉 정체성과 떼려야 뗄 수 없는 관계를 맺고 있기에, 그것을 연구 대상으로 삼을 때 사회학은 무엇보다도 '사회적 정신분석'에 가까워진다. 부르디외 사회학의 관점에서 취향은 무엇보다도 그 소유자(집단)의 과거와 현재의 사회경제적 존재조건에 의존한다. 그것은 신체 깊숙이 뿌리박혀 있어 생래적인 것처럼 여겨지기 쉽지만, 오랜 기간의 사회화 과정을 거쳐 형성된 산물이다. 예를 들어 예술에 대한 심미적 취향은 생활상의 급박한 경제적 필요로부터 벗어나 있는 개인이 세계에 대한 (부르주아적) 거리 두기 경험을 통해 가지게 되는 것이다. 이러한 맥락에서 부르디외는 특히 "자연적/본성적 취향이라는 이데올로기"를 비판한다. 그것은 문화 습득 양식의 사회적 차이를 생물학적으로 타고난 능력의 차이로 바꾸어 놓는 한편, 문화에 대한 특정한 관계를 유일하게 정당하거나 더 우월한 것으로 승인함으로써 다른 관계들을 열등한 것으로 낙인찍는 폭력을 행사한다.

탈신비화(désenchantement)

부르디외에 의하면, 사회과학자의 임무는 사회적 행위자의 정신과 행동을 실제로 결정짓는 요인들이 무엇인지 밝히는 데 있다. 그 과정에서 사회과학자는 상징적 지배의 전략과 메커니즘에 직면하게 된다. 즉 그는 권력 행사와 지배를 영속하게 만드는 신화들을 해부하기에 이르는 것이다. 이 신화들은 불평등한 사회 질서와 위계 구조를 자연스러운 것으로, 운명적인 것으로 받아들이게끔 만든다. 반면 사회과학자의 객관적이고 과학적인 연구는 모든 것이 당연한 듯, 정해져 있는 듯 보이는 사회 세계가 실상은 그렇지 않다는 사실을 폭로하게 된다. 결국 사회과학은 그 대상과 결과 자체가 사회적 투쟁의 중요한 내기물이라는 점에서 결코 중립적이거나 관조적일 수 없다. 그것은 오히려 지극히 정치적인 학문이다. 또한 사회과학이 수행하는 지배의 탈신비화 작업과 사회적 결정 요인들에 대한 규명을 통해 우리는 사회 세계의 숙명성으로부터 부분적이나마 해방될 수 있다. 부르디외의 이러한 논리는 사회학자를 "신화의 파괴자"라고 표현한 사회학자 엘리아스의 주장과도 상통하는 면이 있다. 엘리아스에 따르면, 학자는 관찰에 의해 검증되지 않은 여러 신념 체계, 즉 신화, 신앙, 형이상학, 편견 등을 이론으로 대체하기 위해 노력한다. 이때 이론은 사실 관찰을 통하여 검증하고 수정할 수 있는 모델을 말한다. 엘리아스는 이처럼 학문이 검증되지 않은 전 과학적 사고 체계에 맞서 투쟁해야 한다고 본다. 탈신비화의 논리는 세계에 대한 정확한 인식을 통한 자유의 획득을 목표로 삼는다는 점에서 스피노자식의 정치철학을 바탕에 깔고 있으며, 계몽주의의 전통과도 맞닿아 있다.
참조 : 엘리아스 『사회학이란 무엇인가』.

하비투스(habitus)

하비투스는 부르디외가 제시하는 실천 이론의 핵심에 있는 개념이다. 그것은 우리의 실천을 발생시키는 근본 바탕이자 우리 안에 있는 '사회적 무의식'이다. 부르디외는 그것을 다양한 방식으로 정의한 바 있다. 그에 따르면, 하비투스는 "실천을 생산함으로써 객관적인 구조에 객관적으로 조정된 경력을 생산하는 경향이 있는 무의식적 성향 체계"로서 "객관적인 구조가 내면화된 산물"이며, "외재성의 내면화와 내면성의 외재화의 장소"다. 그것은 또 "사회적으로 구성된 도식들", "(영원하기보다는) 오래 계속되는 지각, 구상, 행위의 도식 내지 구조들", 한마디로 "지속적인 성향들의 총체"다. 하비투스가 '성향 체계'라는 정의에는 특수한 함의가 있다. 개인의 삶을 이루는 온갖 다양한 요소들, 즉 시간관,

정치적 입장, 언어 습관, 예술 취향, 스포츠 활동, 식성 등등이 무언가 체계화 가능한 공통성, 즉 일종의 스타일을 가진다는 것이다. 부르디외는 메를로-퐁티의 비유를 빌려와, 개인의 필체가 펜으로 썼든 분필로 썼든, 또 종이 위에 썼든 칠판 위에 썼든 식별 가능한 일관성을 지닌다는 점을 강조한다. 그가 보기에, 언뜻 이질적인 것으로 여겨지기 십상인 인간 실천들에는 모종의 응집성이 존재한다. 물론 실천이 늘 열려 있고 다양하기에 그 체계성 역시 상대적으로 느슨하지만, 그럼에도 불구하고 거기엔 어떤 통일성이 존재한다는 가정이 하비투스 개념에 깔려 있는 셈이다.

하비투스는 본래 '가지다', '간직하다'라는 뜻을 지닌 라틴어 동사 하베레habere 의 과거분사형이다. 이 개념의 철학적 뿌리는 아리스토텔레스의 헥시스hexis 개념에 있다. 13세기에 토마스 아퀴나스는 『신학 대전』에서 그리스어 헥시스를 라틴어 하비투스로 번역하였다. 비록 스콜라주의의 견지에서이기는 하지만 그는 아리스토텔레스와 아우구스티누스의 철학을 참조하면서, 인간 행위의 원천으로서 하비투스에 대한 상세하고도 체계적인 논의를 내놓았다. 거기서 하비투스는 활동을 통한 성장의 능력, 혹은 의도적 행위와 잠재력 사이에 놓인 지속적 성향의 의미로 쓰였다. 한편 도식schème은 '가지다'라는 뜻을 지닌 그리스어 동사 에케인echein의 과거형에서 나온 말로, 헥시스와 어원을 공유한다. 도식은 옛날에는 존재 양식, 옷차림, 태도, 몸가짐, 복장 등을 가리켰다. 하비투스는 이러한 헥시스와 도식에 내포된 의미를 모두 지니고 있는 유일한 단어라 할 수 있다.

하비투스 개념은 오래 전부터 뒤르켐, 모스, 베버, 헤겔, 베블렌, 파노프스키, 엘리아스 등 여러 학자에 의해 쓰여 왔다. 그런데 부르디외식 종합과 관련해 특히 주목할 만한 것은 현상학에서의 용법이다. 후설에 따르면, 우리는 무엇인가를 지각하고 평가하고 결정할 때 전반성적인 방식으로 하나의 하비투스를 동원한다. 그것은 이미 형성되어 있는 것으로, 우리 기대와 이해관심을 구성한다. 새로운 경험은 하비투스에 집적되고, 이 하비투스는 또다시 새로운 상황에서 활성화된다. 이 집적과 재활성화의 이중 과정이 없이는 우리는 아무것도 판단할 수 없다. 이처럼 후설은 과거의 경험과 앞으로 올 행동 사이의 정신적인 연결 통로를 가리키기 위해 현상학에 하비투스 개념을 끌어들였다. 그는 또 이와 관련해

'습관적 지식'Habitualität이라는 용어를 썼는데, 이는 메를로-퐁티가 사회적 행위의 은밀한 동력으로서 신체를 분석하면서 발전시킨 습성habitude 개념과도 공명한다. 후설의 제자이기도 한 알프레드 슈츠 역시 모든 지각에 개입하는 하비투스상의 지식을 뜻하는 후설의 용어(habituelles Niederschlag)를 '습성화된 지식'habitual knowledge 혹은 '해석 도식'schemata으로 번역하고, 일상생활의 사회학과 민속방법론에 하비투스 개념의 흔적을 남겼다.

철학과 사회학에서의 이처럼 오랜 용례에도 불구하고, 하비투스는 1960년대 부르디외 사회학을 통해 비로소 사회와 개인, 객관주의와 주관주의, 결정론과 자유의 이분법적 대립을 극복하는 중심축으로 부상하게 된다. 부르디외는 하비투스에 정교한 의미를 부여하고 다양한 경험적 연구 속에서 그것을 체계적으로 활용하였다. 그에 의하면, 하비투스는 개인이 사회 세계의 구조와 규칙들을 실천적으로 체화한 산물이다. 하지만 그것은, 토마스 아퀴나스도 오래 전에 지적한 바 있듯, 단순한 습관과는 다르다. 하비투스는 고정된 반응의 자동적인 재생산 기제가 아니라, 객관적인 조건으로부터 기계적으로 연역될 수 없는 '행동의 발생 원리'이자 '창안의 구조화된 원리'이기 때문이다. 그것은 실천을 생산함으로써 실천의 객관적 조건들을 다시 변화시킨다. 하비투스는 언어학자 노엄 촘스키가 말한 생성 문법과도 유사하지만, 생래적인 것이 아니라는 점에서 차이를 지닌다. 하비투스는 자연적인 것, 타고난 것이 아니라 사회적 조건의 산물로서 교육과 경험을 통해 획득된 특성들의 집합이다. 따라서 그것은 어렵긴 할지라도 인식과 교육적 노력을 통해 의해 변화 가능하다.

구체적으로 부르디외는 하비투스의 작동 논리를 다음과 같이 설명한다. 먼저 '사회적인 것'은 개인 안에 특정한 방식으로 느끼고 생각하고 행동하는 지속적인 성향이자 구조화된 기질의 형식 아래 침전된다("외재성의 내면화"). 이렇게 형성된 하비투스는 개인의 모든 경험을 통합하면서 매 순간 지각, 평가, 행동의 매트릭스로서 기능한다. 그것은 개인이 외부 환경의 제약과 요구에 반응할 때, 그를 일정하게 이끌어 준다. 달리 말하면, 개인은 이전의 실천과 경험에서 획득된 도식을 비슷한 상황에 전이시킴으로써, 무한히 다른 상황과 과제에 적응할 수 있게 된다는 것이다("내면성의 외재화"). 하비투스는 새로운 맥락에 대한 즉

흥적이고 창조적인 대응을 낳는다. 그런데 거기에는 언제나 모호성, 유동성이 있을 수밖에 없다. 새로운 실천의 원동력인 하비투스는 동시에 실천에 일정한 한계를 부여하는 요인이기도 하다. 그것이 내면화한 과거의 객관적 조건들이 현재 시점의 조건들과는 다르기 때문이다. 하비투스와 구조 사이에는 일종의 변증법적 대결이 존재한다. 이는 하비투스가 드러내는 나름의 자율성과 제한점을 설명한다. 나아가 하비투스의 지속성은 행위자들이 왜 현재의 상황에 의해 직접 결정되지 않는지를 알려준다. 실천은 현재의 맥락만이 아니라 체화된 과거의 맥락, 즉 행위자 신체의 무의식적인 기억에 의해서도 규정되는 것이다.

부르디외에 의하면, 개인 하비투스의 사회적 발생에 있어서 생애 초기의 교육과 경험은 결정적이다. 이는 "모든 하비투스의 종국적인 구성 원리"인 '원초적 하비투스'habitus primaire를 구성한다. 언어 감각, 논리적 사고, 미적 기호, 타인과의 애착 관계, 미래에 대한 기대 등은 개인의 출신 가정에서 반복된 교육과 경험을 통해 지속적인 성향 체계로 결정화되는데, 일찍 얻어진 것일수록 신체에 더욱 깊숙이 닻을 내린다는 것이다. 원초적 하비투스는 개인이 자신의 성향을 강화시켜 주는 환경에 가능한 한 적응해서 세계에 대한 의심을 갖지 못하도록 만들기 때문에 중요하다. 그것은 개인의 이해관심과 욕망을 방향 지으며, 어린 시절 이후에 일어나는 모든 학습을 틀 짓는다. 개인이 일찌감치 체화시킨 인지·평가·실천 도식은 이어지는 삶 속에서 그의 경험을 결정하는 것이다.

그렇다고 개인 하비투스의 형성이 생애 초기의 교육과 경험으로만 완전히 환원될 수는 없다. 행위 조건들에 대한 하비투스의 적응이 끊임없이 이루어지기 때문이다. 생애 기간 내내 축적되는 다양한 학습과 체험이 거기에 개입한다. 그러므로 원초적 하비투스의 중심성을 부인할 수는 없지만, '이차적 하비투스'habitus secondaire의 역할 또한 간과해선 안 된다. 하비투스는 단번에 완전히 구성되는 것이 아니라, 변화하는 맥락에 맞추어 조정되면서 진화하는 것이다. 물론 사회구조의 급속한 변화 속에서 하비투스가 변한다 하더라도, 그러한 변화는 (하비투스를 형성한) 원래 구조에 내재하는 한계 내에서, 즉 일정한 연속성의 범위 안에서 일어난다는 점을 고려해야 한다. 하비투스의 완전한 개종은 아주 예외적이며, 대부분 일시적이다. 프랑스 68혁명 즈음 부르주아 출신 학생들이 급진 정치에 갑자기 입문했다가 결국 오래 가지 못하고 다시 보수화의 길을 밟았던 사례는 하비투스의 심층적인 전환이 얼마나 힘든 일인지를 분명히 보여 준다.

하비투스는 '성격'처럼 개인에 고유한 것이다. 각 개인은 세계 안에서 그 나름의 독특한 위치와 궤적을 가진다. 그가 살면서 연속적으로 접한 다양한 환경의 영향을 자기 몸속에 기록하고 보관하고 연장한 것이 바로 하비투스다. 그러므로 각자가 지닌 하비투스는 다 다를 수밖에 없다. 하지만 그렇다고 사회학자가 '종이 위에' 다양한 집단 하비투스—예컨대 남성 하비투스, 민족 하비투스, 부르주아 하비투스—를 구성할 수 없는 것은 아니다. 부르디외는 특히 계급 하비투스habitus de classe에 많은 관심을 기울였다. 주의할 점은 계급 하비투스 개념이 이른바 '계급 문화'에 의해 개인의 모든 성향이나 행동이 결정된다는 식으로 이해되지 않아야 한다는 것이다. 계급 하비투스는 사회 공간 내에서 가까운 거리에 있는 사람들이 생활 조건의 상대적 유사성과 그들 간의 개인적 상호작용 때문에 갖게 되는 하비투스의 동질성을 가리키는 개념일 따름이다. 하비투스가 사회적 산물이라면, 객관적 생활 조건과 환경이 비슷한 상황에서 개개인의 하비투스도 비슷해질 가능성이 높다. 다양한 집단 하비투스는 자연적·생물학적 실재라기보다는 이런 전제를 바탕으로 한 사회학적 구성물이다. 하비투스는 스스로를 지속시키려는 속성을 지니는데, 따라서 동질성이 큰 하비투스들은 서로 감응하며 쉽게 조화를 이룬다. 취향과 선호, 사고방식이 맞는 '끼리끼리 모이는' 유유상종의 선택적 친화성은 그렇게 나타난다. 그 결과, 예컨대 같은 계급 내에서의 교류나 친분, 결혼 등이 하비투스의 동질성을 매개로 무의식적으로 보장된다.

부르디외에게 실천은 장과 하비투스 사이의 변증법적 관계의 산물이다. 하비투스는 장과의 관계 속에서 작동하며, 의미를 부여받는다. 문제는 장이 끊임없이 진화한다는 것이다. 그러한 장의 기능 작용이 하비투스 형성 시의 그것과 큰 차이가 없거나 안정적인 적응이 가능한 수준으로 변화한다면, 하비투스는 장에 맞추어 조절되며 재생산의 원리가 된다. 과거 어느 시점에 발생한 하비투스와 현재 장의 행위 조건 사이에 커다란 간극이 생길 수도 있다. 예를 들어 정치 혁명, 식민화, 경제 성장, 문화 접변acculturation, 기술 발전 등에 의해 급격한 사회 변화가 일어날 때가 그렇다. 이 경우 하비투스의 조정과 적응이 어려워져 부르디외가 말하는 '이력 효과'effet d'hysteresis나 '분열된 하비투스'habitus clivé가 나타날 수 있다.

물리학 용어이기도 한 이력履歷은 여기서는 개인이 이전의 조건에서 작동시키던 도식 체계를 새로운 상황에도 여전히 작동시킴으로써 변화에 적응하지 못하고 계속해서 뒤처지는 현상을 가리키기 위해 쓰인다. 몰락한 귀족이 예전의 관습을 고집하다가 더욱 비참한 처지로 떨어지는 상황이 대표적이다. 또 분열된 하비투스란 사회 공간이나 지리적 공간에서의 이동 등으로 말미암아 하비투스의 응집력 내지 일관성이 파괴된 경우를 말한다. 졸부, 이농민, 이민자들이 겪는 혼란과 부적응은 흔한 예가 될 수 있다. 하층 계급 출신의 아이가 출중한 학업 성적을 거두면서 생겨나는 긴장과 모순의 지속적인 효과 역시 하나의 예일 것이다. (흥미롭게도 부르디외는 지방 하급 공무원의 자식으로 태어나 콜레주 드 프랑스의 교수 자리까지 오른 자신이 분열된 하비투스를 가졌다고 분석한 바 있다.)

하비투스와 장, 성향과 위치 사이에 상호 조정과 적응이 일어나지 않고 간극과 분기, 모순이 유지되고 극대화되는 경우, 혁신이 일어날 수 있다. 부적응자들은 구조에 도전해서 때로 그것을 다시 구축한다. 지적인 혹은 예술적인 혁명은 혁명 주체의 전복적 하비투스와 그들이 직면했던 장과의 긴장 관계, 알력, 마찰, 불화의 역동성을 고려함으로써 설명 가능하다. 플로베르, 마네, 하이데거 등에 대한 부르디외의 분석은 그 구체적인 사례를 제공한다. 하비투스는 이처럼 체계에 대해 다양한 정도의 통합 수준과 내적 긴장을 나타낸다. 그러므로 이 개념은 사회 상황의 안정적이고 규칙적인 재생산뿐만 아니라 위기와 변화를 분석하는 데도 상당히 유용한 것으로 보인다. 부르디외 사회학에서 하비투스는 이처럼 객관과 주관, 과거와 현재, 사회적 결정 요인과 개인의 자유 의지, 재생산과 변화 사이의 이원론을 지양하게 해주는 매개항 역할을 하는 것이다.

참조 : François Héran, "La seconde nature de l'habitus", *Revue Française de Sociologie*, vol. 28, no. 3, 1987, pp. 385~416; Thomas D'Aquin, *Somme théologique*, Tome 2, Paris : Les Editions du Cerf, 1984; Loïc Waquant, "Habitus", in Jens Beckert & Milan Zafirovski(Eds.), *International Encyclopedia of Economic Sociology*, London : Routledge, 2006, pp. 317~321.

행위자(agent)

부르디외는 '대행자', '대리인', '매개자' 등의 의미를 갖는 행위자라는 용어를 행동주acteur나 주체sujet와 분명히 구분해서 쓴다. 먼저 행동주는 행동사회학의 전통에서 주로 쓰이는 개념이다. 이때 사회적 사실은 개인이 주어진 상황에 반응해 생산해 낸 행위들로서 설명되며, 개인은 의식적 판단에 따라 선택하고 결정하며 행동하는 적극적인 존재로 나타난다. 즉 행동주는 명료한 자의식과 자기 의지로 사회 세계라는 무대 위에서 자신의 역할을 수행하는 '배우', '연기자'이기도 하다. 한편 의식철학의 전통에서 중요한 개념으로 쓰여 온 주체는 의식과 의지를 가지고 스스로를 통제할 수 있는 자유로운 개인으로서, 담론과 실천의 원천으로 여겨져 왔다. 구조주의는 이 전통적인 주체 개념을 새로운 방식으로 전유하면서, 그것이 지닌 다층적인 의미('신민'이자 '주어')를 되살려 놓은 바 있다. 즉 주체는 권력 관계(신민)와 언어 구조(주어) 속에서 형성되는 존재이며, 주체성이란 그와 같은 사회적 구성의 효과에 지나지 않는다는 것이다.

행위자 개념은 언제나 구조와의 관련성(대리, 매개 등) 아래 인간을 이해한다는 점에서 구조주의적 주체 개념에 가깝다. 하지만 주체를 구조의 단순한 효과나 담지자Träger로만 파악하는 구조주의의 극단적 경향에 비판적인 부르디외는 행위자 개념에 구조의 결정력과 주체의 창조성을 변증법적으로 종합해 내려는 의지를 담는다. 그 결과, 행위자는 행동주에 비해 구조의 결정성과 개인 행위의 무의식성을 훨씬 강조하는 한편, 구조주의적 주체에 비해 개인의 자율성과 실천의 능동성을 한층 부각시키는 용어로 나타난다. 행위자 개념은 무엇보다도 실천을 그 중심에 두며, 실천의 원리가 의식이나 사물 속에 있는 것이 아니라, "사회적인 것의 두 가지 상태 사이의 관계, 즉 제도의 형식 아래 대상 속에 객관화된 역사와 지속적인 성향체계의 형식 아래 신체 속에 구현된 역사 간의 관계"에 있다고 본다.

헥시스(hexis)

부르디외는 헥시스를 대개 '신체적'이라는 형용사와 함께 쓰며, 그냥 헥시스만 쓸 때에도 신체적인 것과 관련된 의미로 쓴다. 신체적 헥시스hexis corporelle는,

부르디외에 따르면, "자세를 잡고, 말하고, 걷는 지속적인 방식, 그리고 그에 따라 생겨난 느끼고 생각하는 지속적인 방식, 영속적인 성향"을 가리킨다. 이 용어는 원래 '가지다'라는 뜻을 지닌 그리스어 동사 에케인to echein의 현재형에서 나왔으며, 넓은 의미로 '획득하여 소유하게 된 상태'를 말한다.

그리스인들은 사람의 성격ēthos이 습관ethos에서 비롯되고, 습관은 반복되는 몸가짐이나 마음가짐으로 인해 굳어진 습성 내지 품성 상태hexis에서 비롯된다고 보았다. 그러한 시각의 연장선 위에서 플라톤은 "모방이 젊은 시절부터 오래도록 계속되면, 몸가짐이나 목소리에 있어서 또는 사고에 있어서 마침내는 습관ethos으로 그리고 성향physis으로 굳어져 버린다"고 말했다. 한편 아리스토텔레스는 탁월성aretē의 두 가지 유형을 구분하면서, 지적 탁월성이 유전과 교육의 결합을 통해 생겨난다면, 성격적 탁월성은 모방, 실천, 습관 등을 통해 얻어진다고 보았다. 우리가 계발한 습관들은 결국 일정한 조건에서 일정한 방식으로 느끼고 행동하는 안정적 성향인 헥시스로 전환된다는 것이다. 그리스 철학에서의 용례로 알 수 있는 중요한 사실은 헥시스가 소유와 상태의 복합 개념으로, 후천적으로 획득되었지만 습관화되어 오랫동안 지속되는 행동 의지 내지 품성이라는 점이다. 이는 우리말 '몸가짐'이나 '마음가짐'에서의 '가짐'의 의미에 가깝다.

부르디외에게 헥시스는 (자세, 말씨, 몸짓 등의) 신체적 존재 방식, 그리고 개인의 지각 및 사유 범주와 가치로 내면화된 사회 원리를 뜻한다. 이는 애초에 하비투스의 신체적인 차원으로 설정되었으며, 그런 면에서 마르셀 모스의 '신체 기술'techniques du corps 개념과도 유사하다. 헥시스 개념을 풀자면, 개인은 오랜 시간 자기 주변의 친숙한 환경에 신체적으로 적응하면서 특정한 실천 도식들을 체화한다. 즉 몸가짐이 마음가짐을 낳는 것이다. 거기에는 일련의 의무와 금기, 권고를 통한 신체적 학습과 훈련 그리고 오랜 기간 축적되는 경험 또한 작용한다. 이렇게 체화된 도식들은 의식 영역 저 너머에 있으므로, 의도적으로 조정되거나 변화되기 매우 어렵다.

이러한 헥시스는 (에토스와 마찬가지로) 점차 하비투스 개념으로 대체되지만, 그럼에도 부르디외의 후기 저작에까지 계속 남아 신체의 사회성을 강조하기 위해 이용된다. 『남성 지배』(1998)가 대표적인 예다. 이 책에서 부르디외는 남성과 여성 간의 신체적 헥시스가 얼마나 다르게 구성되는지, 남성성·여성성에 대한 암묵적 학습이 어떻게 불평등한 세력 관계의 유지에 기여하는지를 보여 준다. 신체는 성적 차이가 사회적으로 틀 지어지는 장소다. 부르디외에 따르면, 성차는 화장, 옷차림, 장식, 문신 등을 매개로 몸 표면에 배열될 뿐 아니라, 아주 구체적인 의미에서 몸속에도 깊이 각인된다. 남성적인 신체와 그 일부 기관(예컨대 눈, 손 등등)을 유지하는 자세 ─ 서 있는 모양, 걸음걸이, 시선 두기, 손 모양 등 ─ 는 여성적인 그것과 정반대 양상으로 드러난다. 남성성과 여성성을 구축하는 이 과정은 개인의 어린 시절부터 시작되는 오랜 집단적 작업으로서, "생물학적인 것을 사회적인 것으로, 사회적인 것을 생물학적인 것으로" 변화시킨다. 예를 들어, 남성 중심의 사회 질서가 지배하는 알제리 카빌리 지방에서 남성은 상징 체계상으로 외부, 직선, 위, 불연속의 편으로, 여성은 내부, 곡선, 아래, 지속의 편으로 분류된다. 이는 남성과 여성 사이의 노동 분업, 그리고 신체적 헥시스의 대립적 구분과도 관련된다. 즉 남성은 대개 바깥에서 단시간에 해치우는 소잡기, 밭갈이, 수확 등의 일을 하며, 여성은 주로 집안에서 눈에 띄지 않고 늘 끊이지도 않는 소소한 잡일들을 맡는다. 신체적으로 남성은 위로, 바깥으로 향하는 반듯한 자세를 취하며, 여성은 아래로, 안으로 향하면서 유연하게 구부리는 자세를 취한다. 남성은 명예가 걸린 문제를 놓고 꼿꼿이 다른 이에게 맞서고 대들 수 있는 반면, 여성은 눈을 내리깔고서 정숙하고 겸손하며 굴종적인 태도로 사사로운 문제에만 관여한다. 남자들의 말투는 단호하고 딱 부러지면서도 신중하지만, 여성들은 대개 "잘 모르겠습니다"라고 말하거나 언어의 사용을 아예 포기한다. 이와 같은 신체적 헥시스는 개인으로 하여금 비단 물리적인 장소에서만이 아니라 사회 공간에서의 자기 위치 역시 깨닫게 해주는 것이다.

참조 : 아리스토텔레스, 『니코마코스 윤리학』, 이창우·김재홍·강상진 옮김, 이제이북스, 2006; 플라톤, 『국가·정체』, 박종현 옮김, 서광사, 1997; Marcel Mauss, "Les techniques du corps", *Sociologie et anthropologie*, Paris : PUF, 1950, pp. 365~386.

참고문헌

1. 부르디외 저작

우리는 여기서 이 책 전체에서 언급되고 논의된 부르디외의 저작만을 원본의 언어에 따라, 원래 출간 연도순으로 정리했다. 우리는 나중에 단행본 안에 흩어져 다시 묶이는 논문과 텍스트 들 역시 독자가 쉽게 찾아 볼수 있도록 별도로 표기했다. 어쨌든 다음과 같은 점은 지적해 두는 편이 좋겠다. 부르디외 생전에 어떤 글의 재수록이란 (종종 거의 새로운 텍스트를 이룰 정도로 손질된) 수정 보완본인 경우가 대부분이었다는 것이다. 이목록을 작성하기 위해 우리는 이베트 델소와 마리-크리스틴 리비에르의 『피에르 부르디외 저작의 서지』(Yvette Delsaut & Marie-Christine Rivière, *Bibliographie des travaux de Pierre Bourdieu*, 2009, 개정판 2014, 온라인 제공 예정, Paris: Raisons d'agir Editions)에 의존했다. 그것은 언어를 막론하고 준거점이 되는 서지로 남아 있다.

1958

Sociologie de l'Algérie. Paris: PUF[재판 2001].

1959

a. "Le choc des civilisations", in *Le Sous-développement en Algérie*, Alger, Secrétariat social, pp. 52~64[2008, pp. 59~73에 재수록].

b. "La logique interne de la civilisation algérienne traditionnelle", *Le Sous-développement en Algérie*, Alger: Secrétariat social, pp. 40~51[2008, pp. 99~111 에 재수록].

1960

"Guerre et mutation sociale en Algérie", *Études méditerranéennes* 7, printemps, pp. 25~37[2008, pp. 139~150에 재수록].

1961

"Révolution dans la révolution", *Esprit*, no. 1, pp. 27~40[2008, pp. 125~134에 재수록].

1962

a. "Célibat et condition paysanne", *Études rurales* 5/6, pp. 32~136[2002a, pp. 15~165 에 요약 재수록].

b. "La hantise du chômage chez l'ouvrier algérien. Prolétariat et système colonial", *Sociologie du travail*, no. 4, pp. 313~331[2008, pp. 213~236에 재수록].

c. "Les relations entre les sexes dans la société paysanne", *Les Temps modernes*, no. 195, pp. 307~331.

d. "Les sous-prolétaires algériens", *Les Temps modernes*, 199, pp. 1030~1051[2008, pp. 193~212에 재수록].

1963

"La société traditionnelle. Attitude à l'égard du temps et conduite économique", *Sociologie du travail*, no. 1, pp. 24~44[2008, pp. 75~98에 재수록].

with Alain Darbel, Jean-Pierre Rivet and Claude Seibel. *Travail et travailleurs en Algérie*, Paris and The Hague: Mouton.

with Jean-Claude Passeron. "Sociologues des mythologies et mythologies de sociologues", *Les Temps modernes*, no. 211, pp. 998~1021.

1964

with Passeron Jean-Claude. *Les Héritiers. Les étudiants et la culture*, Paris: Minuit, "Le sens pratique".

with Abdelmalek Sayad. *Le Déracinement. La crise de l'agriculture traditionnelle en Algérie*, Paris: Editions de Minuit. "Les grands documents".

1965

"The Sentiment of honour in Kabyle Society", pp. 191~241 in *Honour and Shame: The Values of Mediterranean Society*, Edited by J. G. Peristiany. London: Weidenfeld and Nicholson[프랑스어판 1972a(2000, pp. 19~60)].

with Luc Boltanski, Robert Castel, and Jean-Claude Chamboredon. *Un art moyen. Essai sur les usages sociaux de la photographie*, Paris: Editions de Minuit, "Le sens pratique".

with Jean-Claude Passeron and Monique de Saint Martin. *Rapport pédagogique et communication*, Paris and the Hague: Mouton.

with Marie-Claire Bourdieu, "Le paysan et la photographie", *Revue française de sociologie*, Vol. 6, no. 2, pp. 164~174.

1966

a. "Champ intellectuel et projet créateur", *Les Temps modernes*, numéro special "Problèmes du structuralisme", no. 246, pp. 865~906.

b. "L'école conservatrice, les inégalités devant l'école et devant la culture", *Revue française de sociologie*, vol. 7, no. 3, pp. 325~347.

c. "Condition de classe et position de classe", *Archives Européennes de Sociologie*, vol. 7, no. 2, pp. 201~223.

with Alain Darbel and Dominique Schnapper. *L'amour de l'art. Les musées d'art européens et leur public*. Paris: Editions de Minuit, "Le sens pratique".

with Alain Darbel, eds. *Le Partage des bénéfices. Expansion et inégalités en France*, Paris: Editions de Minuit, "Le sens pratique".

1967

a. Postface, pp. 136~67 in Erwin Panofsky, *Architecture gothique et pensée scolastique*, Tr. Pierre Bourdieu. Paris: Editions de Minuit, "Le sens pratique", pp. 137~167.

b. "Systèmes d'enseignement et systèmes de pensée", *Revue internationale des sciences sociales*, vol. 19, no. 3, pp. 367~388.

with Jean-Claude Passeron. "Sociology and Philosophy in France Since 1945: Death and Resurrection of a Philosophy Without Subject", *Social Research*, vol. 34, no. 1, pp. 162~212.

1968

a. "Élémems d'une théorie sociologique de la perception artistique", *Revue internationals des sciences sociales*, vol. 20, no. 4, pp. 640~664; 「예술적 취향과 문화자본」, 이영욱 옮김, 박명진 외 편역, 『문화, 일상, 대중』, 한나래, 1996, 87~101쪽.

b. "Structuralism and Theory of Sociological Knowledge", *Social Research*, vol. 35, no. 4, pp. 681~706.

with Jean-Claude Chamboredon and Jean-Claude Passeron. *Le Métier de sociologue. Préalables épistémologiques*, Paris and The Hague: Mouton[개정판 1973].

1970

"La maison kabyle ou le monde renversé", in Jean Pouillon and Paul Maranda, eds. *Échanges et communications. Mélanges offerts à Claude Lévi-Strauss à l'occasion de son 60ᵉ anniuersaire*, Paris and The Hague: Mouton, pp. 739~770[1972a(2000, pp. 61~82)에 재수록].

with Otto Hahn. 1970. "La théorie", *VH 101*, vol. 2, pp. 12~21.

with Jean-Claude Passeron. *La Reproduction. Éléments pour une théorie du système d'enseignement*, Paris: Minuit, "Le sens pratique"; 『재생산: 교육체계이론을 위한 요소들』, 이상호 옮김, 동문선, 2000.

with Monique de Saint Martin. "L'excellence scolaire et les valeurs du système d'enseignement français", *Annales ESC*, vol. 25, no. 1, pp. 147~175.

1971

a. "Champ du pouvoir, champ intellectuel et habitus de classe", *Scolies*, no. 1, pp. 7~26.

b. "Disposition esthétique et compétence artistique", *Les Temps modernes*, no. 295, pp. 1345~1378.

c. "Genèse et structure du champ religieux", *Revue française de sociologie* 12, no. 3, pp. 294~334.

d. "Le marché des biens symboliques", *L'Année sociologique*, no. 22, pp. 49~126.

e. "Reproduction culturelle et reproduction sociale", *Information sur les sciences sociales*, vol. 10, no. 2, pp. 45~99.

f. "Une interprétation de la théorie de la religion selon Max Weber", *Archives Européennes de Sociologie*, vol. 12, no. 1, pp. 3~21.

1972

a. *Esquisse d'une théorie de la pratique. Précédée de trois études d'ethnologie kabyle*, Genèva: Droz[재판, Paris: Seuil, "Points Essais", 2000].

b. "Les stratégies matrimoniales dans le système de reproduction", *Annales ESC*, no. 4~5, pp. 1105~1127 [2002a, pp. 167~210에 재수록].

c. "Les doxosophes", *Minuit*, no. 1, pp. 26~45.

1973

a. "The Three Forms of Theoretical Knowledge", *Social Science Information*, no. 12, pp. 53~80.

b. "L'opinion publique n'existe pas", *Les Temps modernes*, vol. 29, no. 318, pp. 1292~1309[1980b, pp. 222~235에 재수록].

with Luc Boltanski and Monique de Saint Martin. "Les stratégies de reconversion. Les classes sociales et les systèmes d'enseignement", *Information sur les sciences sociales*, vol. 13, no. 5, pp. 61~113.

1974

a. "Avenir de classe et causalité du probable", *Revue française de sociologie*, vol. 15, no. 1, pp. 3~42.

b. "Les fractions de la classe dominante et les modes d'appropriation des oeuvre d'art", *Information sur les sciences sociales*, vol. 13, no. 3, pp. 7~32.

1975

a. "Méthode scientifique et hiérarchic sociale des objets", *Actes de la recherche en sciences sociales*, no. 1, pp. 4~6.

b. "La critique du discours lettré", *Actes de la recherche en sciences sociales*, no. 5~6, pp. 4~8.

c. "L'invention de la vie d'artiste", *Actes de la recherche en sciences sociales*, no. 2, pp. 67~94.

d. "L'ontologie politique de Martin Heidegger", *Actes de la recherche en sciences sociales*, no. 54, pp. 109~156.

e. "La lecture de Marx: quelques remarques critiques à propos de 'Quelques remarques critiques à propos de *Lire le Capital*'", *Actes de la recherche en sciences sociales*, no. 5/6, pp. 65~79[2001a[1991], pp. 379~396에 재수록].

f. "Le langage autorisé : note sur les conditions sociales de l'efficacité du discours rituel", *Actes de la recherche en sciences sociales*, no. 5~6, pp. 183~190[2001a[1991], pp. 159~173에 재수록].

with Luc Boltanski (a). "Le fétichisme de la langue", *Actes de la recherche en sciences sociales*, no. 2, pp. 95~107.

with Luc Boltanski (b). "Le titre et le poste. Rapports entre le système de production et le système de reproduction", *Actes de la recherche en sciences sociales*, no. 2, pp. 95~107.

with Antoine Casanova and Michel Simon. "Les intellectuels dans le champ de la lutte des classes", *La nouvelle critique*, no. 87, pp. 20~26.

with Yvette Delsaut. "Le couturier et sa griffe. Contribution à une théorie de la magie," *Actes de la recherche en sciences sociales*, no. 1, pp. 7~36.

with Monique de Saint Martin. "Les catégories de l'entendement professoral", *Actes de la recherche en sciences sociales*, no. 3, pp. 68~93.

1976

a. "Le champ scientifique", *Actes de la recherche en sciences sociales*, no. 2~3, pp. 88~104.

b. "Les conditions sociales de la production sociologique : sociologie coloniale et décolonisation de la sociologie", in *Le Mal de voir*, Paris: UGE 10/18, pp. 416~427(1980b, pp. 79~85에 부분 재수록).

c. "Le sens pratique", *Actes de la recherche en sciences sociales*, no. 1, pp. 43~86.

d. "Les modes de domination" , *Actes de la recherche en sciences sociales*, no. 2~3 , pp. 122~132.

with Luc Boltanski. "La production de l'idéologie dominante", *Actes de la recherche en sciences sociales*, no. 2~3, pp. 3~73.

1977

a. *Algérie 60. Structures économiques et structures temporelles*, Paris: Minuit, "Les grands documents"; 『자본주의의 아비투스』, 최종철 옮김, 동문선, 1995.

b. "La production de la croyance. Contribution aune economie des biens symboliques", *Actes de la recherche en sciences sociales*, no. 13, pp. 3~43.

c. "Remarques provisoires sur la perception sociale du corps", *Actes de la recherche en sciences sociales*, no. 14, pp. 51~54.

d. "L'economie des echanges linguistiques", *Langue française*, no. 34, pp. 17~34.

e. "Sur le pouvoir symbolique", *Annales ESC*, no. 3, pp. 405~411[2001a[1991], pp. 200~211에 재수록].

f. "La paysannerie, une classe-objet", *Actes de la recherche en sciences sociales*, no. 17~18, pp. 2~5.

1978

a. "Classement, déclassement, reclassement", *Actes de la recherche en sciences sociales*, no. 24, pp. 2~22.

b. "Sur l'objectivation participante. Réponses à quelques objections", *Actes de la recherche en sciences sociales* no. 23, pp. 67~69.

c. "Capital symbolique et classes sociales", *L'arc* 72, pp. 13~19; 「상징자본과 사회계급」, 이상길 옮김, 『언론과 사회』 21권 2호, 2013, 10~33쪽.

d. "Sport and Social Class", *Social Science Information* 17, no. 6, pp. 819~840.

with Monique de Saint Martin. "Le patronat", *Actes de la recherche en sciences sociales*, no. 20/21, pp. 3~82.

1979

a. *La Distinction: Critique sociale du jugement*, Paris: Minuit, "Le sens pratique"[서문 추가 증보판 1982]; 『구별 짓기: 문화와 취향의 사회학』(상·하), 최종철 옮김, 새물결, 2005.

b. "Les trois états du capital culturel", *Actes de la recherche en sciences sociales*, no. 30, pp. 3~6.

1980

a. *Le Sens pratique*, Paris: Editions de Minuit, "Le sens pratique".

b. *Questions de sociologie*. Paris: Editions de Minuit; 『사회학의 문제들』, 신미경 옮김, 동문선, 2004; 『혼돈을 일으키는 과학』, 문경자 옮김, 솔, 1994.

c. "Les intellectuels sont-ils hors-jeu?" pp. 61~66 in 1980b.

d. "Comment libérer les intellectuels libres?" pp. 67~78 in 1980b.

e. "La jeunesse n'est qu'un mot", pp. 143~154 in 1980b.

f. "Comment peut-on être sportif?", pp. 173~195 in 1980b.

g. "Mais qui a créé les "créateurs"?", pp. 207~221 in 1980b.

h. "Le capital social", *Actes de la recherche en sciences sociales*, no. 31, pp. 2~3.

i. "Le mort saisit le vif. Les relations entre l'histoire incorporée et l'histoire réifiée", *Actes de la recherche en sciences sociales*, no. 32/33, pp. 3~14.

j. "Le Nord et le Midi: contribution à une analyse de l'effet Montesquieu", *Actes de la recherche en sciences sociales*, no. 35, pp. 21~25[2001a[1991], p. 331~342에 재수록].

k. "L'identité et la représentation. Éléments pour une refléxion critique sur l'idée de région", *Actes de la recherche en sciences sociales*, no. 35, pp. 63~72[2001a[1991], p. 281~292에 재수록].

l. "Sartre", *London Review of Books* 2, no. 20, pp. 11~12.

with P. and M. Centlivres. "Et si on parlait de l'Afghanistan?", *Actes de la recherche en sciences sociales*, no. 34, pp. 3~16.

with Gershom Sholem and Jean Bollack. "L'identité juive", *Actes de la recherche en sciences sociales*, no. 35, pp. 3~19.

1981

a. Préface. pp. 7~12 in Paul F. Lazarsfeld, Marie Jahoda, and Hans Zeisel, *Les Chômeurs de Marienthal*. Paris: Editions de Minuit. "Les grands documents".

b. "Men and Machines", pp. 304~317 in *Advances in Social Theory and Methodology: Toward an Integration of Micro- and Macro-Sociologies*. Edited by Karen Knorr-Cetina and Aaron V. Cicourel. London and Boston: Routledge and Kegan Paul.

c. "Épreuve scolaire et consécration sociale. Les classes préparatoires aux Grandes écoles", *Actes de la recherche en sciences sociales*, no. 39, pp. 3~70.

d. "La représentation politique. Éléments pour une théorie du champ politique", *Actes de la recherche en sciences sociales*, no. 37, pp. 3~24[2001a[1991], pp. 213~258에 재수록].

e. "Retrouver la tradition libertaire de la gauche", *Libération*, pp. 8~9.

f. "Décrire et prescrire. Note sur les conditions de possibilite et les limites de l'efficacité politique", *Actes de la recherche en sciences sociales*, no. 38, pp. 69~73 [2001a[1991], pp. 187~198에 재수록].

1982

a. *Ce que parler veut dire. L'économie des échanges linguistiques*. Paris: Arthème Fayard.

b. *Leçon sur la leçon*. Paris: Editions de Minuit; 『강의에 대한 강의』, 현택수 옮김, 동문선, 1999.

c. "Goffman, le découvreur de l'infiniment petit", *Le Monde*, 4 décembre, pp. 1, 30.

d. "Les rites comme acres d'insriturion", *Actes de la recherche en sciences sociales*, no. 43, pp. 58~63[2001a[1991], pp. 175~186에 재수록].

with Monique de Saint Martin. "La sainte famille. L'épiscopat français dans le champ du pouvoir", *Actes de la recherche en sciences sociales*, no. 44/45, pp. 2~53.

1983

a. "Vous avez dit 'populaire'?" *Actes de la recherche en sciences sociales*, no. 46, pp. 98~105[2001a[1991], pp. 132~151에 재수록].

b. "Les sciences sociales et la philosophie", *Actes de la recherche en sciences sociales*, no. 47/48, pp. 45~52.

c. "Sartre, l'invention de l'intellectuel total", *Liberation*, 31 mars, pp. 20~21.

d. "The Field of Cultural Production, or the Economic World Reversed", *Poetics* 12, pp. 311~356.

e. "The Philosophical Establishment", pp. 1~8 in *Philosophy in France Today*. Edited by Alan Montefiore. Cambridge: Cambridge University Press.

1984

a. *Homo academicus*, Paris: Minuit, "Le sens pratique"[후기 추가 증보판 1992]; 『호모 아카데미쿠스』, 김정곤 옮김, 동문선, 2005.

b. "Espace social et genèse des "classes"", *Actes de la recherche en sciences sociales*, no. 52~53, pp. 3~12[2001a[1991], pp. 293~323에 재수록].

c. "La délégation et le fétichisme politique", *Actes de la recherche en sciences sociales*, no. 52~53, pp. 49~55[1987a, pp. 259~279에 재수록].

d. Prefazione. pp. 5~6 in Anna Boschetti, *Impresa intellectuale. Sartre e "Les Temps Modernes"*, Bari: Edizioni Dedalo.

e. "Université: les rois sont nus"(entretien avec D. Eribon), *Le Nouvel Observateur* (Novembre 2~8), pp. 86~90.

f. "Réponse aux économistes", *Économies et sociétés*, no. 18, pp. 23~32.

1985

a. "Les intellectuels et les pouvoirs", pp. 93~94 in *Michel Foucault, une histoire de la vérité*. Paris: Syros, pp. 93~94.

b. "Existe-t-il une littérature belge? Limites d'un champ et frontières politiques", *Études de lettres* 4, pp. 3~6.

c. "De la règle aux stratégies"(entretien avec P. Lamaison), *Terrain*, no. 4, pp. 93~100[1987a, pp. 75~93에 재수록].

d. "The Genesis of the Concepts of 'Habitus' and 'Field'", *Sociocriticism* 2, no. 2, pp. 11~24.

e. "A Free Thinker: 'Do not ask me who I am.'", *Paragraph* 5, pp. 80~87.

f. "Remarques à propos de la valeur scientifique et des effets politiques des enquêtes d'opinion", *Pouvoirs*, no. 33, pp. 131~139.

with Alban Bensa. "Quand les Canaques prennent la parole", *Actes de la recherche en sciences sociales*, no. 56, pp. 69~83

with Bernd Schwibs. "Vernunft ist eine historische Errungenschaft, wie die Sozialversicherung", *Neue Sammlung* 3, pp. 376~394.

with Roger Chartier and Robert Darnton. "Dialogue à propos de l'histoire culturelle", *Actes de la recherche en sciences sociales*, no. 59, pp. 86~93.

1986

a. "La science et l'actualité", *Actes de la recherche en sciences sociales*, no. 61, pp. 2~3.

b. "L'illusion biographique", *Actes de la recherche en sciences sociales*, no. 62~63, pp. 69~72[1994a, pp. 81~89에 재수록].

c. "La force du droit. Élements pour une sociologie du champ juridique", *Actes de la recherche en sciences sociales*, no. 64, pp. 3~19.

d. "Habitus, code et codification", *Actes de la recherche en sciences sociales*, no. 64, pp. 40~44[1987a, pp. 84~105에 재수록].

e. "Nécessiter", *L'Herne*(Juin, special issue on Francis Ponge), pp. 434~437.

f. "D'abord défendre les intellectuels", *Le Nouvel Observateur*(Sept. 12~18), p. 82.

g. "The forms of capital", in J. G. Richardson, ed. *Handbook of Theory and Research for the Sociology of Education*, Westport(Connecticut): Greenwood Press, pp. 241~258(trad. de "Okonomisches Kapiral, Kulturelles Kapital, Soziales Kapital", *Soziale Welt*, no. 2, 1983, pp. 183~198); 「자본의 형태」, 정병은 옮김, 유석춘 외 공편역, 『사회자본: 이론과 쟁점』, 그린, 2003, 61~88쪽.

h. "Fonder les usages analogiques. Entretien avec Pierre Bourdieu", *Le Français dans le monde*, no. 199, pp. 41~45.

with Axel Honneth, Hermann Kocyba and Bernd Schwibs. "The struggle for symbolic order: an interview with Pierre Bourdieu", *Theory, Culture & Society*, no. 3, pp. 35~51.

1987

a. *Choses dites*. Paris: Editions de Minuit. "Le sens pratique".

b. "La dissolution du religieux", 1987a, pp. 117~123.

c. "Espace social et pouvoir symbolique", 1987a, pp. 147~166.

d. "Programme pour une sociologie du sport", 1987a, pp. 203~216.

e. "Variations et invariants. Éléments pour une histoire structurale du champ des Grandes écoles", *Actes de la recherche en sciences sociales*, no. 70, pp. 3~30.

f. "L'assassinat de Maurice Halbwachs", *La Libertié de l'esprit*, no. 16, pp. 161~170.

g. "L'institutionalisation de l'anomie", *Cahiers du Musée national d'art moderne*, no. 19~20, pp. 6~19; 「아노미의 제도화」, 신혜영·이상길 옮김, 『인문예술잡지 F』 5호, 2012, 77~102쪽.

h. "Für eine Realpolitik der Vernunft", pp. 229~234 in *Das Bildungswesen der Zukunft*, Edited by S. Muller-Rolli. Stuttgart: Ernst Klett.

i. "Legitimation and Structured Interests in Weber's Sociology of Religion", pp. 119~36 in Max Weber, *Rationality, and Modernity*, Edited by Sam Whimster and Scott Lash. London: Allen and Unwin.

j. "Revolt of the Spirit", *New Socialist*, no. 46, pp. 9~11.

k. "What Makes a Social Class? On the Theoretical and Practical Existence of Groups", *Berkeley Journal of Sociology*, no. 32, pp. 1~18.

l. "The Historical Genesis of a Pure Aesthetics", *The Journal of Aesthetics and Art Criticism*(Special issue on "Analytic Aesthetics") ed. Richard Schusterman, 201~210[1993a, p.254~266에 재수록].

m. "La revolution impressionniste", *Noroît*, no. 303, pp. 2~18.

with Monique de Saint Martin. "Agrégation et ségrégation. Le champ des Grandes écoles et le champ du pouvoir", *Actes de la recherche en sciences sociales*, no. 69, pp. 2~50.

et al. *Éléments d'une analyse du marché de la maison individuelle*, Paris: Centre de Sociologie Européenne, Miméo[2000a에 부분 재수록].

1988

a. *L'Ontologie politique de Martin Heidegger*, Paris: Editions de Minuit, "Le sens pratique"; 『나는 철학자다: 부르드외의 하이데거론』, 김문수 옮김, 이매진, 2005.

b. "Penser la politique", *Actes de la recherche en sciences sociales*, no. 71~72, pp. 2~3.

c. Préface. pp. I~V in Brigitte Mazon, *Aux Origines de l'École des hautes études en sciences sociales. Le rôle du mécénat américain(1920~1960)*, Paris: Les Editions du Cerf.

d. "La vertu civile", *Le Monde*, Septembre 16, pp. 1~2.

e. "A Long Trend of Change"(Review of M. Lewin's *The Gorbatchev Phenomenon*), *The Times Literary Supplement*, August 12~18, 875~876.

f. "Flaubert's Point of View", *Critical Inquiry* 14, pp. 539~562.

g. "On Interest and the Relative Autonomy of Symbolic Power", *Working Papers and Proceedings of the Center for Psychosocial Studies*, no. 20. Chicago: Center for Psychosocial Studies, pp. 483~492(also in *In Other Words*, Cambridge: Polity Press, 1990, pp. 106~119).

h. "Preface to the English Edition", *Homo Academicus*, Cambridge: Polity Press, P: XI~XXVI[1992년 출간된 1984a 증보판에 재수록, pp. 289~307].

i. "*Vive la crise!* For Heterodoxy in Social Science", *Theory & Society* 17, no. 5, pp. 773~787.

1989

a. *La noblesse d'État. Grandes écoles et esprit de corps*, Paris: Editions de Minuit. "Le sens pratique".

b. "Genèse hisrorique d'une esthétique pure", *Cahiers du Musée national d'art moderne,* no. 27, pp. 95~106.

c. "Reproduction interdite. La dimension symbolique de la domination économique", *Études rurales,* no. 113/114, pp. 15~36.

d. "Aspirant philosophe. Un point de vue sur le champ Universitaire dans les années 1950", in C. Descamps, *Les Enjeux philosophiques des années 1950*, Paris: Éditions du Centre Pompidou, pp. 15~24[1997a, pp. 44~53에 요약 재수록].

e. "Intérêt et désintéressement", *Cahiers de recherchede l'Institut de recherches et d'etudes sociologiques et ethnologiques,* no. 7[1994a, pp. 147~171에 재수록].

f. "How Schools Help Reproduce the Social Order", *Current Contents. Social and Behavioral Science* 21, no. 8, pp. 16.

g. "Scientific field and scientific thought", in S. B. Ortner ed., "Author meets critics: reactions to 'Theory in anthropology since the Sixties'", *Transformations. Comparative Study of Social Transformations. Working Papers*, Ann Arbor: University of Michigan, pp. 84~94.

h. "The Corporatism of the Universal: The Role of Intellectuals in the Modern World", *Telos*, no. 81, pp. 99~110[1992a, pp. 543~557에 요약 및 수정해서 재수록].

with Patrick Champagne. "L'opinion publique", pp. 204~206 in Youri Afanassiev and Marc Ferro, eds., *50 idées qui ébranlèrent le monde. Dictionnaire de la Glasnost*, Paris: Payot.

with Roger Chartier. "Gens à histoire, gens sans histoires", *Politix*, no. 6, pp. 53~60.

with Loïc J. D. Wacquant (a). "Toward a reflexive sociology: a workshop with Pierre Bourdieu", *Sociological Theory*, vol. 7, no. 1, pp. 26~63.

with Loïc J. D. Wacquant (b). "For a Socio-analysis of Intellectuals: On *Homo Academicus*", *Berkeley Journal of Sociology* 34, pp. 1~29.

1990

a. "Un signe des temps", *Actes de la recherche en sciences sociales*("L'economie de la maison"), no. 81~82, p. 2.

b. "Un contrat sous contrainre"(with S. Bouhedja and C. Givry), *Actes de la recherche en sciences sociales*, no. 81~82, pp. 34~51.

c. "Droit et passe-droit. Le champ des pouvoirs territoriaux et la mise en oeuvre des règlernents", *Actes de la recherche en sciences sociales*, no. 81/82, pp. 86~96.

d. "La domination masculine", *Actes de la recherche en sciences sociales*, no. 84, pp. 2~31.

e. "Les conditions sociales de la circulation des idées", *Romanistische Zeitschrift für Literaturgeschichte* 14, no. 1/2, pp. 1~10[*Actes de la recherche en sciences sociales*, no. 145, pp. 3~8에 재수록].

f. "Animadversiones in Mertonem", pp. 297~301 in *Robert K. Merton: Consensus and Controversy*. Edited by Jon Clark, Celia Modgil, and Sohan Modgil. London: The Falmer Press.

g. "The Scholastic Point of View", *Cultural Anthropology*, vol. 5, no. 4, pp. 380~391.

h. "Principles for Reflecting on the Curriculum", *The Curriculum Journal*, vol. 1, no. 3, pp. 307~314.

with Salah Bouhedja, Rosine Christin, and Claire Givry. "Un placement de père de famille. La maison individuelle: spécificité du produit et logique du champ de production", *Actes de la recherche en sciences sociales*, no. 81/82, pp. 6~35.

with Rosine Christin. "La construction du marché. Le champ administratif et la production de la 'politique du logement'", *Actes de la recherche en sciences sociales*, no. 81/82, pp. 65~85.

with Monique de Saint Martin. "Le sens de la propriété. La genèse sociale des systèmes de préférence", *Actes de la recherche en sciences sociales*, no. 81/82, pp. 52~64.

with W. Hiromatsu and H. Imamura. "Pour une *Realpolitik* de la raison", *Gendai Shiso*, no. 3, pp. 182~203.

1991

a. "Introduction à la socioanalyse", *Actes de la recherche en sciences sociales*, no. 90, pp. 3~6.

b. "Un analyseur de l'inconscient", Preface to Abdelmalek Sayad, *L'immigration, ou les paradoxes de l'altérité*s, Brussels: Editions De Boeck, pp. 7~9.

c. "Que faire de la sociologie?"(Entretien avec J. Bass), *CFDT Aujourd'hui 100*, pp. 111~124.

d. "The Peculiar History of Scientific Reason", *Sociological Forum*, vol. 5, no. 2, pp. 3~26.

e. "On the possibility of a field of World sociology", in P. Bourdieu and J. S. Coleman, eds., *Social Theory for a Changing Society*, Boulder: Westview Press, pp. 373~387.

f. "Inzwischen kenne ich alle Krankheiten der soziologischen Vernunft", *Soziologie als Beruf*, Berlin & New York: De Gruyter, pp. 269~283.

g. "First lecture. Social space and symbolic space: introduction to a Japanese reading of Distinction", *Poetics Today*, vol. 12, no 4, pp. 627~638[1994a, pp. 13-31에 재수록].

h. "Le champ littéraire", *Actes de la recherche en sciences sociales*, no. 89, pp. 3~46.

i. "Les juristes, gardiens de l'hypocrisie collective", in François Chazelet and Jacques Commaille, eds., *Normes juridiques et régulation sociale*, Paris: LGDJ, pp. 95~99.

with James S. Coleman, eds. *Social Theory for a Changing Society*, Boulder: Westview Press.

1992

a. *Les Règles de l'art. Genèse et Structure du champ littéraire*, Paris: Seuil[재판, "Points Essais", 1998]; 『예술의 규칙: 문학 장의 기원과 구조』, 하태환 옮김, 동문선, 1999.

b. "Le sens de l'État", *Lignes*, no. 15, pp. 36~44.

c. "Deux impérialismes de l'universel", in C. Fauré and T. Bishop, eds., *L'Amérique des Français*, Paris: François Bourin, pp. 149~155.

d. "Pour une internationale des intellectuels", *Politis*, no. 1, pp. 9~15.

with Loïc Wacquant. *An Invitation to Reflexive Sociology*, Chicago, University of Chicago Press[*Réponses: Invitationt à l'anthropologie réplexive*, Paris: Seuil, 1992 으로 요약 번역].

1993

a. *The Field of Cultural Production : Essays on Art and Literature*, New York, Columbia University Press.

b. "Esprits d'État. Genèse et structure du champ bureaucratique", *Actes de la recherche en sciences sociales*, no. 96, pp. 49~62[1994a, pp. 99~133에 재수록].

c. "Concluding remarks: for a sociogenetic understanding of intellectual works", in C. Calhoun, E. Lipuma and M. Postone, eds. *Bourdieu : Critical Perspectives*, Cambridge: Polity Press, pp. 263~275.

d. "À propos de la famille comme catégorie réalisée", *Actes de la recherche en sciences sociales*, no. 100, pp. 32~36.

e. "L'impromptu de Bruxelles", *Cahiers de l'École des sciences philosophiques et religieuses*, no. 14, pp. 33~48.

with Loïc Wacquant. "From ruling class to field of power", *Theory, Culture & Society*, vol. 10, no. 1, pp. 19~44.

et al. *La Misère du monde*, Paris: Seuil[재판, "Points Essais", 1998]; 『세계의 비참』(1~3), 김주경 옮김, 동문선, 2000~2002.

1994

a. *Raisons pratiques. Sur la théorie de l'action*, Paris: Seuil[재판, "Points Essais", 1996]; 『실천이성: 행동의 이론에 대하여』, 김웅권 옮김, 동문선, 2005.

b. "Stratégies de reproduction et modes de domination", *Actes de la recherche en sciences sociales*, no. 105 , pp. 3~12.

c. "L'emprise du journalisme", *Actes de la recherche en sciences sociales*, no. 101~102, pp. 3~9.

with Hans Haacke. *Libre-échange*, Paris: Seuil.

with Jacques Maître. "Avant-propos dialogué avec Pierre Bourdieu", in J. Maître, *L'Autobiographie d'un paranoïaque. L'abbé Berry (1878~1947) et le roman de Billy Introïbo*, Paris: Anthropos, pp. 5~22.

1995

a. "Apollinaire, automne malade", *Cahiers d'histoire des littératures romanes(Romanistische Zeitschrift für Literaturgeschichte)*, vol. 19, no. 3~4, pp. 330~333.

b. "Extra-ordinaire Baudelaire", in J. Delabroy and Y. Charnet, eds. *Baudelaire, nouveaux chantiers*, Lille: Presses universitaires du Septentrion, pp. 279~288.

with Lutz Raphael. "Sur les rapports entre la sociologie et l'histoire en Allemagne et en France", *Actes de la recherche en sciences sociales*, no. 106~107, pp. 108~122.

1996

a. *Sur la télévision*, Paris: Raisons d'agir Éditions; 『텔레비전에 대하여』, 현택수 옮김, 동문선, 1998.
b. "Champ polirlque, champ des sciences sociales, champ journalistique", *Les Cahiers de Recherche du GRS*, Université Lumière-Lyon 2, no. 15.
c. "Passport to Duke", *International Journal of Contemporary Sociology*, vol. 33 , no. 2, pp. 145~150.
d. "Masculine domination revisited: the Goffman Prize lecture", *Berkeley Journal of Sociology*, vol. 41, pp. 189~203.

1997

a. *Méditations pascaliennes*, Paris: Seuil , "Liber"[재판, "Points Essais", 2003]; 『파스칼적 명상』, 김웅권 옮김, 동문선, 2001.
b. *Les Usages sociaux de la science. Pour une sociologie clinique du champ scientifique*, Paris: INRA, 1997; 『과학의 사회적 사용』, 조홍식 옮김, 창비, 2002.
c. "De la maison du roi à la raison d'État", *Actes de la recherche en sciences sociales*, no. 118, pp. 55~68.
d. "Le champ économique", *Actes de la recherche en sciences sociales*, no. 119, pp. 48~66[2000a에 수정 재수록].

1998

a. *La Domination masculine*, Paris: Seuil, "Liber"[재판, "Points Esais" 2002]; 『남성 지배』, 김용숙 옮김, 동문선, 2003.
b. *Contre-feux. Propos pour servir à la résistance contre l'invasion néolibérale*, Paris: Raisons d'agir Éditions; 『맞불』, 현택수 옮김, 동문선, 2004.
c. "L'odyssée de la réappropriation", *Awal. Revue d'études berbères*, no. 18, pp. 5~6.
with Loïc Wacquant. "Sur les ruses de la raison impérialiste", *Actes de la recherche en sciences sociales*, no. 121~122 , pp. 109~118.

1999

a. "Une révolution conservatrice dans l'édition", *Actes de la recherche en sciences sociales*, no. 126, pp. 3~38.
b. "Réponses: débat avec Pierre Bourdieu", *Le Bulletin de La Société d'histoire*

moderne et contemporaine, no. 3~4, "Les historiens et la sociologie de Pierre Bourdieu", pp. 16~27.

c. "Pierre Bourdieu répond", *Travail, Genre et Sociétés*, no. 1, "Autour de *La Domination masculine*", pp. 230~234.

d. "Le fonctionnement du champ intellectuel", *Regards sociologiques*, no. 17~18, "Sur le fonctionnement du champ intellectuel, 1 : le champ littéraire", pp. 5~27.

e. "Questions aux vrais maîtres du monde", *Le Monde*, 14 octobre, pp. 18[2002b에 재수록].

2000

a. *Les Structures sociales de l'économie*, Paris: Seuil, "Liber"[재판, "Points Essais", 2014].

b. *Propos sur le champ politique*, Introduction de Philippe Fritsch, Lyon: Presses universitaires de Lyon.

c. "Making the economic habitus: Algerian workers revisited", *Ethnography*, vol. 1, no. 1, pp. 17~41[프랑스어판 2008, pp. 237~261].

with Olivier Christin and Pierre-Étienne Will. "Sur la science de l'État", *Actes de la recherche en sciences sociales*, no. 133, juin, pp. 3~9.

2001

a. *Langage et pouvoir symbolique*, présentation de John B. Thompson, Paris: Seuil, "Points Essais"[1991]; 『언어와 상징권력』, 김현경 옮김, 나남출판, 2014.

b. *Contre-feux 2. Pour un mouvement social européen*, Paris: Raisons d'agir Éditions; 『맞불 2』, 김교신 옮김, 동문선, 2003.

c. *Science de la science et réflexivité*(Cours du Collège de France 2000~2001), Paris: Raisons d'agir Éditions.

d. "Bref impromptu sur Beethoven, artiste entrepreneur", *Sociétés & représentations*, no. 11 , pp. 15~18.

with Loïc Wacquant. "Neoliberal newspeak", *Radical Philosophy*, no. 105, pp. 2~5.

2002

a. *Le Bal des célibataires. Crise de La société paysanne en Béarn*, Paris: Seuil. "Points Essais".

b. *Interventions, 1961~2001. Science sociale et action politique*, Marseille: Agone.

c. "Participant objectivation: The Huxley Medal Lecture", *Jounal of the Royal Anthropological Institute*, vol. 9, no. 2, pp. 281~294[프랑스어판 2008, pp.

323~339].

2004

Esquisse pour une auto-analyse, Paris: Raisons d'agir Éditions; 『자기 분석에 대한 초고』, 유민희 옮김, 동문선, 2008.

2005

"Secouez un peu vos structures!", in J. Dubois, P. Durand and Y. Winkin, eds. *Le Symbolique et le Social. La réception internationale de la pensée de Pierre Bourdieu*(Actes du colloque de Cerisy-La-Salle), Liège: Les Éditions de l'Université de Liège, pp. 325~341[2001].

2008

Esquisses algériennes, Paris: Seuil, "Liber".
with Luc Boltanski. *La Production de l'idéologie dominante*, Paris: Raisons d'agir Éditions et Demopolis.

2010

With Roger Chartier. *Le Sociologue et l'Historien*, Paris/Marseille: Raisons d'agir/ Agone

2011

"Champ du pouvoir et division du travail de domination", *Actes de la recherche en sciences sociales*, no. 190, pp. 126~139.

2012

Sur l'État. Cours au Collège de France, 1989~1992, Paris: Seuil et Raisons d'agir Éditions

2013

a. *Manet : Une révolution symbolique. Cours au Collège de France, 1998~2000*, suivis d'un manuscrit inachevé de Pierre et Marie-Claire Bourdieu, Paris: Seuil et Raisons d'agir Éditions.
b. "Séminaires sur le concept de champ, 1972~1975", *Actes de la recherche en sciences sociales*, no. 200, pp. 4~37.

2. 이차 문헌

Abbott, Andrew. 1988. *The System of Professions: An Essay on the Division of Expert Labor.* Chicago: The University of Chicago Press.

Abrams, Philip. 1982. *Historical Sociology.* Ithaca, N.Y.: Cornell University Press.

Adair, Philippe. 1984. "La sociologie phagocytée par l'économique. Remarques critiques à propos de 'Ce que parler veut dire.'" *Sociologie du travail* 26, no. 1, pp. 105~114.

Addelson, Katharine Pyne. 1990. "Why Philosophers Should Become Sociologists (and Vice Versa)", pp. 119~147 in *Symbolic Interaction and Cultural Studies.* Edited by Howard S. Becker and Michael M. McCall. Chicago: The University of Chicago Press.

Alexander, Jeffrey C. 1980~82. *Theoretical Logic in Sociology.* 4 vols. Berkeley and Los Angeles: University of California Press.

_____. 1987a. "The Centrality of the Classics", pp. 11~57 in *Social Theory Today.* Edited by Anthony Giddens and Jonathan Turner. Cambridge: Polity Press.

_____. 1987b. *Twenty Lectures: Sociological Theory Since World War II.* New York: Columbia University Press.

_____. 1988. "The New Theoretical Movement", pp. 77~101 in *Handbook of Sociology.* Edited by Neil J. Smelser. Newbury Park: Sage Publications.

Alexander, Jeffrey C.; Bernhard Giesen, Richard Münch, and Neil J. Smelser, eds. 1987. *The Micro-Macro Link.* Berkeley and Los Angeles: University of California Press.

Althusser, Louis. 1976[1970], "Idéologic et appareils idéologiques d'État", in *Positions(1964~1975),* Paris: Éditions Sociales, pp. 67~125.

Ansart, Pierre. 1990. "Le structuralisme génétique," "Classements et distinction," "Les champs symboliques," "Reproduction et stratégies", Chapters 1, 5, 9, and 13 in *Les sociologies contemporaines.* Paris: Editions du Seuil.

Apel, Karl-Otto. 1973. *Transformation der Philosophic,* vol. 2: *Das Apriori der Kommunikationsgemeinschaft,* Frankfurt: Suhrkamp.

Aron, Raymond. 1981. *Le spectateur engagé.* Paris: Gallimard.

Aronowitz, Stanley, and Henri Giroux. 1985. *Education Under Siege: The Conservative, Liberal, and Radical Debate Over Schooling.* London: Routledge and Kegan Paul.

Ashmore, Malcom. 1989. *The Reflexive Thesis: Wrighting Sociology of Scientific Knowledge.* Chicago: The University of Chicago Press.

Atkinson, Paul. 1990. *The Ethnographic Imagination: Textual Constructions of Reality*. London and New York: Routledge.

Auerbach, Erich. 1953. *Mimesis: The Representation of Reality in Western Literature*. Princeton: Princeton University Press.

Austin, J. L. 1991[1962]. *Quand dire c'est faire*, Paris: Seuil.

Bachelard, Gaston. 2003[1934]. *Le nouvel esprit scientifique*, Paris: Seuil.

_____. 1993[1938]. *La formation de l'esprit scientifique. Contribution à une psychanalyse de la connaissance objective*. Paris: Vrin.

_____. 1966[1940]. *La philosophie du non. essai d'une philosophie du nouvel esprit scientifique*, Paris: PUF.

_____. 1966[1949]. *Le rationalisme appliqué*. Paris: PUF.

Baldwin, John B. 1988. "Habit, Emotion, and Self-Conscious Action", *Sociological Perspectives* 31, no. 1, pp. 35~58.

Barnard, Henri. 1990. "Bourdieu and Ethnography: Reflexivity, Politics and Praxis", pp. 58~85 in *An Introduction to the Work of Pierre Bourdieu: The Practice of Theory*. Edited by R. Harker et al. London: Macmillan.

Baxandall, Michael. 1982[1972]. *L'Œil du Quattrocento. L'usage de la peinture dans l'Italie de la Renaissance*. Paris: Gallimard.

Becker, Gary. 1976. *The Economic Approach to Human Behavior*. Chicago: The University of Chicago Press.

Becker, Howard S., and John Walton. 1986[1975]. "Social Science and the Work of Hans Haacke", pp. 103~119 in Howard S. Becker, *Doing Things Together: Selected Papers*. Evanston: Northwestern University Press.

Benveniste, Émile. 1969. *Le Vocabulaire des institutions indo-européennes*. Paris: Editions de Minuit.

Benzécri, Jean-Paul. 1973. *L'analyse des données: Leçons sur l'analyse factorielle et la reconnaissance des formes et travaux*. Paris: Dunod.

Berelson, Bernard, and G. A. Steiner. 1964. *Human Behavior*. New York: Harcourt Brace Jovanovich.

Berger, Bennett. 1981. *The Survival of a Counterculture: Ideological Work and Daily Life Among Rural Communards*. Berkeley and Los Angeles: University of California Press.

_____. 1989. "Structuralisme et volontarisme dans la sociologie de la culture", *Sociologie et sociétés* 21, no. 2(October), pp. 177~194.

_____. 1991. "Structure and Choice in the Sociology of Culture", *Theory & Society* 20, no. 1, pp. 1~20.

_____., ed. 1990. *Authors of their Own Lives: Intellectual Autobiographies by Twenty American Sociologists*. Berkeley and Los Angeles: University of California Press.

Berger, Peter. 2006[1963]. *Invitation à la sociologie*, Paris: La Découverte.

Berger, Peter, and Thomas Luckmann. 1996[1966]. La construction sociale de la réalité, Paris: Méridiens Klincksieck.

Best, Joel, ed. 1989. *Images of Issues: Typifying Contemporary Social Problems*. New York: Aldine de Gruyter.

Bidet, Jacques. 1979. "Questions to Pierre Bourdieu", *Critique of Anthropology* 13~14(Summer), pp. 203~208.

Bloor, David. 1976. *Knowledge and Social Imagery*. London: Routledge and Kegan Paul.

Blumer, Herbert. 1969. *Symbolic Interactionism*. Englewood Cliffs, N.J.: Prentice-Hall.

Bohn, Cornelia. 1991. *Habitus und Kontext: Ein kritischer Beitrag zur Socialtheorie Bourdieus*. Darmstadt: Westdeutscher Verlag.

Boltanski, Luc. 1975. "La constitution du champ de la bande dessinée", *Actes de la recherche en sciences sociales*, no. 1, pp. 37~59.

_____. 1984. "How a Social Group Objectified Itself: 'Cadres' in France, 1936~45", *Social Science Information* 23, no. 3, pp. 469~92.

Boltanski, Luc, with Yann Daré and Marie-Ange Schiltz. 1984. "La dénonciation", *Actes de la recherche en sciences sociales*, no. 51, pp. 3~40.

Boschetti, Anna. 1985. "Classi reali e classi costruite", *Rassegna Italiana di Sociologia* 26, no. 1(January-March), pp. 89~99.

_____. 1988[1985]. *The Intellectual Enterprise: Sartre and 'Les Temps modernes.'* Evanston: Northwestern University Press.

Bourgois, Philippe. 1989. "In Search of Horatio Alger: Culture and Ideology in the Crack Economy", *Contemporary Drug Problems*, Vol. 16, no. 4, pp. 619~649.

Bowles, Samuel, and Herbert Gintis. 1976. *Schooling in Capitalist America: Educational Reform and the Contradicitions of Economic life*, New York: Basic Books.

Brint, Steven, and Jerome Karabel. 1989. *The Diverted Dream: Community Colleges and the Promise of Educational Opportunity in America, 1950~1985*. New York: Oxford University Press.

Broady, Donald. 1990. *Sociologi och epistemology. Om Pierre Bourdieus for fattarskap och den historiska epistemologin*. Stockholm: HLS Forlag.

Broady, Donald, and Mikäel Palme. 1992. "Le champ des formations de l'enseignement supérieur en Suède: bilan de recherche", in Monique de Saint Martin and Mihai D. Gheorghiu, eds., *Les institutions de formation des cadres dirigeants*, Paris: Maison des sciences de l'homme, pp. 1~19.

Brown, Richard Harvey. 1990. *Social Science as Civic Discourse: Essays on the Invention, Legitimation, and Uses of Social Theory*. Chicago: The University of Chicago Press.

Brubaker, Rogers. 1993. "Social Theory as Habitus", in C. Calhoun et al., eds., *Bourdieu: Critical Perspectives*, Chicago: University of Chicago Press, pp. 212~234.

Bryant, Christopher G. A. 1985. *Positivism in Social Theory and Research*. New York: Saint Martin's Press.

Bürger, Peter. 1990. "The Problem of Aesthetic Value. pp. 23~34 in *Literary Theory Today*. Edited by Peter Collier and Helga Geyer-Ryan. Ithaca, N.Y.: Cornell University Press.

Burke, Kenneth. 1989. *On Symbols and Society*. Edited and with an introduction by Joseph R. Gusfield. Chicago: The University of Chicago Press.

Caillé, Alain. 1981. "La sociologie de l'intérêt est-elle interessante?" *Sociologie du travail* 23, no. 3, pp. 257~74.

_____. 1987. *Critique de Bourdieu. Cours, séminaires et travaux*, no. 8. Lausanne: Université de Lausanne, Institut d'anthropologie et de sociologie.

Calhoun, Craig J. 1979. "The Radicalism of Tradition: Community Strength or 'Venerable Disguise and Borrowed Language'?" *American Journal of Sociology* 88, no. 5, pp. 886~914.

_____. 1982. *The Question of Class Struggle*. Chicago: The University of Chicago Press.

Calhoun, Craig, Edward LiPuma, and Moishe Postone, eds. 1993. *Bourdieu: Critical Perspectives*, Chicago: University of Chicago Press.

Camic, Charles. 1986. "The Matter of Habit", *American Journal of Sociology* 91, no. 5, pp. 1039~87.

Canguilhem, Georges. 1994[1968]. *Études d'histoire et de philosophie des sciences*, Paris: Vrin.

_____. 2000[1952]. La Connaissance de la vie, Paris: Vrin.

Carles, Pierre. 2007[2001]. *La sociologie est un sport de combat*, CP Productions.

Casanova, Pascale. 1990. "Au bon plaisir de Pierre Bourdieu", Radio program broadcast on France Culture, 23 June 1990.

Cassirer, Ernst. 1946[1942]. "L'influence du langage sur le dévelopement de la pensée scientifique", *Journal de psychologie normale et pathologique*, no. 39, pp. 129~152.

_____. 1945. "Structuralism in modern linguistics", *Word*, no. 1, pp. 99~120.

1977[1910]. *Substance and Function: Einstein's Theory of Relativity*. Chicago: Open Court.

Certeau, Michel de. 1984. "Foucault and Bourdieu", pp. 45~60 in *The Practice of Everyday Life*. Berkeley and Los Angeles: University of California Press.

Chamboredon, Jean-Claude. 1975. "Sociologie de la sociologie et interets sociaux des sociologues", *Actes de la recherche en sciences sociales*, no. 2, pp. 2~20.

Chamboredon, Jean-Claude, and Jean-Louis Fabiani. 1977. "Les albums pour enfants. Le champ de l'édition et les définitions sociales de l'enfance", *Actes de la recherche en sciences sociales*, no. 13, pp. 60~79; 14, pp. 55~74.

Champagne, Patrick. 1979. "Jeunes agriculteurs et vieux paysans. Crise de la succession et apparition du troisième age", *Actes de la recherche en sciences sociales*, no. 26/27, pp. 83~107.

_____. 1988. "Le cercle politique. Usages sociaux des sondages et nouvel espace politique", *Actes de la recherche en sciences sociales*, no. 71/72, pp. 71~97.

_____. 1990. *Faire l'opinion. Le nouvel espace politique*. Paris: Editions de Minuit("Le sens commun").

Champagne, Patrick, Rémi Lenoir, Dominique Merllié, and Louis Pinto. 1989. *Introduction à la pratique sociologique*. Paris: Dunod.

Chancer, Lynn S. 1987. "New Bedford, Massachusetts, March 6, 1983-March 22, 1984: The 'Before' and 'After' of a Group Rape", *Gender and Society* 1, no. 3(September), pp. 239~260.

Charle, Christophe. 1983. "Le champ universitaire parisien à la fin du 19ème siècle", *Actes de la recherche en sciences sociales*, no. 47/48, pp. 77~89.

_____. 1987. *Les élites de la République*, 1880~1900. Paris: Fayard.

_____. 1990. *Naissance des "intellectuels," 1880~1900*. Paris: Editions de Minuit("Le sens commun").

_____. 1991. *Histoire sociale de la France au XIXème siècle*. Paris: Editions du Seuil.

Chartier, Roger. 1988. *Cultural History: Between Practices and Representations*. Cambridge: Polity Press; Ithaca, N.Y.: Cornell University Press.

Chodorow, Nancy. 1989. *Feminism and Psychoanalytic Theory*, New Haven: Yale University Press.

Chomsky, Noam. 1967. "General Properties of Language", pp. 73~88 in *Brain Mechanisms Underlying Speech and Language*. Edited by I. L. Darley. New York and London: Grune and Straton.

Cibois, Philippe. 1981. "Analyse des données et sociologie", *L'Année sociologique*, no. 31, p. 333~348.

Cicourel, Aaron V. 1968. *The Social Organization of Juvenile Justice*. Chicago: Wiley.

_____, 1974. *Theory and Method in a Study of Argentine Fretility*, New York: Wiley.

_____, 1979[1974]. *La Sociologie cognitive*, Paris: PUF.

_____. 1985. "Raisonnement et diagnostic: le rôle du discours et de la compréhension clinique en médecine", *Actes de la recherche en sciences sociales*, no. 60, pp. 79~88.

_____. 1993. "Habitus and the Developmental Emergence of Practical Reasoning", In *Sozialer Sinn und Geschmack*, edited by Gunther Gerbauer and Christoph Wulf. Berlin.

Clark, Terry N. 1973. *Prophets and Patrons*. Cambridge, Mass.: Harvard University Press.

Clifford, James, and George E. Marcus, eds. 1986. *Writing Culture: The Poetics and Politics of Ethnography*. Berkeley and Los Angeles: University of California Press.

Coenen, Harry. 1989. "Praxeologie en strukturatietheorie: preliminaire opmerkingen bij een vergelijking", *Antropologische Verkenningen* 8, no. 2(Summer), pp. 8~17.

Coleman, James S. 1986. "Social Theory, Social Research and a Theory of Action", *American Journal of Sociology* 91, no . 6(May), pp. 1309~1335.

_____, 1990a. "Columbia in the Fifties", pp. 75~103 in *Authors of Their Own Lives: Intellectual Autobiographies by Twenty American Sociologists*. Edited by Bennett Berger. Berkeley and Los Angeles: University of California Press.

_____, 1990b. *Foundations of Social Theory*. Cambridge, Mass.: Belknap Press of Harvard University Press.

Collins, Randall. 1979. *The Credential Society*. New York: Academic Press.

_____. 1981a. "Cultural Capitalism and Symbolic Violence", pp. 173~182 in *Sociology Since Mid-Century: Essays in Theory Cumulation*. New York: Academic Press.

_____, 1981b. "On the Microfoundations of Macrosociology", *American Journal of*

Sociology 86, pp. 984~1014.

_____. 1985. *Three Sociological Traditions*. New York: Oxford University Press.

_____. 1987. "Interaction Ritual Chains, Power, and Property", pp. 193~206 in *The Micro-Macro Link*, edited by Jeffrey c. Alexander et al. Berkeley and Los Angeles: University of California Press.

_____. 1988. *Theoretical Sociology*. San Diego: Harcourt Brace Jovanovich.

_____. 1989. "For a Sociological Philosophy", *Theory & Society* 17, no. 5, pp. 669~702.

Connell, R. W. 1983. "The Black Box of Habit on the Wings of History: Reflections on the Theory of Reproduction", pp. 140~61 in *Which Way is Up? Essays on Sex, Class, and Culture*. London: George Allen and Unwin.

_____. 1987. *Gender and Power: Society, the Person, and Sexual Politics*, Stanford: Stanford University Press.

Connerton, Paul. 1989. *How Societies Remember*. Cambridge: Cambridge University Press.

Cook, Gary A. 1993. *George Herbert Mead: The Making of a Social Pragmatist*, Urbana: University of Illinois Press.

Cookson, Peter W., Jr., and Carolyn Hoges Persell. 1985. *Preparing for Power: America's Elite Boarding Schools*. New York: Basic Books.

Corbin, Alain. 1986[1982]. *The Foul and The Fragrant*. Cambridge: Harvard University Press.

_____. 1990. *Le village des cannibales*. Paris: Aubier.

Coser, Lewis A. 1990. "Sociological Theories in Disarray", *Contemporary Sociology* 18, no. 4(July), pp. 477~479.

Cournot, A. 1912[1851]. *Essai sur les fondements de nos connaissances et sur les caractères de la critique philosophique*. Paris: Hachette.

Crow, G. 1989. "The Use of the Concept of Strategy in Recent Sociological Literature", *Sociology* 23, no. 1(February), pp. 1~24.

Dahl, Robert. 1961. *Who Governs? Democracy and Power in an American City*. New Haven: Yale University Press.

Darnton, Robert. 1984. *The Great Cat Massacre and Other Episodes in French Cultural History*. New York: Vintage.

Davidson, Arnold I., ed. 1989. "Symposium on Heidegger and Nazism", *Critical Theory* 15, no. 2(Winter), pp. 407~488.

Davis, Natalie Zemon. 1979[1975]. *Les Cultures du peuple : Rituels, savoirs et résistances au 16e siècle*, Paris: Aubier.

DeGeorge, Richard, and Fernande DeGeorge, eds. 1972. *The Structuralists from Marx to Lévi-Strauss*. New York: Doubleday.

Delsaut, Yvette. 1976. "Le double mariage de Jean Célisse", *Actes de la recherche en sciences sociales*, no. 4, pp. 3~20.

Delsaut, Yvette, and Marie-Christine Rivière. 2009. *Bibliographie des travaux de Pierre Bourdieu*, Paris: Le Temps des cerises.

Derrida, Jacques. 1990. *L'institution philosophique*. Paris: Galilée.

de Saint Martin, Monique →Saint Martin, Monique de

Detleff, Müller, Fritz Ringer, and Brian Simon, eds. 1987. *The Rise of Modern Educational Systems*. Cambridge: Cambridge University Press.

Dewey, John. 1958[1934]. *Art as Experience*. New York: Capricorn.

_____. 1966[1916]. *Democracy and Education. An Introduction to the Philosophy of Education*, New York: Free Press.

_____. 2003[1922]. Human Nature and Conduct, Ithaca: Cornell University Library.

Dezalay, Yves. 1989. "Le droit des familles: du notable à l'expert. La restructuration du champ des professionnels de la restructuration des entreprises", *Actes de la recherche en sciences sociales*, no. 76/77, pp. 2~28.

DiMaggio, Paul. 1979. "Review Essay on Pierre Bourdieu", *American Journal of Sociology* 84, no. 6(May), pp. 1460~1474.

_____. 1982. "Cultural Capital and School Success: The Impact of Status Culture Participation on the Grades of U.S. High School Students", *American Sociological Review* 47, pp. 189~201.

_____. 1990. "Cultural Aspects of Economic Action and Organization", pp. 113~136 in *Beyond the Marketplace: Rethinking Economy and Society*. Edited by Roger Friedland and A. F. Robert son. New York: Aldine de Gruyter.

_____. 1991. "Cultural Entrepreneurship in Nineteenth-Century Boston: The Creation of an Organizational Base for Higher Culture in America", pp. 374~397 in *Rethinking Popular Culture: Contemporary Perspectives in Cultural Studies*. Edited by Chandra Mukerji and Michael Schudson. Berkeley and Los Angeles: University of California Press.

DiMaggio, Paul, and Walter W. Powell. 1991. Introduction. pp. 1~38 in *The New Institutionalism in Organizational Analysis*. Edited by Walter W. Powell and Paul J. DiMaggio. Chicago: The University of Chicago Press.

DiMaggio, Paul, and Michael Useem. 1978. "Social Class and Arts Consumption: The Origins and Consequences of Class Differences in Exposure to the Arts in the Americas", *Theory & Society* 5, no. 2(March), pp. 141~161.

Dobry, Michel. 1986. *Sociologie des crises politiques.* Paris: Presses de la Fondation nationale des Sciences Politiques.

Don, Yehuda, and Victor Karady, eds. 1989. *Social and Economic History of Central European Jewry.* New Brunswick: Transaction Publishers.

Douglas, Mary. 1981. "Good Taste: Review of Pierre Bourdieu, 'La distinction.'" *Times Literary Supplement*(London), February 13, pp. 163~169.

Dreyfus, Hubert L., and Paul Rabinow. 1983. *Michel Foucault: Beyond Structuralism and Hermeneutics.* 2d ed. Chicago: The University of Chicago Press.

Dupréel, Eugène. 1978. *Les Sophistes: Protagoras, Gorgias, Prodicus, Hippias.* Paris: Editions Griffon(Bibliothèque Scientifique).

Durkheim, Émile. 1921[1909]. *De la méthode dans les sciences sociales.* Paris: Librairie F. Alcan.

_____. 1988[1895]. *Les Règles de la méthode sociologique,* Paris: PUF.

_____. 1989[1922]. *Éducation et sociologie,* Paris: PUF.

_____. 1991[1912]. *Les Formes élémentaires de la vie religieuse,* Paris: PUF.

Durkheim, Émile, and Marcel Mauss. 1903. "De quelques formes primitives de classification", *L'année sociologique,* no. 6, pp. 1~72.

Eder, Klaus. 1989. *Klassenlage, Lebensstil und kulturelle Praxis: Beiträge zur Auseinandersetzung mit Pierre Bourdieus Klassentheorie.* Frankfurt: Suhrkamp Verlag.

Eldridge, John. 1990. "Sociology in Britain: A Going Concern", pp. 157~78 in *What Has Sociology Achieved.* Edited by Christopher G. A. Bryant and Henk A. Becker. New York: Saint Martin's Press.

Elias, Norbert. 1974[1969]. *La société de cour,* Paris: Calmann-Lévy.

_____. 2003[1939]. *La Civilisation des mœurs,* Paris: Pocket, "Agora".

_____. 1991a[1987]. *La société des individus,* Paris: Fayard.

_____. 1991b[1970]. *Qu'est-ce que la sociologie?,* La Tour d'Aigues: Ed. de l'Aube.

Elias, Norbert, and Eric Dunning. 1998[1986]. *Sport et civilisation. la violence mâitrisée,* Paris: Pocket.

Elster, Jon. 1984a. *Sour Grapes.* Cambridge: Cambridge University Press.

_____, ed. 1986. *Rational Choice.* New York: New York University Press.

_____. 1987[1979]. "Ulysse et les sirènes", *Le laboureur et ses enfants: deux essais sur les limites de la rationalité,* Paris: Minuit.

_____. 1990. "Marxism, Functionalism and Game Theory", pp. 97~118 in *Structures* of Capital: The Social Organization of the Economy. Edited by Sharon Zukin and Paul DiMaggio. Cambridge: Cambridge University Press.

Empson, W. 1935. Some Versions of the Pastorals. London: Chatto and Windus.

Eribon, Didier. 1989. Michel Foucault. Paris: Flammarion. English Translation published by Harvard University Press, 1990.

Ernaux, Annie. 1984. La place. Paris: Gallimard.

Fabiani, Jean-Louis. 1988. Les philosophes de la République. Paris: Editions de Minuit. "Le sens commune".

Farias, Victor. 1987. Heidegger et le nazisme, Paris: Verdier.

Farkas, George, Robert P. Grobe, Daniel Sheehan, and Yuan Shuan. 1990. "Cognitive and Noncognitive Determinants of School Achievement: Gender, Ethnicity, and Poverty in an Urban School District", American Sociological Review 55, pp. 127~142.

Featherstone, Mike. 1987. "Leisure, Symbolic Power and the Life Course", pp. 113~38 in Leisure, Sport and Social Relations. Edited by J. Home et al. London: Routledge and Kegan Paul.

Ferry, Luc, and Alain Renault. 1988. La Pensée 68. Essai sur l'anti humanisme contemporain, Paris: Gallimard.

Feyerabend, Paul. 1988[1975]. Contre la méthode. Esquisse d'une théorie anarchiste de la connaissance, Paris: Seuil, "Points Sciences".

Filloux, Jean-Claude. 1970. Introduction. pp. 5~68 in Emile Durkheim, La science sociale et l'aciion. Paris: PUF.

Fine, Michelle. 1991. Framing Dropouts. Albany: State University of New York Press.

Fiske, Alan Page. 1991. Structure of Social Life: The Four Elementary Forms of Human Relations. New York: The Free Press.

Flaubert, Gustave. 2001[1870]. L'éducation sentimentale, Paris: Flammarion.

Fodor, Jerry, and Jerrold Katz. 1964. The Structure of Language, Englewood Cliffs: Prentice-Hall.

Foley, Douglas E. 1989. "Does the Working Class Have a Culture in the Anthropological Sense of the Term?" Cultural Anthropology 4, no. 2(May), pp. 137~162.

Fornel, Michel de. 1983. "Légitimité et actes de langage", Actes de la recherche en sciences sociales, no. 46, pp. 31~38.

Foster, Steven W. 1986. "Reading Pierre Bourdieu", Cultural Anthropology 1, no. 1, pp. 103~110.

Foucault, Michel. 1975. Surveiller et punir. naissance de la prison, Paris: Gallimard.

_____. 1994[1975]. "Entretien sur la prison", *Dits et écrits*, t. II, Paris: Gallimard.

_____. 1976. *Histoire de la sexualité, 1. La volonté de savoir*, Paris: Gallimard.

Fox, Robin. 1985. *Lions of the Punjab: Culture in the Making*. Berkeley: University of California Press.

Friedrichs, Robert. 1970. *A Sociology of Sociology*. New York: The Free Press.

Friedson, Eliott. 1986. *Professional Powers: A Study of the Institutionalization of Formal Knowledge*. Chicago: The University of Chicago Press.

Gamboni, Dario. 1989. *La plume et le pinceau. Odilon Redon et la liitérature*. Paris: Editions de Minuit.

Gans, Herbert. 1975. *High Culture and Low Culture: An Analysis and Evaluation of Taste*. New York: Harper.

_____. 1989. "Sociology in America: The Discipline and the Public", *American Sociological Review* 54, no. 1(February), pp. 1~16.

Garfinkel, Harold. 2007[1967]. *Recherches en ethnométhodologie*, Paris: PUF.

Garnham, Nicholas. 1986. "Extended Review: Bourdieu's 'Distinction.'" *The Sociological Review* 34, no. 2(May), pp. 423~433.

Garnham, Nicholas, and Raymond Williams. 1980. "Pierre Bourdieu and the Sociology of Culture", *Media, Culture, and Society* 2, no. 3(Summer), pp. 297~312.

Garrigou, Alain. 1988. "Le secret de l'isoloir", *Actes de la recherche en sciences sociales*, no. 71/72, pp. 22~45.

Gartman, David. 1991. "Culture as Class Symbolization or Mass Reification: A Critique of Bourdieu's Distinction", *American Journal of Sociology* 97, no. 2(September), pp. 421~447.

Geertz, Clifford. 1984[1973]. *Interprétation d'une culture*, Paris: Gallimard.

_____. 1987. *Works and Lives: The Anthropologist as Author*. Stanford: Stanford University Press.

Giddens, Anthony. 1977. "Positivism and Its Critics", pp. 28~89 in *Studies in Social and Political Theory*. New York: Basic Books.

_____. 1979. *Central Problems in Social Theory: Action, Structure, and Contradiction in Social Analysis*. Berkeley and Los Angeles: University of California Press.

_____. 1986. "Action, Subjectivity, and the Constitution of Meaning", *Social Research* 53, no. 3(Fall), pp. 529~545.

_____. 1987a[1984]. *La Constitution de la société. éléments de la théorie de la structuration*, Paris: PUF.

_____, 1987b. "A Reply to My Critics", pp. 249~301 in *Social Theory and Modern Societies: Anthony Giddens and His Critics*. Edited by David Held and John B. Thompson. Cambridge: Cambridge University Press.

_____, 1990. "Structuration Theory and Sociological Analysis", pp. 297~315 in *Anthony Giddens: Consensus and Controversy*. Edited by Jon Clark, Celia Modgil, and Sohan Modgil. London: Farmer Press.

_____, 1994[1990]. *Les Conséquences de la modernité*, Paris: Editions l'Harmatta.

Giddens, Anthony, and Jonathan Turner, eds. 1987. *Social Theory Today*. Cambridge: Polity Press; Stanford: Stanford University Press.

Ginsburg, Faye. 1988. *Contested Lives: The Abortion Debate in an American Community*. Berkeley and Los Angeles: University of California Press.

Giroux, Henri. 1982. "Power and Resistance in the New Sociology of Education: Beyond Theories of Social and Cultural Reproduction", *Curriculum Perspectives* 2, no. 3, pp. 1~13.

_____, 1983. *Theory and Resistance in Education: A Pedagogy for the Opposition*. New York: Bergin and Garvey.

Goffman, Erving. 1968[1961]. *Asiles. etudes sur la condition sociale des malades mentaux et autres reclus*, Paris: Minuit, "Le Sens commun".

_____, 1987[1981]. *Façons de parler*, Paris: Minuit, "Le Sens commun".

Goldmann, Lucien. 1964. *Pour une sociologie du roman*, Paris: Gallimard.

Goodwin, Marjorie Harness. 1990. *He-Said-She-Said: Talk as Social Organization Among Black Children*. Bloomington: Indiana University Press.

Gorder, K. L. 1980. "Understanding School Knowledge: A Critical Appraisal of Basil Bernstein and Pierre Bourdieu", *Educational Theory* 30, no. 4, pp. 335~346.

Gouldner, Alvin W. 1957. "Cosmopolitans and locals: toward an analysis of latent social roles", *Administrative Science Quarterly*, Vol. 2, no. 3, pp. 281~306.

_____, 1970. *The Coming Crisis of Western Sociology*. New York: Basic Books.

_____, 1979. *The Future of Intellectuals and the Rise of the New Class*. Oxford: Oxford University Press.

Graetz, Brian. 1988. "The reproduction of privilege in Australian education", *The British Journal of Sociology*, Vol. 39, no. 3, pp. 358~376.

Graham, Loren R. 1990. *Science and the Soviet Social Order*, Cambridge: Harvard University Press.

Gramsci, Antonio. 1975[1929~1935]. *Carnets de prison*, Paris: Éditions sociales.

Granovetter, Mark. 1985. "Economic Action and Social Structure: The Problem of Embeddedness", *American Journal of Sociology* 91, pp. 481~510.

_____. 1990. "The Old and New Economic Sociology", pp. 89~112 in *Beyond the Marketplace: Rethinking Economy and Society*. Edited by Roger Friedland and A. F. Robertson. New York: Aldine de Gruyter.

Grignon, Claude. 1977. "Sur les relations entre les transformations du champ religieux et les transformations de l'espace politique", *Actes de la recherche en sciences sociales*, no. 16, pp. 3~34.

Grignon, Claude, and Jean-Claude Passeron. 1989. *Le savant et le populaire*. Paris: Editions du Seuil.

Groethuysen, Bernard. 1983. *Jean-Jacques Rousseau*, Paris: Gallimard.

_____. 1987[1977]. *Origines de l'esprit bourgeois en France*, Paris: Gallimard.

Grossetti, Michel. 1986. "Métaphore économique et économie des pratiques", *Recherches sociologiques* 17, no. 2, pp. 233~246.

Guha, Ranajit, ed. 1982~1989. *Subaltern Studies: Writing on South Asian History and Society*, 6 Vol., New Delhi: Oxford University Press.

Guiraud, Pierre. 1965. *Le français populaire*, Paris: PUF.

Gusfield, Joseph. 2009[1981]. *La culture des problèmes publics. l'alcool au volant : la production d'un ordre symbolique*, Paris: Economica.

Habermas, Jürgen. 1987[1981]. *Théorie de l'agir communicationnel, 1: Rationalité de l'agir et rationalisation de la société*, Paris: Fayard.

_____. 2011[1988]. *Le discours philosophique de la modernité*, Paris: Gallimard.

Hacking, Ian. 2002[1975]. *L'émergence de la probabilité*, Paris: Seuil, "Liver".

Halbwachs, Maurice. 1972[1905~1947]. *Classes sociales et morphologie*, Paris: Editions de Minuit.

Hall, Stuart. 1977. "The Hinterland of Science: Ideology and the 'Sociology of Knowledge'", pp. 9~32 in *On Ideology. Edited by the Center for Contemporary Cultural Studies*. London : Hutchinson.

Hareven, Tamara K. 1990. "A Complex Relationship: Family Strategies and the Processes of Economic Change", pp. 215~44 in *Beyond the Marketplace: Rethinking Economy and Society*. Edited by Roger Friedland and A. F. Robertson. New York: Aldine de Gruyter.

Harker, Richard K. 1984. "On Reproduction, Habitus and Education", *British Journal of Sociology of Education* 5, no. 2(June), pp. 117~127.

Harker, Richard, Cheleen Mahar, and Chris Wilkes, eds. 1990. *An Introduction to the Work of Pierre Bourdieu: The Practice of Theory*. New York : Saint Martin's Press.

Haveman, Robert. 1987. *Poverty Policy and Poverty Research: The Great Society and the Social Sciences.* Madison: University of Wisconsin Press.

Heidegger, Martin. 1986[1927]. *Être et temps*, Paris: Gallimard.

Heinich, Nathalie. 1987. "Arts et sciences à l'âge classique: professions et institutions culturelles", *Actes de la recherche en sciences sociales*, no. 66/67, pp. 47~78.

Henley, Nancy. 1977. *Body Politics. Englewood Cliffs*, N.J.: Prentice-Hall.

Héran, François. 1987. "La seconde nature de l'habitus. Tradition philosophique et sens commun dans le langage sociologique", *Revue française de sociologie* 28, no. 3(July-September), pp. 385~416.

Hirschman, Albert. 1980[1977]. *Les passions et les intérêts. justifications politiques du capitalisme avant son apogée*, Paris: PUF.

_____. 1991. *Deux siècles de rhétorique réactionnaire*, Paris: Fayard.

Hoffman, Stanley. 1986. "Monsieur Taste", *New York Review of Books* 33, no. 6(April), pp. 45~48.

Hoggart, Richard. 1970[1957]. *La culture du pauvre*, Paris: Minuit, "Le Sens commun".

Honneth, Axel. 1986. "The Fragmented World of Symbolic Forms: Reflections on Pierre Bourdieu's Sociology of Culture", *Theory, Culture, and Society* 3, pp. 55~66.

Horowitz, Louis, ed. 1967. *The Rise and Fall of Project Camelot: Studies in the Relationship Between Social Science and Practical Politics*, Cambridge: The MIT Press.

Hubert, Henri, and Marcel Mauss. 2006[1902~1903]. "Esquisse d'une théorie générale de la magie", in M. Mauss, *Sociologie et anthropologie*, Paris: PUF, pp. 1~141.

Hughes, Everett C. 1984[1961]. "Ethnocentric Sociology", pp. 473~77 in *The Sociological Eye: Selected Papers*. New Brunswick: Transaction Books.

Hunt, Lynn. 1984. *Politics, Culture, and Class in the French Revolution*. Berkeley and Los Angeles: University of California Press.

Hunt, Lynn, ed. 1989. *The New Cultural History*. Berkeley and Los Angeles: University of California Press.

Hunter, Floyd. 1969[1953]. *Community Power Structure: A Study of Decision Makers*, Chapel Hill: University of North Carolina Press.

Husserl, Edmund. 1985[1913]. *Idées directrices pour une phénoménologie*, Paris: Fayard.

Jackson, Michael. 1983. "Knowledge and the Body", *Man* 18, no. 2, pp. 327~345.

_____. 1989. *Paths Toward a Clearing: Radical Empiricism and Ethnographic*

Inquiry. Bloomington: Indiana University Press.

Jacoby, Russell. 1987. *The Last Intellectuals: American Culture in the Age of Academe.* New York: Noonday Press.

Jameson, Fredric. 1990. *Postmodernism or, The Cultural Logic of Capitalism.* Durham: Duke University Press.

Jay, Martin. 1990. "Fieldwork and Theorizing in Intellectual History: A Reply to Fritz Ringer", *Theory & Society* 19, no. 3(June), pp. 311~322.

Jenkins, Richard. 1982. "Pierre Bourdieu and the Reproduction of Determinism", *Sociology* 16, no. 2(May), pp. 270~281.

_____. 1986. "Review of 'Distinction.'" *Sociology* 20, no. 1(February), pp. 103~105.

_____. 1989. "Language, Symbolic Power and Communication: Bourdieu's 'Homo Academicus.'" *Sociology* 23, no. 4 (November), pp. 639~645.

Joas, Hans. 1993. Pragmatism and Social Theory, Chicago: University of Chicago Press.

Jonsson, Jan O. 1987. "Class origin, cultural origin, and educational attainment: the case of Sweden", *European Sociological Review*, vol. 3, no. 3, pp. 229~242.

Joppke, Christian. 1986. "The Cultural Dimension of Class Formation and Class Struggle: On the Social Theory of Pierre Bourdieu", *Berkeley Journal of Sociology* 31, pp. 53~78.

Kant, Emmanuel. 2000[1798]. *Le Conflit des facultés*, Paris: Vrin.

Kaplan, Abraham. 1964. *The Conduct of Inquiry: Methodology for Behavioral Science.* San Francisco: Chandler.

Karabel, Jerome. 1984. "Status Group Struggle, Organizational Interests, and the Limits of Institutional Autonomy: The Transformation of Harvard, Yale, and Princeton, 1918~1940", *Theory & Society* 13, pp. 1~40.

Karabel, Jerry, and A. H. Halsey, eds. 1977. *Power and Ideology in Education.* New York: Oxford University Press.

Karady, Victor. 1983. "Les professeurs de la République, Le marché scolaire, les réformes universitaires et les transformations de la fonction professorale à la fin du 19ème siècle", *Actes de la recherche en sciences sociales*, no. 47/48, pp. 90~112.

_____. 1985. "Les Juifs de Hongrie sous les lois antisémites . Etude d'une conjoncture sociologique, 1938~1943", *Actes de la recherche en sciences sociales*, no. 56, pp. 3~30.

Karady, Victor, and Wolfgang Mitter, eds. 1990. *Bildungswesen und Sozialstruktur in Mitteleuropa im 19. und 20. Jahrhundert*, Cologne: Bohlau Verlag.

Karen, David. 1991. "The politics of class, race, and gender: access to higher education in the United States, 1960~1986", American Journal of Education, vol. 99, no. 2, pp. 208~237.

Karp, Ivan. 1986. "Agency and Social Theory: A Review of Anthony Giddens", *American Ethnologist* 13, no. 1(February), pp. 131~137.

Katsilis, John, and Richard Rubinson. 1990. "Cultural Capital, Student Achievement, and Educational Reproduction in Greece", *American Sociological Review* 55, pp. 270~279.

Katz, Michael B. 1989. *The Undeserving Poor: From the War on Poverty to the War on Welfare.* New York: Pantheon.

Kellogg, Winthrop Niles, and Luella Agger Kellogg. 1933. The Ape and the Child: A Study of Environmental Influence Upon Early Behavior, New York: McGraw-Hill.

Kestenbaum, Victor. 1977. *The Phenomenological Sense of John Dewey: Habit and Meaning.* Atlantic Highlands, N. J.: Humanities Press.

Knorr-Cetina, Karin. 1981. "The Micro-Sociological Challenge of Macro-Sociology: Towards a Reconstruction of Social Theory and Methodology", pp. 1~47 in *Advances in Social Theory and Methodology: Toward an Integration of Micro- and Macro-Sociologies.* Edited by Karen Knorr-Cetina and Aaron V. Cicourel. London and Boston: Routledge and Kegan Paul.

Knorr-Cetina, Karin and Michael Mulkay, eds. 1983. *Science Observed: Perspectives on the Social Study of Science*, London: Sage.

Kondo, Dorine K. 1990. *Crafting Selves: Power, Gender, and Discourses of Identity in a Japanese Workplace*, Chicago: University of Chicago Press.

Koyré, Alexandre. 1966. *Etudes d'histoire de la pensée scientifique.* Paris: PUF.

Kraus, Karl. 1976a. In *These Great Times: A Karl Kraus Reader.* Ed. and tr. Harry Zohn. Chicago: The University of Chicago Press.

_____. 1976b. *Half Truths and One-and-a-Half Truths. Selected Aphorisms.* Ed. and tr. Harry Zohn. Chicago: The University of Chicago Press.

Kuhn, Thomas. 1982[1962]. *La Structure des révolutions scientifiques.* Paris: Flammarion.

La Boétie, Étienne de. 1993[1574]. *Discours de la servitude volontaire.* Paris: Flammarion.

Labov, William. 1993[1972]. *Le Parler ordinaire. Lalangue dans les ghettos noirs des États-Unis*, 2 vol., Paris: Minuit, "Le Sens commun".

Lacroix, Bernard. 1981. *Durkheim et le politique*. Paris: Presses de la Fondation nationale des sciences politiques.

Lagrave, Rose-Marie. 1990. "Recherches féministes ou recherches sur les femmes?" *Actes de la recherche en sciences sociales*, no. 83, pp. 27~39.

Laks, Bernard. 1983. "Langage et pratiques sociales. Étude sociolinguistique d'un groupe d'adolescents", *Actes de la recherche en sciences sociales*, no. 46, pp. 73~97.

Lamont, Michèle, and Annette P. Lareau. 1988. "Cultural Capital: Allusions, Gaps, and Glissandos in Recent Theoretical Developments", *Sociological Theory* 6, no. 2(Fall), pp. 153~168.

Larson, Magali Sarfatti. 1977. *The Rise of Professionalism:A Sociological Analysis*. Berkeley and Los Angel es: University of California Press.

Lash, Scott. 1990. "Modernization and Postmodernization in the Work of Pierre Bourdieu", pp. 237~265 in *Sociology of Postmodernism*. London: Routledge.

Lash, Scott, and John Urry. 1987. *The End of Organized Capitalism*. Cambridge: Polity Press.

Latour, Bruno, and Steve Woolgar. 1979. *Laboratory Life: The Social Construction of Scientific Facts*. London: Sage.

Laumann, Edward O., and David Knoke. 1988. *The Organizational State*. Madison: University of Wisconsin Press.

Lave, Jean. 1989. *Cognition in Practice: Mind, Mathematics and Culture in Everyday Life*. Cambridge: Cambridge University Press.

Lazarsfeld, Paul. 1970. *Philosophie des sciences sociales*, Paris: Gallimard.

Lebart, Ludovic, Alain Morineau, and Kenneth M. Warwick. 1984. *Multivariate Descriptive Statistical Analysis: Correspondence Analysis and Related Techniques for Large Matrices*. New York: John Wiley and Sons.

Leibniz, Gottfried Wilhelm. 1842[1714]. *La Monadologie*, in *Œuvres de Leibniz*, Paris: Charpentier.

Lemert, Charles C. 1990. "The Habits of Intellectuals: Response to Ringer", *Theory & Society* 19, no. 3, pp. 295~310.

Lenoir, Rémi, 1978. "L'invention du 'troisième âge' et la constitution du champ des agents de gestion de la vieillesse", *Actes de la recherche en sciences sociales*, no. 26/27, pp. 57~82.

_____. 1980. "La notion d'accident du travail: un enjeu de luttes", *Actes de la recherche en sciences sociales*, no. 32/33, pp. 77~88.

Lepenies, Wolf. 1990[1988]. *Les Trois cultures: Entre science et littérature l'avènement de la sociologie*, Paris: Éditions de la MSH.

Lévi-Strauss, Claude. 1984[1955]. *Tristes tropiques*. Paris: Pocket.

Levine, Donald N. 1985. *The Flight from Ambiguity: Essays in Social and Cultural Theory*, Chicago: The University of Chicago Press.

Levine, Lawrence W. 1977. Black culture and black consciousness : Afro-American folk thought from slavery to freedom, New York: Oxford University Press.

_____. 2011[1988]. *Culture d'en haut, culture d'en bas*, Paris: Découverte.

Lewin, Kurt. 1951. *Field Theory in Social Science: Selected Theoretical Papers*, New York: Harper & Row.

Lewin, Moishe. 1985. *The Making of the Soviet System: Essays in the Social History of Interwar Russia*. New York: Pantheon.

Lieberson, Stanley. 1984. *Making It Count: The Improvement of Social Research and Theory*. Berkeley and Los Angeles: University of California Press.

Lord, Albert B. 1960. *The Singer of the Tales*. Cambridge: Cambridge University Press.

Luhmann, Niklas. 1982. "The Economy as a Social System", In *The Differentiation of Society*. New York: Columbia University Press.

_____. 1984. *Soziale Systeme: Grundriß einer allgemeinen Theorie*, Frankfurt: Suhrkamp.

Luker, Kristin. 1984. *Abortion and the Politics of Motherhood*. Berkeley and Los Angeles: University of California Press.

Maccoby, Eleanor E. 1988. "Gender as a Social Category", *Developmental Psychology* 24, no. 6, pp. 755~765.

MacKinnon, Catharine. 1982. "Feminism, Marxism, Method, and the State: An Agenda for Theory", *Signs*, vol. 7, no. 3, pp. 515~544.

Mallin, S. 1979. *Merleau-Ponty's Philosophy*. New Haven: Yale University Press.

Mannheim, Karl. 2006[1936]. *Idéologie et utopie*, Paris: Éditions de la MSH.

March, James G. 1978. "Bounded Rationality, Ambiguity, and the Engineering of Choice", *Bell Journal of Economics* 9, pp. 587~608.

Marcus, George E., and Dick Cushman. 1982. "Ethnographies as Texts", *Annual Review of Anthropology* 11, pp. 25~69.

Marcus, George E., and Michael M. J. Fisher. 1986. *Anthropology as Cultural Critique: An Experimental Moment in the Human Sciences*. Chicago: The University of Chicago Press.

Maresca, Sylvain. 1983. *Les dirigeants paysans*. Paris: Editions de Minuit("Le sens commun").

Marin, Louis. 1988[1981]. *Portrait of the King*. Minneapolis: University of Minnesota Press.

Martin, Bill, and Ivan Szelényi . 1987. "Beyond Cultural Capital: Toward a Theory of Symbolic Domination", pp. 16~49 in *Intellectuals, Universities and the State*, edited by R. Eyerman, T. Svensson, and T. Soderqvist. Berkeley and Los Angeles: University of California Press.

_____. 1988. "The three waves of new class theories", *Theory & Society*, vol. 17, no. 5, pp. 645~667.

Marx, Karl. 1967[1858]. *Fondements de la critique de l'économie politique*, Paris: Anthropos.

_____. 1982[1845]. "Thèses sur Feuerbach", in *Œuvres*, Paris: Gallimard, "Bibliothèque de la Pléiade", vol. 3(Philosophie).

Mauger, Gérard, and Claude Fossé-Polliak. 1983. "Les loubards", *Actes de la recherche en sciences sociales*, no. 50, pp. 49~67.

Mauss, Marcel. 2006a[1950]. *Sociologie et anthropologie*, Paris: PUF.

_____. 2006b[1922~1923]. "Essai sur le don. Forme et raison de l'échange dans les sociétés archaïques", in *Sociologie et anthropologie*, Paris: PUF, pp. 145~282.

_____. 2006c[1936]. "Les techniques du corps", pp. 365~386 in *Sociologie et anthropologie*. Paris: PUF.

_____. 1950c. *Sociologie et anthropologie*. Paris : PUF.

Mäzlish, Bruce. 1989. *A New Science: The Breakdown of Connections and the Birth of Sociology*. New York: Oxford University Press.

Mazon, Brigitte. 1988. *Aux origines de l'École des hautés etudes en sciences sociales. Le rôle du mécenat américain*(1920~1960). Paris : Les Editions du Cerf.

Mcleod, Jay. 1987. *Ain't no Makin' it: Leveled Aspirations in a Low-Income Neighborhood*, Boulder, Westview Press.

Medick, Hans, and David Warren, eds. 1984. *Interest and Emotion: Essays on the Study of Family and Kinship*. Cambridge: Cambridge University Press; Paris: Editions de la Maison des sciences de l'homme.

Mehan, Hugh, and Houston Wood. 1975. *The Reality of Ethnomethodology*. New York: Wiley.

Merleau-Ponty, Maurice. 1977[1942]. *La structure du comportement*, Paris: PUF.

_____. 1976[1945]. Phénoménologie de la perception, Paris: Gallimard.

Merton, Robert K. 1968. *Social Theory and Social Structure*. New York: Free Press.

_____. 1975. "Structural Analysis in Sociology", pp. 21~52 in *Approaches to the*

Study of Social Structure. Edited by Peter M. Blau. New York: The Free Press.

_____. 1980. "On the Oral Transmission of Knowledge", pp. 1~35 in *Sociological Traditions from Generation to Generation*. Edited by R. K. Merton and Mathilda White Riley. Norwood: Ablex.

Miller, Don, and Jan Branson. 1987. "Pierre Bourdieu: culture and praxis", in D. J. Austin-Broos ed., *Creating Culture: Profiles in the Study of Culture*, Sydney, Allen & Unwin, pp. 210~225.

Miller, Max. 1989. "Die kulturelle Dressur des Leviathans und ihre epistemologischen Reflexe", *Soziologische Revue* 12, no. 1, pp. 19~24.

Mills, C. Wright. 2012[1959]. *L'élite au pouvoir*, Paris: Agone, "L'ordre des choses".

Miyajima, Takashi. 1990. "The logic of Bourdieu's Sociology: On Social Determinism, Autonomy, and the Body"(in Japanese). *Gendai Shisso* 18, no. 3, pp. 220~229.

Miyajima, Takashi, Hidenori Fujita, Yuichi Akinaga, Kenji Haschimoto, and Kokichi Shimizu. 1987. "Cultural Stratification and Cultural Reproduction"(in Japanese). *Tokyo Daigaku Kyoiku Gakubu Kiyo*(Annals of the Faculty of Education of Tokyo), pp. 51~89.

Monnerot, Jules. 1946. *Les faits sociaux ne sont pas des choses*. Paris: Gallimard.

Morgan, David H. 1989. "Strategies and Sociologists: A Comment on Crow", *Sociology* 23, no. 1(February), pp. 25~29.

Mortier, Freddy. 1989. "Actietheoretische analyse van rituelen volgens de praxeologie van Pierre Bourdieu", *Antropologische Verkenningen* 8, no. 2(Summer), pp. 40~48.

Münch, Richard. 1989. "Code, Structure, and Action: Building a Theory of Structuration from a Parsonian Point of View", pp. 101~117 in *Theory Building in Sociology: Assessing Theory Cumulation*. Edited by Jonathan H. Turner. Newbury Park: Sage Publications.

Murphy, Raymond. 1983. "The Struggle for Scholarly Recognition: The Development of the Closure Problematic in Sociology", *Theory & Society* 12, pp. 631~658.

Needham, Rodney. 1963. Introduction. pp. vii~xlviii in *Emile Durkheim and Marcel Mauss, Primitive Classification*. Chicago: The University of Chicago Press.

Nietzsche, Friedrich. 1973[1872]. *Sur l'avenir de nos établissements d'enseignement*, Paris : Gallimard.

_____. 1985[1887]. *La Généalogie de la morale*, Paris : Gallimard, "Folio".

Nisbet, Robert. 1976. *Sociology as an Art Form*. New York: Oxford University Press.

Oakes, Jeannie. 1985. *Keeping Track: How Schools Structure Inequality*. New Haven: Yale University Press.

O'Brien, Mary. 1981. *The Politics of Reproduction*. London: Routledge and Kegan Paul.

Ollman, Bertell. 1976. *Alienation: Marx's Conception of Man in Capitalist Society*. Cambridge: Cambridge University Press.

Olson, Mancur. 1965. *The Logic of Collective Action*. *Cambridge*, Mass.: Harvard University Press.

O'Neill, John. 1972. *Sociology as a Skin Trade: Essays Towards a Reflexive Sociology*. New York: Harper and Row.

Ortiz, Renato. 1983. "A pracura de uma sociologia da pratica", pp . 7~36 in Pierre Bourdieu. *Sociologia*. Sao Paulo: Atica.

Ortner, Sherry. 1984. "Theory in Anthropology Since the 1960s", *Comparative Studies in Society and History* 26, pp. 126~166.

Ory, Pascal, and Jean-François Sirinelli. 1986. *Les intellectuels en France, de l'Affaire Dreyfus à nos jours*. Paris: Armand Colin.

Ostrow, James M. 1990. *Social Sensitivity: An Analysis of Experience and Habit*, Stony Brook: State University of New York Press.

Paradeise, Catherine. 1981. "Sociabilité et culture de classe", *Revue française de sociologie* 21, no. 4(October-December).

Parsons, Talcott. 1937. *The Structure of Social Action*. Glencoe, Ill: The Free Press.

_____. 1951. *The Social System*, Glencoe: The Free Press.

_____. 1968. "Profession", in D. Sills ed., *Internatinal Encyclopedia of the Social Sciences*, London: Macmillan, pp. 536~547.

Parsons, Talcott, and Neil J. Smelser. 1956. *Economy and Society: A Study in the Integration of Economic and Social Theory*. London: Routledge and Kegan Paul.

Parsons, Talcott, and Edward A. Shils, Kaspar D. Naegele, and Jesse R. Pitts, eds. 1961. *Theories of Society*, New York: Free Press.

Pepper, Stephen C. 1942. *World Hypotheses*. Berkeley and Los Angeles: University of California Press.

Perinbanayagam, R. S. 1985. *Signifying Acts: Structure and Meaning in Everyday Life*. Carbondale: Southern Illinois University Press.

Phillips, Bernard S. 1988. "Toward a Reflexive Sociology", *The American Sociologist* 19, no. 2, pp. 138~151.

Pialoux, Michel. 1978. "Jeunes sans avenir et marché du travail temporaire", *Actes de la recherche en sciences sociales*, no. 26/27, pp. 19~47.

Pinçon, Michel.

_____. 1987. *Désarrois ouuriers*. Paris: L'Harmattan.

Pinto, Louis. 1984a. *L'intelligence en action: Le Nouvel Observateur*. Paris: Anne-Marie Métailié.

_____. 1984b. "La vocation de l'universel, La formation de l'intellectuel vers 1900", *Actes de la recherche en sciences sociales*, no. 55, pp. 23~32.

_____. 1987. *Les philosophes entre le lycée et l'avant-garde. Les métamorphoses de la philosophie dans la France d'aujourd'hui*. Paris: L'Harmattan.

Platon. 2005. *Hippias mineur, Hippias majeur*, Paris: L'harmattan.

Platt, Robert. 1989. "Reflexivity, Recursion and Social Life: Elements for a Postmodern Sociology", *The Sociological Review* 37, no. 4(November), pp. 636~667.

Polanyi, Karl. 1983[1944]. *La Grande Transformation. Aux origines politiques et économiques de notre temps*, Paris: Gallimard.

Pollak, Michael. 1979. "Paul Lazarsfeld, fondateur d'une multinationale scientifique", *Actes de la recherche en sciences sociales*, no. 25, pp. 45~59.

_____. 1980. "Paul Lazarsfeld: A Sociointellectu al Portrait", *Knowledge* 2, no. 2(December), pp. 157~177.

_____. 1981. "Une sociologie en actes des intellectuels: les combats de Karl Kraus", *Actes de la recherche en sciences sociales*, no. 36/37, pp. 87~103.

_____. 1988. *Les homosexuels et le Sida: sociologie d'une épidémie*. Paris: Anne-Marie Métailié.

_____. 1990. *L'Expérience concentrationnaire: essai sur le maintien de l'identité sociale*, Paris: Métailié.

Pollner, Melvin. 1991. "Left of Ethnomethodology: The Rise and Decline of Radical Reflexivity", *American Sociological Review* 56, no. 3(June), pp. 370~380.

Poulantzas, Nicos. 1968. *Pouvoir politique et classes sociales*, Paris: François Maspero.

Powell, Walter W., and Paul DiMaggio, eds. 1991. *The New Institutionalism in Organizational Analysis*. Chicago: The University of Chicago Press.

Pudal, Bernard. 1988. "Les dirigeants communistes. Du 'fils du peuple' à 'l'instituteur des masses", *Actes de la recherche en sciences sociales*, no. 71/72, pp. 46~70.

_____. 1989. *Prendre parti. Pourune sociologie historique du PCF*. Paris: Presses de la Fondation nationale des sciences politiques.

Quillien, Philippe-Jean. 1992. "René Descartes, lecteur de Machiavel", in

Association française des historiens des idées politiques, *Actes du colloque de Toulouse*, Aix: Presses univ. d'Aix-Marseille.

Quine, Willard Van Orman. 2008[1969]. *Relativité de l'ontologie et autres essais*, Paris: Aubier.

Rabinow, Paul. 1977. *Reflections on Fieldwork*. Berkeley and Los Angeles: University of California Press.

_____. 1982. "Masked I Go Forward: Reflections on the Modern Subject", pp. 173~185 in *A Crack in the Mirror: Reflexive Perspectives in Anthropology*. Edited by Jay Ruby. Philadelphia: University of Pennsylvania Press:

Rabinow, Paul, and William H. Sullivan, eds. 1979. *Interpretive Social Science: A Reader*. Berkeley and Los Angeles: University of California Press.

Rancière, Jacques. 1984. "L'éthique de la sociologie", pp. 13~36 in *L'empire du sociologue*. Edited by Collect if 'Révoltes Logiques.' Paris: Editions La Découverte.

Récanati, François 1982. *Les énoncés performatifs*. Paris: Editions de Minuit.

Richer, Laurent, ed. 1983. *L'activité désintéressée: fiction ou realite juridique*. Paris: Economica.

Ricœur, Paul. 1977. "Phenomenology and the Social Sciences", *The Annals of the Phenomenological Society* 2, pp. 145~159.

Riemer, Jeffrey M. 1977. "Varieties of Opportunistic Research", *Urban Life* 5, no. 4(January), pp. 467~477.

Ringer, Fritz. 1990. "The Intellectual Field, Intellectual History, and the Sociology of Knowledge", *Theory & Society* 19, no. 3(June) , pp. 269~294.

_____. 1991. *Fields of Knowledge: French Academic Culture III Comparative Perspective, 1890~1920*. Cambridge: Cambridge University Press .

Rioux, Jean-Pierre, and Jean-François Sirinelli, eds. 1991. *La guerre d'Algérie et les iniellectuels français*. Brussels: Editions Complexe.

Rittner, Volker. 1984. "Geschmack und Natürlichkeit", *Kölner Zeitschrift für Soziologie und Sozialforschung* 36, no. 2, pp. 372~378.

Ritzer, George. ed. 1990a. *Frontiers of Social Theory: The New Syntheses*. New York: Columbia University Press.

_____. 1990b. "Metatheory in Sociology", *Sociological Forum* 5, no. 1, pp. 3~17.

Rogers, Susan Carol. 1991. *Shaping Modern Times in Rural France: The Transformation and Reproduction of an Averyronnais Community*. Princeton: Princeton University Press.

Rosaldo, Renato. 1989. *Culture and Truth: The Remaking of Social Analysis*.

Boston: Beacon Press.

Ross, George. 1991. "Where Have All the Sartres Gone? The French Intelligentsia Born Again", pp. 221~249 in *Searching for the New France.* Edited by James F. Hollifield and George Ross. London and New York: Routledge.

Rossi, Peter H. 1989. *Down and Out in America: The Origins of Homelessness.* Chicago: The University of Chicago Press.

Rouse, Joseph. 1987. *Knowledge and Power: Toward a Political Philosophy of Science.* Ithaca, N.Y.: Cornell University Press.

Rupp, Jan C. C, and Rob de Lange. 1989. "Social Order, Cultural Capital and Citizenship. An Essay Concerning Educational Status and Educational Power Versus Comprehensiveness of Elementary Schools", *The Sociological Review* 37, no. 4(November), pp. 668~705.

Ryan, Jake, and Charles Sackrey, eds. 1984. *Strangers in Paradise: Academics from the Working Class.* Boston: South End Press.

Sacks, Harvey, and Emanuel A. Schegloff. 1979. "Two Preferences in the Organization of Reference to Persons in Conversation and their Interaction", pp. 15~21 in *Everyday Language: Studies in Ethnomethodology.* Edited by George Psathas. New York: Irvington Press.

Sahlins, Marshall. 1989a[1985]. *Des îles dans l'histoire*, Paris: Gallimard-Seuil, "Hautes Études".

_____. 1989b. "Post-structuralisme, anthropologie et histoire", *L'ethnographie* 105(Spring), pp. 9~34.

Saint Martin, Monique de. 1980. "Une grande famille", *Actes de la recherche en sciences sociales*, no. 31, pp. 4~21.

_____. 1985. "Les stratégies matrimoniales dans l'aristocratie. Notes provisoires", *Actes de la recherche en sciences sociales*, no. 59, pp. 74~77.

_____. 1990a. "Structure du capital, différenciation selon les sexes et 'vocation' intellectuelle", *Sociologie et sociétés* 21, no. 2(October), pp. 9~25.

_____. 1990b. "Les 'femmes écrivains' et le champ littéraire", *Actes de la recherche en sciences sociales*, no. 83, pp. 52~56.

Sanjek, Roger, ed. 1990. *Fieldnotes: The Makings of Anthropology.* Ithaca, N.Y.: Cornell University Press.

Sartre, Jean-Paul. 1960. "Préface", in Paul Nizan, *Aden Arabie*, Paris: Maspero, pp. 9~62.

_____. 1976[1943]. *L'être et le Néant. Essai d'ontologie phénoménologique*, Paris: Gallimard.

_____. 1983[1971~1972]. *L'idiot de la famille*, Paris: Gallimard.

Saussure, Ferdinand de. 1984[1913]. *Cours de linguistique générale*, Paris: Payot.

Sayad, Abdelmalek. 1985. "Du message oral au message sur cassette: la communication avec l'absent", *Actes de la recherche en sciences sociales*, no. 59, pp. 61~72.

_____. 1997[1991]. *L'immigration, ou les paradoxes de l'altérité*. Brussels: Editions De Boeck.

Schegloff, Emanuel. 1987. "Between Macro and Micro: Contexts and Other Connections", pp. 207~234 in the *Micro-Macro Link*. Edited by Jeffrey C. Alexander et al. Berkeley and Los Angeles: University of California Press.

Scheler, Max. 1970[1912]. *L'Homme du ressentiment*, Paris: Gallimard.

Schiltz, M. 1982. "Habitus and Peasantisation in Nigeria: A Yoruba Case Study", Man 17, no. 4, pp. 728~746.

Schmidt, James. 1985. *Maurice Merleau-Ponty: Between Phenomenology and Structuralism*. New York: Saint Martin's Press.

Schneider, Joseph W. 1985. "Social Problems Theory: The Constructionist View", Annual Review of Sociology 11, pp. 209~229.

Schon, Donald. 1983. *The Reflective Practicioner: How Professionals Think in Action*. New York: Basic Books.

Schorske, Carl E. 1983[1981]. *Vienna, Fin de Siècle. Politics and Culture*. Paris: Seuil.

Schudson, Michael. 1978. *Discovering the News*. New York: Basic Books.

Schutz, Alfred. 1970. *On Phenomenology and Social Relations*. Edited and with an introduction by Helmut R. Wagner. Chicago: The University of Chicago Press.

Scott, James C. 2009[1990]. *La domination et les arts de la résistance*, Paris: Ed. Amsterdam.

Scott, Joan. 1988. *Gender and the Politics of History*. New York: Columbia University Press.

Searle, John R. 1985[1983]. *L'intentionalite: Une philosophie des états mentaux*, Paris: Minuit.

Sen, Amartya. 1977. "Rational fools: a critique of the behavioral foundations of economic theory", *Philosophy & Public Affairs*, vol. 6, no. 4, pp. 317~344.

Sewell, William H., Jr. 1980. *Work and Revolution in France: The Language of Labor from the Old Regime to 1848*. Cambridge: Cambridge University Press.

_____. 1987. "Theory of Action, Dialectic and History: Comment on Coleman", *American Journal of Sociology* 93, no. 1(July), pp. 166~172.

_____. 1992. "A Theory of Structure: Duality, Agency, and Transformation", *American Journal of Sociology* 98, no. 1, pp. 1~29.

Shapin, Steven, and Simon Schaffer. 1993[1985]. *Leviathan et la pompe à air. Hobbes et Boyle entre science et politique*, Paris: Découverte.

Sharrock, Wes, and Bob Anderson. 1986. *The Ethnomethodologists*. London: Tavistock.

Sica, Alan. 1989. "Social Theory's 'Constituency'", *The American Sociologist* 20, no. 3(Fall), pp. 227~241.

Simon, Herbert. 1955. *Models of Man*. New York: Wiley.

Skocpol, Theda R. 1985[1979]. *Etats et révolutions sociales : la révolution en France, en Russie et en Chine*, Paris: Fayard.

Smelser, Neil J., ed. 1988. *Handbook of Sociology*. Newbury Park, Calif.: Sage Publications.

Snook, Ivan. 1990. "Language, Truth and Power: Bourdieu's 'Ministerium.'" pp. 160~180 in *An Introduction to the Work of Pierre Bourdieu*, edited by Richard Harker, Cheleen Mahar, and Chris Wilkes. New York: Saint Martin's Press, 1990.

Spain, Daphne. 1992. *Genderd Space*, Chapel Hill: University of North Carolina Press.

Spector, Malcom, and John I. Kitsuse. 1987. *Constructing Social Problems*. New York: Aldine de Gruyter.

Spencer, J. 1989. "Anthropology as a Kind of Writing", *Man* 24, no. 1, pp. 145~164.

Stinchcombe, Arthur. 1986. "The Development of Scholasticism", pp. 45~52 in *Approaches to Social Theory*. Edited by Siegwart Lidenberg, James S. Coleman, and Stefan Nowak. New York : Russell Sage Foundation.

Strawson, Peter F. 1959. *Individuals: An Essay in Metaphysics*. London: Methuen.

Suaud, Charles. 1978. *La vocation. Conversion et reconversion des prêtres ruraux*. Paris: Editions de Minuit("Le sens commun"),

Sudnow, David. 1978. *Ways of the Hand: The Organization of Improvised Conduct*. Cambridge: Harvard University Press.

Sulkunen, Pekka. 1982. "Society Made Visible: On the Cultural Sociology of Pierre Bourdieu", *Acta Sociologica* 25, no. 2, pp. 103~115.

Swartz, David. 1977. "Pierre Bourdieu: The Cultural Transmission of Social Inequality", *Harvard Educational Review* 47(November), pp. 545~554.

_____. 1981. "Classes, Educational Systems and Labor Markets", *European Journal of Sociology* 22, no. 2, pp. 325~353.

Swedberg, Richard, Ulf Himmelstrand, and Göran Brulin. 1987. "The Paradigm of Economic Sociology: Premises and Promises", *Theory & Society* 16, no. 2, pp. 169~214.

Sykes, Gresham. 1974[1958]. *The Society of Captives: A Study in a Maximum Security Prison*, Princeton: Princeton University Press.

Szelényi, Ivan. 1988. *Socialist Entrepreneurs: Enbourgeoisement in Rural Hungary*. Cambridge: Polity Press; Madison: University of Wisconsin Press.

Sztompka, Piotr. 1986. *Robert K. Merton: An Intellectual Profile*. New York: Saint Martin's Press.

_____. 1991. *Society in Action: The Theory of Social Becoming*. Chicago: The University of Chicago Press; Cambridge: Polity Press.

Teese, Richard. 1988. "Australian education in cross-national perspective: a comparative analyis with France", *Comparative Education*, Vol. 24, no. 3, pp. 305~316.

Terray, Emmanuel. 1990. *La politique dans la caverne*. Paris: Editions du Seuil.

Thapan, Meenakshi. 1988. "Some Aspects of Cultural Reproduction and Pedagogic Communication", *Economic and Political Weekly*, March 19, pp. 592~596.

Thompson, E. P. 1963. *The Making of the English Working Class*. Harmondsworth: Penguin.

Thompson, John B. 1984. "Symbolic Violence: Language and Power in the Sociology of Pierre Bourdieu", pp. 42~72 in *Studies in the Theory of Ideology*. Cambridge: Polity Press.

_____. 2001[1991]. Préface, *Langage et pouvoir symboliqye*, Paris: Seuil, pp. 7~51.

Tillion, Germaine. 1958. *Ravensbrück*, Paris: Seuil.

Tilly, Charles. 1986[1978]. *La France conteste, de 1600 à nos jours*, Paris: Fayard.

_____. 1990. *Coercion, Capital, and European States, A.D. 990~1990*. New York: Basil Blackwell.

Timms, Edward. 1986. *Karl Kraus:Apocalyptic Satirist: Culture and Catastrophe in Habsburg Vienna*. New Haven: Yale University Press.

Traweek, Susan. 1989. *Beamtimes and Lifetimes: The World of High-Energy Physicists*. Cambridge: Harvard University Press.

Turner, Jenny. 1990. "Acadernicus Unchained", *City Limits*, January 4~11.

Turner, Jonathan. 1987. "Analytic Theorizing", pp. 156~194 in *Social Theory Today*. Edited by Anthony Giddens and Jonathan Turner. Cambridge: Polity Press.

Tyler, Stephen A. 1987. *The Unspeakable: Discourse, Dialogue, and Rhetoric in the Postmodern World*. Madison: University of Wisconsin Press.

Urry, John. 1990. *The Tourist Gaze: Leisure and Travel in Contemporary Society.* Newbury Park, Calif.: Sage Publications.

Van Maanen, John. 1988. *Tales of the Field: On Writing Ethnography.* Chicago: The University of Chicago Press.

Van Parijs, Philippe. 1981. "Sociology as General Economics", *European Journal of Sociology* 22, no. 2, pp. 299~324.

Verdès-Leroux, Jeannine. 1976. "Pouvoir et assistance: cinquante ans de service socia", *Actes de la recherche en sciences sociales*, no. 2/3, pp. 152~172.

_____. 1981. "Une institution totale auto-perpétuée: le Parti Communiste Français", *Actes de la recherche en sciences sociales*, no. 36/37, pp. 33~63.

Vervaëk: Bart. 1989. "Over lijnen, cirkels en spiralen: een kritiek op Pierre Bourdieu," *Aniropologische Yerkenningcn* 8, no. 2(Summer), pp. 8~17.

Viala, Alain. 1985. *Naissance de l'écrioain. Sociologie de la littérature à l'âge classique.* Paris: Editions de Minuit("Le sens commun").

_____. 1988. "Prismatic Effects", *Critical Inquiry* 14, no. 3(Spring), pp. 563~573.

Villette, Michel. 1976. "Psychosociologie d'entreprise et rééducation morale", *Actes de la recherche en sciences sociales*, no. 4, pp. 47~65.

Wacquant, Loïc J. D. 1987. "Symbolic Violence and the Making of the French Agriculturalist: An Inquiry Into Pierre Bourdieu's Sociology", *Australian and New Zealand Journal of Sociology* 23, no. 1(March), pp. 65~88.

_____. 1989. "Corps et âme: notes ethnographiques d'un apprenti-boxeur", *Actes de la recherche en sciences sociales*, no. 80, pp. 36~67.

_____. 1990a. "Sociology as Socio-Analysis: Tales of 'Homo Academicus.'" *Sociological Forum* 5, no. 4 (Winter), pp. 677~689.

_____. 1990b. "Exiting Roles or Exiting Role Theory? Critical Notes on Ebaugh's 'Becoming An Ex:" *Acta Sociologica* 33, no. 4(Winter), pp. 397~404.

_____. 1993. "Bourdieu in America : Notes on the Transatlantic Importation of Social Theory", in Calhoun, LiPuma, and Postone, eds., *Bourdieu: Critical Perspectives.*

_____. 2013. "Bourdieu 1993: a case study in scientific consecration", Sociology, vol. 47, no. 1, pp. 15~29.

Wacquant, Loïc J. D., and Craig Jackson Calhoun. 1989. "Intérêt, rationalité et culture. A propos d'un récent débat sur la théorie de l'action", *Actes de la recherche en sciences sociales*, no. 78, pp. 41~60.

Wallace, Walter L. 1988. "Toward a Disciplinary Matrix in Sociology", pp. 23~76 in *Handbook of Sociology.* Edited by Neil J. Smelser. Newbury Park: Sage

Publications.

Weber, Max. 1959[1919]. *La Savant et le Politique*, Paris: Plon.

_____. 1986[1918~1920]. *Sociologie du droit*, Paris: PUF.

_____. 1995[1920~1922]. *Économie et société, 1: Les catégories de la sociologie*, Paris: Plon

Wexler, Philip. 1987. *The New Sociology of Education*. London: Routledge.

Wiley, Norbert. 1990. "The History and Politics of Recent Sociological Theory", pp. 392~415 in *Frontiers of Social Theory: The New Syntheses*. Edited by George Ritzer. New York: Columbia University Press.

Willis, Paul. 1977. *Learning to Labour: How Working-Class Kids Get Working-Class Jobs*. New York: Columbia University Press.

Wippler, Reinhard. 1990. "Cultural Resources and Participation in High Culture", pp. 187~204 in *Social Institutions: Their Emergence, Maintenance, and Effects*. Edited by Michael Hechter, Karl-Dieter Opp, and Reinhard Wippler. New York: Aldine Publishing Company.

Wittgenstein, Ludwig. 1990[1978]. *Remarques mêlées*, MauvezinL TER.

Wolfe, Alan. 1989. *Whose Keeper? Social Science and Moral Obligation*. Berkeley and Los Angeles: University of California Press.

Woolf, Stuart, ed. 1991. *Domestic Strategies: Work and Family in France and Italy, 1600~1800*. Cambridge: Cambridge University Press; Paris: Editions de la Maison des sciences de l'homme.

Woolf, Virginia. 1983[1927]. *La Promenade au phare*, Paris: Le Livre de poche.

Woolgar, Steve, ed. 1988. *Knowledge and Reflexivity: New Frontiers in the Sociology of Knowledge*. London: Sage.

Wrong, Dennis. 1961. "The Oversocialized Conception of Man", *American Sociological Review* 26, pp. 183~193.

Young Iris Marion. 1990. *Throwing like a Girl and Other Essays in Feminist Philosophy and Social Theory*, Bloomington: Indiana University Press.

Zelizer, Viviana. 1988. "Beyond the Polemics on the Market: Establishing a Theoretical and Empirical Agenda", *Sociological Forum* 3, no. 4(Fall), pp. 614~634.

Zukin, Sharon, and Paul DiMaggio, eds. 1990. *Structures of Capital: The Social Organization of the Economy*. Cambridge: Cambridge University Press.

Zukerman, Harriet. 1988. "The Sociology of Science", pp. 511~574 in *Handbook of Sociology*. Edited by Neil J. Smesler. Newbury Park, Calif.: Sage.

인명 찾아보기

문헌 찾아보기

항목 찾아보기